KB204177

MN
TC

일러두기

1. 따로 표시하지 않은 경우 한글 성경은 개역개정 4판이다.
2. 성경에 나오는 지명과 인명은 개역개정의 표기를 따랐고, 성경에 나오지 않는 인명과 지명은 일반적인 표기를 따르되, 라틴어 인명과 지명의 경우 라틴어 본래 표기를 따랐다.
3. 개역개정성경을 인용할 때, 필요한 부분에 문장 부호(쉼표, 마침표, 물음표, 느낌표)를 넣었다. 문장이 끝나는 부분에서 어미나 조사를 문장에 맞게 수정했다.
4. 저자가 사용하며 여기서 병기되는 영어 번역은 NASB(New American Standard Bible, 1977)이다.
5. 성경 구절을 표시할 때(1a, 1b), 저자가 사용하는 NASB와 개역개정 4판이 다를 경우 후자에 맞춰 수정했다.
6. 헬라어 영문 표기를 한글로 옮길 때, d(δ)는 'ㄷ'으로, th(θ)는 'ㄸ'으로 표기했다
7. 굵은 글씨로 표시된 단어, 어구, 문장은 개역개정판 본문과 NASB 본문이다.
8. 모든 각주는 옮긴이가 붙인 것이다.

MN

맥아더 신약주석

로마서 I

The Macarthur

New Testament

Commentary

TC

아바서원

타데우스 워지워즈키를 기억하며.

우리의 우정은 짧았으나

그리스도와 말씀과 나를 위한 그의 사랑은

나를 영구히 부요하게 했다.

목차

시리즈 서문

신약성경을 강해하면서 늘 보람되고 거룩한 교제를 누린다. 내 목적은 한결같다. 하나님의 말씀을 깨달으며 그분과 깊이 교제하고, 이 경험을 바탕으로 한 단락의 의미를 그분의 백성에게 풀어주는 것이다. 느헤미야 8장 8절 말씀처럼, 나는 힘써 각 단락의 "뜻을 해석한다." 청중이 하나님의 말씀을 정확히 듣고, 그러는 중에 그분께 반응하게 하기 위해서다.

단언컨대, 하나님의 백성은 하나님을 알아야 한다. 그러려면 하나님의 말씀, 곧 진리의 말씀을 알아야 하고(딤후 2:15), 그 말씀이 우리 안에 풍성히 거해야 한다(골 2:16). 그러므로 내 목회의 핵심은 살아 있는 하나님의 말씀이 그분의 백성에게 살아 있도록 돕는 것이다. 이것은 즐겁고 보람된 모험이다.

이 신약성경 주석 시리즈는 이처럼 성경을 풀어내고 적용하는 데 목적이 있다. 어떤 주석은 무엇보다도 언어학적이다. 어떤 주석은 매우 신학적이다. 어떤 주석은 주로 설교 형식이다. 이 주석은 전문적으로 언어학적이지 않지만, 정확한 해석에 도움이 될 경우에 언어학적 면을 다룬다. 이 주석은 신학 논의를 폭넓게 다루지 않지만, 각 본문의 핵심 교리들(doctrines, 가르침)이 성경 전체와 어떻게 연결되는지에 초점을 맞춘다. 이 주석은 설교 형식을 띠지 않지만, 일반적으로 하나의 주제를 하나의 장(章)에서 다루면서 개요를 분명하게 제시하고 사고의 논리적 흐름을 따른다. 대다수 진리는 다른 성경 본문과 연결해 설명하고 적용했다. 한 단락의 문맥을 제시한 후, 저자의 전개와 추론을 세밀하게 따라가려 노력했다.

성령께서 하나님 말씀의 각 부분을 통해 하시는 말씀을 독자들이 온전히 이해하고, 이로써 하나님의 계시가 신자들의 마음에 뿌리 내려 더 큰 순종과 믿음의 열매가 맺히길, 그래서 우리의 크신 하나님이 영광을 받으시길 기도한다.

로마서의 중요성

교회사에서 일어난 큰 부흥과 개혁은, 전부는 아니더라도, 대부분 로마서와 직접적인 관련이 있었다. 주후 386년 8월이었다. 북아프리카 태생으로 이탈리아 밀라노에서 교수로 여러 해 재직한 사람이 친구 알리피우스의 정원에 앉아 자신의 악한 삶을 곱씹으며 울고 있었다. 그때 어린아이의 노랫소리가 들렸다. "톨레 레게. 톨레 레게"(*Tolle, lege. Tolle, lege*). 라틴어로 "집어 들고 읽어라! 집어 들고 읽어라!"라는 뜻이었다. 마침 그의 옆에 로마서 두루마리가 펼쳐져 있었다. 그는 그 두루마리를 집어 들었다. 첫 단락이 눈에 확 들어왔다. "방탕하거나 술 취하지 말며, 음란하거나 호색하지 말며, 다투거나 시기하지 말고, 오직 주 예수 그리스도로 옷 입고 정욕을 위하여 육신의 일을 도모하지 말라"(13:13-14). 그는 나중에 이 순간을 떠올리며 이렇게 썼다. "더 읽고 싶지 않았습니다. 더 읽을 필요도 없었습니다. 그 구절을 다 읽기가 무섭게 뭐랄까 어떤 빛 또는 안도감이 가슴을 파고들었습니다. 의심의 그림자가 모조리 사라졌습니다"(Augustine, *Confessions* Book 8, Chapter 12). 그의 이름은 아우렐리우스 아우구스티누스(Aurelius Augustine, 354-430)였다. 그는 이 짧은 로마서 구절을 읽고 예수 그리스도를 주님과 구주로 영접했고, 후에 뛰어난 신학자와 교회 지도자가 되었다.

그로부터 약 천 년 후, 로마가톨릭 산하 아우구스티누스 수도회에 속한 수도사 마르틴 루터(Martin Luther, 1483-1546)가 독일 비텐베르크 대학 신학부에서 로마서를 강의하고 있었다. 그는 로마서를 연구할수록 '오직 믿음으로 의롭다 하심을 얻는다'(justification by faith alone, 이신칭의)는 바울의 핵심 주제에 대한 확신이 강해졌다. 그는 이렇게 썼다.

> 바울이 로마 그리스도인들에게 보낸 서신을 이해하고픈 마음이 간절했다. 그런데 내 앞을 가로막는 게 딱 하나 있었다. "하나님의 의"라는 표현이었다. 이것을 하나님이 의로우며 불의한 자들을 의롭게 벌하신다는 뜻으로 받아들였기 때문이다.…나는 밤낮 숙고하고 또 숙고했으며…마침내 하나님의 의란 하나님이 은혜와 순전한 자비를 통해 믿음으로 우리를 의롭게 하시는 의라는 진리를 깨달았다. 그후 나 자신이 거듭나 열린 문을 지나 낙원으로 들어온 것을 느꼈다. 성경 전체가 새로운 의미를 띠었고 전에는 "하나님의 의"가 나를 미움으로 채웠으나 이제 내게 표현할 수 없이 달콤하고 더 큰 사랑이 되었다. 바울의 이 단락이 내게 하늘문이 되었다. (참조. Barend Klaas Kuiper, *Martin Luther: The Formative Years* [Grand Rapids: Eerdmanns, 1933], pp. 198-208)

수 세기 후, 성공회 사제 존 웨슬리(John Wesley, 1703-191)는 복음의 의미에 관해 마르틴 루터와 비슷한 혼란을 겪으며 진정한 구원의 체험을 좇고 있었다. 그는 1738년 5월 24일 수요일 밤에 일어난 일을 일기에 이렇게 썼다.

> 마음이 썩 내키지 않았으나 알더스게이트 가에서 열리는 모임에 참석했다. 그 모임에서 어떤 사람이 마르틴 루터의 로마서 서문을 읽었다. 8시 45분쯤, 그는 하나님이 그리스도를 믿는 믿음을 통해 마음에서 일으키시는 변화를 묘사하고 있었다. 내 마음이 이상하게 뜨거워졌다. 내 구원을 위해 그리스도를, 오직 그리스도만을 신뢰한다는 게 느껴졌다. 확신이 밀려왔다. 그리스도께서 나의 죄를, 나의 죄까지 제거하고 나를 죄와 사망의 법에서 구원하셨다는 것이었다.

장 칼뱅(Jean Calvin, 1509-1664)은 로마서의 중요성을 이렇게 평가했다. "누구라도 이 서신을 얼마간 알게 될 때, 성경의 감춰진 보화가 그에게 거의 모두 환히 드러난다"(*Commentaries on the Epistle of Paul to the Romans*[1] [Grand Rapids: Baker, 1979], p. 1). 마르틴 루터는 로마서가 "신약성경의 주요 부분이며 가장 순수한 복음"이라고 했다(*Commentary on the Epistle to the Romans*[Grand Rapids: Kregel, 1954], p. xiii) 저명한 스위스 성경 주석가 프레데릭 고데(Frederick Godet, 1812-1900)는 로마서를 "기독교 신앙의 대성당(cathedral)"이라고 불렀다(*Commentary on St. Paul's Epistle to the Romans*[New York: Funk & Wagnalls, 1883], p. 1).

유명한 16세기 성경 번역자 윌리엄 틴델(William Tyndale, 1494-1536)은 로마서 서문에 이렇게 썼다.

> 이 서신은 신약성경의 주요하고 가장 탁월한 부분이며, 가장 순수한 '유앙겔리온'(*euangelion*), 곧 복음이라는 기쁜 소식일 뿐 아니라 빛이요 성경 전체로 들어가는 길이다. 그러므로 나는 모든 그리스도인이 암송해 이 서신을 펼치지 않고서도 그 내용을 알 뿐 아니라 영혼의 일용할 양식을 대하듯 늘 이 서신에 잠겨 자신을 훈련해야 마땅하다고 생각한다. 그 누구라도 이 서신을 아무리 자주 읽어도 지나치지 않고 아무리 열심히 연구해도 지나치지 않다. 이 서신은 연구할수록 쉬워지고, 씹을수록 달콤해지며, 팔수록 귀한 것들이 나온다. 이렇듯 이 서신에는 큰 영적 보화들이 감춰져 있다. (*Doctrinal Treatises and Introductions to Different Portions of the Holy Scriptures by William Tyndale*, Henry Walter, ed. [Cambridge: University Press, 1848], p. 484)

대중적 성경강해자 도널드 그레이 반하우스(Donald Grey Barnhouse, 1895-1960)는 11년 동안 매주 한 차례 라디오로 로마서를 강해했다. 그는 이 사랑스런 서신에 대해 이렇게 썼다.

---

1 『칼빈주석 20, 로마서』, 박문재 옮김(CH북스, 2013).

과학자라면 모유가 인간이 아는 가장 완벽한 음식이라 말하고 모유의 모든 화학 성분을 분석한 자료를 당신에게 들이밀는지 모른다. 이를 테면, 모유에 포함된 각종 비타민의 목록과 모유의 열량 같은 것이다. 아기는 모유의 성분을 전혀 모른 채 모유를 먹고 날마다 조금씩 자라며 모유에 대해 아무것도 모른 채 웃고 성장한다. 하나님의 말씀에 담긴 심오한 진리도 다르지 않다. (*Romans: Volume 1: Man's Ruin 1:1-32* [Grand Rapids: Eerdmans, 1952], p. 3)

이런 말이 있다. 로마서는 가장 훌륭한 논리학자를 기쁘게 하고 완벽한 천재의 마음을 사로잡을 테지만 가장 겸손한 영혼을 눈물짓게 하고 가장 순수한 마음을 새롭게 할 것이다. 로마서는 당신을 주저앉힌 후 일으켜 세울 것이다. 로마서는 당신을 발가벗긴 후 영원하고 멋진 옷을 입힐 것이다. 로마서는 베드퍼드의 땜장이 존 번연 같은 사람을 영적 거장으로, 『천로역정』과 『거룩한 전쟁』을 저술하는 대문호로 바꾸었다.

로마서는 구약성경을 57회 정도 인용한다. 신약성경의 어느 책보다 많은 횟수다. 로마서는 여러 핵심 단어를 거듭 사용한다. 예를 들면, '하나님'(God) 154회, '율법'(law) 77회, '그리스도' 66회, '죄'(sin) 45회, '주'(Lord) 44회, '믿음'(faith) 40회 등이다.

로마서는 사람과 하나님에 관한 숱한 질문에 답한다. 로마서가 답하는 좀 더 의미 깊은 질문들이 있다. 하나님의 좋은 소식은 무엇인가? 예수님이 정말로 하나님인가? 하나님은 어떤 분인가? 어떻게 하나님이 사람들을 지옥에 보내실 수 있는가? 왜 사람들은 하나님과 그분의 아들 예수 그리스도를 거부하는가? 왜 세상에 온갖 거짓 종교와 우상이 있는가? 인간의 가장 큰 죄는 무엇인가? 왜 세상에 성도착, 증오, 범죄, 부정직을 비롯해 온갖 악이 존재하며, 왜 이러한 악이 그토록 널리 퍼져 걷잡을 수 없는가? 하나님이 사람들을 정죄하시는 기준은 무엇인가? 어떻게 복음을 전혀 듣지 못한 사람에게 영적 책임이 있을 수 있는가? 유대인이 이방인보다 믿어야 할 책임이 더 큰가? 누가 참 유대인인가? 유대인에게 어떤 영적 이점이라도 있는가? 인간은 그 자체로 얼마나 선한가? 인간은 그 자체로 얼마나 악한가? 하나님의 법을 완벽하게 지킬 수 있는 사람이 있는가? 인간은 자신이 죄인임을 어떻게 알 수 있는가? 죄인이 어떻게 하나님께 용서받고 의롭다 하심을 얻을 수 있는가? 그리스도인이 아브라함과 어떻게 연결되는가? 그리스도의 죽음이 갖는 중요성은 무엇인가? 그리스도의 부활이 갖는 중요성은 무엇인가? 그리스도께서 지금 하늘에 계신다는 것은 어떤 중요성을 갖는가? 그리스도께서 누구를 위해 [십자가에서] 돌아가셨는가? 어디서 인간은 참 평안과 소망을 찾을 수 있는가? 어떻게 모든 사람이 영적으로 아담과 연결되고 어떻게 신자들이 영적으로 예수 그리스도와 연결되는가? 은혜란 무엇이며 무엇을 하는가? 하나님의 은혜와 하나님의 법이 서로 어떻게 연결되는가? 어떻게 사람이 영적으로 죽고 다시 태어나는가? 그리스도인은 죄와 어떤 관계인가? 그리스도인의 삶에서 순종이 얼마나 중요한가? 그리스도인으로서 신실하게 사는 것이 왜 그렇게 치열한 싸움인가? 그리스도인은 얼마나 많은 본성을 갖는가?

이 외에도 질문이 더 있다. 성령께서 신자를 위해 무엇을 하시는가? 그리스도인과 하나님의 관계는 얼마나 친밀한가? 왜 고통이 있는가? 세상이 달라지기는 하겠는가? 선택(election)은 무엇이고 예정(predestination)은 무엇인가? 어떻게 그리스도인이 바르게 기도할 수 있는가? 신자의 구원은 얼마나 안전한가? 이스라엘을 향한 하나님의 현재 계획은 무엇인가? 이스라엘을 향한 하나님의 미래 계획은 무엇인가? 하나님은 왜, 무엇을 위해 이방인들을 선택하셨는가? 유대인들과 이스라엘을 향한 그리스도인들의 책임은 무엇인가? 참된 영적 헌신이란 무엇인가? 일반적으로 그리스도인들은 세상, 구원받지 못한 사람들, 다른 그리스도인들, 인간 정부와 어떤 관계인가? 참사랑은 무엇이며 어떻게 작동하는가? 그리스도인들은 그 자체로 옳지도 않고 그르지도 않은 중립적 문제들을 어떻게 다루는가? 참자유란 무엇인가? 교회의 일치가 얼마나 중요한가?

앞서 인용한 프레데릭 고데가 이렇게 외친 것은 놀랍지 않다. "오, 성 바울이여! 로마 신자들에게 편지를 쓰는 것이 당신의 유일한 일이었더라도 그 하나만으로도 당신은 모든 건전한 이성에게 소중히 여김을 받았을 것이다."[2]

로마서는 주후 1세기 사람들에게 말했을 때처럼 오늘 우리에게도 아주 강력하게 말한다. 도덕적 측면에서, 로마서는 간음, 음행, 동성애, 증오, 살인, 거짓말, 시민 불복종에 관해 말한다. 지성적 측면에서, 로마서는 육에 속한 사람(natural man)은 생각이 타락했기에 혼란스럽다고 말한다. 사회적 측면에서, 로마서는 우리가 서로 어떻게 연결되어야 하는지 말한다. 심리적 측면에서, 로마서는 사람들을 죄책의 짐(burden of guilt)에서 구해주는 참자유가 어디서 비롯되는지 말한다. 국가적 측면에서, 로마서는 인간 정부를 향한 우리의 책임을 말한다. 국제적 측면에서, 로마서는 이 땅의 궁극적 운명과 특히 이스라엘의 미래를 말한다. 영적 측면에서, 로마서는 미래의 희망을 제시함으로써 인간의 절망에 답한다. 신학적 측면에서, 로마서는 육과 영의 관계, 율법과 은혜의 관계, 행위와 믿음의 관계를 가르친다. 그러나 무엇보다도, 로마서는 심오하게도 하나님 바로 그분을 우리에게 모셔 온다.

이름 모를 시인이 감동적인 시로 로마서의 핵심을 잘 표현했다.

> 나의 하나님을 찾으러 후들대며
> 길고 어두운 계단을 올랐다.
> 한 계단 한 계단 올랐으나
> 미끄러져 다시 제자리였다.
> 조금도 나아가지 못했다.
> 손에 힘이 풀리고 의지가 약해지는데도
> 발버둥을 멈추지 않았다.
> 피 흘리며 하나님 앞까지 기어올랐을 때,
> 그분 가만히 미소 지을 뿐 날 주목하지 않으셨다.

---

2 이 인용문의 바로 앞부분은 이렇다. "오, 기독교여! 그대의 유일한 일이 성 바울을 배출한 것이었더라도, 그 하나만으로도 그대는 가장 차가운 이성에게 소중히 여김을 받았을 것이다."

그러다 한 순간
손에 힘이 빠져 굴러 떨어졌다.
맨 아래 계단까지 나뒹굴었다.
전혀 오르지 않은 것처럼 되었다.
거기 너부러져 절망할 때
계단에서 발걸음 소리 들렸다.
내가 두려워하고 비틀거리다 굴러 떨어져
쓰러져 있는 바로 그 계단에서.
보라, 희망이 사라졌을 때,
나의 하나님이 계단을 내려와 나에게 오셨다.

저자

놀라운 로마서 저자에 대해 어느 정도 먼저 알아야 한다. 그러지 않고서 로마서를 분명하게 이해하기란 불가능하다.

바울의 본명은 사울이었다. 이스라엘 초대 왕 사울의 이름을 딴 것이었다. 이름과 마찬가지로 그도 베냐민 지파였다(빌 3:5). 그는 다소에서 태어났다(행 9:11). 다소는 지금의 튀르키예에 위치한 길리기아 지방에 속했으며, 지중해 북동쪽 해안에서 멀지 않은 곳에 자리한 번성하는 도시였다. 다소는 그리스 학문과 문화의 중심지였으며, 로마제국에서 가장 뛰어난 세 대학 중 하나가 자리한 곳이었다. 사울은 이 대학에서 훈련받았을 것이다. 나중에 그는 예루살렘에서 랍비 가말리엘에게 훈련받았는데(행 22:3), 가말리엘은 힐렐의 손자였으며 시대를 초월해 가장 유명한 랍비일 것이다. 가말리엘은 율법을 체현했다는 평가를 받았다. 다시 말해, 가말리엘은 "율법의 아름다움"으로 자주 언급되었다. 그러므로 사울은 그리스(헬라) 문학과 철학뿐 아니라 랍비 율법에도 능통했다.

모세 율법에 따라, 사울은 태어난 지 여드레 만에 할례를 받았다(빌 3:5). 열세 번째 생일이 지나고 곧바로 예루살렘에 보내졌을 것이다. 열세 살은 유대인 소년이 성인으로 인정받는 나이였다. 가말리엘 밑에서, 사울은 랍비 전통, 특히 탈무드 전통에 따라 성경을 암송했을 테고 성경 해석법도 배웠을 것이다. 그가 바리새인이 된 것은 이렇게 예루살렘에 체류할 때였을 것이다. 그의 아버지는 로마 시민이었다. 그래서 그는 로마 시민으로 태어났다(행 22:28). 로마 시민권은 매우 값지고 유익한 자산이었다. 그러므로 사울은 고대 그리스-로마 사회와 유대 사회 양쪽 모두에서 최고의 신분증을 가졌다.

유대 관습에 따라, 사울은 아버지의 생업인 천막 제조업도 익혔다(행 18:3). 그는 예수님의 지상 사역 기간에 그분을 만난 적이 전혀 없었다. 이 사실에 비춰 볼 때, 그는 예루살렘에서 교육을 받은 후 다소로 돌아갔을 것이다. 그는 빼어난 훈련을 받았기에 의심할 여지 없이 다소에서 손꼽히는 회당의 지도자였을 테고, 천막을 만들어 생계를 꾸렸을 것이다. 그 자신의 설명에 따르면, 그는 열정적 율법주의자, "히브리인 중의 히브리인," 곧 속속들이 율법에 완전히 헌신된 사람이었다(빌 3:5-6).

새 "분파"가 그 가르침뿐 아니라 개종자들로 예루살렘을 채우고 있었다. 사울은 다소에 돌아가 있을 때 이 소식을 듣기 시작했을 것이다. 대다수 팔레스타인 유대 지도자처럼, 사울도 자신이 메시아라는 예수의 주장에 격분했고 이단일 게 뻔한 이 분파를 뿌리 뽑는 일에 뛰어들었다. 예루살렘에 돌아왔을 때, 사울은 여전히 청년이었으나 열정과 타고난 능력 덕에 교회 박해의 선봉에 서게 되었다. 이 과정에서 스데반이 돌에 맞아 죽었으나 사울은 이 사건 때문에 복음에 대해 마음이 누그러지기는커녕 오히려 훨씬 완악해져 "교회를 잔멸할새 각 집에 들어가 남녀를 끌어다가 옥에 넘겼다"(행 8:3).

누가는 이렇게 말한다. "사울이 주의 제자들에 대하여 여전히 위협과 살기가 등등하여"(행 9:1). 사울은 코에서 전쟁 냄새를 풍기는 군마 같아졌고, 기독교라면 사람이든 무엇이든 치를 떨었다. 그는 그리스도인들에게 사악한 하만, 곧 아하수에로 왕이 다스리는 거대한 바사(페르시아) 제국에서 유다인(유대인)을 씨알도 남기지 않으려 했던 "유다인의 대적"과 같은 존재가 되었다(에 3:8-10).

사울은 예루살렘과 유대 지역 신자들을 박해하는 데 만족하지 않고 한 발

더 나갔다. "대제사장에게 가서 다메섹 여러 회당에 가져갈 공문을 청하니, 이는 만일 그 도를 따르는 사람을 만나면 남녀를 막론하고 결박하여 예루살렘으로 잡아 오려 함이라"(행 9:1-2). 사울은 그리스도인들을 감옥에 가두고 처형하려는 열정에 사로잡혀 다메섹으로 가기 전에 이스라엘 바깥에 자리한 숱한 "외국 성"에까지 들러 그리스도인을 사냥했다(행 26:11을 보라).

그 당시, 다메섹 인구는 유대인 수천을 포함해 십오만 정도였을 것이다. 그러므로 사울이 말한 "다메섹 여러 회당"은(행 9:2) 십여 개 또는 그 이상이었을 수 있다. 다메섹은 수리아의 수도였고 예루살렘에서 북동쪽으로 250킬로미터 남짓한 거리였으며 걸어가면 적어도 6일이 걸렸다.

그런데 사울이 다메섹으로 가는 길에 엄청난 일이 일어났다. "사울이 길을 가다가 다메섹에 가까이 이르더니, 홀연히 하늘로부터 빛이 그를 둘러 비추는지라. 땅에 엎드러져 들으매, 소리가 있어 이르시되, 사울아 사울아 네가 어찌하여 나를 박해하느냐 하시거늘"(행 9:3-4). 여러 해 후, 바울은 아그립바 왕 앞에서 자신을 변호하면서 그때 예수님이 이렇게 덧붙이셨다고 했다. "가시채를 뒷발질하기가 네게 고생이니라"(행 26:14). 가시채는 길고 끝이 뾰족한 막대기였으며 소처럼 고집 센 가축을 모을 때 사용했다. 가축이 계속 움직이도록 가시채로 옆구리나 뒤꿈치 바로 위를 찔렀다. 그리스 문화에서 "가시채를 뒷발질하다"라는 표현은 흔히 신에게 맞선다는 의미로 사용되었으며, 사울은 다소에 살 때 이 표현을 자주 들은 게 틀림없다. 이 표현을 사용해, 예수님은 그리스도인을 박해하는 사울의 행위가 하나님에게 맞서는 행위임을 지적하셨다. 사울의 생각과는 정반대였다.

사울은 극도로 두려움에 휩싸인 채 하늘의 음성에 답해 "주여, 누구시니이까?"라고 물었다. 그러자 "나는 네가 박해하는 예수라"는 대답이 돌아왔다(행 9:5). 그 순간, 사울은 두려웠을 뿐 아니라 산산이 무너져 내린 게 틀림없다. 한편으로 자신이 하나님의 임재 앞에 있다는 사실이 두려웠고, 다른 한편으로 자신이 하나님을 섬기지 않고 오히려 공격해왔다는 사실을 깨닫고 산산이 무너졌다. 자신이 지금껏 흘린 피가 하나님 백성의 피였다는 사실을 깨닫고 엄청난 충격에 빠졌다. 그의 동족 이스라엘이 조롱하고 때리며 죽였던 예수, 사울이 곁에 서서 그의 죽음에 동의했던 스데반이 죽어가며 불렀던 예수, 사울 자신이 그 추종자들을 가두고 처형했던 예수가 그분의 주장처럼 참으로 하나님이었다. 이제 바울은 계시된 그분의 위엄이 내뿜는 강렬한 빛에 눈이 먼 채 그분 앞에 속수무책으로 서 있었다.

여러 해, 사울은 교회를 뿌리 뽑는 데 철저히 몰두했다. 그의 계획이 성공했다면 교회는 유아기에 죽어 자체의 피에 잠겼을 것이다. 주님이 곧바로 "너는 일어나 시내로 들어가라, 네가 행할 것을 네게 이를 자가 있느니라"고 덧붙이지(행 9:6) 않으셨다면, 사울은 자신의 죄가 너무나 엄청나다는 사실만으로도 두려워 죽었을 것이다. 여러 해 후, 그는 이 경험을 돌아보며 이렇게 선언했다.

> 나를 능하게 하신 그리스도 예수 우리 주께 내가 감사함은 나를 충성되이 여겨 내게 직분을 맡기심이니, 내가 전에는 비방자요 박해자요 폭행자였으나 도리어 긍휼을 입은 것은 내가 믿지 아니할 때에 알지 못하고 행하였음이라. 우리 주의 은혜가 그리스도 예수 안에 있는 믿음과 사랑과 함께 넘치도록 풍성하였도다. 미쁘다, 모든 사람이 받을 만한 이 말이여, 그리스도 예수께서 죄인을 구원하시려고 세상에 임하셨다 하였도다. 죄인 중에 내가 괴수니라. (딤전 1:12-15)

다메섹이 가까운 길에서, 사울은 기적적으로 영원히 변화되었다. 잠시 눈이 멀고 말을 못했지만, 그렇더라도 이 경험 중에 자신의 삶을 그리스도께 드렸다.

사울이 예수 추종자들을 없애는 데 아주 단단히 몰두했기에 어떤 그리스도인도 그에게 복음을 제대로 전하지 못했을 것이다. 오직 하나님만이 기적적으로 개입해 사울의 주의를 끄실 수 있었다. 사울이 하나님의 진리에 귀 기울이려면 먼저 산산이 부서져야 했다. 교회는 사울이 매우 두려웠다. 그래서 사울이 처음에 사도들을 방문하겠다고 했을 때 사도들조차 그와 말을 섞으려 들지 않았다. 이들은 다소의 사울이 그리스도의 제자일 수 있음을 도무지 믿을 수 없었다(행 9:26).

타고난 열심에 걸맞게도, 사울은 시력을 회복하자 곧바로 세례를 받았고,

그때껏 사흘을 먹지도 마시지도 않다가 비로소 음식을 얼마간 섭취했으며(9:9을 보라), "즉시로 [다메섹] 각 회당에서 예수가 하나님의 아들이심을 전파했다"(20절). 사울이 대제사장에게 받은 공문, 유대인 중에서 그리스도인들을 색출하고 결박해 예루살렘으로 압송하라는 공문의 수신처가 바로 이 회당들이었다. 그러니 사울의 말을 "듣는 사람이 다 놀라" 물은 것도 놀랍지 않다. "이 사람이 예루살렘에서 이 이름을 부르는 사람을 멸하려던 자가 아니냐? 여기 온 것도 그들을 결박하여 대제사장들에게 끌어가고자 함이 아니냐?"(21절).

놀라운 하나님의 조명으로, 사울은 회심하고 곧바로 자신에게 일어난 일을 증언할 뿐 아니라 복음을 아주 강력하게 변호할 수 있었고 "예수를 그리스도라 증언하여" 그와 논쟁하는 믿지 않는 유대인을 모두 당혹스럽게 했다(22절).

사울의 복음 선포는 매우 성공적이었다. 그래서 얼마 지나지 않아 그의 이전 공범들이 다메섹의 믿지 않는 유대인들과 합세해 그를 죽이려 계획했다. 이들은 대의를 저버린 배신자를 처단하기로 하고 "아레다 왕의 고관"에게서 정치적 · 군사적 지원을 받아냈다(고후 11:32). 그러나 계획이 어그러졌다. "그 계교가 사울에게 알려지니라. 그들이 그를 죽이려고 밤낮으로 성문까지 지키거늘 그의 제자들이 밤에 사울을 광주리에 담아 성벽에서 달아내리니라"(행 9:24-25).

바울 자신이 갈라디아서에서 설명하듯이, 그는 이 시점에 다메섹을 떠나 아라비아에 가서 3년을 지냈다(갈 1:17-18을 보라). 그곳에서 주님께 많이 배우고 직접 계시도 받았을 것이다. 앞서 갈라디아서에서 증언했듯이, 그가 전한 복음은 "사람의 뜻을 따라 된 것이 아니"었다. "이는 내가 사람에게서 받은 것도 아니요 배운 것도 아니요 오직 예수 그리스도의 계시로 말미암은 것"이기 때문이었다(갈 1:11-12).

사울은 당시 나바테 왕국의 아라비아에 머물며 "하나님의 신학교"에서 훈련받은 후 잠시 다메섹에 돌아갔다(갈 1:17). 아레다 왕의 고관이 연루된 것은 이 두 번째 방문 때였을 수 있는데, 사울이 아레다 왕이 다스리는 아라비아에서 복음을 전해 왕의 분노를 샀기 때문일 것이다. 그렇다면, 사울은 다메섹을 두 번째 탈출했으며, 이번에는 광주리를 타고 성벽을 내려갔다(고후 11:33을 보라).

이 3년이 지난 후에야, 사울은 예루살렘에 올라가 사도들을 만났다. 바나바가 그를 신뢰하며 자상하게 중재했고(행 9:27), 마침내 사도들은 사울을 참신자로 인정하고 받아들였다.

사울의 생애에서 이 기간에 일어난 일들의 시간을 정확히 특정할 수는 없다. 그러나 사울은 예루살렘에서 15일을 베드로와 함께 지냈으며(갈 1:18), 이때 다른 사도들을 만나 소통했을 수도 그러지 않았을 수도 있다. 그는 곧 예루살렘에서 전하고 가르치기 시작했고 헬라파 유대인들과 아주 격렬하게 논쟁했다. "헬라파 유대인들과 함께 말하며 변론하니 그 사람들이 죽이려고 힘쓰거늘, 형제들이 알고 가이사랴로 데리고 내려가서, [그의 고향] 다소로 보내니라"(행 9:29-30). 그는 다소를 비롯해 길리기아 여러 곳에 교회를 세웠을 것이며, 우리가 알듯이, 나중에 주님께서 그를 사용해 이 지역의 교회들을 견고하게 하셨다(행 15:41).

예루살렘교회는 수리아 안디옥교회를 정비하도록 바나바를 파견했다. 바나바는 한동안 안디옥교회를 섬기다가 사울에게 도움을 청하기로 했다. "바나바가 사울을 찾으러 다소에 가서 만나매 안디옥에 데리고 와서 둘이 교회에 일 년간 모여 있어 큰 무리를 가르쳤고." 바로 이 시기에 안디옥에서, 바울과 바나바가 공동 목회를 할 때 제자들이 "비로소 그리스도인이라 일컬음을 받게 되었다"(행 11:22-26).

아가보의 예언대로 세계적 기근이 일어났을 때, 안디옥교회는 유대 지역 신자들을 돕기 위해 교인들에게 연보를 받았다. 당시 유대 지역 신자들은 도움이 절실했다. 안디옥교회는 이 연보를 "바나바와 사울의 손으로 [예루살렘] 장로들에게 보냈다"(행 11:28-30).

안디옥교회는 성장하면서 선지자들과 교사들을 세웠고, 마침내 성령께서 이 지도자들에게 "내가 불러 시키는 일을 위하여 바나바와 사울을 따로 세우라" 명하셨으며 이들이 "이에 금식하며 기도하고 두 사람에게 안수하여 보냈다"(행 13:1-3). 여전히 사울이라 불렸던 바울은 바로 이때 이방인의 사도로서 자신만의 특별한 사역을 시작했다.

저술 장소와 시기

바울은 세 차례에 걸쳐 광범위한 선교여행을 했으며(행 13:4-21:17), 그 후 황제 앞에서 재판을 받으려고 로마를 향해 마지막 여정에 올랐다(27:1-28:16). 3차 선교여행 때, 바울은 고린도를 세 번째 방문했다. 고린도는 아가야 지방(지금의 남부 그리스)에 자리한 번성하지만 악하기 이를 데 없는 항구 도시였다. 바울은 궁핍한 팔레스타인 신자들을 위해 또다시 연보를 모으려고 고린도에 머물던 이 시기에(롬 15:26) 로마교회에 보내는 편지를 썼을 것이다.

여러 주석가들의 면밀한 연구와 사도행전과 로마서 자체가 제시하는 연대기 자료를 정리한 후 얻은 결론은 로마서 저술 시기가 주후 58년 이른 봄, 바울이 오순절 이전에 도착하려고(행 20:16) 예루살렘을 향해 떠나기 직전이었다는 것이다(롬 15:25).

저술 목적

바울은 로마서를 쓴 목적을 여러 번 언급한다. 첫째, 그는 로마교회 방문을 여러 차례 원했으나 그때껏 길이 막혔다(롬 1:13). 바울은 로마에 가길 원했던 이유를 이렇게 설명한다. "[내가] 어떤 신령한 은사를 너희에게 나누어 주어 너희를 견고하게 하려 함이니"(11절). 로마가톨릭교회의 가르침과 반대로, 로마교회는 베드로나 다른 어떤 사도가 세운 것이 아니었다. 바울은 이 서신 말미에 "남의 터 위에 건축하지 아니하려"는 자신의 결심을 분명하게 밝힌다(롬 15:20). 다시 말해, 다른 사도나 그리스도인 지도자가 세운 신앙공동체를 가르치고 이끌지 않겠다는 것이다.

로마교회는 유대에서 로마로 이주한 유대인 그리스도인 그룹이 세웠을 것이다. 오래전부터 로마에 그리스도인들이 있었을 수 있다. 그들은 오순절에 "로마로부터 온 나그네 곧 유대인과 유대교에 들어온 사람들" 중에 회심한 사람들로(행 2:10), 성령 강림을 목격했고 사도들이 자신들의 모국어로 말하는 것을 들었으며 베드로의 강력한 설교를 들은 사람들이었을 것이다. 그렇다면 이들은 그날 믿고 세례를 받은 삼천 명에 포함되었을 것이다(41절).

어쨌든, 로마 신자들은 헌신되고 신실한 그룹이었고 로마제국의 전략적 중심부에 살았으나 사도의 전파나 가르침을 받는 혜택을 누리지 못했다. 바울은 로마를 방문해 한동안 이들과 함께 지내며 이들을 가르치고 격려함으로써 이러한 결핍을 채워주고 싶었다.

또한, 바울은 "로마에 있는 너희에게도 복음 전하기를 원하노라"며 간절한 바람을 표현했듯이 로마에서도 복음을 전하고 싶었다(롬 1:15).

이러한 이유들 외에, 바울은 자신을 위해서도 로마에 가고 싶었다. "이는 곧 내가 너희 가운데서 너희와 나의 믿음으로 말미암아 피차 안위함을 얻으려 함이라"(롬 1:12). 다시 말해, 바울은 그리스도를 위해서 뿐 아니라 교회를 위해, 잃은 자들을 위해, 자신을 위해 로마에 가고 싶었다.

바울은 자신이 로마 신자들을 알게 되고 그들이 자신을 알게 되길 간절히 바랐다. 무엇보다도, 바울은 로마 신자들이 자신을 알게 되어 자신을 위해 기도할 수 있길 바랐다. 로마 신자들 대다수는 바울에게 낯선 사람이었다. 그렇더라도 바울은 서신 말미에 이렇게 간청한다. "형제들아, 내가 우리 주 예수 그리스도와 성령의 사랑으로 말미암아 너희를 권하노니, 너희 기도에 나와 힘을 같이하여 나를 위하여 하나님께 빌어…나로 하나님의 뜻을 따라 기쁨으로 너희에게 나아가 너희와 함께 편히 쉬게 하라"(롬 15:30, 32).

바울이 로마 신자들이 자신을 알게 되길 바랐던 또 다른 이유가 있다. 바울은 로마에 머문 뒤 스페인에 가서 복음을 전하길 원했는데, 여기에 필요한 경비를 로마 신자들이 기꺼이 후원해주길 바랐다(15:28).

바울이 로마교회에 보낸 서신은 무엇보다도 사도로서 자신을 소개하는 글이었다. 바울은 자신이 전하고 가르치는 복음을 분명하게 제시한다. 그래야 로마 신자들이 그의 권위를 완전히 확신할 터였다. 바울이 펜을 들어 이 기념비적인 서신을 쓴 것은 로마 신자들을 진리 안에 굳게 세우고 자신이 진정 예수 그리스도의 참 사도임을 보여주기 위해서였다.

바울이 마침내 로마에 갈 때, 경비를 부담한 것은 로마 정부였다. 바울은 예루살렘 대제사장들을 비롯해 유대 지도자들이 자신을 고소하자 로마 시민으로서 황제에게 재판을 받겠다고 고집했기 때문이다(행 25:2, 11). 그러므로 바울은 로마에서 죄수 신분으로 사역했고 이러한 감금 상태에서 빌립보서를 썼는데, 그 서신에서 "가이사의 집 사람들"의 문안을 전했다(빌 4:22). 바울이 에베소서(엡 3:1; 6:20), 골로새서(골 4:10), 빌레몬서를 쓴 곳도 로마였을 것이다(몬 1).

복음은 바울의 사역 중에, 그의 사역을 통해 가늠할 수 없는 엄청난 승리를 거두었다. 그러나 이 놀라운 사람에게 에너지를 공급하고 그를 사용해 우리의 상상을 까마득히 뛰어넘는 일을 성취하신 것은 하나님의 영이었다. 역사가들은 사도 시대가 끝날 무렵 그리스도인이 대략 오십만 명이었으리라 추측한다. 이들 중에 얼마나 많은 사람이 직간접적으로 바울의 수고를 통해 주님께 돌아왔는지 하나님만 아신다. 그 후 지금까지, 주님은 여전히 바울이 성령의 감동으로 쓴 서신들을 사용해 잃은 자들을 되찾고 무수한 신자들을 세우며 이들에게 힘을 주고 이들을 격려하며 바로잡으신다. 하나님은 "그의 아들을[그리스도를] 이방에 전하기 위하여" 어머니 뱃속에서부터 바울을 구별하셨다(갈 1:15-16).

바울의 인물

육체적으로, 바울은 매력이 없었다(예를 들면, 고후 10:10과 갈 4:14을 보라). 바울은 키가 작고, 숱하게 채찍에 맞고 돌에 맞아 얼굴과 몸에 흉터가 남은 모습으로 그려진다. 바울은 육체적 외양이 어떠했든 간에 영적 신장과 풍채는 하나님의 종들 중 그 누구에게도 뒤지지 않았던 게 분명하다.

바울은 하나님이 그를 사용하실 수 있었던 개인적 특성들이 있었다. 분명히, 바울은 성경적 마인드를 가졌다. 그는 하나님 말씀으로 충만했다. 바울 당시, 하나님의 말씀이란 구약성경을 말한다. 그의 놀라운 지성은 히브리어 성경에 늘 몰두했으며, 하나님 자신과 그분의 뜻을 드러내는 이전 계시로부터 쉼 없이 가르침을 받았다.

예를 들면 로마서에서, 바울은 아브라함을 아주 능숙하게 말한다. 그는 은혜와 율법의 관계를 이해했고 육과 영의 관계도 이해했다. 바울은 이러한 진리를 가르치면서 모세, 호세아, 이사야, 다윗 등의 글을 토대로 사용했다. 율법서와 관련해, 바울은 자신이 창세기, 출애굽기, 레위기, 신명기에 매우 정통함을 입증한다. 그는 예레미야와 말라기를 인용하고 다니엘을 암시한다. 요엘 2장과 나훔 1장을 인용하며, 사무엘상, 열왕기상, 에스겔 37장을 언급한다. 바울의 생각과 가르침은 구약성경과 끊임없이 교차하며 그중에서도 이사야서와 가장 빈번하게 교차하는데, 그는 이사야의 예언들에 능통했던 게 분명하다.

바울은 이사야 28:16을 인용하며 이렇게 선언한다. "보라, 내가 걸림돌과 거치는 바위를 시온에 두노니, 그를 믿는 자는 부끄러움을 당하지 아니하리라"(롬 9:33; 참조. 10:11). 몇 절 뒤에서, 바울은 이사야 52:7을 인용하며 말한다. "기록된 바, 아름답도다 좋은 소식을 전하는 자들의 발이여 함과 같으니라"(10:15). 11장에서, 그는 열왕기상 19:10에 관해 수사의문문으로 묻는다. "너희가 성경이 엘리야를 가리켜 말한 것을 알지 못하느냐?"(2절). 11장에서 두 번 더, 바울은 특정되지 않은 성경 구절을 토대로 자신의 말에 힘을 실으며, 각각의 인용을 "기록된 바"로 시작한다(8, 26절; 참조. 신 29:4; 시 69:22-23; 사 27:9; 59:20-21). 로마서 전체에서, 바울은 끊임없이 성경의 권위에 호소한다(예를 들면, 12:19; 14:11; 15:3).

바울의 성경적 사고는 단호하고 결의에 찬 선교 의식과 결합하였으며, 그의 선교 의식은 결코 가장자리로 밀려나거나 엇나가지 않았다. 바울은 매를 맞으면서도 사역을 계속했고, 옥에 갇히면 복음을 전할 기회로 삼았다(행 16:22-25). 바울이 복음을 전했다는 이유로 돌에 맞아 죽도록 버려졌을 때, 하나님이 그를 일으키셨고 그는 자신의 길을 계속 갔다(행 14:19-20). 늦은 밤, 바울의 긴 설교를 듣던 사람이 지쳐 창문에서 떨어져 죽었을 때, 바울은 나가서 그를 살린 후 메시지를 계속 전했다(행 20:9-12).

예루살렘에서 로마까지, 가이사랴에서 마게도냐의 빌립보까지, 바울은 당시 로마제국의 많은 지역을 여행했다. 그는 기초를 놓는 자였으며, 약 20년 동안 확신을 품고 지칠 줄 모르며 복음을 선포했다. 에베소교회 장로들이 그를 만나러 밀레도에 왔을 때, 바울은 이들을 위로하고 경고하며 말했다. "오직 성령이 각 성에서 내게 증언하여 결박과 환난이 나를 기다린다 하시나 내가 달려갈 길과 주 예수께 받은 사명, 곧 하나님의 은혜의 복음을 증언하는 일을 마치려 함에는 나의 생명조차 조금도 귀한 것으로 여기지 아니하노라"(행 20:23-24).

바울은 고린도교회에 보낸 편지에서 이렇게 말했다. "내가 복음을 전할지라도 자랑할 것이 없음은 내가 부득불 할 일임이라. 만일 복음을 전하지 아니하면 내게 화가 있을 것이로다"(고전 9:16). 나중에 바울은 고린도교회에 보낸 다른 편지에 이렇게 썼다.

> 그들이 그리스도의 일꾼이냐? 정신없는 말을 하거니와 나는 더욱 그러하도다. 내가 수고를 넘치도록 하고 옥에 갇히기도 더 많이 하고 매도 수없이 맞고 여러 번 죽을 뻔 하였으니, 유대인들에게 사십에서 하나 감한 매를 다섯 번 맞았으며, 세 번 태장으로 맞고, 한 번 돌로 맞고, 세 번 파선하고, 일주야를 깊은 바다에서 지냈으며, 여러 번 여행하면서 강의 위험과 강도의 위험과 동족의 위험과 이방인의 위험과 시내의 위험과 광야의 위험과 바다의 위험과 거짓 형제 중의 위험을 당하고, 또 수고하며 애쓰고 여러 번 자지 못하고 주리며 목마르고 여러 번 굶고 춥고 헐벗었노라. 이 외의 일은 고사하고 아직도 날마다 내 속에 눌리는 일이 있으니, 곧 모든 교회를 위하여 염려하는 것이라. (고후 11:23-28)

바울은 이 모든 일을 비롯해 숱한 일을 겪은 후 로마서를 썼다. 그는 젊은 후배 디모데에게 이렇게 권면했다. "너는 모든 일에 신중하여, 고난을 받으며, 전도자의 일을 하며, 네 직무를 다하라." 그런 후 자신을 이렇게 말했다. "전제와 같이 내가 벌써 부어지고 나의 떠날 시각이 가까웠도다. 나는 선한 싸움을 싸우고 나의 달려갈 길을 마치고 믿음을 지켰으니"(딤후 4:5-7).

바울은 진리와 선교에 헌신했지만 거대한 불길 같은 하나님의 사랑이 자신이 행하고 말하며 쓰는 모든 것에 스며드는 것도 느꼈다. 하나님을 향한 그의 깊은 사랑, 믿음의 형제들을 향한 그의 사랑, 믿지 않는 인류, 특히 동족 유대인을 향한 그의 사랑을 빼놓고는 대 사도를 이해할 수 없다. 그는 이스라엘을 변함없이 사랑했고 이들의 구원을 깊이 갈망했기에 더없이 진심으로 말할 수 있었다. "나의 형제, 곧 골육의 친척을 위하여 내 자신이 저주를 받아 그리스도에게서 끊어질지라도 원하는 바로라"(롬 9:3).

바울이 교회 안에 있는 영적 형제자매를 향해 품은 사랑이 로마서 전체에서 분명하게 드러난다. 16장에서, 바울은 거의 처음부터 끝까지 연이어 인사를 건넨다. 이들은 특히 바울에게 소중했던 다양한 신자인데, 그를 섬겼던 사람들과 그가 섬겼던 사람들이 포함된다.

바울은 하나님의 계시뿐 아니라 깊은 개인 경험을 토대로 이렇게 말했다. "우리에게 주신 성령으로 말미암아 하나님의 사랑이 우리 마음에 부은 바 됨이니"(롬 5:5). 마찬가지로 그는 이렇게 선언했다. "누가 우리를 그리스도의 사랑에서 끊으리요? 환난이나 곤고나 박해나 기근이나 적신이나 위험이나 칼이랴?…그러나 이 모든 일에 우리를 사랑하시는 이로 말미암아 우리가 넉넉히 이기느니라"(롬 8:35, 37). 앞서 말했듯이, 서신 말미에서 바울은 자신의 서신을 읽는 사람들에게 권면한다. "형제들아, 내가 우리 주 예수 그리스도와 성령의 사랑으로 말미암아 너희를 권하노니, 너희 기도에 나와 힘을 같이하여 나를 위하여 하나님께 빌어"(롬 15:30).

모든 신자가 그래야 하듯이, 바울은 그리스도의 사랑에 완전히 휘어 잡혔다(고후 5:14을 보라). 그는 하나님의 사랑을 이해하고 경험할수록 하나님을 더 사랑했다.

그러나 무엇보다도, 바울이 살며 일하는 것은 하나님을 영화롭게 하기 위해서였다. 그는 하나님에 대해 이렇게 썼다. "이는 만물이 주에게서 나오고 주로 말미암고 주에게로 돌아감이라. 그에게 영광이 세세에 있을지어다. 아멘"(롬 11:36; 고전 10:31도 참조하라). 바울은 자신의 편지를 읽는 사람들에게 이와 똑같은 바람과 목적을 품으라고 권면했다. "한마음과 한 입으로 하나님 곧 우리 주 예수 그리스도의 아버지께 영광을 돌리게 하려 하노라"(롬 15:6). 특별히 선택된 이방인의 사도로서, 바울의 큰 열망은 이방인들이 "그 긍휼하심으로 말미암아 하나님께 영광을 돌리는" 것이었다(15:9). 마지막 절에서, 바울은 이 서신을 사실상 "지혜로우신 하나님께 예수 그리스도로 말미암아[예수 그리스도를 통해]" 헌정하며 그 하나님께 "영광이 세세 무궁하도록 있을지어다"라고 축언한다(롬 16:27).

도널드 그레이 반하우스가 지적했듯이, "바울은 자신이 건짐을 받은 구덩이를 결코 잊을 수 없었다"(*Man's Ruin: Romans 1:1-32*[Grand Rapids: Eerdmans, 1952], p. 8). 바울은 자신과 자신의 일을 늘 있는 그대로 겸손하게 보았다.

바울은 예수 그리스도께 완전히 헌신했기에 자신의 편지를 읽는 사람들에게 자신 있게, 그러나 더없이 겸손하게 권면할 수 있었다. "내가 그리스도를 본받는 자가 된 것 같이 너희는 나를 본받는 자가 되라"(고전 11:1; 참조. 4:16). "형제들아, 너희는 함께 나를 본받으라"(빌 3:17; 참조. 행 20:18-24; 살후 3:7-9).

바울 이후, 모든 복음 전파자는 그의 가르침을 토대로 복음을 선포했다. 신약성경의 열세 책을 바울이 썼으며, 이것들은 이 놀라운 사람이 성령에 감동되어 남긴 유산이다.

1

하나님의 좋은 소식 I
(1:1)

예수 그리스도의 종 바울은 사도로 부르심을 받아 하나님의 복음을 위하여 택정함을 입었으니, (1:1)

신문을 휙 훑어보거나 주간지를 빠르게 넘겨만 보더라도 우리가 사는 세상의 대다수 뉴스는 이미 나쁠 뿐 아니라 점점 더 나빠지고 있음을 금방 알 수 있다. 온 나라와 온 세계에서 일어나는 일은 개개인에게 일어나는 일의 확장판일 뿐이다. 개개인의 문제와 적대감과 두려움이 점점 커지며, 이에 상응해 사회의 문제와 적대감과 두려움도 점점 커진다.

인간은 무서운 힘에 사로잡혀 있으며, 그 힘이 인간 존재의 중심을 사로잡고 있다. 그 힘은 통제되지 않기에 인류를 이렇게 저렇게 자멸로 몰아간다. 그 힘은 바로 죄이며, 죄는 언제나 나쁜 소식이다.

죄는 모든 면에서 나쁜 소식이다. 죄의 결과 중에 피할 수 없는 네 부산물이 있으며, 이것들 때문에 세상은 비참함과 슬픔을 면치 못한다. 첫째, 죄의 핵심은 이기심이다. 타락한 인간 본성의 기본 요소는 자신, 곧 "자아"를 높이는 것이다. 사탄은 타락했을 때, 자기 뜻을 하나님의 뜻 위에 두었으며, 다섯 차례 "내가…하리라"(I will)고 선언했다(사 14:13-14).[3] 아담과 하와가 옳고 그

3 But you said in your heart, 'I **will** ascend to heaven; **I will** raise my throne above

름에 대한 자신들의 판단을 하나님의 분명한 지시 위에 두었을 때, 인간은 동일한 자기 의지로 타락했다(창2:16-17; 3:1-7).

본성적으로, 인간은 자신을 중심에 두고 자신의 길을 고집하는 경향이 있다. 환경이 허용하고 사회가 용납하는 극단까지, 인간은 이기심을 몰아붙인다. 자기 의지가 재갈이 물리지 않을 때, 인간은 주변 모든 사람과 모든 것을 소비해 끝 간 데 없이 자신을 기쁘게 하려 한다. 친구나 직장 동료나 심지어 배우자라도 그가 원하는 것을 더는 주지 못하면 헌신짝처럼 버린다. 현대 서구사회의 많은 부분이 자존감과 자기 의지로 넘쳐나기에 사실상 모든 욕망을 옳다고 여기게 되었다.

오늘날 숱한 사람이 추구하는 인생의 궁극적 목적은 끊임없는 자기만족에 지나지 않는다. 그래서 과연 자신의 목적과 행복에 보탬이 될 수 있느냐가 모든 대상과 관념과 환경과 사람을 보는 기준이다. 사람들이 부와 소유와 명예와 지배와 인기와 육체적 만족을 향한 욕망에 떠밀려 자신이 소유한 모든 것과 자신이 아는 모든 사람을 악용한다. 직장은 자신의 방종에 돈을 대는 필요악에 지나지 않게 되었다. 자주 언급되듯이, 사람을 사랑하고 물건을 이용하기보다 물건을 사랑하고 사람을 이용할 위험이 끊이지 않는다. 이 유혹에 굴복하면 안정되고 성실한 인간관계가 불가능해진다. 자기 의지와 자기 성취에 함몰되면 갈수록 사랑하지 못하게 된다. 소유욕이 커질수록 나누려는 마음이 시들해지기 때문이다. 이기심 때문에 이타심을 버린다면 참 기쁨의 근원을 잃는다.

이기적 탐욕은 가장 가깝고 소중한 사람들을 비롯해 모든 사람을 점점 멀리한다. 이기적 탐욕의 마지막은 외로움과 절망이다. 갈망하는 모든 것은 수

---

the stars of God, And **I will** sit on the mount of assembly In the recesses of the north. **I will** ascend above the heights of the clouds; I will make myself like the Most High.' (사 14:13-14, NASB) (그러나 너는 네 마음에 이르기를, '**내가** 하늘에 올라**가리라**. **내가** 내 보좌를 하나님의 별들보다 높은 곳에 세우**리라**. 그리고 **내가** 북쪽 끝 집회 산 위에 앉으**리라**. **내가** 높은 구름들보다 높이 올라가**리라**. **내가** 나를 지극히 높으신 분 같게 **하리라**.')

확체감의 법칙[4]에 매이며 소유할수록 만족이 줄어든다.

둘째, 죄는 죄책감을 낳는다. 이것은 또 다른 형태의 나쁜 소식이다. 아무리 설득력 있게 정당화하려 해도, 이기심은 대상, 곧 사물과 사람을 악용할 수밖에 없기에 죄책감을 낳을 수밖에 없다.

신체적 고통처럼, 죄책감도 하나님이 주시는 경고, 뭔가 잘못되었으니 바로잡아야 한다는 경고다. 무시하거나 억누르면, 죄책감은 점점 커지고 강해져 불안과 두려움과 불면을 비롯해 온갖 영적 고통과 신체적 고통을 수반한다. 많은 사람이 소유, 돈, 술, 마약, 섹스, 여행, 심리분석 등으로 이러한 고통을 가려 극복하려 한다. 이들은 사회, 부모, 불우한 어린 시절, 환경, 엄격한 도덕률, 심지어 하나님을 탓함으로써 자신의 죄책감을 누그러뜨리려 한다. 그러나 다른 사람이나 대상을 탓하는 것은 무책임하며, 죄책감과 이에 수반되는 고통을 키울 뿐이다.

셋째, 죄는 무의미를 낳으며, 이것도 또 다른 형태의 나쁜 소식으로 우리 시대에 돌림병처럼 퍼져 있다. 이기심에 갇혀 방종하며 사는 사람은 목적의식이 없고 삶의 의미도 없다.

삶은 채울 수 없는 공허함을 채우려 애쓰는 끝없는 쳇바퀴 질이 된다. 그 결과는 헛됨과 절망이다. "왜 내가 여기 있는가? 삶의 의미는 무엇인가? 진리는 무엇인가?" 이런 사람은 세상에서 이러한 질문의 답을 찾지 못하고 사탄의 거짓말을 발견할 뿐이다. 그러나 사탄은 거짓말의 원조이며 이 세상 체제의 임금이다(참조. 요 8:44; 고후 4:4). 그는 에드나 빈센트 밀레이(Edna St. Vincent Millay, 1892-1950)의 시 "비가"(Lament)에 나오는 표현을 빌려 이렇게 말할 수 있을 뿐이다. "삶은 계속되어야 한다. 왜 그래야 하는지는 잊었지만."[5] 또는

---

4 수확 체감의 법칙(the law of diminishing returns)이란 일정한 토지에 노동력을 투입할 때 수확량이 투입된 노동력을 따라가지 못하는 현상을 말한다.

5 「비가」에서 이 구절이 나오는 연은 다음과 같다.
Life must go on Though good men die.
Ann, eat your breakfast; Dan, take your medicine.
Life must go on; I forget just why.
삶은 계속되어야 한다. 좋은 사람들이 죽지만.

장-폴 사르트르(Jean-Paul Sartre, 1905-1980)의 소설에 등장하는 주인공을 따라 허무주의자처럼 이렇게 말할 수도 있겠다. "남아도는 존재를 하나라도 제거하기 위해 나 자신을 죽이기로 했다."[6]

넷째, 죄는 절망을 낳으며, 이것도 나쁜 소식이다. 절망은 무의미의 동반자다. 병적으로 이기적인 사람은 이 세상과 다음 세상을 향한 희망을 상실한다. 스스로 부정할는지 몰라도 죽음이 끝이 아님을 의식한다. 그러므로 희망 없는 죄인에게 죽음은 궁극적으로 가장 나쁜 소식이다.

매일 수많은 아이가 나쁜 소식이 넘쳐나는 세상에 태어난다. 현대사회에 스며든 이기심은 끝도 없다. 그래서 훨씬 많은 아이들이 세상에 태어나지도 못한다. 이 비극만으로도 현대사회의 나쁜 소식이 헤아릴 수 없이 더 나빠진다.

좋아 보이는 토막 소식도 들린다. 그러나 이것들은 나쁜 소식 사이에서 끼어드는 짧은 휴식에 지나지 않으며, 때로 겉보기에 좋은 소식이 나쁜 소식을 숨기는 것에 지나지 않는다. 누군가 비웃듯 말했다. 평화 조약은 모두가 재장전할 시간을 벌어줄 뿐이다!

그러나 바울이 로마 신자들에게 쓴 서신의 핵심은 좋은 소식, 참으로 좋은 소식이 있다는 것이다. 바울은 사실 "이방인을 위하여 그리스도 예수의 일꾼이 되어 하나님의 복음의 제사장 직분"을 수행했다(롬 15:16). 그는 좋은 소식을 전했다. 그리스도 안에서 모든 죄를 용서받을 수 있고 이기심이 극복될 수 있으며 죄책이 제거될 수 있고 불안이 사라질 수 있으며 삶에 참 희망과 영원한 영광이 깃들 수 있다는 것이다.

바울은 로마서에서 좋은 소식에 대해 다양한 방식으로 말한다. 각 방식은 영적 보석의 고유하고 아름다운 면을 강조한다. 바울은 이것을 복된 좋은 소식(복음), 구원의 좋은 소식, 예수 그리스도의 좋은 소식, 하나님의 아들의 좋

앤, 아침을 먹어라. 댄, 약을 먹어라.
삶은 계속되어야 한다. 왜 그런지는 잊었지만.

6 사르트르의 소설 『구토』에 나오는 구절이다.

은 소식, 하나님의 은혜의 좋은 소식이라 부른다. 로마서는 좋은 소식에서 시작해(롬 1:1) 좋은 소식으로 끝난다(롬 16:25-26).

로마서 전체 열여섯 장의 핵심이 1:1-7에 응축되어 있다. 바울은 자신이 전하는 좋은 소식을 더없이 기뻐하는 게 분명하다. 그래서 자신이 수신자들에게 말하려는 핵심을 뒤로 미뤄둘 수 없었다. 그는 곧바로 핵심을 제시했다.

로마서 1:1-7에서, 바울은 예수 그리스도의 좋은 소식이 갖는 일곱 측면을 제시한다. 무엇보다 먼저, 바울은 자신을 이 좋은 소식의 전파자로 정의한다(1절). 이 부분을 이 책 1장에서 살펴보겠다. 뒤이어, 바울은 좋은 소식의 약속(2절), 좋은 소식의 그분(the Person, 3-4절), 좋은 소식이 주는 것(5a절), 좋은 소식의 선포(5b절)와 목적(5c절), 좋은 소식의 특권을 제시한다(6-7절).

좋은 소식의 전파자

예수 그리스도의 종 바울은 사도로 부르심을 받아 하나님의 복음을 위하여 택정함을 입었으니, (1:1)

하나님은 독특한 사람을 불러 그분의 영광스러운 좋은 소식의 주 대변인을 삼으셨다. **바울**은 이를테면 복음을 전하는 하나님의 핵심 대언자였다. 그는 놀라운 은사를 가진 사람이었다. 다시 말해, 그는 하나님의 은혜로 "그리스도의 비밀을 깨달은" 사람이었으며(엡 3:4), "이 비밀은 만세와 만대로부터 감추어졌던 것인데 이제는 그의 성도들에게 나타났다"(골 1:26). 하나님이 헬라 교육을 받았고 로마 시민권을 가졌으며 지도력이 출중하고 의욕이 넘치며 표현력이 빼어난 유대인을 특별히 직접 불러 회심시키고 그에게 은사를 주셨다.

그리스도의 좋은 소식을 전하는 하나님의 대사로서, **바울**은 로마제국의 많은 지역을 돌아다녔다. 그는 숱한 치유 이적을 행했으나 정작 자신은 육체의 가시로부터 놓임을 받지 못했다. 그는 죽은 유두고를 살렸으나 정작 자신은 죽도록 방치된 적도 있었다. 그는 그리스도 안에서 누리는 자유를 선포했으나 여러 해 사역하면서 옥에 갇혔다.

1절에서, 바울은 자신의 사역과 관련해 자신에 관해 중요한 세 가지를 밝힌다. 곧, 그리스도의 종으로서 자신의 위치, 그리스도의 사도로서 자신의 권위, 그리스도의 복음을 위해 구별된 자신의 능력이다.

바울의 위치, 그리스도의 종

예수 그리스도의 종 (1:1a)

'둘로스'(*doulos*, **bond-servant, 종**)는 기본 개념이 종속이며, 폭넓은 의미를 내포한다. 이 용어는 때로 자원해 타인을 섬기는 자에게 사용되었지만 어쩔 수 없이 영구히 속박된 사람을 가리키는 게 가장 일반적이었다. 죽을 때까지 이 속박에서 벗어날 수 없는 경우가 허다했다.

상응하는 히브리어 '에베드'(*'ebed*)는 구약성경에서 수백 회 사용되며 역시 폭넓은 의미를 내포한다. 모세 율법에, 고용된 종(servant)이 주인을 사랑하고 존경해서 자원해 영구히 그 주인의 종(bond-servant)이 되는 것에 관한 규정이 있다. "만일 종이 분명히 말하기를 내가 상전과 내 처자를 사랑하니 나가서 자유인이 되지 않겠노라 하면 상전이 그를 데리고 재판장에게로 갈 것이요 또 그를 문이나 문설주 앞으로 데리고 가서 그것에다가 송곳으로 그의 귀를 뚫을 것이라. 그는 종신토록 그 상전을 섬기리라"(출 21:5-6).

바울이 로마서 1:1에서 사용하는 '둘로스'라는 용어는 본질적으로 이 관습을 반영한다. 바울은 자신을 죄와 죽음에서 구원하신 주인(divine Master)을 사랑해 진심으로 자신을 그분께 드렸다.

신약 시대, 로마제국은 노예가 수백만 명이었으며 그 가운데 절대다수는 법에 따라 강제로 노예가 되어 살았다. 교육을 많이 받고 유능한 노예들은 집안이나 사업장에서 중요한 위치에 있었고 상당히 존중받았다. 그러나 대다수 노예는 주인의 여느 사유 재산과 다를 바 없이 취급되었고 일하는 짐승보다 나을 게 없었다. 이들은 사실상 법적 권리가 없었고 주인의 손에 죽을 수도 있었으며, 그러더라도 주인은 아무 처벌을 받지 않았다.

어떤 주석가들은 이렇게 주장한다. 구약시대 이스라엘의 노예제와 주후 1세기 로마의 노예제 사이에는 큰 차이가 있기 때문에 바울이 자신과 그리스도의 관계를 말할 때 유대인의 노예 개념을 염두에 두었을 뿐이라는 것이다. 구약성경의 숱한 위인이 종이라 불렸다. 하나님은 아브라함과 모세를 그분의 종이라 하셨다(창 26:24; 민 12:7). 여호수아는 "여호와의 종"이라 불렸으며(수 24:29), 다윗과(삼하 7:5) 이사야도 그렇게 불렸다(사 20:3). 심지어 메시아도 하나님의 종이라 불린다(사 53:11). 이 모든 경우와 구약성경의 더 많은 사례에서, '종'(servant)이란 단어는 소박한 고귀함과 영예(humble nobility and honor)라는 의미를 내포한다. 그러나 앞서 언급했듯이, 단어 '종'(servant) 배후에 있는 히브리어 '에베드'(*'ebed*)도 종(bond-slaves, 노예)을 가리키는 데에 사용되었다.

바울은 참으로 겸손했으며 자신을 죄인 중에 괴수로 여겼다(딤전 1:15). 이러한 사실에 비춰볼 때, 그가 앞서 제시한 여러 인용에서처럼 주의 종(servant of the Lord)이라는 고귀한 칭호를 오만하게 사칭하지 않은 게 분명하다. 그는 자신을 가장 낮은 의미에서 그리스도의 **종(bond-servant)**으로 여겼다.

물론, 참 하나님의 종이라면 누구에게나 존귀(dignity)와 영예(honor)가 따르며, 아무리 하찮아 보이는 종이라도 다르지 않다. 바울은 하나님이 오직 그분께 속한 자들에게 부여하시는 존귀, 받을 자격이 없으나 진정한 존귀를 매우 잘 알았다. 그러나 바울은 하나님이 그분의 자녀들에게 주시는 존귀와 영예가 순전히 은혜에서 비롯된다는 것도, 그리스도인들 '자신이'(in themselves) 여전히 죄악되고 부패했으며 자격이 없다는 것도 늘 의식하고 있었다. 그는 고린도교회에 보낸 편지에서 이렇게 썼다. "그런즉 아볼로는 무엇이며 바울은 무엇이냐? 그들은 주께서 각각 주신 대로 너희로 하여금 믿게 한 사역자들이니라"(고전 3:5). 여기서 바울은 '디아코노스'(*diakonos*)라는 단어를 사용해 종이라는 자신의 위치를 묘사하는데, '디아코노스'는 일반적으로 식사 시중을 드는 사람들을(table waiters) 가리켰다. 그러나 바울이 '둘로스'(*doulos*)라는 용어를 사용할 때처럼, 여기서도 강조되는 것은 영예가 아니라 종속과 하찮음이다. 나중에 같은 편지에서, 바울은 수신자들에게 자신을 갤리선[7] 노예로 여겨달라고 요청한다(4:1). 이때 사용된 용어 '후페레테스'(*hupēretēs*, servants, "일꾼")는 문자적으로 "아래 노잡이들"(underrowers), 로마 갤리선 가장 아래쪽에서 노를 젓는 노잡이들을 가리킨다. 이것은 노예가 할 수 있는 가장 위험하고 천한 일이었을 것이다. 이런 노예들은 낮은 자 중에서도 가장 낮은 자로 여겨졌다.

그리스도께서 바울을 직접 불러 세우셨다. 그러므로 바울은 사도로서 또는 심지어 하나님의 자녀로서 자신의 위치를 조금도 하찮게 여기려 하지 않았다. 경건한 교회 지도자들, 특히 하나님의 말씀을 성실하게 전하고 가르치는 자들을 "배나 존경할 자"로 여기라고 분명하게 가르쳤다(딤전 5:17). 그러나 그는 이러한 영예로운 위치가 하나님이 은혜로 주신 것임을 계속해서 강조했다.

사도로서 바울의 권위

사도로 부르심을 받아 (1:1b)

뒤이어 바울은 자신이 맡은 사역의 권위를 세우면서 **사도로 부르심을 받은 (called as an apostle)** 사실을 토대로 삼는다. 아마도 "부르심을 받은 사도"(a called apostle)라고 번역하는 게 더 낫겠다. 이렇게 번역하면 **사도로**서 그의 위치가 자신의 행위에서 비롯되지 않았을 뿐 아니라 동료 신자들이 그를 선택한 것도 아니라는 사실이 분명하게 강조된다. 그는 주 예수 그리스도에 의해 신적으로 **부르심을 받**았다(divinely **called**).

바울이(그때는 사울이라 불렸다) 다메섹으로 가는 길에 기적적으로 예수님을 만나 여전히 눈이 멀었을 때, 주님이 아나니아에게 바울에 관해 말씀하셨다. "이 사람은 내 이름을 이방인과 임금들과 이스라엘 자손들에게 전하기 위하

---

7 갤리선(galley)은 고대 그리스 시대나 로마 시대에 노예들이 노를 젓던 배를 말한다.

여 택한 나의 그릇이라"(행 9:15). 아나니아는 주님께 받은 메시지를 바울에게 전달하며 말했다. "우리 조상들의 하나님이 너를 택하여 너로 하여금 자기 뜻을 알게 하시며 그 의인을 보게 하시고 그 입에서 나오는 음성을 듣게 하셨으니, 네가 그를 위하여 모든 사람 앞에서 네가 보고 들은 것에 증인이 되리라"(행 22:14-15). 나중에 바울은 그리스도께서 이미 자신에게 직접 메시지를 주셨다며 추가 계시를 제시했다.

> 일어나 너의 발로 서라. 내가 네게 나타난 것은 곧 네가 나를 본 일과 장차 내가 네게 나타날 일에 너로 종과 증인을 삼으려 함이니, 이스라엘과 이방인들에게서 내가 너를 구원하여 그들에게 보내어 그 눈을 뜨게 하여 어둠에서 빛으로, 사탄의 권세에서 하나님께로 돌아오게 하고 죄사함과 나를 믿어 거룩하게 된 무리 가운데서 기업을 얻게 하리라. (행 26:16-18)

바울은 고린도 신자들에게 이렇게 말했다. "내가 복음을 전할지라도 자랑할 것이 없음은 내가 부득불 할 일임이라. 만일 복음을 전하지 아니하면 내게 화가 있을 것이로다"(고전 9:16). 하나님은 바울이 꿈에도 생각지 못했을 뿐 아니라 전혀 요청하지도 않은 사명을 주셨으며, 바울은 하나님이 맡기신 사명에 순종하지 않으면 심각한 어려움을 겪으리라는 것을 알았다.

바울은 "사람들에게서 난 것도 아니요 사람으로 말미암은 것도 아니요 오직 예수 그리스도와 그를 죽은 자 가운데서 살리신 하나님 아버지로 말미암아 사도"가 되었다(갈 1:1). 그는 뒤이어 이렇게 단언했다. "이제 내가 사람들에게 좋게 하랴? 하나님께 좋게 하랴? 사람들에게 기쁨을 구하랴? 내가 지금까지 사람들의 기쁨을 구하였다면 그리스도의 종이 아니니라"(10절).

사도(apostle)로 번역된 '아포스톨로스'(*apostolos*)의 기본 의미는 '보냄을 받은 사람'이다. 다시 말해, '아포스톨로스'는 특사나 대사처럼 어떤 위치나 임무를 공식적으로 부여받은 사람이었다. 때로 화물선을 가리켜 사도적(apostolic)이라 했는데, 특별한 화물을 싣고 특별한 목적지를 향했기 때문이다.

사도라는 용어는 신약성경에서 약 79회 사용되며, 전문적 의미가 아니라 일반적 의미로 사용되기도 한다(롬 16:7, 행 14:14을 보라). 가장 넓은 의미에서, '사도'는 모든 신자를 가리킬 수 있다. 모든 신자는 그리스도의 증인으로 세상에 보냄을 받았기 때문이다. 그러나 이 용어는 무엇보다도 열세 사람, 곧 유다를 대신한 맛디아를 포함한 열두 제자와 바울을 가리키는 특별하고 고유한 칭호로 사용되는데, 그리스도께서 이들을 친히 택해 권세 있게 복음을 선포하고 초기 교회를 이끌게 하셨다.

열세 사도 모두 예수님이 직접 부르셨을 뿐 아니라 그분의 부활을 본 증인이었으며, 바울은 예수님이 승천하신 후 다메섹 가는 길에 그분을 만났다. 열세 사도는 권위 있게 선포하도록 하나님 말씀을 직접 계시로 받았고 병 고치는 은사를 받았으며 귀신을 쫓아내는 능력을 받았다(마 10:1). 이러한 표적을 통해, 이들의 가르침이 권위 있다는 게 입증되었다(참조. 고후 12:12). 이들의 가르침은 교회의 기초가 되었고(엡 2:20), 이들의 권위는 지역 신앙 공동체를 넘어 믿는 세상 전체로 확대되었다.

사도들은 특별하게 "보냄을 받은 자들"이었다. 그렇더라도 하나님을 대언하는 자는 누구든 하나님이 불러 보내신 자여야 한다. 그리스도의 이름으로 전하고 가르치며 예언하지만 그리스도께서 보내지 않으신 게 분명한 자가 많다. 이들에게는 확실히 하나님의 기름부음이 없다. 이들의 가르침과 삶이 하나님의 말씀과 일치하지 않기 때문이다.

거짓 선지자들이 늘 하나님의 백성을 괴롭혔고 괴롭힌다. 이들은 옛 이스라엘을 타락시켰고 교회가 존재하는 내내 교회를 타락시켰으며 지금도 교회를 타락시킨다. 하나님은 예레미야를 통해 이러한 사기꾼들을 말씀하셨다. "이 선지자들은 내가 보내지 아니하였어도 달음질하며 내가 그들에게 이르지 아니하였어도 예언하였은즉"(렘 23:21).

어떤 종교 지도자들은 하나님의 이름으로 전하고 가르치도록 하나님이 자신을 부르셨다는 증거를 전혀 제시하지 못할 뿐 아니라 자신이 구원받았다는 증거조차 제시하지 못한다. 『참 목자상』(*The Reformed Pastor*, 생명의 말씀사 역간)에서, 17세기 청교도 목회자 리처드 백스터(Richard Baxter, 1615-1691)는 복음 전파자들에게 100여 쪽에 걸쳐 두 가지를 확인하라고 경고한다. 첫째는 자신이 참으로 구속받았는지, 둘째는 자신이 하나님의 일을 하도록 그분의 부르심을 받았는지 확인하라는 것이다.

복음을 위해 구별된 바울의 능력

하나님의 복음을 위하여 택정함을 입었으니 (1:1c)

바울은 하나님의 부르심을 받아 사도로 보냄을 받았다. 그러므로 바울의 삶 전체가 하나님을 섬기도록 구별되었다(**set apart, 택정함을 입었으니**). 설령 하나님이 특별한 형태의 섬김이나 특별한 섬김의 자리로 부르신 자라도 **하나님의 복음**을 위해 구별되지 않으면 그 사역이 유효할 수 없다.

구약성경 전체에서, 하나님은 그분의 선민(選民)을 구별하셨다. 하나님은 이 민족 전체에게 선언하셨다. "너희는 나에게 거룩할지어다. 이는 나 여호와가 거룩하고 내가 또 너희를 나의 소유로 삼으려고 너희를 만민 중에서 구별하였음이니라"(레 20:26). 하나님은 자신의 백성을 바로의 군대에게서 건져내기 직전에 이렇게 명하셨다. "너는 태에서 처음 난 모든 것과 네게 있는 가축의 태에서 처음 난 것을 다 구별하여 여호와께 돌리라. 수컷은 여호와의 것이니라"(출 13:12). 하나님은 이들의 수확물 중에 첫 열매도 요구하셨다(민 15:20). 레위 지파는 제사장 지파로 구별되었다(민 8:11-14).

70인역, 곧 헬라어로 번역된 구약성경을 보면, 앞서 인용한 출애굽기, 민수기, 레위기 구절에서 "드리다"(present), "들다"(lift up), "구별하다"(set apart)로 번역된 단어들 모두 원형이 '아포리조'(*aphorizō*)인데, 바울은 자신의 구별됨(**set apart, 택정함을 입었으니**)을 말하면서 이 단어를 사용했다. 이 단어는 초태생(firstborn, 장자)을 하나님께 구별하거나, 첫 열매를 하나님에게 드리거나, 레위인들을 하나님께 구별하거나, 이스라엘을 다른 민족들로부터 하나님께 구별하는 것을 가리킬 때 사용된다. 선민이 이방 민족들과 섞이거나 거룩한 것이 부정하고 속된 것과 섞여서는 안 되었다.

아람어 '바리새인'(*Pharisee*)은 '아포리조'(*aphorizo*)와 어근이 같을 것이며,

구별(구분)이라는 같은 개념을 내포한다. 그러나 바리새인들은 하나님에 의해 구별되거나 하나님의 기준에 따라 구별된 게 아니라 자신의 전통이 제시하는 기준에 따라 자신을 구별했다(참조. 마 23:1, 2).

바울은 한때 바리새인 중에서도 가장 열렬한 바리새인이었으나 이제 사람이 아니라 하나님에 의해 구별되었다. 하나님이 바울에게 계시하셨다. 바울이 어머니 태중에 있을 때부터 하나님이 은혜로 그를 구별하셨다는 것이다(갈 1:15). 안디옥교회는 성령의 직접 지시를 받아 바울과 바나바를 구별해 선교 사역을 맡겼다(행 13:2).

디모데에게 보낸 편지에 분명히 나타나듯이, 바울은 이러한 구별을 분명하게 이해했다. 디모데는 진정한 하나님의 종이었으며, 바울에게 제자 훈련을 직접 받았고, 바울을 이어 에베소교회 목회자가 되었다. 그러나 어느 시점에, 디모데는 사역이 침체할 위기에 근접했을 것이다. 반대가 두려웠기 때문이거나 일시적으로 약해졌기 때문일 것이다. 그래서 바울은 사랑하는 친구에게 권면했다. "그러므로 내가 나의 안수함으로 네 속에 있는 하나님의 은사를 다시 불일듯 하게 하기 위하여 너로 생각하게 하노니, 하나님이 우리에게 주신 것은 두려워하는 마음이 아니요 오직 능력과 사랑과 절제하는 마음이니"(딤후 1:6-7). 바울이 디모데에게 하는 말이 암시하듯이, 디모데는 복음과 바울을 부끄러워하려는 유혹도 받았을 수 있다. "너는 진리의 말씀을 옳게 분별하며 부끄러울 것이 없는 일꾼으로 인정된 자로 자신을 하나님 앞에 드리기를 힘쓰라"(딤후 2:15).

바울은 디모데를 한층 강하게 훈계하는데, 디모데가 말씀을 전하고 가르치는 자신의 주된 일을 소홀히 하고 불신자들이나 미숙한 신자들과 무익한 논쟁을 벌였기 때문일 것이다. "망령되고 헛된 말을 버리라. 그들은 경건하지 아니함에 점점 나아가나니"(2:16). 바울이 디모데에게 이렇게 경고한 것은 그가 심지어 일종의 비도덕적 행위에 빠질 위험에 처했기 때문일 수도 있다. "또한 너는 청년의 정욕을 피하고 주를 깨끗한 마음으로 부르는 자들과 함께 의와 믿음과 사랑과 화평을 따르라"(2:22).

디모데는 고귀한 부르심을 받았고 주목할 만한 훈련도 받았다. 그런데도 바울은 젊은 제자가 세상 길로 빠져들까 두려웠다. 많은 그리스도인처럼, 디모데는 타협하면 삶이 한결 쉬워지고 어려움도 한결 덜할 수 있음을 알았다. 바울은 디모데에게 그가 그 누구도, 그 무엇도 아닌 하나님의 일을 위해 구별되었다는 사실을 일깨워주어야 했다.

'유앙겔리온'(*euangelion*, **복음**)은 로마서에서 60회가량 사용된다. 윌리엄 틴델은 '유앙겔리온'을 "기쁜 소식"(glad tidings)으로 정의했다(*Doctrinal Treatisesand Introductions to Different Portions of the Holy Scriptures by William Tyndale*, Henry Walter, ed. [Cambridge: University Press, 1848], p. 484). 복음은 하나님이 우리를 우리의 이기적 죄에서 구원하시고 우리를 우리의 죄책이란 짐에서 자유하게 하시며 우리의 삶에 의미를 주시고 우리의 삶을 풍성하게 하시리라는 좋은 소식이다.

복음(the gospel)과 관련해 가장 중요한 사실이 있다. 복음은 **하나님의(of God)** 복음이다. 바울은 로마서 첫 문장에서 이것을 분명하게 밝힌다. 자신이 말하는 구체적인 좋은 소식과 관련해 수신자들이 혼란을 겪지 않게 하기 위해서다. '유앙겔리온'은 바울 당시에 일반적이었던 황제숭배 의식에 사용된 일반적 용어였다. 많은 황제가 자신이 신이라 주장하고 자유민이나 노예, 부자나 가난한 자, 유명한 자나 무명한 자 가릴 것 없이 제국의 모든 사람에게 자신을 숭배하라고 요구했다. 황제와 관련된 좋은 일이 시민들에게 "좋은 소식"으로 선포되었다. 도시의 전령이 광장에 서서 외쳤다. "좋은 소식이다! 황후께서 태자를 낳으셨다." "좋은 소식이다! 황태자께서 성년이 되셨다." "좋은 소식이다! 새 황제께서 등극하셨다."

특히 바울은 로마제국의 수도에 사는 신자들에게 편지를 쓰고 있었기에 자신이 선포하는 좋은 소식이 황제들과 관련된 사소하고 헛된 선포와는 전혀 차원이 다르다는 것을 수신자들에게 확실히 이해시키고 싶었다. 복음이 **하나님의** 복음이라는 사실은 하나님이 복음의 근원이라는 뜻이다. 복음은 사람의 좋은 소식이 아니라 사람을 위한 하나님의 좋은 소식이었다.

도대체 왜 하나님은 스스로 낮아져 좋은 소식을 그분을 거부하고 조롱하는 세상에 전하려 하시는가? 그 누구도 이 소식에 의해 구원받기는커녕 이 소식을 들을 자격조차 없다.

유명한 강해 설교자 도널드 그레이 반하우스는 이런 이야기를 들려준다. 프랑스 청년에 관한 흥미로운 전설이다. 어머니는 이 청년을 너무나 사랑했다. 그러나 아들은 청년이 되기가 무섭게 부도덕에 빠졌다. 청년은 절개와 지조라곤 모르는 여인에게 홀딱 빠졌고 여인은 그를 마음대로 주물렀다. 어머니가 아들을 악하고 추잡한 관계에서 떼어놓으려 하자 여인은 화가 머리끝까지 치밀었다. 여인은 청년에게 욕을 퍼부었으며 청년이 자신을 진정으로 사랑하지 않는다고 비난했다. 그뿐 아니라, 여인은 청년에게 어머니를 죽여 자신을 사랑한다는 것을 증명하라고 했다. 청년은 거부했다. 그러나 어느 날 밤, 잔뜩 취해 결국 여인에게 설득당해 극악무도한 요구를 실행했다. 이야기에 따르면, 청년은 멀지 않은 어머니 집에 달려가 어머니를 잔혹하게 죽이고 심장을 도려내 사악한 공범에게 자신의 사악함을 입증하는 증거로 가져갔다. 그러나 그가 도려낸 심장을 안고 미친 듯이 뛰어가다가 꼬꾸라졌을 때, 아래 깔린 심장이 피를 흘리며 외쳤다고 한다. "아들아, 다치지 않았니?" 반하우스는 이렇게 썼다. "이것이 하나님이 사랑하시는 방식이다"(*Man's Ruin: Romans 1:1-32* [Grand Rapids: Eerdmans, 1952], pp. 21-22).

바울 자신이 놀라운 하나님의 사랑과 긍휼을 뒷받침하는 산 증거였다. 바울이 그리스도를 반대하고 교회를 핍박했는데도 하나님은 그를 교회의 주 대변인으로 삼으셨다. 바울은 하나님의 복음, 곧 그리스도 안에서 구원을 얻는다는 좋은 소식을 선포하도록 하나님께 구별되는 것보다 큰 역할을 상상할 수 없었다. 이것이 바울의 사역이 아주 유효했던 한 이유일 것이다. 좋은 소식이 실제로 얼마나 좋은지 누가 바울보다 잘 알았겠는가?

2

하나님의 좋은 소식 II
(1:2-4)

[2]이 복음은 하나님이 선지자들을 통하여 그의 아들에 관하여 성경에 미리 약속하신 것이라. [3]그의 아들에 관하여 말하면 육신으로는 다윗의 혈통에서 나셨고, [4]성결의 영으로는 죽은 자들 가운데서 부활하사 능력으로 하나님의 아들로 선포되셨으니, 곧 우리 주 예수 그리스도시니라." (1:2-4)

바울은 자신을 하나님의 좋은 소식의 선포자로 소개하고(1절), 뒤이어 좋은 소식의 약속(2절), 좋은 소식의 그분에 대해 말한다(3-4절).

좋은 소식의 약속

이 복음은 하나님이 선지자들을 통하여 그의 아들에 관하여 성경에 미리 약속하신 것이라. (1:2)

복음의 기원은 하나님이다. 복음은 하나님의 나중 생각이 아닐뿐더러 신약성경이 처음 가르친 것도 아니다. 복음은 하나님의 계획이 나중에 바뀌었다거나 하나님의 전략이 수정되었음을 보여주는 게 아니다. 복음은 **하나님이 선지자들을 통하여 그의 아들에 관하여 성경에**, 구약성경에 **미리 약속하신 것**이다.

바울은 로마서를 시작하자마자 복음이 자신에게서 기원하지 않았을뿐더러 예수님의 지상 사역에서 기원하지도 않았음을 강조한다. 특히 자신을 비난하는 유대인들을 위해서일 것이다. 유대인들은 바울이 모세를 거슬러 전하고 가르치며 옛 유대교에서 전혀 들어보지 못한 변혁의 메시지를 선포한다며 그를 비난하기 일쑤였다(참조. 행 21:20 이하). 그러나 여기서 바울은 분명히 한다. 자신이 가르치는 좋은 소식은 실제로 히브리 **성경**의 옛 소식이며 이제 예수 그리스도 안에서 성취되고 완성되었다는 것이다.

바울이 말하는 **선지자들**이란 대개 구약성경 저자들을 가리키는데, 모두 하나님의 대언자였으며, 이것이 **선지자들**의 기본 의미였다. 예를 들면, 모세는 위대한 입법자였으나 자신을 선지자로 여겼다(신 18:15). 바울은 **성경(the holy Scriptures)**이라는 표현을 사용해 하나님의 감동으로 된 구약성경과 당시에 사람들이 성경보다 열심히 연구하고 따랐던 숱한 랍비 저작을 비교했을 것이다. 다시 말해, 랍비 저작들은 하나님의 복음을 거의 또는 전혀 말하지 않았으나 **성경**은 하나님의 복음을 아주 많이 말했다. 성경은 사람에게 비롯되거나 사람의 생각을 투영한 게 아니라 하나님이 계시하신 살아계신 하나님의 말씀이었다.

당시에 대다수 유대인이 랍비 전통에서 종교 지침을 찾는 데 아주 익숙했기에 **성경**을 진리의 근원이 아니라 신성한 유물로 여겼다. 예수님은 제자들을 3년간 집중적으로 가르쳤는데도 **성경**이 자신에 관해 가르친 것을 이해하고 믿지 못한다며 일부 제자들을 꾸짖으셨다. 예수님은 엠마오로 가는 두 제자에게 자신이 누군지 밝히기 전에 말씀하셨다. "미련하고 선지자들이 말한 모든 것을 마음에 더디 믿는 자들이여!"(눅 24:25). 뒤이어 예수님은 이들에게 자신의 죽음과 부활을 가르치며 성경을 풀어주셨다(27절; 참조. 32절).

랍비 전통은 변혁적이고 인간에게서 기원하며 인간이 중심이고 **성경**에 기초하지 '않은' 결함 있는 전통 유대교였다. 인간이 만든 뒤틀린 유대교의 지지자들이 예수를 가장 격렬하게 반대했다. 예수님은 서기관들과 바리새인들의 종교적 헌신이 경건이 아니라 위선이고 이들의 신학이 계시된 하나님의 진리가 아니라 사람의 거짓 전통이라며 이들을 책망하셨다.

예수님이 산상설교에서 자주 사용하신 "너희가 들었으나"와 "옛 사람에게 말한 바…을 너희가 들었으나"라는 표현은(마 5:21, 27, 33, 38, 43) 구약성경을 가리킨 게 아니라 구약성경과 모순되고 구약성경을 무효화 하는 랍비 전통을 가리켰다(마 15:6).

구약성경에 그리스도와 관련된 예언이 적어도 332회 나온다고 하는데, 대다수는 예수님의 초림 때 성취되었다. 구약성경은 신약성경(새 언약)을 예견하고 그 기초를 놓는 진리로 가득하다.

예수님의 가르침 중에 구약성경과 무관하거나 구약성경과 모순된 것은 하나도 없다. 예수님은 이렇게 선언하셨다. "내가 율법이나 선지자를 폐하러 온 줄로 생각하지 말라. 폐하러 온 것이 아니요 완전하게 하려 함이라. 진실로 너희에게 이르노니, 천지가 없어지기 전에는 율법의 일점일획도 결코 없어지지 아니하고 다 이루리라"(마 5:17-18).

교회사 내내, 유대인들은 복음을 받아들이면 자신들의 유산을 부정하는 것이라며 복음을 거부했다. 인간적 측면에서 보면 이들의 주장이 옳다. 예수님이 세상에 오시기 오래전부터 대중적 유대교는 하나님의 계시보다 인간의 전통에 기초했기 때문이다. 그리스도인이 되려면 이러한 유산을 부정해야 하는 게 분명하다. 그러나 유대인이 복음을 받아들인다는 것은 자신의 유산인 성경이 늘 해 온 약속을 진정으로 물려받는다는 것이다. 유대인의 가장 큰 유산은 하나님의 메시아에 관한 약속인데, 예수님이 그 메시아, 곧 그 약속의 성취 '이다'. 모든 유대 선지자가 궁극의 선지자 예수 그리스도를 직간접으로 예언했다. 유대인이 희생제물로 바친 모든 어린양이 세상 죄를 위해 제물이 되실 궁극적이고 영원한 하나님의 어린양을 말했다.

히브리서 저자는 동일한 주제를 다루면서 다음과 같이 선언하며 서신을 시작한다. "옛적에 선지자들을 통하여 여러 부분과 여러 모양으로 우리 조상들에게 말씀하신 하나님이 이 모든 날 마지막에는 아들을 통하여 우리에게 말씀하셨으니"(히 1:1-2). 베드로도 첫째 편지에서 같은 진리를 강조했다.

> 이 구원에 대하여는 너희에게 임할 은혜를 예언하던 선지자들이 연구하고 부지런히 살펴서 자기 속에 계신 그리스도의 영이 그 받으실 고난과 후에 받으실 영

광을 미리 증언하여 누구를 또는 어떠한 때를 지시하시는지 상고하니라. 이 섬긴 바가 자기를 위한 것이 아니요 너희를 위한 것임이 계시로 알게 되었으니, 이것은 하늘로부터 보내신 성령을 힘입어 복음을 전하는 자들로 이제 너희에게 알린 것이요 천사들도 살펴보기를 원하는 것이니라. (벧전 1:10-12)

선지자들은 대망의 새 언약을 일반적으로 말했을 뿐 아니라(참조. 렘 31:31-34; 겔 36:25-27), 이 언약을 도래시킬 메시아를 구체적으로 말했다(참조. 사 7:14; 9:6, 7; 53:1-12).

좋은 소식의 그분

[3]그의 아들에 관하여 말하면 육신으로는 다윗의 혈통에서 나셨고, [4]성결의 영으로는 죽은 자들 가운데서 부활하사 능력으로 하나님의 아들로 선포되셨으니, 곧 우리 주 예수 그리스도시니라. (1:3-4)

두 절 모두 그리스도가 하나님의 아들이심을 강조한다. 예수님이 하나님의 **아들**이라는 개념은 엄청난 신비를 내포한다. 예수님은 하나님이요 주님이지만 하나님의 아들이다. 성경은 두 진리 모두 분명하게 가르친다. 따라서 문제는 예수님이 **하나님의 아들**인지 아닌지가 아니라 어떤 의미에서 하나님의 **아들**이냐와 관련이 있다.

분명히 인성(humanness)에서, 예수님은 **육신으로는 다윗의 혈통에서 나셨다**. 예수님의 생모 마리아(눅 3: 23, 31)뿐 아니라 법적 아버지 요셉도 다윗의 후손(혈통)이었다(마 1:6, 16; 눅 1:27).

예언이 성취되려면(예를 들면, 다음을 보라. 삼하 7:12-13; 시 89:3-4, 19, 24; 사 11:1-5; 렘 23:5-6) 메시아가 **다윗의 혈통(a descendant of David)**이어야 했다. 예수님은 나머지 모든 예언을 성취하셨듯이 이 메시아 예언들도 성취하셨다. 다윗의 혈통(후손)으로서 예수님은 다윗 왕국을, 무한히 계속될 약속된 나라를 회복하고 다스릴 권리를 물려받으셨다(사 9:7).

삼위일체의 둘째 위격께서 사람의 가정에 태어나 사람의 생명을 모든 인성과 함께 취하셨으며, 타락한 인류와 하나 되셨으나 죄 없이 사셨다(빌 2:4-8). 이로써 그분은 완전한 대제사장이 되어, 완전히 하나님이면서 완전히 사람이 되어 사람의 연약함을 모두 공감하실 수 있었다. "우리에게 있는 대제사장은 우리의 연약함을 동정하지 못하실 이가 아니요 모든 일에 우리와 똑같이 시험을 받으신 이로되 죄는 없으시니라"(히 4:15). 예수 그리스도 안에서, 하나님이 사람이 되셨다. 모든 사람을 위해 죽을 수 있는 사람, 온 세상 죄를 위해 대속제물이 되셨다. 이것이 복음이며 참으로 좋은 소식이다(롬 5:18-19).

세속 역사도 예수님의 생애와 사역에 관한 기록으로 넘쳐난다. 주후 114년 무렵, 로마 역사가 타키투스(Tacitus)는 예수가 기독교 창시자이며 티베리우스 황제 때 본디오 빌라도에게 죽임을 당했다고 기록했다(*Annals* 15.44). 소 플리니우스(Pliny the Younger)는 예수 그리스도와 그 추종자들에 대해 트라야누스 황제에게 편지를 썼다(*Letters* 10.96-97). 유대교의 바빌로니아 탈무드까지도 예수를 언급했다(*Sanhedrin* 43a, *Abodah Zarah* 16b-17a)

주후 90년 무렵, 사도 요한이 계시록을 쓰기 전, 유명한 유대 역사가 요세푸스는 나사렛 예수의 생애를 짧게 기술했다.

> 이 무렵 예수라는 지혜로운 사람이 있었다. 그를 사람이라고 부르는 게 옳다면 말이다. 그는 놀라운 일을 행하는 자였고, 진리를 기쁘게 받아들이는 자들의 스승이었다. 많은 유대인과 이방인이 그의 주변에 몰려들었다. 그는 그리스도였다. 우리 가운데 있는 주요 인물들의 제안에 따라, 빌라도는 그에게 십자가형을 내렸으나 처음부터 그를 사랑한 자들은 그를 버리지 않았다. 선지자들이 그에 관해 이것들을 비롯해 놀라운 것을 숱하게 예언했듯이, 그는 사흘 만에 다시 살아나 그들에게 나타났다. 그의 이름을 따라 그리스도인이라 불리는 자들이 지금도 있다. (*Antiquities*, vol. 2, book 18, chap. 4).

사도 요한은 훨씬 믿을 만한 증인이었다. 그는 성령에 감동되어 이렇게 썼다. "이로써 너희가 하나님의 영을 알지니, 곧 예수 그리스도께서 육체로 오신 것을 시인하는 영마다 하나님께 속한 것이요 예수를 시인하지 아니하는 영마다 하나님께 속한 것이 아니니, 이것이 곧 적그리스도의 영이니라. 오리라 한 말을 너희가 들었거니와 지금 벌써 세상에 있느니라"(요일 4:2-3)

요한은 단지 예수님의 인성을 인정하는 것을 말하고 있었던 게 아니다. 역사 내내, 무수한 불신자들이 주후 1세기에 예수라는 사람이 있었는데 모범되게 살았고 많은 사람이 그를 따랐다는 사실을 기꺼이 인정했다. 이신론자 토마스 제퍼슨(Thomas Jefferson, 1743-1826)은 예수가 사람으로 존재했으며 인류 역사에 중요하다는 사실을 믿었으나 예수의 신성은 믿지 않았다. 그는 초자연적인 것을 언급하는 부분을 모두 삭제한 성경을 내놓았다. 결과적으로, 제퍼슨의 "복음서"에서, 예수에 관한 기사들은 순전히 물리적 사실과 사건을 언급할 뿐이었다.

이것은 하나님의 말씀이 요구하는 인정이 아니다. 요한은 다음과 같은 진리를 믿고 받아들이는 것을 말하고 있었다. 다시 말해, 예수는 그리스도며, 약속된 신적 메시아이며, 하나님에게서 왔고, 하나님이자 사람(God-man)으로서 사람들 가운데 사셨다는 것이다.

바울은 말한다. 예수님이 **하나님의 아들로 선포되신** 것은 사람이 되셨을 때였다. 이 계획은 영원 전부터 있었지만 **아들**이란 칭호는 성육신 용어로 준비되었다가 예수님이 인성을 입으신 후에야 그분에게 온전히 적용되었다. 예수님은 아버지와 본질이 하나였으나 자신을 비운 성육신을 통해 아버지께 공손하게 사랑으로 복종하셨다는 의미에서 **하나님의 아들**이셨다. 물론, 예수님이 영원히 하나님이며 영원히 삼위일체의 둘째 위격이라는 데는 의문의 여지가 없다. 그러나 바울은 그분이 마리아에게 초자연적으로 잉태되어 **육신으로는 다윗의 혈통에서 나셨을** 때 하나님의 **아들로 선포되셨다**고 말한다. 그렇다면 우리는 이렇게 말할 수 있겠다: 그리스도는 영원 전부터 고대하던 **하나님의 아들**이었고, 성육신 때 성취되어 하나님의 **아들**로 선포되셨으며 영원히 이렇게 선포되신다.

'호리조'(*horizō*, **declared, 선포되셨으니**)의 기본 개념은 '경계선을 표시하다'이다. 땅과 하늘의 경계선을 의미하는 'horizon'(지평선)이란 단어가 여기서 나왔다. 무한히 더 큰 방식으로, 예수 그리스도가 하나님의 아들이심이 그분의 성육신에서 절대적으로 분명하게 표시되었다.

히브리서 저자는 시편 2:7을 인용하면서 하나님이 그리스도, 곧 메시아를 향해 이렇게 선언하고 계셨다고 설명한다. "너는 내 아들이라. 오늘 내가 너를 낳았다." 뒤이어 사무엘하 7:14을 인용하는 부분에서, 아버지께서 그리스도를 이렇게 말씀하신다. "나는 그에게 아버지가 되고 그는 내게 아들이 되리라"(히 1:5) 둘째 인용에서, 두 동사 모두 미래 시제인데, 이것은 이 시편기자의 때 '이후' 언젠가 그리스도께서 전에 갖지 않았던 칭호와 역할을 갖게 되시리라는 것을 시사한다.

바울도 사도행전 13:33에서 시편 2:7을 인용한다. 이 구절은 부활이 이러한 아들됨의 선포라고 본다. 이것은 모순이 아니다. 하나님의 시각에서, 그분은 세상에 왔을 때 아들로 태어나셨다. 그분이 아버지와 하나이며 아버지를 온전히 섬기셨다는 사실이 하나님이 그분을 죽은 자 가운데서 일으켰다는 사실을 통해 세상에 공적으로 선포되었다! (더 자세한 논의는 저자의 히브리서 주석 24-29쪽을 보라).

그리스도께서는 자신의 신적 특권을 독립적으로 사용하고 자신의 위엄을 온전히 표현할 권리를 내려놓고 자신을 공손히 낮추어 아버지의 뜻과 계획에 온전히 복종하셨을 때 **하나님의 아들**이란 칭호를 온전히 받아 취하셨다. 바울은 빌립보교회에 보낸 편지에서 그리스도 예수를 이렇게 설명한다. "그리스도 예수…그는 근본 하나님의 본체시나 하나님과 동등됨을 취할 것으로 여기지 아니하시고 오히려 자기를 비워 종의 형체를 가지사 사람들과 같이 되셨고 사람의 모양으로 나타나사 자기를 낮추시고 죽기까지 복종하셨으니, 곧 십자가에 죽으심이라"(빌 2:5-8).

예수님은 대제사장의 기도에서 아버지께 "아들을 영화롭게 하사 아들로 아버지를 영화롭게 하게 하옵소서"라고 기도하셨고 잠시 후 이렇게 간청하셨다. "아버지여, 창세 전에 내가 아버지와 함께 가졌던 영화로써 지금도 아버지와 함께 나를 영화롭게 하옵소서"(요 17:1, 5). 그리스도는 영원 전부터 존재하셨다. "그가 태초에 하나님과 함께 계셨고 만물이 그로 말미암아 지은 바 되었으니, 지은 것이 하나도 그가 없이는 된 것이 없느니라"(요 1:2-3). 그러나 자신이 아버지와 성령과 함께 세우신 구속 계획에 따라 그리스도께서 "육신이 되어 우리 가운데 거하셨다"(14a절). 그분은 자신의 신적 영광, 곧 "아버지의 독생자의 영광"을(14b절) 얼마간 여전히 갖고 계셨으나 그분이 유지하신 영광은 인간의 육신에 덮였으며 인간의 눈으로 볼 수 없는 영광이었다.

바울이 계속 설명하듯, 예수님은 자신이 하나님의 아들이라는 가장 결정적이고 논박할 수 없는 증거를 **죽은 자들 가운데서 부활하사 능력으로**[8] 제시하셨다(참조. 행 13:29-33). 예수님은 죽음을 이기는 능력, 오직 (생명의 수여자) 하나님에게만 있는 능력을 더없이 강력하게 입증함으로써 자신이 참으로 하나님, 곧 아들임을 조금도 의심할 수 없게 확증하셨다.

성결의 영으로(according to the spirit of holiness)는 "성령의 본성과 역사를 따라"를 달리 표현한 것이다. 그리스도 안에서 역사하는 성령께서 그리스도의 부활을 성취하고 그리스도께서 행하신 이적이나 그분과 관련된 이적을 성취하셨다. 성육신하실 때, 그리스도께서는 성령의 능력으로 잉태되셨다. 부활하실 때, 그분은 성령, 곧 **성결의 영**의 능력으로 죽은 자들 가운데서 일으킴을 받으셨다.

예수님이 세례 요한에게 세례를 받으신 직후 놀라운 일이 벌어졌다. "하늘이 열리고 하나님의 성령이 비둘기같이 내려 자기 위에 임하심을 보시더니, 하늘로부터 소리가 있어 말씀하시되, 이는 내 사랑하는 아들이요 내 기뻐하는 자라 하시니라"(마 3:16-17). 삼위일체의 세 위격은 모든 면에서 영원히 동등하다. 그러나 앞서 말했듯이, 성육신에서 삼위일체의 둘째 위격은 자신의 신적 영광과 신적 특권을 온전히 표현할 권리를 기꺼이 내려놓으셨다. 사람으로 이 땅에 계실 때, 그분은 아버지의 뜻에 기꺼이 복종하셨고(참조. 요 5:30) 성령의 능력에도 그렇게 하셨다. 예수님이 세례를 받으실 때 성령께서 그분 위에 임하셨고, 이로써 그분의 사역이 시작되었다. 이것은 성령께서 전적으로

---

8 NASB: with power by the resurrection from the dead(죽은 자들 가운데서 부활함으로써 능력으로)

다스리고 능력을 주시는 사역이었다. 그래서 예수님은 자신을 의도적으로 거부하는 행위는 성령을 모독하는 행위라고 하셨다(마 12:24-32).

좋은 소식의 그분(the Person)이 여기 있다. 그분은 완전히 사람이고(fully man, **다윗의 혈통**) 완전히 하나님이셨다(fully God, **하나님의 아들로 선포되셨으니**). 사역 내내, 예수님의 인성과 신성 둘 다 드러났다. 예수님은 세금을 내라는 요구에 응하셨다. 예수님은 베드로에게 설명하셨다. 하나님의 아들과 로마제국을 비롯해 우주의 적법한 통치자로서, 그분은 마땅히 면세자라는 것이었다. 예수님은 뒤이어 이렇게 말씀하셨다. "그러나 우리가 그들이[세금 징수자들이] 실족하지 않게 하기 위하여 네가 바다에 가서 낚시를 던져 먼저 오르는 고기를 가져 입을 열면 돈 한 세겔을 얻을 것이니, 가져다가 나와 너를 위하여 주라"(마 17:27). 자신의 인성에 맞게, 예수님은 기꺼이 세금을 내셨다. 그러나 자신의 신성에 맞게, 예수님은 초자연적 방법으로 세금을 마련하셨다.

어느 날 저녁, 예수님은 온종일 가르친 후 제자들과 함께 배에 올라 갈릴리 호수 건너편으로 향하셨다. 예수님은 곧 잠에 빠지셨다. 그런데 거센 바람이 몰아쳐 배가 뒤집힐 지경이었다. 제자들이 놀라 예수님을 깨우며 소리쳤다. "선생님이여, 우리가 죽게 된 것을 돌보지 아니하시나이까?" 예수님이 일어나 바람을 꾸짖고 바다에게 명하셨다. "잠잠하라. 고요하라." 그러자 "바람이 그치고 아주 잔잔하여"졌다(막 4:38-39). 자신의 인성에 맞게, 예수님은 여느 사람과 마찬가지로 온종일 힘들게 일하고 나서 몹시 지치셨다. 그러나 자신의 신성에 맞게, 예수님은 거센 폭풍을 곧바로 잠잠하게 하실 수 있었다.

십자가에 달렸을 때, 예수님은 그분의 인성 때문에 피를 흘리고 극심한 고통을 느끼셨다. 그와 동시에, 그분의 신성 때문에 옆 십자가에 달려 회개하는 강도에게 영원한 생명을 주실 수 있었다(눅 23:42-43).

바울은 죽은 자들 가운데서 성령의 능력으로 일으킴을 받으신 하나님의 아들이자 사람의 아들이(인자가) **우리의 주 예수 그리스도**였다고 선언한다. **예수**는 구주를 의미하고 **그리스도**는 기름부음 받은 자를 의미하며 **주(Lord)**는 주권적 통치자를 의미한다. 그분이 **예수**인 것은 자신의 백성을 그들의 죄에서 구원하시기 때문이다. 그분이 **그리스도**인 것은 하나님에 의해 왕과 제사장으로 기름부음을 받으셨기 때문이다. 그분이 **주**인 것은 하나님이며 우주의 주권적 통치자이기 때문이다.

3

하나님의 좋은 소식 III

(1:5-7)

[5]그로 말미암아 우리가 은혜와 사도의 직분을 받아 그의 이름을 위하여 모든 이방인 중에서 믿어 순종하게 하나니, [6]너희도 그들 중에서 예수 그리스도의 것으로 부르심을 받은 자니라. [7]로마에서 하나님의 사랑하심을 받고 성도로 부르심을 받은 모든 자에게 하나님 우리 아버지와 주 예수 그리스도로부터 은혜와 평강이 있기를 원하노라. (1:5-7)

엄청난 부자가 있었다. 그는 아주 값진 미술품이 많았다. 그의 외아들은 아주 평범했으나 큰 사랑을 받았다. 그런데 그 아들이 어려서 갑자기 죽었다. 아버지는 크나큰 슬픔을 이기지 못해 몇 달 뒤 죽었다. 아버지의 유언장은 이러했다. 그가 죽으면, 그의 미술품을 모두 공개 경매에 붙이되 아들의 초상화를 맨 먼저 경매에 붙이라는 것이었다. 경매 당일, 아들의 초상화가 내걸렸고 경매가 시작되었다.

소년뿐 아니라 소년의 초상화를 그린 화가도 유명하지 않았다. 그래서 경매가 시작되고 긴 시간이 흐르도록 입찰자가 없었다. 마침내, 그 아버지를 오래 섬겼으며 소년의 친구이기도 했던 종이 머뭇거리며 75센트를 불렀다. 그가 가진 전부였다. 다른 입찰자가 나타나지 않았고 초상화는 그 종에게 돌아갔다. 그 순간, 경매가 종료되고 유언장의 나머지 부분이 낭독되었다. 누구든 아들의 초상화를 구매할 만큼 아들에게 관심을 보이는 사람이 나머지 재산을 모두 받는다는 것이었다.

이 뭉클한 이야기는 하나님이 타락한 인류를 위해 준비하신 것을 보여준다. 누구든 하나님의 아들 예수 그리스도를 사랑하고 받아들이면 하늘 아버지의 재산을 물려받게 된다. 하나님의 좋은 소식은 누구든 믿음으로 아들을 영접하는 자는 "그리스도 안에서 하늘에 속한 모든 신령한 복"을 받는다는 것이다(엡 1:3). 이 때문에 바울은 이렇게 외칠 수 있었다. "우리 주 예수 그리스도의 은혜를 너희가 알거니와 부요하신 이로서 너희를 위하여 가난하게 되심은 그의 가난함으로 말미암아 너희를 부요하게 하려 하심이라"(고후 8:9). 바울은 이사야를 인용하면서 그리스도인의 부요에 "하나님이 자기를 사랑하는 자들을 위하여 예비하신 모든 것," 곧 "눈으로 보지 못하고 귀로 듣지 못하고 사람의 마음으로 생각하지도 못하였"던 것이 포함된다고 선언했다(고전 2:9; 참조. 사 64:4; 65:17).

그리스도 안에서, 신자는 상상도 못할 부를 갖는다. 그리스도인에게는 결코 끝나지 않을 생명이 있으며(요 3:16), 결코 마르지 않을 영적 샘이 있고(요 4:14), 결코 잃지 않을 선물이 있으며(요 6:37, 39), 결코 그와 분리되지 않을 사랑이 있고(롬 8:39), 결코 취소되지 않을 부르심이 있으며(롬 11:29), 결코 무너지지 않을 기초가 있고(딤후 2:19), 결코 줄어들지 않을 유산이 있다(벧전 1:4-5).

로마서 1:5-7에서, 바울은 계속해서 좋은 소식을 요약하면서 좋은 소식이 주는 것(5a절), 좋은 소식의 선포와 그 목적(5b-6절), 좋은 소식의 특권들을 말한다(7절).

좋은 소식이 주는 것

그로 말미암아 우리가 은혜와 사도의 직분을 받아 (1:5a)

바울은 여기서 하나님의 좋은 소식이 주는 중요한 두 가지를 언급한다. 하나는 하나님의 **은혜**로 되는 회심이고 하나는 천직(vocation, 소명)이다. 바울의 경우, 천직은 **사도의 직분(apostleship)**이다.

바울이 사도의 직분이라는 특별한 은혜를 말하고 있었을 수도 있으나, 그보다는 모든 신자가 예수 그리스도와 구원하는 관계를 갖게 되는 은혜를 언급하거나 적어도 포함하고 있었을 개연성이 커 보인다.

은혜는 과분하고 거저 받는 호의(unmerited, unearned favor)이며, 따라서 신자는 은혜에 아무런 기여도 하지 않을뿐더러 할 수도 없다. 바울은 에베소서에서 이렇게 설명한다. "너희는 그 은혜에 의하여 믿음으로 말미암아 구원을 받았으니, 이것은 너희에게서 난 것이 아니요 하나님의 선물이라. 행위에서 난 것이 아니니, 이는 누구든지 자랑하지 못하게 함이라"(엡 2:8-9). **은혜**는 하나님이 사랑으로 베푸시는 긍휼(God's loving mercy)이며, 은혜를 통해 하나님은 그분의 아들을 믿는 자들에게 구원을 선물로 주신다. 누구든 예수 그리스도를 주님과 구주로 믿을 때, 하나님은 그에게 그분의 생명을 주권적으로 불어넣으신다. 그리스도인들은 영적으로 영원히 살아 있다. 하나님 자신의 생명으로 위로부터 나서 새롭게 창조되었기 때문이다.

신자는 자신의 구원에 기여한 것이 전혀 없으며, 따라서 자축할 이유가 없다. 하나님의 구원하는 **은혜**가 일하는 곳에 인간의 성취가 끼어들 자리가 없다. 우리는 "그리스도 예수 안에 있는 속량으로 말미암아, 하나님의 은혜로 값없이 의롭다고 하심을 얻은 자"이며(롬 3:24), 이러한 구속에서 인간의 행위와 자랑은 완전히 배제된다(27-28절).

구원은 세례, 견진성사, 성찬, 교회 등록, 교회 출석, 십계명 준수, 산상설교에 따라 살려는 노력, 사람들을 섬김, 심지어 하나님을 섬김으로써 얻는 게 아니다. 구원은 도덕적으로 바르고 존경받을 만하며 자신을 내어줌으로써 얻는 것도 아니다. 구원은 그저 하나님의 존재를 믿거나 예수 그리스도가 그분의 아들이심을 믿음으로써 얻는 것도 아니다. 심지어 귀신들도 이러한 진리를 인정한다(막 5:7, 약 2:19을 보라). 구원은 죄를 회개하고 하나님이 그분의 아들 주 예수 그리스도의 대속 사역을 통해 은혜로 제시하신 용서를 믿음으로 받아들임으로써 얻는 것이다.

대 설교가 도널드 그레이 반하우스는 이렇게 말했다. "위를 향한 사랑은 예배이고 밖을 향한 사랑은 애정이며 아래를 향한 사랑은 은혜다"(*Expositions of Bible Doctrines Taking the Epistle to the Romans as a Point of Departure*, vol. 1 [Grand Rapids: Eerdmans, 1952], p. 72). 상상할 수도 없는 신성한 낮아짐(divine condescension)을 통해, 하나님은 죄악되고 타락한 인류를 내려다보시고 이들을 구속하려고 은혜로 자신의 아들을 내어주셨다(요 3:16-17).

옛 성인이 죽음을 앞두고 이렇게 말했다고 한다. "오직 은혜만이 우리를 하나님처럼 되게 할 수 있습니다. 하나님이 은혜로 저를 깨끗하게 하지 않으시면 저는 천국과 땅과 지옥을 오가며 여전히 죄악되고 더러운 자일 것입니다."

하나님의 좋은 소식이 주는 것이 또 있다. 하나님의 부르심, 곧 하나님을 섬기는 자리로 신자들을 부르심이다. 이것은 **사도의 직분(apostleship)** 가운데 한 형태다. 바울은 로마서를 시작하며 자신을 소개하고 8-15절에서 개인적 언급을 재개한다. 2-4절에서, 바울은 예수 그리스도를 말한다. 그러나 4절 끝에서 7절까지, 전체적으로 신자들에 관해 말하고 구체적으로 로마 신자들에 관해 말한다. 바울은 사도로서 자신의 부르심과 직무를 이미 말했으며(1절), 따라서 그의 **사도의 직분**에 관한 언급에서 시작해 하나님의 '모든' 신자를 부르심과 보내심을 논하는 게 바람직해 보인다.

일반적으로 'apostle'로 음역되는 헬라어 '아포스톨로스'(*apostolos*)는 기본 의미가 "보냄을 받은 자"다(1장의 논의를 참조하라). 하나님은 초기 교회의 열세 명을 주권적으로 선택해 사도의 '직무'(office)를 맡기고 복음을 선포하며 기적적으로 입증하도록 특별히 신적 권위를 부여하셨다. 히브리서 저자는 예수 그리스도까지 사도라 일컫는다(히 3:1).

그러나 그리스도를 믿어 하나님께 속한 사람은 누구라도 하나님에 의해 그분의 메신저와 증인으로 세상에 보냄을 받았다는 더 일반적 의미에서 사도다. 비공식적 의미에서, 영적 사명을 띠고 보냄을 받은 사람은 누구라도, 구주를 대변하고 그분의 구원의 좋은 소식을 전하는 사람은 누구라도 사도다.

그렇지 않았다면 알려지지 않았을 초기 교회 두 지도자 안드로니고와 유니아를 가리켜 바울은 "사도들에게 존중히 여겨지고[9] 또한 나보다 먼저 그리

9 NASB: outstanding among the apostles(사도들 사이에서 빼어나고).

스도 안에 있는 자"라고 했다(롬 16:7). 누가는 바나바를 가리켜 사도라고 했다(행 14:14). 이 외에도, '아포스톨로스'라는 용어는 에바브로디도에게 사용될 뿐 아니라("사자," 빌 2:25) 고린도교회의 이름이 명시되지 않은 일꾼들에게도 사용된다("사신들," 고후 8:23). 그러나 이들은 경건한 사람들이었으나 바울과 열두 제자처럼 사도의 '직무'(office)를 받지는 않았다. 안드로니고, 유니아, 바나바, 에바브로디도는 단지 모든 신자가 사도라는 의미에서, 예수 그리스도의 대사로 부르심과 보냄을 받았다는 의미에서 사도였다.

때로 운동에 소질 없는 학생을 동정심에서 또는 머릿수 채우려고 팀에 끼워주는 경우가 있다. 그러나 감독은 그 학생을 경기에 좀체 투입하지 않는다. 하나님은 이런 식으로 일하지 않으신다. 그분의 아들을 통해 하나님께 오는 자는 누구든 그분의 팀원이 되며, 이를테면 경기에 투입된다. 하나님의 주권적 은혜로 구원받는 사람은 누구든 주권적으로 사도의 직분을 수행하도록 부르심을 받는다. 하나님이 회심하게 하실 뿐 사명을 맡기지 않으시는 경우는 절대 없다. 바울은 이렇게 설명한다. "너희는 그 은혜에 의하여 믿음으로 말미암아 구원을 받았으니, 이것은 너희에게서 난 것이 아니요 하나님의 선물이라. 행위에서 난 것이 아니니, 이는 누구든지 자랑하지 못하게 함이라." 그러나 바울은 뒤이어 이렇게 설명한다. 구원받을 때, 이로써 "우리는 그가 만드신 바라. 그리스도 예수 안에서 선한 일을 위하여 지으심을 받은 자니, 이 일은 하나님이 전에 예비하사 우리로 그 가운데서 행하게 하려 하심이니라"(엡 2:8-10). 같은 서신 뒷부분에서, 바울은 신자들에게 이렇게 부탁한다. "너희가 부르심을 받은 일에 합당하게 행하여"(엡 4:1).

고대 그리스 올림픽 우승자는 이런 질문을 받았다고 한다. "스파르타 용사여, 그대는 이 승리로 무엇을 얻는가?" 그는 이렇게 대답했다고 한다. "나의 왕을 위해 최전선에서 싸울 영예를 얻습니다." 예수 그리스도를 자신의 주님과 구원자로 고백한 사람은 누구라도 이런 마음을 가져야 한다.

언젠가 무디(D. L. Moody, 1837-1899)가 설교를 마쳤을 때 고학력의 한 남자

새번역: 사도들에게 좋은 평을 받고 있고.

가 그에게 다가와 말했다. "죄송하지만 오늘 밤 설교에서 문법이 열한 군데나 틀렸습니다." 친절한 질책에, 무디는 이렇게 답했다. "그랬을 겁니다. 어릴 때 교육을 제대로 받지 못했으니까요. 그래도 제가 아는 모든 문법으로 주님을 섬기고 있습니다. 선생님은 어떠신가요?" 이런 일도 있었다. 한 사람이 무디에게 다가와 이렇게 말했다. "목사님의 초대 방식을 좋아하지 않습니다. 저는 그게 올바른 방식이라 생각지 않거든요." 무디는 이렇게 답했다. "저도 이 방법이 늘 불편하기는 마찬가지입니다. 더 좋은 방법을 알면 좋겠습니다. 선생님은 어떤 방식으로 사람들을 그리스도께 초대하나요?" 그는 이렇게 답했다. "제겐 그런 방법이 없습니다." 그러자 전도자가 이렇게 말했다. "그러면 제 방법이 더 마음에 듭니다." 우리의 한계가 무엇이든, 하나님은 그분의 은혜로 우리를 부르실 때 그분을 섬기도록 부르신다.

반하우스는 장로교 목사로 임직을 받던 때를 회상하며 이렇게 썼다.

> 장로교 총회장이 내게 몇 가지 질문을 했고 나는 그 질문에 답했다. 그들이 내게 무릎을 꿇으라고 했다. 사람들이 내게 다가왔고, 한 사람이 대표로 기도하라는 요청을 받았다. 그의 손이 내 머리에 닿는 게 느껴졌고, 뒤이어 다른 사람들의 손이 그 사람의 손에 차례로 포개지는 게 느껴졌다. 나를 둘러싼 사람들이 내게 더 다가왔고, 한 사람이 기도하기 시작하셨다. 멋지고 짧은 기도였으며, 그중 한 부분은 이러했다. "아버지, 당신의 사랑으로 그를 지키시고, 당신의 눈으로 그를 이끄시며, 당신의 능력으로 그를 보호하소서." 나는 "지키다, 이끌다, 보호하다"라는 동사를 계속 생각했다. 이미 25년을 함께 살고 있으며 자녀까지 있는 두 사람이 결혼식을 하는 것만큼이나 어리석어 보였다. 내가 알기로, 나는 이미 오래전에 임직을 받았으며(ordained), 그때 내 머리에 얹힌 손은 십자가에 못 박힌 손이었다. 여러 해 후, 그날 그 기도를 했던 사람은 동정녀 탄생 교리, 예수 그리스도의 신성 교리, 대속 교리, 그리스도의 이적 교리, 성경의 영감 교리를 임직을 위한 테스트나 바른 목회를 위한 테스트로 사용하는 것을 반대하는 서류에 서명했다.
>
> 나는 서명자 명단에서 그의 이름을 발견했을 때, 그의 부정한 손이 내 머리에 닿

은 후 몇 번이나 머리를 깎았는지 생각하며, 내 머리 위에 손을 얹고 씁쓸하게 웃었다. 그리고 주 예수 그리스도의 손, 나의 죄 때문에 상처 입고 찢긴 손이 내게 닿았고 내게 사도의 직분을 주었다는 것을 깨닫고 깊은 위로를 받았다. 내가 받은 사도의 직분은 하나님에게서 비롯되었으며, 사람들이 별 볼 일 없는 의식을 통해 줄 수 있는 그 어떤 것보다 중요했다. (*Man's Ruin: Romans 1:1-32* [Grand Rapids: Eerdmans, 1952], pp. 76-77)

반하우스의 글을 읽으니 나의 임직식이 떠오른다. 임직 받기 전, 나는 몇 차례 면접을 봤고 나의 소명과 성경 지식과 개인적 신앙과 도덕적 기준 같은 것들에 대해 온갖 질문을 받았다. 임직식 때, 이들은 나를 빙 둘러서서 내 머리에 손을 얹었다. 그러더니 차례로 기도했고 나중에 임직 증서에 서명했다. 증서 맨 위에 자리한 이름이 다른 이름들보다 유난히 컸다. 그런데 오래지 않아, 가장 먼저 가장 크게 서명했던 사람이 목회를 그만두었다. 그는 큰 부도덕에 연루되었으며 신앙의 미덕을 부정하고 유명한 세속 대학의 인본주의 심리학 교수가 되었다. 반하우스처럼, 나의 목회가 사람이 아니라 그리스도 바로 그분에게서 비롯되었다는 사실에 하나님께 감사한다.

좋은 소식의 선포와 그 목적

5b그의 이름을 위하여 모든 이방인 중에서 믿어 순종하게 하나니, 6너희도 그들 중에서 예수 그리스도의 것으로 부르심을 받은 자니라. (1:5b-6)

선포

모든 이방인 중에서 믿어 순종하게 하나니, (1:5c)

바울처럼, 모든 신자는 구원과 섬김으로 부르심을 받았을 뿐 아니라 그리스도의 증인으로 부르심을 받았는데, 다른 사람들로 **믿어 순종하게**(to bring about the obedience of faith) 하기 위해서다. 바울은 이 서신 맨 끝에서 "믿어 순종하게"(obedience of faith, 믿음의 순종)라는 표현을 다시 사용한다. "나의 복음과 예수 그리스도를 전파함은 영세 전부터 감추어졌다가 이제는 나타내신 바 되었으며 영원하신 하나님의 명을 따라 선지자들의 글로 말미암아 모든 민족이 믿어 순종하게(obedience of faith) 하시려고 …"(롬 16:25-26).

어떤 사람이 예수 그리스도를 믿는다면서도 정작 삶에서 하나님의 말씀에 전혀 순종하지 않는다면 절대로 구속받지 않았으며 거짓되게 사는 것이다. 순종하는 삶으로 나타나지 않는 믿음은 거짓이며 무가치하다(약 2:14-26). 우리의 행위가 아무리 선해 보여도 티끌만큼도 행위로 구원받는 게 아니다. 이미 말했듯이, 우리는 선한 일을 하도록 구원받는다. 이 땅의 삶에서, 이것이 구원의 목적이다(엡 2:10). 복음의 메시지는 사람들을 불러 **믿어 순종하게** 하는 것인데, 여기서 이 표현은 구원의 동의어로 사용된다.

이 구절에서 바울은 **믿음** 앞에 정관사를 붙이지 않는다. 그렇더라도 그 의미는 '그' **믿음**이며, 성경 전체의 가르침, 특히 신약성경의 가르침을 말한다. 이것은 유다가 "성도에게 단번에 주신 믿음"이라고 말하는 것이다(3절). 이 믿음은 하나님의 말씀이며, 하나님의 말씀은 하나님이 세우신 기독교의 유일한 권위다. 이 믿음을 단언하면 성실하게 실천하고 살아내는 삶이 뒤따른다. 그러므로 이러한 삶이 없다면 고백한 믿음은 죽어 쓸모없는 것에 지나지 않는다(약 2:17, 20). 참믿음은 순종하는 믿음이다. 사람들을 불러 **믿어 순종하게** 한다는 것은 대위임을 성취한다는 것, 사람들을 예수 그리스도께 인도하고 그분이 자신의 말씀에서 명령하신 전부를 지키게 한다는 것이다(마 28:20).

'믿음+순종=구원'이 아니라 '순종하는 믿음=구원'이다. 참믿음은 순종이 증명한다. 순종하는 믿음은 스스로 참이라는 것을 증명한다. 반면에, 순종하지 않는 믿음은 스스로 거짓이라는 것을 증명한다. 뒤이어 바울은 참믿음, 곧 순종하는 믿음을 가졌다며 로마 신자들을 칭찬한다. "먼저 내가 예수 그리스도로 말미암아 너희 모든 사람에 관하여 내 하나님께 감사함은 너희 믿음이 온 세상에 전파됨이로다"(롬 1:8). 그는 서신 말미에서도 비슷한 칭찬을 한다. 바울은 그리스도 안에서 사랑하는 형제자매가 된 사람들에게, 대부분 만난

적 없는 사람들에게 말한다. "너희의 순종함이 모든 사람에게 들리는지라. 그러므로 내가 너희로 말미암아 기뻐하노니"(롬 16:19). 바울은 1:8에서 이들의 믿음을 콕 집어 칭찬하고 16:19에서 이들의 순종을 콕 집어 칭찬한다. 믿음과 순종은 동전의 양면처럼 분리될 수 없으며, 그래서 바울은 여기서 구원을 믿음의 순종(**obedience of faith, 믿어 순종하게**)이라 부른다.

하나님은 성경에서 다양한 칭호로 불리신다. 그러나 구약과 신약 모두에서, 하나님은 가장 빈번하게 주(Lord)라 불리시며, 이 칭호는 만물과 만인, 가장 특별하게는 그분의 백성에게 명하고 이들을 다스리는 그분의 주권적 권리를 말한다. **순종**의 관계로 하나님께 속한다는 것은 구원이 하나님의 주되심(lordship)에 관한 복음을 포함함을 인정한다는 말이다. 성경은 이외에 하나님과의 그 어떤 구원 관계도 인정하지 않는다.

몇 년 전, 유명한 복음주의 신학교 교수와 함께 차를 타고 가고 있었다. 그러다 큰 주류 판매점을 지나갔다. 내가 그 판매점에 대해 몇 마디 하자 그가 이렇게 말했다. "이 도시에 대규모 주류 판매 체인이 있습니다. 저 판매점은 그 체인의 한 지점이지요. 게다가 저 판매점 주인이 교인인데, 교회학교 장년부에도 빠지지 않고 나간답니다. 사실, 그는 제가 인도하는 제자훈련반의 일원입니다. 그래서 매주 그를 만납니다." 교수의 말에 나는 이렇게 물었다. "교수님은 그 사람이 이런 사업을 하는 게 불편하지 않으세요?" 그가 이렇게 답했다. "예, 불편합니다. 저희는 그 부분에서 자주 대화를 나눕니다. 그러나 그는 술을 마시는 사람이라면 어디선가 술을 살 테니 자신의 가게에서 사는 게 차라리 낫다고 생각합니다." 나는 깜짝 놀라 물었다. "그 사람의 삶이 다른 부분에서는 괜찮나요?" 교수는 이렇게 답했다. "아닙니다. 아내를 버리고 젊은 여자와 살고 있습니다." 나는 더욱 놀라며 물었다. "그런데도 주일마다 교회에 나오고 제자훈련반에 참석한다고요?" 교수는 한숨을 내쉬며 말했다. "그렇습니다. 어떻게 그리스도인이 그렇게 살 수 있는지 때로 이해가 되지 않습니다." 그 말에 나는 이렇게 되물었다. "그 사람이 전혀 그리스도인이 아닐지 모른다고 생각해 보셨나요?"

예수 그리스도가 '모든' 신자의 주되심을 부정하는 신학은 성경적 기독교의 본질 자체를 부정하는 신학이다. 바울은 이렇게 선언한다. "네가 만일 네 입으로 예수를 주로 시인하며 또 하나님께서 그를 죽은 자 가운데서 살리신 것을 네 마음에 믿으면 구원을 받으리라. 사람이 마음으로 믿어 의에 이르고 입으로 시인하여 구원에 이르느니라"(롬 10:9-10). 베드로도 오순절에 똑같이 분명하고 명료하게 선언했다. "그런즉 이스라엘 온 집은 확실히 알지니, 너희가 십자가에 못 박은 이 예수를 하나님이 주와 그리스도가 되게 하셨느니라"(행 2:36). 예수님이 산상설교에서 주신 가르침의 핵심은 순종하지 않는 믿음은 구원하는 믿음이 아니며, 생명으로 인도하는 하나님의 좁은 길 대신 멸망으로 인도하는 넓고 미혹하는 세상의 길을 가고 있다는 확실한 증거라는 것이다(마 7:13-14).

다른 한편으로, 단순히 예수님을 주님이라 '부르는 것'은, 심지어 그분의 이름으로 겉보기에 중요한 일을 하면서 그분을 그렇게 부르더라도, 무가치하다. 그 일을 믿음으로 하지 않으면, 그분의 말씀에 맞게 하지 않으면, 성령의 인도와 능력으로 하지 않으면 말이다. 예수님은 이 진리를 진지하고 강력하면서도 분명하게 선포하셨다. "그 날에 많은 사람이 나더러 이르되 주여, 주여 우리가 주의 이름으로 선지자 노릇 하며 주의 이름으로 귀신을 쫓아내며 주의 이름으로 많은 권능을 행하지 아니하였나이까 하리니, 그 때에 내가 그들에게 밝히 말하되, 내가 너희를 도무지 알지 못하니 불법을 행하는 자들아 내게서 떠나가라 하리라." 뒤이어, 예수님은 이렇게 설명하신다: 그분을 안다고 하면서도 정작 그분의 말씀에 줄곧 불순종하며 사는 사람은 자신의 종교적 집을 모래 위에 짓고 있기에 그 집이 마침내 쓸려 내려가고 그에게는 하나님도 없고 소망도 없을 것이다(마 7:22-27). 성화, 곧 거룩한 삶이 없으면 "아무도 주를 보지 못하리라"(히 12:14).

바울의 특별한 부르심은 **이방인**을 향한 것이었다(행 9:15; 22:21; 롬 11:13; 갈 1:16). 바울은 아라비아에서 3년을 지내면서 복음을 전했을 것이다(갈 1:17). 그러나 그는 유대인에게 복음을 전함으로써 자신의 '기록된 사역'을 시작했다. 심지어 기본적으로 이방인 거주 지역인 소아시아와 마게도냐에서 사역할 때도, 유대인들을 대상으로 사역을 시작할 때가 많았다(예를 들면, 다음을 보라.

행 13:14; 14:1; 16:13; 17:1; 18:2). 바울의 경우처럼, 모든 신자는 모든 사람, 곧 유대인과 이방인에게, 이들이 믿어 순종하길 소망하며 예수 그리스도를 선포하도록 부르심을 받았다.

목적

> **5b그의 이름을 위하여… 6너희도 그들 중에서 예수 그리스도의 것으로 부르심을 받은 자니라.** (1:5b, 6)

하나님은 세상을 구원하려고 자신의 아들을 주셨으며(요 3:16), 그 누구도 멸망하길 원치 않으신다(벧후 3:9). 그렇더라도 복음의 주된 목적은 사람이 아니라 하나님이라는 것을, **그의 이름을 위하여**라는 것을 인정해야 한다. 인간의 구원은 하나님의 은혜가 낳은 부산물에 불과하다. 인간이 받는 구원의 주된 핵심은 하나님의 영광을 드러내는 것이다.

하나님의 좋은 소식과 관련해 전파자(1절), 약속(2절), 그분(3-4절), 주는 것(5a), 선포(5b-6절), 특권은(7절) 모두 하나님을 영화롭게 하는 데 분명한 목적이 있다. 구속사 전체가 하나님의 영광에 초점을 맞추며, 하나님이 성취하시는 구속은 영원토록 언제나 하나님의 위엄과 은혜와 사랑의 기념비일 것이다.

타락하고 무력한 인류를 향한 하나님의 인자하심(gracious love) 때문에, 구원은 인간을 위해 하나님에게 중요하다. 그러나 하나님 자신의 완전함 때문에, 구원은 하나님 자신을 위해 하나님에게 무한히 더 중요하다. 하나님은 자신의 영광을 높이는 데 궁극적으로 전념하신다. 이 진리는 육에 속한 사람에게 언제나 혐오의 대상이었으며, 심지어 교회마저 이기주의가 만연한 오늘의 세상에서 많은 그리스도인에게 걸림돌이기도 하다. 그러나 인간의 타락한 시각과 기준에도 불구하고, 구원의 핵심은 하나님의 영광이다. 하나님은 영광을 받기에 완전히 합당하시며 죄는 완전한 합당함에게 모욕이기 때문이다.

바울은 이렇게 선언한다. "하늘에 있는 자들과 땅에 있는 자들과 땅 아래에 있는 자들로 모든 무릎을 예수의 이름에 꿇게 하시고 모든 입으로 예수 그리스도를 주라 시인하여 하나님 아버지께 영광을 돌리게 하셨느니라"(빌 2:10-11). 하나님의 자녀들에게 주어진 하나님의 진리와 복까지도 최우선 목적은 "많은 사람의 감사로 말미암아 은혜가 더하여 넘쳐서 하나님께 영광을 돌리게 하려 함"이다(고후 4:15)[10].

사람은 그리스도를 믿어 구원받는다. 그러나 하나님이 영광을 받으시는 것이 사람이 구원받는 것보다 중요하다. 구원이란 선물은 전적으로 하나님의 주권적 의지와 능력에서 비롯되기 때문이다. 같은 이유에서, 하나님은 이럴 때 영광을 받으신다. 다시 말해, 하나님의 백성이 그분의 아들을 사랑할 때, 자신들의 죄를 향한 하나님의 평가와 정결의 필요성을 인정할 때, 이들의 계획이 하나님의 계획이 될 때, 이들의 생각이 하나님의 생각이 될 때, 하나님이 영광을 받으신다. 신자들은 하나님의 영광을 위해 살고 하나님의 영광을 위해 존재한다.

바울의 편지를 받는 로마 신자들은 "믿어 순종하게" 된 사람들(5절) **중에 (among)** 있었으며, 따라서 **예수 그리스도의 것으로 부르심을 받은 자(also the called of Jesus Christ)**이기도 했다. 이미 강조했듯이, **예수 그리스도의 것으로 부르심을 받은 자**, 곧 참신자들은 구원으로(to salvation) 뿐 아니라 순종으로(to obedience) **부르심을 받은** 자였다. 그리스도께 순종하는 일은 다른 사람들을 그분께 인도해 믿어 순종하게 하는 것을 포함한다.

좋은 소식의 특권들

로마에서 하나님의 사랑하심을 받고 성도로 부르심을 받은 모든 자에게 하나님 우리 아버지와 주 예수 그리스도로부터 은혜와 평강이 있기를 원하노라. (1:7)

하나님의 좋은 소식은 은혜로운 특권을 무수히 담고 있다. 그중에 몇 가지 예

---

10 새번역: 하나님의 은혜가 점점 더 많은 사람에게 퍼져서, 감사하는 마음이 넘치게 하고, 하나님께 영광을 돌리게 하려는 것입니다.

를 들면, 우리는 하나님의 사랑을 받는 자들이고, 하나님의 부르심을 받은 자들이며, 하나님의 성도들이라는 것이다.

여기서 바울은 **로마에서** 사는 **모든** 동료 신자를 **하나님의 사랑하심을 받는** 자라 부른다. 가장 자주 반복되고 강조되는 성경 진리 중 하나는 하나님께 속한 자들을 향한 하나님의 인자하심이다. 다윗은 이렇게 기도했다. "여호와여, 주의 긍휼하심과 인자하심이 영원부터 있었사오니, 주여 이것들을 기억하옵소서"(시 25:6; 참조. 시 26:3). "하나님이여, 주의 인자하심이 어찌 그리 보배로우신지요"(시 36:7). 이사야는 이렇게 외쳤다. "내가 여호와께서 우리에게 베푸신 모든 자비와 그의 찬송을 말하며 그의 사랑을 따라, 그의 많은 자비를 따라 이스라엘 집에 베푸신 큰 은총을 말하리라"(사 63:7). 하나님은 예레미야를 통해 그분의 백성에게 이렇게 말씀하셨다. "내가 영원한 사랑으로 너를 사랑하기에 인자함으로 너를 이끌었다"(렘 31:3).

바울은 이렇게 선언한다. "긍휼이 풍성하신 하나님이 우리를 사랑하신 그 큰 사랑을 인하여 허물로 죽은 우리를 그리스도와 함께 살리셨고"(엡 2:4-5). 요한은 이렇게 말한다. "보라, 아버지께서 어떠한 사랑을 우리에게 베푸사 하나님의 자녀라 일컬음을 받게 하셨는가, 우리가 그러하도다"(요일 3:1).

모든 신자는 그리스도를 통해 하나님이 받아들이실 수 있게 되었다. "이는 그가 사랑하시는 자 안에서 우리에게 거저 주시는 바 그의 은혜의 영광을 찬송하게 하려는 것이라"(엡 1:6). 모든 신자는 하나님의 자녀이며, 하나님의 사랑받는 아들 예수 그리스도 때문에 사랑을 받는다. 바울은 이렇게 말한다. "우리에게 주신 성령으로 말미암아 하나님의 사랑이 우리 마음에 부은 바 됨이니"(롬 5:5). 바울은 이 서신 조금 뒤에서 단언한다. "누가 우리를 그리스도의 사랑에서 끊으리요? 환난이나 곤고나 박해나 기근이나 적신이나 위험이나 칼이랴?"(롬 8:35).

둘째, 믿어 순종해 그리스도께 나온 자들은 하나님의 **부르심을 받은** 자들이기도 하다. 바울은 인류를 향한 하나님의 일반적 부르심(general call), 곧 믿으라는 부르심을 말하고 있는 게 아니다. 하나님은 이사야를 통해 이렇게 호소하셨다. "땅의 모든 끝이여, 내게로 돌이켜 구원을 받으라"(사 45:22). "너희는 여호와를 만날 만한 때에 찾으라. 가까이 계실 때에 그를 부르라"(사 55:6). 하나님은 에스겔을 통해 이렇게 경고하셨다. "돌이키고 돌이키라. 너희 악한 길에서 떠나라"(겔 33:11). 예수님은 지상 사역 중에 죄악된 무리에게 말씀하셨다. "수고하고 무거운 짐 진 자들아, 다 내게로 오라. 내가 너희를 쉬게 하리라"(마 11:28). "누구든지 목마르거든 내게로 와서 마시라"(요 7:37). 또한 예수님은 사도 요한을 통해 하늘에서 이렇게 말씀하셨다. "성령과 신부가 말씀하시기를 오라 하시는도다. 듣는 자도 오라 할 것이요 목마른 자도 올 것이요 또 원하는 자는 값없이 생명수를 받으라"(계 22:17).

그러나 로마서 1:7에서, 바울은 일반적 부르심이 아니라 구체적 부르심을 말하고 있으며, 구체적 부르심에서 초대에 응한 자들은 구원받도록 하나님에 의해 하나님에게로 주권적으로 유효하게 **부르심을 받은** 것이다. 구원으로 **부르심을 받은(called** to salvation)이란 말은 "선택된"(elect) 및 "예정된"(predestined)과 동의어다. 바울이 로마서 8장에서 설명하듯이, 하나님은 "미리 정하신(predestined) 그들을 또한 부르시고, 부르신 그들을 또한 의롭다 하시고, 의롭다 하신 그들을 또한 영화롭게 하셨다"(30절). 인간의 제한된 시각에서 보면, 우리가 먼저 자기 의지에서 비롯된 행위를 통해 하나님께 나아간 것처럼 보일는지 모른다. 그러나 우리는 하나님의 말씀을 통해 안다. 하나님이 그분의 주권적 의지에서 비롯된 은혜의 행위로 우리를 이미 선택하지 않으셨다면 우리는 믿음으로 하나님을 찾을 수 없었을 것이다.

신약성경 서신들에서, 구원으로 **부르심을 받은** 것에 관한 언급들은 결코 일반적 초대(general invitations)가 아니라 언제나 구원하는 유효한 부르심(efficacious calls)을 가리킨다. 따라서 부르심은 선택(election)이란 계획을 유효하게 하는 것이다. 신약성경 전체가 선택 교리(doctrine of election)를 분명하게 가르친다(참조. 마 20:15-16; 요 15:16; 17:9; 행 13:48; 롬 9:14-15; 11:5; 고전 1:9; 엡 2:8-10; 골 1:3-5; 살전 1:4-5; 살후 2:13; 딤후 1:9; 2:10; 벧전 1:1-2; 계 13:8; 17:8, 14).

셋째, 신자들은 하나님의 **성도(saints)**다. NASB에서 **as**는 이탤릭체로 되어 있다.[11] 헬라어 원문에 없는데 첨가되었다는 뜻이다. **as**의 자리에 쉼표를 넣어 "사랑하심을 받고"(beloved)와 "부르심을 받은"(called)과 **성도(saints)**를 신자들이 받는 서로 연결되지만 구분되는 복으로 이해하는 게 더 나은 번역으로 보인다.

성도로 번역된 '하기오스'(*hagios*)는 구별됨이 기본 의미다. 구약성경에서, 하나님이 많은 것과 많은 사람을 그분의 목적을 위해 거룩하게 구별하셨다. 예를 들면, 성막과 성전과 거기 딸린 모든 기구, 무엇보다도 언약궤와 지성소가 하나님께 구별되었다. 레위 지파는 하나님을 위한 제사장으로 구별되었고, 이스라엘 민족 전체가 하나님의 백성으로서 구별되었다. 십일조를 비롯해 이스라엘 백성이 드리는 예물, 곧 돈과 각종 선물이 하나님을 위해 특별히 구별되었다(이 책 1장을 참조하라).

그러나 구약성경에서 빈번하게 '거룩한'(holy)은 어떤 사람이 세상으로부터 하나님께 구별됨을, 이로써 그분처럼 거룩하게 됨을 가리킨다. 이런 의미에서 구별된다는 것은 거룩하고 의롭게 된다는 것이다. 옛 언약 아래서든 새 언약 아래서든, **성도**는 하나님의 "거룩한 자들"이다.

그러나 새 언약 아래서는 성전, 제사장직, 언약궤, 십일조 같은 거룩한 것이 더는 존재하지 않는다. 오늘날 땅에서 하나님의 거룩한 것은 하나님의 백성, 곧 하나님이 자신을 위해, 예수 그리스도를 통해 주권적으로, 은혜로 구별하신 사람들뿐이다. 하나님의 교회가 하나님의 새로운 성전이고 하나님의 새로운 제사장이다(고전 3:16-17; 벧전 2:5, 9).

로마서 첫머리의 아름다운 축언에서, 바울은 이렇게 말한다. **하나님 우리 아버지와 주 예수 그리스도로부터 은혜와 평강이 있기를 원하노라. 은혜**와 **평강**이라는 놀라운 복을 받을 수 있는 사람들은 하나님의 사랑을 받는 자들, 그분의 부르심을 받은 자들, 그분의 거룩한 자들뿐이다. 오직 이들만 진정으로 **하나님**을 **아버지**라 부를 수 있다. 이들만 하나님의 아들 **주 예수 그리스도**를 통해 하

---

11 to all who are beloved of God in Rome, called *as* saints : Grace to you and peace from God our Father and the Lord Jesus Christ.

나님의 거룩한 가정에 입양되었기 때문이다.

4

참된 영적 지도자
(1:8-15)

**[8]먼저 내가 예수 그리스도로 말미암아 너희 모든 사람에 관하여 내 하나님께 감
사함은 너희 믿음이 온 세상에 전파됨이로다. [9]내가 그의 아들의 복음 안에서
내 심령으로 섬기는 하나님이 나의 증인이 되시거니와 항상 내 기도에 쉬지 않
고 너희를 말하며, [10]어떻게 하든지 이제 하나님의 뜻 안에서 너희에게로 나아
갈 좋은 길 얻기를 구하노라. [11]내가 너희 보기를 간절히 원하는 것은 어떤 신령
한 은사를 너희에게 나누어 주어 너희를 견고하게 하려 함이니, [12]이는 곧 내가
너희 가운데서 너희와 나의 믿음으로 말미암아 피차 안위함을 얻으려 함이라.
[13]형제들아, 내가 여러 번 너희에게 가고자 한 것을 너희가 모르기를 원하지 아
니하노니, 이는 너희 중에서도 다른 이방인 중에서와 같이 열매를 맺게 하려 함
이로되, 지금까지 길이 막혔도다. [14]헬라인이나 야만인이나 지혜 있는 자나 어
리석은 자에게 다 내가 빚진 자라. [15]그러므로 나는 할 수 있는 대로 로마에 있는
너희에게도 복음 전하기를 원하노라.** (1:8-15)

나는 신학교에서 책을 읽고 강의를 들으며 과제물을 쓰면서 많이 배웠다. 그러나 무엇보다도 나를 가르친 경건한 분들의 태도와 행동에서 가장 많이 배웠다. 그분들 주위에 있는 동안, 그분들의 참된 우선순위와 참된 신념과 주님을 향한 참된 헌신을 보았다.

로마서를 여는 단락에서, 바울은 수신자들에게 복음의 깊은 진리를 가르치

기 전에 자신을 소개한다. 그는 마음을 활짝 열고 사실상 이렇게 말했다. "여러분에게 나의 신학을 보여주기 전에 나 자신을 보여주겠습니다."

사람들은 다양한 동기로 주님을 섬긴다. 어떤 사람들은 율법주의적 노력으로, 구원과 하나님의 호의를 얻기 위한 수단으로 주님을 섬긴다. 어떤 사람들은 두려움, 곧 주님을 섬기지 않으면 그분 눈 밖에 나고 구원을 잃을지도 모른다는 두려움 때문에 주님을 섬긴다. 어떤 사람들은 디오드레베처럼(요삼 9) 지도자에게 흔히 수반되는 특권과 존경 때문에 주님을 섬긴다. 어떤 사람들은 교회에서 윗자리에 앉아 군림하려고 주님을 섬긴다. 어떤 사람들은 체면 때문에, 동료 교인들과 세상 사람들에게 의롭다는 소리를 들으려고 주님을 섬긴다. 어떤 사람들은 동료들의 압력, 종교적 · 도덕적 행위에 관한 어떤 인간적 기준에 부합하라는 압력 때문에 주님을 섬긴다. 어린아이들은 흔히 부모에게 종교 활동을 강요받으며, 때로는 오로지 부모의 협박 때문에 또는 어쩌면 단지 습관적으로 종교 활동을 성인이 되어서도 계속한다. 어떤 사람들은 심지어 경제적 이익을 얻을 수 있기 때문에 기독교 사역에 열성적이다.

그러나 이러한 섬김의 동기들은 껍데기일 뿐이다. 섬김이 아무리 정통적이고 다른 사람들에게 도움이 되더라도 하나님을 기쁘시게 하고 영화롭게 하려는 진지한 바람에서 비롯되지 않으면 영적이지 못할뿐더러 하나님이 받으실 수 있는 것이 되지도 못한다(참조. 고전 10:31). 물론, 하나님을 향한 참된 헌신에서 시작한 섬김이 기계적 섬김이나 어쩔 수 없이 하는 습관적 섬김으로 변질될 수도 있다. 목회자, 교회학교 교사, 청년 지도자, 선교사를 비롯해 기독교 사역자라면 누구라도 자칫 첫사랑을 떠나 껍데기뿐인 활동, 주님의 이름으로 하지만 주님의 능력으로 하지 않고 주님의 영광을 위해 하지도 않는 활동의 쳇바퀴에 빠질 수 있다.

올바른 동기와 주님의 능력으로 주님을 섬길 때라도, 자신의 수고를 동료 그리스도인들이 알아주지 않거나 자신의 수고가 완전히 묻힐 때 쉽사리 화를 내거나 자기 연민에 빠지고픈 유혹이 늘 가까이 있다.

바울은 반대에 부딪혔을 때, 사역을 포기하거나 고린도교회와 같은 골치 아프고 육신적이며 자기중심적이고 세상에 찌든 교회를 포기하라는 사탄의 숱한 유혹으로 공격받았던 것이 틀림없다. 그러나 바울은 주님께 크게 쓰임받았다. 하나님의 은혜와 돌보심으로, 순수했던 동기를 끝까지 잃지 않았기 때문이다. 바울은 하나님을 기쁘게 하는 것이 유일한 목적이었기에 다른 사람들, 심지어 자신이 섬기는 사람들에게 미움과 무시를 받아도 사역을 그만두지 않았고 비탄과 자기 연민에 빠지지도 않았다.

로마 신자들에게 쓴 편지의 첫머리에서, 바울은 자신이 이들을 섬기길 원하는 진정한 영적 동기를 말한다. 편지 전체에 스민 따뜻함과 애정과 섬세함으로, 바울은 이들에게 하나님을 향한 자신의 진정한 헌신과 이들을 향한 자신의 진정한 사랑을 확인시킨다. 바울은 로마교회를 직접 세우지 않았을뿐더러 방문한 적도 없지만 이들의 영적 성장을 위해 진심 어린 그리스도의 열정을 쏟으며 이들과 영적 · 인격적 우애를 형성하길 간절히 바란다. 로마서는 바울이 선지자의 열심과 선생의 지성과 사도의 결의뿐 아니라 목자의 심장을 가졌음을 보여준다.

바울의 편지를 받았을 때, 로마교회 신자들은 왜 그들 중 대다수가 알지 못하는 대 사도가 이처럼 길고 심오한 편지를 쓰는 수고를 아끼지 않았는지 궁금했을 것이다. 그뿐 아니라, 바울이 자신들을 그렇게도 생각한다면 왜 여태 방문하지 않았는지 궁금했을 것이다. 1:8-15에서, 바울은 두 질문에 답한다. 바울이 이들에게 편지를 쓴 것은 이들의 영적 성숙을 깊이 생각했기 때문이었고, 이들을 아직 방문하지 못한 것은 계속 길이 막혔기 때문이었다. 이 몇 구절에서 사도는 그들에 대한 그의 마음을 드러낸다.

이 단락에서 바울의 의도를 파악하는 핵심 단서라면 "내 심령으로 섬기는 하나님"이란 어구다(9a절). 바울은 유대교에서 성장하고 교육을 받았다. 그 자신이 바리새인이었으며 유대교의 다른 분파인 사두개파뿐 아니라 서기관들과 제사장들과 장로들까지 잘 알았다. 그가 알기로, 몇몇 예외를 제외하고, 이 지도자들은 육신으로 하나님을 섬겼으며 자신들의 이익이 그 동기였다. 이들의 예배와 섬김은 기계적이고 틀에 박혀 있었으며 겉치레와 껍데기뿐이었다. 바울은 이방인 세계도 잘 알았으며, 이교도의 종교의식과 제사도 겉치레와 껍데기이고 완전히 자신들의 이익이 그 동기라는 것을 알았다.

예수님은 야곱의 우물에서 이런 종교를 언급하며 사마리아 여인에게 말씀하셨다. "아버지께 참되게 예배하는 자들은 영과 진리로 예배할 때가 오나니 곧 이 때라. 아버지께서는 자기에게 이렇게 예배하는 자들을 찾으시느니라. 하나님은 영이시니 예배하는 자가 영과 진리로 예배할지니라"(요 4:23-24). 하나님이 받으실만한 참 예배는 특정 장소나 의식이나 인간이 만든 그 어떤 행위나 형식과 무관하다.

바울 자신이 구원받기 전에 외적 · 이기적 방식으로 하나님을 예배하고 섬겼다(빌 3:4-7). 그러나 이제 그리스도께 속했고 그리스도의 영이 그의 안에 거하시기에, 영과 진리로, 자신의 온 존재로 하나님을 예배하고 섬겼다. 이제 바울의 동기가 달라졌다. 자신이 아니라 하나님을 위해, 자신의 방식이 아니라 하나님이 계시하신 방식으로, 자신의 능력이 아니라 하나님의 능력으로 하나님을 섬기려 했다. 이제는 자신의 이익이나 동료의 압력이 동기가 아니었다. 이제는 유대교 전통이나 심지어 하나님의 율법을 지키려는 자신의 노력에 초점을 맞추지 않았다. 다른 사람들을 기쁘게, 심지어 자신을 기쁘게 하는 데 관심이 없었고 오로지 하나님을 기쁘게 하려는 마음뿐이었다(고전 4:1-5). 바울은 복음에 담긴 구원하는 은혜를 선포함으로써 하나님을 영화롭게 하는 데 삶과 사역의 초점을 맞추었다. 그는 자신이 에베소 신자들에게 선포한 하나님의 기준에 맞게 살았다. 하나님을 섬길 때 "눈가림만 하여 사람을 기쁘게 하는 자처럼 하지 말고 그리스도의 종들처럼 마음으로 하나님의 뜻을 행" 했다(엡 6:6). 또한 에베소교회 장로들에게 상기시킨 것처럼 살았다. "내가 아무의 은이나 금이나 의복을 탐하지 아니하였고, 여러분이 아는 바와 같이 이 손으로 나와 내 동행들이 쓰는 것을 충당하여"(행 20:33-34).

바울이 섬긴 것은 섬김이 "재미있고" 자신을 기쁘게 하기 때문이 아니었다. 그는 이 서신 뒷부분에서 이렇게 지적했다. "그리스도께서도 자기를 기쁘게 하지 아니하셨나니, 기록된 바 주를 비방하는 자들의 비방이 내게 미쳤나이다 함과 같으니라"(롬 15:3; 참조. 시 69:9). 그뿐 아니라, 바울이 섬긴 것은 사람들에게 영광과 영예를 얻기 위해서도 아니었다. "내가 복음을 전할지라도 자랑할 것이 없음은 내가 부득불 할 일임이라. 만일 복음을 전하지 아니하면 내게 화가 있을 것이로다"(고전 9:16). 그는 나중에 고린도교회에 쓴 편지에서 이렇게 선언했다. "우리는 우리를 전파하는 것이 아니라 오직 그리스도 예수의 주되신 것과 또 예수를 위하여 우리가 너희의 종 된 것을 전파함이라"(고후 4:5; 참조. 고전 9:19).

8-15절에서, 바울의 말은 참된 영적 섬김의 아홉 가지 표식을 제시한다. 감사하는 마음(8절), 관심을 기울이는 마음(9절), 자발적이고 복종하는 마음(10절), 사랑하는 마음(11절), 겸손한 마음(12절), 열매 맺는 마음(13절), 순종하는 마음(14절), 간절한 마음이다(15절). 그리고 열 번째 표식인 담대한 마음은 16a절에 나온다.

감사하는 마음

먼저 내가 예수 그리스도로 말미암아 너희 모든 사람에 관하여 내 하나님께 감사함은 너희 믿음이 온 세상에 전파됨이로다. (1:8)

참된 영적 섬김의 첫째 표식은 감사다. 바울은 감사가 넘쳤다. 그는 하나님이 자신을 위해 하신 일과 자신을 통해 하신 일에 감사했을 뿐 아니라, 하나님이 다른 신자들 안에서 하신 일과 그들을 통해 하신 일에도 감사했다. 그러나 로마 신자들에게는 감사하지 않았는데, 아첨으로 여겨질 수도 있었기 때문일 것이다. 그는 오히려 **예수 그리스도로 말미암아…내 하나님께 감사**한다고 했다.

바울의 감사가 친밀했던 첫째 이유는 그가 영적으로 하나님과 가까웠기 때문이다. 그는 **내 하나님께 감사**한다고 했다. 어느 이방인이라도 이렇게 말하지 않았을 것이다. 그뿐 아니라, 대다수 유대인이 하나님을 말하며 인칭대명사를 사용하지 않았을 것이다. 바울에게, 하나님은 신학적 추상이 아니라 사랑하는 구주요 가까운 친구였다. 그다음 절에서 증언하듯, 바울은 자신의 심령으로(in spirit), 마음과 생각의 깊은 곳에서 **하나님**을 섬겼다.

바울은 하나님과 사람 사이의 영원한 중보자 **예수 그리스도로 말미암아**(예수 그리스도를 통해) 하나님께 감사했다. 예수님은 "나로 말미암지 않고는 아버지께로 올 자가 없느니라"고 하셨고(요 14:6), 그분을 믿는 자들은 전능하신 하나님을 **내 하나님**이라 부를 특권이 있다. "하나님은 한 분이시요 또 하나님과 사람 사이에 중보자도 한 분이시니, 곧 사람이신 그리스도 예수라"(딤전 2:5). 우리는 **예수 그리스도로 말미암아** 아버지께 나아갈 수 있기 때문에 언제나 "긍휼하심을 받고 때를 따라 돕는 은혜를 얻기 위하여 은혜의 보좌 앞에 담대히 나아갈" 수 있고(히 4:16) 그분을 "아빠, 아버지"라 부를 수 있다(롬 8:15).

바울의 감사가 친밀했던 둘째 이유는 그가 동료 신자들, 심지어 로마 신자들과도 영적으로 친밀했기 때문인데, 바울은 이들의 대다수를 개인적으로 알지 못했다. **내가…너희 모든 사람에 관하여 내 하나님께 감사**한다는 말은 로마교회 **모든** 신자에 관해 감사한다는 뜻이다. 바울의 감사는 치우치지 않고 모두를 포함했으며 차별이 없었다.

하나를 제외한 모든 서신에서, 바울은 수신자들에게 감사를 표한다. 유일한 예외는 갈라디아교회에 보낸 편지였으며, 갈라디아교회는 유대주의자들의 영향으로 은혜에 기초한 참복음(true gospel of grace)에서 떠나 행위에 기초한 의의 체계(works system of righteousness)로 넘어가 육으로 예배하며 섬기고 있었다. 그렇다고 나머지 교회들이 완벽했던 것도 아니다. 바울은 대다수 서신을 잘못된 가르침과 거룩하지 못한 삶을 바로잡으려고 썼으며, 따라서 나머지 교회들도 결코 완벽하지 못했던 게 분명하다. 그러나 바울은 교훈하고 바로잡아야 할 필요가 절실했던 교회들에서도 감사 거리를 찾아냈다.

바울은 고린도에서 로마교회에 편지를 썼는데, 당시 고린도 유대인들은 바울을 죽일 음모를 꾸미고 있었다(행 20:3). 바울은 예루살렘에 가는 길이었으며, 예루살렘에 가면 감옥에 갇히고 죽을 수도 있음을 알았다. 그런데도 여전히 감사가 넘쳤다.

몇 년 후, 바울은 죄수 신분으로 로마 셋집에 거주하며 황제 앞에서 심문받을 날을 기다릴 때도 여전히 감사했다. 그곳에서, 서신 넷을 썼는데(에베소서, 빌립보서, 골로새서, 빌레몬서), 이 서신들을 흔히 옥중서신이라 부른다. 각 서신에서, 바울은 서신을 받는 신자들에 대해 감사한다(엡 1:16; 빌 1:3; 골 1:3; 몬 4). 로마에서 두 번째 투옥되었을 때, 열악하기 이를 데 없는 마메르티네 감옥

(Mamertine Prison)에 갇혔을 것이다. 그렇더라도, 그가 로마 하수관이 지나가는 감옥에서도 감사했다고 확신할 수 있다. 나는 그 감옥에 갔을 때 안내자에게 이런 설명을 들었다. 감방마다 죄수가 가득 차면 하수구를 모두 열어 죄수들이 더러운 물에 빠져 죽게 한 후 새로운 죄수들을 들였다는 것이다. 그러나 바울의 감사는 그가 이 땅에서 처한 환경이 아니라 주님과의 풍성한 교제에 기초했다.

바울이 로마 그리스도인들에 대해 감사한 구체적 이유는 이들의 **믿음**이었는데, 이들의 믿음이 **온 세상에 전파**되고 있었다. 역사를 보면, 주후 49년 클라우디우스 황제가 로마에서 유대인들을 추방했다. 유대인들은 모두 크레스투스(Chrestus, Christ의 다른 표기)의 추종자라고 생각했기 때문이었다. 유대인 그리스도인들의 증언이 믿지 않는 유대인들을 크게 자극해 일어난 소요가 로마 전체의 평화를 위협했던 게 분명하다. 그래서 신자들은 로마뿐 아니라 **온 세상**에서 강력하게 증언했다. 얼마나 큰 칭찬인가!

바울이 여기서 말하는 **믿음**은 구원에 이르는 신뢰, 곧 그리스도를 향한 첫 신뢰가 아니라 영적 힘과 성장에 이르는 꾸준한 신뢰다. 이러한 믿음은 박해를 부를 수도 있다. 로마 신자들은 이를테면 사자 굴에서 살았으나 자신들의 **믿음**을 순전하고 신실하게 살아냈다. 어떤 교회들은 목회자나 건물이나 스테인드글라스나 교인 수나 재산 때문에 유명하다. 로마교회는 **믿음** 때문에 유명했다. 그것은 진정으로 구속받은 성도들의 교제였으며, 주 예수 그리스도께서 이들을 통해 그분의 생명과 능력을 나타내셨기에 이들의 성품이 모든 곳에 알려졌다.

자신이 사역자로 섬기는 사람들에 대해 감사하는 마음은 참된 영적 섬김에 필수다. 그리스도인이 하나님의 백성을 섬기려 할 때, 그들이 아무리 궁핍하더라도 주님이 그들을 위해 하신 일에 감사하는 마음이 없다면, 그의 섬김은 기쁨 없이 끝날 것이다. 바울은 언제나 감사 거리를 찾아냈으며, 그래서 주님이 이미 행하신 일에 대해 그분을 높일 수 있었고 하나님이 자신을 사용해 행하실 일을 기대할 수 있었다.

껍데기 신자들은 좀처럼 만족하지 못하기에 좀처럼 감사하지 않는다. 이들은 세상 것을 향한 욕구에 초점을 맞추기에 감사하기보다 화내기 일쑤다. 감사하지 않는 마음은 이기적이고 자기중심적이며 율법주의적이다. 바울이 감사하는 마음을 품었던 것은 하나님이 자신의 삶에서 하시는 일에, 신실한 다른 신자들의 삶에서 하시는 일에, 온 세상에서 그분의 나라를 확장하시는 일에 늘 초점을 맞추었기 때문이다.

관심을 기울이는 마음

내가 그의 아들의 복음 안에서 내 심령으로 섬기는 하나님이 나의 증인이 되시거니와 항상 내 기도에 쉬지 않고 너희를 말하며, (1:9)

참된 영적 섬김의 둘째 표식은 관심을 기울이는 마음이며, 바울은 이것을 여기서 제시할 뿐 아니라 자신의 삶에서 본을 보였다. 바울은 주님의 사역에서 이미 이뤄진 일과 이뤄지고 있는 일에 대해 감사했지만, 아직 이루어져야 할 일과 균형을 맞추는 데도 깊은 관심을 쏟았다.

바로 여기서 바울은 8-15절의 핵심 표현을 제시한다. **내 심령으로 섬기는 하나님**이다. '라트루오'(*latreuō*, to **serve, 섬기는**)는 신약성경에서 늘 종교적 섬김에 사용되며, 따라서 때로 "예배"(worship)로 번역된다. 이 용어는 이교도 우상들을 섬김을 가리키는 두 차례를 제외하면 참 하나님을 향한 예배와 섬김을 가리키는 데 사용된다. 하나님을 향한 신자의 가장 큰 섬김은 헌신 되고 순전하며 진심 어린 사역이다.

하나님을 섬기려면 아낌없이 온전히 헌신해야 한다. 바울은 자신의 전부로 하나님을 섬겼으며, 그 시작은 그의 **심령(spirit)**, 곧 그의 영혼에서 넘쳐나는 깊은 갈망이었다. 이 서신 12장에서, 바울은 모든 신자에게 호소한다. "내가 하나님의 모든 자비하심으로 너희를 권하노니, 너희 몸을 하나님이 기뻐하시는 거룩한 산 제물로 드리라. 이는 너희가 드릴 영적 예배니라"(1절). 이러한 영적 헌신은 "이 세대를 본받지 말고 오직 마음을 새롭게 함으로 변화를 받아 하나님의 선하시고 기뻐하시고 온전하신 뜻이 무엇인지 분별"함으로써 성취된다(2절).

바울은 빌립보교회에 보낸 편지에서 참 예배(true worship)에 관해 비슷하게 했다. "하나님의 성령으로 봉사하며(worship)[12] 그리스도 예수로 자랑하고 육체를 신뢰하지 아니하는 우리가 곧 할례파라"(빌 3:3). 함께 배를 타고 로마로 향하던 사람들이 지중해에서 강력한 폭풍을 만나 살 희망마저 사라졌을 때, 바울은 이들을 안심시켰다. "내가 너희를 권하노니, 이제는 안심하라. 너희 중 아무도 생명에는 아무런 손상이 없겠고 오직 배뿐이리라. 내가 속한 바 곧 내가 섬기는 하나님의 사자가 어제 밤에 내 곁에 서서 말하되, 바울아 두려워하지 말라 네가 가이사 앞에 서야 하겠고 또 하나님께서 너와 함께 항해하는 자를 다 네게 주셨다 하였으니, 그러므로 여러분이여, 안심하라. 나는 내게 말씀하신 그대로 되리라고 하나님을 믿노라"(행 27:22-25).

바울은 디모데에게 이렇게 선언할 수 있었다. "내가…청결한 양심으로 조상 적부터 섬겨 오는 하나님께 감사하고"(딤후 1:3). 바울은 진실한 마음으로 하나님을 섬겼기에 또한 청결한 양심으로 하나님을 섬겼다. 바울의 예배와 섬김은 서로 떼려야 뗄 수 없었다. 바울의 예배는 섬김이었고 그의 섬김은 예배였다.

바울의 젊은 친구 디모데가 영적으로 비틀대는 것 같았다. 그래서 바울은 그에게 이렇게 훈계했다. "너는 진리의 말씀을 옳게 분별하며 부끄러울 것이 없는 일꾼으로 인정된 자로 자신을 하나님 앞에 드리기를 힘쓰라"(딤후 2:15). 몇 절 뒤에서, 바울은 이렇게도 경고했다. "너는 청년의 정욕을 피하고 주를 깨끗한 마음으로 부르는 자들과 함께 의와 믿음과 사랑과 화평을 따르라"(22절).

바울이 하나님을 섬길 때 최우선은 **그의 아들에 대한 복음**을 전하는 것**(the preaching of the gospel of His Son)**이었다. 주님은 바울을 이 사역에 부르셨고, 바울은 이 사역에 삶을 송두리째 바쳤다. 그러나 그가 뒤이어 설명하듯이, 하나님을 섬김에는 **복음**을 믿은 '모두'에게 깊고 친밀한 관심을 기울이는

---

12 새번역: 예배하며

것이 포함되었다. 바울이 로마 성도들에게 관심을 쏟은 것은 이들이 "그의 회심자들"이기 때문이 아니라 자신과 이들이 같은 하나님의 **아들**을 구주로 믿음으로써 같은 영적 아버지를 눈 형제자매였기 때문이다.

이 서신 서두에 여러 번 언급하고(1:10, 11, 15) 거의 말미에서 되풀이하듯이(15:14, 22), 바울은 인간적으로 말하면 얼마간 외부인이요 낯선 사람으로서 로마교회에 편지하고 있었다. 이런 사실 때문에, 바울이 로마 신자들에게 깊은 관심을 쏟는다는 사실이 훨씬 놀랍고 뭉클하다.

대다수 로마 신자들이 바울을 개인적으로 알지 못했다. 그래서 바울은 여기서 주님을 **증인**으로, 자신이 로마에 사는 영적 형제자매들에게 쏟는 진실한 사랑과 관심을 증언할 증인으로 소환한다. 바울은 모든 사람의 마음에 자리한 진정한 동기와 진실함을 아시는 하나님이(참조. 고전 4:5) 자신이 **항상** 자신의 **기도에 쉬지 않고** 이들을 **말하**는 사실을 증언해주시리라는 것을 알았다. 바울이 **항상**과 **쉬지 않고**라고 말한 것은 불필요한 반복이 아니라 자신의 관심을 긍정 어법과 부정 어법으로 표현한 것일 뿐이다.

바울은 이들이 매우 신실해서 기쁘고 감사했다. 그렇더라도 하나님의 지속적 공급이 없으면 강한 믿음이라도 흔들린다는 것을 알았다. 그래서 이들을 **항상** 자신의 **기도에** 포함했으며 자신의 기도 목록에서 절대로 삭제하지 않았다. 이유는 다르더라도, 신실한 성도도 신실하지 못한 성도만큼이나 기도 후원이 필요하다.

바울은 데살로니가 성도들을 이렇게 안심시켰다. "우리도 항상 너희를 위하여 기도함은 우리 하나님이 너희를 그 부르심에 합당한 자로 여기시고, 모든 선을 기뻐함과 믿음의 역사를 능력으로 이루게 하시고, 우리 하나님과 주 예수 그리스도의 은혜대로 우리 주 예수의 이름이 너희 가운데서 영광을 받으시고, 너희도 그 안에서 영광을 받게 하려 함이라"(살후 1:11-12). 앞선 편지에서, 바울은 이들에게 쉬지 말고 기도하라고 했다(살전 5:17). 마찬가지로, 에베소 신자들에게 이렇게 권면했다. "항상 성령 안에서 기도하고, 이를 위하여 깨어 구하기를 항상 힘쓰며, 여러 성도를 위하여 구하라"(엡 6:18).

로마서 말미에서, 바울은 이렇게 간청한다. "형제들아, 내가 우리 주 예수 그리스도와 성령의 사랑으로 말미암아 너희를 권하노니, 너희 기도에 나와 힘을 같이하여 나를 위하여 하나님께 빌어"(롬 15:30). 바울은 자신을 위해 기도해 달라고 했다. 이기적 목적이 아니라 사역을 위해서였다. 다시 말해, 그는 이렇게 기도해 달라고 했다. "나로 유대에서 순종하지 아니하는 자들로부터 건짐을 받게 하고, 또 예루살렘에 대하여 내가 섬기는 일을 성도들이 받을 만하게 하고, 나로 하나님의 뜻을 따라 기쁨으로 [로마에 있는] 너희에게 나아가…"(31-32절).

바울은 로마 그리스도인들을 위해 구체적으로 무슨 간구를 했는지 말하지 않는다. 그렇더라도 그것이 그가 다른 서신들에서 언급한 간구와 비슷하리라 추정해도 괜찮겠다. 바울은 에베소 신자들에게 이렇게 썼다. "내가 하늘과 땅에 있는 각 족속에게 이름을 주신 아버지 앞에 무릎을 꿇고 비노니, 그의 영광의 풍성함을 따라 그의 성령으로 말미암아 너희 속사람을 능력으로 강건하게 하시오며 믿음으로 말미암아 그리스도께서 너희 마음에 계시게 하시옵고 너희가 사랑 가운데서 뿌리가 박히고 터가 굳어져서 능히 모든 성도와 함께 지식에 넘치는 그리스도의 사랑을 알고 그 너비와 길이와 높이와 깊이가 어떠함을 깨달아 하나님의 모든 충만하신 것으로 너희에게 충만하게 하시기를 구하노라"(엡 3:14-19).

깊고 깊은 기도다! 바울은 이들이 성령으로 강건해지고, 그리스도께서 이들의 마음에 거하시며, 이들이 하나님의 사랑으로 채워지고, 이들이 그분의 진리를 온전히 깨달아 그분을 온전히 닮길 기도했다.

바울은 빌립보 신자들을 위해 이렇게 기도했다. "너희 사랑을 지식과 모든 총명으로 점점 더 풍성하게 하사 너희로 지극히 선한 것을 분별하며 또 진실하여 허물없이 그리스도의 날까지 이르고 예수 그리스도로 말미암아 의의 열매가 가득하여 하나님의 영광과 찬송이 되기를 원하노라"(빌 1:9-11).

바울은 골로새교회에 이렇게 확인시켜 준다. "우리도 듣던 날부터 너희를 위하여 기도하기를 그치지 아니하고 구하노니, 너희로 하여금 모든 신령한 지혜와 총명에 하나님의 뜻을 아는 것으로 채우게 하시고 주께 합당하게 행하여 범사에 기쁘시게 하고 모든 선한 일에 열매를 맺게 하시며 하나님을 아는 것에 자라게 하시고 그의 영광의 힘을 따라 모든 능력으로 능하게 하시며 기쁨으로 모든 견딤과 오래 참음에 이르게 하시고"(골 1:9-11).

바울의 모든 기도 내용은 영적이었다. 그는 신자들 개개인을 위해 기도했을 뿐 아니라 많은 신자 그룹을 위해서도 기도했다. 신자들의 마음이 하나님의 마음과 합해지길 기도했고, 신자들이 하나님의 말씀을 온전히 알게 되길 기도했으며, 신자들이 하나님의 뜻에 온전히 순종하길 기도했다. 기도의 깊이와 강도가 관심의 깊이와 강도다.

자발적이고 복종하는 마음

어떻게 하든지 이제 하나님의 뜻 안에서 너희에게로 나아갈 좋은 길 얻기를 구하노라. (1:10)

바울은 로마교회의 영적 안녕을 위해 기도했을 뿐 아니라, 하나님의 뜻에 따라 그 기도의 응답에 도움이 되는 도구로 그분에게 사용되길 간절히 바랐다. 교회는 비판하기에 바쁜 사람들이 늘 넘치지만 정작 자신이 걱정하는 문제를 해결하는 일에 하나님께 기꺼이 사용되길 바라는 사람들은 늘 부족해 보인다.

많은 그리스도인이 직접 증언하기보다 선교 사역에 헌금하려 한다. 조 베일리(Joe Bayly)는 자신의 책 『복음 실은 비행선』(*The Gospel Blimp*, Elgin, 111: David C. Cook, 1983)에서 가상의 이야기를 들려준다. 한 사람이 소형 비행선을 빌려 타고 동네에 전도지를 뿌렸다. 대중 영화로도 제작된 이 책의 핵심은 복음으로 사람들에게 다가가길 극도로 꺼리는 사람들이 있다는 것이다.

언젠가 어떤 사람이 예배 후 내게 다가와 이런 제안을 했다. 교회가 이만 오천 달러를 들여 정교한 전화 응답 서비스를 구축해 전화를 건 사람에게 복음을 들려주자는 것이었다. 『복음 실은 비행선』에 나오는 사람처럼, 이 사람도 자신의 계획을 활용해 믿지 않는 이웃에게 다가가고 싶었다. 그래서 나는 이렇게 제안했다. "선생님이 직접 이웃을 찾아가 복음을 전하는 게 어떻겠습니까?"

주님이 우리가 아니라 다른 사람들을 사용하시길 기도하는 게 훨씬 쉽고, 육신적으로 훨씬 매력적이다. 그러나 이사야처럼, 바울은 섬기라는 주님의 부르심을 듣거나 누군가의 영적 필요를 보았을 때 이렇게 말했다. "내가 여기 있나이다. 나를 보내소서"(사 6:8). 물론, 주님을 섬기는 일에서 다른 사람들을 위해 기도하는 것은 중요하다. 그러나 주님의 일을 향한 우리의 관심을 가늠하는 진정한 척도는 그분에게 사용되길 기꺼이 원하느냐는 것이다.

바울은 로마교회를 방문할 수 있도록 하나님께 오래 기도했다(**making request, 구하노라**). 로마교회 신자들을 섬기고 이들의 섬김을 받기 위해서였다(11-12절). 바울은 곧 로마에 갈 수 있길 바라며 이렇게 말했던 게 분명하다. **이제 하나님의 뜻 안에서 너희에게로 나아갈 좋은 길 얻기를**.

하나님을 섬기려는 바울의 열망을 이끌었던 것은 언제나 **하나님의 뜻**이었다. 바울은 자신의 열망과 통찰이 아니라 자신이 섬기는 분의 **뜻**에 따라 섬겼다. 아가보 선지자가 예루살렘에서 바울을 기다리는 위험을 예언했을 때, 친구들이 바울에게 예루살렘에 가지 말라고 간청했다. 그러나 바울은 이렇게 답했다. "여러분이 어찌하여 울어 내 마음을 상하게 하느냐? 나는 주 예수의 이름을 위하여 결박당할 뿐 아니라 예루살렘에서 죽을 것도 각오하였노라." 이 말에, 누가를 비롯해 여러 사람도 하나님의 주권에 복종하며 말했다. "주의 뜻대로 이루어지이다"(행 21:13-14).

어떤 사람들은 이렇게 묻는다. "하나님이 하기로 계획하신 일을 주권적으로 성취하신다면 기도하는 목적이 뭔가요?" 이와 같은 질문과 관련해, 도널드 그레이 반하우스는 하나의 유비를 들어 신자의 기도와 하나님의 주권의 관계를 설명한다.

> 바이올린 음악을 사랑하는 사람이 있다. 그는 아주 좋은 바이올린을 사고 구할 수 있는 가장 좋은 라디오도 산다. 거기다가 멋들어진 악보 서재도 꾸민다. 그래서 이제 라디오에서 어떤 음악이 나오든 악보를 찾아 보면대에 올려놓고 오케스트라와 함께 연주할 수 있다. 라디오 진행자가 "이번 곡은 유진 오르만디가 지휘하고 필라델피아 오케스트라가 연주하는 베토벤의 교향곡 7번입니다"라고 말한

다. 그는 집에서 그 교향곡 악보를 보면대에 올려놓고 바이올린 현을 오케스트라 소리에 맞춘다. 라디오에서 나오는 음악을 미리 정해진 것(foreordained)이라 해도 좋겠다. 오르만디는 베토벤이 작곡한 그대로 악보를 따라갈 것이다. 그는 자신의 거실에서 제1 바이올린 파트를 연주하기 시작한다. 그는 박자를 놓치고, 제자리를 잃었다가 다시 찾으며, 현을 끊어먹고, 연주를 중단하고 현을 교체한다. 그러거나 말거나 음악은 쉬지 않고 이어진다. 그는 제자리를 다시 찾아 자신의 방식대로 끝까지 연주한다. 진행자가 그다음 곡을 말하고, 바이올린 연주자는 그 곡의 악보를 찾아 보면대에 올려놓는다. 날마다, 달마다, 해마다, 그는 유명한 오케스트라의 바이올린 연주자들과 함께 바이올린을 켜며 즐거워한다. 이들의 음악은 사전에 결정된다. 그가 반드시 해야 하는 것은 이들의 빠르기와 음조대로 연주하는 법을 익히고 이미 작성된 악보를 따라가는 것이다. 오케스트라가 어느 브람스 교향곡의 중간 부분을 연주할 때 그가 양키 두들(Yankee Doodle)을 연주하길 원한다면, 불협화음과 소음이 그의 집에는 있을 테지만 뮤직 아카데미에는 없을 것이다. 몇 년 후, 그는 아주 믿을 만한 바이올린 연주자가 되어 있을 테고 악보에 온전히 복종하고 곡을 연주된 그대로 따르는 게 몸에 배어 있을 것이다. 조화와 기쁨은 복종과 협동에서 온다.

하나님의 계획도 다르지 않다. 하나님의 계획은 그분이 세상 기초가 놓이기 전에 계획하신 대로 하루하루 우리에게 다가오고 펼쳐진다. 하나님의 계획에 맞서 싸우는 사람들, 끝내 바깥 어두운 데 내던져질 사람들이 있다. 하나님은 오만하게 자신에게 맞서는 자들을 그분의 천국에 들이지 않으실 터이기 때문이다. 이것은 용납될 수 없다. 바흐의 곡을 연주하기로 예정되었는데 누군가 뮤직 아카데미에 불쑥 들어와 쇼스타코비치의 곡을 연주하도록 둘 수 없는 것과 다르지 않다. 하나님의 계획이라는 악보가 성경에 있다. 성경을 익히고 성경에 복종하며 성경에 제시된 모든 것에 부합하게 산다면, 나는 기쁨을 발견하고 하나님 및 그분의 계획과 조화를 이룰 것이다. 반대로, 하나님의 계획에 맞서 싸우거나 거기서 비롯된 것에 동의하지 않는다면, 나의 마음과 삶에 평화가 있을 수 없다. 내가 주님이 나를 위해 준비하신 멜로디가 아니라 다른 멜로디를 연주하려 한다면 불협화음이 있을 뿐이다. 기도란 하나님의 영원한 계획이 요구하는 멜로디를 연주하고 삶에서 화음을 이루는 모든 것의 영원한 작곡자요 창조자의 뜻과 조화를 이루는 것을 행하는 법을 익히는 것이다. (*Man's Ruin: Romans 1:1-32* [Grand Rapids: Eerdmans, 1952], pp. 122-123.)

사람들은 흔히 하나님께 이것저것을 요구하고 하나님이 그 요구를 들어주시리라 기대한다. 그러나 이것은 뒤틀린 이단적 태도이며 하나님의 완전하고 거룩한 뜻을 자신의 불완전하고 죄악된 뜻에 맞추려는 시도다. 바울은 자신의 뜻이 아니라 하나님의 뜻을 통해 하나님 나라가 확장되고 하나님의 영광이 더 환히 드러나게 하려 했다.

자칭 메시아들은 하나같이 과대망상증 환자다. 이들은 세상을 그리스도께 인도할 원대한 계획을 세운다. 이들은 언제나 크게 생각하며, 이들의 계획이 하나님의 계획에 제한받는다는 증거라곤 찾아볼 수 없다. 인간적 관점에서, 하나님의 계획은 때로 작고 하찮아 보인다. 예수님은 사역의 초점을 대단한 지도자들의 회심이나 큰 도시들의 복음화에 맞추지 않으셨다. 그분은 그저 평범한 열둘을 선택해 자신의 사도로 훈련하셨으며, 가르치신 장소는 대부분 팔레스타인의 하찮고 외진 곳이었다. 그분은 큰돈을 모금하거나 자신의 이익을 위해 대단한 사람들의 영향력을 이용하려 하지 않으셨다. 그분의 유일한 목적은 아버지의 뜻을, 아버지의 방법대로, 아버지의 때에 행하는 것이었다. 이것이 우리의 가장 높은 목적이기도 하다.

사랑하는 마음

내가 너희 보기를 간절히 원하는 것은 어떤 신령한 은사를 너희에게 나누어 주어 너희를 견고하게 하려 함이니, (1:11)

영적 섬김의 또 다른 표식은 사랑하는 마음이다. 바울이 로마 신자들을 방문하길 원했던 것은 하나님의 이름으로 이들을 사랑으로 섬기기 위해서였다. 그는 관광객 신분으로 유명한 아피안 가도(Apian Way)나 광장이나 콜로세움이나 전차 경주를 보러 가길 원했던 게 아니었다. 그가 로마에 가길 원했던 것은 즐기거나 탐닉하기 위해서가 아니라 자신을 내어주기 위해서였다.

인정받고 개인적 만족을 얻으려 주님을 섬기는 그리스도인이라면 실망하고 자기 연민에 빠질 수밖에 없다. 반대로, 내어줌(giving)에 초점을 맞추는 그리스도인이라면 이런 문제를 전혀 겪지 않는다. 바울의 사역 목표는 "각 사람을 그리스도 안에서 완전한 자로 세우"는 것이었다. 그리고 그는 이렇게 말했다. "이를 위하여 나도 내 속에서 능력으로 역사하시는 이의 역사를 따라 힘을 다하여 수고하노라"(골 1:28-29).

바울의 사랑하는 마음은 데살로니가교회에 보낸 첫 편지에 아름답게 투영되었다. "우리는 그리스도의 사도로서 마땅히 권위를 주장할 수 있으나 도리어 너희 가운데서 유순한 자가 되어 유모가 자기 자녀를 기름과 같이 하였으니, 우리가 이같이 너희를 사모하여 하나님의 복음뿐 아니라 우리의 목숨까지도 너희에게 주기를 기뻐함은 너희가 우리의 사랑하는 자 됨이라. 형제들아, 우리의 수고와 애쓴 것을 너희가 기억하리니, 너희 아무에게도 폐를 끼치지 아니하려고 밤낮으로 일하면서 너희에게 하나님의 복음을 전하였노라"(살전 2:7-9).

참사랑의 가장 중요한 특징은 이타적 내어줌(selfless giving)이며, 바울은 이러한 사랑으로 고린도교회에게 단언했다. "내가 너희 영혼을 위하여 크게 기뻐하므로 재물을 사용하고 또 내 자신까지도 내어 주리니"(고후 12:15). "재물을 사용하고"라는 말은 자신의 자원과 에너지를 이들을 위해 기꺼이 사용하겠다는 뜻이었으며, "내 자신까지 내어 주리니"라는 말은 그래야 한다면 이들을 위해 기꺼이 죽겠다는 뜻이었다.

바울은 로마 신자들의 육체적 안녕도 생각했다. 그러나 그의 최우선 관심사는 이들의 영적 안녕이었고, 그러므로 그가 이들을 **보기**를 갈망하는 주된 목적은 이들에게 **어떤 신령한 은사를…나누어** 주는 데 있었다.

바울이 이들에게 **나누어** 주길 원했던 **은사(gift)**는 영적 영역에 속한다는 의미뿐 아니라 성령이 근원이라는 의미에서 **신령한(spiritual)** 것이었다. 바울은 신자들에게 편지하고 있었기에 값없는 선물(free gift), 곧 그리스도를 통해 얻는 구원을 말하고 있는 게 아니었다(그는 이 부분을 5:15-16에서 말한다). 그뿐 아니라, 바울은 12장에서 논하는 선물들(은사들)을 말하고 있는 것도 아니다. 그 선물들은 인간 도구를 통하지 않고 성령께서 직접 주시기 때문이다. 그러므로 바울은 **신령한 은사(spiritual gift)**라는 표현을 가장 넓은 의미에서 사용해 무엇이든 하나님의 능력으로 되는 **신령한** 유익, 즉 자신이 전파와 가르침과 권면과 위로와 기도와 인도와 훈련을 통해 로마 그리스도인들에게 가져다 줄 수 있는 영적 유익을 말하고 있는 게 틀림없다.

바울이 구체적으로 무슨 복을 염두에 두었든 간에, 그 복은 오늘의 많은 교인들이 갈망하는 피상적이고 자기중심적인 복이 아니었다. 바울은 이들의 귀를 즐겁게 하거나 이들의 종교적 호기심을 채워주는 데 관심이 없었다.

바울이 로마 신자들에게 영적(신령한) 복을 나눠주길 원했던 목적은 이들을 **견고하게 하려 함(be established)**이었다. 바울은 이들 영적 형제자매들이 이렇게 되길 바랐다. "범사에 그에게까지 자랄지라. 그는 머리니 곧 그리스도라"(엡 4:15).

언젠가 젊은 여성이 내게 말했다. 그녀는 한동안 교회학교에서 여자아이들을 맡아 가르치면서 아이들을 몹시 사랑했다고 생각했다. 그런데 어느 토요일 오후, 자기가 다니는 대학의 풋볼 경기를 보러 갔을 때, 주님이 그녀를 깨우쳐주셨다. 그녀가 소녀들을 겉으로만 사랑한다는 것이었다. 그녀는 토요일마다 바쁜 나머지 다음날 공과를 준비하는 데 몇 분 이상은 할애하지 않았다. 그날 이후, 그녀는 어떤 희생을 치르더라도 소녀들에게 영원히 의미 있는 것을 주는 데 꼭 필요한 시간을 쏟겠다고 결심했다. 로마교회를 향한 바울의 사랑은 이처럼 헌신 되고 자신을 희생하는 사랑이었다.

겸손한 마음

이는 곧 내가 너희 가운데서 너희와 나의 믿음으로 말미암아 피차 안위함을 얻으려 함이라. **(1:12)**

자신이 일방적 축복을 염두에 두고 있다고 수신자들이 생각하지 않도록, 바울은 이들에게 단언한다. 자신의 방문이 이들뿐 아니라 자신에게도 유익하리라는 것이다. 바울은 매우 뛰어나고 크게 쓰임 받는 사도였으며 하나님이 계시하시는 진리를 직접 받았다. 그렇더라도 결코 자신이 영적으로 다른 신자들보다 뛰어나다고 생각하지 않았다.

진정으로 감사하고 관심을 쏟으며 자발적이고 복종하며 사랑하는 마음은 겸손한 마음이기도 하다. 마음이 이러한 사람은 절대로 영적 우월감에 젖지 않으며 자신이 그리스도의 이름으로 섬기는 사람들에게 절대로 군림하지 않는다.

장 칼뱅은 로마서의 이 부분을 주석하면서 바울을 이렇게 말했다. "바울이 경험 없는 초신자들에게서 힘을 얻길 거부하지 않음으로써 자신이 느끼는 것을 얼마나 겸손하게 표현하는지 보라. 또한 그의 말은 그가 말한 그대로다. 그리스도의 교회에 은사가 없어 우리의 영적 진보에 얼마간 기여할 수 없는 사람은 하나도 없기 때문이다. 그러나 그릇된 의지와 교만은 우리가 서로에게서 이런 유익을 얻지 못하게 막는다"(John Calvin, *The Epistle of Paul the Apostle to the Romans and to the Thessalonians* [Grand Rapids: Eerdmans, 1960], p. 24).

베드로는 장로들에게 경고했다. 자신들이 돌보는 사람들 위에 군림하지 말고 그들에게 본이 되라는 것이었다. 그러면 "목자장이 나타나실 때에 시들지 아니하는 영광의 관을 얻으리라"(벧전 5:3-4). 뒤이어, 베드로는 늙은이들과 젊은이들에게 권면했다. "다 서로 겸손으로 허리를 동이라. 하나님은 교만한 자를 대적하시되 겸손한 자들에게는 은혜를 주시느니라"(5절).

가장 큰 신학자 바울은 가장 겸손한 사람이기도 했다. 그는 헤아리지 못할 만큼 복을 받았으나 영적 교만이나 지적 오만이라곤 없었다. 그는 이미 영적 완전에 이른 게 아니라 영적 완전을 진정으로 추구했고(참조. 빌 3:12-14), 그래서 젊었든 늙었든, 성숙하든 미숙하든 간에 로마교회의 모든 신자에게 영적으로 도움을 받길 간절히 원했다.

안타깝게도, 배웠고 은사도 적지 않은 숱한 교회 지도자들이 자신보다 젊거나 경험이 미숙한 신자들에게서 배울 게 없다고 생각한다. 마찬가지로 안타깝게도, 경험이 미숙한 신자들이 흔히 자신들은 지도자들에게 줄 게 아무 것도 없다고 생각한다.

윌리엄 캐리(William Carey, 1761-1834)가 인도 선교를 하러 배에 오르려 할 때, 몇몇 친구가 정말로 계획을 실행에 옮기려 하느냐고 물었다. 캐리는 친구들이 기도로 후원해주길 바란다며 이렇게 답했다. "여러분이 밧줄을 단단히 붙잡아준다면 [수렁에라도] 내려가겠습니다"(S. Pearce Carey, *William Carey* [London: The Carey Press, 1934], pp. 117-118).

열매 맺는 마음

형제들아, 내가 여러 번 너희에게 가고자 한 것을 너희가 모르기를 원하지 아니하노니, 이는 너희 중에서도 다른 이방인 중에서와 같이 열매를 맺게 하려 함이로되, 지금까지 길이 막혔도다. (1:13)

바울은 **너희가 모르기를 원하지 아니하노니** 같은 표현을 자신이 말하려는 매우 중요한 것에 주의를 집중하는 수단으로 자주 사용했다. 그는 이러한 표현을 사용해 이방인들을 구원으로 부르시는 하나님의 신비(롬 11:25), 영적 은사들(고전 12:1), 재림을 소개했다(살전 4:13). 여기서 바울은 이 표현을 사용해 로마 성도들을 방문하려는 확고한 계획을 소개한다. 그는 수신자들에게 단언한다. **내가 여러 번 너희에게 가고자** 했으나 **지금까지 길이 막혔도다**. **길이 막히지** 않았다면 이미 오래전에 갔을 것이다.

바울의 방문 목적은 교제가 아니라 그가 섬긴 **다른 이방인 중에서와 같이** 로마 신자들도 **열매를 맺게 하려**는 것이었다.

바울의 사역은 영적 **열매**를 끊임없이 추구했다. 바울의 전파와 가르침과 서신은 그 자체가 목적이 아니었다. 하나님을 위한 모든 참 사역의 목적은 그분의 이름과 그분의 능력으로 그분의 영광을 위해 열매 맺는 것이다. 예수님은 제자들에게 이렇게 선언하셨다. "너희가 나를 택한 것이 아니요 내가 너희를 택하여 세웠나니, 이는 너희로 가서 열매를 맺게 하고 또 너희 열매가 항상 있게 하여"(요 15:16).

영적 삶과 관련해, 성경은 **열매**라는 말을 세 가지 방식으로 사용한다. 첫째, **열매**는 성령의 인도를 받는 신자를 특징짓는 태도를 표현하는 은유로 사용된다. 바울은 이러한 "성령의 열매" 아홉을 말한다. "오직 성령의 열매는 사랑과 희락과 화평과 오래 참음과 자비와 양선과 충성과 온유와 절제니, 이 같은 것을 금지할 법이 없느니라"(갈 5:22-23).

둘째, 영적 **열매**는 행위를 가리킨다. 바울은 이렇게 선언한다. "그러나 이제는 너희가 죄로부터 해방되고 하나님께 종이 되어 거룩함에 이르는 열매를 맺었으니"(롬 6:22). 여기서 열매는 거룩한 삶을 가리킨다. 그리스도인의 입술이 맺는 행위의 열매는 찬송이며(히 13:15), 그리스도인의 손이 맺는 행위의 열매는 베풂(giving, 나눔)이다(빌 4:16-17).

셋째, 영적 **열매**는 더함, 곧 그리스도께 돌아오는 자들이 늘어남과 이들이 그분 안에서 영적으로 더욱 성장함을 포함한다. 바울은 에배네도가 "아시아에서 그리스도께 처음 맺은 열매"라고 말한다(롬 16:5).

바울이 로마 신자들에게서 갈망했던 **열매**는 셋째 열매, 곧 더함이었다. 새로운 회심자들과 성숙하는 회심자들 둘 다 여기에 포함되었다. 가장 넓은 의미, 곧 사람들의 삶에서 구원하고 거룩하게 하는 복음의 능력이 낳은 산물이라는 의미에서, 이들은 영적 **열매**였다. 바울은 로마교회가 새로운 회심자들을 통해 성장하고 성화에서 성장하도록 돕는 데 쓰임 받고 싶었다. 성화에서 성장하는 것은 그리스도를 섬기는 일에서 성장하는 것을 포함한다. 몇 년 후, 바울은 로마에서 빌립보교회에 편지할 때, "가이사의 집"에 속한 신자들의 인사까지 전할 수 있었는데(빌 4:22), 바울 자신이 이들을 그리스도께 인도하는 도구였을 것이다.

이미 말했듯이, 어떤 사람들은 주님의 이름으로 일한다면서 자신의 특권, 인정, 돈, 군중, 영향력을 추구한다. 그러나 마음에서 우러나와 섬기고 진실하게 영적으로 섬기는 그리스도인은 주님을 위해 열매 맺는 데 사용되려 할 뿐이다. 이보다 못한 것에 안주하는 그리스도인은 겉으로 섬길 뿐이다.

목회자, 교회학교 교사, 청소년 지도자를 비롯해 그리스도의 일꾼들에게 가장 큰 위로는 자신이 섬기는 사람들의 삶에서 영적 열매를 보는 것이다. 다른 사람들을 그리스도께 인도하거나 이들이 주님 안에서 성장하도록 돕는 데서 얻는 지속적 기쁨이야말로 가장 큰 상이다.

순종하는 마음

헬라인이나 야만인이나 지혜 있는 자나 어리석은 자에게 다 내가 빚진 자라. (1:14)

바울은 뒤이어 자신이 사역하는 자세와 이유를 말하면서 자신이 복음을 전하고 가르친 것은 개인적 이유 때문이거나 이 부르심이 매력 있어 보였기 때문이 아니라 자신이 **빚진 자(under obligation)**, 곧 의무를 진 자이기 때문이라고 설명한다. 그는 고린도 신자들에게 이렇게 말했다. "내가 복음을 전할지라도 자랑할 것이 없음은 내가 부득불 할 일임이라. 만일 복음을 전하지 아니하면 내게 화가 있을 것이로다. 내가 내 자의로 이것을 행하면 상을 얻으려니와 내가 자의로 아니한다 할지라도 나는 사명(stewardship)을 받았노라"(고전 9:16-17).

바울이 복음을 촉진하기는커녕 어떻게든 복음을 무너뜨리려 할 때, 주님이 구원과 사도의 직분으로 그를 부르셨다. 바울은 로마 신자들에게 사실상 이렇게 말하는 것 같다. "제가 여러분을 섬기려 한다고 해서 제게 감사하지 마십시오. 저는 여러분을 사랑할 뿐 아니라 여러분을 방문하길 진심으로 원합니다. 그렇더라도 저는 이 일을 하도록 주권적으로 지명되었습니다. 제가 이 일을 하고 싶어 하기 오래전에 말입니다"(참조. 고전 9:16 이하).

진실한 목회자와 기독교 사역자라면 누구라도 연구와 준비와 가르침과 목양 자체로 아주 기쁠 때가 있고, 사역 자체가 상이라는 것을 안다. 그러나 사역이 그다지 매력 있어 보이지 않더라도 하나님에게 빚지고 자신이 섬기는 사람들에게 빚진 자이기에 여전히 연구하고 준비하며 가르치고 목양하는 때도 있다. 그리스도는 우리의 주님이며 우리는 그분의 종이다. 섬기고 싶을 때만 섬긴다면 형편없는 종이다.

바울은 적어도 두 부분에서 **빚진 자**였다. 첫째, 그는 이방인들을 향해 하나님께 빚진 자였다. 하나님이 그를 특별히 이방인의 사도로 세우셨기에(롬 1:5; 행 9:15), 바울은 복음으로 이방인을 섬길 신성한 의무가 있었다.

둘째, 바울은 로마 신자들에게 직접 **빚진 자**였다. 이들의 영적 필요 때문이었다. 이것은 이를테면 집에 불이 났거나 물에 빠져 죽어가는 사람을 향한 빚(의무) 같은 것이다. 누군가 큰 위험에 빠졌는데 우리가 도울 수 있다면, 그를 구하려고 무엇이든 해야 할 의무가 즉각 자동으로 우리에게 지워진다. 믿지 않는 유대인들과 마찬가지로, 믿지 않는 이방인들이 영적 죽음을 마주하고 있다. 그래서 바울은 복음으로 이들의 구조할 의무가 있었다.

헬라인이나 야만인과 **지혜 있는 자나 어리석은 자**가 대구를 이루며, **헬라인**은 **지혜 있는 자**를 가리키고 **야만인**은 **어리석은 자**를 가리키는 것으로 보인다. 당시에 **헬라인(Greeks)**은 다양한 지역 출신들, 헬라식 교육을 받고 헬라 문화에 익숙한 사람들로 구성되었다. 이들은 매우 세련되었을 뿐 아니라 흔히 다른 사람들보다 수준이 높다고 여겨졌다. 이들은 스스로 이렇게 여겼던 게 분명하다. 사람들은 헬라어를 신들의 언어로 생각했으며 헬라 철학을 신들의 철학과 다름없다고 생각했다.

반면에, **야만인(barbarians)**은 흔히 헬라화되지 않은 사람들, 헬라식 교육과 문화를 접하지 못한 사람들을 가리켰다. 이 단어는 의성어이며, "바르"(bar)라는 소리를 되풀이한다는 데서 유래했다. 교양 있는 헬라인에게, 다른 언어들은 그저 횡설수설로 들렸고, 그래서 이들은 "바르, 바르, 바르, 바르"라며 흉내를 냈다. 가장 좁은 의미에서 **야만인**은 교양 없고 무례하며 배우지 못한 대중을 가리켰으나 좀 더 넓은 의미에서 누구든 비헬라인을 가리키는 데 사용되었다.

그러므로 바울은 배운 사람들과 배우지 못한 사람들, 세련된 사람들과 세련되지 못한 사람들, 특권을 가진 사람들과 특권과는 거리가 먼 사람들을 향한 자신의 책임을 표현하고 있었다. 그가 섬기는 주님처럼(벧전 1:17), 바울은 사람을 외모로 판단하지 않았다. 복음은 모든 사람에게 평등하다. 누구라도 복음이 없으면 멸망하고 누구라도 동등하게 복음으로 구원받기 때문이다.

예수님이 자신을 메시아로 계시하신 첫 대상은 남편을 여럿 갈아치웠고 지금도 남편이 아닌 남자와 살고 있는 음란한 여인이었다. 그뿐 아니라, 이 여인은 유대인들이 더없이 경멸하는 사마리아 사람이었다. 그러나 예수님은 사랑과 긍휼로 이 여인을 자신에게 이끄셨고, 여인은 많은 동료 사마리아 사람이 메시아를 믿도록 하는 일에 쓰임 받았다(요 4:7-42을 보라).

간절한 마음

그러므로 나는 할 수 있는 대로 로마에 있는 너희에게도 복음 전하기를 원하노라. (1:15)

바울에게는 복음을 전해야 한다는 외적 의무감만 있고 이 의무를 실행하려는 내적 간절함은 없었던 게 아니다. 바울은 **로마에 있는** 신자들에게 **복음 전하기를** 자원했을 뿐 아니라 간절히 **원했다**.

바울은 예루살렘에서 큰 위험이 자신을 기다린다는 것을 알면서도 예루살렘에 가기로 굳게 결심했던 만큼이나 **로마**에서 복음을 **전하기**로 굳게 결심했다. "보라, 이제 나는 성령에 매여 예루살렘으로 가는데 거기서 무슨 일을 당할는지 알지 못하노라. 오직 성령이 각 성에서 내게 증언하여 결박과 환난이 나를 기다린다 하시나"(행 20:22-23). 바울은 예루살렘에 가지 않을 수 없었다. 이것이 그를 향한 하나님의 뜻이었기 때문이다. 그래서 그는 이렇게 말했다. "내가 달려갈 길과 주 예수께 받은 사명 곧 하나님의 은혜의 복음을 증언하는 일을 마치려 함에는 나의 생명조차 조금도 귀한 것으로 여기지 아니하노라"(24절). 그는 "사는 것이 그리스도니 죽는 것도 유익함"을 알았고(빌 1:21), "몸을 떠나"는 것이 "주와 함께 있는" 것임을 알았다(고후 5:8).

바울은 골로새교회 신자들을 생각했듯이 로마 신자들을 생각했다. "나는 이제 너희를 위하여 받는 괴로움을 기뻐하고 그리스도의 남은 고난을 그의 몸된 교회를 위하여 내 육체에 채우노라"(골 1:24).

바울에게 삶의 가치는 단 하나, 하나님의 일을 하는 것이었다. 그는 하나님을 섬기기려는 간절한 바람에 사로잡혔으며, 이 섬김에는 그분의 이름으로 다른 사람들을 섬기는 일도 포함되었다. 바울의 동역자 에바브로디도에게도 이러한 절대 헌신이 있었다. 그는 "그리스도의 일을 위하여 죽기에 이르러도 자기 목숨을 돌보지 아니"했다(빌 2:30). 이처럼 경건한 종들은 출발선에 선 경주마나 단거리 선수 같다. 이들은 그리스도를 섬기는 경주를 시작하고 싶어 미칠 지경이다.

영적 섬김의 마지막 특성, 곧 담대한 마음이 그다음 절(16절)에 나오는데, 이 부분은 다음 장에서 자세히 살펴보겠다. 바울은 "내가 복음을 부끄러워하지 아니하노니"라고 선언했다(롬 1:16). 그는 로마가 불안정한 곳이며 로마 그리스도인들이 이미 박해를 받았다는 사실을 알았다. 제국의 수도가 황제 숭배를 비롯해 부도덕과 우상숭배에 빠져 있다는 사실을 알았다. 대다수 로마인이 그를 경멸할 테고, 많은 사람이 그를 해치리라는 것을 알았다. 그러나 그는 자신의 주님과 주님의 백성을 위해 로마에 가려는 담대하고 간절한 마음이 있었다.

5

그리스도의 복음
(1:16-17)

[16]내가 복음을 부끄러워하지 아니하노니, 이 복음은 모든 믿는 자에게 구원을 주시는 하나님의 능력이 됨이라. 먼저는 유대인에게요 그리고 헬라인에게로다. [17]복음에는 하나님의 의가 나타나서 믿음으로 믿음에 이르게 하나니, 기록된 바 오직 의인은 믿음으로 말미암아 살리라 함과 같으니라. (1:16-17)

바울은 이 서신을 쓰는 목적을 설명하고 자신을 소개해 수신자들의 주의를 집중시킨 후(1:1-15) 이제 이 서신의 주제를 말한다. 이 두 절이 로마서 전체의 주제를 표현하며, 하나님이 사람의 손에 쥐어 주신 진리, 삶을 변화시키는 더없이 강력한 진리를 제시한다. 이 진리를 이해하고 긍정적으로 반응하면 한 사람의 시간과 영원이 완전히 바뀐다. 이 두 절은 예수 그리스도의 복음을 요약하며, 뒤이어 바울은 로마서 전체에서 이 복음을 전개하고 설명한다. 이런 까닭에, 여기서는 다소 간결하게 설명하고, 이 두 구절에 담긴 주제들에 대한 자세한 논의는 차후에 자세히 살펴보겠다.

앞 장을 마무리하며 말했듯이, **내가 복음을 부끄러워하지 아니하노니**는 1:8-15에 제시된 영적 섬김의 표식들에 최종 표식, 즉 부끄러워하지 않는 담대함이란 표식을 더한다.

바울은 빌립보에서 감옥에 갇혔고, 데살로니가에서 쫓겨났으며, 다메섹과 베뢰아에서 몰래 빠져나왔으며, 아덴(아테네)에서 비웃음을 샀고, 고린도에서 바보 취급을 받았으며, 예루살렘에서 신성모독자요 율법 파괴자로 낙인찍혔다. 그는 루스드라에서 돌에 맞아 죽도록 버려졌다. 바울 당시에 어떤 이교도들은 오직 한 분 하나님을 믿는다는 이유로 기독교를 무신론으로 여겼고 주의 만찬을 오해해 그리스도인들이 사람을 잡아먹는다고 생각했다.

그러나 예루살렘의 유대 종교지도자들은 협박으로 바울을 굴복시킬 수 없었다. 에베소, 아덴, 고린도의 학식 있고 영향력 있는 이방인들도 마찬가지였다. 이제 바울은 알려진 거의 모든 세계를 지배하는 이교도 제국의 수도인 로마에서 복음을 전하며 가르치고 싶은 마음이 간절했다. 그 어떤 반대에도 절대로 단념하지 않았으며, 그 어떤 비난에도 절대로 낙심하지 않았고, 그 어떤 이유로도 예수 그리스도의 **복음을 부끄러워하지** 않았다. 지금도 다르지 않듯이, 당시에 **복음**은 유대인들에게는 걸림돌이었고 이방인들에게는 어리석은 것이었다. 그렇더라도 **복음**은 인간의 구원을 위해 하나님이 주신 유일한 길이며, 바울은 어디를 가든 복음의 진리와 능력을 선포하는 특권을 받은 것 때문에 크게 기뻐했을 뿐 아니라 담대했다.

참신자라면 누구라도 자신의 구주와 주님을 부끄러워하는 것이 심각한 죄라는 사실을 알며, 이 죄를 피하기 어렵다는 것도 안다. 우리는 그리스도를 말할 기회가 있을 때 말하지 못하기 일쑤다. 우리는 복음이 육에 속하고 구원받지 못한 자들과 지금 세상을 지배하는 경건하지 못한 영적 체계에 매력적이지 않을 뿐만 아니라 위협적이고 불쾌하다는 것을 안다. 복음은 인간의 죄, 악함, 부패, 상실을 드러낼 뿐 아니라, 교만은 가증스럽고 행위에 기초한 의(works righteousness)는 하나님이 보시기에 무가치하다고 선언한다. 불신자들의 죄악된 마음에, 복음은 좋은 소식이 아니라 나쁜 소식으로 보인다(이 책 1장을 참조하라). 그래서 이들은 복음을 처음 들을 때 복음을 제시하는 사람을 무시하거나 복음을 논박하는 논거와 이론을 제시하기 일쑤다. 이런 까닭에, 사람에 대한 두려움과 반대 논거를 논박하지 못하리라는 두려움이 증언을 막는 가장 큰 방해물이라는 데는 의문의 여지가 없다.

거위 주변 바닥에 분필로 원을 그려 놓으면 하얀색 표식을 넘기가 두려워 밖으로 나가려 하지 않는다고 한다. 이와 비슷하게, 많은 신자가 비난, 조롱,

전통, 거부의 표식에 갇혀 그리스도인의 교제라는 안전지대를 떠나 구원받지 못한 사람들에게 증언하지 못한다.

오늘의 숱한 교회를 휩쓴 이른바 건강과 부의 복음은 세상이 원하는 것을 제시하며, 따라서 세상이 불쾌해하지 않는다. 그러나 이 거짓 복음은 예수 그리스도의 **복음**을 제시하지 않는다. 유대주의자들의 거짓 가르침처럼, 이것은 "다른 복음," 복음이 아니라 불경건한 왜곡일 뿐이다(갈 1:6-7). 예수님은 세상적 성공과 안락이란 동기를 강하게 정죄하셨으며, 이런 동기를 좇는 자들은 사탄의 손아귀에 놀아난다.

한 서기관이 예수님을 찾아와 말했다. "선생님이여, 어디로 가시든지 저는 따르리이다." 예수님은 이 사람이 제자가 되기 위해 자신의 안락을 버리려 하지 않으리라는 것을 알고 이렇게 답하셨다. "여우도 굴이 있고 공중의 새도 거처가 있으되 인자는 머리 둘 곳이 없다"(마 8:19-20). 얼마 지나지 않았을 때였다. "제자 중에 또 한 사람이 이르되, 주여 내가 먼저 가서 내 아버지를 장사하게 허락하옵소서." "아버지를 장사하다"라는 표현은 장례식을 가리켰던 게 아니라 구어체 표현으로 유산을 받으려고 아버지의 죽음을 기다린다는 뜻이었다. 예수님이 그에게 말씀하셨다. "죽은 자들이 그들의 죽은 자들을 장사하게 하고 너는 나를 따르라"(21-22절).

제프리 윌슨(Geoffrey Wilson)은 이렇게 썼다. "십자가에 달린 그리스도는 인기가 없다. 그래서 많은 사람이 불신자의 입맛에 맞는 메시지를 제시했다. 그러나 십자가의 불쾌한 부분을 제거하면 어김없이 메시지가 효력을 잃는다. 불쾌하지 않은 복음은 작동하지 않는 복음이기도 하다. 따라서 기독교는 그 친구들의 집에서 가장 크게 상처를 입는다"(*Romans: A Digest of Reformed Comment* [Carlisle, Pa.: Banner of Truth, 1976], p. 24).

몇 년 전, 어느 청년 집회에서 메시지를 전했다. 집회가 끝나고 주최자의 아내가 내게 다가왔다. 그녀는 오늘날 교회에 흔한 비성경적 생각을 표현하며 말했다. "목사님의 메시지가 듣기 거북했습니다. 마치 이 청년들이 모두 죄인인 것처럼 말씀하셨기 때문입니다." 나는 이렇게 답했다. "제 메시지가 그렇게 들렸다니 기쁩니다. 제가 전하려던 메시지가 바로 그런 것이니까요."

바울의 가장 간절한 바람은 사람들이 구원받는 모습 보는 것이었다. 그는 개인적 안락이나 인기나 평판에 전혀 관심이 없었다. 그는 복음에 관해 눈곱만큼도 타협하지 않았다. 복음이 삶을 영원히 바꿀 수 있는 유일한 능력임을 알았기 때문이다.

16-17절에서, 바울은 예수 그리스도의 복음을 이해하는 데 꼭 필요한 단어 넷을 사용한다. 능력, 구원, 믿음, 의(義)다.

능력

이 복음은…하나님의 능력이 됨이라. (1:16d)

무엇보다도, 바울은 복음이 **하나님의 능력**이라고 선언한다. '다이너마이트'(dynamite)라는 단어가 헬라어 '두나미스'(*dunamis*, **power, 능력**)에서 왔다. 복음은 하나님의 전능하심을 수반하며, 하나님의 **능력**만이 사람들을 죄에서 구원하고 이들에게 영원한 생명을 줄 수 있다.

사람들에게는 달라지고 싶은 타고난 바람이 있다. 사람들은 더 멋져 보이고 싶어 하고, 더 좋은 기분을 느끼고 싶어 하며, 더 많은 돈과 더 많은 힘과 더 많은 영향력을 갖고 싶어 한다. 모든 광고의 전제는 사람들이 이렇게 저렇게 달라지길 원한다는 것이며, 광고주의 일은 자신의 상품이나 서비스가 사람들이 바라던 것을 그들의 삶에 추가해 주리라고 설득하는 것이다. 많은 사람이 내적으로 죄책감을 덜 느끼고 만족감을 더 느끼는 방향으로 달라지길 원하며, 숱한 프로그램과 철학과 종교가 이러한 바람을 실현해주겠다고 약속한다. 사람이 고안한 계획은 사람들이 스스로 더 나은 기분을 느끼게 해주었으나, 이렇게 촉발된 사상은 죄책감과 불만족을 불러일으키는 죄를 제거할 능력이 전혀 없다. 또한, 사람들로 하나님과 바른 관계를 갖게 하지도 못한다. 사실, 이러한 접근법은 사람의 관점에서 성공할수록 하나님에게서 더 멀어지게 하고 하나님의 구원에 이르지 못하게 한다.

하나님은 예레미야를 통해 이렇게 말씀하셨다. "구스인이 그의 피부를, 표범이 그의 반점을 변하게 할 수 있느냐? 할 수 있을진대 악에 익숙한 너희도 선을 행할 수 있으리라"(렘 13:23). 사람은 본성을 바꿀 능력이 없다. 예수님은 자신을 옭아매려는 사두개인들을 꾸짖으며 말씀하셨다. "너희가 성경도, 하나님의 능력도 알지 못하는 고로 오해하였도다"(마 22:29). 오직 하나님의 능력만이 인간의 죄악된 본성을 이기고 영적 생명을 줄 수 있다.

성경은 분명하게 말한다. 선한 행위나 교회나 의식이나 사람의 어떤 수단도 사람을 영적으로 변화시킬 수 없다. 하나님의 율법을 지키는 것으로도 구원받을 수 없다. 율법을 주신 것은 사람들에게 그들 자신의 능력으로 하나님의 기준을 충족할 수 없음을 보여주기 위해서였다. 율법을 주신 것은 사람들을 구원하기 위해서가 아니라 사람들의 죄를 드러내고 이로써 사람들을 구원하는 하나님의 은혜로 몰아가기 위해서였다.

로마서 조금 뒤에서, 바울은 인간의 무능과 하나님의 능력을 선언하며 말한다. "우리가 아직 연약할 때에 기약대로 그리스도께서 경건하지 않은 자를 위하여 죽으셨도다"(롬 5:6). "율법이 육신으로 말미암아 연약하여 할 수 없는 그것을 하나님은 하시나니, 곧 죄로 말미암아 자기 아들을 죄 있는 육신의 모양으로 보내어 육신에 죄를 정하사"(롬 8:3). 베드로는 동일한 기본 진리를 다른 말로 단언하면서 소아시아 신자들에게 이렇게 썼다. "너희가 거듭난 것은 썩어질 씨로 된 것이 아니요 썩지 아니할 씨로 된 것이니, 살아 있고 항상 있는 하나님의 말씀으로 되었느니라"(벧전 1:23).

바울은 고린도교회 신자들에게 일깨워주었다. "십자가의 도가 멸망하는 자들에게는 미련한 것이요 구원을 받는 우리에게는 하나님의 능력이라"(고전 1:18). "우리는 십자가에 못 박힌 그리스도를 전하니, 유대인에게는 거리끼는 것이요 이방인에게는 미련한 것이로되 오직 부르심을 받은 자들에게는 유대인이나 헬라인이나 그리스도는 하나님의 능력이요 하나님의 지혜니라. 하나님의 어리석음이 사람보다 지혜롭고 하나님의 약하심이 사람보다 강하니라"(23-25절). 세상이 보기에 전혀 불합리한 것이 사실은 능력, 곧 하나님이 사람들을 어둠의 영역에서 빛의 영역으로 옮기고 죽음의 권세에서 건져내 하나님의 자녀라 불릴 권리를 주시는 능력이다(요 1:12).

고대 이교도들은 기독교를 조롱했다. 기독교의 대속 개념이 그 자체로 터무니없기 때문일 뿐 아니라 신화에 나오는 자신의 신들은 냉랭하고 무심하며 멀리 있어 인간의 안녕에 전혀 무관심했기 때문이다. 돌보고 구속하며 자신을 희생하는 하나님이란 개념은 이들의 이해를 초월했다. 고고학자들이 로마에서 고대 유적을 발굴하다가 조롱하는 그림을 발견했다. 그림 속에서, 한 노예가 십자가에 달린 당나귀 앞에 서 있고, 그 아래 이렇게 적혀 있다. "알렉사메노스가 그의 신을 예배한다."

주후 2세기 말에도 이러한 조롱은 여전했다. 그리스 철학자 켈수스(Celsus)는 기독교를 신랄하게 공격하는 편지를 썼다. "교양 있는 사람이나 지혜로운 사람이나 분별 있는 사람은 얼씬도 못 하게 하라. 우리는 이 모든 것을 악으로 여기기 때문이다. 그러나 무지한 자라면 누구라도, 감각과 교양이 부족한 자라면 누구라도, 바보라면 누구라도, 당당하게 [그리스도인이 되게] 하라…"(William Barclay, *The Letters to the Corinthians* [Philadelphia: Westminster, 1975], p. 21; 참조. Origenes, *Against Celsus*). 그는 여기서 한 걸음 더 나가 이렇게 기록했다. "그리스도인들은 양털 옷을 만드는 자들, 구두 수선공들, 무두장이들, 가장 못 배웠고 천박한 자들이다"(p. 21). 그는 그리스도인을 박쥐, 개미집에서 기어 나오는 개미, 늪에서 떼거리로 울어대는 개구리, 쓰레기 더미에서 기어 다니는 벌레에 비유했다!

바울은 복음을 전할 때 인간의 지혜에 기초하거나 인간의 이해력에 호소하려 하지 않았기에 고린도 신자들에게 이렇게 말했다. "형제들아, 내가 너희에게 나아가 하나님의 증거를 전할 때에 말과 지혜의 아름다운 것으로 아니하였나니, 내가 너희 중에서 예수 그리스도와 그가 십자가에 못 박히신 것 외에는 아무것도 알지 아니하기로 작정하였음이라"(고전 2:1-2). 같은 서신 조금 뒤에서, 바울은 이렇게 말했다. "하나님의 나라는 말에 있지 아니하고 오직 능력에 있음이라"(4:20). 다시 말해, 하나님의 나라는 구속하는 하나님의 능력에 있다는 것이다.

아무리 은사가 많고 성숙했더라도, 모든 신자는 인간적 한계와 약점이 있다. 우리의 마음과 몸과 지각은 불완전하다. 그러나 놀랍게도, 우리가 순종하며 하나님을 섬길 때 하나님은 구속하고 유지하는 그분의 능력이 전달되는 통로로 우리를 사용하신다.

성경은 하나님의 능력을 분명하게 증언한다. 하나님의 능력은 영광스럽고(출 15:6), 저항할 수 없으며(신 32:39), 헤아릴 수 없고(욥 5:9), 강하며(욥 9:4; 시 89:13), 크고(시 79:11), 비교할 수 없으며(시 89:8), 영원하고(사 26:4), 유효하며(사 43:13), 주권적이다(롬 9:21). 예레미야는 이렇게 외쳤다. "여호와께서 그의 권능으로 땅을 지으셨고 그의 지혜로 세계를 세우셨고"(렘 10:12). 하나님은 이 선지자를 통해 자신을 이렇게 말씀하셨다. "나는 내 큰 능력과 나의 쳐든 팔로 땅과 지상에 있는 사람과 짐승들을 만들고"(렘 27:5). 시편 기자는 이렇게 훈계했다. "온 땅은 여호와를 두려워하며 세상의 모든 거민들은 그를 경외할지어다. 그가 말씀하시매 이루어졌으며 명령하시매 견고히 섰도다"(시 33:8-9). 구원할 수 있는 능력은 그분의 것이다.

구원

구원을 주시는 (1:16c)

하나님이 그분의 아들을 통해 사람들을 **구원**으로 이끌고, 이들의 본성을 바꾸며, 이들에게 영원한 생명을 주시는 데서 하나님의 능력이 가장 강력하게 나타나는 게 확실하다. 우리는 시편 기자에게 배운다. 하나님은 그분의 선민이 반역했는데도 "자기의 이름을 위하여, 그의 큰 권능을 만인이 알게 하려" 그들을 구원하셨다(시 106:8). 예수 그리스도께서 성육하신 하나님으로서 온갖 병자를 고치고 걷지 못하는 자들을 걷게 하며 폭풍을 잠잠하게 하고 심지어 죽은 자들을 일으킴으로써 신적 능력을 나타내셨다.

바울은 '소테리아'(*sōtēria*, **구원**)라는 명사를 19회 정도 사용하는데 그중에 5회를 로마서에서 사용하며, 상응하는 동사를 29회 사용하는데 그중에 8회를 로마서에서 사용한다. 이 단어의 기본 개념은 구조 또는 구출이며, 여기서 핵심은 **구원**에서 역사하는 하나님의 능력이 사람들을 죄에 대한 궁극적 형벌에서, 하나님으로부터 영원히 분리되어 고통당하는 영적 죽음에서 건져낸다는 것이다.

어떤 사람들은 '구원'(salvation)과 '구원받음'(being saved) 같은 용어들을 거부하고, 이 용어들이 전달하는 개념이 시대에 뒤지며 현대인들에게 무의미하다고 주장한다. 그러나 **구원**은 하나님의 용어이며, 하나님이 타락한 인류에게 아들의 희생을 통해 제시하시는 것을 기술하기에 이보다 좋은 용어가 없다. 그리스도를 통해, 오직 그리스도를 통해, 인간은 죄로부터, 사탄으로부터, 심판으로부터, 진노로부터, 영적 죽음으로부터 구원받을 수 있다.

자신들이 찾는 것을 어떤 단어로 표현하든 간에, 사람들은 이런저런 구원을 끊임없이 찾고 있다. 어떤 사람들은 경제적 구원을 찾고 있으며, 어떤 사람들은 정치적 구원이나 사회적 구원을 찾고 있다. 이미 말했듯이, 많은 사람이 자신의 삶을 비참하게 하는 죄와 절망과 불행에서 벗어나는 내적 구원을 찾고 있다.

바울 이전, 헬라(그리스) 철학은 내면에 눈을 돌려 도덕적 변화와 자기 수양을 통해 사람의 내적 삶을 바꾸는 데 초점을 맞추기 시작했다. 윌리엄 바클레이(William Barclay)에 따르면, 그리스의 스토아 철학자 에픽테토스(Epictetus)는 자신의 강의실을 "병든 영혼들을 위한 병원"이라 불렀다. 또 다른 유명한 그리스 철학자 에피쿠로스(Epicurus)는 자신의 가르침을 "구원의 의술"이라 불렀다. 로마의 정치가요 철학자이며 바울의 동시대 인물인 세네카(Seneca)는 모든 사람이 '아드 살루템'(*ad salutem*, "구원 쪽으로")을 바라보고 있다고 가르쳤다. 그는 모든 인간이 꼭 필요한 부분에서 자신의 약함과 부족함을 너무도 잘 알며, 그러므로 "손이 내려와 우리를 들어 올려야"한다고 가르쳤다(*Letter to the Romans* [Philadelphia: Westminster, 1975], p. 19).

그리스도를 통한 **구원**은 이를테면 하나님의 강력한 손이며, 하나님은 그 손을 내려 사람들을 들어 올리셨다. 하나님의 **구원**은 사람들을 "이 패역한 세대"의 영적 감염에서(행 2:40), 잃음에서(마 18:11), 죄에서(마 1:21), 하나님의 진노에서 건져낸다(롬 5:9). 하나님의 **구원**은 사람들을 그들의 크고 자의적인 영적 무지에서(호 4:6; 살후 1:8), 그들의 악한 방종에서(눅 14:26), 거짓 종교의 어둠에서 건져낸다(골 1:13; 벧전 2:9). 그러나 구원은 오직 믿는 자들에게 적용된다.

믿음

모든 믿는 자에게…먼저는 유대인에게요 그리고 헬라인에게로다 (1:16b, e)

복음과 관련된 셋째 핵심 단어는 믿음이다. 복음을 통해 역사하는 하나님의 주권적 능력은 **모든 믿는 자에게** 구원을 준다.

'피스튜오'(*Pisteuō*, **believe, 믿는**)의 기본 의미는 '신뢰하다,' '의지하다,' '믿다'이다. 이 단어는 신약성경에서 구원과 관련해 사용될 때 대개 현재형이나 진행형으로 사용되며 "믿고 있다"(is believing)로 번역될 수 있다. 일상이 믿음의 행위로 넘친다. 우리는 물을 얻으려고 수도꼭지를 틀면서 그 물이 마시기에 안전하다고 믿는다. 차를 몰고 다리를 건너면서 그 다리가 무너지지 않으리라고 믿는다. 가끔 재난이 발생하는데도, 우리는 비행기가 우리를 목적지에 안전하게 데려다 주리라고 믿는다. 숱한 것을 암묵적으로 믿지 않으면 살아갈 수 없다. 사실상 삶의 전부가 자연적 믿음을 요구한다. 그러나 바울이 여기서 염두에 두는 것은 하나님에게서 비롯되는 초자연적 믿음이며, 이 믿음은 "너희에게서 난 것이 아니요 하나님의 선물"이다(엡 2:8).

영원한 생명은 예수 그리스도 안에서 하나님으로부터 오는 믿음으로 얻고 또 사는(live) 것이다. 바울은 이렇게 말한다. "너희는 그 은혜에 의하여 믿음으로 말미암아 구원을 받았으니"(엡 2:8). 하나님은 먼저 사람들에게 행동하라고 요구하지 않고 믿으라고 요구하신다. 바르게 행동하려는 인간의 노력은 하나님의 완전한 기준에 늘 못 미치기에 아무도 자신의 선한 행위로 자신을 구원하지 못한다. 선한 행위는 구원의 산물일 뿐(엡 2:10) 구원의 수단이 아니다.

구원은 그저 그리스도인이라 선언하는 것이 아닐 뿐더러 세례, 도덕적 변화, 교회 출석, 성찬 참여, 자기 수양과 희생의 삶도 아니다. 구원은 예수 그리스도를 주님과 구주로 믿는 것이다. 구원은 자신의 선함, 행위, 지식, 지혜를 포기하고 종결되고 완전한 그리스도의 행위를 신뢰함으로써 얻는다.

구원은 민족과 인종의 장벽이 없으며, 믿는 모든 자에게, **먼저는 유대인에게요 그리고 헬라인에게** 주어진다. 시간적으로 **먼저 유대인에게** 주어진다. 유대인들은 하나님의 특별한 선민이기 때문이며, 하나님은 구원이 유대인을 통해 오도록 정하셨다(요 4:22). 메시아는 먼저 이스라엘 집의 잃어버린 양들에게 오셨다(마 15:24).

스코틀랜드의 전도자 로버트 할데인(Robert Haldane, 1764-1842)은 이렇게 썼다.

> 유대인들은 자신들의 위대한 시조 아브라함 때부터 많은 큰 특권으로 세상 모든 민족과 뚜렷이 구별되었다. 그 가운데서도 유대인들의 가장 큰 차이라면 그리스도, 곧 "만물 위에 계셔서 세세에 찬양을 받으실 하나님"이 유대인으로 오셨다는 것이다(롬 9:5). 따라서 유대인들은 그리스도의 친족으로서 인류의 왕가였으며, 이런 의미에서 다른 모든 민족보다 높았고 임마누엘의 땅을 물려받았다. 그러므로 복음 언약 및 뒤따르는 칭의와 구원은 모든 신자를 동등하게 여겼으나 유대인들은 하나님의 옛 백성으로 첫째 자리를 점했던 반면에 다른 민족들은 약속의 언약들에서 외인(strangers)이었다. 복음은 유대인들에게 먼저, 처음에, 이들에게만 전파되어야 했다(마 10:6). 예수 그리스도는 이 땅에서 계실 때 오직 할례 받은 자들의 종이었기 때문이다(롬 15:8). 그분은 이렇게 말씀하신다. "나는 이스라엘 집의 잃어버린 양 외에는 다른 데로 보내심을 받지 아니하였노라"(마 15:24). 또한 회개와 죄사함을 그분의 이름으로 "예루살렘에서 시작하여" 모든 족속에게 전파하라고 명하셨다(눅 24:47). 따라서 유대인들과 이방인들이 하나 되어 복음에 참여하지만 유대인들이 자신의 지위를 빼앗긴 게 아니었다. 유대인들이 맨 먼저 부름을 받았기 때문이다.
>
> 복음을 유대인들에게 '먼저'(first) 전파한 데는 다양하고 중요한 목적이 있었다. 이것은 이사야 2:3 같은 구약성경의 예언을 성취했다. 이것은 모든 사람을 향한 주 예수의 긍휼, 곧 그분이 위하여 자신의 피를 흘렸고 부활 후 자신의 복음을 먼저 선포하라고 명하신 사람들을 향한 긍휼을 나타냈다. 이것은 복음이 죄인들의

괴수에게 선포되어야 한다는 것을 보여주었고, 자신을 죽인 자들의 죄까지 사하는 그분의 대속(His Atonement)의 주권적 효능을 입증했다. 이것은 또한 복음이 그 견고한 기초가 되는 큰 거래(great transactions, 교환, 맞바꿈)[13]가 일어나는 곳에 먼저 선포되어야 한다는 것에 부합한다. 이것은 주님의 뜻, 곧 그분의 복음이 그분의 제자들에 의해, 그들의 집과 나라에서 시작해 선포되어야 한다는 뜻이 실행되는 방식의 한 예를 제시했다. (*An Exposition of the Epistle to the Romans*[14] [MacDill AFB, Fla.: MacDonald Publishing Co., 1958], p. 48).

믿는 자는 누구나 구원받는다. 오직 진정으로 믿는 자만 구원받는다.

의(義)

복음에는 하나님의 의가 나타나서 믿음으로 믿음에 이르게 하나니, 기록된 바 오직 의인은 믿음으로 말미암아 살리라 함과 같으니라. (1:17)

바울이 여기서 복음과 관련해 사용하는 넷째 핵심 단어는 **의(righteousness)**이며, 그는 이 용어를 로마서에서만 35회 이상 사용한다. 믿음은 구원을 주는 하나님의 능력을 작동시키며, 이러한 주권적 행위에서 **하나님의 의가 나타난다 (the righteous of God is revealed)**.

하나님'으로부터'(from)라고 옮기는 게 더 낫다. 이렇게 옮기면 하나님이 믿는 자들에게 자신의 **의**를 주신다는 의미가 내포되기 때문이다. 이로써 하나님의 의가 그리스도를 믿는 자들에게 **나타날(revealed)** 뿐 아니라 이들의 것으로 '간주된다'(reckoned)(롬 4:5).

바울은 빌립보 신자들에게 이렇게 고백했다. "모든 것을 해로 여김은 내 주

13 여기서는 십자가 사건을 말하며, 이후로는 한 사람이 그리스도를 믿을 때 우리의 죄가 그분께 전가되고 그분의 의가 우리에게 전가되는 것을 말한다.

14 『로마서 주석』, 김귀탁 옮김(기독교문서선교회, 2021).

그리스도 예수를 아는 지식이 가장 고상하기 때문이라. 내가 그를 위하여 모든 것을 잃어버리고 배설물로 여김은 그리스도를 얻고 그 안에서 발견되려 함이니, 내가 가진 의는 율법에서 난 것이 아니요 오직 그리스도를 믿음으로 말미암은 것이니. 곧 믿음으로 하나님께로부터 난 의라"(빌 3:8-9). 또한 로마서에서 이렇게 말했다. "이제는 율법 외에 하나님의 한 의가 나타났으니, 율법과 선지자들에게 증거를 받은 것이라. 곧 예수 그리스도를 믿음으로 말미암아 모든 믿는 자에게 미치는 하나님의 의니, 차별이 없느니라. 모든 사람이 죄를 범하였으매 하나님의 영광에 이르지 못하더니, 그리스도 예수 안에 있는 속량으로 말미암아 하나님의 은혜로 값없이 의롭다 하심을 얻은 자 되었느니라"(롬 3:21-24).

독일의 경건주의자 진센도르프(Zinzendorf, 1700-1760)는 심오한 찬송을 지었다.

예수, 당신의 피와 의
나의 아름다움, 나의 영광스러운 옷이니,
불타는 세상에서, 이 옷 입고
나 기뻐 머리 들리라.

당신의 큰 날에 나 담대히 서리니
누가 감히 나를 고소하리요?
당신의 피와 의로 나 완전히 해방되었네
죄와 두려움, 죄책과 수치로부터.

믿음으로 믿음에(from faith to faith)는 16절의 "모든 믿는 자"와 대구를 이루는 것으로 보인다. 그렇다면 여기에 내포된 의미는 "믿음에서 믿음으로, 믿음으로, 믿음으로, 믿음으로"이며, 마치 바울이 각 신자의 믿음을 하나하나 가리키고 있는 것 같다.

바울이 여기서 하박국 2:4을 인용하며 **기록된 바 오직 의인은 믿음으로 말미**

암아 살리라 함과 같으니라고 말하며 암시하듯이, 각 사람의 믿음을 통해 역사하는 하나님의 은혜로 구원받는 것이 언제나 하나님의 계획이었다. 믿음의 조상 아브라함이 하나님을 믿었고, 이것이 그에게 의로 여겨졌다(롬 4:3). 이것은 아브라함 이전과 이후의 모든 사람의 참 믿음이 의로 여겨진 것과 같다(히 11:4-40을 보라).

여기서 강조되는 것은 믿음의 연속성이다. 믿음은 한 번의 행위가 아니라 삶의 방식이다. 의롭게 된 참신자는 평생 믿음으로 살 것이다. 신학자들은 이것을 "성도의 견인"(the perseverance of the saints)이라 부른다(참조. 골 1:22-23; 히 3:12-14).

6 하나님의 진노 (1:18)

하나님의 진노가 불의로 진리를 막는 사람들의 모든 경건하지 않음과 불의에 대하여 하늘로부터 나타나나니, (1:18)

바울은 하나님의 의가 나타나는 하나님의 복음을(16-17절을 보라) 세세하게 전개하면서 인간의 정죄를 3:20까지 길게 논한다. 그는 하나님의 의로운 **진노**를 분명하게 단언하며 시작한다.

진노하시는 하나님이란 개념은 타락한 인간 본성의 희망 사항에 역행하며 심지어 많은 그리스도인에게 걸림돌이다. 현대의 많은 그리스도인이 복음을 전하면서 그리스도 안에서 얻는 풍성한 삶, 구원이 주는 기쁨과 복, 그리스도를 믿는 믿음이 주는 하나님과의 평화만을 말한다. 이 모든 유익은 참 믿음에서 비롯되지만 하나님의 구원 계획이란 그림의 전체는 아니다. 하나님이 죄와 죄에 가담하는 자들을 심판하신다는 사실이 수반하는 필연적 진리도 전해야 한다.

바울에게 있어, 영원한 심판에 대한 두려움이 그가 사람들을 향해 그리스도께 나오라고 외치는 첫째 동기였고 악인들에게 가하는 첫째 압박이다. 바울은 이들에게 하나님의 진노에서 벗어나는 방법을 제시하기 전에 이들이 하나님의 진노 아래 있다는 사실을 깨우쳐주기로 했다. 이러한 방식은 논리적 · 신학적으로 앞뒤가 맞다. 놀라운 하나님의 은혜를 알려면 먼저 하나님의 율법이 완벽하게 요구하는 것들을 알아야 한다. 하나님이 우리를 얼마나 사랑하시는지 알려면 먼저 하나님이 우리의 죄악된 실패, 곧 그분의 율법을 완벽하게 순종하지 못하는 실패에 얼마나 맹렬히 진노하시는지 알아야 한다. 하나님의 용서를 알려면 먼저 형벌을 요구하고 용서가 필요한 죄라는 것이 초래하는 영원한 결과를 알아야 한다.

'오르게'(*orgē*, **wrath, 진노**)는 순간적이고 감정적이며 흔히 제어되지 않는 화(anger, '뚜모스,' *thumos*)가 아니라 안정적이고 단호한 의분을 가리킨다.

하나님의 속성들은 완벽하게 균형을 이룬다. 하나님에게 인자하심이 없다면 그분은 하나님이 아닐 것이다. 마찬가지로, 하나님에게 의로운 분노와 진노가 없다면 그분은 하나님이 아닐 것이다. 하나님은 완전하게 사랑하시듯이 완전하게 미워하시는데, 의를 완전하게 사랑하시고 악을 완전하게 미워하신다(시 45:7; 히 1:9). 복음주의의 많은 부분을 비롯해 현대 기독교의 큰 비극 중 하나는 하나님의 진노와 그 진노가 용서받지 못한 죄에 내리는 심판을 선포하고 가르치지 않는다는 것이다. 우리 시대에 앞뒤 잘라먹은 감성적 복음이 자주 제시된다. 그러나 이것은 예수님이 선포하셨고 사도 바울이 선포한 복음과 거리가 멀다.

나는 19세기 말 찬송가를 훑어보다가, 시편의 많은 시가 하나님의 진노를 강조하듯이, 여기에 실린 많은 찬송도 하나님의 진노를 강조한다는 사실을 발견했다. 그러나 비극적이게도, 오늘의 찬송과 찬양 중에 이 중요한 성경적 진리를 담은 것이 많지 않다.

성경은, 구약성경뿐 아니라 신약성경도, 하나님의 의로운 **진노**를 일관되게 강조한다. 하나님을 비웃는 자들에게, 하나님은 "분을 발하며 진노하사 그들을 놀라게" 하실 것이다(시 2:5). 시편 기자는 뒤이어 이렇게 훈계한다. "그의 아들에게 입 맞추라. 그렇지 아니하면 진노하심으로 너희가 길에서 망하리니, 그의 진노가 급하심이라"(시 2:12). 아삽은 이렇게 노래했다. "야곱의 하나님이여, 주께서 꾸짖으시매 병거와 말이 다 깊이 잠들었나이다. 주께서는 경외 받을 이시니, 주께서 한 번 노하실 때에 누가 주의 목전에 서리이까?"(시 76:6-7). 또 다른 시편 기자는 신실하지 못한 이스라엘에게 이전에 하나님이 그분의 백성을 보내길 거부하며 반항했던 애굽인들에게 행하신 일을 일깨웠다. "그의 맹렬한 노여움과 진노와 분노와 고난 곧 재앙의 천사들을 그들에게 내려 보내셨으며, 그는 진노로 길을 닦으사 그들의 목숨이 죽음을 면하지 못하게 하시고, 그들의 생명을 전염병에 붙이셨으며, 애굽에서 모든 장자 곧 함의 장막에 있는 그들의 기력의 처음 것을 치셨으나"(시 78:49-51). 모세는 이스라엘을 위해 탄식하며 간구했다. "우리는 주의 노에 소멸되며 주의 분내심에 놀라나이다. 주께서 우리의 죄악을 주의 앞에 놓으시며 우리의 은밀한 죄를 주의 얼굴 빛 가운데에 두셨사오니, 우리의 모든 날이 주의 분노 중에 지나가며 우리의 평생이 순식간에 다하였나이다"(시 90:7-9).

선지자들은 하나님의 **진노**를 많이 말했다. 이사야는 이렇게 선포했다. "만군의 여호와의 진노로 말미암아 이 땅이 불타리니, 백성은 불에 섶과 같을 것이라"(사 9:19). 예레미야는 이렇게 선포했다. "그러므로 주 여호와께서 이와 같이 말씀하시니라. 보라, 나의 진노와 분노를 이곳과 사람과 짐승과 들나무와 땅의 소산에 부으리니, 불 같이 살라지고 꺼지지 아니하리라"(렘 7:20). 에스겔을 통해, 하나님은 그분에 백성에게 이렇게 경고하셨다. "그들이 그 은을 거리에 던지며 그 금을 오물 같이 여기리니, 이는 여호와 내가 진노를 내리는 날에 그들의 은과 금이 능히 그들을 건지지 못하며 능히 그 심령을 족하게 하거나 그 창자를 채우지 못하고 오직 죄악의 걸림돌이 됨이로다"(겔 7:19).

과거 여러 시대에, 하나님은 죄악된 인류를 향한 그분의 **진노**를 잘 알려진 다양한 방식으로 표현하셨다. 노아 시대에, 하나님은 대홍수로 온 인류를 여덟 명만 빼고 멸하셨다(창 6-7장). 여러 세대 후, 하나님은 인간의 언어를 혼잡하게 하고 이들을 온 땅에 흩으셨다. 이들이 하늘에 닿는 우상숭배 탑을 세우려 했기 때문이었다(창 11:1-9). 아브라함 시대에, 하나님은 소돔과 고모라를 멸하셨는데 롯과 그의 가족만 화를 면했다(창 18-19장). 하나님은 바로와 그의 군대를 바다에 수장하셨고, 이스라엘 백성을 추격해 애굽으로 되돌리려던 이들의 시도는 물거품이 되었다(출 14장). 하나님은 자신의 진노를 산헤립(왕하 18-19장), 느부갓네살(단 4장), 벨사살(단 5장) 같은 이교도 왕들에게 쏟으셨다. 하나님은 자신의 진노를 심지어 자신의 백성 중 일부에게도 쏟으셨다. 예를 들면, 이스라엘 왕 나답에게 진노를 쏟으셨는데 그가 "여호와 보시기에 악을 행하되 그의 아버지의 길로 행하며 그가 이스라엘에게 범하게 한 그 죄 중에" 행했기 때문이었으며(왕상 15:25-26), 모세의 형 아론과 누이 미리암에게도 진노를 쏟으셨는데 이들이 모세가 하나님에게 받은 계시에 의문을 제기했기 때문이었다(민 12:1-10).

하나님의 진노는 신약성경에도 분명하게 나타나는데, 그분이 이미 행하신 일과 연결될 뿐 아니라 그분이 종말에 행하실 일과도 연결된다. 요한복음은 하나님의 사랑과 은혜를 매우 아름답게 말하지만, 하나님의 분노와 진노도 힘주어 말한다. 요한복음에서, 위로의 말씀 "하나님이 세상을 이처럼 사랑하사 독생자를 주셨으니 이는 그를 믿는 자마다 멸망하지 않고 영생을 얻게 하려 하심이라"에 바싹 뒤이어 경고가 나온다. "아들에게 순종하지 아니하는 자는 영생을 보지 못하고 도리어 하나님의 진노가 그 위에 머물러 있느니라"(요 3:16, 36).

로마서 조금 뒤에서, 바울은 다시 하나님의 진노에 초점을 맞추고 선언한다. "만일 하나님이 그의 진노를 보이시고 그의 능력을 알게 하고자 하사 멸하기로 준비된 진노의 그릇을 오래 참으심으로 관용하시고"(롬 9:22). 바울은 고린도 신자들에게 주님을 사랑하지 않는 자는 누구라도 영원히 저주를 받으리라고 경고했다(고전 16:22). 에베소 신자들에게 이렇게 말했다. "누구든지 헛된 말로 너희를 속이지 못하게 하라. 이로 말미암아 하나님의 진노가 불순종의 아들들에게 임하나니"(엡 5:6). 그리고 골로새 신자들에게 이렇게 경고했다. "그러므로 땅에 있는 지체를 죽이라. 곧 음란과 부정과 사욕과 악한 정욕과 탐심이니, 탐심은 우상숭배니라. 이것들로 말미암아 하나님의 진노가 임하느니라"(골 3:5-6). 바울은 박해받는 데살로니가 신자들에게 장차 하나님이 그들을 박해로부터 구해주시리라 단언하며 이렇게 말했다. "주 예수께서 자기의 능력의 천사들과 함께 하늘로부터 불꽃 가운데에 나타나실 때에 하나님을 모르는 자들과 우리 주 예수의 복음에 복종하지 않는 자들에게 형벌을 내리시리니"(살후 1:7-8).

질병을 치료할 수단을 찾기 전에 질병을 정확히 진단해야 한다. 마찬가지로 같은 이유에서, 성경은 좋은 소식을 말하기 전에 나쁜 소식을 말한다. 하나님의 은혜로운 죄 용서가 제시되기에 앞서 죄에 대한 하나님의 의로운 심판이 선포된다. 자신이 죄 때문에 심판받는다는 것을 알지 못하면 죄에서 구원받으려 할 이유가 없다. 자신이 영적으로 죽었음을 깨닫지 못하면 영적 생명을 원할 이유가 없다.

예수 그리스도 한 분만 빼고, 아담과 하와의 타락 이후 모든 사람이 정죄받은(condemned, 유죄판결을 받은) 상태로 태어난다. 아담과 하와가 타락했을 때, 모든 죄인에게 하나님의 판결이 내려졌기 때문이다. 그러므로 바울은 로마 신자들에게 선언했다. "모든 사람이 죄를 범하였으매 하나님의 영광에 이르지 못하더니"(롬 3:23). 바울은 에베소 신자들에게 일깨웠다. "그는 허물과 죄로 죽었던 너희를 살리셨도다. 그 때에 너희는 그 가운데서 행하여 이 세상 풍조를 따르고 공중의 권세 잡은 자를 따랐으니, 곧 지금 불순종의 아들들 가운데서 역사하는 영이라. 전에는 우리도 다 그 가운데서 우리 육체의 욕심을 따라 지내며 육체와 마음의 원하는 것을 하여 다른 이들과 같이 본질상 진노의 자녀이었더니"(엡 2:1-3).

짧은 한 절에서(롬 1:18), 바울은 하나님의 진노의 여섯 가지 특성을 제시한다. 진노의 성격, 진노의 시점, 진노의 원천, 진노의 범위, 진노의 본성, 진노의 원인이다.

하나님의 진노, 그 성격

하나님의 (1:18a)

첫째, 이 진노의 성격은 이것이 **하나님의** 진노라는 사실에서 드러난다. 그러므로 이것은 우리가 현세에서 아는 그 무엇과도 다르다. 하나님의 진노는 사람의 화(anger)와 다르다. 사람의 화는 늘 죄에 오염되어 있는 반면에 하나님의 진노는 늘 완전히 의롭다. 하나님은 절대로 평정을 잃지 않으신다. 청교도 작가 토마스 왓슨(Thomas Watson, 1620-1686)은 이렇게 말했다. "하나님이 더없이 거룩하십니까? 그렇다면 죄가 하나님과 얼마나 다른지 보십시오.…그러므로 하나님이 죄를 미워하신다는 것은 조금도 놀랍지 않습니다. 죄는 그분과 전혀 다르고 그분과 완전히 상반되기 때문입니다. 죄는 하나님의 거룩함을 공격합니다."

하나님의 진노 개념과 자신의 선과 의에 대한 개념을 조화시킬 수 없었던 어느 자유주의 신학자는 이렇게 주장했다. "우리는 인간이 갖는 최고의 이상적 성격이라는 견지에서 하나님을 완전히 일관되게 생각할 수 없는데도 하나님의 진노가 합리적이라고 생각한다." 그러나 인간의 기준으로 하나님을 측정하고 하나님의 진노 개념을 깎아내리는 것은 비성경적일 뿐 아니라 어리석다. 인간의 화는 언제나 죄로 인해 결함이 있기 때문이다.

하나님의 진노는 변덕스럽고 비합리적인 격분이 아니라 거룩한 하나님이 악을 향해 보일 수 있는 유일한 반응이다. 거룩하신 하나님은 악에 진노하지 않으실 수 없다. 거룩은 거룩하지 못한 것을 용납할 수 없다. 하박국은 하나님을 이렇게 말한다. "주께서는 눈이 정결하시므로 악을 차마 보지 못하시며 패역을 차마 보지 못하시거늘"(합 1:13). 바울이 선언하듯, 사랑은 거룩하지 못한 것을 용납할 수 없으며 "불의를 기뻐하지 아니한다"(고전 13:6).

예수님은 두 차례 성전을 깨끗하게 하셨다. 돈 바꾸는 자들과 제물로 쓸 짐승을 파는 자들이 그분의 "아버지의 집을 장사하는 집"과 "강도의 소굴"로 만든 것에 격노하셨기 때문이다(요 2:14-16; 마 21:12-13). 예수님은 그분의 아버지 집을 대놓고 욕보이는 것에 격노하셨다. 예레미야는 죄악된 예루살렘 주민을 대신해 말하면서 이들을 향한 하나님의 심판이 의롭다고 인정한다. "여호와는 의로우시도다. 그러나 내가 그의 명령을 거역하였도다. 너희 모든 백성들아, 내 말을 듣고 내 고통을 볼지어다. 나의 처녀들과 나의 청년들이 사로잡혀 갔도다"(애 1:18). 아간은 이스라엘이 여리고를 칠 때 일부 전리품을 자신을 위해 감추었다고 여호수아 앞에서 자백하면서 자신이 받을 형벌이 정당하고 의롭다고 인정했다(수 7:20-25).

심지어 비틀어지고 패역한 인간 사회에서도, 악과 범죄를 향한 분노를 인간의 선을 구성하는 필수 요소로 인정한다. 우리는 사람들이 극심한 불의와 잔인함에 격분하리라 예상한다. 저명한 헬라어 문헌학자 리처드 트렌치(Richard Trench, 1807-1886)는 이렇게 말했다. "죄에, 그리고 죄인들에게 화내지 못하는 것보다…도덕이 철저히 무디어졌음을 보여주는 더 확실하고 슬픈 증표는 있을 수 없다(*Synonyms of New Testament* [Grand Rapids: Eerdmans, 1983], p. 134). 하나님은 늘 거룩한 분노로 완전하게 진노하신다.

하나님의 진노, 그 시점

나타나나니 (1:18e)

둘째, 하나님의 진노의 시점은 이것이 계시된다(**is revealed, 나타나나니**)는 사실에서 나타나는데, "끊임없이 계시된다"(constantly revealed)로 옮기는 게 더 낫다. 하나님의 진노는 계속해서 계시되며 그칠 새 없이 나타난다. '아포칼룹토'(*apokaluptō*, **revealed, 나타나나니**)는 벗김(uncovering), 밝히 드러냄(bring to light), 알림(making known)이 기본 의미다.

하나님의 진노는 타락한 인류에게 늘 계시되었으며 성경을 통해 거듭 예시되었다. 하나님의 진노가 처음 계시된 것은 에덴동산에서 아담과 하와가 하나님의 말씀보다 뱀의 말을 더 신뢰했을 때였다. 곧바로, 이들과 이들의 모든 후손에게 사형선고가 내려졌다. 심지어 땅 자체도 저주를 받았다. 이미 말했듯이, 하나님의 진노는 대홍수에서 계시되었는데, 하나님은 온 인류를 여덟 명만 빼고 수장하셨다. 하나님의 진노는 소돔과 고모라가 멸망한 사건과 바로의 군대가 수장된 사건에서도 계시되었다. 하나님의 진노는 모든 위반에 대한 율법의 저주에서 계시되었고, 모세 언약의 제사 제도에서도 계시되었다. 심지어 사람들이 악을 행하는 자들을 저지하고 벌하려고 만든 불완전한 법까지도 하나님의 완전하고 의로운 진노를 반영하며 이로써 이러한 진노가 드러나도록 돕는다.

단연코 가장 확실하게 계시된 하나님의 진노는 십자가에 달리신 하나님의 아들에게 내려진 진노였다. 그때 예수님은 세상 죄를 지고 더없이 맹렬한 하나님의 진노를 그 죄의 벌로 받으셨다. 하나님은 죄를 아주 미워하시고 죄에 대한 형벌을 철저히 요구하신다. 그래서 타락한 인류가 죄의 저주로부터 구속받을 유일한 수단으로 완전하고 사랑하는 아들을 죽음에 내어주셨다.

영국 주석가 제프리 윌슨(Geoffrey B. Wilson, 1929-)은 이렇게 썼다. "하나님은 세상 사건들을 지켜보는 게으른 구경꾼이 아니다. 하나님은 사람의 일에 적극 개입하신다. 하나님의 심판은 죄를 깨달아야 함을 끊임없이 강조한다"(*Romans: A Digest of Reformed Comment* [London: Banner of Truth], p. 24). 영국 역사가 제임스 프로드(J. A. Froude, 1818-1894)는 이렇게 썼다. "역사가 명확하게 되풀이해서 보여준다고 할 수 있는 단 하나의 교훈은 세상이 도덕적 기초 위에 서 있다는 것이다. 다시 말해, 결국 선한 사람이 잘되고 악한 사람이 잘못된다"(*Short Studies on Great Subjects*, vol. 1, "The Science of History" [London: Longmans, Green and Co., 1915], p. 21).

그래서 우리는 의문이 든다. 왜 그토록 많은 악인이 번영을 누리며 악을 행하고도 벌을 받지 않은 것처럼 보이는가? 만약 하나님의 진노가 늦춰지고 있다면 그동안 그분의 진노의 대접이 채워지고 있으며 악이 쌓일수록 심판도 쌓인다. 악인들은 다가오는 진노의 날에 임할 진노를 쌓고 있을 뿐이다(롬 2:5).

도널드 그레이 반하우스는 미국 중서부에 사는 경건한 농부들의 이야기를 들려준다. 어느 일요일 아침, 한 농부가 교회 건너편 밭을 갈았고 경건한 농부들은 신경이 거슬렸다. 트랙터 소음이 예배를 방해했기 때문이었다. 알고 보니, 그 농부는 무엇인가를 주장하려고 일부러 일요일 아침에 그 밭을 갈았다. 그는 지역 신문 편집자에게 편지를 써서 이런 주장을 폈다. 자신은 주님이나 주일을 존중하지 않는데도 지역의 어떤 농장보다도 에이커 당 생산량이 많다는 것이었다. 그는 편집자에게, 그리스도인들이 이것을 어떻게 설명할 수 있는지 물었다. 상당한 통찰력과 지혜로, 편집자는 그의 편지를 신문에 싣고 간략한 논평을 덧붙였다. "하나님은 [모든] 결산을 10월에 끝내지 않으신다"(*Man's Ruin: Romans 1:1-32* [Grand Rapids: Eerdmans, 1952], p. 220).

하나님의 진노, 그 근원

하늘로부터 (1:18d)

하나님의 진노는 **하늘로부터(from heaven)** 내린다. 사탄이 공중의 권세 잡은 자와 이 세상의 임금으로서 현재 힘을 갖는다. 그렇더라도 **하늘**, 곧 하나님의 보좌가 궁극적으로 이 땅을 다스리며, 그곳으로부터 하나님의 진노가 인간 세상에 끊임없이 강력하게 나타난다.

바울은 진노를 자주 말하면서 구체적 시기와 형태를 언급한다. 로마서 3:5에서 '진노'(wrath)로 번역된 단어 앞에 헬라어 본문에는 정관사가 있다. 따라서 "그 진노"(the wrath)로 옮겨야 한다. 바울은 5장에서 우리가 그리스도로 "말미암아 진노하심에서 구원을 받을 것"이라고 말하며(9절), 12장에서 "하나님의 진노하심에 맡기라"고 말하고(19절), 13장에서 신자들이 "진노 때문에 할 것이 아니라 양심을 따라" 하나님께 복종하라고 말한다(5절). 데살로니가교회에 보낸 편지에서, 바울은 예수님이 신자들을 "장래의 노하심"에서 건져내시리라고 단언한다(살전 1:10).

하늘은 하나님의 진노를 두 방식으로 나타낸다. 하나님의 도덕 질서와 하나님의 직접 개입이다. 하나님은 세상을 지으실 때 물리 법칙뿐 아니라 도덕법도 세우셨으며, 둘 다 지금껏 세상에서 작동한다. 높은 건물에서 뛰어내리면 바닥에 떨어진다. 마찬가지로, 하나님의 도덕법에서 벗어날 때 하나님의 심판에 빠진다. 이것이 붙박이 진노다. 죄를 지으면 가차 없이 따르는 필연적 결과가 있다. 이런 의미에서, 하나님은 구체적으로 개입하지 않지만 도덕법이 작동하게 하신다.

둘째, 하나님은 직접 인격적으로 개입해 자신의 진노를 나타내신다. 하나님은 우주가 저절로 움직이게 하는 우주의 비인격적 힘이 아니다. 하나님의 진노는 그분의 뜻에 따라 정확히 실행된다.

인격성이 아주 강한 히브리어 단어들이 구약성경에서 하나님의 진노를 묘사하는 데 사용된다. '하라'(*ḥārâ*)는 91회 사용되는데 열을 받음(becoming heated), 분노로 불타오름(burning with fury)을 가리키며 빈번하게 하나님에게 사용된다(예를 들면, 창 18:30을 보라). '하론'(*ḥārôn*)은 41회 사용되는데 하나님의 진노만 가리키며 "불타오르는 맹렬한 진노"를 의미한다(예를 들면, 출 15:7을 보라). '카차프'(*qâtsaph*)는 쓰다(bitter)는 뜻으로 34회 사용되는데 대부분 하나님에게 사용된다(예를 들면, 신 1:34을 보라). 진노를 뜻하는 넷째 단어 '헤마'(*ḥēmâh*)는 독이나 독약을 가리키는 데도 사용되는데 빈번하게 질투와 연결되며 대부분 하나님에게 사용된다(예를 들면, 왕하 22:13을 보라). 다윗은 이렇게 선언했다. "하나님은 의로우신 재판장이심이여, 매일 분노하시는 하나님이시로다"(시 7:11). 여기서 "분노"로 번역된 '자암'(*zā'am*)은 "입에 거품을 물다"는 뜻이며 구약성경에서 20회 넘게 사용되는데 자주 하나님의 진노를 가리킨다.

원인과 결과로 연결되는 진노든 하나님의 직접 진노든 간에, 진노는 하늘에서 비롯된다.

하나님의 진노, 그 범위와 본성

사람들의 모든 경건하지 않음과 불의에 대하여 (1:18c)

하나님의 진노의 넷째와 다섯째 특징은 이 진노의 범위 및 본성과 관련이 있다.

하나님의 진노는 보편적이며 받아 마땅한 **모든** 자에게 임한다. 아무리 선의가 넘치거나 가난한 자에게 베풀거나 타인들을 돕거나 심지어 하나님을 섬기더라도 바울이 여기서 말하는 **모든** 자에서 제외될 수 없다. 바울이 나중에 더 분명하게 설명하듯이, "유대인이나 헬라인이나 다 죄 아래에 있다…모든 사람이 죄를 범하였으매 하나님의 영광에 이르지 못한다"(롬 3:9, 23). 분명히, 어떤 사람들은 도덕적으로 다른 사람들보다 낫다. 그러나 가장 도덕적이고 올바른 사람이라도 완전한 의에 대한 하나님의 기준에 미치지 못한다. 그 누구도 예외가 아니다.

하나님의 완전한 기준과 비교되는 인간의 상대적 선을 이렇게 설명할 수 있겠다. 이것은 로스앤젤레스 해변에서 점프해 40여 킬로미터 떨어진 카타리나 아일랜드에 사뿐히 내려앉으려는 시도와 같다. 어떤 사람들은 아예 점프할 생각조차 하지 못한다. 많은 사람이 점프해 1미터 남짓 뛸 수 있다. 점프해 6-7미터를 뛸 수 있는 사람은 거의 없다. 상상할 수 있는 가장 긴 점프 거리라도 필요한 거리의 지극히 작은 부분에 지나지 않는다. 가장 도덕적인 사람이라도 자신의 능력으로 하나님의 의를 성취할 수 없다. 이것은 아무리 뛰어난 멀리뛰기 선수라도 로스앤젤레스 해변에서 점프해 카타리나 아일랜드에 사뿐히 내려앉을 수 없는 것과 같다. 그 누구도 미치지 못한다.

이 구절의 둘째 강조점은 하나님의 진노의 본성이다. 하나님의 진노는 미친 사람이 누가 다치거나 죽든 개의치 않고 마구잡이로 주먹을 휘두르는 것과 같지 않다. 그뿐 아니라, 하나님의 진노는 자신이 당한 잘못을 앙갚음하려는 인간의 분노, 죄에 물든 분노와도 다르다. 하나님의 진노는 죄에 대해 준비되어 있으며 공의롭게 죄를 향한다. '아세비아'(*asebia*, **ungodliness, 경건하지 않음**)와 '아디키아'(*adikia*, **unrighteousness, 불의**)는 동의어이며, 전자는 개인과 하나님 간의 잘못된 관계를 강조한다. 죄악된 인간이 그분의 원수이며(롬 5:10을 보라) 따라서 "진노의 자녀"(엡 2:3)이기 때문에 하나님은 진노하신다.

경건하지 않음은 참 하나님을 공경하지 않고 그분께 헌신하지 않으며 그분을 예배하지 않음을 가리키는데, 이것은 일종의 거짓 예배로 이어질 수밖에 없는 실패를 가리킨다. 상세한 내용과 배경은 제시되지 않지만, 유다는 아담의 의로운 7대 후손 에녹이 하나님의 심판을 예언했다고 말한다. "보라, 주께서 그 수만의 거룩한 자와 함께 임하셨나니, 뭇 사람을 심판하사 모든 경건하지 않은 자가 경건하지 않게 행한 모든 경건하지 않은 일과 또 경건하지 않은 죄인들이 주를 거슬러 한 모든 완악한 말로 말미암아 그들을 정죄하려 하심이라"(유 14-15). 여기서 유다는 '경건하지 않은/않게'(ungodly)라는 용어를 네 차례 사용해 하나님의 진노가 죄악된 인류에게 맞춰져 있음을 말한다.

불의(unrighteousness)는 경건하지 않음을 포함하면서도 그 결과에 초점을 맞춘다. 죄는 먼저 하나님의 위엄을 공격하고 뒤이어 하나님의 율법을 공격한다. 사람들이 의롭게 행동하지 않는 것은 의(義)의 유일한 척도이자 원천이신 하나님과 바르게(의롭게) 연결되어 있지 않기 때문이다. **경건하지 않음**은 **불의(unrighteousness)**로 이어질 수밖에 없다. 사람과 하나님의 관계가 잘못되었기에 사람과 사람의 관계도 잘못되었다. 사람이 사람을 지금처럼 대하는 것은 사람이 하나님을 지금처럼 대하기 때문이다. 사람이 사람과 원수인 것은 사람이 하나님과 원수이기 때문이다.

죄는 하나님이 유일하게 미워하시는 것이다. 하나님은 가난한 사람들이나 부자들을 미워하지 않고, 어리석은 사람들이나 똑똑한 사람들을 미워하지 않으며, 재능 없는 사람들이나 재주가 비상한 사람들을 미워하지 않으신다. 하나님은 단지 이들을 비롯해 모든 사람이 자연스럽게 행하는 죄를 미워하실 뿐이며, 죄는 하나님의 진노를 부를 수밖에 없다.

하나님의 진노, 그 원인

불의로 진리를 막는 사람들 (1:18b)

우리는 묻는다. "하지만 어떤 사람은 다른 사람에 비해 복음을 듣고 하나님을 알게 될 기회가 훨씬 적은데, 어떻게 하나님이 모두에게 도덕적 · 영적 실패에 책임을 물으실 수 있는가?" 그 대답은 모든 사람은 자신의 죄악된 성향 때문에 자연히 죄를 따르고 하나님을 거부하는 성향이 있다는 것이다. 이 어구를 "자신들의 죄를 단단히 붙잡음으로써 끊임없이 진리를 억압하려는 사람들"이라고 풀어쓸 수 있겠다. **불의**는 인간 본성의 일부이기에 하나님의 **진리**를 반대하고 억압하려는(**suppress, 막는**) 자연스럽고 강력한 열망이 모두에게 내재되어 있다.

바울은 다음 절에서 이렇게 선언한다. "하나님을 알 만한 것이 그들 속에 보임이라. 하나님께서 이를 그들에게 보이셨느니라"(19절). 바울이 말하려는 핵심은 이것이다: 하나님의 말씀을 알고 복음을 들을 기회가 저마다 다른 것과 상관없이, 모든 사람은 하나님의 존재와 속성에 관해 하나님이 주신 내적 증거가 있지만 하나같이 그 증거를 거부하고 공격하는 경향이 있다. 한 사람이 가진 영적 빛이 아무리 적더라도 하나님은 누구라도 그분을 진심으로 찾으면 찾으리라고 보장하신다. 하나님은 이렇게 약속하신다. "너희가 온 마음으로 나를 구하면 나를 찾을 것이요 나를 만나리라"(렘 29:13).

그러나 사람은 자연적으로 하나님을 찾는 성향이 없다. 그리스도의 지상 사역이 이 진리를 결정적으로 증명했다. 성육하신 하나님을, 세상의 빛을 눈앞에서 보고도 "사람들이 자기 행위가 악하므로 빛보다 어둠을 더 사랑한 것이니라. 악을 행하는 자마다 빛을 미워하여 빛으로 오지 아니하나니, 이는 그 행위가 드러날까 함이요"(요 3:19-20). 다윗이 수백 년 앞서 외쳤던 것과 같다. "어리석은 자는 그의 마음에 이르기를 하나님이 없다 하는도다. 그들은 부패하고 그 행실이 가증하니 선을 행하는 자가 없도다"(시 14:1). 죄악된 자들은 거룩한 하나님이란 개념을 거부한다. 이들은 거룩한 하나님이라면 자신들이 사랑하며 버리고 싶지 않은 온갖 죄에 대해 자신들에게 책임을 물으시리라는 것을 태생적으로 알기 때문이다.

기록된 하나님의 말씀이나 분명하게 선포된 그분의 복음과 아무리 외떨어져 있더라도, 모든 사람은 내면과 주변에 분명한 하나님의 진리가 충분하기에(참조. 롬 1:19-20), 하나님을 거스르는 자신의 죄에 책임이 있다. 사람들은 이러한 증거에 반응하길 거부하기 때문에 하나님의 진노와 정죄 아래 있다. 예수님은 이렇게 말씀하셨다. "그 정죄는 이것이니…빛보다 어둠을 더 사랑한 것이니라"(요 3:19). 그러므로 하나님은 악인들에게 매일 분노하신다(시 7:11).

7

하나님의 진노, 그 이유 I
(1:19-21)

[19]이는 하나님을 알 만한 것이 그들 속에 보임이라. 하나님께서 이를 그들에게 보이셨느니라. [20]창세로부터 그의 보이지 아니하는 것들, 곧 그의 영원하신 능력과 신성이 그가 만드신 만물에 분명히 보여 알려졌나니, 그러므로 그들이 핑계하지 못할지니라. [21]하나님을 알되 하나님을 영화롭게도 아니하며 감사하지도 아니하고 오히려 그 생각이 허망하여지며 미련한 마음이 어두워졌나니,

(1:19-21)

미국의 어느 주류 교단 선교부 책임자가 이렇게 말했다. "구원의 메시지를 들어본 적 없는 사람들에게 복음을 전할 필요가 없습니다. 우리는 그들에게 이미 구원받았다는 사실만 알려주면 됩니다."

그의 말에서 밀려오는 만인구원론(universalism)이 보인다. 만인구원론이란 하나님은 사랑과 은혜가 넘치는 분이라 아무도 지옥에 보내지 않으시며, 따라서 모든 사람이 마침내 천국에 가리라는 믿음이다. 이것이 사실이라면 복음 선포에 심판이 들어설 자리가 없는 게 분명하다. 방금 인용한 사람의 주장처럼 성경적 복음 전파가 들어설 자리가 없는 것도 분명하다.

몇 년 전, 런던에서 발행되는 「더 타임즈」에 이런 기사가 실렸다. 우드퍼드에 자리한 열네 교회의 스터디그룹이 구약의 시편을 살펴본 후 84개 시편이 "그리스도인들이 부르기에 적합하지 않다"고 결론지었다("Psalms Chosen from

New Testament" [23 August 1962], sec. 1, p. 10). 이들은 해당 시편들이 표현하는 진노와 복수가 사랑과 은혜의 복음이라는 기독교 복음과 양립할 수 없다고 추론했다.

그러나 성경은 사랑과 자비와 은혜만큼이나 공의와 진노와 심판도 하나님의 속성이라고 분명하게 밝힌다. 신명기 27-28장은 50여 절에서 하나님의 계명을 어긴 자들이 받을 하나님의 심판을 세세하게 말한다. 예레미야가 자신의 원수들에게 복수해달라고 간청했을 때 하나님은 이렇게 답하셨다.

> 너희 유다왕들과 예루살렘 주민아, 여호와의 말씀을 들으라. 만군의 여호와 이스라엘의 하나님이 이같이 말씀하시되, 보라 내가 이곳에 재앙을 내릴 것이라. 그것을 듣는 모든 자의 귀가 떨리니, 이는 그들이 나를 버리고 이곳을 불결하게 하며 이곳에서 자기와 자기 조상들과 유다왕들이 알지 못하던 다른 신들에게 분향하며 무죄한 자의 피로 이곳에 채웠음이며 또 그들이 바알을 위하여 산당을 건축하고 자기 아들들을 바알에게 번제로 불살라 드렸나니, 이는 내가 명령하거나 말하거나 뜻한 바가 아니니라. 그러므로 보라, 다시는 이곳을 도벳이나 힌놈의 아들의 골짜기라 부르지 아니하고 오직 죽임의 골짜기라 부르는 날이 이를 것이라. 여호와의 말이니라. 내가 이곳에서 유다와 예루살렘의 계획을 무너뜨려 그들로 그 대적 앞과 생명을 찾는 자의 손의 칼에 엎드러지게 하고 그 시체를 공중의 새와 땅의 짐승의 밥이 되게 하며. (렘 19:3-7)

이사야는 이렇게 선포했다. "보라, 여호와의 날, 곧 잔혹히 분냄과 맹렬히 노하는 날이 이르러 땅을 황폐하게 하며 그 중에서 죄인들을 멸하리니"(사 13:9). 나훔은 이렇게 증언했다. "여호와는 질투하시며 보복하시는 하나님이시니라. 여호와는 보복하시며 진노하시되 자기를 거스르는 자에게 여호와는 보복하시며 자기를 대적하는 자에게 진노를 품으시며 여호와는 노하기를 더디 하시며 권능이 크시며 벌 받을 자를 결코 내버려두지 아니하시느니라. 여호와의 길은 회오리바람과 광풍에 있고 구름은 그의 발의 티끌이로다"(나 1:2-3).

앞 장에서 말했듯이, 하나님의 진노와 심판이 주로 구약성경의 개념이라고 생각하지 않도록 신약성경도 진노와 심판이라는 하나님의 속성을 똑같이 생생하게 묘사한다는 데 주목해야 한다. 한 무리의 바리새인들과 사두개인들이 세례를 받으러 왔을 때, 세례 요한은 이들을 혹독하게 책망했다. "독사의 자식들아, 누가 너희를 가르쳐 임박한 진노를 피하라 하더냐? 그러므로 회개에 합당한 열매를 맺고"(마 3:7-8). 잠시 후, 세례 요한은 예수님을 이렇게 말했다. "나는 너희로 회개하게 하기 위하여 물로 세례를 베풀거니와 내 뒤에 오시는 이는 나보다 능력이 많으시니, 나는 그의 신을 들기도 감당하지 못하겠노라. 그는 성령과 불로 너희에게 세례를 베푸실 것이요 손에 키를 들고 자기의 타작마당을 정하게 하사 알곡은 모아 곳간에 들이고 쭉정이는 꺼지지 않는 불에 태우시리라"(11-12절). 나중에, 요한은 질문하는 유대인들에게 이렇게 말했다. "아들을 믿는 자에게는 영생이 있고 아들에게 순종하지 아니하는 자는 영생을 보지 못하고 도리어 하나님의 진노가 그 위에 머물러 있느니라"(요 3:36).

예수님은 성육하신 하나님이기에 성육하신 사랑이지만 성경에서 심판과 지옥을 그 누구보다 많이 말씀하셨다. 예수님은 이러한 진리를 신약성경의 다른 모든 사람을 합친 것보다 많이 말씀하셨을 것이다. 산상설교는 하나님의 진노와 심판에 관한 경고로 넘쳐난다. "나는 너희에게 이르노니, 형제에게 노하는 자마다 심판을 받게 되고, 형제를 대하여 라가라 하는 자는 공회에 잡혀가게 되고, 미련한 놈이라 하는 자는 지옥 불에 들어가게 되리라"(마 5:22). "만일 네 오른 눈이 너로 실족하게 하거든 빼어 내버리라. 네 백체 중 하나가 없어지고 온 몸이 지옥에 던져지지 않는 것이 유익하며, 또한 만일 네 오른손이 너로 실족하게 하거든 찍어 내버리라. 네 백체 중 하나가 없어지고 온 몸이 지옥에 던져지지 않는 것이 유익하니라"(29-30절). 예수님은 이렇게 선언하셨다. "그 나라의 본 자손들은 바깥 어두운 데 쫓겨나 거기서 울며 이를 갈게 되리라"(마 8:12).

예수님은 이스라엘에서 증언하도록 열두 제자를 보내며 말씀하셨다. "누구든지 너희를 영접하지도 아니하고 너희 말을 듣지도 아니하거든 그 집이나 성에서 나가 너희 발의 먼지를 떨어 버리라. 내가 진실로 너희에게 이르노니,

심판날에 소돔과 고모라 땅이 그 성보다 견디기 쉬우리라"(마 10:14-15). 조금 뒤 같은 맥락에서 이렇게 말씀하셨다. "몸은 죽여도 영혼은 능히 죽이지 못하는 자들을 두려워하지 말고 오직 몸과 영혼을 능히 지옥에 멸하실 수 있는 이를 두려워하라"(28절). 또 무리에게 이렇게 경고하셨다. "내가 너희에게 이르노니, 사람이 무슨 무익한 말을 하든지 심판날에 이에 대하여 심문을 받으리니, 네 말로 의롭다함을 받고 네 말로 정죄함을 받으리라"(마 12:36-37; 참조. 41-42절. 다음도 보라. 13:40, 49; 16:26; 18:34-35; 22:13; 23:33; 24:50-51; 25:26-30).

바울은 "우리는 주의 두려우심을 알므로 사람들을 권면하거니와"라고 했다(고후 5:11). 바꾸어 말하면, 하나님이 믿지 않는 인류에게 내리실 심판이 무섭기 때문에 우리는 하나님이 예수 그리스도를 통해 피할 길을 준비해 놓으셨음을 증언해야 한다. 누가는 이렇게 기록했다. "바울이 의와 절제와 장차 오는 심판을 강론하니, [총독] 벨릭스가 두려워하여"(행 24:25). 바울은 에베소교회에 경고했다. "누구든지 헛된 말로 너희를 속이지 못하게 하라. 이로 말미암아 하나님의 진노가 불순종의 아들들에게 임하나니"(엡 5:6). 같은 사도가 불신자들에게 이렇게 경고했다. "다만 네 고집과 회개하지 아니한 마음을 따라 진노의 날, 곧 하나님의 의로우신 심판이 나타나는 그 날에 임할 진노를 네게 쌓는도다"(롬 2:5; 참조. 8-9, 16절).

히브리서 저자는 이렇게 선포했다. "우리가 진리를 아는 지식을 받은 후 짐짓 죄를 범한즉 다시 속죄하는 제사가 없고 오직 무서운 마음으로 심판을 기다리는 것과 대적하는 자를 태울 맹렬한 불만 있으리라"(히 10:26-27). 그는 나중에 이렇게 말한다. "너희는 삼가 말씀하신 이를 거역하지 말라. 땅에서 경고하신 이를 거역한 그들이 피하지 못하였거든 하물며 하늘로부터 경고하신 이를 배반하는 우리일까보냐"(히 12:25).

사도 요한은 밧모섬에서 환상 중에 한 천사가 불신자들에게 하는 경고를 들었다. "만일 누구든지 짐승과 그의 우상에게 경배하고 이마에나 손에 표를 받으면 그도 하나님의 진노의 포도주를 마시리니, 그 진노의 잔에 섞인 것이 없이 부은 포도주라. 거룩한 천사들 앞과 어린양 앞에서 불과 유황으로 고난을 받으리니, 그 고난의 연기가 세세토록 올라가리로다. 짐승과 그의 우상에게 경배하고 그의 이름표를 받는 자는 누구든지 밤낮 쉼을 얻지 못하리라"(계 14:9-11).

신약성경은 주님이 직접 하시는 엄한 경고로 끝난다.

> 자기 두루마기를 빠는 자들은 복이 있으니, 이는 그들이 생명나무에 나아가며 문들을 통하여 성에 들어갈 권세를 받으려 함이로다. 개들과 점술가들과 음행하는 자들과 살인자들과 우상숭배자들과 및 거짓말을 좋아하며 지어내는 자는 다 성 밖에 있으리라…내가 이 두루마리의 예언의 말씀을 듣는 모든 사람에게 증언하노니, 만일 누구든지 이것들 외에 더하면 하나님이 이 두루마리에 기록된 재앙들을 그에게 더하실 것이요 만일 누구든지 이 두루마리의 예언의 말씀에서 제하여 버리면 하나님이 이 두루마리에 기록된 생명나무와 및 거룩한 성에 참여함을 제하여 버리시리라. (계 22:14-15, 18-19)

과거와 다름없이 지금도 사람들은 하나님이 진노하신다는 사실을 부인하며, 이러한 부인은 두 가지 형태로 나타난다. 한 형태는 조건적 불멸(conditional immortality) 같은 개념을 가르친다. 조건적 불멸이란 불신자는 죽으면 존재하길 그칠 뿐이고 불멸은 신자들에게만 해당한다는 것이다. 또 다른 형태는 만인구원론이다. 만인구원론은 하나님이 결국에는 모든 사람을 구원하시리라고 가르친다. 그러나 두 이단 모두 하나님의 말씀과 정면으로 충돌한다.

하나님의 진노와 관련된 거짓 가르침에서 네 가지를 주목해야 한다. 첫째, 조건적 불멸과 만인구원론 같은 개념이 육에 속한 사람에게 크게 와 닿으며 둘 다 하나님의 심판과 진노를 부정한다는 사실을 알아야 한다. 둘째, 기독교 자유주의(Christian liberalism)의 만연한 영향을 인식해야 한다. 기독교 자유주의는 하나님을 사랑이 넘치기에 아무도 정죄하지 않는 분으로 보며, 따라서 그렇지 않다고 말하는 본문의 진정성을 필연적으로 부정한다. 셋째, 하나님의 진노를 부정하는 종교 그룹들은 많은 경우 사이비 집단이라는 것을 깨달아야 한다. 넷째, 하나님의 진노를 부정하면 증언의 목적과 동기, 곧 불신자들을 죄와 지옥에서 구해내 하나님을 영화롭게 하는 구원이 사라진다는 것을 기억해야 한다.

성경 교사 토레이(R. A. Torrey, 1856-1928)가 지혜롭게 썼다. "회개하지 않는 자들의 운명과 관련된 약한 이론의 밑바닥에는 죄와 하나님의 거룩, 예수 그리스도의 영광과 우리를 향한 그분의 요구에 대한 얕은 시각들이 자리한다. 죄의 모든 끔찍함과 극악함을 보고 하나님의 거룩의 모든 완전함을 보며 예수 그리스도의 영광의 무한함을 볼 때, 죄를 끈질기게 선택하는 자들, 빛보다 어둠을 사랑하는 자들, 하나님의 아들을 끈질기게 거부하는 자들은 영원히 고통 받으라는 교리 외에 그 무엇도 우리의 도덕적 직관의 요구를 만족시키지 못할 것이다.…하나님과 가까이 동행하고 그분을 섬기는 데 헌신할수록 이 교리를 더 믿을 것이다"(*What the Bible Teaches* [New York: Revell, 1898], pp. 311-313).

교회사 전체에서, 신실한 하나님의 사람들은 하나님이 공의와 심판의 하나님이며 하나님의 진노가 모든 불신앙과 경건하지 않음에 내린다는 성경의 진리를 이해하고 선포했다. 이 지식은 이들이 잃은 자들을 지칠 줄 모르고 찾는 큰 동기였다. 존 녹스(John Knox, 1514-1572)는 하나님께 이렇게 기도했다. "저에게 스코틀랜드를 주시거나 죽음을 주십시오!" 청년 허드슨 테일러(Hudson Taylor, 1832-1905)는 수많은 미전도 중국인들의 운명을 생각하며 진심으로 기도했다. "중국을 위해 뭐라도 하지 않으면 더는 살 수 없을 것 같습니다." 헨리 마틴(Henry Martyn, 1781-1812)은 이렇게 말했다. "저는 지금 이교도의 깊은 밤 한가운데서 맹렬히 짓눌리고 있습니다. 사랑하는 주님, 제가 주님을 위해 불타오르게 하소서." 버마에서 사역했던 유명한 선교사 아도니람 저드슨(Adoniram Judson, 1788-1950)은 성경을 버마어로 옮기며 길고 고된 세월을 보냈다. 그는 성경 번역 때문에 감옥에 갇혔고, 그가 감옥에 있을 때 아내가 죽었다. 감옥에서 풀려난 후, 심각한 질병에 감염되어 남은 기력마저 잃었다. 그런데도 이렇게 기도했다. "주님, 제 일을 마치게 해주십시오. 구원하는 말씀을 이 사람들 손에 쥐어 줄 수 있을 때까지 제 생명을 보존해 주십시오." 제임스 찰머스(James Chalmers, 1841-1901)는 남태평양 제도에 선교사로 갔으며 잃은 자들을 향한 책임감을 아주 무겁게 느꼈기에, 누군가 그에 관해 이렇게 썼다. "그는 그리스도를 섬기면서 역경과 주림과 파선과 격한 수고를 겪었으나 이 모두를 기쁨으로 맞았다. 그는 천 번도 넘게 생명의 위험을 무릅써야 했으며, 자신의 친구들, 곧 그가 계몽하려 했던 사람들에게 맞아 죽었고, 목이 잘렸으며, 먹혔다." 로버트 아싱턴(Robert Arthington, 1823-1900)은 해외 선교사로 나갈 수 없었으나 무수한 사람들이 해외 선교사로 나갈 수 있게 했다. 그는 열심히 일하며 검소하게 살았고, 이렇게 해서 해외 선교에 50여만 달러를 드렸다. 그는 이렇게 증언했다. "사람들이 그리스도를 몰라 멸망하도록 두느니 기꺼이 바닥을 내 침상으로 삼고 상자를 내 의자로 삼으며 또 다른 상자는 식탁으로 삼을 것이다."

신실한 성도들을 비롯해 이들을 닮은 많은 사람은 하나님의 진노와 심판, 그리고 그리스도 없이 죽는 사람들의 공포를 분명하게 알았다. 이러한 이해 없이는 복음 전파의 근거가 없다. 그리스도 없는 사람들이 잃은 자가 아니라 소망이 있으며 하나님을 영화롭게 할 수도 있다면 이들이 그리스도를 통해 구원받아야 할 이유가 없다.

복음을 제시할 때 성경적 순서를 따라야 한다. 위험을 먼저 경고한 후 벗어날 길을 제시하고, 죄에 대한 심판을 먼저 경고한 후 용서의 수단을 제시하며, 정죄의 메시지를 먼저 제시한 후 용서의 메시지를 제시하고, 죄책의 나쁜 소식을 먼저 전한 후 은혜의 좋은 소식을 전해야 한다. 사랑하고 구속하는 하나님의 은혜, 곧 예수 그리스도를 통해 영원한 생명을 주는 은혜의 전체 메시지와 목적은 하나님을 버리고 영원한 심판과 죽음의 선고 아래 있는 인간의 보편적인 현실에 근거한다.

이러한 접근법과 일치하게도, 로마서 본론은 1:18에서 하나님의 진노가 "모든 경건하지 않음과 불의에 대하여" 나타난다는 분명한 단언으로 시작한다. 바울이 에베소서에서 지적하듯이, 모든 불신자는 "본질상 진노의 자녀"이며(엡 2:3), 타락한 인류의 본성을 물려받고 태어나 하나님의 진노 아래 있다. 아담의 타락(the Fall)으로, 하나님의 미소가 찌푸림으로 바뀌었다. 모세는 하나님께 수사의문문으로 물었다. "누가 주의 노여움의 능력을 알며, 누가 주의 진노의 두려움을 알리이까?"(시 90:11).

청교도 저자 토마스 왓슨(Thomas Watson)은 이렇게 말했다. "하나님의 사랑이 모든 쓴 것을 달게 하듯이 하나님의 저주는 모든 단 것을 쓰게 한다"(*A Body of Divinity*[15] [Carlisle, Pa.: Banner of Truth, 1983 reprint], p. 151). 좀 더 최근 저자 조지 로저스(George Rogers)는 이렇게 말했다. 하나님의 "의로운 분노는 결코 높아지거나 낮아지지 않는다. 하나님의 의로운 분노는 죄 앞에서 언제나 만조다. 하나님은 한결같이, 변함없이 의롭기 때문이다"(*Studies in Paul's Epistle to the Romans*, vol. 1 [Los Angeles: G. Rogers, 1936], p. 40).

오직 정결하고 사랑스러운 것만 기뻐하시는 하나님이 정결하지 못하고 추한 것을 어떻게 싫어하지 않으실 수 있겠는가? 죄는 본질적으로 거룩을 침해한다. 그러니 무한히 거룩하신 분이 어떻게 죄를 모른 체하실 수 있겠는가? 의를 사랑하시는 분이 어떻게 모든 불의한 것을 미워하지 않고 여기에 단호히 맞서지도 않으실 수 있겠는가? 모든 탁월함의 총합이신 분이 어떻게 덕과 악을 똑같이 만족스럽게 바라보실 수 있겠는가? 하나님은 이런 것들을 '하실 수 없다'. 그분은 거룩하고 공의로우며 선하시기 때문이다. 진노는 완전히 거룩하신 하나님이 거룩하지 못한 자들에게 보이실 수 있는 유일하게 공의로운 반응이다. 그러므로 바울이 로마서 9:22-23에서 명백하게 밝히듯이, 의로운 진노는 하나님의 여느 속성과 다름없이 하나님의 완전함을 이루는 한 요소이다(해당 본문에 대한 주석을 보라).

바울은 단언한다. 하나님의 은혜를 이해하려면 먼저 그분의 진노를 이해해야 하고, 그리스도의 죽음이 갖는 의미를 이해하려면 먼저 왜 인간의 죄가 필연적으로 죽음을 부르는지 이해해야 하며, 하나님의 사랑과 긍휼과 은혜가 얼마나 큰지 이해하려면 먼저 믿지 않는 인류가 얼마나 반역적이고 죄악되며 유죄한지 알아야 한다는 것이다.

안타깝게도, 많은 복음주의자까지도 하나님의 진노와 심판을 가볍게 다루게 되었다. 지옥이 설교에서 슬그머니 사라졌다. 진노는 언급되더라도 비인격

---

15 『웨스트민스터 소요리문답 해설』, 이훈영 옮김(CH북스, 2019).

화되기 일쑤다. 마치 하나님이 직접 개입하지 않는 이신론적 방식을 따라 저절로 작동하는 것처럼 말이다.

많은 사람은 인간이 과연 이처럼 험악한 운명을 맞는 것이 마땅한지 의구심을 품는 경향이 있다. 어쨌든, 그 누구도 태어나게 해 달라고 요구하지 않았다. 사람이 자신의 출생에 아무것도 하지 않았는데 왜 죄악되게 태어난 것 때문에 영원을 지옥에서 보내야 하는가? "왜 모든 사람이 하나님의 진노와 정죄 아래 태어나는가?" 주목할 만한 질문이다. 바울은 로마서 1:19-23에서 이 질문들에 답하며 모든 죄악된 자들을 향한 하나님의 진노가 왜 정당한지 설명한다.

어떤 사람들은, 심지어 이교도들까지 인간의 죄를 향한 하나님의 진노가 옳다고 인정했다. 엘리가 대제사장이고 어린 사무엘이 여전히 그 아래 있으면서 성막에서 섬길 때 이스라엘이 영적으로 침체했다. 종교는 껍데기뿐이었고 참 믿음이나 순종이 거의 없었다. 언약궤는 승리를 보장하는 마법 도구와 다름없었고 이스라엘은 이런 언약궤를 매고 나가 블레셋과 싸웠다. 그러나 이스라엘은 그 전투에서 삼만 명을 잃었을 뿐 아니라 언약궤를 적에게 빼앗겼다. 블레셋은 언약궤 때문에 숱한 재앙과 당혹스러운 일을 겪은 후 언약궤를 이스라엘에게 돌려주기로 했다. 블레셋은 언약궤를 돌려줄 때 자신들을 향한 하나님의 진노를 가라앉히려고 속건 제물(guilt offering)을 함께 보냈다. 블레셋은 이스라엘의 하나님을 잘못 알았고 이들이 그분께 드린 제물은 철저히 이교도적이었다. 그렇더라도 블레셋은 그분의 영예를 더럽혔다고 자신들을 판결하고 벌하실 하나님의 능력과 권리를 인정했다(삼상 4-6장을 보라).

이스라엘이 여리고에서 획득한 전리품, 모두 성막 창고에 넣어야 할 전리품 중 얼마를 아간이 개인적으로 취했을 때, 그의 죄 때문에 이스라엘이 아이 전투에서 패했다. 아간은 자신의 불순종이 드러나자 순순히 자백했다. "참으로 나는 이스라엘의 하나님 여호와께 범죄하여 이러이러하게 행하였나이다"(수 7:20).

하나님은 절대적으로 공의로우며, 정죄해야 마땅하지 않으면 결코 정죄하지 않으신다. 아간은 모세를 통해 주어진 하나님의 율법을 알았고 여리고에서 획득한 전리품을 개인이 취하지 말라는 하나님의 특별한 금지 명령도 알았다. 반대로, 이교도 블레셋은 하나님의 엄청난 능력 알았다. 그러나 아간과 블레셋 둘 다 하나님 앞에 죄를 지었으며 하나님의 진노를 받아 마땅했다. 로마서 1:19-23에서, 바울은 예수 그리스도를 제외한 모든 사람이 하나님의 진노 아래 있는 게 마땅한 이유 넷을 제시한다. 그 이유를 하나님의 계시, 인간의 거부, 인간의 합리화, 인간의 종교로 정의할 수 있다.

하나님의 계시

> [19]**이는 하나님을 알 만한 것이 그들 속에 보임이라. 하나님께서 이를 그들에게 보이셨느니라.** [20]**창세로부터 그의 보이지 아니하는 것들, 곧 그의 영원하신 능력과 신성이 그가 만드신 만물에 분명히 보여 알려졌나니, 그러므로 그들이 핑계하지 못할지니라.** (1:19-20)

첫째, 하나님이 죄인들에게 진노하시는 게 정당한 것은 하나님이 모든 인류에게 자신을 계시하셨기 때문이다. 로마서 1:18-2:16은 특히 이방인들과 관련이 있는데, 이방인들은 이스라엘처럼 하나님의 계시된 말씀의 유익을 누리지 못했다. 물론, 이스라엘은 두 배의 죄를 지었다. 이들은 하나님이 창조 세계와 양심에 주신 자연적 · 보편적 자기 계시를 거부했을 뿐 아니라 성경을 통해 주신 유일무이한 기록 계시까지 거부했기 때문이다.

계시라는 선물

> **이는 하나님을 알 만한 것이 그들 속에 보임이라. 하나님께서 이를 그들에게 보이셨느니라.** (1:19)

바울이 여기서 말하려는 핵심은 이것이다: 기록된 하나님의 계시가 아니더라도 **하나님을 알 만한 것이** 이방인들 **속에 보임**은 **하나님께서 이를 그들에게 보**

이셨기 때문이다. 하나님은 바울을 통해 증언하신다. 하나님이 자신을 외적 · 가시적으로 나타내심을 사람이 보편적으로 안다는 것이다. 이것은 사람의 밖뿐 아니라 **속에**도 분명하게 **보인다(is evident)**. '모든' 사람은 하나님에 관한 증거가 있으며, 이들의 신체 감각들이 하나님에 관해 인식할 수 있는 것을 내적 감각들도 얼마간 이해할 수 있다. 가나안 족속들과 애굽 사람들과 지금껏 이 땅에 살았던 모든 사람처럼, 블레셋 사람들도 하나님의 능력을 보았을 뿐 아니라 인정했다. 악한 소돔과 고모라 주민들처럼, 바벨탑을 쌓았던 배반자들도 하나님의 크심을 보았고 인정했다. 모든 사람이 하나님의 실재와 진리를 얼마간 알고 또 이해한다. 이들은 이러한 계시에 올바로 반응할 책임이 있다. 그 어떤 잘못된 반응도 "용납될 수 없다."

신학자 오거스터스 스트롱(Augustus Strong, 1836-1921)은 이렇게 썼다. "성경은…하나님이 존재하신다는 지식이 보편적이라고 상정하며 또 선언한다(롬 1:19-21, 28, 32; 2:15). 하나님이 이 근본 진리의 증거를 인간 본성에 새겨놓으셨기에 하나님의 증인이 없는 곳이 없다"(*Systematic Theology* [Valley Forge, Pa.: Judson, 1979 reprint], p. 68). 거듭나지 못한 사람이 "세상에서 소망이 없고 하나님도 없는 자인 것은"(엡 2:12) 하나님을 아는 지식이 없기 때문이 아니라 자신이 가진 하나님을 아는 지식에 자연스럽게 맞서기 때문이다. 바울이 이미 증언했듯이(롬 1:18), 죄악된 인류는 자신의 불의로 하나님의 진리를 자연스럽게 억누른다.

그 누구도 자신의 의지나 지혜나 탐구로 하나님을 찾을 수 없다. 그러나 하나님은 절대로 인간이 자신의 의지와 이해로 하나님을 찾게 두지 않고 은혜로 자신에 관한 증거를 풍성하게 주셨다. 하나님은 자신을 사람들에게 주권적 · 보편적으로 분명하게 드러내셨다**(made it evident to, 보이셨다)**. 그러므로 아무도 하나님을 모른다고 주장할 수 없다. 성경과 전혀 별개로, 하나님은 인간에게 자신을 '늘' 계시하셨고 계속 계시하시기 때문이다. 하나님은 완전히 공의로우며, 따라서 그분을 전혀 모르는 자들을 당당하게 정죄하실 수 없다. 바울이 여기서 분명하게 단언하듯이, 그 누구도 하나님을 모른다고 당당하게 주장할 수 없으며, 따라서 그 누구도 자신을 향한 하나님의 진노가 부당하다고 당당하게 주장할 수 없다. 모든 사람은 자신을 구원으로 이끌 수 있을 하나님의 계시를 향해 책임이 있다.

뛰어난 초기 교회 교부 테르툴리아누스는 창조자를 아는 지식이 모세의 펜에서 시작되지 않았다고 했다. 비록 대다수 인류가 모세의 책은 고사하고 모세라는 이름조차 들어본 적 없는데도 모세의 하나님을 안다(참조. *An Answer to the Jews*, 2장).

헬렌 켈러(Helen Keller, 1880-1968)는 아주 어릴 때 병을 앓아 볼 수도 들을 수도 말할 수도 없었다. 앤 설리번(Anne Sullivan, 1866-1936)의 지칠 줄 모르고 헌신적 노력으로, 헬렌 켈러는 마침내 촉각으로 소통하는 법을 배웠고 말하는 법까지 배웠다. 설리번 선생님이 헬렌에게 하나님을 처음 말했을 때, 소녀의 반응은 자신이 그분을 이미 안다는 것이었다. 헬렌은 그분의 이름을 모를 뿐이었다(Helen Keller, *The Story of My Life* [New York: Grosset & Dunlap, 1905], pp. 368-374).

알 만한 것(that which is known, 알려진 것)은 "알 수 있는 것"으로 옮길 수 있겠다. 유한한 인간이 설령 성경이라는 완전한 계시를 통해서라도 하나님을 모두 알 수 없는 것은 분명하다. 바울의 핵심은 특별 계시와 별개로 **하나님을 알 만한 것**을 타락한 인류가 알 수 있다는 것이다. 하나님의 창조 세계에 투영된 하나님의 특성들이 하나님을 명백하게 증거한다.

바울은 루스드라에서 사역할 때 이방인 청중에게 "천지와 바다와 그 가운데 만물을 지으시고 살아계신 하나님"을 말했다. 뒤이어 이렇게 설명했다. "하나님이 지나간 세대에는 모든 민족으로 자기들의 길들을 가게 방임하셨으나 그러나 자기를 증언하지 아니하신 것이 아니니, 곧 여러분에게 하늘로부터 비를 내리시며 결실기를 주시는 선한 일을 하사 음식과 기쁨으로 여러분의 마음에 만족하게 하셨느니라"(행 14:15-17). 생명의 선함 그 자체가 그것을 주시는 하나님의 선하심을 증언한다.

이어지는 여정에서, 바울은 아덴의 아레오바고 언덕에서 이교도 철학자들에게 이렇게 말했다.

> 내가 두루 다니며 너희가 위하는 것들을 보다가 알지 못하는 신에게라고 새긴 단도 보았으니, 그런즉 너희가 알지 못하고 위하는 그것을 내가 너희에게 알게 하리라. 우주와 그 가운데 있는 만물을 지으신 하나님께서는 천지의 주재시니 손으로 지은 전에 계시지 아니하시고 또 무엇이 부족한 것처럼 사람의 손으로 섬김을 받으시는 것이 아니니, 이는 만민에게 생명과 호흡과 만물을 친히 주시는 이심이라. 인류의 모든 족속을 한 혈통으로 만드사 온 땅에 살게 하시고 그들의 연대를 정하시며 거주의 경계를 한정하셨으니, 이는 사람으로 혹 하나님을 더듬어 찾아 발견하게 하려 하심이로되, 그는 우리 각 사람에게서 멀리 계시지 아니하도다. 우리가 그를 힘입어 살며 기동하며 존재하느니라. (행 17:23-28)

다시 말해, 하나님이 세상 나라들과 그 경계와 운명을 주관하신다. 하나님이 시간과 계절을 비롯해 하늘과 땅의 모든 부분을 주관하신다. 이보다 더 놀라운 것은 하나님이 자신을 알리고 가까이 다가갈 수 있도록 은혜로 선택하셨기에 바울은 "우리 각 사람에게서 멀리 계시지 않다"고 말한다.

요한은 예수 그리스도를 "참 빛, 곧 세상에 와서 각 사람에게 비추는 빛"이라 말한다(요 1:9). 요한은 오직 믿음을 통해 오는 하나님에 대한 구원 지식을 말하고 있던 게 아니라, 하나님의 창조 세계에 나타나는 하나님의 자기 계시를 통해 모든 사람에게 오는 하나님에 대한 지적 지식에 대해 말하고 있었다. 모든 사람은 하나님에 관한 증거가 있으며, 따라서 믿음으로 그분께 반응할 기회를 붙잡을 책임이 있다.

계시의 내용

> **창세로부터 그의 보이지 아니하는 것들, 곧 그의 영원하신 능력과 신성이 그가 만드신 만물에 분명히 보여 알려졌나니, 그러므로 그들이 핑계하지 못할지니라. (1:20)**

뒤이어 바울은 하나님이 온 인류에게 주신 자기 계시의 내용을 구체적으로 말한다. 바울은 하나님이 **그의 보이지 아니하는 것들**이 보이게 하셨다고 선언한다. 인간이 타고난 감각으로 인지할 수 있는 하나님의 특별한 속성이 그분의 **영원하신 능력과 신성(eternal power and divine nature)**이다. 하나님의 **영원하신 능력**은 그분의 무한한 전능하심을 가리키며, 그분의 **능력**을 통해 생겨나고 유지되는 기막힌 창조 세계에 이 전능하심이 투영되어 있다. 바울이 루스드라 사람들에게 말했듯이, 인자와 은혜 같은 하나님의 **신성**이 비와 계절에 투영된다. "여러분에게 하늘로부터 비를 내리시며 결실기를 주시는 선한 일을 하사 음식과 기쁨으로 여러분의 마음에 만족하게 하셨느니라"(행 14:17).

저명한 신학자 찰스 하지(Charles Hodge, 1797-1875)는 이렇게 증언했다. "그러므로 하나님은 지금껏 증인이 없었던 적이 결코 없었다. 그분의 존재와 완전함이 늘 분명하게 드러났기에 그분의 이성적 피조물은 그분을 참되고 유일한 하나님으로 인정하고 예배할 수밖에 없다"(*Commentary on the Epistle to the Romans* [Grand Rapids: Eerdmans, 1983 reprint], p. 37).

하나님의 자연적 자기 계시는 모호하거나 선택적이지 않기에 특별히 은사를 받아 통찰력이 깊은 소수만 알 수 있는 게 아니다. 창조 세계를 통해 나타나는 하나님의 자기 계시는 **그가 만드신 만물에 분명히 보여 알려졌**기에 모든 사람이 분명하게 볼 수 있다.

망원경과 현미경이 발명되기 오래전 까마득히 먼 옛날에도, 하나님의 위대하심이 자연의 거대한 것과 미세한 것에 분명하게 나타났다. 사람들은 별을 관찰하다가 별이 이동하는 고정 궤도를 발견할 수 있었다. 작은 씨앗이 자라 자신의 출처와 정확히 일치하는 큰 나무로 자라는 것을 볼 수 있었다. 계절과 비와 눈의 놀라운 순환을 볼 수 있었다. 인간 출생의 경이로움과 일출과 일몰의 장관을 보았다. 다윗이 받은 특별한 계시 없이도, "하늘이 하나님의 영광을 선포하고 궁창이 그의 손으로 하신 일을 나타내는" 것을 볼 수 있었다(시 19:1).

어떤 새들은 별을 보고 길을 찾을 수 있다. 창문 없는 건물에서 부화해 인공 하늘을 보며 자랐더라도 이동해야 할 적합한 곳으로 즉시 방향을 맞출 수 있다. 물총고기는 놀랍도록 세차고 정확하게 물줄기를 내뿜어 물 위에 있는 곤충을 잡을 수 있다. 폭탄먼지벌레는 서로 다른 두 분비물을 따로 생산하며, 이 둘이 분비되어 결합해 적 앞에서 폭발한다. 그러나 그 폭발이 조기에 일어나 벌레 자신에게 해를 입히는 일은 절대로 일어나지 않는다. 다윗이 "권능은 하나님께 속하였다"고 외치고(시 62:11) 아삽과(시 79:11) 나훔이(나 1:3) 하나님의 큰 능력을 말한 것은 조금도 놀랍지 않다.

천체물리학자이며 미우주항공국 NASA의 고다드 우주연구소 책임자였던 로버트 자스트로(Robert Jastrow, 1925-2008)는 이렇게 말했다.

> 이제 우리는 천문학적 증거가 세계의 기원과 관련된 성경의 관점을 어떻게 뒷받침하는지 안다.…천문학적 설명과 창세기 기사는 본질적으로 같다. 문제가 얼마나 심각한지 생각해 보라. 과학은 어느 순간 폭발로 우주가 생겨났다는 것을 증명했다. 과학은 어떤 원인에서 이러한 결과가 나왔는지 묻는다. 누가 또는 무엇이 질료와 에너지를 우주에 주입했는가? 그러나 과학은 이 질문들에 답하지 못한다.…
>
> 이성의 능력에 대한 믿음으로 살아가는 과학자에게, 이야기는 악몽처럼 끝난다. 과학자는 무지의 산에 올랐다. 가장 높은 봉우리를 정복할 참이다. 그가 마지막 바위를 기어오르자 수백 년 전부터 그곳에 있던 한 무리의 신학자들이 그를 반긴다. (*God and the Astronomers* [New York: Norton, 1978], pp. 14, 114, 116).

캘리포니아 팔로마산에 지름이 5미터나 되는 천체 망원경이 있다. 천문학자들은 이 망원경으로 40억 광년 떨어진 대상을 볼 수 있다. 40억 광년은 25 셉틸리언[16] 마일보다 먼 거리이다! (James Reid, *God, the Atom, and the Universe* [Grand Rapids: Zondervan],1968).

어느 시점에든, 이 세상에는 평균적으로 1,800개의 폭풍이 발생하고 있다. 이 폭풍들을 일으키려면 에너지가 무려 13억 마력이 필요하다. 이와 비교해, 땅에서 움직이는 대형 기계는 420마력이며 하루 운행에 기름이 400리터쯤

16 1셉틸리언은 10의 24제곱이다.

든다. 이런 폭풍 하나가 약 16,000제곱미터 지역에 비를 100밀리미터 정도 내린다. 이 정도 비에 해당하는 물을 증발시키려면 석탄 6억 4천만 톤을 태워야 한다. 그뿐만이 아니다. 이렇게 증발시킨 수증기를 식혀 모아 구름을 만들려면 추가로 8억 마력짜리 냉각기를 100일 동안 밤낮없이 돌려야 한다.

농업 연구는 이런 계산을 도출했다. 미네소타주에 사는 농부는 매년 1에이커당 빗물을 약 154만 리터 사용한다. 물론, 공짜다. 미주리주는 약 18만 제곱킬로미터 지역에 매년 비가 970밀리미터 내린다. 이 정도 수량은 길이가 400킬로미터, 폭이 100킬로미터, 깊이가 6.7미터 되는 호수와 맞먹는다.

미국 자연사박물관에 따르면, 지구상에 적어도 1,000만 종에 이르는 곤충이 있으며 개미만 해도 변종이 25,000종에 이른다. 미국에 약 50억 마리 새가 있으며, 어떤 새는 쉬지 않고 800킬로미터를 날아 멕시코만을 건널 수 있다. 청둥오리는 한 시간에 100킬로미터 날 수 있고 독수리는 한 시간에 160킬로미터를 날 수 있으며, 매(falcon)는 시속 약 300킬로미터로 날 수 있다.

지구는 둘레가 약 4만 킬로미터이고 무게가 6셉틸리온 588섹스틸리언 톤인데,[17] 받침대도 없이 허공에 떠 있다. 지구는 시속 1,600킬로미터로 자전하면서 분속 1,600킬로미터로 태양 주위를 길이가 9억 4천만 킬로미터에 이르는 궤도를 따라 돈다.

혜성은 머리가 16,000킬로미터에서 160만 킬로미터에 이르고, 꼬리가 1억 6천만 킬로미터에 이르며, 초속 560킬로미터로 이동한다. 태양이 방출하는 에너지를 마력으로 환산하면 500백만×100만×10억 마력에 이를 것이다. 태양은 초마다 4백만 톤의 질료를 태운다. 우리의 태양계가 위치한 은하계를 빛의 속도(초속 약 30만 킬로미터)로 건너면 125,000년이 걸릴 것이다. 그런데 우리의 태양계가 속한 은하계는 수백만 개 은하계 중 하나일 뿐이다.

인간의 심장은 대략 그 사람의 주먹 크기다. 성인의 심장은 230그램이 채 안 되지만 열두 시간에 65톤을 약 2.5센티미터 들어 올릴 만큼 일할 수 있다. 물 분자는 고작 원자 세 개로 구성된다. 그러나 물 한 방울에 들어 있는 모든

---

17 1섹스틸리언은 10의 21제곱이다. 지구의 무게는 약 6×10^{24} 킬로그램이다.

분자를 모래알 크기로 환산하면 두께가 30센티미터에 폭이 800미터인 도로를 로스앤젤레스에서 뉴욕까지 깔 수 있다. 그러나 놀랍게도, 원자 자체는 대체로 공간이며, 원자의 실제 질료는 원자 크기의 1조분의 1에 지나지 않는다.

명백한 사실에 대놓고 눈을 감는 사람이 아니라면, 이러한 능력과 정교함과 조화가 우주를 다스리는 대 설계자가 아니라 다른 방법에서 비롯되었을 수 있다고 상상조차 할 수 없다. 세상이 아주 우연히 현재 상태로 진화할 수 있었다고 생각하는 것보다 부품들을 상자에 넣어 흔들었더니 시간이 잘 맞는 시계가 나왔다고 생각하는 게 무한히 더 합리적이겠다.

심지어 이방인도 시편 기자와 마찬가지로 귀와 눈을 지으신 분이 듣고 볼 수 있음을 분별할 수 있어야 한다(시 94:9을 보라). 우리가 들을 수 있다면 누구라도 우리를 지으신 존재는 듣고 봐야 하는 게 분명하다. 그분의 피조물인 우리가 생각할 수 있다면 우리의 창조자도 추론할 수 있어야 하는 게 분명하다.

사람이 심판을 받고 지옥에 가는 것은 우주에서 입증된 빛에 맞게 살지 않기 때문이 아니라 이렇게 살지 않아 궁극적으로 예수 그리스도를 거부하기 때문이다. 성령께서 "죄에 대하여, 의에 대하여, 심판에 대하여 세상을 책망" 하실 것이며, 예수님은 "죄에 대하여라 함은 그들이 나를 믿지 아니함이요"라고 하셨다(요 16:8-9). 그러나 어떤 사람이 자신이 가진 계시의 빛에 맞게 산다면 하나님이 어떤 방법으로든 그가 복음을 듣게 하실 것이다. 주권적이며 예정된 은혜로, 하나님은 죄악된 인류에게 손을 내미신다. 하나님은 에스겔을 통해 이렇게 선포하셨다. "나의 삶을 두고 맹세하노니, 나는 악인이 죽는 것을 기뻐하지 아니하고 악인이 그의 길에서 돌이켜 떠나 사는 것을 기뻐하노라"(겔 33:11). 하나님은 "아무도 멸망하지 아니하고 다 회개하기에 이르기를" 원하신다(벧후 3:9). 하나님은 자신이 택한 자들에게 복음을 듣는 특권을 주시고 이들을 자기에게 이끄실 것이다. 하나님은 예레미야를 통해 약속하셨다. "너희가 온 마음으로 나를 구하면 나를 찾을 것이요 나를 만나리라"(렘 29:13).

에디오피아 내시가 진심으로 하나님을 찾았고, 그래서 성령께서 빌립을 그에게 보내 증언하게 하셨다. 그는 복음을 들었을 때 믿고 세례를 받았다(행 8:26-39). 로마군의 이방인 백부장 고넬료는 "경건하여 온 집안과 더불어 하나님을 경외하며 백성을 많이 구제하고 하나님께 항상 기도하"는 사람이었고, 그래서 하나님은 베드로를 그에게 보내 복음을 설명하게 하셨다. "베드로가 이 말을 할 때에 성령이 말씀 듣는 모든 사람에게 내려오시니" 그가 이들에게 "예수 그리스도의 이름으로 세례를 베풀었다"(행 10:2, 44, 48). 루디아는 진정으로 하나님을 예배하는 자였고, 그래서 그녀가 복음을 들었을 때 "주께서 그 마음을 열어 바울의 말을 따르게" 하셨다(행 16:14).

인간의 거부

하나님을 알되 하나님을 영화롭게도 아니하며 감사하지도 아니하고 오히려 그 생각이 허망하여지며 미련한 마음이 어두워졌나니, (1:21)

하나님의 진노와 심판이 정당한 또 다른 이유는 인간이 하나님을 의도적으로 거부했기 때문이다. 바울은 분명하게 말한다. 불신자들은 자연 계시, 곧 일반 계시를 통해 **하나님을 알되** 여전히 하나님을 거부했다. 인간은 태어날 때부터 하나님의 존재와 능력을 의식하지만, 또한 태어날 때부터 악하게도 그 지식을 거부하는 경향이 있다. 거듭나지 못한 자들이 타고난 이러한 성향은 "더욱 악하여져서 속이기도 하고 속기도 한다"(딤후 3:13). 바울은 신자들에게 이렇게 상기시킨다. "우리도 전에는 어리석은 자요, 순종하지 아니한 자요, 속은 자요, 여러 가지 정욕과 행락에 종노릇 한 자요, 악독과 투기를 일삼은 자요, 가증스러운 자요, 피차 미워한 자였다"(딛 3:3).

어느 진화론자가 이렇게 말했다. "나는 하나님을 믿길 거부한다. 그러니 내게 진화론 외에 무슨 대안이 있겠는가?" 그는 정직했으나 한 가지 사실, 곧 그가 진화론을 뒷받침하는 증거 때문에 하나님을 믿지 않은 게 아니라 하나님을 믿지 않았기 때문에 진화론을 받아들였다는 사실을 분명하게 증언했다.

도널드 그레이 반하우스는 깊은 통찰을 보여주었다.

하나님은 인간에게 이것들을 이해할 수 있는 두뇌를 주실 테고 인간은 이러한 하나님을 향해 자신의 의지를 사용하지 못할 것인가? 안타까운 대답은 둘 다 사실이라는 것이다. 하나님은 인간에게 쇠를 녹여 망치와 못을 만드는 두뇌를 주실 것이다. 하나님은 나무가 자라게 하시고, 인간에게 그 나무를 벨 힘과 그 목재로 망치 자루를 만들 두뇌를 주실 것이다. 인간이 망치와 못을 가질 때, 하나님은 자신의 손을 내밀어 인간이 그 손에 못을 박고 그분을 십자가에 달도록 허용해 인간에게 변명의 여지가 없음을 더없이 분명하게 보여주실 것이다.(*Romans*, vol. 1 [Grand Rapids: Eerdmans, 1953], p. 245).

21절에서, 바울은 사람들이 하나님을 거부하는 방식 네 가지를 언급한다. 하나님을 영화롭게 하지 않고, 하나님께 감사하지 않으며, 하나님에 관해 생각이 허망해지고, 하나님에 관해 마음이 어두워지는 것이다.

첫째, 인간은 하나님을 **영화롭게 하지 않는다(not honor Him as God)**. 이것은 인간 타락의 중심에 박힌 뿌리와 같은 교만이란 죄가 표현되는 기본 형태다. '독사조'(*doxazō*, **honor, 영화롭게 하지**)는 여러 번역본이 그렇게 옮겼듯이 '영화롭게 하다'(glory)로 옮기는 게 더 낫겠다. 우주에서 자행되는 가장 악한 행위는 하나님을 공경하지 않는 것, 하나님을 **영화롭게 하지 않는** 것이다. 그 어떤 대상보다 하나님이 영화롭게 되셔야 한다. 하나님을 영화롭게 한다는 것은 그분을 높이고, 그분을 공경받기에 가장 합당하신 분으로 인식하며, 그분의 신적 속성들을 인정한다는 것이다. 하나님의 영광은 그분의 모든 속성의 총합, 그분이 인간에서 주신 자기 계시의 총합이다. 그러므로 하나님을 영화롭게 한다는 것은 그분의 영광을 인정하고 그 영광을 찬양한다는 것이다. 우리는 하나님의 완전하심에 뭔가를 추가함으로써 그분을 영화롭게 할 수 없고, 그분의 완전하심을 찬양함으로써 그분을 영화롭게 할 수 있다. 우리는 하나님의 영광을 찬양함으로써 하나님을 영화롭게 한다!

성경은 신자들에게 하나님을 영화롭게 하라고 끊임없이 요구한다. 다윗은 우리에게 이렇게 권한다. "영광과 능력을 여호와께 돌리고 돌릴지어다. 여호와께 그의 이름에 합당한 영광을 돌리며"(시 29:1-2). 바울은 이렇게 말한다. "그런즉 너희가 먹든지 마시든지 무엇을 하든지 다 하나님의 영광을 위하여

하라"(고전 10:31). 어느 날 이십사 장로가 하늘 보좌에 앉으신 그리스도 앞에 엎드려 외칠 것이다. "우리 주 하나님이여, 영광과 존귀와 권능을 받으시는 것이 합당하오니, 주께서 만물을 지으신지라. 만물이 주의 뜻대로 있었고, 또 지으심을 받았나이다"(계 4:11).

웨스트민스터 소요리문답이 아름답게 선언하듯이, "사람의 주된 목적은 하나님을 영화롭게 하는 것과 영원토록 그분을 즐거워하는 것"이다. 인간은 하나님을 영화롭게 하도록 창조되었고(다음을 보라. 레 10:3; 대상 16:24-29; 시 148편; 롬 15:5-6), 그러므로 하나님을 영화롭게 하지 못하는 것은 자신의 창조자에게 더없는 모욕이다.

하나님의 형상대로 창조된 후, 아담과 하와는 하나님의 임재와 영광을 계속 경험했다. 이들은 하나님과 직접 소통했고, 하나님을 찬양했으며, 하나님의 영광과 존귀를 인정했다. 그러나 이들은 하나님의 명령에 불순종하고 자신들의 영광과 존귀를 구함으로써 범죄했을 때 "여호와 하나님의 낯을 피하여 동산 나무 사이에 숨었다"(창 3:8). 죄는 인간을 하나님에게서 분리했고, 아담과 하와는 하나님의 임재를 더는 구하지 않았으며 하나님께 영광을 돌리려 하지도 않았다. 그때부터 지금까지, 타락한 인간은 하나님을 피하고 하나님의 영광과 심지어 그분의 존재마저 부정하려 했다.

성경 전체에서, 하나님은 그분의 영광을 구성하는 많은 요소를 계시하셨다. 모세가 하나님의 영광을 보게 해 달라고 했을 때, 하나님은 그분의 '선하심'(goodness)과 '인자하심'(graciousness)과 '긍휼하심'(compassion)을 보여주며 말씀하셨다. "내가 내 모든 선한 것을 네 앞으로 지나가게 하고 여호와의 이름을 네 앞에 선포하리라. 나는 은혜 베풀 자에게 은혜를 베풀고 긍휼히 여길 자에게 긍휼을 베푸느니라"(출 33:19). 하나님은 모세를 바위틈에 두고 자신의 손으로 덮으셨다. 모세가 하나님의 완전한 영광을 보고 죽는 일이 일어나지 않게 하기 위해서였다. 뒤이어 하나님은 자신이 지나갈 때 모세가 자신의 뒷모습을 부분적으로 보도록 허락하셨다. 하나님은 모세 앞에 자신을 드러내실 때 자신의 신적 속성들을 드러내며 말씀하셨다. "여호와라, 여호와라, '자비롭고 은혜롭고 노하기를 더디 하고 인자와 진실이 많은' 하나님이라. 인자를 천대까지 베풀며 악과 과실과 죄를 '용서하리라'"(출 33:20-34:7).

하나님은 이스라엘을 애굽의 속박에서 건져내 이들에게 자신의 거룩한 율법을 주며 그대로 행하고 살라고 하셨다. 그런데도 이들은 하나님과 그분이 세우신 지도자 모세에게 고집스레 반역했다. 그러나 하나님은 자신의 영광을 자신의 선민에게 계속 나타내셨다. 성막이 세워진 후, 하나님은 자신의 백성과 함께한다는 표시로 성막을 자신의 영광으로 채우셨다(출 40:34). 이스라엘이 광야에서 40년을 유랑할 때, 하나님은 이들에게 구름기둥과 불기둥으로 자신의 임재와 영광을 나타내셨는데, 낮에는 구름기둥이 이들을 인도했고 밤에는 불기둥이 이들을 보호했다(36-38절). 솔로몬이 성전을 건축한 후, 하나님의 영광이 그 성전을 채웠다(왕상 8:11). 그러나 이스라엘은 온갖 거짓 예배로 하나님께 계속 반역했다(겔 8:4-18을 보라). 이스라엘이 자신의 죄에서 돌이키길 끈질기게 거부했을 때, 하나님의 영광이 마침내 성전을 떠났고(겔 11:22-23) 그 시점에 이스라엘의 신정(神政)이 막을 내렸다.

메시아가 오셨을 때야 하나님의 영광이 이 땅에 돌아왔다. 성육신한 하나님의 영광으로서, 예수 그리스도께서는 그분의 '은혜'와 '진리'를 통해 하나님의 영광을 드러내셨다(요 1:14). 변화산에서, 예수님은 베드로와 야고보와 요한에게 왕이신 자신의 '광휘'를 특별히 드러내 보이셨다(마 17:2). 바울은 "아버지의 영광으로 말미암아 그리스도를 죽은 자 가운데서 살리"셨다고 선포하면서 하나님의 영광의 '능력'을 말했다(롬 6:4). 덜 극적이지만 똑같이 확실한 방법으로, 예수님은 자신의 기적을 통해, 그리고 자신의 '사랑, 진리, 자비, 온유, 은혜'를 통해 하나님의 영광을 뒷받침하는 산 증거가 되셨다.

그러나 나머지 창조 세계는 결코 인간처럼 하나님에게 맞서지 않았고 그분의 영광을 가리려 하지도 않았다. 이미 인용했듯이, 다윗은 이렇게 노래했다. "하늘이 하나님의 영광을 선포하고 궁창이 그의 손으로 하신 일을 나타내는도다"(시 19:1). 시편 148편은 온 우주를 향해 하나님의 영광을 선포하라고 외친다. 동물들은 하나님이 창조하신 대로 행한다. 꽃들은 하나님이 디자인하신 대로 피며, 나비는 이곳에서 저곳으로 부드럽고 아름답게 날아가며 하나님의 아름다움과 질서를 증언한다.

그러나 하나님의 영화로운 속성과 행위를 인정하고 그것으로 하나님을 영화롭게 하는 것은 타락한 인간이 하지 '않는' 일이다. 지금껏 수많은 사람이 하나님이 지으신 놀라운 우주에 살아왔으나 교만하게도 그분을 우주의 창조자로 인정하고 그분의 위엄과 영광을 단언하길 거부했다. 이들은 하나님의 의로운 심판 아래 있으며, 이처럼 의도적이고 어리석은 거부에 대해 핑계 댈 여지가 없다. 하나님의 놀라운 창조 세계에서 살면서도 하나님을 이 세계의 창조자로 인정하고 그분의 위엄과 영광을 단언하길 거부하는 것은 참으로 어리석다.

하나님은 예레미야를 통해 자신의 백성에게 경고하셨다. "너희는 들을지어다. 귀를 기울일지어다. 교만하지 말지어다. 여호와께서 말씀하셨음이라. 그가 어둠을 일으키시기 전, 너희 발이 어두운 산에 거치기 전, 너희 바라는 빛이 사망의 그늘로 변하여 침침한 어둠이 되게 하시기 전에, 너희 하나님 여호와께 영광을 돌리라"(렘 13:15-16). 어느 날, 헤롯의 연설에 백성이 환호했고, 헤롯은 교만하게도 자신을 향한 환호를 받아들였으며, 하나님이 곧바로 그를 치셨다. "백성들이 크게 부르되, 이것은 신의 소리요 사람의 소리가 아니라 하거늘 헤롯이 영광을 하나님께로 돌리지 아니하므로 주의 사자가 곧 치니 벌레에게 먹혀 죽으니라"(행 12:22-23).

그리스도께서 이 땅에 다시 오실 때, "즉시 해가 어두워지며, 달이 빛을 내지 아니하며, 별들이 하늘에서 떨어지며, 하늘의 권능들이 흔들리리라"(마 24:29). 그 순간, 우주의 자연 빛은 모두 사라질 것이며, 하나님의 아들 안에 있는 하나님의 영원한 영광의 빛이 눈부시게 빛나며 온 땅을 비출 것이다. "그 때에 인자의 징조가 하늘에서 보이겠고, 그 때에 땅의 모든 족속들이 통곡하며, 그들이 인자가 구름을 타고 능력과 큰 영광으로 오는 것을 보리라"(30절).

둘째, 인간은 교만해 하나님을 창조자로 높이고 영화롭게 하지 않기 때문에 은혜로 공급하시는 하나님께 **감사하지도** 않는다. 인간의 불신앙이 그의 배은망덕 때문에 더 심해진다. 하나님은 인간이 누리는 모든 좋은 것의 원천이다. 예를 들면, 하나님은 비와 해를 비롯해 온갖 자연의 복을 의로운 사람과 불의한 사람에게 똑같이 주신다(마 5:45, 행 14:15-17을 보라). 그런데도 육에 속한 사람은 하나님의 존재조차 인정하지 않기에 그분께 감사하지 않는다.

셋째, 타락한 인간은 하나님을 높이지도 않고 그분께 감사하지도 않으며 그 결과 **생각이 허망해졌다(futile in their speculation)**. 하나님을 거부하는 것은 우주에서 가장 큰 실체, 즉 나머지 모든 대상에게 유일하게 참된 의미와 목적과 이해를 주는 실체를 거부하는 것이다. 죄악된 인간은 하나님을 인정하길 거부하고 하나님의 진리를 따라 생각하길 거부하며, 그러기에 인간의 다양한 **생각**, 곧 거짓으로 이어지고 따라서 훨씬 큰 불신앙과 악으로 이어질 뿐인 생각을 통해 지혜를 구하는 헛된**(futile, 허망)** 추구에 빠질 뿐이다. 여기서 **생각(speculation)**은 인간의 모든 경건치 못한 추론을 포함한다.

하나님을 버린다는 것은 진리를 거짓과 바꾸고, 의미를 절망과 바꾸며, 만족을 공허와 바꾼다는 것이다. 그러나 빈 마음과 영혼은 진공과 같다. 더는 빈 상태로 있지 않고 거짓과 어둠을 끌어들여 자신이 거부했던 진리와 빛을 대신하게 할 것이다. 타락한 인류의 역사는 진화하는 게 아니라 퇴화한다. 지적인 불신자들이 즐겨하는 주장과 달리, 하나님을 거부하고 높이지 않는 **미련한 마음**은 비췸을 받아 자유롭게 되는 게 아니라 영적으로 **어두워져** 한층 더 죄의 노예가 된다. 하나님을 버리는 자는 의미, 목적, 행복을 버릴 뿐 아니라 진리, 빛, 영생을 버린다. 그는 도덕적 의의 원천과 동기도 버린다.

영적 어둠과 도덕적 타락은 불가분의 관계다. 사람은 하나님을 잃을 때 덕을 잃는다. 하나님 없는 세상 철학은 도덕의 타락으로 이어질 수밖에 없다. 불신앙과 부도덕은 단단히 얽혀 분리될 수 없기 때문이다. 바울은 골로새 신자들에게 이렇게 경고했다. "누가 철학과 헛된 속임수로 너희를 사로잡을까 주의하라. 이것은 사람의 전통과 세상의 초등학문을 따름이요 그리스도를 따름이 아니니라"(골 2:8).

진리와 빛이 육신이 되어 세상에 왔을 때, 믿지 않는 자들은 그분을 받아들이려 하지 않았다. 예수님이 세상의 빛이었기 때문에 이들은 그분을 거부했다. 행위가 악했고 빛보다 어둠을 사랑했기 때문이다(요 3:19-20). 예수님은 진리를 말씀하셨고, 바로 이 때문에 이들은 그분을 믿으려 하지 않았다(요 8:45). 이것이 바로 하나님을 영화롭게 하길 거부하는 인간의 유산이다.

8

하나님의 진노, 그 이유 II
(1:22-23)

[22]스스로 지혜 있다 하나 어리석게 되어, [23]썩어지지 아니하는 하나님의 영광을 썩어질 사람과 새와 짐승과 기어다니는 동물 모양의 우상으로 바꾸었느니라. **(1:22-23)**

로마서 1:19-23에서, 바울은 타락한 인간의 특징을 기술한다. 그는 '모든 사람이' 하나님의 진노와 저주 아래 태어나는 이유 넷을 제시한다. 처음 두 가지 이유인 하나님의 계시와 인간의 거부는 19-21절에 나오며 이전 장에서 살펴보았다. 셋째와 넷째 이유인 인간의 합리화와 인간의 종교는 22-23절에 나온다.

인간의 합리화

스스로 지혜 있다 하나 어리석게 되어, (1:22)

하나님은 그분의 창조 세계를 통해 자신을 분명하게 계시하셨다. 그러나 인간은 이처럼 분명한 하나님의 자기 계시를 거부함으로써 하나님을 높이고 영화롭게 하지 않았으며, 하나님께 감사하지 않았고, 허망한 철학적 사변에 빠졌으며, 마음이 어리석고 어두워졌다(19-21절). 이들은 자신을 정당화하려 애쓰면서 자신의 죄를 합리화했다. 타락한 인간은 지금도 다르지 않으며, 하나님과 우주와 자신에 관해 **스스로 지혜 있다 하나** 훨씬 **어리석게 되었다**(21d절을 보라).

오래전, 다윗은 하나님과 그분의 진리를 부정하는 자들이 어리석다고 선언했는데(시 14:1; 53:1), 이들은 바로 이 어리석음에 속아 자신이 **지혜 있다**고 생각한다. 육에 속한 사람은 아무것도 완전하게 생각할 수 없다. 영적이며 하나님과 관련된 영역에서 그의 생각이 가장 심하게 뒤틀려 있다. 그의 죄악된 반역이 바로 이 부분에 집중되기 때문이다. 이 영역은 그의 인간 지각을 초월하기에, 그는 계시를 거부하며, 따라서 스스로 진리에 이를 희망이 없다. 그러므로 그가 자신의 기원, 목적, 운명, 그리고 그가 사는 우주의 기원과 의미를 철학적으로 생각할 때, 그의 어리석은 생각은 더욱 곁길로 빠진다.

마음에 하나님의 진리가 없으면 진리와 거짓, 옳음과 그름, 중요한 것과 사소한 것, 참 아름다운 것과 추한 것, 순간적인 것과 영원한 것을 분별하지 못한다.

이러한 지배적인 세상적 생각들이 교회에 자주 침투한다. 예를 들면, 유능하고 논리 정연한 불신자들이 진화론은 철학 이론이 아니라 과학적 사실이라며 아주 오랫동안 크게 떠들었고, 이 때문에 많은 그리스도인이 진화론을 신학에 수용하도록 위협을 받았다. 유신 진화론(theistic evolution)이나 점진적 창조론(progressive creationism)이란 이름으로, 이들은 과학의 순수성을 훼손할 뿐 아니라 무한히 더 위험하게도 하나님의 계시를 훼손한다. 이들은 하나님 말씀의 흠 없는 진리가 아니라 거듭나지 못한 인간의 근거 없는 어리석음을 받아들인다.

이와 비슷하게, 많은 그리스도인이 마음과 영혼의 영역에서 하나님의 계시를 인간의 생각에 맞추려 한다. 이들은 늘 변하고 상충하는 심리학, 사회학, 인류학의 각종 이론에 겁먹어 어리석게도 인간에 대한 하나님의 계시에 담긴 진리를 수정하거나 자신에 관한 인간의 터무니없는 추론과 맞바꾼다.

마틴 로이드 존스(Martyn Lloyd Jones, 1899-1981)는 예리하게 지적했다. "모더니즘의 거센 물결에 하나님의 교회가 황폐해졌고 교회의 산 복음이 거의 무너졌다. 이러한 모더니즘의 기원은 인간이 계시에서 돌아서서 철학을 향하기 시작했던 때일 것이다." 이들은 스스로 지혜롭다고 생각해 어리석은 자가 되었다. 이들이 거부하는 계시를 이들 자신의 생각이 대체할 수 없기 때문이다.

하나님의 말씀 위에 굳게 섰던 기관들이 점차 세상 체계의 지적 어리석음에 영합했다. 인간의 지혜라는 이름으로, 이들은 사탄에 속한 세상 체계의 어리석음과 여기에 필연적으로 수반되는 하나님 없음을 투영하게 된다.

바울은 "십자가의 도가 멸망하는 자들에게는 미련한 것이요"(고전 1:18) "하나님께서 이 세상의 지혜를 미련하게" 하셨으며(고전 1:20) "하나님의 어리석음이 사람보다 지혜롭다"는 것을 알았기에(고전 1:25) "[자신이 복음을 전한 사람들 사이에서] 예수 그리스도와 그가 십자가에 못 박히신 것 외에는 아무것도 알지 아니하기로 작정"했다(고전 2:2).

진리와 빛인 하나님의 지혜를 속임과 어둠인 사람의 지혜와 바꾸는 자야말로 세상에서 가장 어리석다.

인간의 종교

썩어지지 아니하는 하나님의 영광을 썩어질 사람과 새와 짐승과 기어다니는 동물 모양의 우상으로 바꾸었느니라. (1:23)

모든 사람이 하나님의 진노와 정죄 아래 태어나는 넷째 이유는 인간이 만든 종교이며, 이것은 인간이 하나님의 진리와 하나님을 향한 예배를 대체하려고 고안해낸 무수한 체계에 투영되어 있다.

타락한 인간은 본래 경건하지 못하지만, 자연스럽게 매우 종교적이다. 1986년 판 『더 월드 알마낙』(*The World Almanac*)에 따르면, 전 세계에서 약 26억 명이 확인된 종교를 갖고 있다. 확인되지 않은 종교를 가진 사람은 이보다 많다고 한다.

힌두교는 신의 수가 약 3억 3천만인데, 가정마다 신이 여덟인 격이다. 힌두교는 소를 비롯해 숱한 짐승을 신성시하며 숭배한다. 주전 543년 부처를 화장하고 수습했다는 5센티미터쯤 되는 색 바랜 치아를 수많은 불교신자가 숭배한다. 이 치아는 황금 연꽃에 박혀 주위가 루비로 장식된 채 스리랑카 불치사(佛齒寺)에 안치되어 있다.

의례적인 기독교의 믿음과 관습은 이교도의 미신과 별반 다르지 않다.

많은 인본주의 사회학자들과 철학자들과 신학자들이 종교란 인간이 원시적 혼돈과 무지에서 시작해 정령론(animism), 다영론(polydemonism), 다신교(polytheism)를 거쳐 유일신론(monotheism)으로 옮겨가는 상향의 표식이라 주장한다. 그러나 성경은 분명하게 증언한다: 단순하든 아주 복잡하든 간에, 인간의 종교는 하나님과 진리와 의로부터 멀어지는 하향 운동이다. 많은 사람의 생각과 반대로, 인간의 종교는 인간의 가장 고상한 노력이 아니라 가장 저급한 타락을 반영한다. 역사 전체에서 종교의 자연스러운 성향은 상향이 아니라 하향이었다. 사실, 인간의 종교는 유일신교에서 시작해 내려왔다.

세상 역사도 이 진리를 증언한다. 주전 5세기의 유명한 그리스 역사가 헤로도토스는 초기 페르시아 사람들에게는 이교도 신전이나 우상이 없었다고 했다(*The Histories*, 1:131). 1세기 로마의 학자 바로(Varro)는 로마가 세워지고 170년 동안 로마인들에게는 동물의 형상이나 인간의 형상을 한 신이 없었다고 했다(Augustine, *The City of God*, 4:31). 2세기 그리스 저술가 루키아노스(Lucian)는 초기 그리스와 이집트에 관해 비슷한 말을 했다(*The Syrian Goddess*, 34). 4세기 기독교 역사가 유세비우스(Eusebius)는 "가장 오래된 민족들은 우상이 없었다"고 했다.

고대의 많은 불신자도 인간의 손으로 만든 형상을 숭배하는 것은 어리석다고 인정했다. 주전 1세기의 로마 시인 호라티우스(Horace)는 이러한 관습을 풍자했다. "나는 무화과나무 몸통, 그러니까 쓸모없는 통나무였다. 장인이 잠시 생각에 잠겼다. '이걸로 의자를 만들까 아니면 신을 만들까?' 그는 신을 만들기로 했고, 그래서 나는 신이 되었다."

외경에 어느 목공 이야기가 나온다. 그는 나무를 베어 껍질을 벗긴 후 능숙하게 깎고 다듬어 유용한 그릇과 가구를 만든다. 그런데 이 목공이 울퉁불퉁하고 쓸모없는 자투리로 사람과 동물 형상을 만들고 파인 부분은 진흙으로 메우며 흠이 있는 부분은 색을 칠한다. 이렇게 만든 형상을 떨어지지 않게 벽에 고정하거나 벽감에 세워놓고 여기에 절하며 이것을 예배하면서 자신과 가정을 지켜주고 건강하게 해달라고 청한다(지혜서 13:11-19을 보라).

인간의 타락 후에도, 처음에는 "사람들이…여호와의 이름을 불렀다"[18](창 4:26). 하나님이 이들이 아는 유일한 신이었기 때문이다. 그러나 창세기 5-6장은 분명히 밝힌다. 단지 참 하나님의 이름을 부른다고 해서 점점 더 악한 죄에 빠지지 않는 게 아니다. 옛 이스라엘이 자신의 역사에서 거듭 증명했듯이, 이들이 단지 참 하나님을 알고 불렀다고 해서 죄로부터, 영적 불신앙으로부터, 하나님의 심판으로부터 보호받은 게 아니었다. 예수님이 산상설교에서 분명하게 선언하셨듯이, 단지 주님께 충성함을 주장한다고 해서 그분의 나라가 보장되는 게 아니다(마 7:21).

그러나 노아 홍수 이전, 세상이 반역하고 회개하지 않는 악을 범했는데도 당시 사람들이 우상을 숭배했다는 증거는 없다. 성경에 기록된 최초의 우상숭배는 우르에 거주하는 아브라함 집안에서 일어났다(수 24:2). 우상숭배는 이보다 앞서 노아 후손들 사이에서 어느 시점에 생겨났다. 그러나 대홍수에서 유일하게 살아남은 노아와 그 가족이 다시 번성하기 시작했을 때 우상숭배 개념을 알았다는 증거는 없다.

그러나 사람들은 참 하나님에게 또다시 등을 돌렸을 때 대체 신들을 만들기 시작했다. 처음에는 단지 상상 속에서 만들다가 나중에는 손으로 만들었을 것이다. 하나님이 자신의 백성을 가나안 땅에 다시 인도해 들이셨을 때, 그들은 우상숭배가 애굽만큼이나 그곳에도 만연해 있음을 발견했다. 불순종해 멸하지 못한 이교도 거주민의 우상숭배는 하나님이 이스라엘로 바벨론에 사로잡혀 가게 하실 때까지 이들을 끊임없이 위협했다. 그러나 주목할 만하게도, 하나님의 주권적 보호를 통해, 그때부터 지금까지 믿지 않는 유대인들조차도 다시는 우상을 대량으로 만들지는 않았다.

바벨론 포로기 전에, 이사야는 동족을 극심하게 타락시켰던 우상숭배의 사악한 어리석음을 신랄하게 조롱했다.

---

18 새번역: 사람들이 주님의 이름을 불러 예배하기 시작하였다.

> 우상을 만드는 자는 다 허망하도다. 그들이 원하는 것들은 무익한 것이거늘 그것들의 증인들은 보지도 못하며 알지도 못하니, 그러므로 수치를 당하리라. 신상을 만들며 무익한 우상을 부어 만든 자가 누구냐? 보라, 그와 같은 무리들이 다 수치를 당할 것이라. 그 대장장이들은 사람일 뿐이라. 그들이 다 모여 서서 두려워하며 함께 수치를 당할 것이니라. 철공은 철로 연장을 만들고 숯불로 일하며 망치를 가지고 그것을 만들며 그의 힘센 팔로 그 일을 하나 배가 고프면 기운이 없고 물을 마시지 아니하면 피로하니라. 목공은 줄을 늘여 재고 붓으로 긋고 대패로 밀고 곡선자로 그어 사람의 아름다움을 따라 사람의 모양을 만들어 집에 두게 하며, 그는 자기를 위하여 백향목을 베며 디르사 나무와 상수리나무를 취하며 숲의 나무들 가운데에서 자기를 위하여 한 나무를 정하며 나무를 심고 비를 맞고 자라게도 하느니라. 이 나무는 사람이 땔감을 삼는 것이거늘 그가 그것을 가지고 자기 몸을 덥게도 하고 불을 피워 떡을 굽기도 하고 신상을 만들어 경배하며 우상을 만들고 그 앞에 엎드리기도 하는구나. 그 중의 절반은 불에 사르고 그 절반으로는 고기를 구워 먹고 배불리며 또 몸을 덥게 하여 이르기를 아하 따뜻하다 내가 불을 보았구나 하면서, 그 나머지로 신상 곧 자기의 우상을 만들고 그 앞에 엎드려 경배하며 그것에게 기도하여 이르기를, 너는 나의 신이니 나를 구원하라 하는도다. (사 44:9-17)

반역하고 교만하며 헛되고 어리석으며 어두워진 이방인들과 마찬가지로, 많은 유대인이 **썩어지지 아니하는 하나님의 영광**을 영광되지 못하고 수치스러우며 **썩어질** 것으로 바꾸었다. 이들은 거룩하신 **하나님**의 실체를 그분이 지으신 온갖 피조물의 **모양**으로 바꾸었다.

영적으로 몽매하고 지적으로 어두우며 도덕적으로 타락했기에, 인간은 자연히 거룩하신 창조자를 거부하고 거룩하지 못한 피조물을 선택하는 경향이 있다. 인간은 타락한 상태에서도 신의 필요성을 느끼지만, 이들이 참 하나님보다 좋아하는 신을 요구하기에 스스로 신을 만든다.

십계명이 이렇게 경고하며 시작하는 것은 우연이 아니다. "너는 나 외에는 다른 신들을 네게 두지 말라. 너를 위하여 새긴 우상을 만들지 말고, 또 위로 하늘에 있는 것이나 아래로 땅에 있는 것이나 땅 아래 물속에 있는 것의 어떤 형상도 만들지 말며, 그것들에게 절하지 말며, 그것들을 섬기지 말라"(출 20:3-5). 그러나 하나님이 십계명을 비롯해 여러 계명과 규례를 모세에게 수시던 바로 그 시간, 이스라엘은 금송아지를 만들어 섬기고 있었다(출 32:1-6).

하나님이 계속 경고하셨으나 소용없었다.

> 여호와께서 각 선지자와 각 선견자를 통하여 이스라엘과 유다에게 지정하여 이르시기를, 너희는 돌이켜 너희 악한 길에서 떠나 나의 명령과 율례를 지키되 내가 너희 조상들에게 명령하고 또 내 종 선지자들을 통하여 너희에게 전한 모든 율법대로 행하라 하셨으나 그들이 듣지 아니하고 그들의 목을 곧게 하기를 그들의 하나님 여호와를 믿지 아니하던 그들 조상들의 목 같이 하여 여호와의 율례와 여호와께서 그들의 조상들과 더불어 세우신 언약과 경계하신 말씀을 버리고 허무한 것을 뒤따라 허망하며 또 여호와께서 명령하사 따르지 말라 하신 사방 이방 사람을 따라 그들의 하나님 여호와의 모든 명령을 버리고 자기들을 위하여 두 송아지 형상을 부어 만들고 또 아세라 목상을 만들고 하늘의 일월성신을 경배하며 또 바알을 섬기고." (왕하 17:13-16)

인간이 하나님을 거부하고 우상을 받아들이는 것은 아들이 아버지를 죽이고 모조품을 만들어 세상에 자기 아버지라 소개하는 것에 비유할 수 있다. 그러나 죄악된 인간이 늘 하나님께 해왔고 계속 행하고 있는 일은 이보다 더 사악하고 무분별하다.

인간이 하나님을 대체한 첫 피조물은 자신, 곧 **썩어질 사람 모양**이다. 인간은 하나님을 영화롭게 하고 경배하는 대신 스스로 신이 되려 한다. 볼테르(Voltaire, 1694-1778)는 의심할 여지 없이 조롱하듯 풍자로 말했겠지만, 그의 말이 옳았다. "하나님은 자신의 형상대로 인간을 지으셨고 인간은 그 은혜를 갚았다."

모든 형태의 우상숭배가 귀신숭배나 사탄숭배의 한 형태이듯이, 모든 형태의 우상숭배는 자기숭배의 한 형태다. 인간의 우상이 인간의 부패한 생각에서 나왔든 사탄의 영감에서 나왔든 간에, 모든 거짓 신은 인간의 타락한 본성에 호소하며, 자신을 영화롭게 하고 자신을 탐닉하라며 인간을 유혹한다. 어떤 식으로든 모든 우상숭배는 자기숭배이고 사탄숭배다.

인간의 자기숭배의 절정은 적그리스도 숭배일 것이다. 적그리스도는 온 세상을 향해 예루살렘에 재건된 성전에서 자신을 숭배하라고 요구할 것이다(살후 2:3-4). 또한 마지막 때 적그리스도는 사탄의 최고 대사로서 자신을 예배하라고 요구할 것이며, 그가 자신을 영화롭게 하는데 여기서도 그의 진짜 신이 사탄이라는 게 증명될 것이다. 모든 우상숭배자의 진짜 신이 사탄이듯이 말이다.

바울은 "무릇 이방인이 제사하는 것은 귀신에게 하는 것"이라고 했다(고전 10:20). 다시 말해, 설령 어떤 사람이 나무나 돌이나 금속으로 자신의 디자인대로 자신의 목적을 위해 우상을 만들더라도 귀신들이 인간이 만든 신이 가져야 할 특징을 흉내 냄으로써 인간의 불경건을 이용한다. 역사 내내 현대에 이르기까지, 이교도 문화에서 초자연적 사건들이 쉽사리 보도된다. 사탄의 능력은 자연뿐 아니라 그 자신의 초자연적 영역에서도 제한된다. 그렇더라도 성경은 사탄이 자신만의 기적들을 일으킬 수 있음을 분명히 한다. 이를테면, 바로의 술사들이 모세와 아론 앞에서 그렇게 했듯이 말이다(출 7:11, 22; 8:7). 사탄의 힘을 빌린 바로의 술사들은 초자연적 능력을 입증해 보였고 그래서 바로의 마음이 강퍅해졌다. 마찬가지로, 사탄은 점성술의 예언이 이루어지고 초자연적 사건들이 일어나게 함으로써 자신의 추종자들을 계속 속인다(참조. 살후 2:9).

느부갓네살은 고대 세계에서 가장 위대한 군주였을 것이다. 그러나 그는 자신의 업적에 취한 나머지 다니엘의 경고를 무시하고 오만하게 외쳤다. "이 큰 바벨론은 내가 능력과 권세로 건설하여 나의 도성으로 삼고 이것으로 내 위엄의 영광을 나타낸 것이 아니냐?"(단 4:30). 다니엘서는 뒤이어 일어난 일을 들려준다.

이 말이 아직도 나 왕의 입에 있을 때에 하늘에서 소리가 내려 이르되, 느부갓네

살 왕아, 네게 말하노니, 나라의 왕위가 네게서 떠났느니라. 네가 사람에게서 쫓겨나서 들짐승과 함께 살면서 소처럼 풀을 먹을 것이요, 이와 같이 일곱 때를 지내서 지극히 높으신 이가 사람의 나라를 다스리시며 자기의 뜻대로 그것을 누구에게든지 주시는 줄을 알기까지 이르리라 하더라. 바로 그 때에 이 일이 나 느부갓네살에게 응하므로, 내가 사람에게 쫓겨나서 소처럼 풀을 먹으며, 몸이 하늘 이슬에 젖고, 머리털이 독수리 털과 같이 자랐고, 손톱은 새 발톱과 같이 되었더라. (단 4:31-33; 참조. 19-27절).

교만한 왕은 사실상 자신을 신으로 높임으로써 하나님의 인내의 한계를 넘었으며 순식간에 권력과 제정신마저 잃고 "일곱 때"를 지냈는데(25, 32절을 보라), "일곱 때"는 일곱 달이나 칠 년을 의미할 것이다.

왕이 직접 말했다. "그 기한이 차매, 나 느부갓네살이 하늘을 우러러 보았더니, 내 총명이 다시 내게로 돌아온지라. 이에 내가 지극히 높으신 이에게 감사하며 영생하시는 이를 찬양하고 경배하였나니, 그 권세는 영원한 권세요 그 나라는 대대에 이르리로다"(34절). 왕은 징벌을 받았기에 하나님을 믿었던 것으로 보이며, 이렇게 고백을 마무리했다. "그러므로 지금 나 느부갓네살은 하늘의 왕을 찬양하며 칭송하며 경배하노니, 그의 일이 다 진실하고 그의 행하심이 의로우시므로 교만하게 행하는 자를 그가 능히 낮추심이라"(37절).

느부갓네살의 후계자 벨사살은 전임자의 경험에서 아무것도 배우지 못했다. 어느 날 밤, 벨사살은 귀족들을 위해 호화로운 잔치를 열었으며, 포도주에 거나하게 취해 부왕이 예루살렘 성전에서 탈취한 거룩한 금 그릇들을 가져오라 명령하고 거기에 술을 부어 하객들과 함께 마셨다. 이들은 금 그릇에 술을 마시면서 "그 금, 은, 구리, 쇠, 나무, 돌로 만든 신들을 찬양"했다. "그 때에 사람의 손가락들이 나타나서 왕궁 촛대 맞은편 석회 벽에 글자를 쓰는데 왕이 그 글자 쓰는 손가락을" 보았다. 왕은 겁에 질렸고 그의 술객과 술사와 점쟁이들은 이 메시지를 해독할 수 없었다. 그러자 왕은 다니엘에게 부탁했다. 다니엘은 느부갓네살이 하나님에게 벌 받은 일을 일깨우며 왕에게 말했다. "왕은 그의 아들이 되어서 이것을 다 알고도 아직도 마음을 낮추지 아니하고 도리어 자신을 하늘의 주재보다 높이며…왕의 호흡을 주장하시고 왕의 모든 길을 작정하시는 하나님께는 영광을 돌리지 아니한지라…기록된 글자는 이것이니, 곧 메네 메네 데겔 우바르신이라. 그 글을 해석하건대, 메네는 하나님이 이미 왕의 나라의 시대를 세어서 그것을 끝나게 하셨다 함이요, 데겔은 왕을 저울에 달아 보니 부족함이 보였다 함이요, 베레스는 왕의 나라가 나뉘어서 메대와 바사 사람에게 준 바 되었다 함이니이다"(단 5:1-28).

벨사살은 자신이 가진 하나님에 관한 지식을 거스르며 대놓고 죄를 지었다. 심지어 하나님의 성전에서 가져온 거룩한 그릇들을 더럽히고 하나님 대신 인간이 만든 우상들을 숭배함으로써 하나님을 심히 모독했다. 모든 죄악된 사람이 전형적으로 그렇듯이, 벨사살이 타고난 성향은 자신이 가진 참 하나님에 관한 지식에 등을 돌리고 자신이 선택한 거짓 신들을 향하는 것이었다.

토저(A. W. Tozer)는 우리가 하나님 개념을 실제 그분이 아닌 다른 것으로 왜곡하거나 바꿀 때 우상숭배가 마음에서 시작된다고 지혜롭게 간파했다(*The Knowledge of the Holy* [N.Y.: Harper & Row, 1961], pp. 9-10).

바울은 훨씬 우스꽝스러운 우상숭배를 말한다. **새와 짐승과 기어다니는 동물**을 숭배하는 것이다. 고대인들은 **새**를 많이 숭배했다. 로마인들은 독수리를 숭배했고 이집트인들은 황새와 매를 숭배했다. 로마인들이 독수리를 자주 신격화했기에 유대인들은 독수리가 어떤 형태로든 이스라엘에, 특히 거룩한 도성 예루살렘에 전시되는 것을 강력히 반대했다. 그들의 토템 기둥[19]에서 볼 수 있듯이, 어떤 아메리카 인디언들은 여전히 다양한 새를 숭배한다. 인디언 선더버드는 현대 사회에서 대중적 상징물이 되었다.

고대 세계에 네발 **짐승(four-footed animal)** 우상이 헤아릴 수 없이 많았다. 이집트인들은 수소 형상의 신 아피스(Apis), 고양이 형상의 여신 부바스티스(Bubastis), 암소 형상의 여신 하토르(Hathor), 하마 형상의 여신 오페트(Opet), 늑대 형상의 신 오포이스(Ophois) 등을 숭배했다. 이미 말했듯이, 고대 이스

---

19 우리나라의 천하여장군이나 천하대장군과 비슷하며, 큰 나무 기둥에 다양한 형상을 조각해 세워놓은 것이다.

라엘마저 참 하나님을 상징한다며 금송아지를 만들어 숭배하는 죄를 지었다. 많은 이집트인과 가나안 사람들이 황소를 숭배했고, 파라오의 경우처럼 황소가 막대한 재물과 함께 매장되었다. 신약 시대에 인기 있던 여신 아데미(Artemis), 즉 디아나(Diana)는 아름다운 여인의 형상이 아니라 뚱뚱하고 추한 암컷 짐승의 형상이었으며 가슴에는 세상을 먹이기에 충분할 만큼 많은 젖꼭지가 달려 있었다. 또 다른 고대 우상들은 생쥐, 쥐, 코끼리, 악어, 원숭이, 해와 달 같은 다양한 대상의 형상을 하고 있었다.

고대인들이 온갖 **기어다니는 동물**을 숭배했다는 사실을 성경뿐 아니라 세상의 자료에서도 알 수 있는데, 그중에 많은 것이 여전히 세계 곳곳에서 신으로 숭배되고 있다. 고대 이집트인들은 온갖 우상을 숭배했으며, 그중에는 지금도 이집트 기념품점에서 판매되는 것과 같은 풍뎅이도 있었다. 풍뎅이는 거름더미에 살며 흔히 쇠똥구리라 불린다. 고대 그리스인들처럼, 고대 앗수르인들도 뱀을 즐겨 숭배했다.

가나안 우상 바알세붑(왕하 1:2) 또는 바알세불은(마 10:25) "파리들의 주"를 의미한다. 이교도 예배는 파리와 아주 깊이 연결되었기에, 미신적인 많은 유대인이 절대로 파리가 예루살렘 성전에 들어가지 못하게 해야 한다고 믿었다(참조. 탈무드의 아보트 5:5). 현대 힌두교도들은 대다수 동물과 곤충을 죽이거나 해치길 거부한다. 동물과 곤충이 신이거나 한 카르마에서 다음 카르마로 옮겨가는 한 사람의 환생일지 모르기 때문이다.

행여 세련된 현대인이 이처럼 저속한 어리석음을 극복했다고 생각한다면, 지난 수십 년 사이 미국과 서유럽에서 점성술을 비롯해 밀교 행위가 엄청나게 늘어났다는 사실 하나만 보면 된다. 유명한 과학자들을 비롯해 세계를 이끌어가는 숱한 인물들이 중요한 결정을 내리거나 장거리 여정에 오르기 전 별과 찻잎의 움직임으로 미래를 점치는 점성술사나 밀교 지도자에게 조언을 구한다고 한다.

부, 건강, 쾌락, 명성, 섹스, 스포츠, 교육, 오락, 유명세, 성공, 권력을 비롯해 온갖 우상을 숭배하는 사람들은 언제나 있었다. 역사에서 이러한 형태의 우상숭배가 지금보다 만연하고 추잡했던 적이 없다.

무수한 책과 잡지와 게임과 영화와 비디오가 난잡한 성행위, 근친상간, 성폭행, 동성애, 잔혹 행위, 사기, 자신의 이익을 위해 타인 조종하기를 비롯해 온갖 형태의 부도덕과 불경건을 미화한다. 이것 중에 많은 것이 밀교와 연결된다. 이를테면, 마술, 주문, 성 의식(sex rites), 인간 제사, 심지어 귀신숭배와 사탄숭배 등이다. 도덕적 · 영적 오염이 현대 사회에 전염병처럼 퍼져 있으며, 이것은 퇴행적이고 중독을 일으키는 형태의 우상숭배다. 안타깝게도, 이것이 포장되어 점점 더 젊은 세대에게 팔리고 있다.

오래전, 클린치(Joseph Hart Clinch, 1806-1884)는 도발적이고 강렬한 시를 썼다.

여전히 우리는 그분에게 등을 돌리며,
우리의 마음을 가치 없는 것들로 채운다.
탐욕의 불은 진흙을 녹여
우상을 내놓는다.
야망의 불길, 격정적 마음이
놀랍게 결합해 땅의 티끌을
금박 입힌 짐승으로 바꾸어 야웨의 자리에 앉힌다.

사람이 어떤 형태든 하나님의 계시를 거부하면 합리화와 거짓 종교를 통해 궁극적으로 영벌에 이르는데, 바울은 로마서 1:24-32에서 이 과정을 말한다.

9

하나님의 내버려두심
(1:24-32)

**[24]그러므로 하나님께서 그들을 마음의 정욕대로 더러움에 내버려 두사 그들의
몸을 서로 욕되게 하게 하셨으니, [25]이는 그들이 하나님의 진리를 거짓 것으로
바꾸어 피조물을 조물주보다 더 경배하고 섬김이라. 주는 곧 영원히 찬송할 이
시로다. 아멘.
[26]이 때문에 하나님께서 그들을 부끄러운 욕심에 내버려 두셨으니 곧 그들의 여
자들도 순리대로 쓸 것을 바꾸어 역리로 쓰며, [27]그와 같이 남자들도 순리대로
여자 쓰기를 버리고 서로 향하여 음욕이 불 일듯 하매, 남자가 남자와 더불어 부
끄러운 일을 행하여 그들의 그릇됨에 상당한 보응을 그들 자신이 받았느니라.
[28]또한 그들이 마음에 하나님 두기를 싫어하매, 하나님께서 그들을 그 상실한 마
음대로 내버려 두사 합당하지 못한 일을 하게 하셨으니, [29]곧 모든 불의, 추악, 탐
욕, 악의가 가득한 자요, 시기, 살인, 분쟁, 사기, 악독이 가득한 자요, 수군수군하
는 자요, [30]비방하는 자요, 하나님께서 미워하시는 자요, 능욕하는 자요, 교만한
자요, 자랑하는 자요, 악을 도모하는 자요, 부모를 거역하는 자요, [31]우매한 자요,
배약하는 자요, 무정한 자요, 무자비한 자라. [32]그들이 이같은 일을 행하는 자는
사형에 해당한다고 하나님께서 정하심을 알고도 자기들만 행할 뿐 아니라 또한
그런 일을 행하는 자들을 옳다 하느니라.** (1:24-32)

바울이 이 단락에서 설명하고 4장 끝까지 신학적으로 전개하듯이, 인간은 기

본적으로 선한 게 아니라 악하다. 인간의 본성은 나면서부터 죄로 기우는 성향이 있다. "의인은 없나니 하나도 없으며…선을 행하는 자는 없나니 하나도 없도다…모든 사람이 죄를 범하였으매 하나님의 영광에 이르지 못하더니"(롬 3:10, 12, 23). 어떤 사람들은 하나님이 죄를 해결하려고 마련하신 방법을 무시한 채 자신의 능력으로 자신을 개선하려 한다. 그러나 이들은 가장 극악한 죄, 곧 자기 의(self-righteousness)와 교만이란 죄를 범할 수밖에 없다. 오직 하나님만 은혜로 죄를 제거하거나 의를 이루실 수 있다. 따라서 누구라도 자신의 죄책을 제거하거나 자신의 의를 이루려 한다면 자신을 더 깊은 죄에 몰아넣고 하나님에게서 더 멀어질 뿐이다.

돌보지 않은 정원처럼, 인간은 혼자 남겨지면 나쁜 것이 선한 것을 질식시킨다. 이것이 타락한 인간 본성의 성향이기 때문이다. 인간은 자신의 죄성이라는 잡초가 자라지 못하게 하거나 의라는 선한 열매를 맺을 능력이 그 속에 없다. 인간의 자연적 변화는 위가 아니라 아래를 향한다. 인간은 진화하는 게 아니라 퇴화한다. 인간은 하나님께로 올라가는 게 아니라 하나님에게서 내려온다. 역사 내내, 인간은 점점 더 타락해 점점 더 악해지며, 성령의 제지가 풀리는 마지막 환난 때 모든 지옥이 이 땅에 풀어지고 악이 궁극적 단계에 이를 것이다(살후 2:3-9, 계 9:1-11을 보라).

인간은 이러한 추락을 멈출 수 없다. 인간은 본래 죄의 종이기 때문이다(롬 6:16-20). 따라서 하나님과 무관하게 자신을 개선하려고 거짓 노력을 기울일수록 최종 결말은 영원한 죽음이다(롬 6:16-23). 루이스(C. S. Lewis, 1898-1963)가 자신의 책 『고통의 문제』(*The Problem of Pain*, 홍성사 역간)에서 날카롭게 말하듯이, "[잃은 자들은] 자신이 요구한 무서운 자유를 영원히 누리며, 따라서 스스로 노예가 된다"(*The Problem of Pain* [New York: Macmillan, 1962], pp. 127-128).

로마서 1:24-32의 핵심은 인간이 끈질기게 하나님을 버릴 때 하나님도 이들을 버리신다는 것이다(24, 26, 28절을 보라). 하나님의 백성이라도 그분을 무시하고 그분께 불순종할 때, 하나님도 잠시 이들을 버리실 수 있다. 시편 기자는 하나님에 관해 이렇게 썼다. "내 백성이 내 소리를 듣지 아니하며, 이스라엘이 나를 원하지 아니하였도다. 그러므로 내가 그의 마음을 완악한 대로 버려두어 그의 임의대로 행하게 하였도다"(시 81:11-12). 호세아는 에브라임이 대표하는 북왕국의 불성실에 관해 하나님이 이들에게 하신 똑같이 비극적인 말씀을 들려준다. "에브라임이 우상과 연합하였으니 버려두라"(호 4:17).

스데반은 대제사장을 비롯해 예루살렘의 종교 지도자들에게 전한 메시지에서 옛 이스라엘이 한 짓을 일깨웠다. 모세가 시내산에 있을 때, 이스라엘이 하나님을 거부하고 금송아지를 세워 예배했다. 그러자 "하나님이 외면하사 그들을 그 하늘의 군대 섬기는 일에 버려두셨다." 그들이 만들었고 귀신에 사로잡힌 신들을 섬기도록 버려두셨다는 것이다(행 7:38-42). 바울은 루스드라에서 이교도 무리에게 외쳤다. "하나님이 지나간 세대에는 모든 민족으로 자기들의 길들을 가게 방임하셨으나"(행 14:16).

하나님이 사람들을 그들의 방책에 내버려 두실 때 그분의 보호가 부분적으로 해제된다. 이런 일이 일어날 때, 사람들은 파괴하는 사탄의 간계에 더 쉽게 넘어갈 뿐 아니라 자신들의 죄가 사탄의 간계를 통해 작동해 일어나는 파괴도 겪는다. 하나님은 이스라엘에게 이렇게 말씀하셨다. "너희가 나를 버리고 다른 신들을 섬기니, 그러므로 내가 다시는 너희를 구원하지 아니하리라"(삿 10:13). 하나님의 영이 임했을 때, 아사랴는 유다를 향해 외쳤다. "너희가 여호와와 함께하면 여호와께서 너희와 함께 하실지라. 너희가 만일 그를 찾으면 그가 너희와 만나게 되시려니와 너희가 만일 그를 버리면 그도 너희를 버리시리라"(대하 15:2). 하나님은 여호야다 제사장의 아들 스가랴를 통해 유다에게 다시 말씀하셨다. "너희가 어찌하여 여호와의 명령을 거역하여 스스로 형통하지 못하게 하느냐 하셨나니 너희가 여호와를 버렸으므로 여호와께서도 너희를 버리셨느니라"(대하 24:20).

로마서 1:24-32은 하나님이 반역하는 인류를 버리신 결과를 생생하게 묘사하면서, 인간의 죄악과 관련해 그 본질(24-25절), 그 표현(26-27절), 그 범위를 보여준다(28-32절). 각 단락은 어투가 갈수록 강해지며 "하나님이 그들을 내버려 두셨으니"라는 선언으로 시작한다.

인간의 죄악, 그 본질

[24]그러므로 하나님께서 그들을 마음의 정욕대로 더러움에 내버려 두사 그들의 몸을 서로 욕되게 하게 하셨으니, [25]이는 그들이 하나님의 진리를 거짓 것으로 바꾸어 피조물을 조물주보다 더 경배하고 섬김이라. 주는 곧 영원히 찬송할 이시로다. 아멘. (1:24-25)

그러므로는 뒤로 돌아가 바울이 18-23절에서 제시한 몇몇 이유를 가리킨다. 하나님이 자신을 인간에게 계시하셨으나(19-20절) 인간은 하나님을 거부했고(21절), 자신의 거부를 합리화했으며(22절; 참조. 18b절), 스스로 대체 신들을 만들었다(23절). 인간이 하나님을 버렸기에 하나님도 이들을 버리셨다. 하나님이 **그들을 내버려 두셨다.** 바울은 24-32절에서 이러한 하나님의 버리심과 그 결과를 말하는데, 이 부분은 로마서 전체에서 가장 정신이 번쩍 드는 단락이다.

'파라디도미'(*paradidōmi*, **gave...over, 내버려 두사**)는 의미가 강한 동사이다. 신약성경에서, 이 단어는 자신의 몸을 불사르게 내어줌을 말할 때 사용되고(고전 13:3), 그리스도께서 자신을 죽음에 내어주심을 말할 때 3회 사용된다(갈 2:20; 엡 5:2, 25). 또한 법률적 의미에서 사람을 감옥에 가두거나(막 1:14; 행 8:3) 재판에 넘기거나(마 5:25; 10:17, 19, 21; 18:34) 반역한 천사들이 어두운 구덩이에 던져짐을 말할 때 사용된다(벧후 2:4). 이 단어는 그리스도께서 자신을 아버지의 보살핌에 맡기시고(벧전 2:23) 아버지께서 그분의 아들을 대속의 죽음에 내어주심을 말할 때도 사용된다(롬 4:25; 8:32).

하나님이 죄인들을 내버려 두셨다는 데는 이중적 의미가 있다. 첫째, '간접적' 의미에서, 하나님은 단지 억제하고 보호하는 손을 거두어들여 죄의 결과가 피할 수 없는 파괴적 길을 취하게 허용하심으로써 **그들을…내버려 두셨다**. 죄는 인간의 수준을 끌어내리고, 인간이 가진 하나님 형상을 훼손하며, 인간에게서 존엄과 마음의 평안과 깨끗한 양심을 앗아간다. 그뿐 아니라, 죄는 인간관계와 결혼생활과 가정과 도시와 국가를 파괴한다. 죄는 교회까지 무너뜨린다. 토마스 왓슨(Thomas Watson, 1620-1686)은 이렇게 말했다. "죄는…우리의 빵에 자갈을 넣고 우리의 잔에 독을 넣는다(*Body of Divinity* [Carlisle, Pa.: Banner of Truth, 1983 reprint], p. 136).

타락한 인간은 자신의 죄를 걱정하지 않고 오로지 죄가 초래하는 불쾌한 결과가 안기는 고통을 걱정한다. 누군가 제대로 말했듯이, 죄의 결과가 곧바로 나타난다면 죄를 짓는 사람이 줄 것이다. 예를 들면, 많은 사람은 성병을 매우 걱정하면서도 성병을 예방을 위해 문란한 성생활과 성도착을 삼가자는 제안에 분노한다. 이들은 도덕적 정결에 대한 하나님의 기준을 따르는 대신 자신들의 부정이 초래하는 결과를 제거하려 한다. 이들은 자신의 죄를 제거하지 않고는 피할 수 없는 것에서 벗어나기 위해 상담, 의술, 심리분석, 마약, 술, 여행을 비롯해 다양한 수단에 기댄다.

북방족제비는 아름다운 털을 더럽히느니 죽는다고 한다. 이 동물은 털을 보호하려고 엄청난 거리를 이동한다. 인간은 죄가 일으키는 오염에 관해 이러한 성향이 없다. 인간은 스스로 자신을 깨끗하게 지킬 수 없으며 그렇게 하려는 본성도 없다.

하나님의 진노가 모두 미래의 일은 아니다. 문란한 성생활의 경우, 도덕의 다른 어느 부분보다 구체적이면서도 혹독하게, 하나님은 성병을 통해 자신의 진노를 계속 쏟아부으신다. 무수히 많은 불경건한 표현과 관련해, 하나님은 현대 사회의 큰 특징인 고독, 좌절, 무의미, 불안, 절망 같은 것들로 자신의 진노를 쏟으신다. 세련되고 스스로 부족한 게 없다고 여기는 인간이 하나님에게서 점점 멀어질 때, 하나님은 이들이 그분에게 영적 · 도덕적으로 반역한 결과를 직접 당하도록 내버려 두신다. 주석가 앨런 존슨(Alan F. Johnson, 1933-2018)은 이렇게 말했다. "하나님 없으면 영구한 진리나 원리나 규범도 없으며 인간은 사변과 회의의 바다에 던져져 스스로를 구원하려 한다"(*The Freedom Letter* [Chicago: Moody, 1974], p. 41).

바울은 여기서 하나님이 사람들을 그들의 죄에 내버려 두심을 말하지만, 이것은 영원히 버려두심이 아니다. 죄악된 사람들이 살아있는 동안, 하나님은 이들에게 구원의 기회를 주신다. 바로 이것이 하나님의 은혜라는 놀랍도록 좋은 소식인데, 바울은 이 좋은 소식을 이 서신 뒷부분에서 전개한다. 구약성경에 등장하는 이름처럼, 두아디라교회를 미혹한 이세벨은 우상을 숭배하고 부도덕한 불경건의 전형이었다. 그런데도 주님은 은혜로 이세벨에게 회개할 기회를 주셨다(계 2:20-21을 보라). 죄를 향한 의로운 진노에도 불구하고, 하나님은 죄인들을 오래 참으시며 "아무도 멸망하지 아니하고 다 회개하기에 이르기를 원하신다"(벧후 3:9).

바울은 로마서 1:29-31에서 제시한 죄의 목록과 비슷한 목록을 제시한 후 고린도 신자들에게 일깨웠다. "너희 중에 이와 같은 자들이 있더니, 주 예수 그리스도의 이름과 우리 하나님의 성령 안에서 씻음과 거룩함과 의롭다 하심을 받았느니라"(고전 6:11). 구원의 복음이 꼭 필요한 것은 죄 때문이며, 그래서 하나님은 놀라운 은혜로 그리스도를 통해 구원을 제시하신다.

둘째, '직접적' 의미에서, 하나님은 반역하는 자들을 구체적 심판의 행위를 통해 **내버려 두셨다.** 성경에는 하나님의 진노가 죄악된 자들에게 직접, 초자연적으로 쏟아진 기사가 가득하다. 예를 들면, 노아 홍수와 소돔과 고모라의 멸망은 죄의 자연스런 결과가 아니라 회개하지 않은 큰 죄를 하나님이 초자연적으로 심판하신 사건이다.

하나님은 사람들을 절망에 몰아넣어 이들에게 하나님이 필요함을 보여주려고 이들이 죄에 점점 깊이 빠지도록 두실 때가 많다. 하나님은 사람들을 치유하고 회복시키려고 벌하실 때가 많다(사 19:22).

하나님이 사람들을 그들의 죄에 내버려 두심은 이들의 **마음의 정욕**이 **더러움**을 향하기 때문이다. 사람들이 잃은 자가 되는 것은 외부 환경 때문이 아니라 내적 상태, 곧 **마음** 때문이다. 사람의 죄는 자신 안에서 시작된다. 예수님은 이렇게 말씀하셨다. "마음에서 나오는 것은 악한 생각과 살인과 간음과 음란과 도둑질과 거짓 증언과 비방이니, 이런 것들이 사람을 더럽게 하는 것이요 씻지 않은 손으로 먹는 것은 사람을 더럽게 하지 못하느니라"(마 15:19-20). 예레미야도 동일한 기본 진리를 선포했다. "만물보다 거짓되고 심히 부패한 것은 마음이라"(렘 17:9; 참조. 잠 4:23).

현대의 쓰임새와 달리 성경에서 은유적으로 사용될 때, "마음"(heart)은 대체로 감정이나 느낌이 아니라 사고 과정 전체를 가리키며 특히 인간의 의지와 동기를 포함한다. 가장 넓은 의미에서, 마음은 인간의 기본 본성, 곧 인간의 내적 존재와 특성을 가리킨다.

우리 시대에 인간의 기본적 불경건은 "자기 마음대로 하라"는 대중적 충고에서 가장 분명하게 드러난다. 인간의 "자기 마음대로"는 죄이며, 죄가 인간의 자연적 존재 전체를 특징짓는다. 자기 의지는 모든 죄의 본질이다. 아담과 하와가 죄를 짓도록 유혹받은 것은 사탄의 책임이었다. 그렇더라도 이들이 최초로 죄를 지은 것은 스스로 자신의 의지를 하나님의 의지보다 위에 두었기 때문이다.

인간이 하나님을 거부하는 것은 인간의 기호 곧 **정욕(lusts)**이 하나님의 방식이 아니라 자기 방식을 고집하기 때문이다. **정욕**으로 번역된 '에피뚜미아'(*epithumia*)는 어떤 갈망이든 가리킬 수 있지만 죄악되고 금지된 것을 향한 육적 갈망을 가장 빈번하게 가리킨다.

야고보는 불신자들뿐 아니라 신자들을 말하면서 "각 사람이 시험을 받는 것은 자기 욕심에 끌려 미혹됨이니"라고 단언했다(약 1:14). 그리스도인들마저 하나님의 거룩함보다 자신의 죄를 더 갈망하고픈 유혹을 받기에, 바울은 데살로니가 신자들에게 이교도 이방인들의 특징 곧 정욕에 빠지지 말라고 경고했다(살전 4:5). 그는 에베소 신자들에게 이렇게 일깨웠다. "전에는 우리도 다 그 가운데서 우리 육체의 욕심을 따라 지내며 육체와 마음의 원하는 것을 하여 다른 이들과 같이 본질상 진노의 자녀이었더니"(엡 2:3).

'아카따르시아'(*akatharsia*, **impurity, 더러움**)는 부정함(uncleanness)을 가리키는 일반적 용어였으며, 흔히 썩어가는 물질, 특히 무덤에 안치된 시신을 가리키는 데 사용되었는데, 유대인들은 시신이 물리적으로나 의식적으로 부정하다고 여겼다. 도덕적 용어로서, '아카따르시아'는 대개 성적 부도덕을 가리켰거나 이와 밀접하게 연결되었다. 바울은 고린도 신자 중에 "전에 죄를 지은 여러 사람의 그 행한 바 더러움과 음란함과 호색함을 회개하지 아니함 때문에" 탄식했다(고후 12:21). 바울은 같은 단어를 세 차례 사용해 "성령의 열매"와 영구적으로 상충하는 "육체의 일" 목록을 제시했다(갈 5:19-23). 그는 에베소 신자들에게 이렇게 권면했다. "음행과 온갖 더러운 것과 탐욕은 너희 중에서 그 이름조차도 부르지 말라. 이는 성도에게 마땅한 바니라"(엡 5:3; 참조. 살전 4:7).

인간의 반역하고 자기 의지대로 하는 **더러움**은 **그들의 몸을 서로 욕되게** 한다. 사람들이 성적인 죄를 비롯해 온갖 죄를 수치스럽게 탐닉해 자신의 길을 미화하고 자신의 몸을 만족시키려 할 때, 이들의 영혼과 더불어 **몸**도 **욕되게** 된다**(dishonored)**. 사람이 자신의 목적을 위해 자신의 기준대로 자신을 높이려 할 때, 오히려 그 반대가 된다. 타락한 인간의 길은 언제나 내리막일 뿐 결코 오르막이 아니다. 그는 자신을 높이고 영예롭게 할수록 더 **욕되게** 된다.

역사에서 어느 사회도 현대 서구사회만큼 몸을 돌보는 데 관심을 쏟지 않았다. 그러나 어느 사회도 현대 서구사회만큼 몸을 훼손하지 않았다. 인간은 자신을 높일수록 낮아진다. 비극적이고 역설적이게도, 몸을 영화롭게 하는 바로 그 사회가 몸을 중히 여기지 않고 인간을 높이는 바로 그 사회가 인간을 끊임없이 끌어내린다. 세상은 인간의 권리 주장에 동조한다. 그러나 책과 영화와 텔레비전은 잔혹함과 살인이 마치 정상인 것처럼 묘사하고 문란한 성생활과 성도착을 끊임없이 미화한다.

인본주의는 하나님을 거부하기에 인간의 존엄을 세울 기초가 없다. 그러므로 인본주의라는 이름으로 인간이 비인간화된다. 타락한 인간은 인간을 향한 인간의 비인간성을 탄식하면서도 자신이 하나님을 거부함으로써 인간 존엄의 유일한 원천과 척도를 거부한다는 사실을 인정하길 거부한다. 그러므로 현대 사회는 인간의 위대함을 소리 높여 외치면서도 모든 곳에서 인간을 학대한다. 성적으로 서로를 학대하고, 경제적으로 서로를 학대하며, 범죄 행위로 서로를 학대하고, 말로 서로를 학대한다. 자신들을 지으셨고 구속하시는 하나님을 거부하기 때문에 "인생의 마음에는 악이 가득하여 그들의 평생에 미친 마음을 품고 있다가 후에는 죽은 자들에게로 돌아가는 것이다"(전 9:3).

현대 포르노 제국의 창시자로 잘 알려진 사람이 이렇게 말했다고 한다. "섹스는 먹기와 마시기처럼 생물학적 기능이다. 그러므로 섹스에 대해 내숭일랑 그만 떨고 무엇이든 하고 싶은 대로 하라." 이런 생각은 세련된 "성숙한 세상"의 현대 발명품이 아닌 게 분명하다. 바울이 이와 정확히 일치하는 생각을 거의 이천 년 전 고린도에서 마주했다는 사실이 이를 뒷받침한다. 당시에 "음식은 배를 위하여 있고 배는 음식을 위하여 있다"는 말이 널리 퍼져 있었고, 바울은 일부 그리스도인들마저 자신들의 성적 부도덕을 정당화하려고 성적 방종을 식사에 비유하며 이런 말을 했다고 넌지시 말한다. 이들은 둘 다 생물학적 기능일 뿐이기에 선택에 따라 사용할 수 있다고 주장했다. 바울은 이처럼 뒤틀린 추론에 신랄하게 답했다. "몸은 음란을 위하여 있지 않고 오직 주를 위하여 있으며, 주는 몸을 위하여 계시느니라"(고전 6:13).

바울이 그 단락에서 뒤이어 설명하듯이, 성적 부도덕(음행)은 주님께 짓는 죄일 뿐 아니라 자신의 몸에 짓는 죄이기도 하다(18절). 이것이 현재 단락의 핵심이기도 하다. 음행에 빠진 몸은 그 자체로 **욕되게** 된다. 이러한 몸은 품위가 떨어지고 수치스러우며 지위가 격하된다.

신문마다 다른 어떤 이유도 없이 그저 뒤틀린 쾌락을 위해 무자비한 폭력을 행사했다는 보도가 넘쳐난다. 잔인한 아내와 아동 학대가 유행병이 되었다. 일간지 「인디애나폴리스 스타」(*The Indianapolis Star*)에 따르면, 아동성추행자들은 NAMBA(National American Man Boy Love Association, 북미 남성/소년 애정협회)라는 전국 조직을 갖추고 회원들을 위해 소식지를 발행한다고 한다(Tom Keating, "Molesters Have Own Organization"[15 April 1981], p. 17). 이 기사에 언급된 충격적 사실 중에 이런 게 있었다. 아동 음란물을 비롯해 관련 범죄 예방을 논의하는 대규모 세미나가 열리고 있을 때 한 남자가 느닷없이 끼어들어 자신을 비롯해 남자들이 이러한 성도착을 탐닉할 권리가 있다고 소리쳤다. 최근에 NAMBLA는 갈수록 대담하고 공개적으로 활동해 또다시 뉴스에 오르내리고 있다.

이것이 **하나님의 진리를 거짓 것으로 바꾼** 자들의 유산이다. 반역하는 자는 불의로 하나님의 진리를 막았기 때문에(롬 1:18), 비진리, 곧 **거짓 것(a lie)**에 굴복한다. 타락한 인간이 막는 하나님의 기본 진리는 하나님의 존재 자체에 관한 진리이며, 따라서 주권적 주님으로 존귀와 영광을 받을 하나님의 권리와 요구에 관한 진리다(19-21절을 보라). 예수님이 자신에 관해 선포하셨듯이(요 14:6), 성경은 자주 하나님이 진리라고 말한다. 이사야는 이교도를 이렇게 묘사했다. 그는 손에 우상을 들고 있지만 영적으로 눈이 완전히 멀어 뻔한 질문을 한다. "나의 오른손에 거짓 것이 있지 아니하냐?"(사 44:20). 예레미야를 통해, 하나님은 배교한 유다에게 선언하셨다. "네가 나를 잊어버리고 거짓을 신뢰"했다(렘 13:25). 하나님을 버린다는 것은 진리를 버리고 거짓의 종이 된다는 뜻이다. 하나님 곧 진리의 아버지를 거부한다는 것은 사탄 곧 거짓의 아비에게(요 8:44) 무방비 상태가 된다는 뜻이다.

안타깝게도, 바울 당시의 고린도교회처럼, 오늘도 그리스도의 이름을 부르는 숱한 사람들이 세상의 자기중심적 도덕에 굴복했다. 미혼자들의 고민을 상담하는 사람이 독자에게 질문을 받았다. 어떻게 하면 크리스천 싱글들이 성욕을 해결하면서도 기독교 신앙을 지킬 수 있느냐는 것이었다. 상담자는 자신의 여직원에게 물어보았다. 그녀는 크리스천 싱글들을 위한 쉼터를 운영하는데, 이런 결정은 각 커플이 스스로 결정해야 한다고 답했다. 그녀는 결혼 전 성관계가 이들의 관계에 해를 끼치거나 이들의 개인적 가치관을 양보하게 한다면 삼가야 하지만 그게 아니라면 "결혼한 관계가 아니더라도 서로 사랑하는 경우 성관계를 해도 아무 문제가 없다"고 했다(Joan Keeler, "The Single Experience," *Glendale News-Press* [13 August 1981], p. 10).

바울은 사람들이 하나님과 그분의 진리를 등질 때 **피조물을 조물주보다 더 경배하고 섬겼**다고 말한다. 바울이 바로 앞에서 지적했듯이, 이들은 어리석고 악하게도 자신들이 만든 생명 없는 형상들에게, "썩어질 사람과 새와 짐승과 기어다니는 동물 모양의 우상"에게 경배했다(23절).

이를테면 "숨 쉬러 나가지"(coming up for air)[20] 않고는 이런 악한 것들을 계속 논의할 수 없을 터이기에, 바울은 참 하나님을 노래하는 유대인들의 일반적 찬양을 끼워 넣는다. **창조주 하나님은 영원히 찬송할 이시로다. 아멘.** 바울은 자신이 묘사하는 더러운 바다에서 이처럼 신선한 생각을 더하지 않을 수 없었다. 주님을 찬양하는 말은, 철저한 대조를 통해, 우상숭배를 비롯한 모든 불경건의 사악함을 확대해 보여주었다.

---

20 조지 오웰의 소설 제목이며, 『숨 쉬러 나가다』로 번역되었다.

인간의 죄악, 그 표현

> **[26]이 때문에 하나님께서 그들을 부끄러운 욕심에 내버려두셨으니 곧 그들의 여자들도 순리대로 쓸 것을 바꾸어 역리로 쓰며, [27]그와 같이 남자들도 순리대로 여자 쓰기를 버리고 서로 향하여 음욕이 불 일듯 하매, 남자가 남자와 더불어 부끄러운 일을 행하여 그들의 그릇됨에 상당한 보응을 그들 자신이 받았느니라.**
>
> (1:26-27)

바울은 선언한다. **이 때문에**, 곧 인간이 참 하나님을 거부하고 자신이 만든 거짓 신들을 선택했고 창조자가 아니라 피조물을 예배했기 때문에, **하나님께서 그들을 부끄러운 욕심에 내버려 두셨다**. 바울은 하나님이 죄악된 자들을 내버려 두셨다고 두 번째 말한다(24절을 보라). 하나님은 이들을 우상숭배 곧 인간의 영적 퇴보를 말하는 궁극적인 성적 표현에 내버려 두셨을 뿐 아니라 **부끄러운 욕심에(to degrading passions)** 내버려 두셨는데, 바울은 이 두 절에서 이것을 동성애 곧 인간의 도덕적 퇴보에 대한 궁극적 표현으로 규정한다.

바울은 타락한 인간의 마음에서 비롯된 **부끄러운 욕심**을 설명하면서 동성애 곧 모든 **욕심(passions)**[21] 중에 가장 **부끄럽고(degrading)** 역겨운 것을 예로 든다. 하나님의 진리를 등지고 자유로워진 인간은 창조 질서를 왜곡하며 심지어 뒤집기까지 했다. 이들의 인본주의는 결국 이들 각자를 비인간화했다. '도착'(perversion, 왜곡)은 하나님이 주신 자연스러운 것을 거스르고 뒤틀었다는 뜻이다. 다른 한편으로, 동성애는 '뒤집음'(inversion)인데, 이는 하나님이 주신 것도 아니고 자연스럽지도 않다. 인간은 자연의 조성자(Author)를 버릴 때 필연적으로 자연 질서도 버린다.

고대를 비롯해 역사 내내, 어떤 **여자들**은 **순리대로 쓸 것을 바꾸어 역리로 썼다(have exchanged the natural function for that which is unnatural)**. 바울은 여기서 **여자들**을 가리키는 일반적 용어 '구네'(*gunē*)가 아니라 단순히 여성

---

21 새번역: 정욕. 공동번역개정판: 욕정

(female, 암컷)을 가리키는 '뗄레이아'(*thēleia*)를 사용한다. 대다수 문화에서, 남자보다 여자가 문란한 성생활이나 동성애에 발을 들여놓길 더 꺼린다. 바울이 **여자들**을 먼저 언급하는 것은 여자들의 동성애가 특히 충격적이고 경악스럽기 때문이었을 것이다. 신학자 찰스 하지는 이 절을 주해하며 이렇게 썼다. "바울이 이교도 여자들의 타락을 먼저 언급하는 것은 언제나 여자들이 도덕적 타락의 영향을 맨 나중에 받기 때문이다. 그러므로 여자들의 타락은 모든 덕이 사라졌다는 증거다"(*Commentary the Epistle to the Romans* [Grand Rapids: Eerdmans, 1983 reprint], p. 42).

'크레시스'(*chrēsis*, **function, ~리**)는 흔히 성관계를 말할 때 사용되었으며, 이 문맥에서는 친밀한 성관계를 가리킬 수 있다. 대다수 이교도 사회라도 동성애가 비정상이고 자연스럽지 않다(**unnatural, 역~**)는 분명한 사실을 인정한다. 동성애는 인간만이 하는 비정상 행위이기도 하다.

바울은 **남자들도 순리대로 여자 쓰기를 버리고**라고 말하면서 단순히 성별을 가리키는 헬라어 용어를 다시 사용하는데, 여기서는 남성(males, 수컷)을 가리킨다. 대다수 언어에서 여기에 상응하는 용어들이 그렇듯이, 남자와 여자를 지칭하는 헬라어 용어들도 어떤 존엄을 암시한다. 그러나 바울은 동성애에 빠진 자들에게 암묵적 존엄조차 부여하길 거부했다.

바울은 **남자들도 순리대로 여자 쓰기를 버리고 서로 향하여 음욕이 불 일듯 하매 남자가 남자와 더불어 부끄러운 일을 행하**였다고 말한다. 말로 표현할 수 없으며 이성애자들 사이에 좀처럼 볼 수 없는 욕정이 동성애자들 사이에 불타오른다. 소돔의 동성애자들은 욕정이 불타올라 자신들의 눈이 멀었다는 사실도 모른 채 비열한 욕정을 채우려고 롯의 집 "문을 찾느라 헤매었다"(창 19:11). 이 고대인들은 도덕이 심히 타락했기에 성경에서 '소돔'은 부도덕한 불경건을 뜻하는 말이 되었고 여기서 파생한 '소도미'(sodomy)는 역사 내내 동성애를 비롯한 성도착의 동의어가 되었다.

미국을 비롯해 많은 서방 국가에서, 남성 동성애자들이 매년 파트너 300명과 관계를 갖는 것은 흔한 일이다. 그 관계가 우정에 기초하더라도, 상상을 초월하며 기괴하기 이를 데 없는 행위가 펼쳐지고 생식기 절단도 흔하게 일어난다. 뉴욕의 법의학 전문가 밀턴 헬퍼른(Dr. Milton Helpern, 1902-1977)은 자신이 그리스도인이라고 주장하지 않으며 동성애에 대해 도덕적 판단을 내리지도 않는다. 그런데도 그의 자서전(*Where Death Delights*, by Marshall Houts [New York: Coward-McCann, 1967])에 나오듯이, 그는 시신 수천 구를 검시한 후, 동성애를 선택하는 모든 사람에게 그 결과에 대비하라고 경고한다. "희생자에게서 잔혹한 상처가 여럿 보이는 경우…자동으로 동성애 피해자와 동성애 가해자를 상정한다.…왜 그런지 모르지만 질투가 폭력으로 폭발하는 경우가 남녀 사이보다 동성애자 사이에 훨씬 많아 보인다. 동성애 관계의 의심과 에너지는 간단히 억제할 수 있는 게 아니다. 폭발점에 이르면, 결과는 잔혹할 만큼 폭력적이다.…그러나 이것은 동성애자들의 가해에서 나타나는 '일반적' 유형이며, 희생자가 죽은 지 한참 지났는데도 여러 차례 찌르고 무자비하게 때린 게 분명하다"(pp. 269-270).

샌프란시스코의 어느 검시관은 이 도시에서 일어나는 살인사건의 10퍼센트가 동성애자 사이의 가학적 · 피학적 성행위와 관련이 있다고 추정한다(참조. Bob Greene, "Society's Been Given Far Too Much Rope," the *Chicago Tribune* [19 March 1981], sec. 2, p. 1). 그러나 이러한 공정하고 확실한 증거에도 불구하고, 많은 정신분석학자와 사회 전문가를 비롯해 숱한 사람들이 동성애가 비정상이거나 사회에 해롭다는 과학적 증거가 없다는 주장을 굽히지 않는다. 어떤 사람들은 동성애자를 이성애자로 바꾸려는 시도가 윤리적으로 문제가 있다고 단언하기까지 한다. 샌프란시스코시 당국은 워크숍을 열어 동성애자들에게 가학적 · 피학적 성관계를 할 때 신체가 심각하게 해를 입지 않도록 하는 방법을 가르치기까지 했다. 정의에 따르면, 가학성애(sadism)와 피학성애(masochism) 둘 다 파괴적인데도 말이다. 두 성도착 모두 고통과 해를 입힌다. 가학성애는 상대에게, 피학성애는 자신에게 고통과 해를 끼치는 것이 목적이다. 많은 연쇄살인범이 동성애자로 보인다.

상상조차 할 수 없게도, 미국을 비롯한 여러 나라의 많은 교단이 동성애자를 목회자로 세울 뿐 아니라 동성애자를 위한 교회까지 세웠다. 어느 교단에 속한 그룹은 왼손잡이가 비정상이 아니듯 동성애도 비정상이 아니라고 주장한다. 동성애자를 위한 어느 공식 교회 기구는 명칭이 '존엄'(Dignity)이다.

많은 동성애자 부모들이 자녀가 성도착에서 벗어나도록 도우려 애쓰는 대신 하나로 뭉쳐 자녀를 변호할 뿐 아니라 동성애를 정상으로 인정하고 받아들이라며 사회와 정부와 교회를 압박한다. 많은 경우, 동성애를 죄로 규정하는 종교들은 동성애자들이 자신과 가정과 친구들에게 미치는 비극적 결과를 내세운다며 비난을 받는다. 특히 복음주의 기독교는 동성애자일 수밖에 없는 무고한 사람들을 박해하는 범죄자라며 비난받기 일쑤다.

그러나 신약과 구약 모두에서, 하나님의 말씀은 동성애를 가장 강한 어조로 정죄한다. 옛 언약 아래에서, 동성애를 죽음으로 벌할 수 있었다. 바울은 단호하게 선언한다. 여느 죄와 마찬가지로 동성애도 용서받고 씻어질 수 있지만 회개하지 않는 음행하는 자, 우상을 숭배하는 자, 간음하는 자, 탐색하는 자, 남색하는 자, 술 취하는 자, 모욕하는 자, 속여 빼앗는 자가 하늘나라에 들어가지 못하듯이 회개하지 않는 동성애자도 하늘나라에 들어가지 못한다(고전 6:9-11; 참조. 갈 5:19-21; 엡 5:3-5; 딤전 1:9-10; 유 7).

모든 사람이 죄 가운데 태어나며 사람마다 특정 죄와 관련해 성향이 다르고 유혹받는 정도가 다르다. 그러나 아무도 강도나 살인자로 태어나지 않듯이 아무도 동성애자로 태어나지 않는다. 어떤 사람이 습관적이고 뉘우칠 줄 모르는 도둑이나 살인자나 동성애자가 된다면 스스로 선택해 그렇게 되는 것이다.

동성애를 정당화하려는 그 어떤 시도라도 헛될 뿐 아니라 악하다. 그러나 그릇된 숱한 교회 지도자들이 그러듯이 성경적 근거로 동성애를 정당화하려는 시도는 훨씬 더 헛되고 악하다. 이런 시도는 하나님을 거짓말쟁이로 만들고 하나님이 미워하시는 것을 좋아하며 하나님이 정죄하시는 것을 정당화하는 짓이다.

하나님은 동성애를 아주 혐오하시기에 여자끼리 또는 남자끼리 수치스럽고 부끄러운 행위를 하는 자들이 **그들의 그릇됨에 상당한 보응을 그들 자신이 받게** 하셨다. 이들은 자신의 죄 때문에 자멸하며, 이것이 이들이 받는 심판이다. 동성애가 몸에 초래하는 끔찍한 결과들은 하나님의 의로운 정죄를 뒷받침하는 가시적 증거다. 순리를 거스르는 악은 스스로 뒤틀린 보응을 초래한다. 에이즈는 이러한 치명적 약속을 뒷받침하는 무서운 증거다.

인간의 죄악, 그 범위

> **[28]또한 그들이 마음에 하나님 두기를 싫어하매, 하나님께서 그들을 그 상실한 마음대로 내버려 두사 합당하지 못한 일을 하게 하셨으니, [29]곧 모든 불의, 추악, 탐욕, 악의가 가득한 자요, 시기, 살인, 분쟁, 사기, 악독이 가득한 자요, 수군수군하는 자요, [30]비방하는 자요, 하나님께서 미워하시는 자요, 능욕하는 자요, 교만한 자요, 자랑하는 자요, 악을 도모하는 자요, 부모를 거역하는 자요, [31]우매한 자요, 배약하는 자요, 무정한 자요, 무자비한 자라. [32]그들이 이 같은 일을 행하는 자는 사형에 해당한다고 하나님께서 정하심을 알고도 자기들만 행할 뿐 아니라 또한 그런 일을 행하는 자들을 옳다 하느니라.** (1:28-32)

타락한 인류가 **마음에 하나님 두기를 싫어**했고**(did not see fit to acknowledge God any longer)**,[22] 그래서 **하나님께서 그들을** 또 다른 방식으로, 이 경우 **상실한 마음대로(to a depraved mind) 내버려 두셨다**. 하나님 없는 마음은 **상실한 마음(a depraved mind)**[23]이며, 이러한 마음은 미리 결정되고 피할 수 없는 성향 곧 **합당하지 못한 일을 하는** 성향이 있다.

'아도키모스'(*adokimos*, **depraved, 상실한**)는 테스트를 통과하지 못함이 기본 의미이며, 불순물이 섞여 쓰지 못하는 금속을 가리키는 데 흔히 사용되었다. 불순물이 섞인 금속은 버려진다. 그러므로 '아도키모스'는 무가치함과 쓸모없음이란 의미를 내포하게 되었다. 하나님과 관련해, 거부하는 마음은 거부당하는 마음이 되며, 따라서 영적으로 **상실한** 마음, 무가치하고 쓸모없는 마음이 된다. 예레미야는 불신자들에 관해 이렇게 썼다. "사람들이 그들을 내버

---

22 새번역: 사람들이 하나님을 인정하기를 싫어하므로

23 새번역: 타락한 마음

린 은이라 부르게 될 것은 여호와께서 그들을 버렸음이라"(렘 6:30). 하나님을 무가치하다고 여기는 마음은 그 자체가 무가치해진다. 이런 마음은 방탕하고 속으며, 하나님의 거룩한 진노를 받아 마땅하다.

죄악되고 **상실한 마음**은 하나님에게 이렇게 말한다. "우리를 떠나소서. 우리가 주의 도리 알기를 바라지 아니하나이다. 전능자가 누구이기에 우리가 섬기며, 우리가 그에게 기도한들 무슨 소용이 있으랴?"(욥 21:14-15). 하나님 없는 사람들은 자신이 지혜롭다고 생각하더라도 더없이 어리석다(롬 1:22). 이들은 타고난 지성과 물리적 영역에서 익힌 지식과 상관없이 하나님과 관련된 부분에서 "지식의 근본"조차 없다. 하나님을 경외하지 않기 때문이다. 이들은 "지혜와 훈계가 없는 미련한 자들"일 뿐이다(잠 1:7; 참조. 29절).

하나님이 오로지 자신들에게 풍성히 부어주신 계시와 복을 거부하고 무시했을 때, 하나님의 선민 유대인들마저 이러한 어리석음에 빠졌다. 하나님은 예레미야를 통해 이렇게 선포하셨다. "내 백성은 나를 알지 못하는 어리석은 자요 지각이 없는 미련한 자식이라. 악을 행하기에는 지각이 있으나 선을 행하기에는 무지하도다"(렘 4:22; 참조. 9:6). 참 하나님을 거부하면 "이 세상의 신"에게 무방비로 노출된다. "이 세상의 신이 믿지 아니하는 자들의 마음을 혼미하게 하여 그리스도의 영광의 복음의 광채가 비치지 못하게 함이니, 그리스도는 하나님의 형상이니라"(고후 4:4).

바울이 로마서 1:29-31에서 제시하는 죄 목록은 완전한 목록이 아니라 육에 속한 사람에게 **가득한** 사실상 무수한 악 중에 대표적인 것들이다.

목록 첫머리에 등장하는 **모든 불의(all unrighteousness)**와 **추악(wickedness)**은 서로 동의어이며, 뒤따르는 구체적 죄를 모두 포함하는 포괄적이고 일반적인 용어다. 어떤 번역들은 두 용어 사이에 '음행'(fornication)을 넣어 옮겼으나 최고의 헬라어 사본들에는 이 단어가 없다. 그러나 이 개념은 문맥에 부적합한 것은 아니다. 음행은 성경에서 한결같이 정죄되고 바울이 제시하는 악의 목록들에 자주 포함되기 때문이다(다음을 보라. 고전 6:9; 갈 5:19; 골 3:5). 음행은 이 단락에서 이미 언급한 더러움(impurity)이란 죄에서 암시된다(1:24).

목록에 언급된 나머지 죄는 기본적으로 설명이 따로 필요 없다. **탐욕, 악의**

가 가득한 자요, 시기, 살인, 분쟁, 사기, 악독이 가득한 자요, 수군수군하는 자요, 비방하는 자요, 하나님께서 미워하시는 자요, 능욕하는 자요, 교만한 자요, 자랑하는 자요, 악을 도모하는 자요, 부모를 거역하는 자요, 우매한 자요, 배약하는 자요, 무정한 자요, 무자비한 자라. 여기서 **배약하는 자(untrustworthy)**로 번역된 헬라어는 몇몇 번역에 반영되었듯이 문자적으로 '계약 파기'를 뜻한다. **무정한 자(unloving)**는 부모가 어린 자식을 버리거나 장성한 자식이 늙은 부모를 버리는 가정처럼 특히 부자연스러운 가족 관계를 가리킨다.

바울은 반역하고 불경건한 자들에게는 핑곗거리가 없음을 되풀이해서 말하며 이렇게 선언한다. **그들이 이 같은 일을 행하는 자는 사형에 해당한다고 하나님께서 정하심을 알고**. 바울은 이미 분명히 말했다. 창조 이래, 하나님이 자신을 모든 사람에게 알리셨다(19-21절). 그런데도 사람들은 하나님을 인정하지 않는다. 하나님을 인정하길 '원하지' 않기 때문이며 "불의로 진리를 막기" 때문이다(18절). 예수님은 이렇게 말씀하셨다. "그 정죄는 이것이니, 곧 빛이 세상에 왔으되 사람들이 자기 행위가 악하므로 빛보다 어둠을 더 사랑한 것이니라. 악을 행하는 자마다 빛을 미워하여 빛으로 오지 아니하나니, 이는 그 행위가 드러날까 함이요"(요 3:19-20).

스스로 인정하든 않든 간에, 하나님의 말씀이라는 계시에 노출된 적 없는 사람들까지도 본능적으로 하나님의 존재를 알고 의에 대한 하나님의 기본 기준을 안다. "이런 이들은 그 양심이 증거가 되어 그 생각들이 서로 혹은 고발하며 혹은 변명하여 그 마음에 새긴 율법의 행위를 나타내느니라"(롬 2:15).

세상의 대다수 사회, 문명화되지 못한 사회라도 바울이 열거한 죄 중에 대다수를 그릇된 것으로 여기며 많은 수를 범죄로 여긴다. 사람들은 탐욕, 시기, 살인, 사기, 오만, 불순종, 무자비 등이 잘못임을 본능적으로 안다.

바울은 말한다. 악에 가담하는 자들이 **또한 그런 일을 행하는 자들을 옳다**고 할 때 절대 악의 구덩이에 빠진다. 자신의 죄를 정당화하는 것만도 심히 악하지만 다른 사람들의 죄를 옳다 하고 다른 사람들이 죄를 짓도록 부추기는 것은 무한히 더 악하다. 아무리 좋은 사회라도, 노골적으로 악하며 비뚤어진 사람들이 있다. 그러나 난잡한 성행위와 동성애 등을 공공연히 용납하고 옹호하는 사회라면 타락할 때까지 타락한 것이다. 우리 시대에 가장 진보한 사회 중 많은 수가 이런 범주에 속한다. 성적으로 문란한 유명인들을 미화하고 동성애자들의 권리를 강력히 옹호한다. 이러한 죄의 행위들은 계시된 하나님의 뜻에 완전히 어긋난다.

아프리카 개미 중에 어떤 종은 땅속 깊이 굴을 뚫어 집을 짓고 젊은 개미들과 여왕개미가 함께 산다. 양식을 채집하러 나간 일개미들은 집에서 멀리 떨어져 있더라도 여왕개미가 공격받으면 극도로 긴장하고 통제력을 잃는다. 여왕개미가 죽으면 일개미들은 몹시 흥분해 죽을 때까지 목적 없이 빠르게 돌아다닌다.

타락한 사람을 이보다 잘 설명해주는 예가 있을까? 그는 죄악에 빠져 거부하고 반역하는 중에라도 하나님을 떠나서는 기능할 수 없으며 죽음을 향할 뿐이다.

10

하나님의 심판, 그 원리 I

(2:1-5)

[1]그러므로 남을 판단하는 사람아, 누구를 막론하고 네가 핑계하지 못할 것은 남을 판단하는 것으로 네가 너를 정죄함이니, 판단하는 네가 같은 일을 행함이니라. [2]이런 일을 행하는 자에게 하나님의 심판이 진리대로 되는 줄 우리가 아노라. [3]이런 일을 행하는 자를 판단하고도 같은 일을 행하는 사람아, 네가 하나님의 심판을 피할 줄로 생각하느냐? [4]혹 네가 하나님의 인자하심이 너를 인도하여 회개하게 하심을 알지 못하여 그의 인자하심과 용납하심과 길이 참으심이 풍성함을 멸시하느냐? [5]다만 네 고집과 회개하지 아니한 마음을 따라 진노의 날, 곧 하나님의 의로우신 심판이 나타나는 그 날에 임할 진노를 네게 쌓는도다.

(2:1-5)

바울은 1:29-31에서 하나님을 버리고 온갖 역겨운 죄에 빠진 자들을 엄히 정죄했다. 이 부분을 읽고 궁금증이 생기는 게 당연하다. 하나님은 더 올바르고 도덕적이며 종교적인 사람들, 옳고 그름을 분별하고 겉보기에 덕스럽게 사는 사람들을 어떻게 대하시는가?

이처럼 윤리적으로 올바른 많은 사람은 바울이 조금 전에 묘사한 심히 부도덕한 사람들에 대한 그의 평가에 진심으로 동의할 것이다. 이들은 분명히 하나님의 심판을 받아 마땅하다. 역사 내내, 숱한 이교도 개개인과 사회가 높은 행동 기준을 견지했다. 브루스(F. F. Bruce, 1910-1990)는 바울과 동시대를 살았던 로마 철학자 세네카를 이렇게 말했다.

> 그가 바울의 평가를 들었다면 이렇게 말했을 것이다. "그렇다. 대다수 인류가 전적으로 그러하며, 나는 그들에 대한 당신의 판단에 동의한다. 그러나 물론 나를 포함해 이러한 경향에 그대만큼 개탄하는 사람들이 있다."
>
> 바울은 누군가 이렇게 끼어드는 것을 상상하고 가상의 반대자에게 말한다.…이 답변은 세네카 같은 사람에게 더없이 적합했을 것이다. 세네카는 선한 삶에 관해 아주 유효하게 쓸 수 있어서 후대 기독교 저술가들이 그를 "우리의 세네카"라 부르는 경향이 있었기 때문이다. 세네카는 위대한 도덕적 덕목들을 칭송했을 뿐 아니라 위선을 폭로하고 만인 평등을 외쳤으며 확산하는 악의 성질을 인정했고… 매일 자신을 살폈고 다른 사람들에게 그러라고 권장했으며, 저속한 우상숭배를 조롱했고, 도덕적 안내자 역할을 자처했다. 그러나 그는 다른 사람들이 행하면 정죄했던 것과 별반 다르지 않은 악을 자신이 행하면 용인하기 일쑤였다. 가장 분명한 사례라면, 네로 황제가 어머니 아그리파를 살해한 일을 묵인한 것이다(F. F. Bruce, *Romans* [London: Tyndale, 1967], pp. 86, 87)

바울 당시, 대다수 유대인이 특정한 도덕 행위와 종교 행위를 하면 의로워진다고 믿었다. 구체적으로, 이들은 모세 율법과 랍비 전통을 지킴으로써 하나님의 특별한 호의와 영원한 생명을 얻을 수 있다고 믿었다. 많은 유대인이 심지어 자신들은 유대인 곧 하나님의 선민이기 때문에 행위를 통한 노력이 실패하더라도 땅에서 상을 잃을 수는 있으나 하나님의 심판은 여전히 면한다고 믿었다. 유대인들은 하나님이 이교도 이방인들을 그들의 우상숭배와 부도덕 때문에 심판하실 테지만 이러한 정죄를 그 어떤 유대인도 절대 받지 않으리라 확신했다. 유대인들은 걸핏하면 이렇게 말하길 좋아했다. "하나님은 모든 민족 중에 이스라엘만 사랑하시며 이방인과 유대인을 서로 다른 잣대로 심판하실 것이다." 어떤 랍비들은 가장 악한 유대인이라도 들어가지 못하도록 아브라함이 지옥문 앞에 앉아 있다고 가르쳤다.

주후 2세기 그리스도인 순교자 유스티누스(Justin Martyr)는 그의 저서 『트리포와의 대화』(*Dialogue with Trypho*)에서 자신과 논쟁하는 유대인 트리포가 이렇게 말했다고 했다. "육체를 따라 아브라함의 씨인 자들은 어떤 경우도, 설령 죄인이고 하나님을 믿지 않으며 그분께 불순종하더라도 영원한 나라에 들어간다."

거듭나지 못한 자들이라도 자신과 사회에 내장된 지식, 선악을 아는 기본 지식이 있다. 그래서 숱한 현대인이 성경의 도덕 기준을 인정할 뿐 아니라 견지하고 그리스도인이라 고백하려 한다. 그러나 또한 세네카처럼, 이들은 하나님을 진정으로 믿지 않기에 그분의 도덕 기준에 맞게 살아갈 영적 자원이 없으며 자신의 죄성을 제어할 수 없다. 이들은 자신이 세례 받았음을, 자신이 교회 구성원임을, 자신이 기독교 가정에 태어났음을, 자신이 성찬에 참여함을, 자신의 윤리적 기준이 높음을, 자신이 정통 교리를 믿음을, 또는 그 어떤 외적 개념이나 관계나 의식을 의지해 영적 안전과 심지어 영원한 안전을 얻으려 한다.

그러나 자신이 하나님 앞에 죄인이고 정죄 받았으며 하나님의 의의 기준에 절대로 이르지 못함을 인정하지 않으면 그 누구도 구원을 이해하거나 받을 수 없다. 그 누구도 예외가 아니다. 밑바닥까지 떨어져 자신의 죄를 인정하고 희망을 버린 사람보다 겉보기에 도덕적이고 친절하며 자상하지만 자기만족에 빠진 사람에게 복음으로 다가가기가 대체로 더 어렵다. 그러므로 바울은 부도덕한 이교도에게 그가 그리스도가 없기에 잃은 자라는 것을 보여준 후 도덕주의자에게 하나님 앞에서 그도 똑같이 죄인이며 정죄 받았다는 것을 강력하고 분명하게 보여준다.

그러면서 바울은 하나님이 죄인을 심판하시는 원리 여섯을 제시한다: 지식(1절), 진리(2-3절), 죄책(guilt, 4-5절), 행위(6-10절), 공평(11-15절), 동기(16절).

지식

그러므로 남을 판단하는 사람아, 누구를 막론하고 네가 핑계하지 못할 것은 남을 판단하는 것으로 네가 너를 정죄함이니, 판단하는 네가 같은 일을 행함이니

라. (2:1)

그러므로는 바울이 방금 1장 후반부에서 한 말과 특히 도입부에서 한 말을 가리킨다. "하나님의 진노가 불의로 진리를 막는 사람들의 모든 경건하지 않음과 불의에 대하여 하늘로부터 나타나나니, 이는 하나님을 알 만한 것이 그들 속에 보임이라. 하나님께서 이를 그들에게 보이셨느니라. 창세로부터 그의 보이지 아니하는 것들 곧 그의 영원하신 능력과 신성이 그가 만드신 만물에 분명히 보여 알려졌나니, 그러므로 그들이 핑계하지 못할지니라"(18-20절).

바울은 새로운 그룹의 도덕적인 사람들에게 말한다. **남을 판단하는 사람아, 누구를 막론하고 네가 핑계하지 못할 것**이다. 17절에서 분명해지듯이, 바울은 일차적으로 유대인들에게, 특히 이방인들을 **판단**하면서 그들이 영적으로 자신들보다 열등하고 심지어 하나님의 자비와 관심 밖에 있다고 생각하는 유대인들에게 말했다. 그러나 **누구를 막론하고(every man of you)**는 모든 도덕주의자, 스스로 그리스도인이라 말하는 사람들을 비롯해 자신은 바울이 방금 언급한 이교도의 극단적 부도덕에 빠지지 않았기에 하나님의 심판을 면한다고 생각하는 모든 사람을 포함한다.

바울의 첫 논증은 단순하다. 그는 **남을 판단하는 것으로 네가 너를 정죄**한다고 말한다. 이들은 분명히 판단 기준이 있어 하나님 앞에서 무엇이 옳고 그른지에 관한 진리를 안다는 뜻이기 때문이다. 이방인들조차 자연 계시를 통해 하나님의 "영원하신 능력과 신성"에 관한 기본 진리를 안다(1:20). 이들은 양심을 통해서도 옳고 그름을 안다(2:15). 그러나 유대인들은 하나님의 진리를 아는 이러한 수단이 있었을 뿐 아니라 성경을 통해 그분의 특별 계시를 받았다는 큰 이점이 있었다(3:2; 9:4). 그뿐 아니라, 바울 당시에 거의 모든 유대인이 비록 예수를 약속된 메시아로 믿지 않았더라도 예수 그리스도와 그분의 가르침과 주장을 얼마간 알았을 것이다. 이러한 지식 때문에라도 유대인들은 더더욱 핑계할 수 없었다. 이들은 하나님의 진리를 더 많이 알았으므로 그 지식에 대해 더 큰 책임이 있었기 때문이다(히 10:26-29을 보라).

바울은 말한다. 상대적으로 비췸을 받지 못한 이교도들이 하나님에 관한 기본 진리를 알고 자신들이 그분에게 벌 받아 마땅함을 깨닫는다면(1:19-20, 32) 유대인들은 더더욱 그래야 하지 않겠는가? 동일한 원리가 그리스도인들에게, 이름뿐인 그리스도인들과 참 그리스도인들 양쪽 모두에게 적용된다. 이들은 하나님의 진리를 아는 지식이 더 많기 때문에 그 지식에 대해 더 큰 책임이 있으며 그 지식으로 다른 사람들을 독선적으로 판단할 때 더더욱 핑계할 수 없다. 야고보서는 그리스도인 선생이 되길 갈망하는 자들에게 특별히 경고하며 일깨웠다. 이들은 하나님의 진리를 아는 지식이 더 많으므로 하나님이 이들을 더 엄하게 심판하실 것이다(약 3:1). 사실, 다른 사람들의 죄를 정죄하는 도덕주의자들에게 자신의 죄, 곧 동일한 기준으로 심판을 받아야 하는 죄가 넘친다.

그러나 판단하는 사람들이 다른 사람들의 도덕적 자세를 평가할 때만 잘못하는 게 아니다. 자신의 도덕적 자세를 평가할 때도 잘못한다. 바울은 이렇게 주장한다. **판단하는 네가 같은 일을 행함이니라.** 자신을 의롭게 여기는 자들은 두 가지 큰 실수를 한다. 첫째, 이들은 하나님의 높은 의의 기준을 낮잡아 보는데, 하나님의 기준은 외면의 삶뿐 아니라 내면의 삶도 포함한다(이것이 산상설교의 주제다). 둘째, 이들은 자기 죄의 깊이를 낮잡아 본다. 타인의 잘못은 부풀리고 자기 잘못은 축소하며 타인의 눈에 박힌 티끌은 보면서 자기 눈에 박힌 들보는 보지 않으려는 게 보편적인 마음이다(마 7:1-3을 보라).

자신이 거룩하다고 생각하는 숱한 맹목적인 유대인은 바울이 지금 하는 말을 들으면 곧바로 이 말이 자신에게 적용되지 않는다고 결론내릴 것이다. 젊은 부자 관리처럼(눅 18:21), 이들은 자신이 하나님의 계명을 만족스럽게 지켰다고 확신했다(마 15:1-3도 참조하라). 예수님은 이처럼 스스로 의롭게 여기는 마음을 산상설교에서 거듭 무너뜨리셨다. 예수님은 "너희 의가 서기관과 바리새인보다 더 낫지 못하면 결코 천국에 들어가지 못하리라"라고 선언하신 후, 형제에게 노하거나 형제를 모욕하는 자는 살인자만큼이나 심판받아 마땅하고 음욕을 품는 자는 실제로 그러한 부도덕한 행위를 하는 자들만큼이나 간음이나 음행의 죄를 짓는 것이라고 하셨다(마 5:20-22, 27-28). 많은 유대인 남자들이 공식적으로 아내와 이혼하고 더 좋아하는 여자와 재혼함으로써 자신의 간음을 합법화하려 했다. 이혼이 쉽고 흔해졌기에, 어떤 남자들은 이혼과 재혼을 되풀이했다. 그러나 예수님은 이렇게 경고하셨다. "나는 너희에게 이르노니, 누구든지 음행한 이유 없이 아내를 버리면 이는 그로 간음하게 함이요, 또 누구든지 버림받은 여자에게 장가드는 자도 간음함이니라"(32절). 지식이 많아 다른 사람들을 판단한다면 자신을 정죄하는 것이다. 자신의 실제 상황을 판단하기에 충분한 지식이 있기 때문이다.

진리

[2]이런 일을 행하는 자에게 하나님의 심판이 진리대로 되는 줄 우리가 아노라. [3]이런 일을 행하는 자를 판단하고도 같은 일을 행하는 사람아, 네가 하나님의 심판을 피할 줄로 생각하느냐? (2:2-3)

아노라(know)로 번역된 '오이다'(*oida*)는 널리 알려지고 분명한 것을 안다는 의미를 내포한다. 바울이 이미 지적했듯이, 이방인들까지도 "이 같은 일[1:29-31에서 열거된 죄]을 행하는 자는 사형에 해당한다"는 것을 인정한다(32절). 그렇다면 영적으로 더 밝게 비춰을 받은 유대인들은 **이런 일을 행하는 자에게 하나님의 심판이 진리대로 되는 줄** 아는 게 분명하다.

하나님이 행하시는 모든 일은 본질적으로 옳고 진리에 부합된다. 바울은 이렇게 선언한다. "사람은 다 거짓되되 오직 하나님은 참되시다"(롬 3:4). "하나님께 불의가 있느냐? 그럴 수 없느니라"(롬 9:14). 하나님은 옳지 않은 것을 행하거나 참이 아닌 것을 말씀하실 수 없다. 다윗은 이렇게 선언했다. "주께서 나의 의와 송사를 변호하셨으며 보좌에 앉으사 의롭게 심판하셨나이다. 공의로 세계를 심판하심이여, 정직으로 만민에게 판결을 내리시리로다"(시 9:4, 8). 또 다른 시편 기자는 이렇게 기뻐 외쳤다. "그가 의로 세계를 심판하시며 그의 진실하심으로 백성을 심판하시리로다"(시 96:13; 참조. 145:17; 사 45:19). 인간의 지각은 언제나 뒤틀리지만 하나님의 지각은 조금도 뒤틀리지 않는다.

사람들은 하나님의 복과 자비가 익숙한 나머지 당연하게 여길 뿐 순전히 하나님의 오래참음과 은혜 때문에 복과 자비를 받는다는 사실을 깨닫지 못한다. 하나님은 그 누군가를 없애거나 모든 사람을 없애더라도 완전히 공의로우실 것이다. 그러나 인간의 본성은 하나님의 은혜를 이용하고, 하나님이 너무나 선하고 자비로워 그 누구도 지옥에 보내지 않으실 터이기에 결국 모든 게 잘 될 거라 믿는다. 누군가 날카롭게 말했듯이, "모두 안에 세미한 음성이 있어 결국 모든 게 잘 될 거라고 끊임없이 설득한다." 이 세미한 음성은 타락한 인간 본성에서 들려오며, 타락한 인간 본성은 자신을 끊임없이 정당화하려 한다.

바울은 이러한 거짓 확신을 엄히 경고한다. 바울은 자신의 삶에 고백하지 않은 구체적인 죄가 없음을 알지만 그래도 자신의 불완전한 인간적 판단을 의지하지 않고 외쳤다. "너희에게나 다른 사람에게나 판단 받는 것이 내게는 매우 작은 일이라. 나도 나를 판단하지 아니하노니, 내가 자책할 아무것도 깨닫지 못하나 이로 말미암아 의롭다함을 얻지 못하노라. 다만 나를 심판하실 이는 주시니라"(고전 4:3-4). 바울은 모든 사람의 분별력이 속절없이 뒤틀려 있어 다른 사람의 영적 건강은 말할 것도 없고 자신의 영적 건강조차 제대로 평가할 수 없음을 알았다. "그러므로 때가 이르기 전 곧 주께서 오시기까지 아무것도 판단하지 말라. 그가 어둠에 감추인 것들을 드러내고 마음의 뜻을 나타내시리니, 그 때에 각 사람에게 하나님으로부터 칭찬이 있으리라"(5절).

인간은 완전한 진리를 결코 알지 못한다. 그러므로 인간의 판단은 결코 진리와 아귀가 딱 맞지 않는다. 교만한 도덕주의자가 자신이 하나님께 받아들여질 수 있다고 생각하면서도 다른 사람들을 판단하고 정죄하는 것은 자신의 뒤틀린 시각으로 판단하기 때문일 뿐이며, 타락한 인간 본성은 이런 뒤틀린 시각을 언제나 자기 이익을 위해 오용한다. 그러나 하나님의 시각과 판단은 언제나 완전하다. 그러므로 히브리서 저자는 이렇게 경고한다. "지으신 것이 하나도 그 앞에 나타나지 않음이 없고 우리의 결산을 받으실 이의 눈앞에 만물이 벌거벗은 것 같이 드러나느니라"(히 4:13). 모든 개개인의 모든 죄가 하나님 앞에서 실제 그대로 스크린에 낱낱이 뜰 때, 하나님의 눈은 세세한 부분을 하나도 놓치지 않는다.

위선자는 하나님이 어떻게든 완전한 진리와 의보다 낮은 기준으로 자신을 심판하시길 남몰래 바란다. 그는 자신의 마음이 얼마나 악한지 알고도 남지만, 대다수 사람이 자신을 판단하는 바로 그 피상적 방식으로 하나님이 자신을 심판하시길 헛되이 바란다. 그는 일종의 종교적 가면 놀이를 하며, 자신의 진짜 성품이 아니라 겉모습대로 심판받길 원한다. 대다수 사람이 그가 꾸며낸 그를 보고 받아들인다. 그래서 대다수 위선자처럼, 그는 하나님도 그렇게 하시리라 생각한다. 그러나 하나님은 사무엘에게 이렇게 경고하셨다. "그[엘리압]의 용모와 키를 보지 말라…내가 보는 것은 사람과 같지 아니하니, 사람은 외모를 보거니와 나 여호와는 중심을 보느니라"(삼상 16:7).

이런 일을 행하는 자를 판단하고도 같은 일을 행하는 사람아, 네가 하나님의 심판을 피할 줄로 생각하느냐? '로기조마이'(*logizomai*, **suppose, 생각하느냐**)는 계산이나 평가의 의미를 내포한다. (이 단어는 logic이란 단어와 연결된다). 도덕주의자는 자신의 죄악과 죄책을 거짓되게 계산한다.

도널드 그레이 반하우스는 3절을 현대적이고 힘 있게 풀어썼다. "멍청한 사람아, 네가 정말로 하나님에게 맞서고도 아무렇지 않을 묘책을 찾았다고 생각하느냐? 그런 귀신 곡할 노릇은 절대 없다." 반하우스는 뒤이어 이렇게 설명했다. "빠져나갈 구멍은 없다. 알겠어? 빠져나갈 구멍은 없어. 없다고. 너한테 하는 말이다. 존경받으며 동료를 판단하고도 회개할 줄 모르는 너 말이다"(*Exposition of Bible Doctrines*, vol. 2, God's Wrath [Grand Rapids: Eerdmans, 1953], p. 18).

위선 덩어리에다 스스로 의롭다는 **사람**, 자신이 행하는 죄악된 **일을 행하는 자를 판단하는** 사람은 더 큰 심판을 받는다. 하나님은 그의 악한 행위 때문에 그를 심판하실 뿐 아니라 스스로 의롭다며 타인을 심판하는 위선 때문에 그를 심판하신다. 예수님은 이런 사람들을 이렇게 말씀하셨다. "외식하는 서기관들과 바리새인들이여, 회칠한 무덤 같으니 겉으로는 아름답게 보이나 그 안에는 죽은 사람의 뼈와 모든 더러운 것이 가득하도다"(마 23:27). 바울은 이렇게 말한다. "**네가 하나님의 심판을 피할 줄로 생각**한다면 어리석으며 스스로 속는 것이다."

사람이 자신의 판단을 피할 수 없다면 어떻게 하나님의 심판을 피할 수 있겠는가? 우리가 자신을 정죄할 수밖에 없다면 무한히 거룩하신 하나님은 더더욱 우리를 정죄하지 않으시겠는가?

히브리서 저자는 (시내산에서 하나님이 모세를 통해서 하시는 말씀을 들은) 옛 이스라엘과 그리스도의 복음을 듣는 사람들을 비교하며 이렇게 단언한다.

> 너희는 삼가 말씀하신 이를 거역하지 말라. 땅에서 경고하신 이를 거역한 그들이 피하지 못하였거든 하물며 하늘로부터 경고하신 이를 배반하는 우리일까보냐? 그 때에는 그 소리가 땅을 진동하였거니와 이제는 약속하여 이르시되, 내가 또 한 번 땅만 아니라 하늘도 진동하리라 하셨느니라. 이 또 한 번이라 하심은 진동하지 아니하는 것을 영존하게 하기 위하여 진동할 것들 곧 만드신 것들이 변동될 것을 나타내심이라. 그러므로 우리가 흔들리지 않는 나라를 받았은즉 은혜를 받자. 이로 말미암아 경건함과 두려움으로 하나님을 기쁘시게 섬길지니, 우리 하나님은 소멸하는 불이심이라. (히 12:25-29)

이스라엘은 하나님이 그분의 율법을 말씀하실 때 듣길 거부했고, 그래서 한 세대 전체가 광야에서 죽었다. 그러니 무한히 더 큰 복음의 메시지를 무시하는 자들의 책임은 얼마나 더 하겠는가? "천사들을 통하여 하신 말씀" 곧 모세 율법이(행 7:53을 보라) "모든 범죄함과 순종하지 아니함이 공평한 보응을 받았"음을 증명했다면 하나님의 아들 예수 그리스도께서 제시하신 "이같이 큰 구원을 등한히 여기면 어찌 그 보응을 피하리요?"(히 2:2-3).

겉보기에 아무리 도덕적이고 종교적이더라도, 누구라도 하나님의 심판을 피할 길은 단 하나, 예수 그리스도를 주님과 구주로 영접하고 그분이 모두가 받아 마땅한 죗값을 십자가에서 지불함으로써 준비하신 것을 믿음으로 받아들이는 것이다.

북미를 떠돌았던 아메리카 인디언들처럼, 유목 부족들이 옛 러시아를 떠돌았다고 한다. 탁월하게 강하고 지혜로운 족장이 최고의 사냥터와 천연자원을 장악한 부족을 다스렸다. 그가 이 부족을 다스렸던 것은 신체가 우월했기 때문만이 아니라 더없이 공평하고 공평했기 때문이기도 했다. 그런데 부족 내에서 갑자기 도난 사건들이 일어나자 족장은 도둑이 잡히면 부족의 채찍질 명수에게 열 번 채찍질을 당하게 하겠다고 했다. 그런데도 도난 사건이 끊이지 않자 족장은 채찍의 수를 마흔 대로 늘렸다. 이 정도 채찍질이면 족장 외에 아무도 견딜 수 없다는 것을 모든 부족민이 알았다. 그런데 놀랍게도, 도둑을 잡고 보니 족장의 늙은 어머니였다. 과연 족장이 공언한 벌을 어머니에게 내릴지 그러지 않을지 부족민들이 곧바로 추측하기 시작했다. 족장은 어머니를 용서함으로써 자신의 사랑을 충족시킬 것인가? 아니면 어머니를 죽음에 이르게 할 게 확실한 벌을 내려 자신의 법을 충족시킬 것인가? 그의 온전함에 충실하여, 족장은 어머니에게 채찍질 마흔 대를 선고했다. 그러나 어머니를 향한 그의 사랑에 충실하여, 족장은 채찍이 어머니 등에 닿기 직전 자신의 몸으로 그 연약한 몸을 감싼 채 어머니에게 내려진 벌을 대신 받았다.

무한히 더 놀라운 방법으로, 그리스도께서 모든 사람의 죄에 대한 형벌을 직접 받으셨다.

죄책

[4]혹 네가 하나님의 인자하심이 너를 인도하여 회개하게 하심을 알지 못하여 그의 인자하심과 용납하심과 길이 참으심이 풍성함을 멸시하느냐? [5]다만 네 고집과 회개하지 아니한 마음을 따라 진노의 날, 곧 하나님의 의로우신 심판이 나타나는 그 날에 임할 진노를 네게 쌓는도다. (2:4-5)

여기서 성령께서 바울을 통해 단언하신다. 하나님은 각 사람의 진짜 죄책, 즉 옛 유대인들처럼 자신의 높은 도덕적 지위, 종교적 소속 또는 기타 외적 이유로 심판을 받지 않는다고 생각하는 모두에게 공통된 죄책을 토대로 심판하신다는 것이다.

바울은 먼저 수신자들에게 하나님의 **인자하심과 용납하심과 길이 참으심이 풍성함을 멸시**하지 말라고 경고한다. 유명한 주석가 매튜 헨리(Matthew Henry,

1662-1714)는 이렇게 썼다. "고의로 짓는 죄는 모두 하나님의 선하심을 멸시한다." 의도적인 죄는 모두 하나님의 **인자하심과 용납하심과 길이 참으심**을 **멸시하고(think lightly)** 이용한다.

여기서 **멸시하다(think lightly)**로 번역된 '카타프로네오'(*kataphroneō*)는 문자적으로 어떤 사물이나 사람을 "낮잡아 생각하고" 참 가치를 깎아내린다는 뜻이다. 그러므로 이 단어는 흔히 무시나 심지어 경멸의 의미를 내포한다.

하나님은 호세아를 통해 그분의 백성을 향한 자신의 큰 사랑을 선포하셨다. "이스라엘이 어렸을 때에 내가 사랑하여 내 아들을 애굽에서 불러냈거늘…내가 에브라임에게 걸음을 가르치고 내 팔로 안았음에도…내가 사람의 줄, 곧 사랑의 줄로 그들을 이끌었고, 그들에게 대하여 그 목에서 멍에를 벗기는 자 같이 되었으며, 그들 앞에 먹을 것을 두었노라"(호 11:1, 3-4). 하나님은 뒤이어 탄식하셨다. "내 백성이 끝끝내 내게서 물러가나니, 비록 그들을 불러 위에 계신 이에게로 돌아오라 할지라도 일어나는 자가 하나도 없도다"(7절). 하나님이 이스라엘에게 은혜를 베풀수록 이스라엘은 하나님의 은혜를 더 이용하거나 경멸한 것 같다.

예외 없이, 이 땅에 살았던 모든 사람이 하나님의 **인자하심과 용납하심과 길이 참으심**을 경험했다. 사람의 호흡 한 번과 음식 한 입도 모두 하나님이 인자하심으로 주신 것이다. 하나님이 좋은 것의 유일한 원천이다. 그러므로 사람이 가진 선한 것과 가치 있는 것은 모두 하나님의 은혜로운 손에서 왔다.

하나님의 **인자하심(kindness)**은 그분의 자녀들에게 나타나며, 인자는 신자가 맺어야 할 성령의 열매다(갈 5:22, "자비"). **용납하심(forbearance)**으로 번역된 '아노케'(*anochē*)는 심판의 경우처럼 "보류하다"라는 뜻이다. 이 단어는 때로 휴전에 사용되었으며 양쪽의 전투 중지를 포함했다. 하나님이 사람들을 **용납하심**은 하나님이 은혜로 선포하신 일종의 휴전이다. **길이 참으심(patience)**으로 번역된 '마크로투미아'(*makrothumia*)는 때로 원수를 향한 복수나 범죄자가 받을 형벌을 자발적으로 보류하는 강력한 통치자에게 사용되었다.

피할 수 없는 심판의 순간까지, 하나님의 **인자하심과 용납하심과 길이 참으심**이 모든 인류에게 확대된다. 하나님은 "오래 참으사 아무도 멸망하지 아니하고 다 회개하기에 이르기를" 원하시기 때문이다(벧후 3:9). **인자하심**은 하나님이 온갖 혜택을 베푸심을 가리키고, **용납하심**은 하나님이 심판을 보류하심을 가리키며, **길이 참으심**은 이 둘이 지속됨을 가리킨다. 오랫동안, 하나님은 인자하며 용납하고 계신다. 이것이 하나님이 타락한 인류 전체에게 베푸시는 일반 은총 또는 섭리다.

시편 기자들은 "세상에는 여호와의 인자하심이 충만"한 것을 기뻐했고(시 33:5), "하나님의 인자하심은 항상 있는" 것을 기뻐했으며(시 52:1), "여호와의 인자하심과 인생에게 행하신 기적"을 기뻐했고"(시 107:8), "주는 선하사 선을 행하시"는 것을 기뻐했으며(시 119:68), "여호와께서는 모든 것을 선대하시며 그 지으신 모든 것에 긍휼을 베푸시는" 것을 기뻐했다(시 145:9).

이상하게도, 대다수 사람은 하나님을 전적으로 선한 존재로 인식하지 않는다. 이들은 하나님의 은혜로운 공급과 인내와 긍휼을 인정하는 대신 어떤 일들이 일어나게 두기에 무감각하고 사랑이 없다며 하나님을 비난한다. 이들은 이렇게 묻는다. "어떻게 하나님이 저 어린 것이 죽게 두실 수 있단 말인가?" "왜 하나님은 착하고 착한 사람이 고통당하고 질병에 시달리게 두면서 악하고 악한 사람이 건강한 데다 부자로 살도록 두시는가?" 이런 사람들은 불완전하고 뒤틀린 인간의 관점에서 하나님을 판단하며, 하나님의 은혜로운 선하심과 인내가 없다면 '아무도' 살아있지 못하리라는 것을 인정하지 않는다. 누구라도 숨 한 번 더 쉬는 것은 오로지 하나님의 은혜다(욥 12:10).

노아는 방주를 지으면서 사람들에게 의를 부르짖으며 회개하라 외쳤고, 하나님은 그 120년 동안 사람들이 회개하길 기다리셨으며 그 후에야 대홍수로 세상을 멸하셨다(벧후 2:5). 하나님은 숱하게 경고하셨고 이스라엘은 줄기차게 반역했다. 그런데도 하나님은 약 800년을 기다리신 후에야 자신의 백성이 사로잡혀 가게 하셨다.

하나님이 왜 선해 보이는 사람들에게 나쁜 일이 일어나게 두시는지 묻기보다, 겉보기에 좋은 일이 확연히 악한 사람들에게 일어나게 두시는 이유를 물어야 한다. 우리는 왜 하나님이 그리스도인들을 비롯해 숱한 사람들이 죄를 짓는데도 아나니아와 삽비라에게 하셨듯이 이들을 치지 '않으시는가'라고 물을 수 있다(행 5:1-10). 우리는 이런 의문을 품어야 한다. 왜 하나님은 반역한 고라와 그 지지자들에게 하셨듯이 땅이 입을 열어 배교한 기독교 세계를 삼키게 하지 않으시는가(민 16:25-32)? 그 이유는 "하나님이…멸하기로 준비된 진노의 그릇을 오래 참으심으로 관용하시고 또한 영광 받기로 예비하신 바 긍휼의 그릇에 대하여 그 영광의 풍성함을 알게 하고자 하셨"다는 것이다(롬 9:22-23).

하나님의 인자하심의 목적은 사람들의 죄를 눈감아 주는 데 있는 게 아니라 사람들로 자기 죄를 깨달아 **회개하게 하심**에 있다. '메타노이아'(*metanoia*, **repentance, 회개**)의 기본 의미는 무엇인가에 대해 마음을 바꾼다는 것이다. 도덕적 · 영적 영역에서 이것은 죄에 대해 마음을 바꾸는 것, 죄를 사랑하는 데서 죄를 버리고 하나님께로 돌아서 용서를 구하는 것을 말한다(살전 1:9).

고집과 회개하지 아니한 마음을 따라 행하면서 하나님의 인자하심과 용납하심과 길이 참으심을 기대하는 자들은 **진노의 날, 곧 하나님의 의로우신 심판이 나타나는 그 날에 임할 진노를** 스스로 **쌓는** 자일뿐이다.

고집(stubbornness)으로 번역된 '스클레로테스'(*sklērotēs*)는 문자적으로 딱딱한 것을 가리키며, '경화'(sclerosis)라는 의학 용어의 어원이다. 동맥경화는 동맥이 딱딱해지는 것을 가리킨다. 이러한 신체적 경화는 하나님에게 반응하지 않고 무감각한 마음의 영적 상태를 묘사하는 이상적 그림이다. 그러나 이러한 영적 경화는 신체적 경화보다 헤아릴 수 없이 더 나쁘다. 동맥경화는 무덤으로 데려가지만, 마음의 영적 경화는 지옥으로 데려간다.

성경은 영적 경화를 숱하게 경고하며, 옛 이스라엘은 이 고통을 거의 쉴 새 없이 겪었다. 하나님은 에스겔을 통해 그분의 백성에게 약속하셨다. "새 영을 너희 속에 두고 새 마음을 너희에게 주되, 너희 육신에서 굳은 마음을 제거하고 부드러운 마음을 줄 것이며"(겔 36:26). 예수님은 유대인 청중에게 일깨우셨다. "모세가 너희 마음의 완악함 때문에 아내 버림을 허락하였거니와"(마 19:8). 스스로를 의롭다고 여기는 율법주의 유대 지도자 무리가 예수님이 안식일에 병자를 고치길 기다렸다. 예수님이 안식일에 병자를 고치면 율법을 어겼다고 고발할 구실을 찾기 위해서였다. 그때 예수님은 "그들의 마음이 완악함을 탄식하사 노하심으로" 그들을 둘러보셨다(막 3:5; 참조. 6:52; 8:17; 요 12:40). 히브리서 저자는 매번 구약성경을 인용하면서 하나님을 향해 "너희 마음을 완고하게 하지 말라"고 세 차례 경고한다(히 3:8, 15; 4:7).

하나님은 예수 그리스도를 통해 은혜로 죄 용서를 제시하셨는데, 이것을 고집스레 거부하고 회개하지 않음은 가장 악한 죄다. 이것은 하나님의 선하심을 거부하고 그분의 인자하심을 이용하며 그분의 긍휼을 오용하고 그분의 은혜를 무시하며 그분의 사랑을 저버림으로써 자신의 죄를 크게 키우는 것이다. 이런 사람은 하나님의 **심판이 나타나는 그 날에** 자신에게 임할 하나님의 혹독한 **진노**를 키운다. 하나님의 선하심을 고집스레 가벼이 여기는 결과는 그에 비례하는 확실한 **심판**이다.

진노의 날, 곧 하나님의 의로우신 심판이 나타나는 그 날은 의심할 여지 없이 크고 흰 보좌 심판을 가리킨다. 그때 모든 시대와 모든 곳의 악인들이 불못에 던져져 사탄을 비롯해 그의 모든 악한 추종자와 조우할 것이다(계 20:10-15).

독일 철학자 하이네(Heinrich Heine, 1797-1856)는 주제넘게 장담했다. "하나님은 용서하실 것이다. 어쨌든 그게 그분 일이니까." 많은 사람이 비록 입 밖에 내지 않더라도 이런 생각에 동의한다. 이들은 모든 좋은 것을 하나님께 받으면서도 계속 죄를 지으며 하나님은 자신들의 죄를 눈감아줄 의무가 있다고 생각한다.

현대인은 구약성경을 미심쩍은 눈으로 보면서 거기 기록된 잔혹하고 변덕스러워 보이는 하나님의 행위들을 순전히 자신의 인간적 관점에서 설명할 수 없음을 알게 된다. 몇 해 전, 플래트 경(Lord Platt)은 NEB(New English Bible) 출간을 언급하면서 「타임스」 런던 판에 이렇게 썼다(1970년 3월 3일자). "이제 모두가 이해할 수 있는 언어로 번역되었기에, 구약성경은 인간에 대한 인간의 잔혹성, 더 심하게는 여성에 대한 인간의 잔혹성, 그리고 신을 향한 호소로 뒷받침되는 인간의 이기심과 욕망을 그린 추잡한 연대기, 즉 공포 이야기가 그 모습 그대로 드러날 것이다. 이것이 마침내 학교 아이들의 윤리 교육에 전혀 부적합한 것으로 사용이 금지되길 바란다."

구약성경을 겉핥기로 공부하면 이런 정서가 맞아 보인다. 많은 사람이 묻는다. 왜 하나님은 여덟 명만 빼고 온 세상을 대홍수로 멸하셨는가? 왜 하나님은 롯의 아내가 단지 뒤돌아 소돔을 보았다고 해서 소금 기둥이 되게 하셨는가? 왜 하나님은 아브라함에게 아들 이삭을 희생제물로 바치라 명하셨는가? 왜 하나님은 바로의 마음을 완악하게 하고 그의 완악함을 벌하면서 애굽 사람들의 맏이를 모두 죽이셨는가? 왜 하나님은 모세 율법에서 약 서른다섯 가지 범죄에 사형을 규정하셨는가? 왜 하나님은 자신의 선민에게 가나안 주민을 완전히 뿌리 뽑으라 명하셨는가? 왜 하나님은 곰 두 마리를 보내 엘리사 선지자를 놀리는 아이 마흔 한 명을 찢어 죽이게 하셨는가? 왜 하나님은 언약궤가 땅에 떨어지지 않게 하려 했던 웃사를 그 자리에서 죽이셨으면서 지독하게 비도덕적이고 우상을 숭배하는 숱한 이스라엘을 살려두셨는가? 왜 하나님은 아론의 두 아들 나답과 아비후가 적합하지 못한 제사를 드렸다고 불을 보내 이들을 삼키게 하셨으면서도 경건하지 못한 숱한 제사장이 장수하게 하셨는가? 율법에 따르면 살인과 간음 둘 다 사형에 해당하는데, 왜 하나님은 살인하고 간음한 다윗의 목숨을 취하지 않으셨는가?

우리는 하나님의 공의를 그분의 법과 비교하는 게 아니라 그분의 자비와 비교할 때에야 이런 것들에 의문을 품게 된다. 구약성경은 창조의 관점에서 이해해야 한다. 하나님이 아담에게 명하셨다. "동산 각종 나무의 열매는 네가 임의로 먹되 선악을 알게 하는 나무의 열매는 먹지 말라. 네가 먹는 날에는 반드시 죽으리라"(창 2:16-17). 그러므로 처음부터 '모든' 죄는 죽음에 해당했다.

하나님은 자신의 형상대로 사람을 주권적으로 창조하셨다. 하나님은 그분을 영화롭게 하고 그분의 형상을 발산하며 그분의 성품을 드러내도록 사람을 창조하셨다. 사람이 하나님의 말씀보다 사탄의 말을 신뢰함으로써 반역했을 때, 하나님은 사람의 생명을 거두실 권리가 얼마든지 있었다. 사람은 하나님의 피조물이다. 사람은 스스로 창조하지 않았고 스스로 보존할 수도 없다. 사람의 모든 것은 하나님이 은혜로 주신 것이다.

공의를 따른다면, 아담과 하와는 금단의 열매를 먹었으므로 마땅히 죽어야 했다. 그러나 이들은 죽음이 아니라 하나님의 자비를 경험했다. 그 순간, 구원 계획이 작동했다. 아담과 하와가 마땅히 받아야 했고 뒤이은 모든 죄인이 마땅히 받아야 하는 벌을 누군가 대신 받아야 하게 되었기 때문이다. 이에 비춰 볼 때, 모세 율법에 나오듯이 서른다섯 가지 범죄로 한정된 사형은 잔인하고 특별한 형벌이 아니라 하나님의 엄한 심판을 놀랍도록 축소한 것이었다.

처음 만들어진 기준과 비교할 때, 구약성경은 선민 이스라엘뿐 아니라 이방인을 향한 하나님의 인내와 자비로 넘친다. 심지어 구체적인 중범죄를 저지른 경우라도, 빈번하게도 하나님은 집행을 요구하지 않으셨다. 이스라엘에 간음이 만연했을 때, 하나님은 간음한 자들을 모두 죽이라 명하지 않고 은혜를 베풀어 이혼을 일종의 대안으로 허용하셨다(신 24:1-4). 구약성경을 대충만 읽어도 하나님이 죽이신 죄인보다 은혜로 살려두신 죄인이 훨씬 많음을 분명하게 알 수 있다(예를 들면, 다윗 같은 사람들). 이따금 하나님은 극적으로 누군가의 생명을 취해서 모든 죄인에게 마땅한 게 무엇인지 일깨우셨다. 이런 사건들은 변덕스러워 보였다. 이것들은 특정한 죄나 범죄의 정도와 명확히 연결되는 게 아니라 본보기로 모든 죄와 범죄의 정도에 무엇이 마땅한지 보여주었기 때문이다.

옛 언약 아래서도, 하나님의 백성은 하나님의 은혜에 너무나 익숙해져 그 은혜를 당연하게 여겼다. 이들은 마땅히 받아야 할 벌을 받지 않는 데 너무나 익숙해져서 자신들에게는 벌이 내리지 않으리라 생각했다. 아주 비슷하게, 때로 그리스도인들은 하나님이 자신들의 생각만큼 자비롭지 않으실 때 기분이 상하고, 자신들의 죄 때문에 그분이 자신들을 실제로 벌하신다고 생각하며 분개한다.

하나님은 과분한 자비 대신 마땅한 심판을 이따금 행하신다. 하나님이 그러지 않으신다면 우리가 그분의 선하심과 은혜를 얼마나 더 오용할지 상상하기 어렵다. 하나님은 죄의 결과를 주기적으로 상기시켜 주신다. 하나님이 그러지 않으신다면 우리는 계속해서 더없이 행복해 하며 하나님의 은혜를 악용할 것이다. 바울은 고린도 신자들에게 엄히 일깨웠다.

> 형제들아, 나는 너희가 알지 못하기를 원하지 아니하노니, 우리 조상들이 다 구름 아래에 있고 바다 가운데로 지나며 모세에게 속하여 다 구름과 바다에서 세

례를 받고 다 같은 신령한 음식을 먹으며 다 같은 신령한 음료를 마셨으니, 이는 그들을 따르는 신령한 반석으로부터 마셨으매, 그 반석은 곧 그리스도시라. 그러나 그들의 다수를 하나님이 기뻐하지 아니하셨으므로 그들이 광야에서 멸망을 받았느니라. 이러한 일은 우리의 본보기가 되어 우리로 하여금 그들이 악을 즐겨한 것 같이 즐겨하는 자가 되지 않게 하려 함이니, 그들 가운데 어떤 사람들과 같이 너희는 우상숭배하는 자가 되지 말라. 기록된 바 백성이 앉아서 먹고 마시며 일어나서 뛰논다 함과 같으니라. 그들 중의 어떤 사람들이 음행하다가 하루에 이만 삼천 명이 죽었나니, 우리는 그들과 같이 음행하지 말자. 그들 가운데 어떤 사람들이 주를 시험하다가 뱀에게 멸망하였나니, 우리는 그들과 같이 시험하지 말자. 그들 가운데 어떤 사람들이 원망하다가 멸망시키는 자에게 멸망하였나니, 너희는 그들과 같이 원망하지 말라. 그들에게 일어난 이런 일은 본보기가 되고 또한 말세를 만난 우리를 깨우치기 위하여 기록되었느니라. (고전 10:1-11)

우리는 날마다 우리에게 아주 오래 참으시고, 자비로우시며, 우리의 죄 곧 그분의 자녀라도 그분의 공의로운 벌을 받아 마땅한 죄를 간과하시는 하나님께 감사해야 한다. 핵심 질문은 "왜 어떤 사람들은 고통당하거나 죽는가?"가 아니라 "왜 누군가는 살아 있는가?"이다.

몇몇 유대인이 예수님께 "빌라도가 어떤 갈릴리 사람들의 피를 그들의 제물에 섞은 일"에 관해 물었다. 예수님은 이렇게 답하셨다. "너희는 이 갈릴리 사람들이 이같이 해 받으므로 다른 모든 갈릴리 사람보다 죄가 더 있는 줄 아느냐? 너희에게 이르노니, 아니라. 너희도 만일 회개하지 아니하면 다 이와 같이 망하리라. 또 실로암에서 망대가 무너져 치어 죽은 열여덟 사람이 예루살렘에 거한 다른 모든 사람보다 죄가 더 있는 줄 아느냐? 너희에게 이르노니, 아니라. 너희도 만일 회개하지 아니하면 다 이와 같이 망하리라"(눅 13:1-5).

틀림없이, 예수님께 물었던 유대인들은 빌라도가 죽인 예배자들과 망대가 무너져 죽은 사람들이 유난히 악한 죄인이었고 하나님께 벌을 받았다고 생각했다. 그러나 예수님은 이들의 추정을 분명하게 뒤집으시며 불행한 희생자들이 여느 유대인보다 악하지 않다고 하셨다. 그뿐 아니라, 이런 질문을 던진 자들에게 그들 '모두' 유죄이며 죽어 마땅하기에 회개하고 하나님께로 돌아서지 않으면 결국 그 벌을 받으리라 경고하셨다.

11

하나님의 심판, 그 원리 II
(2:6-16)

6하나님께서 각 사람에게 그 행한 대로 보응하시되, 7참고 선을 행하여 영광과 존귀와 썩지 아니함을 구하는 자에게는 영생으로 하시고, 8오직 당을 지어 진리를 따르지 아니하고 불의를 따르는 자에게는 진노와 분노로 하시리라. 9악을 행하는 각 사람의 영에는 환난과 곤고가 있으리니, 먼저는 유대인에게요 그리고 헬라인에게며, 10선을 행하는 각 사람에게는 영광과 존귀와 평강이 있으리니, 먼저는 유대인에게요 그리고 헬라인에게라. 11이는 하나님께서 외모로 사람을 취하지 아니하심이라. 12무릇 율법 없이 범죄한 자는 또한 율법 없이 망하고 무릇 율법이 있고 범죄한 자는 율법으로 말미암아 심판을 받으리라. 13하나님 앞에서는 율법을 듣는 자가 의인이 아니요 오직 율법을 행하는 자라야 의롭다 하심을 얻으리니, 14(율법 없는 이방인이 본성으로 율법의 일을 행할 때에는 이 사람은 율법이 없어도 자기가 자기에게 율법이 되나니, 15이런 이들은 그 양심이 증거가 되어 그 생각들이 서로 혹은 고발하며 혹은 변명하여 그 마음에 새긴 율법의 행위를 나타내느니라.) 16곧 나의 복음에 이른 바와 같이, 하나님이 예수 그리스도로 말미암아 사람들의 은밀한 것을 심판하시는 그 날이라. (2:6-16)

바울은 "하나님의 의로우신 심판이 나타나는 그 날에 임할 진노"를(5절) 계속 말한다. 앞장에서 말했듯이, "진노의 날"은 하나님이 죄악된 인류에게 내리실 마지막 심판을 가리킨다. 베드로는 이 날을 "경건하지 아니한 사람들의 심판과 멸망의 날"이라 했고(벧후 3:7) 유다는 "큰 날의 심판"이라 했다(유 6). 바울은 이 일이 예수 그리스도, "살아 있는 자와 죽은 자를 심판하실" 분이 다시 오실 때 일어나리라고 설명한다(딤후 4:1). "주 예수께서 자기의 능력의 천사들과 함께 하늘로부터 불꽃 가운데에 나타나실 때에, 하나님을 모르는 자들과 우리 주 예수의 복음에 복종하지 않는 자들에게 형벌을 내리실" 것이다(살후 1:7-8).

요한은 마지막 심판을 아주 세세하게 기술한다.

> 또 내가 크고 흰 보좌와 그 위에 앉으신 이를 보니, 땅과 하늘이 그 앞에서 피하여 간 데 없더라. 또 내가 보니, 죽은 자들이 큰 자나 작은 자나 그 보좌 앞에 서 있는데, 책들이 펴 있고 또 다른 책이 펴졌으니, 곧 생명책이라. 죽은 자들이 자기 행위를 따라 책들에 기록된 대로 심판을 받으니, 바다가 그 가운데에서 죽은 자들을 내주고 또 사망과 음부도 그 가운데에서 죽은 자들을 내주매 각 사람이 자기의 행위대로 심판을 받고 사망과 음부도 불못에 던져지니, 이것은 둘째 사망 곧 불못이라. 누구든지 생명책에 기록되지 못한 자는 불못에 던져지더라. (계 20:11-15)

예수님은 그때 이런 일이 있으리라 선포하셨다. "인자가 그 천사들을 보내리니, 그들이 그 나라에서 모든 넘어지게 하는 것과 또 불법을 행하는 자들을 거두어 내어 풀무불에 던져 넣으리니, 거기서 울며 이를 갈게 되리라. 그 때에 의인들은 자기 아버지 나라에서 해와 같이 빛나리라"(마 13:41-43). 모든 역사는 필연적으로 그 두려운 날을 향해 가며, 그날 모든 시대의 모든 죄인이 "살아계신 하나님의 손에 빠져 들어"갈 것이다(히 10:31).

고대 로마 통치자 브루투스(Brutus the Elder)는 두 아들이 반역을 꾀하는 것을 알았다. 반역은 죽음으로 다스리는 중죄였다. 재판정에서, 두 청년은 울면서 아버지에게 애원했고 아버지의 애칭을 부르며 아버지의 정에 호소했다. 재판정에 모인 사람들 대다수도 자비를 호소했다. 그러나 워낙 큰 죄인데다 어쩌면 통치자의 아들이라 책임이 훨씬 크고 반역은 더더욱 악했기에 아버지는 두 아들에게 사형을 명하고 집행을 직접 지켜보았다. 누군가 이 사건을 평했듯이, "아버지가 재판관에게 졌다. 정의를 향한 사랑이 아버지의 정을 이겼다."

하나님은 타락한 인류에게 아버지로서 자신을 주신다. 하나님은 그분의 아들을 통해 자신에게 와서 구원받으라고 애원하신다. 하나님은 "아무도 멸망하지 아니하고 다 회개하기에 이르기를" 원하시기 때문이다(벧후 3:9). 그러나 어느 날, 회개할 기회가 사라질 것이다. 그 때, 하나님은 로마 통치자보다 훨씬 냉혹하게 완전한 심판을 행하실 것이다.

하나님이 마지막 심판에서 사용하실 기준 여섯 중에 셋을 앞 장에서 살펴보았다. 나머지 셋은 행위(롬 2:6-10), 공평(11-15절), 동기다(16절).

행위

[6]하나님께서 각 사람에게 그 행한 대로 보응하시되, [7]참고 선을 행하여 영광과 존귀와 썩지 아니함을 구하는 자에게는 영생으로 하시고, [8]오직 당을 지어 진리를 따르지 아니하고 불의를 따르는 자에게는 진노와 분노로 하시리라. [9]악을 행하는 각 사람의 영에는 환난과 곤고가 있으리니, 먼저는 유대인에게요 그리고 헬라인에게며, [10]선을 행하는 각 사람에게는 영광과 존귀와 평강이 있으리니, 먼저는 유대인에게요 그리고 헬라인에게라. (2:6-10)

단순하고 간단한 단락이다. 그러나 이 단락은 세밀하게 살피지 않으면 쉽게 오해할만한 여러 진리를 담고 있다.

앞서 인용한 요한계시록 20장은 사람이 "자기 행위를 따라" 또는 "자기의 행위대로" 심판을 받으리라고 말한다(12-13절). 바울은 동일한 진리를 로마서 2:6-10에서 강조하면서 하나님이 **각 사람에게 그 행한 대로 보응하시**리라고 분명하게 선언한다.

구약성경은 행위에 따른 심판을 분명하게 가르친다. 하나님은 이사야에게 이렇게 선포하라 명하셨다. "너희는 의인에게 복이 있으리라 말하라. 그들은 그들의 행위의 열매를 먹을 것임이요 악인에게는 화가 있으리니, 이는 그의 손으로 행한 대로 그가 보응을 받을 것임이니라"(사 3:10-11). 하나님은 예레미야를 통해 훨씬 구체적으로 선포하셨다. "나 여호와는 심장을 살피며 폐부를 시험하고 각각 그의 행위와 그의 행실대로 보응하나니"(렘 17:10).

예수님은 심판의 원리를 거듭 말씀하시며 이렇게 가르치셨다. "인자가 아버지의 영광으로 그 천사들과 함께 오리니, 그때에 각 사람이 행한 대로 갚으리라"(마 16:27). 또 다른 경우에, 예수님은 이렇게 말씀하셨다. "이를 놀랍게 여기지 말라. 무덤 속에 있는 자가 다 그의 음성을 들을 때가 오나니, 선한 일을 행한 자는 생명의 부활로, 악한 일을 행한 자는 심판의 부활로 나오리라"(요 5:28-29).

믿음으로 말미암아 오직 은혜로 구원받는다고 선포한 위대한 사도 바울은 하나님이 불신자들뿐 아니라 신자들도 행위에 따라 심판하신다고 일관되게 가르쳤다. "심는 이와 물주는 이는 한가지이나 각각 자기가 일한 대로 자기의 상을 받으리라"(고전 3:8). 그는 뒤이어 이렇게 설명한다.

> 이 닦아 둔 것 외에 능히 다른 터를 닦아 둘 자가 없으니, 이 터는 곧 예수 그리스도라. 만일 누구든지 금이나 은이나 보석이나 나무나 풀이나 짚으로 이 터 위에 세우면 각 사람의 공적이 나타날 터인데, 그 날이 공적을 밝히리니, 이는 불로 나타내고 그 불이 각 사람의 공적이 어떠한 것을 시험할 것임이라. 만일 누구든지 그 위에 세운 공적이 그대로 있으면 상을 받고 누구든지 그 공적이 불타면 해를 받으리니, 그러나 자신은 구원을 받되 불 가운데서 받은 것 같으리라. (고전 3:11-15)

또다시 바울은 신자들에게 이렇게 썼다. "이는 우리가 다 반드시 그리스도의 심판대 앞에 나타나게 되어 각각 선악 간에 그 몸으로 행한 것을 따라 받으려 함이라"(고후 5:10). 놀라운 은혜의 서신에서까지, 바울은 이렇게 선언한다. "스스로 속이지 말라. 하나님은 업신여김을 받지 아니하시나니, 사람이 무엇으로 심든지 그대로 거두리라. 자기의 육체를 위하여 심는 자는 육체로부터 썩어질 것을 거두고 성령을 위하여 심는 자는 성령으로부터 영생을 거두리라. 우리가 선을 행하되 낙심하지 말지니 포기하지 아니하면 때가 이르매 거두리라"(갈 6:7-9).

하나님은 종교적 고백이나 종교적 관계나 종교적 유산을 토대로 심판하지 않으신다. 그러나 다른 기준 중에서, 하나님은 각 사람의 삶이 맺은 열매를 토대로 심판하신다. 마지막 심판 날의 핵심은 유대인인지 이방인인지, 정통인지 비정통인지, 종교적인지 비종교적인지, 교회에 출석하는지 안 하는지가 아니다. 핵심은 삶에서 하나님을 향한 순종이 나타났는지의 여부다. 그날, "우리 각 사람이 자기 일을 하나님께 직고하리라"(롬 14:12).

구원의 주관적 기준은 오직 믿음이며 여기에 아무것도 추가되지 않는다. 그러나 구원의 객관적 증거는 이어지는 경건한 행위, 곧 성령께서 신자들을 인도하고 힘을 주어 행하시게 하는 경건한 행위로 나타난다. 이런 까닭에 선한 행위는 하나님의 심판을 위한 완벽하게 타당한 근거가 된다.

한 사람의 행동은 그의 성품을 드러내는 틀림없는 표식이다. 예수님은 산상설교에서 두 번이나 말씀하셨다. "그들의 열매로 그들을 알리라"(마 7:16, 20). 한 사람이 평생에 행한 일은 하나님이 그를 심판하실 때 사용하실 변하지 않는 토대다. 모든 사람이 어느 날 심판자 하나님을 대면할 텐데, 그분은 각 사람의 행위가 담긴 완전한 기록을 갖고 계시며 그 기록에 따라 각 사람의 영원한 운명이 결정될 것이다.

물론, 분명히 해야 할 게 있다. 구약성경과 신약성경 모두 행위로 '심판'받는다('judgment' is by works)고 가르치더라도 어디서도 행위로 '구원'받는다('salvation' is by works)고 가르치지 않는다. "여호와여, 영광을 우리에게 돌리지 마옵소서. 오직 주는 인자하시고 진실하시므로 주의 이름에만 영광을 돌리소서"(시 115:1). 누군가 무슨 선한 일을 하거나 무슨 선한 것을 갖고 있던 간에 하나님이 은혜로 주신 것이므로, 오직 그분께 공로와 찬양을 돌려야 한다. 하나님은 이사야 선지자를 통해 이렇게 선언하셨다. "나는 나를 위하며 나를 위하여 이를 이룰 것이라. 어찌 내 이름을 욕되게 하리요? 내 영광을 다른 자에게 주지 아니하리라"(사 48:11). 하나님은 그분이 구원하려는 사람을 구원하실 테고, 하나님의 주권적 은혜는 행위에 근거한 의를 완전히 배제한다.

하나님은 그분의 아들 예수 그리스도 안에서 성취될 새 언약을 말씀하시면서 옛 이스라엘에게 이렇게 약속하셨다.

> 보라. 날이 이르리니, 내가 이스라엘 집과 유다 집에 새 언약을 맺으리라. 이 언약은 내가 그들의 조상들의 손을 잡고 애굽 땅에서 인도하여 내던 날에 맺은 것과 같지 아니할 것은 내가 그들의 남편이 되었어도 그들이 내 언약을 깨뜨렸음이라. 여호와의 말씀이니라. 그러나 그 날 후에 내가 이스라엘 집과 맺을 언약은 이러하니, 곧 내가 나의 법을 그들의 속에 두며 그들의 마음에 기록하여 나는 그들의 하나님이 되고 그들은 내 백성이 될 것이라." (렘 31:31-33)

새 언약의 핵심은 하나님의 자비와 은혜가 자격 없는 사람들에게 확대된다는 것이다. 구원 사역은 전적으로 하나님의 주권적이고 은혜로운 의지와 능력으로 이루어진다. 바울은 이렇게 말했다. "미쁘다, 모든 사람이 받을 만한 이 말이여, 그리스도 예수께서 죄인을 구원하시려고 세상에 임하셨다 하였도다. 죄인 중에 내가 괴수니라. 그러나 내가 긍휼을 입은 까닭은 예수 그리스도께서 내게 먼저 일체 오래 참으심을 보이사 후에 주를 믿어 영생 얻는 자들에게 본이 되게 하려 하심이라"(딤전 1:15-16). 바울은 모든 신자에게 말한다. "너희는 그 은혜에 의하여 믿음으로 말미암아 구원을 받았으니, 이것은 너희에게서 난 것이 아니요 하나님의 선물이라. 행위에서 난 것이 아니니, 이는 누구든지 자랑하지 못하게 함이라"(엡 2:8-9).

그러나 온전히 믿음으로 구원받는다면 행위의 자리는 어디인가? 바울은 에베소서 2장에서 놀라운 선언을 계속한다. "우리는 그가 만드신 바라. 그리스도 예수 안에서 선한 일을 위하여 지으심을 받은 자니, 이 일은 하나님이 전에 예비하사 우리로 그 가운데서 행하게 하려 하심이니라"(10절). 같은 사도가 빌립보 신자들에게 이렇게 권면했다. "두렵고 떨림으로 너희 구원을 이루라. 너희 안에서 행하시는 이는 하나님이시니, 자기의 기쁘신 뜻을 위하여 너희에게 소원을 두고 행하게 하시나니"(빌 2:12-13). 바꾸어 말하면, 믿음으로 구원받은 삶은 하나님의 일을 함으로써 그 구원의 증거를 제시해야 한다.

구원은 행위'로'(by) 받는 게 아니지만 확실하게 행위를 '낳는다'. 삶에 참으로 선한 행위가 있다는 것은 참으로 구원받았다는 뜻이며, 하나님의 무오한 눈에 이러한 행위는 구원하는 믿음(saving faith)을 나타내는 완전히 신뢰할 수 있는 표식이다. 마찬가지로, 참으로 선한 행위가 없다는 것은 구원받지 못했다는 뜻이다. 두 경우 모두, 행위가 하나님의 심판을 위한 신뢰할만한 근거가 된다. 하나님은 의를 드러내는 행위를 보실 때 그 행위가 거듭난 마음에서 비롯되었는지 아신다. 하나님은 불의를 드러내는 행위를 보실 때 그 행위가 거듭나지 못한 마음에서 비롯되었는지 아신다.

로마서 2:1-16에서, 바울은 구원의 근거가 아니라 심판의 근거를 말하고 있다. 3장에 가서야 구원의 근거를 논하기 시작한다. 이 단락에서는 하나님이 심판할 때 사용하시는 요소나 원리 중 하나인 행위를 말하고 있다. 구원의 수단이나 근거가 아니라 구원의 '증거들'을 논하고 있다. 누군가 참으로 구원받았다면 그의 삶에 외적 증거가 있으리라고 말하고 있다. 구원받지 못했다면 그런 증거가 없을 것이다. 모든 신자는 하나님의 완전한 의에 이르지 못하고 때로 불순종에 빠진다. 그러나 삶에 의로운 행위가 전혀 없다면 구원받았다고 주장할 수 없다.

로마서 2:7-10에서, 바울은 두 부류의 사람들을 분명하게 구분한다. 오직 두 부류의 사람이 있을 뿐이다. 구원받은 사람과 구원받지 못한 사람이다. 바울은 먼저 구속받은 사람들만의 행위에 초점을 맞추고(7절) 뒤이어 구속받지 못한 사람들만의 행위에 초점을 맞춘다(8-9절). 그런 후에, 구속받은 사람들의 행위에 다시 초점을 맞춘다(10절).

구속받은 자들의 행위

> **참고 선을 행하여 영광과 존귀와 썩지 아니함을 구하는 자에게는 영생으로 하시고,** (2:7)

참구원은 신자가 **참고 선을 행하**는 데서 드러나며, 신자가 행할 수 있는 최고의 선은 **영광과 존귀와 썩지 아니함을 구하는** 것이다. **영광과 존귀와 썩지 아니함**은 여기서 거의 동의어로 보이지만 뚜렷이 구분되는 의미를 내포한다. 이 용어들은 함께 신자의 천상적 시각과 열망을 묘사한다.

첫째, 신자가 품는 가장 높고 가장 놀라운 바람은 **영광**, 무엇보다도 하나님의 영광이다. 이런 바람을 내면 깊이 품지 않는 사람은 참신자일 수 없다. "너희가 먹든지 마시든지 무엇을 하든지 다 하나님의 영광을 위하여 하라"(고전 10:31). 하나님의 영광을 위해 산다는 것은 하나님 자신의 신성한 일(divine working)이 전달되는 자발적 통로로서 하나님의 본성을 드러낸다는 뜻이다.

신자는 자신의 **영광**도 구한다. 그러나 타락한 인간 본성의 공통된 육신적이고 이기적 방식으로 자신의 영광을 구하는 게 아니라, 자신의 구원이 완성되는 날에 하나님의 영광에 참여하길 고대함으로써 자신의 영광을 구한다(다음을 보라. 롬 8:21, 30; 살후 2:14; 참조. 시 17:15). 우리는 "우리가 잠시 받는 환난의 경한 것이 지극히 크고 영원한 영광의 중한 것을 우리에게 이루게" 하기 위한 것임을 알고(고후 4:17) "우리 생명이신 그리스도께서 나타나실 그 때에 너희도[우리도] 그와 함께 영광 중에 나타나리라"는 것을 안다(골 3:4). 이 하늘의 영광을 구한다는 것은 사실 그리스도를 닮길 구한다는 것이다. 바울은 빌립보서 3:10-14, 20, 21절을 쓰면서 이것을 염두에 두었다.

> 내가 그리스도와 그 부활의 권능과 그 고난에 참여함을 알고자 하여 그의 죽으심을 본받아 어떻게 해서든지 죽은 자 가운데서 부활에 이르려 하노니, 내가 이미 얻었다 함도 아니요 온전히 이루었다 함도 아니라. 오직 내가 그리스도 예수께 잡힌 바 된 그것을 잡으려고 달려가노라. 형제들아, 나는 아직 내가 잡은 줄로 여기지 아니하고 오직 한 일 즉 뒤에 있는 것은 잊어버리고 앞에 있는 것을 잡으려고 푯대를 향하여 그리스도 예수 안에서 하나님이 위에서 부르신 부름의 상을 위하여 달려가노라…그러나 우리의 시민권은 하늘에 있는지라. 거기로부터 구원하는 자 곧 주 예수 그리스도를 기다리노니, 그는 만물을 자기에게 복종하게 하실 수 있는 자의 역사로 우리의 낮은 몸을 자기 영광의 몸의 형체와 같이 변하게 하시리라.

둘째, 참신자는 **존귀(honor)**를 구한다. 이번에도, 그가 구하는 것은 대다수 사람이 갈망하는 세상의 존귀가 아니라 하나님에게서 오는 존귀, 곧 그분이 이렇게 말씀하시는 존귀다. "잘하였도다. 착하고 충성된 종아, 네가 적은 일에 충성하였으매 내가 많은 것을 네게 맡기리니, 네 주인의 즐거움에 참여할지어다"(마 25:21).

셋째, 참신자는 **썩지 아니함(immortality)**을 구한다. 즉 썩을 그의 육체가 "반드시 썩지 아니할 것을 입겠고 이 죽을 것이 죽지 아니함을 입을" 날이다(고전 15:53).

바울은 사람이 '어떻게' 구원받는지 또는 하나님이 그 사람으로 '어떻게' 그리스도를 닮게 하시는지를 말하고 있는 게 아니다. 바울은 참신자의 삶이 무엇과 같은지 묘사하고 있으며, 하나님이 주시는 이러한 특성들이 역시 하나님이 주시는 **영생(eternal life)**이라는 최종 영광으로 귀결되리라는 것을 지적하고 있다. 요한은 이 기본 진리를 자신의 첫째 서신 말미에서 아름답게 말한다. "또 아는 것은 하나님의 아들이 이르러 우리에게 지각을 주사 우리로 참된 자를 알게 하신 것과 또한 우리가 참된 자 곧 그의 아들 예수 그리스도 안에 있는 것이니, 그는 참 하나님이시요 영생이시라"(요일 5:20).

영생을 정의하면 영원히 지속하는 삶이지만, 그렇더라도 **영생**은 단순히 생명의 양이 아니다. 구원받지 못한 자들도 영원한 '존재'를 가질 테지만 이들의 존재는 영원한 죽음과 형벌이다(살후 1:9; 계 14:9-11). 그러나 **영생**은 무엇보다도 생명의 질 곧 사람의 영혼 속에 자리한 하나님의 생명이다. 바울은 자신의 영생을 이렇게 말했다. "이제는 내가 사는 것이 아니요 오직 내 안에 그리스도께서 사시는 것이라. 이제 내가 육체 가운데 사는 것은 나를 사랑하사 나를 위하여 자기 자신을 버리신 하나님의 아들을 믿는 믿음 안에서 사는 것이라"(갈 2:20).

바울이 이 단락에서 말하려는 핵심은 하나님의 생명을 가진 자는 참 하나님의 성품을 드러내며 이렇게 드러난 경건한 성품을 토대로 심판을 받으리라는 것이다. 영생을 가진 사람이 하나님의 성품을 무한히 드러내지 못하는 것은 무한히 숨을 참는 것만큼이나 불가능하다. 육체적 생명이 몸의 호흡을 일으키는 만큼이나 확실하게 영생은 영적 호흡을 일으킨다. 존 머레이(John Murray, 1898-1975)는 간결하게 말했다. "구속의 열망이 없는 행위는 죽은 행위다. 선행이 없는 열망은 뻔뻔함이다."

이신칭의 곧 '오직 믿음으로 의롭다함을 얻음'은 신자의 삶에서 의로운 행위를 부정하지 않는다. 성경은 우리가 믿음으로 구원받는다는 것을 분명히 하는 만큼이나 행위로 심판받는다는 것도 분명히 한다. 하나님은 주권적 은혜로 회심의 순간에 신자들을 받아들이실 때 오로지 하나만 요구하신다. 예수 그리스도를 믿고 그분께 복종하라는 것이다. 그러나 그 순간부터, 신자는 순종의 의무를 지며 하나님을 향한 그의 순종이 그가 새로운 영적 생명을 가졌다는 표식이 된다. 그리스도를 믿으면 죄를 짓고 자신이 원하는 대로 할 자유를 얻는 게 아니라 죄'로부터의' 자유를 얻고 하나님이 주시는 바람과 능력 곧 그분을 기쁘게 하는 일을 하려는 바람과 그것을 할 수 있는 능력을 얻는다.

야고보는 믿음과 행위의 관계를 아주 분명히 말한다.

> 내 형제들아, 만일 사람이 믿음이 있노라 하고 행함이 없으면 무슨 유익이 있으리요? 그 믿음이 능히 자기를 구원하겠느냐? 만일 형제나 자매가 헐벗고 일용할 양식이 없는데 너희 중에 누구든지 그에게 이르되 평안히 가라, 덥게 하라, 배부르게 하라 하며 그 몸에 쓸 것을 주지 아니하면 무슨 유익이 있으리요? 이와 같이 행함이 없는 믿음은 그 자체가 죽은 것이라. 어떤 사람은 말하기를 너는 믿음이 있고 나는 행함이 있으니 행함이 없는 네 믿음을 내게 보이라 나는 행함으로 내 믿음을 네게 보이리라 하리라. 네가 하나님은 한 분이신 줄을 믿느냐? 잘하는도다. 귀신들도 믿고 떠느니라. 아아, 허탄한 사람아, 행함이 없는 믿음이 헛것인 줄을 알고자 하느냐?…영혼 없는 몸이 죽은 것 같이 행함이 없는 믿음은 죽은 것이니라. (약 2:14-20, 26)

로마서 2:7에서, 바울은 완성되고 성취된 영생, 마지막 심판 후에 영원한 상태가 시작될 때 오는 영생에 초점을 맞춘다. 이 완성된 영생은 신자가 땅에서 사는 동안 드러내는 선한 행위들이 증명하는 구원에 따라 주어질 것이다(6절).

구속받지 못한 자들의 행위

> **[8]오직 당을 지어 진리를 따르지 아니하고 불의를 따르는 자에게는 진노와 분노로 하시리라. [9]악을 행하는 각 사람의 영에는 환난과 곤고가 있으리니, 먼저는 유대인에게요 그리고 헬라인에게며,** (2:8-9)

여기서 바울은 자신들이 하나님께 속했음을 선행으로 증명하는 사람들과 마찬가지로 자신들이 하나님께 속하지 않았음을 악행으로 증명하는 사람들을 맞세워 비교한다. 하나님께 속하지 않은 자들은 악한 특성을 숱하게 드러내는데, 바울은 그중에 일반적이며 근본적인 세 가지를 8절에서 언급한다.

구속받지 못한 자들의 첫째 특징은 **당을 짓는다(selfishly ambitious)**[24]는 것인데, 이렇게 번역된 헬라어 단어 '에리떼이아'(*eritheia*)의 근본 의미는 삯꾼(hireling, 돈을 주면 무엇이든 하는 사람)이었을 것이다. 이것은 용병, 곧 자신이 하는 일이나 그 일이 미칠 어떤 해악에 전혀 개의치 않고 오로지 돈을 위해 일하는 자를 가리킨다. 그가 하는 모든 일은 자신을 섬기고 기쁘게 하는 데 목적이 있다. 이것은 성경이 강조하는 것, 곧 거듭나지 못한 자의 근본 문제는 철저히 자신에게 사로잡혀 삶에 하나님을 위한 자리가 없다는 것과 일치한다.

거듭나지 못한 자의 둘째 특징이자 첫째 특징의 결과는 **진리를 따르지 아니한다(do not obey the truth)**는 것이다. 그 무엇보다 자신의 길을 구하는 자는 자연히 하나님의 길인 **진리**의 길을 비롯해 다른 어떤 길도 거부한다. **진리**에 대한 불순종은 반역과 동의어인데, 아담과 하와의 타락은 전적으로 영적 반역에 관한 것이었고 타락한 인간의 본성도 전적으로 영적 반역에 관한 것이다. 구속받지 못한 자들은 본질상 반역자, 곧 하나님의 원수다(롬 8:7; 참조. 5:10; 골 1:21).

구속받지 못한 자의 셋째 특징은 **불의를 따르는(obey unrighteousness)** 것

---

24 NASB: selfishly ambitious(이기적 야망을 품는다)
새번역: 이기심에 사로잡혀서. 공동번역개정판: 자기 이익만을 생각하면서

이다. 그 누구도 도덕적 · 영적 진공에서 살지 않는다. 경건하거나 불경건하고, 의롭거나 불의하다. 예수님은 분명하게 선언하셨다. "한 사람이 두 주인을 섬기지 못할 것이니, 혹 이를 미워하고 저를 사랑하거나 혹 이를 중히 여기고 저를 경히 여김이라"(마 6:24). 인간이라면 누구라도 주인을 섬긴다고 추론할 수 있다. 하나님을 섬기거나 다른 주인을 섬기거나 둘 중 하나다. 사람이 하나님을 섬기지 않을 때, 다른 모든 주인은 그를 죄로 이끈다. 하나님을 섬긴다는 것은 하나님의 뜻에 순종한다는 뜻이다. 다른 주인을 섬긴다는 것은 죄에 순종한다는 뜻이다.

지옥으로 가는 길은 여기서 예수 그리스도의 주되심에 맞서는 영으로 매우 단순하게 정의된다. 구원받지 못한 자는 본질상 이기적 야망을 품으며 (**selfishly ambitious, 당을 지어**) 하나님께 맞서 그분의 진리에 불순종하고 대신에 **불의를 따른다(obey unrighteousness)**.

이런 사람들에게, 하나님은 **진노와 분노(wrath and indignation)**를 발하신다(6절을 보라). '오르게'(*orgē*, **wrath, 진노**)는 가장 강한 종류의 화(anger)를 가리키는데, 하나님의 긍휼과 은혜가 다할 때 절정에 이른다. 이것은 거듭나지 못하고 회개하지 않는 인류를 향한 하나님의 인내와 관용이 끝났다는 표식일 테고, 그때 하나님은 행위로 자신들의 끈질기고 변함없는 하나님을 향한 반역을 증명하는 자들에게 최종적이고 맹렬한 진노를 쏟으실 것이다.

'뚜모스'(*thumos*, **분노, indignation**)는 거침없이 돌진하는 격앙되고 맹렬한 화(anger)를 가리킨다. 근본 의미는 빠른 움직임과 관련이 있으며, 격분해 원수를 뒤쫓으며 거칠게 숨을 쉬는 모습을 묘사할 때 사용되었다. 히브리서 저자는 이 단어를 사용해 모세를 향한 바로의 살기 어린 분노를 묘사했다(히 11:27; 참조. 출 10:28). 누가는 이 단어를 사용해 나사렛 회당의 유대인들이 품은 분노, 곧 예수를 낭떠러지에서 밀쳐 떨어뜨리려 했던 분노를 묘사했다(눅 4:28-29). 바울은 이 단어를 사용해 에베소 이교도들이 그의 복음 전파, 특히 이들의 우상들 곧 "사람의 손으로 만든 것들은 신이 아니라"는 그의 주장에 분노하는 모습을 묘사했다(행 19:26-28). 마지막 심판 날, 하나님의 **분노**가 모든 반역하는 인류에게 소멸하는 불처럼 폭발할 것이다.

결과적으로, **악을 행하는 각 사람의 영에는 환난과 곤고가 있으리라**. '뜰립시스'(*thlipsis*, **tribulation, 환난**)는 근본 의미가 극단적 압박을 가한다는 것이며 때로 '고통'(affliction), '괴로움'(anguish), '박해'(persecution)로 번역된다. 이 단어는 팔레스타인에서 유대인들이 초기 교회에 가한 박해를 말할 때(행 11:19), 성도들이 일반적으로 겪는 환난을 말할 때 사용된다(요 16:33; 행 14:22; 롬 5:3; 살후 1:4). 바울은 이 단어를 사용해 자신이 아시아 지역에서 당한 박해를 묘사했다(고후 1:8). 이 단어는 아마겟돈의 큰 전투에서 진노의 포도주 틀을 밟는 것을 묘사하는 데도 사용된다(계 14:18-20).

'스테노코리아'(*stenochōria*, **distress, 곤고**)는 문자적으로 "좁은 곳"을 의미하고 은유적으로 심한 감금이나 제약을 가리키며, 따라서 괴로움이나 심한 **곤고**의 의미를 내포한다. 극형 외에, 독방은 이미 갇힌 죄수를 완전히 따로 가두는 것이기에 오랫동안 가장 혹독한 형벌로 여겨졌다. 지옥에서 겪는 고통의 한 부분은 풀려나거나 탈출할 가망이라곤 없이 완전히 고립되어 외롭게 영원히 갇히는 것이다.

바울은 **먼저는 유대인에게요 그리고 헬라인에게며**라는 어구를 이 단락에서 두 번 사용하는데, 첫째 용례가 하나님께 '정죄받은' 자들과 연결된다는 사실은 의미가 깊다. 유대인들은 자신들이 하나님이 보시기에 첫째라는 생각에 익숙했다. 사실 전형적인 유대인은, 어쩌면 라합과 룻 같은 극소수 예외가 있지만, 이방인들이 본질상 하나님이 돌보고 구속하시는 대상이 아니라고 믿었다.

하나님은 실제로 여러 민족 중에 이스라엘을 자신의 선민으로 선택하셨다. 하나님은 이스라엘에게 이렇게 선언하셨다. "내가 땅의 모든 족속 가운데 너희만을 알았나니(chosen)"(암 3:2a). 그러나 하나님은 곧바로 뒤이어 이렇게 말씀하셨다. "그러므로 내가 너희 모든 죄악을 너희에게 보응하리라"(2b절). 이스라엘은 더 큰 빛과 더 큰 복을 받았으므로 더 혹독한 벌을 받을 것이다. 바울이 여기서 분명히 하듯이, **먼저는 유대인에게요(the Jew first)**는 구원의 기회에서 먼저라면 심판의 책임에서도 먼저라는 것을 의미한다.

물론, 하나님은 의로운 행위를 요구하시고 의로운 행위를 토대로 사람들을 심판하신다. 그러나 신자라도 자신의 힘으로 의로운 행위를 할 수 없다. 신자는 선한 행위로 구원에 이를 수 없었듯이 선한 행위로 구원을 유지할 수 없다. 구원 자체처럼, 구원이 낳는 선한 행위도 오직 하나님의 주권적 은혜와 삶에서 일하시는 성령의 능력으로 가능하다. 의로운 행위를 낳는 유일한 길은 그리스도를 주님과 구주로 믿음으로써 얻는 그리스도의 의를 소유하고, 선한 일을 하도록 능력을 주시는 성령을 소유하며, 하나님의 말씀에 순종하길 의식적으로 구하는 것이다.

자신의 무한한 은혜뿐 아니라 무한한 공의로, 하나님은 **선을 행하는 각 사람**이 구하는 **존귀와 영광**이 참으로 그의 상급이 되게 하실 것이다. 바울은 하나님이 주시는 이 **평강**을 참신자가 영광과 존귀와 더불어 구하는 "썩지 아니함"(immortality)의 동의어로 사용했을 것이다(7절을 보라). 하나님의 성도는 자신이 구하는 모든 거룩한 것을 받을 것이다.

이번에도 바울은 심판의 순서가 **먼저는 유대인**이고 그다음이 **헬라인**이라고 지적한다. 믿지 않는 유대인이 먼저 정죄를 받을 것이다(9절). 하나님은 자신의 선민을 먼저 다루신 후에야 **헬라인** 곧 이방인을 다루실 것이다.

공평

[11]이는 하나님께서 외모로 사람을 취하지 아니하심이라. [12]무릇 율법 없이 범죄한 자는 또한 율법 없이 망하고 무릇 율법이 있고 범죄한 자는 율법으로 말미암아 심판을 받으리라. [13]하나님 앞에서는 율법을 듣는 자가 의인이 아니요 오직 율법을 행하는 자라야 의롭다 하심을 얻으리니, [14](율법 없는 이방인이 본성으로 율법의 일을 행할 때에는 이 사람은 율법이 없어도 자기가 자기에게 율법이 되나니, [15]이런 이들은 그 양심이 증거가 되어 그 생각들이 서로 혹은 고발하며 혹은 변명하여 그 마음에 새긴 율법의 행위를 나타내느니라.) (2:11-15)

하나님의 심판과 관련된 다섯째 요소는 하나님의 공평이다. '프로소폴렘프테스'(*prosōpolēmptēs*, **partiality**, 불공평, **외모로 사람을 취하지**)[25]는 문자적으로 "얼굴을 받다"(receive a face), 즉 어떤 사람의 신분(who he is) 때문에 그 사람을 고려한다는 뜻이다. 대중이 잘 아는 상징적인 정의의 여신상에서 그 정확한 개념을 볼 수 있다. 정의의 여신상은 눈을 가리고 있는데, 이것은 자신 앞에서 재판받는 사람이 누군지 볼 수 없고 따라서 피고에게 유리하거나 불리하게 편파적으로 판결할 유혹을 받지 않음을 상징한다. 때로 정의의 여신상은 손이 묶인 모습으로 그려지기도 하는데, 뇌물을 받을 수 없음을 상징한다.

안타깝게도, 최고의 인간 법정에도 불공평이 있다. 그러나 하나님의 심판 날에는 불공평이 없을 것이다. 하나님은 세세한 부분을 모두 완벽하게 아시고 완벽하게 의로우시다. 그러므로 하나님의 공의는 완벽하게 공평할 수밖에 없다. 지위, 교육, 영향력, 인기, 외모 같은 것들은 하나님이 한 사람의 영원한 운명을 결정하시는 데 절대적으로 아무 영향을 미치지 않을 것이다.

하나님이 지으신 가장 높고 멋진 피조물은 루시퍼 곧 "아침의 아들 계명성"이었다. 그러나 그는 교만에 찬 야망에 사로잡혀 자신을 심지어 자신의 창조자보다 높이고 "지극히 높은 이"처럼 되려 했다. 그래서 하나님은 그렇게도 높고 위풍당당한 루시퍼라도 하늘에서 스올로 쫓아내셨다(사 14:12-15). 가장 높은 자가 가장 비천한 자가 되었다. 하나님 앞에서 특별한 은총을 받을 위치에 있는 존재가 있었다면 바로 루시퍼였다. 그러나 그는 높은 위치 덕에 오히려 자신의 악한 반역에 더 큰 책임이 있었으며, 그래서 지옥에서 모든 피조물 중에 가장 큰 벌을 받을 것이다.

하나님이 고넬료의 삶에서 어떻게 일하시는지 보았을 때, 베드로는 유대인으로서 이방인들을 향해 품었던 편견을 마침내 극복하고 이렇게 고백할 수 있었다. "내가 참으로 하나님은 사람의 외모를 보지(show partiality) 아니하시고 각 나라 중 하나님을 경외하며 의를 행하는 사람은 다 받으시는 줄 깨달았도다"(행 10:34-35). 주님처럼, 바울은 사람의 높은 종교적 위치에 감명받지 않았다(갈 2:6). 이러한 하나님의 공의는 바울의 선언에도 암시된다. "하나님은

---

25 새번역: 차별함. 공동번역개정판: 차별

업신여김을 받지 아니하시나니, 사람이 무엇으로 심든지 그대로 거두리라"(갈 6:7). 사람의 신분은 그가 하나님의 심판에서 거두는 것에 아무 영향도 미치지 않을 것이다. "자기의 육체를 위하여 심는 자는 육체로부터 썩어질 것을 거두고 성령을 위하여 심는 자는 성령으로부터 영생을 거두리라"(8절).

바울은 주인들에게 종들을 배려하라고 경고하며 일깨운다. "그들과 너희의 상전이 하늘에 계시고 그에게는 사람을 외모로 취하는 일이 없는 줄 너희가 앎이라"(엡 6:9). 바울은 골로새 신자들에게 이렇게 단언했다. "불의를 행하는 자는 불의의 보응을 받으리니, 주는 사람을 외모로 취하심이 없느니라"(골 3:25). 베드로는 자신의 편지를 읽는 사람들에게 이렇게 권면했다. "외모로 보시지 않고 각 사람의 행위대로 심판하시는 이를 너희가 아버지라 부른즉 너희가 나그네로 있을 때를 두려움으로 지내라"(벧전 1:17).

하나님이 공평하시다는 말은 사람들이 가진 다양한 영적 빛을 그분이 고려하신다는 것을 배제하지 않는다. 바울은 뚜렷이 다른 두 죄인 그룹을 언급한다. 하나님의 **율법**을 알 기회가 없었던 죄인들이 있고, 이런 기회가 있었던 죄인들이 있다. 물론, 바울은 하나님이 모세를 통해 이스라엘 백성에게 주신 **율법**을 말하고 있다. 그러므로 **율법 없는** 자들이란 이방인이다.

이방인들이 하나님에 대한 인식이 없거나 옳고 그름에 대한 의식이 없다는 게 아니다. 바울은 이미 분명하게 논증했다. 창조 세계의 증거를 통해, 모든 인간은 하나님의 "영원하신 능력과 신성"을 뒷받침하는 증거를 갖고 있다(1:20). 그러므로 **율법 없이 범죄한** 이방인들 **또한 율법 없이 망한다**. 다시 말해, 이방인들은 자신들이 하나님에 관해 갖고 있는 더 제한된 지식에 따라 심판을 받을 것이다. 물론, 여기에는 모든 시대의 인류 절대다수가 포함된다. 하나님의 말씀을 세상의 다양한 언어로 배포할 능력이 향상되었고 복음을 전하는 놀라운 신기술과 매체가 등장했다. 그렇더라도 세상 사람들 대다수가 성경에 담긴 구원하는 진리를 분명하게 알기는커녕 성경의 분명한 가르침조차 전혀 듣지 못했다.

그러나 이들은 하나님이 창조 세계를 통해 주신 자연 계시가 있을 뿐 아니라 이들의 마음과 양심이 옳고 그름을 증언하기 때문에(15절) 유죄이며 책임이 있다. 그러므로 이들은 **율법 없이 망한다.** '아폴루미'(*apollumi*, **perish, 망하고**)는 멸망과 관련이 있으나 멸절(annihilation)과는 관련이 없다. 이것은 기본적으로 망가져서 더는 본래 목적에 사용할 수 없는 것과 관련이 있다. 예수님은 이 용어를 사용해 지옥에 던져지는 자들을 말씀하셨다(마 10:28). 예수님이 다른 곳에서 분명히 하시듯이, 지옥은 힌두교의 열반(Nirvana)처럼 무(nothingness) 또는 무의식 존재(unconscious existence)의 장소나 상태가 아니다. 지옥은 영원한 고통의 장소, 영원한 죽음의 장소이며, "울며 이를 갈게 되는" 곳이다(마 13:42, 50을 보라). 모든 사람은 하나님의 영광을 위해 하나님이 창조하셨으나 구원받기 위해 하나님께 나오길 거부할 때 구속받을 기회, 곧 하나님이 의도하시는 존재가 될 기회를 잃는다. 그러므로 이들은 정죄와 멸망에 적합할 뿐이다.

잃은 이방인(the lost Gentile)은 잃은 유대인과 똑같이 분명히 **망한다.** 그러나 바울이 이미 넌지시 말했듯이(9절), 이들의 영원한 환난과 곤고는 유대인들, 곧 하나님의 율법을 가졌기에 헤아릴 수 없는 이점이 있는 자들보다 덜할 것이다. 예수님은 이 원리를 분명하게 말씀하셨다. 예수님은 긴 여행에서 돌아온 주인을 마주한 종들을 예로 들며 말씀하셨다. "주인의 뜻을 알고도 준비하지 아니하고 그 뜻대로 행하지 아니한 종은 많이 맞을 것이요 알지 못하고 맞을 일을 행한 종은 적게 맞으리라. 무릇 많이 받은 자에게는 많이 요구할 것이요 많이 맡은 자에게는 많이 달라 할 것이니라"(눅 12:47-48).

하나님이 많은 것을 맡기셨고, 바울이 뒤이어 **무릇 율법이 있고 범죄한 자는 율법으로 말미암아 심판을 받으리라**고 말한 대상은 바로 유대인들이다. 하나님의 **율법**을 아는 이점이 없었던 자는 그가 하나님에 관해 가진 제한된 지식에 따라 심판을 받을 것이다.

구약의 율법뿐 아니라 신약의 복음을 아는 자들도 심판을 받는 자들의 이 둘째 범주에 속한다. 이들은 옛 유대인들보다 하나님을 훨씬 많이 알기에 훨씬 큰 책임이 따를 것이다. 이들은 고라신과 벳새다와 가버나움 같을 것인데, 이 유대 성읍들은 예수님의 가르침을 듣고 그분의 이적을 보았으나 그분을 자신들의 메시아요 왕으로 받아들이길 거부했다. 이들은 하나님의 율법을 가졌을 뿐 아니라 하나님의 외아들을 만나는 특권까지 누렸다. 주님은 이들에게 냉혹하게 말씀하셨다. 그러므로 심판 날에 두로와 시돈과 소돔 같은 이교도 성읍들이 이들보다 나으리라는 것이었다(마 11:20-23).

모든 불신자가 지옥에 있을 테지만 지옥의 가장 뜨거운 곳은 가장 큰 영적 기회를 허비한 자들을 위해 예약되어 있다. 이런 까닭에 배교자, 곧 하나님의 진리를 알고 심지어 인정했으나 결국 그 진리에 등을 돌린 자가 되는 것은 참으로 무서운 일이다. 히브리서 저자는 이런 사람들을 이렇게 말한다. "한 번 빛을 받고 하늘의 은사를 맛보고 성령에 참여한 바 되고 하나님의 선한 말씀과 내세의 능력을 맛보고도 타락한 자들은 다시 새롭게 하여 회개하게 할 수 없나니, 이는 그들이 하나님의 아들을 다시 십자가에 못 박아 드러내 놓고 욕되게 함이라"(히 6:4-6). 히브리서 10:26-31은 이렇게 덧붙인다.

> 우리가 진리를 아는 지식을 받은 후 짐짓 죄를 범한즉 다시 속죄하는 제사가 없고 오직 무서운 마음으로 심판을 기다리는 것과 대적하는 자를 태울 맹렬한 불만 있으리라. 모세의 법을 폐한 자도 두세 증인으로 말미암아 불쌍히 여김을 받지 못하고 죽었거든 하물며 하나님의 아들을 짓밟고 자기를 거룩하게 한 언약의 피를 부정한 것으로 여기고 은혜의 성령을 욕되게 하는 자가 당연히 받을 형벌은 얼마나 더 무겁겠느냐? 너희는 생각하라. 원수 갚는 것이 내게 있으니 내가 갚으리라 하시고, 또 다시 주께서 그의 백성을 심판하리라 말씀하신 것을 우리가 아노니, 살아계신 하나님의 손에 빠져 들어가는 것이 무서울진저.

하나님의 말씀을 들을 기회가 있는 자들은 기회 없는 자들보다 크게 유리하다. 그렇더라도 이들이 하나님의 말씀에 귀 기울이지 않으면 기회 없는 자들보다 훨씬 나빠진다. 바울은 그 이유를 이렇게 말한다. **하나님 앞에서는 율법을 듣는 자가 의인이 아니요 오직 율법을 행하는 자라야 의롭다 하심을 얻으리니.** 야고보가 하나님의 말씀을 듣고도 행하지 않는 자들에 관해 경고하듯이(약 1:22-23), 바울은 여기서 들음을 가리키는 일반적인 헬라어 단어(*akouō*)가 아니라 듣는 것을 업으로 삼는 사람들에게 사용된 '아크로아테스'(*akroatēs*)라는 단어를 사용한다.

그 개념은 대학생과 흡사하다. 대학생이 수업에 들어가는 주된 목적은 교수의 강의를 듣는 데 있다. 일반적으로, 그는 자신이 들은 것에 대해 책임이 있으며 들은 것에 대해 시험을 친다. 그러나 단지 청강생이라면 수업에 들어가기만 하면 된다. 시험도 치지 않고 성적도 받지 않는다. 바꾸어 말하면, 들을 뿐 들은 것에 대한 책임이 없다.

바울 당시 많은 회당에서 가르침의 초점을 성경이 아니라 사람이 만든 전통 체계, 즉 포로기 이후 랍비들이 오랜 세월에 걸쳐 발전시킨 전통 체계에 맞추었다. 빈번하게, 구약의 하나님 말씀을 읽고 들을 뿐 설명하거나 적용하지 않았다. 그러므로 대다수 유대인은 "청강생" 곧 **율법을 듣는 자**에 지나지 않았다.

그러나 하나님은 그분의 말씀을 듣기만 하는 "청강생"을 인정하지 않으신다. 하나님의 진리를 들을수록 그 진리를 믿고 그 진리에 순종할 책임도 커진다. 순종이 없으면 들을수록 심판이 커진다.

단지 교회에 출석하고, 설교 테이프를 들으며, 성경공부에 참석하고, 기독교 음악을 듣기에 자신이 그리스도인이라 생각하는 사람들이 있다. 야고보는 이들이 "자신을 속이는 자"라고 경고한다. "누구든지 말씀을 듣고 행하지 아니하면 그는 거울로 자기의 생긴 얼굴을 보는 사람과 같아서 제 자신을 보고 가서 그 모습이 어떠했는지를 곧 잊어버리거니와"(약 1:23-24). 바꾸어 말하면, 하나님의 말씀을 겉으로 아는 데 만족하는 사람은 영적 환영에 빠져 살면서 자신이 구원받지 않았는데도 구원받았다고 생각하는 것이다. 그는 거울을 보면서 자신이 많이 알지만 마음에 새기지 않는 하나님의 말씀으로 자신을 판단하는 게 아니라 스스로 자신을 판단한다. 그는 자신이 들은 것에 순종하지 못하는데, 자신이 들은 것을 믿지 않거나 받아들이지 않는다는 증거다. 그의 불순종은 그가 하나님의 말씀을 듣고도 하나님을 신뢰하지 않는다는 증거다. 그는 듣기만 할 뿐 순종하지 않을수록 심판 날에 벌 받을 죄를 더 쌓는다. 주님은 산상설교의 말미에서 이것을 염두에 두셨던 게 분명하다. 마태복음 7:24-27에 그분의 말씀이 기록되어 있다.

그러므로 누구든지 나의 이 말을 듣고 행하는 자는 그 집을 반석 위에 지은 지혜로운 사람 같으리니, 비가 내리고 창수가 나고 바람이 불어 그 집에 부딪치되 무너지지 아니하나니, 이는 주추를 반석 위에 놓은 까닭이요 나의 이 말을 듣고 행하지 아니하는 자는 그 집을 모래 위에 지은 어리석은 사람 같으리니, 비가 내리고 창수가 나고 바람이 불어 그 집에 부딪치매 무너져 그 무너짐이 심하니라.

반대로, **율법을 행하는 자**는 믿음과 회개로 하나님께 나오는 자들인데, 이들은 하나님 없이 하나님의 **율법**을 지킬 수 없고 그분의 율법을 알면 그 율법에 순종할 더 큰 의무를 지게 된다는 것을 깨닫는다. 참으로 하나님의 율법을 **행하는 자**는 믿음으로 예수 그리스도께 나오는 자들이다. 율법의 목적은 사람들을 그분께 인도하는 것이기 때문이다(갈 3:24). 이들이 믿음으로 그분께 나온 후 순종하며 산다면, 이것은 이들이 그분과 구원의 관계에 있으며 **의롭다 하심을 얻으리라**(**will be justified,** 의롭게 되리라)는 증거다. 여기에 담긴 의미는 율법에 순종하면 의롭다함을 얻는다는 게 아니다. 성경은 의롭다함은 오직 믿음을 통해 '온다'고 분명하게 말하기 때문이다(롬 3:24, 28). 그러나 이들이 하나님의 거룩한 율법을 행하는 데서 이들의 의로움이 드러날 것이다.

이번에도 바울은 믿음과 행위의 관계와 관련해 야고보와 같은 진리를 지적하며, 또한 야고보처럼 의롭다함을 완결되거나 완성된 구원이란 의미에서 사용한다. 하나님의 말씀에 진정으로 순종하는 사람은 하나님의 능력으로 순종함으로써 자신이 구원받았고 따라서 심판날에 **의롭다 하심을 얻으리라**는 것을 증명한다(참조. 약 2:20-26).

그렇다면 이것은 이방인들이 **율법**이라는 이점이 없었고 따라서 순종하는 삶을 위한 토대가 없었기에 영원한 심판과 형벌을 면한다는 뜻인가? 아니다. 바울이 이미 분명히 했듯이, **이방인** 곧 **율법 없는** 자들은 창조 세계에 나타난 하나님의 일반 계시 또는 자연 계시가 있으며 자신들이 유죄이고 죽어 마땅함을 본능적으로 알기 때문이다(1:18-32). 그러나 바울은 이 서신 조금 뒤에서 이렇게 말하지 않는가? "율법이 없는 곳에는 범법도 없느니라"(4:15). "죄가 율법 있기 전에도 세상에 있었으나 율법이 없었을 때에는 죄를 죄로 여기지 아니하였느니라"(5:13). "율법으로 말미암지 않고는 내가 죄를 알지 못하였으니"(7:7).

바울은 이 질문들을 예상하고 여기서 이렇게 말한다. **율법 없는 이방인이 본성으로 율법의 일을 행할 때에는…자기가 자기에게 율법이 되나니.** 바울은 더 자세히 설명하며 이렇게 말한다. **이런 이들은 그 양심이 증거가 되어 그 생각들이 서로 혹은 고발하며 혹은 변명하여 그 마음에 새긴 율법의 행위를 나타내느니라.**

이교도들이 잃은 자인 데는 네 가지 이유가 있다. 첫째, 이미 말했듯이, 이들은 자신들이 하나님의 '창조 세계'를 통해 얻을 수 있는 하나님을 아는 지식을 거부하며, 이러한 거부가 이들을 정죄한다.

둘째, 바울이 이제 지적하듯이, 이들의 '행위', 곧 이들의 **마음에 새긴 율법**을 아는 지식에 근거한 행위가 이들을 정죄한다. 역사 내내, 많은 불신자가 정직하게 사업하고 부모를 공경하며 아내나 남편에게 충실하고 자녀를 돌보며 궁핍한 사람들에게 후했다. 이것들 모두 하나님의 말씀이 칭찬하는 선한 일이다. 하나님의 정의 기준이 세상의 많은 사법 체계에 투영되며, 이러한 사법 체계는 절도와 살인을 비롯해 다양한 부도덕을 잘못이자 불법으로 여긴다. 고대와 현대의 숱한 이교도 철학자가 성경의 윤리 기준과 흡사한 윤리 기준을 가르친다.

성경은 다리오(단 6:25-28), 에베소의 서기장(행 19:35-41), 바울을 보호한 로마 지휘관들(행 23:10, 17-35), 바울과 그 일행에게 호의를 베푼 멜리데 원주민들(행 28:10) 같은 이교도들이 행한 많은 선행을 들려준다. 이런 사람들이 선한 일을 했으며 '자신들이 윤리적으로 선함을 알았다'는 사실은 이들이 **마음에 새긴 율법** 곧 하나님의 율법을 아는 지식이 있었음을 증명한다. 그러므로 이 사람들이 결코 참 하나님을 믿게 되지 않는다면 이들의 선한 행위가 심판날에 실제로 이들에게 불리한 증언을 할 것이다.

셋째, 이교도들이 정죄 받는 것은 '양심' 때문이다. 이방인들은 하나님의 율법을 아는 특권이 없더라도 **그 양심이 증거가 되어** 하나님의 율법을 증언한다. '순에이데시스'(*suneidēsis*, **양심**)는 문자적으로 "더불어 아는 지식"(knowledge with) 또는 "공통 지식"(co-knowledge)을 뜻한다. 이 단어의 동의어들은 대부분 근본 의미가 같으며 많은 고대 언어에서 발견된다. 이 단어 배후에 있는 개념 자체가 증언하는 사실이 있다. 사람들은 자신에게 옳고 그름을 분별하는 본능적이며 내재된 감각, 곧 죄책감을 유발하는 감각이 있음을 안다는 것이다.

아프리카 어느 부족에게 피고인의 유무죄를 테스트하는 유별나지만 유효한 방법이 있다고 한다. 용의자들을 나란히 세우고 각자의 혀에 뜨거운 칼을 가져다 댄다. 침이 혀에 있으면 칼날이 지글지글 소리를 내지만 통증을 거의 유발하지 않는다. 그러나 혀가 말라 있으면 칼날이 혀에 달라붙어 심한 화상과 통증을 일으킨다. 이 부족은 죄의식을 느끼면 입이 마른다는 것을 알았으며, 그러므로 마른 혀를 유죄의 증거로 받아들였다. 물론, 이렇게 입이 마르게 하는 것은 양심의 일이다.

옳고 그름을 얼마나 알고 얼마나 느끼느냐에 따라 양심의 민감도가 다르다. 하나님의 말씀을 아는 지식이 상당한 사람은 성경을 알 기회가 전혀 없었던 사람보다 양심이 더 민감할 것이다.

그러나 양심의 소리에 복종하느냐 저항하느냐에 따라서도 양심의 민감도가 다르다. 몇 년 전, 이런 사실이 발견되었다. 오래 지속된 의학적 사고와 달리, 나환자에게 흔히 일어나는 사지 변형의 직접 원인은 나병이 아니라는 것이다. 나병은 살이 썩게 하거나 살을 좀먹는 게 아니라 신경을 둔감하게 한다. 통증이라는 경고 신호의 보호를 받지 못하기에, 나환자는 사지가 쓸리거나 베이거나 데여서 감염이 일어나는데도 자신이 다쳤다는 것을 알지 못한다.

이와 흡사하게도, 양심의 소리를 무시하고 거부하면 양심이 점점 무뎌지고 결국 악행에 대해 경고 신호를 더는 보내지 않을 것이다. 바울은 종말에 나타날 이단들과 배교자들을 말하는데, 이들은 하나님과 그분의 진리를 끈질기게 반대했기에 마치 인두로 지진 것처럼 양심이 감각을 잃을 것이다(딤전 4:2).

하나님은 자녀들의 양심을 이용해 이들을 인도하신다. 그러므로 바울은 신자들에게 자기 양심의 인도에 충실하고 다른 신자들의 양심을 존중하라고 여러 차례 호소한다(다음을 보라. 롬 13:5; 고전 8:7, 12; 10:25, 29; 고후 5:11). 자신의 가르침에 맞춤하게도, 바울은 자신의 양심에 주의 깊게 순종한다(행 23:1;

24:16; 롬 9:1).

넷째, 이교도들이 잃은 자인 것은 이들의 '사색'(contemplation), 곧 **서로 혹은 고발하며 혹은 변명하는(defending)** 이들의 **생각들** 때문이다. 타고난 능력은 분명히 양심과 밀접하게 연결된다. 양심이 주는 옳고 그름을 아는 본능적 지식을 토대로, 불신자들이라도 어떤 것들이 기본적으로 옳거나 그른지 판단할 분명한 능력이 있다.

예를 들어, 열정적으로 범죄와 싸우고 가난한 자들을 대변하는 사람들 대다수가 그 동기를 성경에서 얻거나 예수 그리스도와의 구원하는 관계에서 얻지 않는다. 인간으로서 이들은 범죄와 싸우고 가난한 자들을 돕는 것이 선한 일이라는 사실을 알 수밖에 없다. 가장 불경건한 사회라도 아이나 노인이 잔인하게 공격당하거나 살해당할 때 격분한다. 이교도, 불가지론자, 무신론자라도 기본적인 옳고 그름을 분별할 수 있다.

지금까지 살펴본 심오한 네 가지 이유 때문에, 그 누구도 하나님의 심판 앞에 무죄일 수 없다. 이들이 하나님께로 돌아서지 않는다는 사실 자체가 이들이 하나님이 자신들에게 주신 빛을 따라 살지 않는다는 것을 증명한다. 예수님은 분명하게 선언하셨다. "사람이 하나님의 뜻을 행하려 하면 이 교훈이 하나님께로부터 왔는지 내가 스스로 말함인지 알리라"(요 7:17). 바울은 아덴의 이교도 청중에게 단언했다. 하나님이 "인류의 모든 족속을 한 혈통으로 만드사 온 땅에 살게 하시고 그들의 연대를 정하시며 거주의 경계를 한정하셨으니, 이는 사람으로 혹 하나님을 더듬어 찾아 발견하게 하려 하심이로되, 그는 우리 각 사람에게서 멀리 계시지 아니하도다"(행 17:26-27). 진정으로 하나님을 알고 그분을 따르려는 사람은 자신이 성공하리라 확신한다. 하나님이 이렇게 말씀하신다. "너희가 온 마음으로 나를 구하면 나를 찾을 것이요 나를 만나리라"(렘 29:13).

하나님은 그분을 진정으로 찾는 사람을 존귀하게 여기신다. 이것을 보여주는 탁월한 예가 될 수 있는 한 사람이 있다. 그는 아프리카에서 가장 원시적인 부족 중 하나에서 자랐다. 그는 어릴 때 버릇없는 고집불통이었기에 집에 손님이 오면 밖에 나가 있어야 하기 일쑤였다. 어머니뿐 아니라 부족에게 벌을 혹독하게 받았는데도 목적 없이 나쁜 짓과 심지어 잔인한 짓까지 고집스레 계속했다. 그는 그때를 돌아보며 나쁜 짓을 할 때 죄책감으로 마음도 아팠지만 스스로 어찌할 도리가 없었다고 말한다. 그는 자신의 삶이 뭔가 크게 잘못되었음을 알았고 자주 숲에 들어가 머리를 나무에 부딪치며 소리쳤다. "내가 뭐가 잘못된 거지? 왜 내가 이런 짓을 하는 거야?" 그는 여러 차례 극단적 선택을 생각했다.

어느 날, 그의 친구가 해변에 갔다가 돌아왔다. 그 친구는 흥미진진한 이야기를 많이 들려주었다. 그중 하나는 사람들이 일요일마다 모여 노래하고 대화한다는 것이었다. 소년은 친구에게 그 사람들이 왜 모이느냐고 물었다. 친구는 그 사람들이 온 세상을 창조한 하나님께 노래하며 기도하고 있었다고 답했다. 그 사람들은 자신들의 하나님을 '아버지'라 불렀고 그분이 자신들의 기도를 듣고 응답하신다고 믿었다.

하나님에 관한 이 작은 지식을 토대로, 부족이 포기했던 소년은 이 하나님에게 기도하기로 했다. 그는 이렇게 회상한다. "저는 누가 기도하는 것을 전혀 들어본 적이 없습니다. 그러나 이 하나님이 마치 제 아버지인 것처럼 그분께 얘기하기로 했습니다. 그 뒤에 일어난 일을 뭐라고 설명할 수 없지만 흥분되고 신나는 경험이었습니다. 이 하나님을 더 알고 싶었지만, 저희 마을에는 그분에 관해 조금이라도 아는 사람이 전혀 없었습니다. 그래서 2년 동안, 일요일마다 혼자 기도하며 어느 날 누군가 나타나 제게 그분을 얘기해 주길 바랐습니다."

그는 정부의 도로 공사 현장에서 일할 때 자신이 태어난 마을에 사는 사촌을 방문했다가 아주 놀랍고 기쁜 사실을 알게 되었다. 한 무리의 사람들이 일요일마다 그 마을에 모여 자신이 들었던 그 하나님께 노래하고 기도한다는 것이었다. 그는 이렇게 말했다. "그때 심장이 마구 뛰었습니다. 어찌나 흥분했는지 모릅니다. 일요일을 손꼽아 기다렸습니다. 일요일 아침, 저는 맨 뒷자리에 앉았습니다. 한 사람이 들려주는 하나님 이야기를 태어나 처음 들었습니다. 그분은 제가 상상했던 것보다 훨씬 놀라웠습니다. 설교자는 하나님이 세상을 너무나 사랑해 예수라는 외아들을 보내 저의 죄를 처리하게 하셨다고 했습니다. 궁금했습니다. 그분이 과연 내가 얼마나 끔찍한 놈인지 아실까? 그러나 설교자는 제가 무슨 짓을 했든 간에 하나님이 저를 용서하시고 저의 마음을 깨끗하게 하시리라고 했습니다. 저는 그 모든 게 사실이라는 것을 알았습니다."

소년은 하나님을 진심으로 찾았고, 그래서 마침내 복음을 들었을 때 성령께서 갈망하는 그의 마음에 복음의 진리를 단단히 심으셨다. 그는 하나님이 자신의 기도를 들으셨고 자신을 구원의 메시지를 들을 수 있는 곳에 보내셨다는 것을 알았다. 그는 이렇게 증언한다. "그날 아침, 제 마음을 하나님께 드렸습니다. 그분에게도 아들이 있다는 사실을 알고 기뻤습니다. 제가 그동안 아버지께 기도했듯이, 그분은 정말로 아버지셨습니다."

동기

곧 나의 복음에 이른 바와 같이 하나님이 예수 그리스도로 말미암아 사람들의 은밀한 것을 심판하시는 그 날이라. (2:16)

하나님의 심판과 관련된 여섯째 원리는 동기다. 여기서 바울은 자신이 심판을, **나의 복음에 이른 바와 같이 하나님이…심판하시는 그 날**을 말하고 있음을 분명히 한다.

동기는 심판의 타당한 근거다. 그 유일한 이유는 하나님이 **사람들의 은밀한 것을 심판하실** 수 있다는 것이다. 하나님은 모든 사람이 하는 행동의 동기를 정확하게 아신다. 그러므로 하나님은 그 행동이 참으로 선한지 아니면 악한지, 그 행동이 육에서 비롯되었는지 아니면 성령에서 비롯되었는지 정확하게 판단하신다.

다윗은 아들 솔로몬에게 이렇게 훈계했다. "너는 네 아버지의 하나님을 알고 온전한 마음과 기쁜 뜻으로 섬길지어다. 여호와께서는 모든 마음을 감찰하사 모든 의도를 아시나니"(대상 28:9). 자신의 가장 아름다운 시편 중 하나에서, 다윗은 이렇게 고백했다. "여호와여, 주께서 나를 살펴보셨으므로 나를 아시나이다. 주께서 내가 앉고 일어섬을 아시고, 멀리서도 나의 생각을 밝히 아시오며, 나의 모든 길과 내가 눕는 것을 살펴보셨으므로, 나의 모든 행위를 익히 아시오니"(시 139:1-3). 하나님은 예레미야를 통해 이렇게 말씀하셨다. "나 여호와는 심장을 살피며 폐부를 시험하고 각각 그의 행위와 그의 행실대로 보응하나니"(렘 17:10). 예수님은 산상설교에서 세 차례 이렇게 말씀하셨다. "은밀한 중에 보시는 너의 아버지께서 갚으시리라"(마 6:4, 6, 18).

분명히, 상대적으로 선한 사람이 있다. 많은 불신자가 대다수 사람보다 더 도덕적으로 산다. 그러나 하나님을 만족시키는 것은 이러한 종류의 선이 아니다. 하나님의 영광을 위해 하나님의 능력으로 하는 행동이 아니면 그 무엇도 참으로 선하지 않기 때문이다. 육신으로 하는 모든 것은 육신을 섬길 수 있을 뿐이며 본질상 불완전과 사욕으로 더럽혀져 있다. 이것은 유일하게 바른 동기, 하나님을 기쁘게 하고 영화롭게 하려는 동기에서 비롯된 것일 수 없다. 자신의 선으로 다른 사람들에게 깊은 인상을 심기 위해서든, 동료의 압력에 답하기 위해서든, 죄책감을 덜기 위해서든, 단순히 자신을 더 좋게 느끼기 위해서든 간에, 하나님을 위해 그분의 능력으로 하지 않는 것은 무엇이든 기본적으로 죄악되며 하나님이 받으실 수 없다. 겉보기에 아무리 선하고 자기희생적이더라도 다르지 않다.

다윗은 하나님께 기름부음을 받은 왕으로서 하나님의 선민을 다스리면서 무서운 죄를 범했다. 앞장에서 말했듯이, 그가 지은 많은 죄, 곧 밧세바와 간음한 죄와 그녀의 남편 우리아를 죽인 죄는 사형에 해당했으며, 하나님은 이런 죄를 지은 다윗의 생명을 마땅히 취하실 수 있었다. 그러나 다윗의 삶을 이끌어가는 기본 동기와 방향은 육신의 야망이나 불의가 아니라 하나님을 향한 섬김과 예배였다. 다윗은 하나님 앞에 자신의 죄를 순순히 인정하고 고백하며 자신을 하나님의 자비와 은혜에 맡겼다. 반대로, 유다는 겉보기에 올바르고 종교적이었으며 그리스도를 따른다고 공언했으나 철저히 자기중심적이었다. 속으로, 그는 그리스도와 그분의 은혜의 복음을 경멸하게 되었다. 두 사람을 움직인 마음의 소망은 하나님 앞에 펼쳐진 책이었으며, 각자의 죄와 행위는 이들이 다른 사람들에게 어떻게 보였느냐가 아니라 이들의 진정한 모습으로 심판받을 것이다.

로마서 2:6-16이 가르치는 바가 있다면, 구속받은 삶은 거룩한 삶을 낳고 거룩함이 보이지 않는 삶은 영생을 주장할 수 없다는 것이다. 바른 삶은 오로지 바른 동기에서 비롯될 수 있고, 하나님이 주신 진정한 구원의 증거다. 바른 삶이 없다는 것은 잃은 자(lostness)라는 확실한 증거다.

12

거짓 안전
(2:17-29)

[17]유대인이라 불리는 네가 율법을 의지하며 하나님을 자랑하며 [18]율법의 교훈
을 받아 하나님의 뜻을 알고 지극히 선한 것을 분간하며 [19]맹인의 길을 인도하
는 자요 어둠에 있는 자의 빛이요 [20]율법에 있는 지식과 진리의 모본을 가진 자
로서 어리석은 자의 교사요 어린 아이의 선생이라고 스스로 믿으니, [21]그러면
다른 사람을 가르치는 네가 네 자신은 가르치지 아니하느냐? 도둑질하지 말라
선포하는 네가 도둑질하느냐? [22]간음하지 말라 말하는 네가 간음하느냐? 우상
을 가증히 여기는 네가 신전 물건을 도둑질하느냐? [23]율법을 자랑하는 네가 율
법을 범함으로 하나님을 욕되게 하느냐? [24]기록된 바와 같이, 하나님의 이름이
너희 때문에 이방인 중에서 모독을 받는도다. [25]네가 율법을 행하면 할례가 유
익하나 만일 율법을 범하면 네 할례는 무할례가 되느니라. [26]그런즉 무할례자가
율법의 규례를 지키면 그 무할례를 할례와 같이 여길 것이 아니냐? [27]또한 본래
무할례자가 율법을 온전히 지키면 율법 조문과 할례를 가지고 율법을 범하는
너를 정죄하지 아니하겠느냐? [28]무릇 표면적 유대인이 유대인이 아니요 표면적
육신의 할례가 할례가 아니니라. [29]오직 이면적 유대인이 유대인이며 할례는 마
음에 할지니, 영에 있고 율법 조문에 있지 아니한 것이라. 그 칭찬이 사람에게
서가 아니요 다만 하나님에게서니라. (2:17-29)

사람들은 안전을 갈망한다. 경제, 직장, 결혼생활, 국가, 건강, 집, 사회적 지위

를 비롯해 숱한 것이 안전하길 간절히 바란다. 안전을 원하는 것은 자기보존을 위한 자연스러운 욕구다. 그러나 많은 사람이 독립과 자급자족을 외치면서도 자신이 본래 완전히 안전할 수 없음을 본능적으로 안다.

장기근로계약, 힘든 시기에도 잘 돌아가는 사업체에서 일하기 또는 그런 사업체 운영하기, 다양한 투자 포트폴리오 갖기 등이 경제적 안전을 가늠하는 척도일 수 있다. 도난 경보기, 높은 담장, 경비견 등이 집의 안전을 가늠하는 척도일 수 있다. 잘 훈련되고 잘 무장된 군대가 국가의 안전을 가늠하는 척도일 수 있다. 그러나 역사와 개인의 경험이 증명하고 또 증명하듯이, 이런 것들은 절대적 안전을 보장하지 못한다.

대다수 사람은 안전을 생각할 때 어떤 형태로든 '영원한' 안전을 바란다. 천국과 지옥을 믿지 않는 사람들은 죽음이 존재의 끝이 되며, 비인격적이고 의식이 없는 무(無)로 인도하거나 무한히 순환하는 삶의 고리에서 전생보다 나은 삶으로 환생하길 바란다.

그러나 바울은 이미 분명하게 선언했다. 깨닫고 인정하든 그러지 않든 '모든' 사람은, 가장 타락한 이교도들까지도 하나님의 "보이지 아니하는 것들 곧 그의 영원하신 능력과 신성"을 어느 정도 안다는 것이다(롬 1:18-21). 모든 사람은, 유대인과 이방인이 똑같이 마음과 양심의 증언이 있어 기본적으로 옳고 그름으로 분별할 수 있다(2:14-15). 모든 사람은 하나님이 제시하신 의의 기준에 부합하게 살지 못하면 "사형에 해당한다"는 것을 어느 정도 안다(1:32). 대다수 사람은 하나님이 자신들의 죄를 심판하실 것을, 자신들이 살아온 방식에 자신들이 책임을 지게 되리라는 것을 몹시 두려워한다. 성경은 이들이 오직 한 번 살고 죽으며 "그 후에는 심판이 있으리니"라고 말한다(히 9:27).

그러므로 본능적으로 사람들은 어떻게든 그 심판을 피할 수 있길 바란다. 의식적으로든 무의식적으로든, 종교적으로든 비종교적으로든, 사람들은 자신의 영적 불안전을 해결해야 한다는 것을 내면 깊이 이해한다. 사람들은 자신들의 악에 대해 벌을 받지 않으리라는 확신을 원한다. 이런 확신을 얻으려고, 본능적으로 마땅히 받아야 할 형벌을 피하려고 사람들은 무수한 거짓 사상과 철학을 만들어냈다.

어떤 사람들은 기본적으로 선하고 공의로운 하나님은 선한 사람을 지옥에 보내실 수 없을 것이라고 스스로를 설득함으로써 거짓 영적 안전감을 구축한다. 이들은 자신의 선한 행위와 의도가 악한 행위와 의도를 능가하며, 그 균형이 하나님을 기쁘게 하고 있고 하나님께 받아들여질 수 있다고 믿는다. 어떤 사람들은 하나님은 사랑이 넘치기에 그 누구도 지옥에 보내지 않고 가장 악한 죄인까지도 마침내 구원하시리라고 믿는다. 또 어떤 사람들은 하나님이 없으며, 따라서 마지막 심판은 터무니없다고 주장한다. 이러한 믿음들이 너무나 흔하다. 그래서 이것들에 자신의 안전을 맡기는 사람들은 자신 외에 많은 사람이 똑같이 하는 것을 보며 안심한다. 이러한 시각들을 뒷받침하려고 이런저런 종교를 고안하기까지 한다

영적 안전과 관련해 이러한 잘못된 생각들을 폭로하는 그리스도인은 잔인하거나 무감각한 것이 아니라 오히려 경고를 받는 사람들을 크게 섬기는 것이다. 누군가 어느 가족에게 그들의 집에 불이 났다고 알려주거나 그들이 건너려는 다리가 무너질지 모른다고 경고한다면 칭찬받아야 한다. 그러니 신자가 구원받지 못한 사람들에게 그들이 예수 그리스도 밖에 있기에 잃은 자라고 경고한다면 더더욱 칭찬받아야 한다. 누군가에게 구원의 길을 보여주는 것보다 더 큰 친절은 있을 수 없다. 그러나 구원받아야겠다고 생각할 수 있으려면 먼저 자신이 잃은 자라는 것을 분명하게 깨달아야 한다.

예수 그리스도의 길잡이 세례 요한은 죄를 회개하라며 정신이 번쩍 드는 메시지를 선포했다(마 3:2). 예수님은 똑같은 메시지를 선포하며 사역을 시작하셨다(마 4:17). 산상설교는 무엇보다도 이러한 거짓 영적 안전에 관한 일련의 확장된 경고이겠다. 산상설교에서, 주님은 분명하게 선언하신다. 사람들의 의, 태도, 선한 행위, 관계, 고백, 기도, 금식, 의식, 자선은 하나님이 이들에게 제시하시는 완전한 거룩의 기준에 결코 미치지 못한다는 것이다(마 5:48).

예수님은 당시 유대교의 위선적이며 율법주의적인 거짓 안전을 발가벗기셨다. 예수님은 참 의를 대신하는 외적 대체물을 의지하는 자들이 어느 날 그분께 이렇게 말하리라고 하셨다. "주여, 주여, 우리가 주의 이름으로 선지자

노릇 하며, 주의 이름으로 귀신을 쫓아내며, 주의 이름으로 많은 권능을 행하지 아니하였나이까?" 그러나 예수님은 이 거짓 제자들에게 이렇게 답하실 것이다. "내가 너희를 도무지 알지 못하니 불법을 행하는 자들아, 내게서 떠나가라"(마 7:22-23). 자신의 종교적 집을 스스로 만든 기초 위에 세운 사람은 하나님의 심판이란 폭풍우에 쓸려 내려갈 게 확실하다(26-27절).

바울은 앞서 어떻게 도덕적 유대인과 도덕적 이방인이 똑같이 마지막 때 하나님의 심판대 앞에 서며, 그 어떤 행복감과 안전감의 토대도 갖지 못하리라는 것을 보여주었다(롬 2:1-16). 이제 바울은 유대인들, 곧 하나님의 언약 백성에게만 초점을 맞춘다. 이들은 이방인들보다 훨씬 큰 빛을 가졌고 훨씬 큰 복을 받았다. 그러나 바울이 이제 지적하듯이, 이들은 더 큰 특권을 가졌기에, 이들 대다수의 생각과 달리, 하나님을 향해 책임이 더 작은 게 아니라 더 크다. 바울은 예수 그리스도를 믿음으로 구원받는 길을 설명하기 전에 대다수 유대인이 자신들의 유산(2:17a), 지식(17b-24절), 의식(ceremony)에서 가지고 있던 거짓 영적 안전에 관한 생각들을 산산이 부숴버린다(25-29절).

유산이 주는 거짓 안전

유대인이라 불리는 네가 (2:17a)

하나님의 선민은 **유대인(Jew)**이란 이름을 매우 자랑스러워했다. 수 세기 전, 이들은 히브리인이라 불렸다. 이들이 사용하는 언어 때문이었다. 하나님이 아브라함과 맺은 언약에 따라 이들에게 땅을 약속하시고 그 땅을 주신 후 오랫동안 이들은 이스라엘이라고도 불렸다. 그러나 그리스도 당시에, 이들의 가장 보편적인 이름은 **유대인**이었다. 유대인이란 말은 '유다'에서 왔으며 유다는 열두 지파 중 하나의 이름이었을 뿐 아니라 솔로몬이 죽은 후 남북으로 분열된 왕국 중 남쪽 왕국의 이름이기도 했다. 그러나 바벨론 포로기와 그 후에, 이것은 이삭을 통해 이어진 아브라함의 후손 전체를 가리키게 되었다.

유대인이란 이름은 이들의 인종적 유산과 종교적 유산을 상징했으며, 이들의 마음속에서 이들이 세상 모든 민족과 뚜렷이 구분된다는 것을 의미했다. 이들은 수백 년을 이방인들의 손에 사로잡혀 억압받았고 지금도 여전히 고통당하고 있다. 그런데도 이들은 **유대인**이란 이름을 아주 영예롭고 자랑스러운 신분증으로 여겼다. 이 이름은 이들을 유일무이하고 특별한 은혜를 입은 하나님의 백성으로 구별해 주었다. '유다'의 근본 의미, 즉 **유대인**의 근본 의미는 "찬양받다"(praised)이며, 바울 당시의 유대인들은 이것을 자신들에게 매우 합당한 칭호이자 묘사로 여겼다.

그러나 유대인들은 자신들을 향한 하나님의 특별한 부르심, "땅의 모든 족속이 너로 말미암아 복을 얻을 것이라"는 말씀처럼(창 12:3) 복의 통로가 되라는 부르심의 목적을 잊은 지 오래였다. 이들은 하나님이 자신들에게 주신 진리와 복을 나머지 세상과 나누려는 바람이 없었을 뿐 아니라, 하나님이 모든 민족을 그분에게로 부르시는 도구로 사용되려는 바람은 더더욱 없었다. 요나는 니느웨 사람들이 하나님을 믿고 심판을 면할까 봐 두려워 이들에게 하나님의 경고를 전하지 않으려 했는데(욘 4:2), 이것은 많은 유대인이 이방인들을 대하는 전형적인 태도였다.

유대인들은 자신들이 받은 하나님의 진리와 복을 은혜롭고 용서하시는 하나님이 자신들에게 맡기셨다고 보지 않고, 자신들의 공로에 의한 권리로 받았다고 보았다. 이들은 자신들이 특별히 복을 받은 것은 하나님이 은혜롭기 때문이 아니라 자신들이 선하기 때문이라고 믿었다. 이들은 우월감과 자부심을 느꼈다. 이들은 크신 하나님과 그분의 은혜로운 자기 계시를 자랑하는 대신 그것을 받은 자신들의 위대함을 자랑했다. 존 머레이는 이 같은 태도는 "가장 큰 악이 가장 큰 특권과 얼마나 가깝고 어떻게 가장 좋은 것이 가장 나쁜 것을 섬기는 매춘부로 전락할 수 있는지 보여준다"고 했다.

소선지자들은 동족에게 하나님의 선민이라는 유산을 오만하게 자랑하지 말라고 거듭 경고했다. 많은 유대인이 이 유산을 믿고 자신들은 죄를 지어도 벌을 받지 않을 수 있다고 생각했기 때문이다. 하나님이 아브라함에게 하신 약속의 상속자로서, 이들은 자신들이 자동으로 심판을 받지 않으리라고 믿었다. 그러나 미가는 사악하고 부패한 유대인들, 뻔뻔스럽게도 "여호와께서 우리 중에 계시지 아니하냐? 재앙이 우리에게 임하지 아니하리라"고 말하는 유대인들이 어느 날 거룩한 성 예루살렘이 "갈아엎은 밭이 되고" 폐허 "무더기가 되는" 것을 보리라고 외쳤다(미 3:11-12).

어떤 유대인들은 자신이 하나님의 선민이라는 자부심 때문에 종교적으로뿐만 아니라 정치적으로도 현실을 전혀 보지 못했다. 언제가 예수님은 "자기를 믿은 유대인들"을 가르치며 이렇게 말씀하셨다. "너희가 내 말에 거하면 참으로 내 제자가 되고 진리를 알지니 진리가 너희를 자유롭게 하리라"(요 8:31-32). 믿지 않는 유대인 지도자 몇몇은 이 말씀을 듣고 몹시 분개했다. 이들은 스스로 속아 자신들이 우월하고 누구에게도 예속되지 않았다고 믿어 이렇게 쏘아붙였다. "우리가 아브라함의 자손이라. 남의 종이 된 적이 없거늘 어찌하여 우리가 자유롭게 되리라 하느냐?"(33절). 주님이 설명하셨듯이, 이들은 그분의 핵심을 완전히 놓쳤다. 그분은 이렇게 말씀하셨다. "진실로 진실로 너희에게 이르노니, 죄를 범하는 자마다 죄의 종이라"(34절).

설령 예수님이 이 지도자들의 생각처럼 정치적으로 말씀하고 계셨더라도 이들의 반응은 터무니없었다. 지난 100년 동안, 이들은 로마에 잔혹하게 종속되었고 그 직전에는 그리스에 종속되었다. 그전에는 천 년 넘게 애굽과 앗수르와 바벨론에 종속되었다.

그러나 유대 지도자들의 주된 혼란은 영적인 문제였다. 유대인들이 아브라함의 육체적 후손이라고 해서 영적 후손인 것은 아니었다. 예수님은 이들에게 이렇게 말씀하셨다. "너희가 아브라함의 자손이면 아브라함이 행한 일들을 할 것이거늘 지금 하나님께 들은 진리를 너희에게 말한 사람인 나를 죽이려 하는도다. 아브라함은 이렇게 하지 아니하였느니라. 너희는 너희 아비가 행한 일들을 하는도다." 이들이 분개해 우리의 "아버지는 한 분뿐이시니 곧 하나님이시로다"라고 답했을 때, 예수님은 이렇게 답하셨다. "하나님이 너희 아버지였으면 너희가 나를 사랑하였으리니, 이는 내가 하나님께로부터 나와서 왔음이라…너희는 너희 아비 마귀에게서 났으니 너희 아비의 욕심대로 너희도 행하고자 하느니라…너희 조상 아브라함은 나의 때 볼 것을 즐거워하다가 보고 기뻐하였느니라"(요 8:39-42, 44, 56). 유대 지도자들이 아브라함의 영적 후손이고 참 하나님의 자녀였다면 기뻐하며 예수님을 자신들의 메시아요 왕으로 받아들였을 것이다. 그러나 이들은 믿음으로 그분을 받아들이는 대신 그분을 죽이려 했으며, 이로써 이들의 영적 주인이자 아비인 사탄의 살인 본능을 투영했다.

예수님은 지도자들을 더욱 분개하게 하며 말씀하셨다. "진실로 진실로 너희에게 이르노니, 아브라함이 나기 전부터 내가 있느니라"(58절). 여호와 또는 야웨의 근본 의미는 "나는…이다/있다"(I am)이다(출 3:14을 보라). 그러므로 예수님은 자신이 약 이천 년 전 아브라함이 태어나기 전에 존재했다고 주장하셨을 뿐 아니라 하나님의 언약적 이름을 자신에게 적용하기까지 하셨다. 유대인들은 자신이 메시아라는 예수님의 주장을 받아들이지 않았기에 그분의 말씀을 생각조차 할 수 없는 신성모독으로 여겼고, 그래서 "그들이 돌을 들어 치려하거늘 예수께서 숨어 성전에서 나가시니라"(요 8:59).

예수님은 유대인들이 상상하는 인종적 · 종교적 유산의 안전성을 완전히 허무셨다. 세례 요한도 똑같이 했었다. 세례 요한이 회개하는 유대인들에게 요단강에서 세례를 줄 때, 한 무리의 바리새인들과 사두개인들이 그에게 세례를 받으러 왔다. 그러나 요한은 이들을 냉혹하게 꾸짖으며 말했다. "독사의 자식들아, 누가 너희를 가르쳐 임박한 진노를 피하라 하더냐? 그러므로 회개에 합당한 열매를 맺고, 속으로 아브라함이 우리 조상이라고 생각하지 말라. 내가 너희에게 이르노니, 하나님이 능히 이 돌들로도 아브라함의 자손이 되게 하시리라"(마 3:7-9).

이와 비슷하게, 그리스도 시대 이후로 무수한 사람들이 자신은 기독교 가정에 태어났거나 세례를 받았거나 교회의 일원이거나 신앙을 고백했기 때문에 하나님의 심판으로부터 안전하다고 생각했다. 어떤 사람들은 사실상 당연히 자신이 그리스도인이라 생각한다. 수 세기 동안 기독교 국가로 여겨져 온 유럽 국가들에서, 특별히 다른 종교에 속하지 않은 많은 시민이 단지 자신의 나라가 기독교 국가이기 때문에 자신도 그리스도인이라 생각한다. 심지어 중동의 어떤 나라들에서, 무슬림이 아닌 많은 시민이 스스로 그리스도인이라 생각한다. 단지 자신들의 나라에서 무슬림 외에 역사적으로 두드러진 종교가 기독교의 한 분파로 자신들의 조상들이 신봉한 동방정교회라는 것이 그 이유다.

스위스 종교개혁자 울리히 츠빙글리(Ulrich Zwingli, 1484-1531)는 신자들의 자녀가 유아기에 죽으면 기독교 언약 안에 있다고, 즉 구원받는다고 주장했다. 그러나 불신자들의 자녀가 유아기에 죽으면 구원받는다고 믿지는 않았다. 위대한 청교도 존 오웬(John Owen, 1616-1683)은 전형적인 사고방식과 다른 비논리로, 유아 구원이 조부모에게서 손자까지 두 세대에 걸쳐 대물림될 수 있다고 믿었으며, 때로는 중간 세대를 건너뛸 수 있다고 믿었다. 중간에 낀 부모, 곧 신자들의 자녀인 사람들이 어떻게 구원받지 않을 수 있는지 궁금하다.

로마가톨릭교회는 유아 세례가 실제로 구원을 준다고 믿는다. 어느 가톨릭 저자가 말했듯이, "유아에게 없는 믿음이 교회의 믿음으로 대체된다." 어떤 개신교 교단들은 유아 세례 자체가 구원하는 능력이 있음을 부정하면서도 유아 세례 의식이 아이에게 직접적인 영적 유익이 있다고 주장한다. 예를 들면, 마르틴 루터는 이 성례를 통해 하나님이 스스로 믿을 수 없는 유아에게 구원하는 믿음을 기적적으로 부여하신다고 믿었다. 어떤 사람들은 유아 세례를 아이가 기독교 가정에서 태어나 예수 그리스도의 새 언약에 속함으로써 구원받았음을 확인하는 의식으로 보았다.

그러나 성경에 따르면, 한 사람이 기독교 가정에서 자라고 기독교 환경에서 훈련받았다고 해서 이러한 유산으로 구원받는 게 아니다. 이러한 유산 자체가 가치 있기는 하지만 말이다. 세례나 그 어떤 기독교 의식도 그 자체로 그 어떤 영적 유익을 갖거나 주지 못한다. 당사자의 진정한 믿음이 없다면 그 어떤 의식이나 예식도 영적 가치가 전혀 없다. 세례는 성례가 아니며, 믿음이 없으면 신성모독이 된다.

구원이 언약을 통해 대물림되고 세례에 영적 효능이 있다는 이러한 생각은 신약 시대 유대인이 가졌던 일반적 믿음, 곧 단지 이삭의 가계에 속하며 아브라함의 할례 받은 후손이기에 구원받는다는 믿음을 불러왔던 생각의 확장판에 지나지 않는다.

지식이 주는 거짓 안전

[17b]율법을 의지하며 하나님을 자랑하며 [18]율법의 교훈을 받아 하나님의 뜻을 알고 지극히 선한 것을 분간하며 [19]맹인의 길을 인도하는 자요 어둠에 있는 자의 빛이요 [20]율법에 있는 지식과 진리의 모본을 가진 자로서 어리석은 자의 교사요 어린 아이의 선생이라고 스스로 믿으니, [21]그러면 다른 사람을 가르치는 네가 네 자신은 가르치지 아니하느냐? 도둑질하지 말라 선포하는 네가 도둑질하느냐? [22]간음하지 말라 말하는 네가 간음하느냐? 우상을 가증히 여기는 네가 신전 물건을 도둑질하느냐? [23]율법을 자랑하는 네가 율법을 범함으로 하나님을 욕되게 하느냐? [24]기록된 바와 같이, 하나님의 이름이 너희 때문에 이방인 중에서 모독을 받는도다. (2:17b-24)

바울이 언급하는 두 번째 거짓된 종교적 안전은 하나님의 **율법**을 아는 지식인데, 이 문맥에서 율법은 구약성경을 가리킨다. 이 **율법**은 오경 곧 모세 율법을 기록한 다섯 책뿐 아니라 성문서(writings)라 불렸던 것들(시편, 잠언 등)과 예언서(prophets)라 불렸던 것들도 상징했다. 이 **율법**은 그때까지 나타난 하나님의 계시 전체를 포함했다. 다시 말해, 다음과 같은 것들에 관한 하나님의 계시를 포함했다: 그분의 언약, 그분의 복, 그분의 저주, 그분의 경고, 그분의 약속, 그분의 의식과 예식, 그분의 도덕 기준, 그분 자신과 사람과 구속 계획에 관한 그분의 가르침 등이다.

이러한 하나님의 계시를 아는 유대인의 지식에 관해, 바울은 네 부분을 언급한다. 유대인들은 **율법**과 관련해 무엇을 배웠는가(17b-18절)? 유대인들은 율법과 관련해 무엇을 가르쳤는가(19-20절)? 유대인들은 율법과 관련해 무엇을 했는가(21-22절)? 유대인들은 율법을 어김으로써 무엇을 초래했는가(23-24절)?

유대인들은 율법과 관련해 무엇을 배웠는가?

> [17b]율법을 의지하며 하나님을 자랑하며 [18]율법의 교훈을 받아 하나님의 뜻을 알고 지극히 선한 것을 분간하며 (2:17b-18)

바울의 이 말은 그 자체로 칭찬처럼 보였을 수도 있다. 그러나 그가 곧 분명히 하듯이(21-25절을 보라), 이것은 강력한 고발이다. 유대인들은 자신들이 그렇게도 잘 알고 그렇게도 찬양하는 **율법**대로 살지 않았기 때문이다. 당시에 대다수 유대인은 자신들의 유산에 대해 교만하고 독선적이었으며 자신들의 **율법** 지식과 **하나님을 자랑하는** 것을 하나님을 만족시키는 수단으로 **의지하게** 되었다. 이들은 이런 구절을 암송하길 좋아했다. "그가 그의 말씀을 야곱에게 보이시며 그의 율례와 규례를 이스라엘에게 보이시는도다. 그는 어느 민족에게도 이와 같이 행하지 아니하셨나니, 그들은 그의 법도를 알지 못하였도다"(시 147:19-20).

그러나 그 누구도 하나님의 모든 율법을 완전하게 지킬 수 없기에 어떤 랍비들은 **율법**의 사실들을 '배우기'만으로도 하나님을 기쁘게 하기에 충분하다고 가르치기 시작했다. 율법의 목적을 더욱 약화하면서, 어떤 랍비들은 율법을 기록된 두루마리 형태로 '소유하기'만 해도 충분하다고 가르쳤다. 또 어떤 랍비들은 단지 유대인들이 한 민족으로서 하나님의 **율법**의 '수령자이자 관리자'로 특별히 선택되었기에 하나님의 심판으로부터 안전하다고 가르쳤다.

그러나 구약성경은 율법의 목적을 아주 분명히 밝히며, 유대인들에게 외적 의식과 대상을, 설령 하나님이 명하신 제사와 성전이라도 신뢰하지 말라고 거듭 경고한다. 하나님은 예레미야를 통해 이렇게 말씀하셨다.

> 만군의 여호와 이스라엘의 하나님께서 이와 같이 말씀하시되, 너희 길과 행위를 바르게 하라. 그리하면 내가 너희로 이곳에 살게 하리라. 너희는 이것이 여호와의 성전이라, 여호와의 성전이라, 여호와의 성전이라 하는 거짓말을 믿지 말라. 너희가 만일 길과 행위를 참으로 바르게 하여 이웃들 사이에 정의를 행하며 이

방인과 고아와 과부를 압제하지 아니하며 무죄한 자의 피를 이곳에서 흘리지 아니하며 다른 신들 뒤를 따라 화를 자초하지 아니하면 내가 너희를 이곳에 살게 하리니, 곧 너희 조상에게 영원무궁토록 준 땅에니라. (렘 7:3-7)

바꾸어 말하면, 영적 안전은 성전이 아니라 하나님께 있고 하나님의 성전이 상징하는 하나님의 진리와 의에 충실하게 순종하는 데 있다.

경건하지 못한 유대인들이 **하나님을 자랑**할 때, 이것은 사실 자신들을 자랑하는 수단, 곧 자신들이 은혜로 받은 게 아니라 받을 권리가 있어 받았다고 생각하는 특권과 복을 자랑하는 수단이었다.

스스로 의롭게 여기고 젠체하는 유대인들은 단순히 **하나님의 뜻을 아는** 데 만족했을 뿐 그 뜻에 순종하지 않았다. 이들은 하나님이 무엇을 요구하고 무엇을 금하시는지, 무엇을 명하고 무엇을 명하지 않으시는지, 무엇을 인정하고 무엇을 인정하지 않으시는지, 무엇에 상을 주고 무엇을 벌하시는지 알았다. 그러나 이러한 지식은 이들을 구원하는 게 아니라 심판하게 되었다. 이들은 이러한 지식을 따라 살길 거부했고 이러한 실패의 치료법을 받아들이길 거부했기 때문이다.

이들은 또한 **지극히 선한 것을 분간했다.**[26] '도키마조'(*dokimazō*, **approve, 분간하며**)는 귀금속처럼 어떤 것의 가치를 증명하기 위해 테스트한다는 의미를 내포한다. 바꾸어 말하면, 유대인들에게는 무엇이 옳은지 그른지 아는 수단이 있었을 뿐 아니라 하나님의 율법에서 무엇이 가장 중요한지 분별하는 수단도 있었다.

유대인들은 또한 계속해서 **율법의 교훈을 받았다.** '카테케오'(*katēcheō*, **being instructed, 교훈을 받아**)는 교리교육을 뜻하는 '카테키즘'(catechism)의 어원이다. 일반적 의미는 종류를 막론한 구두 교육(oral instruction)이지만 특히 반복을 통한 가르침과 연결된다. 가정과 회당에서, 특히 유대인 소년들은 체계적

---

26 NASB: approve the things that are essential(본질적인 것들을 인정했다)
공동번역개정판: 사리를 분별할 줄도 알고

으로 철저하게 **율법의 교훈을 받았다.** 랍비들뿐 아니라 많은 유대인 남자가 구약성경의 많은 부분을 암기했으며 경건의 표시로 사람들 앞에서 자주 암송했다.

아이러니하게도, 옛 유대인들은 지혜란 자신의 지식을 따라 행동하는 것으로 생각했던 반면에 옛 헬라인들은 단순히 지혜와 지식을 동일시했다. 그러나 신약 시대가 되었을 무렵, 많은 유대인, 특히 종교 지도자들이 실제로 헬라인들의 지혜관을 받아들였다. 이들이 의도했든 그렇지 않든 간에, 그 결과 이들은 그저 하나님의 율법을 아는 데 만족할 뿐 그 율법에 순종하려는 마음이나 동기가 거의 없었다. 이들은 많이 알았으나 거의 순종하지 않았다.

유대인들은 율법과 관련해 무엇을 가르쳤는가?

> **[19]맹인의 길을 인도하는 자요 어둠에 있는 자의 빛이요 [20]율법에 있는 지식과 진리의 모본을 가진 자로서 어리석은 자의 교사요 어린아이의 선생이라고 스스로 믿으니,** (2:19-20)

유대인들은 자신들이 아는 것뿐 아니라 가르치는 것에서도 안전하다고 느꼈다. 이들은 자신들이 종교적으로 가장 지혜롭다고 여겼기에 당연하게도 자신들이 영적으로 지혜롭지 못한 자들, 곧 기록된 하나님의 계시가 주는 혜택을 누리지 못하는 이방인들을 가르칠 가장 유능한 선생이라고 생각했다.

그러나 이스라엘은 줄기차게 하나님께 불성실했고 하나님의 말씀에 불순종했기에 비췸을 받지 못한 이방인들의 본보기와 선생이 될 자격을 잃었다. 유대인들은 이따금 이교도를 유대교로 개종시켰을 때 그 사람을 이전보다 더 나쁜 상태로 몰아넣었다. 예수님은 이렇게 말씀하셨다. "화 있을진저 외식하는 서기관들과 바리새인들이여, 너희는 교인 한 사람을 얻기 위하여 바다와 육지를 두루 다니다가 생기면 너희보다 배나 더 지옥 자식이 되게 하는도다"(마 23:15). 유대 지도자들은 이방인들을 참 하나님을 믿고 그분의 뜻에 순종하도록 이끄는 게 아니라 개종자들을 사람이 만든 율법주의 전통이라는 거대한 랍비 체계에 몰아넣었다.

로마서 2:19-20에서, 바울은 많은 유대인이 스스로를 영적으로 우월한 선생이라 생각하는 네 부분을 구체적으로 언급한다.

첫째, 바울은 이렇게 말한다. "너희는 자신들이 **맹인의 길을 인도하는 자…라고 스스로 믿는다.**" 일반 유대인들, 특히 서기관들과 바리새인들은 스스로를 영적 · 도덕적 문제에서 공동체의 우월한 멘토로 여겼다. 이들은 자신들이 배우지 못한 유대인 형제들과 특히 영적 **맹인**인 이방인 이교도들에게 종교적 길잡이라고 보았다. 그러나 이들의 오만에 찬 교만과 노골적 위선 때문에, 예수님은 이들을 "맹인된 인도자"라고 하셨다(마 23:24-28을 보라). 이들은 다른 사람들의 길잡이가 될 자격이 있기는커녕 자신들에게 길잡이가 절실히 필요했다.

둘째, 바울은 대다수 유대인이 스스로를 **어둠에 있는 자의 빛**이라 생각한다고 말한다. 실제로, 하나님이 이스라엘에게 의도하신 역할이 정확히 이것이었다. 하나님은 이방인들에게 영적 빛이 되라고 그분의 백성을 부르셨다(사 42:6). 앞서 말했듯이, 이들을 통해 "땅의 모든 족속이 너로[이들로] 말미암아 복을 얻을 것"이었다(창 12:3).

예수님은 자신의 제자들을 "세상의 빛"이라 하시고 이들의 빛을 등경 위에 두어 사람들을 비추어 유익을 끼치게 하라고 하셨다. 그분은 이렇게 말씀하셨다. "이같이 너희 빛이 사람 앞에 비치게 하여 그들로 너희 착한 행실을 보고 하늘에 계신 너희 아버지께 영광을 돌리게 하라"(마 5:14-16). 이것이 언제나 자신의 백성을 향한 하나님의 뜻이었다. 하나님이 이들에게 빛을 주시는 것은 이들 자신의 영적 유익뿐 아니라 나머지 세상의 영적 유익을 위해서다. 이들은 세상 앞에서 그분의 증인이기 때문이다.

셋째, 스스로를 의롭게 여기는 유대인은 자신이 **어리석은 자의 교사(corrector of the foolish)**라고 자부했다. 이번에도 주된 초점은 이방인들에게 맞춰졌고 대다수 유대인은 가장 지혜로운 이방인이라도 종교 분야에서 **어리석은 자**로 여겼다.

넷째, 스스로를 의롭게 여기는 유대인은 자신이 **어린아이의 선생(a teacher**

of the immature)이라고 생각했다. 여기에 담긴 의미는 아주 어린아이들, 이 경우 유대교를 믿는 아이들을 가르친다는 것이다. 문맥에 비춰볼 때, 여기서 **어린**(**immature,** 미숙한)은 유대교로 개종해 특별 교육이 필요한 이방인들을 가리킨다. 이들은 하나님의 말씀을 배워야 했을 뿐 아니라 자라면서 몸에 밴 숱한 이교도 사고와 관습을 버려야 했다.

하나님은 자신과 자신의 뜻을 이스라엘에게 특별히 계시하셨고, 이러한 계시를 통해 유대인들은 **율법에 있는 지식과 진리의 모본을 가진 자**[27]가 되었다. '모르포시스'(*morphōsis*, **embodiment, 모본**)의 기본 의미는 윤곽 또는 스케치다. 그러므로 여기서는 이 단어를 "외관"(semblance) 또는 "겉모습"(appearance)으로 번역하는 게 더 나아 보인다. 바울은 이 단락 전체에서 당시에 대다수 유대인이 보였던 종교적 허울을 강조하기 때문이다. 바울은 같은 단어를 디모데후서 3:5에서 사용하면서 종말에 "경건의 모양(form, 헬. *morphōsis*)은 있으나 경건의 능력은 부인하는" 자들을 조심하라고 경고한다. 두 단락 모두에서, 모조품이란 개념이 암시된다.

유대인들은 실제로 **율법**에 계시된 하나님의 **지식과 진리**를 가졌으나 이들이 율법을 이해하고 예시하는 방식은 랍비 전통에 깊이 박혀 있어 하나님의 참 **율법**이 널리 알려지지 않고 무시되었다.

유대인들은 율법과 관련해 무엇을 했는가?

> **[21]그러면 다른 사람을 가르치는 네가 네 자신은 가르치지 아니하느냐? 도둑질 하지 말라 선포하는 네가 도둑질하느냐? [22]간음하지 말라 말하는 네가 간음하느냐? 우상을 가증히 여기는 네가 신전 물건을 도둑질하느냐?** (2:21-22)

거짓 안전의 셋째 영역은 대다수 유대인이 자신이 알고 또 가르친다고 주장하는 율법에 반응하는 일과 관련이 있다. 바울은 여기서 이들의 이해와 가

---

27 공동번역개정판: 그 율법에서 모든 지식과 진리의 근본을 터득하였으므로

르침이 하나님의 율법에 까마득히 못 미쳤을 뿐 아니라 이들 자신이 하나님의 율법에 순종하지 않았다고 주장한다. 유대인들은 진리를 가르칠 때도 위선적으로 가르쳤다. 사탄이 때로 광명의 천사로 가장하듯이(고후 11:14), 거짓 선생들은 때로 자신의 이기적이고 뒤틀린 목적을 위해 진리를 가르친다.

신학적으로 말하면, 이들의 설교는 오소독시(orthodoxy, 바른 교훈)를 담지만 이들의 삶은 오소프락시(orthopraxy, 바른 실천)를 담지 못한다. 이들은 자신들이 지키고 집행하겠다고 맹세한 법과는 정반대로 살아가는 부패한 경찰이나 판사와 흡사하다. 이들은 책임이 더 크기에 법을 어길 때 더 큰 벌을 자초한다.

시편 기자는 경건하지 못하면서 뻔뻔하게 하나님의 이름으로 가르치는 자들에게 엄히 경고했다. "악인에게는 하나님이 이르시되, 네가 어찌하여 내 율례를 전하며 내 언약을 네 입에 두느냐? 네가 교훈을 미워하고, 내 말을 네 뒤로 던지며, 도둑을 본즉 그와 연합하고, 간음하는 자들과 동료가 되며, 네 입을 악에게 내어 주고, 네 혀로 거짓을 꾸미며, 앉아서 네 형제를 공박하며, 네 어머니의 아들을 비방하는도다"(시 50:16-20).

참신자인 선생들은 특히 자신이 가르치는 대로 살아야 할 책임이 있다. 그러므로 야고보는 무겁게 경고한다. "내 형제들아, 너희는 선생된 우리가 더 큰 심판을 받을 줄 알고 선생이 많이 되지 말라"(약 3:1).

시편 기자가 책망했던 악한 선생들처럼, 바울 당시에 위선에 찌든 유대인들은 하나님의 진리로 **다른 사람을 가르치면서** 정작 **자신은** 가르치지 않기 일쑤였다. 그뿐 아니라, 이들은 그 진리에 '순종하려' 하지도 않았다. 서기관들과 바리새인들이 이런 자들의 전형이었으며, 예수님은 이들이 "말만 하고 행하지 아니한다"고 하셨다(마 23:3).

바울은 이들이 도덕적 · 영적으로 위선적인 세 부분을 언급한다. 도둑질, 간음, 신성모독이다. 바울은 이렇게 묻는다. **도둑질하지 말라 선포하는 네가 도둑질하느냐?** 모세 율법이 도둑질하지 말라고 분명하게 선언한다. 그런데도 옛 유대교에서 도둑질은 매우 흔했다. 이사야는 "제 길로 돌아가며 사람마다 자기 이익만 추구하는" 자들을 꾸짖었다(사 56:11). 에스겔은 "돈을 받고 살인을 하는 자…고리대금업을 하는 자, 모든 이웃을 억압하고 착취하는 자"를 맹렬히 책망했다(겔 22:12). 아모스는 "에바를 작게 하고 세겔을 크게 하여 거짓 저울로 속이며" 도둑질하는 자들이 있다고 했다(암 8:5). 말라기는 심지어 하나님께 드려야 할 십일조와 예물을 드리지 않음으로써 하나님의 것을 도둑질했다며 동족 유대인들을 고발했다(말 3:8-9).

예수님은 지상 사역 마지막 주간에 성전을 정화하실 때, 아버지의 집을 "강도의 소굴"을 만들었다며 돈 바꾸는 자들과 제사에 쓸 짐승을 파는 자들을 꾸짖으셨다(마 21:13; 참조. 요 2:16). 또 다른 경우, 예수님은 하나님을 섬기는 체하며 "과부들의 가산"을 삼킨, 의에 있어 자칭 권위자를 자처하는 서기관들과 바리새인들을 정죄하셨다(마 23:14).[28]

위선의 둘째 영역은 성적인 죄와 연결된다. **간음하지 말라 말하는 네가 간음하느냐?** 도둑질의 경우와 마찬가지로, 다른 사람들이 하면 정죄하는 매우 악한 짓을 이들 자신이 한다는 게 분명하게 암시된다. 많은 유대인 남자가 간음하지 말라는 모세의 명령을 피해가려고 아내와 이혼하고 마음에 끌리는 여자와 결혼했다. 그러나 예수님은 성적 부정(不貞, 음행) 외에 그 어떤 경우라도 이혼하고 재혼하는 것은 마치 이혼하지 않고 재혼하는 것처럼 간음이 분명하다고 하셨다(마 5:32; 19:9). 육체적 행위 없이도 간음할 수 있다. 예수님은 이렇게 말씀하셨다. "음욕을 품고 여자를 보는 자마다 마음에 이미 간음하였느니라"(마 5:28).

위선의 셋째 영역은 신성모독과 연결된다. **우상을 가증히 여기는 네가 신전 물건을 도둑질하느냐?** '브델루쏘'(*bdelussō*, **abhor, 가증히 여기는**)의 어근은 "악취

---

28 한글 개역개정4판, 새번역, 공동번역개정판에는 마태복음 23:14이 없으며, 개역개정4판 난외주는 "어떤 사본에, 14절에 막 12:40과 눅 20:47과 유사한 구절이 있음"이라고 되어 있고, 새번역 난외주는 "다른 고대 사본들에는 '이 위선자인 율법학자들과 바리새파 사람들아! 너희에게 화가 있다! 너희는 과부의 집을 삼키고 남에게 보이려고 길게 기도한다. 그러므로 너희는 무서운 심판을 받을 것이다(14절)'가 첨가되어 있음"이라고 되어 있다. 그러나 저자가 사용하는 NASB 마태복음 23:14는 이 난외주를 그대로 본문에 넣어 옮겼다: "Woe to you, scribes and Pharisees, hypocrites, because you devour widows' houses, and for a pretense you make long prayers; therefore you will receive greater condemnation. (화 있으리라. 위선자인 서기관들과 바리새인들아, 너희는 과부들의 가산을 삼키고 자신을 위장하려고 길게 기도하기 때문이다. 그러므로 너희는 더 큰 정죄를 받으리라.)

를 풍기다"라는 뜻이다. 이스라엘은 왕정 시대에 거듭 우상숭배에 빠졌으나 바벨론 포로기 이후로 유대인들은 이러한 악을 조금도 심하게 행하지 않았다. 바벨론에서 돌아온 후 그리스와 로마의 지배를 받을 때, 유대인들은 우상숭배와 조금이라도 닮은 그 어떤 것도 강하게 혐오하게 되었다. 어떤 로마 황제들은 자신이 신이라 선언했기에, 유대인들은 심지어 황제의 형상이 새겨진 로마 주화를 사용하길 꺼렸다(마 22:19-21을 보라).

신전 물건을 도둑질 한다(rob temple)는 것은 유대인들이 예루살렘 성전 물건을 도둑질했다는 뜻이었을 것이다. 앞서 말했듯이, 유대인들은 십일조와 예물의 일부를 드리지 않음으로써 하나님의 것을 도둑질하기 일쑤였다. 유대역사가 요세푸스에 따르면, 어떤 유대인들은 다른 속임수를 사용해 신전(성전) 물건을 도둑질했다. 그는 언젠가 한 무리의 유대인 남자들이 부유한 로마 여자를 꾀어 많은 돈을 성전에 바치게 했다고 말한다. 그러나 이들은 그 돈을 성전 금고에 넣는 대신 자기들끼리 나눠 가졌다.

그러나 바울이 **우상**을 가증히 여긴다고 말한 것은 신전을 도적질하는 것과 관련해 다른 것을 염두에 두었음을 시사한다. 모세 율법은 이스라엘이 이교도 원수들을 정복한 후에 취한 우상들에게서 개인적 이득을 취하는 것을 엄격하게 금한다. "너는 그들이 조각한 신상들을 불사르고 그것에 입힌 은이나 금을 탐내지 말며 취하지 말라. 네가 그것으로 말미암아 올무에 걸릴까 하노니, 이는 네 하나님 여호와께서 가증히 여기시는 것임이니라"(신 7:25).

신약 시대, 이스라엘 민족은 이방인의 영토 정복을 그친 지 오래였으나 불량한 유대인 개개인이 순전히 돈을 목적으로 이교도 신전들을 약탈했다. 에베소 서기장이 바울과 그 동료들이 신전 물건을 도둑질하지 않았다고 했는데(행 19:37), 이것은 유대인들이 이런 짓을 드물지 않게 했음을 암시한다. 모세 율법이 분명하게 금하는데도, 유대인들은 자신들이 이방 종교에 타격을 가해 하나님께 호의를 베풀고 있다고 생각함으로써 이런 도둑질을 합리화했다. 그러나 바울은 이들의 위선을 정죄한다. 이들의 동기는 종교가 아니라 돈이었다.

유대인들은 하나님의 율법을 어김으로써 무엇을 초래했는가?

> **[23]율법을 자랑하는 네가 율법을 범함으로 하나님을 욕되게 하느냐? [24]기록된 바 와 같이, 하나님의 이름이 너희 때문에 이방인 중에서 모독을 받는도다.** (2:23-24)

24절의 고발에서 23절의 질문이 수사의문문이라는 게 분명해진다. 위선적인 많은 유대인이 하나님의 **율법**을 그렇게도 **자랑**하면서도 그 율법을 대놓고 어겼고, 이로써 **하나님을 욕되게** 했다.

모든 죄는 하나님을 욕되게 한다. 다윗은 이렇게 고백했다. "내가 주께만 범죄하여 주의 목전에 악을 행하였사오니"(시 51:4). 하나님의 이름을 부르는 자들이 범하는 죄가 하나님을 가장 욕되게 한다. 바울은 이사야 52:5을 인용해 이렇게 선언함으로써 위선적인 유대인들을 강하게 꾸짖었다. **기록된 바와 같이, 하나님의 이름이 너희 때문에 이방인 중에서 모독을 받는도다.**

이 원리는 그리스도인들에게 훨씬 강하게 적용된다. 그리스도인들은 신약성경을 통해 더 큰 영적 빛을 가졌을 뿐 아니라 내주하시는 성령을 통해 그 빛에 순종할 더 큰 영적 자원을 가졌기 때문이다. 신자가 죄에 빠질 때, 그의 증언은 무너지고 주님의 이름이 세상 앞에서 더럽혀진다. 그리스도인이라 외치면서도 끈질기게 죄 가운데 사는 자들은 자신이 그리스도의 이름을 헛되이 가졌음을 증명한다. 이들이 살아가는 기준이 세상의 기준과 다르지 않기 때문에 주님의 이름이 **모독을 받는다.**

하나님은 에스겔에게 탄식하셨다.

> 인자야, 이스라엘 족속이 그들의 고국 땅에 거주할 때에 그들의 행위로 그 땅을 더럽혔나니, 나 보기에 그 행위가 월경 중에 있는 여인의 부정함과 같았느니라. 그들이 땅 위에 피를 쏟았으며 그 우상들로 말미암아 자신들을 더럽혔으므로 내가 분노를 그들 위에 쏟아 그들을 그 행위대로 심판하여 각국에 흩으며 여러 나라에 헤쳤더니, 그들이 이른바 그 여러 나라에서 내 거룩한 이름이 그들로 말미암아 더러워졌나니, 곧 사람들이 그들을 가리켜 이르기를 이들은 여호와의 백성

이라도 여호와의 땅에서 떠난 자라 하였음이라. (겔 36:17-20)

하나님의 이름을 부르는 자들이 대놓고 죄를 짓거나 은밀하게 죄를 짓다가 들통날 때, 하나님과 그분의 말씀은 당연히 세상의 조롱을 받는 것이다. 신자라는 자들이 자신과 똑같은 죄를 지을 때, 불신자는 자신의 죄를 회개하고 하나님께로 돌아서서 구원을 구할 이유가 없다.

안타깝게도, 하나님의 백성이 자신들의 죄 때문에 징벌받을 때도 하나님의 이름이 조롱을 받는다. 방금 인용한 옛 이스라엘의 경우가 이러했다. 세상은 이러한 징벌의 목적을 이해하지 못하기에 이렇게 추론한다. "하나님이 그분의 백성을 이런 식으로 고통당하게 하는데 누가 그분을 믿고 섬기고 싶어 하겠는가?"

반대로, 하나님이 잠시 징벌을 유예하실 때, 세상은 하나님이 무능해서 자신의 백성을 통제하고 바로잡을 능력이 없거나, 그들의 죄악된 행위를 용인하시므로 그분 자신이 악하다고 결론을 내릴 것이다. 이런 식으로, 하나님의 이름이 가장 심하게 **모독을 받는다**.

많은 그리스도인이, 거짓 신자들뿐 아니라 참신자들도 자신의 종교적 고백을 숨기는 게 더 나을 것이다. 이들의 삶은 성경과 명백히 모순되기에 그리스도의 대의가 세상의 조롱과 비웃음을 산다.

유대인들의 배타적 독선 때문에, 이들이 살았던 이방인들의 땅에서 이들에 관한 안 좋은 전설들이 생겨났다. 이들은 때로 종교의식에서 이방인을 제물로 바친다거나 이집트 채석장에서 가까스로 탈출한 나환자 노예들의 후손이라는 의심을 받았다. 이런 이야기들은 근거가 없지만 그 기원은 이해할 수 있다. 이방인들은 대다수 유대인이 자신들에게 퍼부었던 경멸을 그대로 되돌려주고 있을 뿐이었다.

의식이 주는 거짓 안전

[25]네가 율법을 행하면 할례가 유익하나 만일 율법을 범하면 네 할례는 무할례가

되느니라. [26]그런즉 무할례자가 율법의 규례를 지키면 그 무할례를 할례와 같이 여길 것이 아니냐? [27]또한 본래 무할례자가 율법을 온전히 지키면 율법 조문과 할례를 가지고 율법을 범하는 너를 정죄하지 아니하겠느냐? [28]무릇 표면적 유대인이 유대인이 아니요 표면적 육신의 할례가 할례가 아니니라. [29]오직 이면적 유대인이 유대인이며 할례는 마음에 할지니, 영에 있고 율법 조문에 있지 아니한 것이라. 그 칭찬이 사람에게서가 아니요 다만 하나님에게서니라. (2:25-29)

바울은 많은 유대인이 믿었던 거짓 안전의 셋째 유형인 **할례**로 넘어가 이 의식의 참 의미를 분명하게 밝힌다.

하나님은 자신이 아브라함을 비롯해 그의 후손과 맺은 언약의 표식으로 **할례**를 제정하셨으며 이렇게 선언하셨다. "너희 중 남자는 다 할례를 받으라. 이것이 나와 너희와 너희 후손 사이에 지킬 내 언약이니라"(창 17:10-12). 수 세기 후, 어떤 이유에서인지 모세가 한 아들에게 할례를 행하지 못했을 때 아내 십보라가 이 의식을 직접 행해 모세를 하나님의 진노로부터 보호했다(출 4:24-26).

의심할 여지 없이, 이 시술은 대물림되는 인간의 죄성을 상징했다. 생식 기관 자체의 덮개를 깨끗이 해야(제거해야) 했다. 마찬가지로, 인간 본성의 중심이 죄악되기에 마음을 깨끗이 해야 한다. 죄를 제거해야 한다는 생생한 상징이 유대인의 표식이 되었다.

그러나 할례가 하나님께 순종하는 행위로서 중요하고 유대인들에게 그들과 하나님의 언약 관계를 일깨우는 상징물로써 중요했으나 할례 의식 자체에 어떤 영적 힘이 있는 것은 아니었다. 바울은 **네가 율법을 행하면**, 다시 말해 하나님의 뜻에 순종하고 살아야만 **할례가 유익하다**고 설명한다. 순종하는 신실한 유대인에게 **할례**는 하나님의 언약, 하나님의 복 주심, 하나님의 선하심, 하나님의 보호하심 곧 자신의 선민을 보호하심을 상징했다. 바울은 이렇게 경고했다. **만일 율법을 범하면 네 할례는 무할례가 되느니라.** 다시 말해, 할례가 무가치해진다는 것이다. 하나님의 율법을 끈질기게 범하는 유대인은 그들이 흔히 무할례자라 했던 이교도 이방인보다 하나님과 구원하는 관계에 더 이상 없음을 증명했다.

할례는 그 자체로 중요하더라도 외적 상징일 뿐이었다. 유대인들은 **할례** 때문에 하나님의 율법에서 자유로워진 게 아니라 그 율법에 순종할 책임이 더 커졌다. 할례 의식은 유대인들이 자신들의 죄와 하나님, 그리고 자신들을 향한 하나님의 뜻에 대해 더 잘 안다는 증거였기 때문이다.

사실, **할례**는 구원과 자유의 표식이라기보다 심판과 의무의 표식이다. 할례는 유대인들에게 그들의 죄성과 하나님의 율법에 순종해야 할 의무를 쉴 새 없이 일깨워주었다. 바울은 그리스도인들이 모세 율법을 지킬 의무가 있다고 가르침으로써 교회를 오염시키던 자들 곧 유대주의자들에게 이렇게 썼다. "내가 할례를 받는 각 사람에게 다시 증언하노니, 그는 율법 전체를 행할 의무를 가진 자라"(갈 5:3). 할례는 법적 의무의 표식이었다.

바울이 등장하기 오래전, 옛 랍비들이 "할례 받은 유대인은 지옥을 보지 않으리라"와 "할례가 우리를 지옥에서 구원하리라" 같은 말을 만들어낼 만큼 할례 의식이 심각하게 미신에 오염되었다. 미드라쉬에 이런 말이 있다. "하나님은 할례 받은 자를 지옥에 보내지 않겠다고 아브라함에게 맹세하셨다. 할례 받은 이스라엘인이 절대로 들어가지 못하도록 아브라함이 지옥문 앞에 앉아 있다."

그러나 선지자들은 육체적 할례에 아무런 영적 힘이나 유익이 없음을 분명히 했다. "여호와의 말씀이니라. 보라, 날이 이르면 할례 받은 자와 할례 받지 못한 자를 내가 다 벌하리니, 곧 애굽과 유다와 에돔과 암몬 자손과 모압과 및 광야에 살면서 살쩍을 깎은 자들에게라. 무릇 모든 민족은 할례를 받지 못하였고 이스라엘은 마음에 할례를 받지 못하였느니라"(렘 9:25-26). 이스라엘은 하나님께 불순종했기에 할례 받지 못한 이방인들과 같은 범주의 심판을 받게 되었다.

바울은 뒤이어 말한다. 반대로, **그런즉 무할례자가 율법의 규례를 지키면 그 무할례를 할례와 같이 여길 것이 아니냐? 또한 본래 무할례자가 율법을 온전히 지키면 율법 조문과 할례를 가지고 율법을 범하는 너를 정죄하지 아니하겠느냐?**

바울의 핵심은 하나님을 기쁘게 하는 본질은 그분의 뜻에 순종하는 것이며 할례란 이것을 상기시키는 상징일 뿐이라는 것이다. **율법의 규례(the requirement of the Law)**가 하나님의 뜻이기 때문에 이것을 진심으로 지키는 것은 가치가 크나. 반면에, 순종 없는 할례는 전혀 가치가 없다. **무할례자** 곧 이방인이 **율법의 규례를 지키면** 하나님이 율법을 지키는 할례 받은 유대인과 똑같이 그를 아름답게 보실 것이다. 다시 말해, 믿는 이방인의 **무할례**를 참 **할례**처럼 여기신다는 뜻이다.

바울은 유대인의 특권을 그릇 신뢰하는 유대인에게 또다시 포격을 퍼부었다. 그는 **무할례자**이면서 순종하는 이방인이 하나님을 기쁘게 할 뿐 아니라 비유적으로 불순종하는 유대인들 곧 **율법 조문과 할례를 가지고 율법을 범하는** 자들을 심판하는 자리에 앉으리라고 선언한다. 심판은 오로지 하나님의 특권이기에 이러한 이방인들이 실제로 심판한다는 게 아니라 이들의 신실한 순종이 위선적인 유대인들의 신실하지 못한 불순종에게 꾸짖음이 되리라는 것이다. 바울은 이방인 교회인 빌립보교회를 향해 구원받지 못하고 불순종하는 유대인들 곧 은혜의 복음을 거부한 유대인들은 "개들…행악하는 자들…몸을 상해하는 일[29]"을 하는 자들이라고 했다(빌 3:2).

신학자 찰스 하지(Charles Hodge, 1797-1878)는 이렇게 썼다. "참 종교가 쇠퇴할 때마다 외적 의식을 지나치게 강조하려는 성향이 두드러진다. 유대인들은 영성을 잃었을 때 할례가 자신들을 구원할 능력이 있다고 생각했다." 배교는 늘 종교의 초점을 내면에서 외면으로 옮기고, 겸손한 순종에서 공허한 형식으로 옮긴다.

28-29절에서, 바울은 자신이 이러한 거짓 신뢰를 어떻게 무너뜨리는지 간결하게 들려준다. 첫째, 그는 유대인의 유산은 놀랍지만 그 자체로 영적 유익이 전혀 없다고 되풀이해서 말한다. **무릇 표면적 유대인이 유대인이 아니요**. 세례 요한이 오래전에 선언했듯이, 하나님은 그렇게 하기로 선택만 하시면 돌들로도 아브라함의 '육체적' 후손이 되게 하실 수 있다(마 3:9). 바울은 똑같은 핵심을 강조하면서 이 서신 뒤쪽에서 "이스라엘에게서 난 그들이 다 이스라

29 NASB: false circumcision(거짓 할례)

엘이 아니요"라고 주장한다(롬 9:6). 둘째, 바울은 할례 의식이 그 자체로 아무 가치도 없음을 거듭 강조하며 말한다. **표면적 육신의 할례가 할례가 아니니라.**

바울은 두 진리를 하나로 엮으며 말한다. 신실한 **유대인**으로 대표되는 참 하나님의 자녀는 **이면적(inwardly**, 내면적) 사람이다. 하나님 자녀의 참 표식은 **할례** 같은 외적 상징이 아니라 경건한 **마음** 상태다.

셋째, 바울은 진리를 거듭 말한다. 하나님의 율법을 아는 지식은 사람을 구원하는 능력이 없다. 하나님 말씀의 **조문(letter)**은 참되다. 그러나 구원은 이 **조문**에 있지 않고 신자의 마음에서 일하시는 하나님의 **영**에 있다.

참 유대인 곧 참신자가 받는 **칭찬(praise)**은 **사람에게서** 오는 것이 **아니다.** 사람들은 하나님의 백성을 칭찬하기보다 비웃는 경향이 있다. 참신자가 받는 칭찬이란 상은 **하나님에게서**, 하늘에 계신 그의 아버지에게서 온다.

13

유대인의 이점
(3:1-8)

[1]그런즉 유대인의 나음이 무엇이며, 할례의 유익이 무엇이냐? [2]범사에 많으니, 우선은 그들이 하나님의 말씀을 맡았음이니라. [3]어떤 자들이 믿지 아니하였으면 어찌하리요? 그 믿지 아니함이 하나님의 미쁘심을 폐하겠느냐? [4]그럴 수 없느니라. 사람은 다 거짓되되 오직 하나님은 참되시다 할지어다. 기록된 바, 주께서 주의 말씀에 의롭다함을 얻으시고 판단 받으실 때에 이기려 하심이라 함과 같으니라. [5]그러나 우리 불의가 하나님의 의를 드러나게 하면 무슨 말 하리요? [내가 사람의 말하는 대로 말하노니] 진노를 내리시는 하나님이 불의하시냐? [6]결코 그렇지 아니하니라. 만일 그러하면 하나님께서 어찌 세상을 심판하시리요? [7]그러나 나의 거짓말로 하나님의 참되심이 더 풍성하여 그의 영광이 되었다면 어찌 내가 죄인처럼 심판을 받으리요? [8]또는 그러면 선을 이루기 위하여 악을 행하자 하지 않겠느냐? 어떤 이들이 이렇게 비방하여 우리가 이런 말을 한다고 하니, 그들은 정죄 받는 것이 마땅하니라. (3:1-8)

다소 비극적인 유대인들의 역사를 보면, 유대인이란 신분에 조금이라도 이점이 있었다는 생각이 들지 않는다. 유대인은 인류의 고귀한 혈통이며 하나님의 선민이다. 그러나 이런 사실에도 불구하고, 유대인의 역사는 노예살이와 고난과 전쟁과 박해와 비방과 포로 생활과 흩어짐과 굴욕의 역사였다.

유대인들은 애굽에서 약 400년간 비천한 노예로 살았고, 하나님이 기적적으로 이들을 구해내신 후, 황량한 광야를 40년간 떠돌다가 한 세대 모두 죽었다. 유대인들은 하나님이 약속하신 땅에 마침내 들어갔으나 그 땅의 한 뼘 한 뼘을 손에 넣기 위해 싸워야 했고 그렇게 손에 넣은 땅을 지키기 위해 쉼 없이 싸워야 했다. 수백 년 후, 내란이 일어나 나라가 둘로 갈라졌다. 북 왕국은 결국 앗수르에게 거의 초토화되었고 남은 백성은 앗수르에 포로로 끌려갔다. 나중에, 남 왕국은 바벨론에 정복되어 70년간 바벨론에서 포로생활을 했으며 그 후 소수가 허락을 받아 팔레스타인으로 돌아왔다.

이들은 고국을 재건한 지 얼마 지나지 않아 그리스에게 정복되었으며, 전제군주 안티오쿠스 에피파네스(Antiochus Epiphanes, BC 215년경-BC 164)는 이들의 성전을 모독하고 이들의 제사를 더럽히며 이들의 제사장들을 죽이길 즐겼다. 유대인들이 로마의 지배를 받을 때라고 해서 사정이 나아지지는 않았다. 유대인 반역자 수만 명이 십자가에 달려 공개 처형되었고, 헤롯대왕(Herod the Great, BC 73-BC 4)이 아기 그리스도에게 품은 미친 질투심 때문에 유대인 사내 아기 수십 명이 도륙되었다. 주후 70년, 로마 장군 티투스 베스파시아누스(Titus Vespasian, AD 39-81)는 로마 황제의 명령으로 예루살렘과 성전을 완전히 파괴하고 예루살렘 주민 대다수를 죽였다. 요세푸스에 따르면, 모든 연령대의 유대인 백여만 명이 무자비하게 도륙되었고 살아남은 약 십만 명은 노예로 팔리거나 로마로 압송되어 검투장에서 죽었다. 2년 전, 가이사랴의 이방인들이 유대인 이만 명을 죽였고 더 많은 유대인을 노예로 팔았다. 같은 시기에, 다메섹 주민들이 단 하루에 유대인 일만 명의 목을 베었다.

주후 115년, 구레네(키레네), 애굽(이집트), 구브로(키프로스), 메소포타미아에 사는 유대인들이 로마에 맞서 반란을 일으켰다. 반란이 실패했을 때, 하드리아누스(Hadrian, AD 76-138) 황제는 985개 팔레스타인 마을을 파괴하고 적어도 육십만 명의 유대인 남자를 죽였다. 이들 외에 수천 명이 굶어 죽거나 병들어 죽었다. 너무 많은 유대인이 노예로 팔려 건장한 남자 노예의 몸값이 말 한 필 값으로 떨어졌다. 380년, 테오도시우스 1세(Flavius Theodosius, 347-395, 재위 379-395) 황제는 유대인을 열등 인종으로 선언하는 법을 제정했다. 이 악마적 생각은 천 년 넘게 유럽 대다수 지역에 짙게 스며들었고 심지어 오늘날에도 세계 여러 지역에 남아 있다.

약 2세기 동안, 유대인들은 분열된 로마제국 중에 비잔틴제국에 압제를 당했다. 헤로클리투스(Heroclitus, 575-641, 재위 610-641) 황제는 628년에 유대인들을 예루살렘에서 추방했고 후에 유대인을 뿌리 뽑으려 했다. 앗수르인 레오 이사우로스(Leo Assyrian, 675-741, 재위 717-741)는 유대인들에게 기독교로 개종하든지 그 지역에서 추방당하든지 선택하라고 했다. 1096년, 성지를 오스만튀르크에게서 되찾으려고 1차 십자군 원정이 시작되었을 때, 십자군은 팔레스타인으로 가는 길에 무수한 유대인을 도륙했고 많은 유대인을 잔혹하게 말발굽으로 밟아 죽였다. 물론, 이 대학살은 기독교의 이름으로 자행되었다.

1254년, 루이 9세(Louis IX, 1214-1270, 재위 1226-1270)는 모든 유대인을 프랑스에서 추방했다. 나중에 많은 유대인이 프랑스에 돌아왔으나 공정왕 필리프(Philip the Fair, 1268-1314, 재위 1285-1314)는 1306년에 유대인 십만 명을 다시 추방했다. 1492년, 콜럼버스가 대서양을 건너는 첫 항해를 시작했을 때 유대인들은 스페인에서 추방되었고 4년 후 포르투갈에서도 추방되었다. 곧 북부 이탈리아와 독일과 폴란드를 제외한 대다수 서유럽이 유대인들에게 문을 닫아걸었다. 프랑스 혁명으로 많은 유대인이 해방되었지만 잔인한 반유대주의는 유럽 대부분과 러시아 일부를 계속 지배했다. 1818년, 우크라이나에서 유대인 수천 명이 학살당했다. 1894년, 프랑스군에서 반유대주의 정서가 강해져 드레퓌스라는 유대인 장교가 반란 혐의로 무고하게 기소되었고 이를 구실로 모든 유대인 고급 장교가 숙청되었다.

영향력 있는 유대인들이 팔레스타인에 조국을 다시 세울 꿈을 꾸기 시작했을 때 시온주의 운동이 태동했고 1897년 스위스 바젤에서 첫 의회가 소집되었다. 1914년까지 유대인 약 구만 명이 팔레스타인에 정착했다. 1940년대 초, 전례 없는 나치의 홀로코스트에 유대인이 적어도 육백만 명 학살되었는데 이번에는 종교적 이유가 아니라 인종적 이유 때문이었다.

우리 사회는 반유대주의를 좀처럼 이렇게 대놓고 표현하지 않는다. 그렇더라도 여전히 세계 도처에서 유대인들이 단지 유대인이라는 이유로 고통을 당한다. 그러므로 순전히 역사적 관점에서 볼 때 유대인은 가장 지속적이고도 가혹하게 불이익을 당해온 민족에 속한다.

유대인들은 역사적으로 사회적 안전이나 정치적 안전을 거의 경험하지 못했다. 그뿐만 아니라 바울은 로마서 2:17-20에서 이렇게 선언한다. 유대인들은 하나님이 특별히 선택하고 복을 주신 사람들이지만 '영적' 안전을 보장받지 못했다. 유대인들의 육체적 혈통이나 종교적 유산이 이들의 영적 안전을 보장해 주지 못했다. 유대인들은 아브라함의 후손으로 태어났고 하나님의 율법을 알았으며 할례를 받았다. 그러나 이것들이 이들에게 천국의 자리를 보장해 주지 않았다. 사실, 이러한 축복 때문에, 유대인들은 하나님의 심판으로부터 보호받기보다 하나님께 순종할 책임이 더 무거워졌다.

바울은 대다수 유대인이 의지하는 거짓 안전들을 허문 후 유대인 수신자들의 강한 반대를 예견했다. 바울이 로마서에서 제시하는 진리는 그가 전에 많은 곳에서 여러 차례 가르친 것이었으며, 그는 로마 신자들이 제기할 가장 일반적인 반대가 무엇일지 알았다.

예를 들면, 바울은 서원을 이행하려고 유대인 그리스도인 넷을 데리고 성전에 들어갔을 때, 사역을 시작할 때부터 유대인 반대자들과 부딪혔다. 지도자들이 그를 붙잡더니 모인 무리에게 소리쳤다. "이스라엘 사람들아, 도우라. 이 사람은 각처에서 우리 백성과 율법과 이곳을 비방하여 모든 사람을 가르치는 그 자인데, 또 헬라인을 데리고 성전에 들어가서 이 거룩한 곳을 더럽혔다"(행 21:28). 바울이 이러한 것들을 가르친다는 평판이 있었기에 예루살렘의 그리스도인 장로들이 그를 설득해 남자들을 성전에 데려가 정결 예식을 행하라고 했다. 장로들은 바울이 이렇게 하면 그가 모세의 가르침을 버리지 않았음을 지도자들이 믿으리라 생각했다(21-24절을 보라).

바울은 아그립바 왕 앞에서 자신을 변호하며 말했다.

> 아그립바 왕이여, 그러므로 하늘에서 보이신 것을 내가 거스르지 아니하고 먼저 다메섹과 예루살렘에 있는 사람과 유대 온 땅과 이방인에게까지 회개하고 하나님께로 돌아와서 회개에 합당한 일을 하라 전하므로 유대인들이 성전에서 나를

> 잡아 죽이고자 하였으나 하나님의 도우심을 받아 내가 오늘까지 서서 높고 낮은 사람 앞에서 증언하는 것은 선지자들과 모세가 반드시 되리라고 말한 것밖에 없으니. (행 26:19-22)

바울은 유대인의 유산과 모세 율법의 의식들이 중요하지 않다고 가르치지 않았다. 이것들은 하나님이 주신 것이기에 엄청나게 중요했다. 그러나 바울 당시에 그리고 그 어느 때도, 이것들은 하나님이 제시하신 의의 기준을 만족시키는 수단이 아니었다. 이것들은 유대인들에게 큰 영적 유익을 주었으나 영적 안전을 주지는 못했다.

회심 후, 바울은 예루살렘에 있을 때 계속해서 성전에서 예배했고 모세 율법의 도덕적 가르침을 충실하게 실천했다. 그는 어머니 쪽이 유대계인 디모데에게 직접 할례를 행했는데, 갈라디아 지방의 유대인들에게 양보한다는 표시였다(행 16:1-3). 사도행전 21:24-26에 나와 있듯이, 바울은 율법주의 유대인들을 자극하지 않으려고 의식과 관련된 많은 관습과 랍비들의 양식을 계속 따르기까지 했다.

그러나 바울이 전하는 메시지의 핵심은 이러한 외적 행위 중 어느 하나도 구원에 조금도 유익이 없고 오직 하나님의 아들 예수 그리스도를 믿음으로써 하나님과 바른 관계에 이를 수 있다는 것이었다. 유대인들은 사람의 믿음을 통해 역사하는 하나님의 은혜로 구원받는다는 진리를 받아들일 수 없었다. 이렇게 되면 자신들의 전통이 무가치하다는 게 드러나고 하나님을 향한 자신들의 허울 좋은 헌신이 위선이라는 게 드러나기 때문이었다.

유대인들은 독선과 자기만족에 젖었기에 자신들이 생각하는 아브라함에서 비롯된 안전과 사람이 만든 자신들의 율법주의를 향한 그 어떤 공격도 용납할 수 없었다. 바울은 이 모든 경험에서 배웠다. 믿지 않는 유대인들은 바울이 하나님의 선민을 거슬러, 이들을 향한 하나님의 약속을 거슬러, 하나님의 정결하심을 거슬러 가르친다며 늘 그를 비난할 터였다. 그러므로 바울은 로마서 3:1-8에서 이러한 세 가지 반대에 직면한다.

반대 1: 바울이 하나님의 선민을 공격했다

[1]그런즉 유대인의 나음이 무엇이며, 할례의 유익이 무엇이냐? [2]범사에 많으니, 우선은 그들이 하나님의 말씀을 맡았음이니라. (3:1-2)

바울을 비난하는 자들은 그에게 끊임없이 혐의를 씌웠다. 하나님이 이스라엘을 그분의 특별한 백성으로 부르신 것이 의미 없다고 가르친다는 것이었다. 그렇다면 바울은 하나님의 성품 자체와 순전하심을 모독한 것이었다.

바울은 일부 로마 그리스도인들이 자신의 서신 첫 부분을 읽거나 들은 후 제기할 질문들을 알고 있었다. 이들은 이런 의문을 가질 터였다. "우리 유대인이 물려받은 유산이, 우리가 모세 율법을 알고 가르침이, 우리가 할례 같은 유대 의식을 따름이 유대인을 하나님 앞에서 의롭게 하지 못한다면, **유대인의 나음이 무엇이며, 할례의 유익이 무엇이냐?**"

이들은 숱한 성경 구절이 떠올랐을 것이다. 하나님은 이스라엘에게 십계명을 주시기 직전 "너희가 내게 대하여 제사장 나라가 되며 거룩한 백성이 되리라"고 하셨다(출 19:6). 모세는 이스라엘에 관해 이렇게 썼다. "하늘과 모든 하늘의 하늘과 땅과 그 위의 만물은 본래 네 하나님 여호와께 속한 것이로되, 여호와께서 오직 네 조상들을 기뻐하시고 그들을 사랑하사 그들의 후손인 너희를 만민 중에서 택하셨음이 오늘과 같으니라"(신 10:14-15). 같은 책에서, 모세는 이렇게 썼다. "너는 네 하나님 여호와의 성민이라. 여호와께서 지상 만민 중에서 너를 택하여 자기 기업의 백성으로 삼으셨느니라"(14:2). 시편 기자는 이렇게 기뻐 외쳤다. "여호와께서 자기를 위하여 야곱, 곧 이스라엘을 자기의 특별한 소유로 택하셨음이로다"(시 135:4). 하나님은 이사야를 통해 이스라엘에 관해 이렇게 선언하셨다. "이 백성은 내가 나를 위하여 지었나니, 나를 찬송하게 하려 함이니라"(사 43:21).

이것들을 비롯해 구약의 많은 구절이 이스라엘의 특별한 부르심과 복을 증언한다. 이 때문에 숱한 유대인이 유대인이라는 사실 그 자체 때문에 자신이 하나님께 받아들여질 수 있다고 결론을 내렸다. 그러나 바울이 지적했듯이,

아브라함의 '육체적' 후손이라고 해서 그의 '영적' 후손의 자격을 얻는 게 아니었다. 이들의 마음에 하나님의 영이 계신다는 표식이 없으면 이들의 육체에 있는 외적 표식 곧 할례는 아무 가치도 없었다(롬 2:17-29).

바울은 논지를 계속 이어간다. 그렇더라도 유대인의 이점은 **범사에 많다 (great in every respect).** 유대인이란 사실 자체가 구원을 주지는 않더라도 이방인들이 갖지 못한 많은 특권을 주었다. 이 서신 뒷부분에서, 바울은 이렇게 썼다. "나의 형제, 곧 골육의 친척을 위하여 내 자신이 저주를 받아 그리스도에게서 끊어질지라도 원하는 바로라. 그들은 이스라엘 사람이라. 그들에게는 양자됨과 영광과 언약들과 율법을 세우신 것과 예배와 약속들이 있고, 조상들도 그들의 것이요 육신으로 하면 그리스도가 그들에게서 나셨으니"(9:3-5).

유대인은 한 민족(백성)으로서 하나님의 자녀로 입양되었으며, 하나님은 이들과 여러 배타적 언약을 맺으셨다. 하나님은 이들에게 자신의 거룩한 율법을 주셨고 이들의 후손을 통해 세상의 구원자가 오리라고 약속하셨다. 유대민족은 하나님의 눈에 참으로 특별했다. 이들은 세상 어느 민족보다 복을 받았고 보호를 받았으며 건짐을 받았다(delivered).

그러나 대다수 유대인은 그들에게 주어진 하나님의 계시의 부정적 측면에 거의 주목하지 않았다. 하나님은 이스라엘에게 "내가 땅의 모든 족속 가운데 너희만을 알았나니"라고 선포하셨으나 곧바로 이어 "그러므로 내가 너희 모든 죄악을 너희에게 보응하리라"고 하셨다(암 3:2). 특권이 크기에 책임도 컸다.

혼인 잔치 비유에서, 예수님은 천국을 왕이 베푼 아들의 혼인 잔치에 비유하셨다. 왕은 여러 차례 메신저들을 보내 잔치가 준비되었다며 손님들을 초대했으나 사람들은 매번 초대를 무시했다. 어떤 사람들은 메신저들을 때리고 죽이기까지 했다. 진노한 왕은 군사들을 보내 살인자들을 멸하고 이들의 도시를 불태웠다. 뒤이어, 왕은 다른 메신저들을 보내서 신분이나 재산과 관계없이 나라의 모든 사람을 잔치에 초대했다(마 22:1-9).

이 비유는 이스라엘을 첫째이자 가장 큰 특권을 가진 손님, 곧 하나님의 아들이 세상을 구속하러 오심을 축하하라며 초대받은 손님으로 묘사한다. 그러나 대다수 유대인이 예수님을 메시아로 받아들이길 거부했을 때, 하나님은 이방인들, 곧 왕의 메신저들이 거리에서 만난 사람들에게 문을 여셨다. 나는 잔치에 참석한 손님들이 교회, 곧 그리스도를 하나님의 아들로 인정하고 그분을 주님과 구주로 영접한 사람들을 상징한다고 믿는다.

하나님은 이사야를 통해 이스라엘의 모습을 탄식하셨다. "내가 내 포도원을 위하여 행한 것 외에 무엇을 더할 것이 있으랴? 내가 좋은 포도 맺기를 기다렸거늘 들포도를 맺음은 어찌 됨인고?"(사 5:4). 물론, 이 질문의 답은 하나님이 그분의 백성을 위해 더는 하실 수 있는 게 없었으리라는 것이다. 하나님은 이들에게 생각할 수 있는 모든 복과 혜택을 주셨다.

바울은 이들이 받은 혜택을 더 구체적으로 언급하며 위선적인 유대인 반대자들에게 말했다. 너희는 **하나님의 말씀을 맡았음이니라.** '로기온'(*logion*, **oracles, 말씀**)은 '로고스'(*logos*)의 축소형이며, 가장 일반적으로 '말'(word)로 번역된다. '로기온'은 일반적으로 중요한 말이나 메시지, 특히 초자연적 발언을 가리켰다.

말씀(**oracles,** 신탁)은 정당한 번역이다(행 7:38, 히 5:12을 보라). 그렇더라도 이 용어는 이교도 의식과 연결되기에 이 번역이 이 문맥에 적절해 보이지 않는다. 당시 많은 이방 종교에서, 영매와 예언자들이 초자연적 "신탁"(oracles)을 통해 미래를 예언하고 영적 세계의 메시지를 전했다. 점쟁이들은 수조에 가둬둔 물고기의 움직임을 보거나 구덩이에 가둬둔 뱀이 똬리를 튼 형태를 보거나 특정한 새의 울음소리를 듣고 사업의 성공이나 실패, 전쟁의 승리나 패배, 행복한 결혼이나 비극적인 결혼을 점쳤다.

바울은 이 단락에서 '로기온'을 전혀 이런 의미로 사용하지 않았다. 그의 핵심은 한 분이요 유일하신 참 **하나님**의 '말씀'(words) 자체가 유대인들에게 맡겨졌다(**were entrusted with, 맡았음이라**)는 것인데, 여기서 '말씀'은 구약성경 전체를 가리킨다(참조. 신 4:1-2; 6:1-2). 하나님은 자신과 자신의 뜻을 계시하셨고, 이러한 하나님의 계시가 유대인들에게 맡겨졌으며(**entrusted, 맡았음이라**), 이 때문에 유대인들은 상상할 수 없는 큰 특권뿐 아니라 똑같이 엄청난 책임도 가졌다.

시인 윌리엄 쿠퍼(William Cowper, 1731-1800)는 이렇게 썼다.

그들, 오직 그들만이 온 인류 중에서
영원한 마음(the Eternal Mind)의 사본을 받았고,
그분의 각인된 율법을 맡았으며,
그분의 대의를 지키는 수호자로 세워졌고,
선지자들이 그들의 것이었고
제사장의 소명이 그들의 것이었으며,
우리 모두의 구주께서 그들에게서 나셨다.

그러나 안타깝게도, 유대인들은 자신들의 특권에 관심을 집중할 뿐 자신들의 책임에는 거의 주목하지 않았다. 역사의 한 시대에, 이들은 기록된 하나님의 율법을 방치해 잃어버렸다. 대제사장 힐기야가 성전을 수리하다가 그 사본 하나를 발견했을 때에야, 유다는 경건한 요시야 왕 아래서 짧게나마 다시 하나님의 계명을 존중하고 그분의 의식들을 지키기 시작했다(대하 34:14-33을 보라).

바울 이전 수 세기 동안, 바벨론 포로기 때부터 유대인들은 기록된 하나님의 말씀보다 인간이 만든 랍비 전통과 해석을 훨씬 떠받들었다.

예수님 당시의 종교 지도자들은 성경 전문가를 자부했다. 그러나 사두개인들이 천국의 결혼생활에 관한 가상 질문으로 예수님을 궁지에 몰아넣으려 했을 때, 예수님은 이들을 꾸짖으셨다. "너희가 성경도 하나님의 능력도 알지 못하므로 오해함이 아니냐?"(막 12:24).

주님은 예루살렘의 믿지 않는 유대인 무리에게 말씀하셨다. "너희가 성경에서 영생을 얻는 줄 생각하고 성경을 연구하거니와 이 성경이 곧 내게 대하여 증언하는 것이니라"(요 5:39). 부자와 나사로 비유에서, 부자는 죽어 지옥에 갔다. 그는 거기서 아브라함에게 애원했다. 특별한 메신저를 자신의 형제들에게 보내 구원의 길을 알려주라는 것이었다. 그러나 아브라함은 이렇게 답했다. "그들에게 모세와 선지자들이 있으니 그들에게 들을지니라"(눅 16:29). 바꾸어 말하면, 구약성경은 어떤 유대인이라도 (또는 어떤 이방인이라도) 구원받는데 필요한 모든 진리를 담고 있다. 성경을 진정으로 믿는 유대인들은 예수님

을 하나님의 아들로 인정했다. 신약성경뿐 아니라 구약성경이 그분에게 초점을 맞추기 때문이다. 그러나 대다수 유대인은 "능히…그리스도 예수 안에 있는 믿음으로 말미암아 구원에 이르는 지혜가 있게 하는" 성경보다(딤후 3:15) 랍비와 장로들의 전통을 따르길 더 좋아했다.

기독교도 그 역사 내내 많은 부분에서 똑같은 태도를 보였다. 교단이나 배타적 집단이나 분파의 가르침과 기준이 성경에 기록된 하나님의 계시를 가리거나 그 계시와 모순되기 일쑤였다.

교회에 속한다는 것은 옛 언약 아래서 유대인이라는 사실과 흡사하다. 하나님의 백성이라 주장하는 사람들과 공유하는 외적 정체성 자체는, 설령 이들이 진정한 신자라 하더라도, 불신자에게 아무 유익이 없다. 그러나 이런 사람이 교회에서 하나님의 말씀에 대한 건전한 가르침에 노출된다면 다른 불신자들보다 큰 이점이 있다. 그러나 그가 이 특권을 활용하지 않으면 그의 죄책과 정죄가 복음을 전혀 듣지 않았을 때보다 커진다. "우리가 진리를 아는 지식을 받은 후 짐짓 죄를 범한즉 다시 속죄하는 제사가 없고 오직 무서운 마음으로 심판을 기다리는 것과 대적하는 자를 태울 맹렬한 불만 있으리라"(히 10:26-27; 참조. 4:2-3).

반대 2: 바울이 하나님의 약속을 공격했다

[3]어떤 자들이 믿지 아니하였으면 어찌하리요? 그 믿지 아니함이 하나님의 미쁘심을 폐하겠느냐? [4]그럴 수 없느니라. 사람은 다 거짓되되 오직 하나님은 참되시다 할지어다. 기록된 바, 주께서 주의 말씀에 의롭다함을 얻으시고 판단 받으실 때에 이기려 하심이라 함과 같으니라. (3:3-4)

바울이 예상하고 마주친 둘째 반대는 그의 가르침이 이스라엘을 향한 하나님의 약속을 폐기한다는 것이었다. 구약성경을 공부하는 사람이면 누구라도 알듯이, 하나님은 그분의 선민에게 무수한 약속을 하셨다. 그러면 바울은 어떻게 유대인들이 이런 약속들에서 안전하지 않을 수 있다고 주장하는가?

바울의 대답은 유대 성경(구약성경) 자체의 명시적 가르침과 암시적 가르침 둘 다 반영했다. 하나님은 결코 그 어느 유대인도, 육체적으로 아무리 순수 아브라함 혈통이거나 구약성경의 다른 어느 위대한 성도의 혈통이더라도, 마음에서 우러나는 순종을 낳는 회개와 하나님을 믿는 믿음 없이 하나님의 약속에서 안전하다 주장할 수 있다고 약속하지 않으셨다. 이사야 55:6-7은 이렇게 순종하는 믿음을 가지라는 초대의 좋은 예를 제시한다. "너희는 여호와를 만날 만한 때에 찾으라. 가까이 계실 때에 그를 부르라. 악인은 그의 길을, 불의한 자는 그의 생각을 버리고 여호와께로 돌아오라. 그리하면 그가 긍휼히 여기시리라. 우리 하나님께로 돌아오라. 그가 너그럽게 용서하시리라."

앞서 언급한 아모스 3:2에서 보았듯이, 하나님의 더없이 위대한 약속 중 상당수는 더없이 엄한 경고를 수반했다. 대다수 약속이 조건적이며 하나님 백성의 믿음과 순종에 근거했다. 하나님이 하신 몇 안 되는 무조건적 약속은 개별 유대인이 아니라 이스라엘 민족 전체를 향한 것이었다(예를 들면, 다음을 보라. 창 12:3; 사 44:1-5; 슥 12:10).

그러므로 바울은 자신을 비난하는 자들에게 부분적으로 동의하며 말한다. **어떤 자들이 믿지 아니하였으면 어찌하리요? 그 믿지 아니함이 하나님의 미쁘심을 폐하겠느냐? 그럴 수 없느니라.** 바울의 반대자들이 하나님의 순전하심을 변호한 것은 전적으로 옳았다. 사람들이 하나님의 약속들에 어떻게 반응하든, 하나님은 절대적으로 성실하게 자신의 말씀을 지키신다.

분명히 의도적이지 않았더라도, 교회가 하나님의 구속 계획에서 이스라엘을 대신했다는 언약 신학의 생각은 하나님이 이스라엘에게 하신 무조건적 약속들을 성실히 지키지 않으셨다고 추정한다. 이스라엘이 예수 그리스도를 자신들의 메시아로 받아들이길 거부했기에, 하나님은 이스라엘을 한 민족으로 구속하고 회복하겠다는 약속의 성취를 미루셨다. 그러나 하나님은 이 약속을 어기지 않으셨다(그분의 거룩한 본성 때문에 '그러실 수도 없었다'). 예를 들면, 하나님은 어느 날 "내가 다윗의 집과 예루살렘 주민에게 은총과 간구하는 심령을 부어 주리니, 그들이 그 찌른 바 그를 바라보"리라고 하셨는데(슥 12:10), 이 말씀은 교회에 적용될 수 없을 것이다. 이러한 갱신이 이스라엘 역사에서 결코 일어나지 않았기에, 이 말씀은 거짓이거나 아직 성취되지 않은 것이다.

이 서신 뒷부분에서, 바울은 하나님이 그분의 백성 이스라엘을 버리지 않으셨다고 강하게 단언한다(롬 11:1). 몇 절 뒤에서, 바울은 이렇게 선언한다. "형제들아, 너희가 스스로 지혜 있다 하면서 이 신비를 너희가 모르기를 내가 원하지 아니하노니, 이 신비는 이방인의 충만한 수가 들어오기까지 이스라엘의 더러는 우둔하게 된 것이라. 그리하여 온 이스라엘이 구원을 받으리라. 기록된 바, 구원자가 시온에서 오사 야곱에게서 경건하지 않은 것을 돌이키시겠고 내가 그들의 죄를 없이 할 때에 그들에게 이루어질 내 언약이 이것이라 함과 같으니라. 복음으로 하면 그들이 너희로 말미암아 원수된 자요 택하심으로 하면 조상들로 말미암아 사랑을 입은 자라. 하나님의 은사와 부르심에는 후회하심이 없느니라"(25-29절).

하나님의 약속이 변경될 수 없듯이 이스라엘의 민족적 구원도 변경될 수 없다. 그러나 이러한 미래가 대다수 이방인에게 구원을 보장하지 않듯이 '개별' 유대인에게도 구원을 보장하지 않는다.

바울을 비난하는 자들의 실수는 하나님이 이스라엘에게 하신 무조건적 약속들이 어느 시대나 개별 유대인들에게 적용된다고 믿은 것이었다. 그러나 바울이 앞서 9:6-7에서 보여주었듯이, "그러나 하나님의 말씀이 폐하여진 것 같지 않도다. 이스라엘에게서 난 그들이 다 이스라엘이 아니요 또한 아브라함의 씨가 다 그의 자녀가 아니라. 오직 이삭으로부터 난 자라야 네 씨라 불리리라."

바울을 비난하는 자들이 하나님은 그분의 말씀을 어기실 수 없다고 주장한 것은 옳았다. 약속된 복이 실현되지 않았다면 하나님의 '백성'이 그 약속의 조건들을 **믿지 아니하였고** 거기에 순종하지 않았기 때문이다. 그러나 이들의 **믿지 아니함**이 하나님이 약속의 민족에게 마침내 주실 구원을 막을 수 없었다.

그러나 훨씬 깊은 진리가 있다. 대다수 유대인의 생각과 반대로, 하나님은 '결코' 유산이나 의식이나 선한 행위를 토대로, 믿음이 아닌 다른 어떤 것을 토대로 구원을 받으리라고 하지 않으셨다는 것이다. 그러므로 바울은 수사의 문문으로 묻는다. "**믿지 아니한** 유대인들은 하나님이 약속하신 복을 받을 개인적 권리를 잃었고 하나님 나라의 기업도 잃었다. 그러면 이러한 사실이 **하나님의 미쁘심을 폐하겠느냐?**" 하나님의 구원이 어느 날 이스라엘에게 임할 것이며, 그때 온 이스라엘이 구원받을 것이다.

바울은 자신의 질문에 답하며 **그럴 수 없느니라**고 외친다. '메 게노이토'(*mē genoito*, **may it never be, 그럴 수 없느니라**)는 더없이 강한 헬라어 표현이었으며 대개 불가능이란 의미를 내포했다. 바울은 이렇게 말하고 있었다. "물론, 하나님은 그분의 약속을 비롯해 그 어떤 식으로든 불성실하실 수 없다." **사람은 다 거짓되되 오직 하나님은 참되시다 할지어다.** 이 땅에서 살았던 모든 사람이 하나님이 미쁘지(신실하지) 않다고 선언하더라도 **하나님은 참되시다**는 게 드러나고 그분에 맞서 증언한 **사람은 다 거짓되다**는 게 드러날 것이다.

바울은 성경에서 다윗의 유명한 회개 시편을 자주 인용한다. 다윗은 이스라엘 왕 중에 가장 뛰어나고 사랑받는 왕이었으며, 어느 날 메시아께서 다윗의 보좌에서 친히 다스리실 것이다. **기록된 바, 주께서 주의 말씀에 의롭다함을 얻으시고 판단 받으실 때에 이기려 하심이라 함과 같으니라**(시 51:4을 보라). 하나님은 완전하며 그분 자신이 선과 진리의 척도다. 그러므로 하나님의 말씀은 그 자체로 옳고 하나님의 심판은 그 자체로 의롭다. 하늘과 땅의 하나님이 사람이나 사탄이 그분에 맞서 내리는 죄악되고 뒤틀린 판단을 **이기지** 못하리라 생각하는 것은 더없이 어리석다.

반대 3: 바울이 하나님의 정결하심을 공격했다

5그러나 우리 불의가 하나님의 의를 드러나게 하면 무슨 말 하리요? [내가 사람의 말하는 대로 말하노니] 진노를 내리시는 하나님이 불의하시냐? 6결코 그렇지 아니하니라. 만일 그러하면 하나님께서 어찌 세상을 심판하시리요? 7그러나 나의 거짓말로 하나님의 참되심이 더 풍성하여 그의 영광이 되었다면 어찌 내가 죄인처럼 심판을 받으리요? 8또는 그러면 선을 이루기 위하여 악을 행하자 하지 않겠느냐? 어떤 이들이 이렇게 비방하여 우리가 이런 말을 한다고 하니, 그들은 정죄 받는 것이 마땅하니라. (3:5-8)

바울이 예상한 셋째 반대는 그의 가르침이 하나님의 정결하심과 거룩하심 자체를 공격한다는 것이었다. 바울을 비난하는 자들의 논지는 이러했다.

> 하나님이 이스라엘의 죄 때문에 영광을 받으시고 자신의 선민이 불성실한데도 자신의 성실하심을 보이신다면 죄가 하나님을 영화롭게 하는 것이다. 바꾸어 말하면, 바울, 당신은 하나님이 엄격히 금하신 것이 실제로 그분을 영화롭게 한다고 말하고 있다. 당신은 하나님이 검은 벨벳에 값비싼 황금 장신구를 진열해 그 대비 때문에 황금이 더욱 우아하고 아름답게 보이게 하는 상인 같다고 말하고 있다. 당신은 인간의 죄를 사용해 자신을 영화롭게 하신다며 하나님을 비난하고 있는데, 이것은 신성모독이다. 당신은 하나님의 의로운 정결하심을 의심하고 있다. 그뿐 아니라, 사람의 **불의가 하나님의 의를 드러나게 하면** 우리가 하나님의 심판에 대해 **무슨 말 하리요?** 당신의 말이 사실이라면, 왜 하나님이 죄를 벌하시는가? **진노를 내리시는 하나님이 불의하시냐?**

이번에도 독자들이 바울이 자신의 생각을 표현하고 있다고 결론 내리지 않도록 그는 괄호 속 설명을 곧바로 덧붙인다. 자신은 **사람의 말하는 대로 말하**고 있다는, **사람의** 자연스러운 마음의 논리를 따라 말하고 있다는 것이다. 그는 사실 이렇게 말하고 있었다. "내가 이런 말도 안 되는 소리를 믿는다고 잠시라도 생각하지 마십시오. 저를 향해 자주 쏟아지는 비난을 풀어서 말하고 있을 뿐입니다."

바울은 더 강하게 부정하려고 다시 한번 말한다. "**결코 그렇지 아니하니라.** 분명히 하나님은 자신을 영화롭게 하려고 죄를 독려하거나 용인하지 않으십니다. **만일 그러하면 하나님께서 어찌 세상을 심판하시리요?**"

유대인들이 하나님의 본성에 대해 이해한 것이 있다면 그분이 완전한 심판자라는 것이었다. 구약성경 맨 처음부터 하나님은 "세상을 심판하시는 이"라 불리신다(창 18:25). 시편 기자들은 하나님을 거듭 심판자라 일컫는다(예를 들면, 시 50:6, 58:11, 94:2을 보라). 사실상 모든 선지자의 핵심 주제 중 하나는 하나님의 심판, 과거의 심판뿐 아니라 현재의 심판, 먼 미래의 심판뿐 아니라 임박한 심판이었다. 바울의 아주 분명한 핵심은 하나님이 죄를 용납하신다면 공평하고 의롭고 순전하게 심판하실 근거가 없으리라는 것이다.

7절과 8절에서, 바울은 자신에게 씌워진 거짓 혐의를 사뭇 다른 말로 되풀이한다. “여러분은 제가 이렇게 말했다고 주장합니다. ‘**나의 거짓말로 하나님의 참되심이 더 풍성하여 그의 영광이 되었다면 어찌 내가 죄인처럼 심판을 받으리요?**’”

이것은 가장 안 좋은 종류의 반율법주의(antinomianism, 하나님의 율법을 무시함)라는 혐의가 분명했다. 비난하는 자들은 바울이 이렇게 가르친다는 혐의를 씌웠다. 바울은 사람이 악할수록 하나님을 더 영화롭게 하고 불성실할수록 하나님이 더 성실하게 보이게 하며 거짓말을 할수록 하나님의 진실하심을 더 높인다고 가르친다는 것이었다.

바울이 이어지는 선언에서 분명히 하듯이, 이것들은 근거 없는 허위 진술이 아니었다. **선을 이루기 위하여 악을 행하자 하지 않겠느냐? 어떤 이들이 이렇게 비방하여 우리가 이런 말을 한다고 하니.** 바울의 원수들은 오직 믿음으로 말미암아 은혜로 구원을 얻는다는 바울의 복음이 하나님의 율법을 약화할 뿐 아니라 죄를 짓고도 벌을 받지 않을 자유를 허용한다며 그를 거듭 비난했던 게 분명하다. 사실, 이들은 하나님의 눈에 죄가 의만큼 받아들여질 수 있다고 말한다며 바울을 비난했다.

서기관들과 바리새인들은 그들 자신이 중심까지 죄악되고 위선적이면서도 모세 율법과 랍비 전통을 조금이라도 어기는 사람들을 정죄하길 좋아했다. 이들의 종교는 체현된 율법주의였고, 그러므로 이들은 하나님의 은혜라는 개념을 아주 싫어했다. 하나님의 은혜는 자신이 품은 소망의 기초, 곧 행위에 근거한 의(works righteousness)를 완전히 무너뜨리기 때문이다.

동일한 율법주의가 유대주의자들의 특징이기도 했다. 이들은 이른바 기독교로 개종한 유대인들인데 그리스도인들은 모세 율법과 의식을 모두 지켜야 한다고 주장했다. 이들이 바울의 은혜 복음에 씌운 혐의는 서기관과 바리새인들이 씌운 혐의와 사실상 같았다. 그러므로 바울은 교회 안팎에서 매우 흡사한 방식으로 공격받았다. 그러므로 바울은 외부의 유대 지도자들과 내부의 유대주의자들 양쪽 모두에게 자신의 논지를 펴고 있었을 것이다.

타락한 인간 본성의 가장 분명한 특징 중 하나는 죄를 합리화하는 놀라운 능력이다. 어린아이라도 잘못을 해놓고 이유를 대는 데 머리가 잘 돌아간다. 본질적으로, 이것이 바울의 대적들이 그에게 씌운 혐의였다. 바울은 죄가 하나님을 영화롭게 한다며 죄를 합리화한다는 것이다.

이 서신 조금 뒤에서, 바울은 동일한 문제를 자세히 다룬다. 바울은 "죄가 더한 곳에 은혜가 더욱 넘쳤나니"라고 말한 후, 그가 알기에 많은 사람이 내리는 거짓 결론을 재빨리 반박한다. "그런즉 우리가 무슨 말을 하리요? 은혜를 더하게 하려고 죄에 거하겠느냐? 그럴 수 없느니라. 죄에 대하여 죽은 우리가 어찌 그 가운데 더 살리요?"(롬 5:20-6:2). 온 힘을 다해, 바울은 자신이 어떤 종류의 죄든 용납한다는 혐의를 반박한다. 바울은 죄가 하나님을 영화롭게 한다는 거짓되고 악한 주장으로 죄를 정당화할 생각이 눈곱만큼도 없다.

물론, 바울을 비난하는 사람 중에 일부는 그의 가르침을 교회 내 자유주의자들의 가르침, 이를테면 고린도교회의 오점이었던 자들의 가르침과 잘못 연결했을 수도 있다. 유다는 이렇게 썼다. "이는 가만히 들어온 사람 몇이 있음이라. 그들은 옛적부터 이 판결을 받기로 미리 기록된 자니, 경건하지 아니하여 우리 하나님의 은혜를 도리어 방탕한 것으로 바꾸고 홀로 하나이신 주재, 곧 우리 주 예수 그리스도를 부인하는 자니라"(유 4).

그리스도인을 자처하는 사람이 계속 죄 가운데 살며 회개하지 않는 것은 애초에 구원받지 못했다는 확실한 표식이다. 그리스도인이라는 말은 예수 그리스도의 주권 아래 있고 그분을 섬기길 진정으로 바란다는 뜻이다. 유다가 논란의 여지 없이 분명하게 밝히듯이, 하나님의 은혜를 상정함으로써 자신의 죄를 정당화하려는 자는 경건하지 못하며 그리스도를 부인하는 자다(4절).

바울이 자신을 비방하는 자들에게 주는 최종 답변은 짧지만 날카롭다. 바울은 반율법주의를 털끝만큼도 가르치고 있지 않았다. 그렇더라도 그는 반율법주의를 가르치는 자들이 **정죄 받는 것이 마땅하다**는 데 전적으로 동의했다.

14

모든 사람이 죄인이다
(3:9-20)

[9]그러면 어떠하냐? 우리는 나으냐? 결코 아니라. 유대인이나 헬라인이나 다 죄 아래에 있다고 우리가 이미 선언하였느니라. [10]기록된 바, 의인은 없나니 하나도 없으며, [11]깨닫는 자도 없고 하나님을 찾는 자도 없고, [12]다 치우쳐 함께 무익하게 되고 선을 행하는 자는 없나니 하나도 없도다. [13]그들의 목구멍은 열린 무덤이요 그 혀로는 속임을 일삼으며 그 입술에는 독사의 독이 있고 [14]그 입에는 저주와 악독이 가득하고 [15]그 발은 피 흘리는 데 빠른지라. [16]파멸과 고생이 그 길에 있어 [17]평강의 길을 알지 못하였고 [18]그들의 눈앞에 하나님을 두려워함이 없느니라 함과 같으니라. [19]우리가 알거니와 무릇 율법이 말하는 바는 율법 아래에 있는 자들에게 말하는 것이니, 이는 모든 입을 막고 온 세상으로 하나님의 심판 아래에 있게 하려 함이라. [20]그러므로 율법의 행위로 그의 앞에 의롭다 하심을 얻을 육체가 없나니, 율법으로는 죄를 깨달음이니라. (3:9-20)

사람들은 자신이 기본적으로 선하다고 믿길 좋아하며, 심리학자들과 상담자들과 많은 훌륭한 종교 지도자들이 이러한 믿음을 줄곧 강화한다.

그러나 마음 깊은 곳에서, 인간은 자신의 존재 방식에 문제가 있음을, 뭔가 잘못되었음을 직감한다. 이러한 느낌을 무엇이나 누구 탓으로 돌리려 하든 간에, 그는 여기서 벗어날 수 없다. 그는 죄책감을 느낀다. 자신이 잘못이라 알고도 행한 일들 뿐 아니라 자신이 내면적으로 어떤 부류의 사람인지에도 죄책감을 느낀다.

인기 있는 신문의 한 칼럼니스트가 이렇게 썼다. "인간이 경험하는 가장 고통스럽고 자신을 괴롭히며 시간과 에너지를 잡아먹는 것 중 하나는 죄책감이다.…방치하면 죄책감은 당신의 하루를, 한 주를, 인생을 무너뜨릴 수 있다. 당신이 부정직하거나 해롭거나 초라하거나 이기적이거나 악취 나는 일을 할 때, 죄책감이 반갑지 않은 손님처럼 나타난다.…그것이 무지, 어리석음, 게으름, 무심함, 약한 육신, 또는 감춰진 약점이 낳은 결과인지에 신경 쓰지 말라. 당신은 잘못을 저질렀고 죄책감에 시달리고 있다. 너무나 유감이다." 그녀는 이렇게 결말을 맺었다. "그러나 안심하라. 당신이 느끼는 고통은 정상이다.… 기억하라. 죄책감은 오염 물질이며 세상에 더는 필요 없는 것이다"(*The Ann Landers Encyclopedia* [New York: Doubleday, 1978], pp. 514-517). 이렇게 말하고, 그녀는 다른 주제로 넘어갔다.

고대 로마 철학자 세네카는 죄책감을 느끼는 사람(guilty person)은 모두 자신의 교수형 집행자라고 썼다. 사람이 자신에게 "나는 선하다"고 아무리 자주 말하더라도 잘못된 생각과 말과 행동을 하고 이 때문에 죄책감을 느끼는 것은 어쩔 수 없는 일이다. 사람들은 죄책감 때문에 술, 마약, 절망, 정신 이상에 빠지며 갈수록 빈번하게 극단적 선택을 한다. 자신의 환경이나 다른 사람들이나 사회 전반을 탓하는 심리 게임을 한 후에도, 인간은 여전히 죄책감에서 벗어날 수 없다. 사실, 세밀한 심리 서비스를 갖춘 사회들이 죄책감에 훨씬 더 내몰린다. 사람들은 죄책감을 떨쳐버리고 싶지만 방법을 모른다. 해결책을 찾을수록 죄책감을 더 느낀다.

사람들이 죄책감(guilty)을 '느끼는' 이유는 유죄(guilty)'이기' 때문이다. 죄책감은 진짜 문제인 죄의 증세일 뿐이다. 세상의 모든 심리상담은 죄책감을 제거할 수 없다. 기껏해야 다른 사람이나 다른 것을 탓함으로써 피상적으로 잠시 기분을 좋게 할 수 있을 뿐이다. 물론, 이런 방법은 죄책감을 키울 뿐이다. 애초에 죄책감을 일으킨 죄에 부정직을 더하기 때문이다.

인간의 죄책(죄책감)은 원인이 단 하나, 자신의 죄다. 그러므로 자신의 죄가 제거되지 않으면 그의 죄책도 제거될 수 없다. 이런 까닭에, 복음의 첫째 요소는 사람들이 그들의 죄라는 실체와 대면하게 하는 것이다. '복음'(gospel)은 "좋은 소식"이란 뜻이다. 그러나 복음이 제시하는 좋은 소식은 죄로부터 구원받는 길이며, 사람이 자신의 죄를 깨닫기 전에는 복음이 아무것도 제시할 수 없다. 그러므로 복음은 모든 사람이 근본적으로 죄악되며 이들의 삶에서 가장 필요한 것은 주 예수 그리스도를 믿음으로써 이 죄를 제거하는 것이라고 선언하며 시작한다. 바울이 로마서 1, 2장에서 이미 강력하게 선언했듯이, 이교도 이방인들과 종교적인 유대인들 양쪽 모두 죄악되며 거룩하신 하나님 앞에 정죄 받고 서 있다. 그러나 인간 본성은 이 진리에 강하게 저항한다. 반하우스(Donald Grey Barnhouse)는 이렇게 말했다. "인간은 하나님께 고백하면 놓임을 받을 텐데도 고집스러운 자존심 때문에 그 길을 선택하길 거부한다. 지금 인간은 하나님 앞에 마치 어린 소년처럼 서 있다. 그는 울면서 자신은 절대로 꿀단지 근처에도 가지 않았다고 맹세한다. 화를 내며 자신의 무죄를 주장하고 자신의 결백함을 항변한다. 자신의 턱 아래 셔츠에 꿀이 족히 한 숟가락은 묻어 있음을 다들 아는데 자신만 전혀 모른 채 말이다"(*God's Wrath: Romans 2-3:1-20* [Grand Rapids: Eerdmans, 1953], p. 191).

바울은 자기 죄를 부정하는 인간의 성향을 잘 알았다. 그러므로 그는 창조, 역사, 이성과 논리, 양심을 통해 인간의 죄성에 대한 강력한 증거를 이미 제시했다. 이제 바울은 궁극적 증언, 곧 성경의 증언을 제시한다. 10절에서 시작해 18절까지, 바울은 구약성경에 계시된 하나님 말씀의 증언을 이를테면 법정에 제시한다. 9-20절은 하나님의 신성하고 완전한 인간관을 요약하며 재판 모티프를 계속 사용한다: 소환(9절), 기소(10-17절), 동기(18절), 판결(19-20절).

소환

그러면 어떠하냐? 우리는 나으냐? 결코 아니라. 유대인이나 헬라인이나 다 죄 아래에 있다고 우리가 이미 선언하였느니라. (3:9)

심리는 두 질문으로 시작한다. 첫째 질문은 단순하다. **그러면 어떠하냐?** "추가 증언의 핵심은 무엇인가?"라는 뜻이다. 바울은 이미 비도덕적인 이교도, 도덕적인 이교도를 정죄했으며, 뒤이어 도덕적 유대인과 비도덕적 유대인 둘 다 정죄했다. 바울은 자신의 수신자들 중 일부가 어떻게 생각할지 예상하면서 둘째 질문을 수사의문문으로 던진다. **우리는 나으냐?** 다시 말해, "우리는 방금 정죄 받은 사람들보다 **나은** 기본 본성을 가졌습니까? 우리는 그들과 다른 틀로 만들어졌고 그들과 다른 천으로 만들어졌나요?"

우리가 누구를 가리키는지 전혀 분명하지 않다. 어떤 주석가들은 바울이 동족 유대인들을 말하고 있다고 믿는다. 그러나 바울은 이미 1-8절에서 대다수 유대인이 물을 법한 질문을 다루었으며 이들이 "하나님의 말씀을 맡았"으므로, 즉 구약성경을 가졌으므로 실제로 이방인들보다 영적 이점이 있다고 했다. 그러나 바울은 앞서 이들이 더 큰 이점을 가졌기에 더 큰 책임도 따른다고 지적했다(2:17-25). 이 서신 다른 곳 어디서도, 바울은 '우리'라는 단어를 사용해 자신과 동족 유대인을 동일시하지 않는다.

여기서 **우리**는 바울 자신과 로마에 사는 동료 신자들, 곧 유대인 신자들과 이방인 신자들을 가리킨다고 보는 게 더 낫다. 그러면 이 질문은 이런 뜻이겠다. "우리 그리스도인들 자신은 이미 하나님 앞에서 정죄 받았다고 드러난 다른 그룹들보다 낫습니까(**나으냐**)? 우리는 본질적으로 그들보다 우월합니까? 우리가 구원받은 것은 우리의 기본적 인간 본성이 그들보다 낫기 때문입니까?"

바울은 자신의 질문에 곧바로 답하며 명료하게 단언한다. **결코 아니라.** 그는 말한다. "아닙니다. 우리 자신은 그들보다 조금도 낫지 못합니다." 그는 모든 사람이 정죄 받았다고 이미 지적했다. 가장 더럽고 악에 찌든 이교도부터 겉보기에 가장 도덕적이고 올곧은 유대인까지 모두 정죄 받았다. 바꾸어 말하면, 온 인류가 한 사람도 예외 없이 하나님의 공의로운 법정에 소환되었다. **유대인이나 헬라인이나 다 죄 아래에 있다고 우리가 이미 선언하였느니라**.

'프로아이티아오마이'(*proaitiaomai*, **already charged, 이미 선언하였느니라**)는 어떤 범죄로 이미 기소된 사람을 가리킬 때 흔히 사용되는 법률 용어였다. '후포'(*hupo*, **under, 아래**)는 단순히 밑에(beneath)라는 뜻이 아니라 완전히 무엇이나 누군가의 힘, 권위, 통제 아래 있다는 뜻으로 흔히 사용되는 일반적인 헬라어 단어였다. 바울은 여기서 이런 의미를 염두에 두었던 게 분명하다. 다시 말해, 모든 인간, 유대인과 헬라인 모두 **죄** 아래 있으며 완전히 죄에 결박되고 종속되어 그 지배를 받는다.

이런 개념은 대다수 유대인에게 터무니없었다. 바울은 유대주의자들에게 굴복한 것에 대해 베드로를 꾸짖으면서 하나님의 선민인 유대인이라는 이유만으로 하나님 앞에서 의롭다는 유대인들의 일반적인 믿음을 언급했다. 반대로, 유대인들은 이방인들, 즉 로마 통치 아래서도 헬라 문화와 언어가 우세했기에 흔히 **헬라인(Greeks)**이라 불린 사람들은 단지 유대인이 아니기에 자연히 죄악되다고 믿었다(갈 3:15을 보라).

유대인이 가난에 시달리거나 장애가 있거나 유난히 심하게 고통을 당하면 당사자나 부모가 심히 가증스런 죄를 지었으리라 추정했고, 이 때문에 이들은 하나님 앞에서 정상적인 높은 지위를 한 세대 정도 잃었다. 이러한 믿음은 어느 날 예수님과 제자들이 성전 바로 바깥에서 마주친 맹인의 이야기에 담겨 있다. 제자들은 그 사람의 상태를 보고 주님께 물었다. "랍비여, 이 사람이 맹인으로 난 것이 누구의 죄로 인함이니이까? 자기니이까 그의 부모니이까?"(요 9:2). 예수님은 제자들의 잘못된 추정을 바로잡으신 후 맹인의 시력을 회복시켜 주셨다. 잠시 후, 그 사람이 바리새인들과 얘기하고 있을 때, 바리새인들도 열두 제자가 표현했던 것과 똑같이 잘못된 추정을 거침없이 내뱉었다. 그 사람이 바리새인들에게 예수님에 관해 "이 사람이 하나님께로부터 오지 아니하였으면 아무 일도 할 수 없으리이다"라고 말하자 바리새인들은 크게 화내며 답했다. "네가 온전히 죄 가운데서 나서 우리를 가르치느냐?"(33-34절).

매우 종교적인 사람들은 자신의 선함과 종교성 때문에 자신이 본래 다른 사람들보다 낫고 하나님께 사랑받는다고 생각하는 경향이 있다. 그리스도인들조차 자신이 다른 사람들보다 그럴 자격을 더 갖췄기에 하나님이 자신을 구원하셨다고 생각하려는 유혹을 이따금 받는다. 그러나 어떤 사람이 하나님 앞에서 의롭게 된다면 결코 그가 다른 누구보다 선천적으로 낫기 때문이거나 자신의 삶을 하나님의 기준에 맞게 끌어올렸기 때문이거나 어떤 종교 관습들을 열심히 지켰기 때문이 아니다. 순전히 그가 자신의 죄와 무력함을 인정하고 용서받아 깨끗하게 되기 위해 겸손하게 믿음으로 주 예수 그리스도 앞에 바싹 엎드렸기 때문이다.

사람들마다 외적인 행동과 태도가 크게 다르다. 그렇더라도 그리스도 없는 사람은 '모두' 본질상 죄악되며 사탄의 지배와 통제 아래 있다. 요한은 구속받지 못한 세상 전체가 "악한 자 안에 처한"[30] 상태이며(요일 5:19), 따라서 하나님의 공의로운 심판대 앞에 소환되어 있다고 했다.

기소

> **[10]기록된 바, 의인은 없나니 하나도 없으며, [11]깨닫는 자도 없고 하나님을 찾는 자도 없고, [12]다 치우쳐 함께 무익하게 되고 선을 행하는 자는 없나니 하나도 없도다. [13]그들의 목구멍은 열린 무덤이요 그 혀로는 속임을 일삼으며 그 입술에는 독사의 독이 있고 [14]그 입에는 저주와 악독이 가득하고 [15]그 발은 피 흘리는데 빠른지라. [16]파멸과 고생이 그 길에 있어 [17]평강의 길을 알지 못하였고 (3:10-17)**

바울은 이제 타락한 인류를 향해 열세 항목에 걸쳐 섬뜩한 기소장을 제시한다. 기소장의 포괄성을 강조하려고, 바울은 타락한 인간 '모두', 유대인과 이방인이 똑같이 죄 아래 있다는 사실을 되풀이한다(9절을 보라). 10-18절에서, 바울은 **없다**(**none,** 이에 상응하는 **하나도 없다**, **not even one**)를 여섯 차례 사용해 인간이 하나님 앞에서 의가 전혀 없음을 말한다.

이 기소의 직접적인 출처는 구약성경이며 **기록된 바**가 구약성경을 가리킨다. 예수님이 광야에서 유혹을 받으실 때, 예수님과 사탄 둘 다 이 어구를 앞세워 구약성경을 인용했다(마 4:4, 6-7, 10). **기록된 바**로 번역된 헬라어 어구는

---

30 새번역: 악마의 세력 아래 놓여 있습니다.

완료시제이며, **기록된** 것의 연속성과 영속성을 말하며 그 신적 권위를 암시하는데, 유대인이든 이방인이든 간에 모든 신실한 유대인과 모든 신실한 그리스도인은 이 권위를 인정했다.

기소장에 담긴 열세 기소 항목이 세 범주로 제시된다. 첫째는 피고인의 품성에 관한 것이고(10-12절), 둘째는 피고인의 대화에 관한 것이며(13-14절), 셋째는 피고인의 행동에 관한 것이다(15-17절).

피고인의 품성

> **[10]기록된 바, 의인은 없나니 하나도 없으며, [11]깨닫는 자도 없고 하나님을 찾는 자도 없고, [12]다 치우쳐 함께 무익하게 되고 선을 행하는 자는 없나니 하나도 없도다.** (3:10-12)

품성이라 이름 붙일 수 있을 제목 아래, 바울은 기소 항목 열셋 중 여섯을 열거한다. 타락한 본성 때문에, 인간은 하나같이 악하고(10b절), 영적으로 무지하며(11a절), 반역하고(11b절), 제멋대로이며(12a절), 영적으로 쓸모없고(12b절), 도덕적으로 부패했다(12c절).

첫째, 인류는 하나같이 악하며 절대로 예외가 없다. 바울은 시편을 인용하며 외친다. **의인은 없나니 하나도 없으며**. 시편 14:1 전체 본문은 이렇다. "어리석은 자는 그의 마음에 이르기를 하나님이 없다 하는도다. 그들은 부패하고 그 행실이 가증하니, 선을 행하는 자가 없도다."

의(義)는 로마서의 주요 주제이며 이런저런 형태로 30회 이상 나타난다. 동일한 헬라어 어근에서 파생된 단어들이 대체로 "의롭다 하심을 얻다"(justified), "의롭다 하심"(justification, 칭의), 또는 이와 유사하게 번역된다. 이것들을 모두 합치면 로마서에서 60회 넘게 사용된다. 그러므로 바울이 기소장에 가장 먼저 제기하는 혐의가 인류의 불의인 것은 놀랍지 않다.

바울은 의롭다**(righteous)**는 용어를 하나님 앞에서 올바름(being right), 곧 하나님이 사람을 창조하실 때 뜻하신 모습이라는 가장 기본적인 의미로 사용하고 있다. 분명히, 사람들은 도덕적으로 옳은 일을 많이 할 수 있다. 가장 악한 사람이라도 이따금 칭찬받을 만한 일을 할 수 있다. 그러나 바울은 구체적 행위나 심지어 일반적 행동 패턴을 말하고 있는 게 아니라 사람의 내적 품성을 말하고 있다. 그의 핵심은 죄 없는 주 예수를 제외하고(참조. 고후 5:21) 이 땅에 살았던 사람 중에 내면 가장 깊은 곳이 하나님의 기준에 부합하게 의로운(**righteous**) 사람이 하나도 **없다**는 것이다. 사람들이 자신은 예외라고 생각하지 못하도록, 바울은 **하나도 없으며**를 덧붙인다.

이미 말했듯이, 사람마다 친절하고 사랑하며 후하고 정직하며 진실한 정도가 크게 다른 게 분명하다. 그러나 그리스도 외에 완전한 **의**, 곧 하나님이 받으실만한 유일한 기준에 멀찍하게라도 다가선 사람이 **하나도 없다**. 하나님이 인간에게 기준으로 제시하신 의는 하나님 자신이 소유하신 의, 곧 그리스도 안에서 나타난 의다. 예수님은 이렇게 명하셨다. "하늘에 계신 너희 아버지의 온전하심과 같이 너희도 온전하라"(마 5:48).

바꾸어 말하면, 하나님만큼 선하지 못한 사람은 하나님이 받아들이실 수 없다. 바울이 이 서신 뒤쪽에서 분명히 하고 신약성경이 내내 가르치듯이, 사람들은 그리스도의 의가 그들에게 전가될 때 온전히 의로워진다. 복음이 "좋은 소식"이 되게 하는 진리는 사람들이 온전해지는 길을, 하나님처럼 온전해지는(divinely perfect) 길을 하나님이 내셨다는 것이다. 그러나 이러한 온전함은 하나님의 아들 예수 그리스도를 믿음으로써 반응할 때 오로지 하나님의 은혜로 주어진다.

바울은 여기서 그리스도와 무관한 사람들에 대해 말하고 있다. 하나님이 보시기에, 구원과 관련해 의에는 등급이 없다. 그리스도 안에서 온전히 의롭든지 그리스도 밖에서 완전히 죄악 되든지 둘 중 하나다.

앞에서 말했듯이, 사람의 관점에서 보면 사람마다 도덕적 · 영적 차이가 크다. 그러나 사람이 자신의 힘으로 하나님이 제시하신 의의 기준에 도달하려는 것은 남양군도 해안에서 도움닫기를 해 미국 해변에 안착하려는 사람들에 비유할 수 있다. 훌륭한 운동선수는 7미터 이상 뛸 수 있다. 대부분의 사람은 3-4미터를 뛸 수 있고 어떤 사람들은 몸 상태가 형편없어 1미터를 뛰기도 버겁다. 그러므로 서로를 기준으로 측정하면 이들의 노력이 서로 간에 상당한 차이가 있을 것이다. 그러나 남양군도에서 미국까지 거리를 기준으로 측정하면 이들 사이의 차이는 감지되지도 않을뿐더러 이들의 노력은 똑같이 헛되다. 마치 이런 경쟁을 언급하듯이, 바울은 몇 절 뒤에서 이렇게 선언한다. "모든 사람이 죄를 범하였으매 하나님의 영광에 이르지 못하더니"(3:23).

둘째, 인간은 너나없이 악할 뿐 아니라 영적으로 무지하다. 바울은 이번에도 시편을 인용하며 말한다. **깨닫는 자도 없고**(시 14:2, 53:3을 보라). 사람은 하나님의 온전한 의에 이를 능력이 있더라도 그 의가 무엇인지 그 의에 어떻게 이르는지 알지 못할 것이다. 남양군도의 예를 한 번 더 사용하자면 이들은 어느 쪽으로 뛰어야 하는지 전혀 모를 것이다.

인간은 하나님의 진리나 그분이 제시하신 의의 기준을 온전히 이해할 타고난 능력이 없다. 하나님의 장엄한 창조 세계에서, 인간은 그분의 "보이지 아니하는 것들, 곧 그의 영원하신 능력과 신성"을 뒷받침하는 충분한 증거를 얻으며, 따라서 모든 인간은 하나님을 높이고 영화롭게 하지 않은 것을 "핑계하지 못한다"(롬 1:20). 그러나 인간은 하나님의 능력과 위엄을 드러내는 일반 계시를 볼 능력만 있을 뿐 하나님을 알거나 이해할 영적 능력이 없다. "육에 속한 사람은 하나님의 성령의 일들을 받지 아니하나니, 이는 그것들이 그에게는 어리석게 보임이요, 또 그는 그것들을 알 수도 없나니 그러한 일은 영적으로 분별되기 때문이라"(고전 2:14).

에베소서에서, 바울은 인간의 영적 무지가 불행한 외부 환경이나 기회 부족 때문이 아니라고 지적한다. 이것은 순전히 자신의 타고난 죄악된 본성, 곧 하나님께 순종하고 그분을 섬기려 하기는커녕 그분을 알고 이해하고 '싶어 하지'도 않는 본성 때문이다. 구원받지 못한 자들은 "그들의 총명이 어두워지고 그들 가운데 있는 무지함과 그들의 마음이 굳어짐으로 말미암아 하나님의 생명에서 떠나 있도다"(엡 4:18). 사람들이 하나님을 모르기 때문에 그분께 맞서 죄악되고 완악한 게 아니다. 오히려 반대로, 죄악되고 완악한 성향 때문에 하나님을 모른다. 이미 말했듯이, 사람들은 창조 세계의 증언을 통해, 또한 자기 양심의 증언을 통해 하나님을 얼마간 의식한다(롬 2:15). 그러나 이들의 고의적 죄성이 이러한 증언과 증거를 차단한다. 이로써 육에 속한 사람은 마음이 완악해지고 생각이 어두워진다. 하나님을 이해하지 못할 뿐 아니라 그럴 의향도 없다.

몇 년 전, 토론토 어느 공원에 사는 오리에 관한 재미나지만 애처로운 이야기가 여러 날 헤드라인을 장식했다(*Toronto Star*, 1971년 11월 4-13일). 링고라 불리게 된 이 오리는 공원 호수에 둥지를 틀었다. 어느 날, 링고는 어쩌다가 알루미늄 캔 따개 구멍에 부리를 밀어 넣었으나 스스로 빼낼 수 없었다. 물론, 링고는 먹을 수 없었고 곧 굶어 죽을 판이었다. 공원을 찾은 사람들이 고통받는 링고를 보았고 링고는 유명해졌다. 공원 관리인들과 동물 전문가들이 링고를 돕기 위해 온갖 방법을 동원해 잡으려 했다. 심지어 덕 콜러(duck caller, 오리소리를 내는 휘슬 모양의 도구) 챔피언까지 불렀다. 사람들이 먹이로 링고를 유인했으나 실패했다. 안타깝게도, 겁에 질린 링고는 자신을 도우려는 모든 노력을 위협으로 오인했다. 링고는 구조대원들의 시야에서 사라졌고 다시 나타나지 않았다. 링고가 죽기 전에 따개를 제거했는지는 알 수 없다.

이와 비슷하게, 타락하고 정죄 받은 인간도 자신의 죄에 갇힌 채 혼란에 빠져 있다. 그는 복음을 영원한 복이 아니라 자신의 생활방식에 대한 위협으로 보기 때문에, 주님이 그의 구원을 위해 그렇게도 은혜로 주신 복음을 어떻게든 피하려 한다.

셋째, 타락한 인간은 너나없이 악하고 영적으로 무지할 뿐 아니라 반역한다. 바울은 이번에도 시편 14:2을 암시하며 선언한다. **하나님을 찾는 자도 없고.** 세상의 수많은 종교와 열정적 추종자들을 보면서 아주 많은 사람이 부지런히 하나님을 찾는다고 생각할는지 모른다. 그러나 성경이 이 단락을 비롯해 많은 단락에서 분명히 하듯이, 모든 종교 체계와 노력은 사실 참 하나님을 피하고 자신이 좋아하는 거짓 신들을 찾거나 만들어내려는 시도다.

하나님은 누구든지 마음으로 그분을 찾는 자들은 찾으리라고 더없이 확실하게 말씀하셨다(렘 29:13). 예수님은 누구든지 진심으로 그분께 구하는 자는 받을 것이고, 누구든지 진심으로 그분을 찾는 자는 찾아낼 것이며, 누구든지 진심으로 천국 문을 두드리는 자에게 그 문이 열릴 것이라고 약속하신다(마

7:8). 그러나 주님은 인간의 죄악된 성향이 그분을 찾지 '않는다'는 것을 아시기에 개개인을 자신에게 이끌려고 이들을 찾으신다.

초기 교회 때 예루살렘에서 열린 공의회에서, 야고보는 거기 모인 사도들과 장로들에게 하나님의 옛 약속을 상기시켰다. "이 후에 내가 돌아와서 다윗의 무너진 장막을 다시 지으며 또 그 허물어진 것을 다시 지어 일으키리니, 이는 그 남은 사람들과 내 이름으로 일컬음을 받는 모든 이방인들로 주를 찾게 하려 함이라"(행 15:16-17). 베드로는 더없이 분명한 말로 주님은 "아무도 멸망하지 아니하고 다 회개하기에 이르기를 원하시느니라"라고 단언했다(벧후 3:9).

그러나 사람이 만든 종교들은 하나님을 찾으려는 노력이 아니라 하나님에게서 벗어나려는 귀신의 영감을 받은 노력으로 만들어진 것이다. 누구든지 구원을 얻으려고 예수 그리스도께 나오는 사람은 아버지 하나님이 주도해 그분께 보내신 사람이다(요 6:37). 예수님은 뒤이어 이렇게 말씀하신다. "나를 보내신 아버지께서 이끌지 아니하시면 아무도 내게 올 수 없으니"(44절). 그러므로 하나님을 찾는 사람은 하나님이 자신을 찾으심에 긍정적으로 반응한 사람이다.

진정으로 **하나님을 찾는** 사람은 "내가 여호와를 항상 내 앞에 모심이여"라고 했던 다윗과 같다(시 16:8). 이런 사람은 먼저 하나님 나라와 그분의 의를 구한다(마 6:33). 하나님이 모든 것의 초점이 되시고, 모든 것의 근원이 되시며, 모든 것의 시작과 끝이 되신다. 진정으로 하나님을 찾는다는 것은 그분의 주권적 위엄을 높이고 찬양하며 진리 곧 그분의 말씀을 먹는다는 뜻이다. 이것은 그분의 계명에 순종하고, 기도로 그분께 말하며, 그분을 기쁘게 하려는 바람을 품고 의식적으로 그분 앞에 산다는 뜻이다. 그 누구도 이런 것들을 타고난 힘으로 할 수 없고 자신을 통해 일하시는 하나님의 성령으로만 할 수 있다. 인간의 타고난 경향은 "자기 일을 구하는" 것이다(빌 2:21).

넷째, 바울은 사람이란 자연히 제멋대로라고 고발한다. 계속해서 시편을(14:3) 인용하면서, 바울은 모두 하나님께 등을 돌렸다(**all have turned aside,**

다 치우쳐)[31]고 선언한다. 천성적으로 악하고, 천성적으로 하나님의 진리를 알지 못하고, 천성적으로 하나님께 반역하는 사람은 필연적으로 하나님의 뜻과 무관하게 살 수밖에 없다.

치우쳐(turned aside)는 '에크클리노'(*ekklinō*)에서 왔으며 잘못된 방향으로 기울이 기본 의미다. 군사적 맥락에서, 이 단어는 병사가 잘못된 길로 달려감을, 바꾸어 말하면 전투 중에 탈영함을 가리켰다.

이사야는 하나님께 맞서는 인간의 보편적 성향을 말하면서 이렇게 썼다. "우리는 다 양 같아서 그릇 행하여 각기 제 길로 갔거늘"(사 53:6). 초기 교회에서, 복음은 때로 "그 도"(the Way)라 불렸으며(행 9:2), 그리스도인들은 흔히 그 도를 따르는 사람들이라 불렸다. 예수님은 자신을 가리켜 "내가 곧 길이요 진리요 생명이니"라고 말씀하셨다(요 14:6). 어린 여종에게 점치는 능력을 준 귀신까지도 바울과 그 동료들이 "지극히 높은 하나님의 종으로서 구원의 '길'을 너희에게 전하는 자"라는 것을 그 여종을 통해 인정했다(행 16:17). 누가는 에베소에서 바울의 사역을 반대하는 일부 유대인들을 가리켜 "이 도를 비방하는" 자들이라 했으며(행 19:9), 이들의 반대 때문에 "이 도로 말미암아 적지 않은 소동이 있었으니"라고 했다(23절). 바울은 벨릭스 총독 앞에서 자신을 변호하며 이렇게 말했다. "이것을 당신께 고백하리이다. 나는 그들이 이단이라 하는 도를 따라 조상의 하나님을 섬기고 율법과 선지자들의 글에 기록된 것을 다 믿으며"(행 24:14). 히브리서 저자는 그리스도의 대속 사역을 가리켜 "우리를 위하여 휘장 가운데로 열어 놓으신 새로운 살 길이요 휘장은 곧 그의 육체니라"라고 했다(히 10:20). 베드로는 교회에 침투한 거짓 선생들을 가리켜 참복음의 "바른 길" 곧 "의의 도"를 버린 자들이라고 했다(벧후 2:15, 21).

반대로, 육에 속한 사람의 기본 생활 패턴은 "악한 행실"(the evil way, 악한 길, 잠 8:13), "사람이 보기에 바르나 필경은 사망의 길"이 특징이다(잠 14:12).

위대한 전도자 무디(Dwight L. Moody, 1837-1899)는 뉴욕에 자리한 대규모 교도소의 소장에게 부탁을 받았다. 재소자들에게 말씀을 전해달라는 것이었

---

31 새번역: 모두 곁길로 빠져서

다. 교도소에는 예배실이 없었을 뿐 아니라 말씀을 전하기에 적합하고 안전한 곳이 없었다. 그래서 무디는 감방들이 길게 늘어선 통로 끝에서 말씀을 전했다. 거기서는 재소자 얼굴이 하나도 보이지 않았다. 그는 메시지를 전한 후, 몇몇 재소자를 감방 창살 틈으로 직접 보며 얘기하게 해달라고 부탁했다. 그는 곧 대다수 재소자가 자신의 메시지를 듣지도 않았다는 것을 알았다. 무디가 재소자에게 왜 교도소에 왔느냐고 물을 때마다 거의 하나같이 자신은 무죄라고 했다. 누군가 자신에게 불리하게 위증을 했다거나, 자신이 진범으로 오인되었다거나, 판사나 배심원이 자신에게 불리한 쪽으로 편견을 가졌다거나, 자신이 다른 어떤 이유로 부당하게 수감되었다고 했다. 무디는 이렇게 말했다. "저는 낙담이 되기 시작했습니다. 그러나 재소자들을 거의 다 대면했을 무렵, 두 팔꿈치를 무릎에 댄 채 눈물을 흘리는 사람을 보았습니다. 저는 작은 창으로 안을 들여다보며 말했습니다. '당신의 문제는 무엇인가요?' 그는 절망과 후회가 서린 표정으로 고개를 들고 말했습니다. '저의 죄가 너무 커서 감당할 수 없습니다.' 저는 이렇게 말했습니다. '하나님 감사합니다.'" 전도자가 감사했던 것은 그 누구도 자신의 길을 버리기 전에는 하나님을 향해 길이 열리지 않으며 자신이 잃은 자라는 사실을 인정하기 전에는 구원을 찾지 않으리라는 것을 알기 때문이었다.

다섯째, 바울은 육에 속한 사람이 영적으로 무가치하다고 고발한다. **함께**, 다시 말해 타락한 인류 전체가 **무익하게 되었다**. 여기서 **무익하게(useless)**로 번역된 헬라어 용어에 상응하는 히브리어 용어는 흔히 우유가 산패해 고약한 냄새가 나서 마시기에 부적합할 뿐 아니라 버터나 치즈를 비롯해 먹을 수 있는 그 무엇으로도 가공할 수 없게 되는 것을 묘사하는 데 사용되었다. 고대 헬라 문헌에서, 이 단어는 얼간이의 무의미한 웃음에 사용되었다.

예수 그리스도와 구원하는 관계 밖에 있는 사람은 영적으로 죽은 가지이며 그 어떤 열매도 맺지 못한다. 이러하기에, 이 가지는 생명이 없고 가치가 없으며 땔감으로 적합할 뿐이다(요 15:6). 바울은 디도에게 보낸 편지에서 똑같이 비극적인 현실을 강조하면서 심지어 종교적인 사람들도 전혀 무가치하다고 말한다(딛 1:16). 육에 속한 사람은 하나님의 목적에 무익하며, 무가치한 죽은 가지처럼 지옥 불에 던져질 운명이다.

여섯째, 바울은 육에 속한 사람이 부패하다고 고발한다. 이것은 첫째 고발의 반복이자 다섯째 고발의 요약이기도 하다. 바울은 말한다. **선을 행하는 자는 없나니 하나도 없도다.**

'크레스토테스'(*chrēstotēs*, **does good, 선을 행하는**)는 올바른 것, 특히 도덕적으로 올바른 것을 가리킨다. 의를 가늠하는 하나님의 완전한 기준을 적용하면, 육에 속한 사람은 올바르고 **선한** 것을 조금이라도 할 능력이 없다. 이미 말했듯이, 어떤 사람들은 다른 사람들에 비해 분명히 상대적으로 더 나은 행동을 한다. 그러나 하나님의 기준을 적용하면, 그 누구도 거룩하고 완전하며 하나님을 영화롭게 하는 **선**을 행하려는 바람이 그 속에 없거나 행할 능력이 없다.

스코틀랜드에서 이런 일이 있었다고 한다. 한 남자가 토요일 오후에 작은 신약성경이 든 가죽 상자를 든 채 공원을 걷고 있었다. 한 무리의 젊은이들이 그 상자에 카메라가 들었다고 생각해 그에게 사진을 찍어달라고 부탁했다. 그는 "이미 찍었는걸요"라고 답했다. 놀란 젊은이들이 언제 어디서 찍었느냐고 묻자, 그는 성경을 꺼내 로마서 3:9-23을 읽었다. 그는 "이것이 여러분의 사진이지요"라고 말한 후 이들에게 그리스도를 증거할 기회를 얻었다.

피고인의 대화

[13]그들의 목구멍은 열린 무덤이요 그 혀로는 속임을 일삼으며 그 입술에는 독사의 독이 있고 [14]그 입에는 저주와 악독이 가득하고 (3:13-14)

사람의 품성은 그가 나누는 대화에서 드러날 수밖에 없다. 예수님은 이렇게 말씀하셨다. "마음에 가득한 것을 입으로 말함이라. 선한 사람은 그 쌓은 선에서 선한 것을 내고 악한 사람은 그 쌓은 악에서 악한 것을 내느니라"(마 12:34-35). 또 다른 상황에서, 동일한 진리를 조금 다른 말씀으로 가르치셨다. "입에서 나오는 것들은 마음에서 나오나니"(15:18). 잠언 저자는 이렇게 말했다. “의인의 입은 지혜를 내어도 패역한 혀는 베임을 당할 것이니라. 의인의 입술은 기쁘게 할 것을 알거늘 악인의 입은 패역을 말하느니라”(잠 10:31-32). 그는 또한 이렇게 썼다. “지혜 있는 자의 혀는 지식을 선히 베풀고 미련한 자의 입은 미련한 것을 쏟느니라…의인의 마음은 대답할 말을 깊이 생각하여도 악인의 입은 악을 쏟느니라”(잠 15:2, 28).

바울은 시편을 계속 인용하면서 대화에서 드러나는 한 사람의 품성과 관련된 진리를 설명한다. 그러면서 거듭나지 못한 사람에 대한 기소장에 네 가지 혐의(고발)를 덧붙인다.

어느 저자는 바울이 인체해부학을 이용해 인간의 악한 품성이 어떻게 드러나는지 설명한 것을 논하면서 시편 기자와 바울의 말을 이렇게 풀어 썼다. “그의 혀에는 사기가 묻어 있고, 그의 입술에는 독이 있으며, 그의 입에는 담즙[신랄함]이 가득하다…그의 혀는 사람들을 찌르는 칼이요 그의 목구멍은 이들의 무덤이다.”

바울의 기소장에 적시된 일곱째 고발은 타락한 인류는 본질상 영적으로 죽었다는 것인데, 이것은 **그들의 목구멍은 열린 무덤이요**라는 은유에서 드러난다(참조. 시 5:9). 영적으로 죽은 마음에서는 영적으로 죽은 말밖에 나오지 않는다.

열린 무덤이 그 안에 놓인 시체와 연결되듯이 **목구멍**은 마음과 연결된다. 방부처리를 할 수 없는 곳에서는 시신을 땅에 묻는다. 이것은 고인을 향한 존중을 표현할 뿐 아니라 지나가는 사람이 시신의 일그러지는 모습을 보지 않고 부패하는 시신이 풍기는 악취를 맡지 않도록 하기 위해서이기도 하다. 그러나 육에 속한 사람은 자신의 목구멍을 열어두며, 이로써 자신의 더러운 말로 자신의 영적 죽음을 계속해서 증언한다.

여덟째 고발은 타락한 인류가 본질상 속인다는 것이다. **그 혀로는 속임을 일삼으며. 속임을 일삼으며(keeping deceiving)**로 번역된 ‘돌리오오’(*dolioō*)는 꾐(luring)이 기본 의미이며 바늘의 위험을 가리려고 작은 음식 조각으로 바늘을 덮어 미끼를 만드는 것을 말할 때 사용되었다. 물고기가 미끼를 먹이로 생각해 덥석 물면 낚시꾼의 먹이가 된다. 여기서 동사의 시제는 미완료인데, 이것은 지속적이며 반복되는 속임을 말한다. 육에 속한 사람에게 거짓말을 비롯해 여러 형태의 속임은 삶에서 습관적이고 일상적인 부분이다.

시편 5:9은 아첨꾼들을 묘사한다. 이들의 칭찬은 사실 칭찬받는 사람이 아니라 자신을 섬기는 수단이다. 칭찬은 인간 본성에 호소기 때문에 아첨 받는 사람을 교만과 거짓 자신감으로 이끌기도 한다. 그러므로 아첨꾼은 다른 사람들을 이용할 뿐 아니라 학대한다.

다윗은 인간이 죄성 때문에 자신을 속이고 자신에게 아첨하게 될 수도 있다고 말한다. "악인의 죄가 그의 마음속으로 이르기를, 그의 눈에는 하나님을 두려워하는 빛이 없다 하니, 그가 스스로 자랑하기를 자기의 죄악은 드러나지 아니하고 미워함을 받지도 아니하리라 함이로다. 그의 입에서 나오는 말은 죄악과 속임이라"(시 36:1-3).

이사야는 이렇게 썼다. "여호와의 손이 짧아 구원하지 못하심도 아니요 귀가 둔하여 듣지 못하심도 아니라." 그러나 이러한 위로의 말에 무서운 선언이 이어진다. "오직 너희 죄악이 너희와 너희 하나님 사이를 갈라놓았고 너희 죄가 그의 얼굴을 가리어서 너희에게서 듣지 않으시게 함이니라. 이는 너희 손이 피에, 너희 손가락이 죄악에 더러워졌으며 너희 입술은 거짓을 말하며 너희 혀는 악독을 냄이라"(사 59:1-3).

예레미야도 인간의 타고난 속임수 기질을 폭로하면서 악인을 이렇게 말한다. "그들이 활을 당김 같이 그들의 혀를 놀려 거짓을 말하며 그들이 이 땅에서 강성하나 진실하지 아니하고 악에서 악으로 진행하며 또 나를 알지 못하느니라. 너희는 각기 이웃을 조심하며 어떤 형제든지 믿지 말라. 형제마다 완전히 속이며 이웃마다 다니며 비방함이라. 그들은 각기 이웃을 속이며 진실을 말하지 아니하며 그들의 혀로 거짓말하기를 가르치며 악을 행하기에 지치거늘"(렘 9:3-5).

바울이 회심하지 않은 인간을 기소하며 제기하는 아홉째 고발은 앞선 고발과 긴밀하게 연결된다. 바울은 시편 140:3의 일부를 인용하면서 **그 입술에는 독사의 독이 있는** 경건하지 못한 자들을 말한다. 시편 기자는 이렇게 고발하기 전에 "뱀 같이 그 혀를 날카롭게 하니"라고 말한다. 당시 대다수 종교 지도자의 거짓된 영적 가르침과 속이는 품성 때문에, 예수님과 세례 요한은 이들을 독사의 자식들이라 불렀다(마 3:7; 12:34).

어느 저자는 **독사**를 묘사하며 이렇게 말한다. "이런 치명적인 뱀의 송곳니는 평소에 위턱에 접혀 있다가 뱀이 공격하려고 머리를 흔들면 아래로 내려오고 뱀이 물면 입술 아래 숨겨진 치명적인 독주머니를 눌러 독을 내뿜는다."

이런 글을 읽은 적이 있다. 한 남자가 방울뱀 새끼를 발견하고는 애완동물로 기르기로 했다. 그는 방울뱀 새끼를 집에 두고 한 주가량 함께 놀았다. 그러나 방울뱀이 온데간데없이 사라졌고 여러 달 찾을 수 없었다. 어느 날, 떨어뜨린 물건을 집으려고 가구 뒤에 손을 넣었다. 뭔가 날카로운 것에 손이 찔렸고 통증에 놀라 손을 뺐다. 방울뱀이 송곳니로 그의 손을 문 채 딸려 올라왔다. 인간의 죄성도 이렇듯 길들일 수 없다.

주님께 속한 자들이라도 무서운 속임수에 넘어갈 수 있다. 다윗은 하나님이 기름 부어 이스라엘 왕으로 세우셨고 하나님의 마음에 맞는 사람이었다. 그런 다윗도 밧세바가 목욕하는 모습을 보고 그녀에게 매혹되었다. 다윗은 밧세바가 남편 있는 여자라는 말을 듣고도 왕궁에 불러들여 성관계를 했다. 밧세바가 임신했고 이 사실을 다윗에게 알렸을 때, 왕은 그녀의 남편 우리아를 호화로운 연회에 초대해 그가 자신에게 소중한 친구라는 인상을 줌으로써 속이는 송곳니를 드러냈다. 그러나 다윗은 밧세바를 자신의 아내로 만들겠다고 결심했고 이튿날 아침 그녀의 남편을 사령관에게 전달하는 봉인된 서신과 함께 최전선에 보냈다. 그 서신은 우리아의 사형집행 영장이었다(삼하 11:1-15).

기소장에 적시된 열째 고발에서도 불경건한 자들을 **그 입에는 저주와 악독이 가득하다**고 말하고 묘사하는 이미지가 계속된다(시 10:7을 보라).

'아라'(*ara*, **cursing, 저주**)는 심한 악담으로, 누군가를 향해 가장 나쁜 것을 바라고 노골적 비난과 비방을 통해 그 바람을 대놓고 드러낸다는 의미를 내포한다. '피크리아'(*pikria*, **bitterness,** 쓴맛, **악독**)는 물리적 맛이 아니라 적을 향한 노골적 적대감을 말하는 데 사용되었다. 이것이 이 문맥의 의미가 분명하다.

다윗은 악독한 사람들을 저주하며 이렇게 묘사했다. "그들이 칼같이 자기 혀를 연마하며 화살같이 독한 말로 겨누고 숨은 곳에서 온전한 자를 쏘며 갑자기 쏘고 두려워하지 아니하는도다"(시 64:3-4). 혀를 악한 무기로 사용하는 자들은 우리 시대를 비롯해 모든 시대의 특징이 분명하다. 이들은 자신이 미워할 만큼 아주 잘 아는 사람들을 공격할 뿐 아니라, 다윗이 암시하듯이, 단지 자신의 분노와 증오를 발산하는 뒤틀린 쾌락을 위해 때로 낯선 사람들까지 공격한다.

피고인의 행위

> **15그 발은 피 흘리는 데 빠른지라. 16파멸과 고생이 그 길에 있어 17평강의 길을 알지 못하였고** (3:15-17)

바울의 기소장에 제기된 마지막 세 가지 고발은 육에 속한 사람의 행위와 관련이 있다. 열한째 고발은 경건하지 못한 자들은 타고난 살인자라는 것이다. **그 발은 피 흘리는 데 빠른지라.**

지금도 일부 원시 부족에게 남아 있는 식인 행위와 현대의 무수한 "선진국"에서 일어나는 무고한 민간인 학살은 타락한 인류의 근본적인 파괴 성향이 극단적으로 드러난 것일 뿐이다. 19세기 스코틀랜드 복음주의자 로버트 할데인(Robert Haldane, 1764-1842)은 이렇게 썼다. "가장 잔혹한 동물이라도 인간이 자신의 야망이나 복수심이나 탐욕을 채우려고 동족을 죽이듯이 굶주림을 달래려고 동족을 그렇게 많이 죽이지는 않는다"(*An Exposition of the Epistle to the Romans*[32] [MacDill AFB, Fla.: MacDonald, 1958], p. 120).

기독교 유산을 물려받은 미국에서도, 20세기로 넘어온 후로 개인적 살인으로 죽은 민간인이 미국 역사에서 일어난 모든 전쟁에서 죽은 사람의 두 배에 이른다. 매사추세츠 공과대학 연구원 아놀드 바넷(Arnold Barnett)에 따르면,

---

32 『로마서 주석』, 김귀탁 옮김(기독교문서선교회, 2021).

미국의 50개 대도시 중 한 곳에서 오늘 태어나는 아이가 살해당할 확률은 50명당 한 명꼴이다. 바넷은 1980년대에 태어난 아이가 살해될 가능성이 2차 세계대전 당시 미군 병사가 전사할 가능성보다 높다고 추정했다.

평화 중이든 전쟁 중이든 간에, 사람이 사람을 죽인다. 20세기 나치주의자들과 마르크스주의자들이 자행한 대량 학살에 상응하는 것들이 과거에도 있었다. 17세기 중국의 악명 높은 테러리스트 장셴중(1606-1647)은 스촨 지역 주민을 거의 모두 죽였다. 같은 세기에 헝가리에서, 어느 백작부인이 600명이 넘는 소녀를 조직적으로 고문하고 살해했다.[33]

분명히, 대다수 사람은 이러한 극단적 잔혹성과는 거리가 멀다. 그러나 성경은 분명히 말한다. 살인의 씨는 인간의 마음에 보편적으로 자리한 수많은 악한 씨 중 하나이며 얼마간 필연적으로 자라 열매를 맺는다.

전체 기소장에서 열두째 고발이자 사람의 행동에서 드러나는 둘째 고발은 일반적 파괴성이다. **파멸과 고생이 그 길에 있어(destruction and misery are in their paths.)**.[34] '순트림마'(*suntrimma*, **destruction, 파멸**)는 합성어이며, 조각조각 부수고 산산조각 내며 완전히 황폐하게 한다는 의미를 내포한다.

무자비한 파괴(**destruction, 파멸**) 행위가 현대 사회 많은 부분에서 점점 분명해진다. 희생자들은 순전히 잔인함 외에 그 어떤 이유도 없이 빼앗기거나 겁탈당하거나 두들겨 맞기 일쑤다. "학대받는 아이들"과 "학대받는 아내들"이란 용어가 현대의 보편적 어휘가 되었다. 많은 경찰서와 사회복지기관에 이 용어들과 관련된 범죄와 희생자들을 전문적으로 다루는 부서가 있다.

고생(misery, 비참)은 사람이 사람에게 저지르는 파괴 행위가 초래하는 해악을 가리키는 일반적 용어다. 인간의 파괴성은 필연적으로 고통과 절망의 상흔을 남긴다.

---

33 바토리 에르제베트(Báthory Erzsébet)는 '피의 백작부인'이라 불렸으며, 소녀들을 납치해 612명을 살해했다(일기장에 기록된 희생자 수일 뿐 실제로는 1,500명이 넘을 것으로 추정된다).

34 새번역: 그들이 가는 길에는 파멸과 비참함이 있다.
공동번역 개정판: 간 데마다 파괴와 비참을 남긴다.

바울이 정죄 받은 인간을 기소하며 명시하는 열셋째이자 마지막 고발은 인간에게 평화가 없다는 것이다. **평강의 길을 알지 못하였고**. 내면의 평화가 없다는 것이 경건하지 못한 사람의 특징인 것은 분명하다. 그렇더라도 바울은 여기서 내면의 평화가 없음을 말하는 게 아니라 인간의 본질적 성향, 곧 언제나 평화를 멀리하는 성향을 말하고 있다. 그러므로 이 고발은 앞선 고발과 상응한다.

평화가 우리 시대보다 추앙받은 적이 결코 없다. 그러나 개인적 평화든 국제적 평화든, 평화가 우리 시대의 특징이라 주장할 사람은 거의 없을 것이다. 그런데도 예레미야 때처럼, 많은 현대 지도자들이 분명히 평화가 없는데도 "평화롭다, 평화롭다"고 외치며 자기 백성의 상처를 겉핥기식으로 치료하려 한다(렘 6:14을 보라).

하나님의 말씀은 무엇이 평화를 가져오는지에 대해 많은 교훈을 주며, 그분의 인도를 따르기로 선택한 개개인과 사회들은 상대적으로 평화로운 시대를 경험했다. 그러나 성경은 분명히 말한다. 평강의 왕이 이 땅에 돌아와 그분의 나라를 세울 때까지 결코 평화가 인간 사회를 다스리지 못할 것이다.

죄에 대한 흥미로운 묘사에 주목하라.

> 죄는 빚이고, 짐이며, 도둑이고, 질병이며, 나병이고, 돌림병이며, 독이고, 독사이며, 독침이다. 죄는 인간이 미워하는 모든 것이다. 저주 덩어리이고, 재앙 덩어리이며, 온 세상이 그 아래서 가장 참을 수 없는 압박에 짓눌려 신음한다.…
>
> 사람의 무덤을 파헤치는 백발의 교회지기가 누구인가? 사람의 덕을 훔치는 화려한 유혹자가 누구인가? 사람의 생명을 무너뜨리는 살인자가 누구인가? 처음에는 속이고 다음에는 그의 영혼을 결딴내는 마녀가 누구인가? 죄다.
>
> 차가운 숨결로 아름다운 젊음의 꽃을 시들게 하는 자가 누구인가? 부모의 마음을 찢어놓는 자가 누구인가? 백발의 늙은이가 슬퍼하며 무덤으로 향하게 하는 자가 누구인가? 죄다.

오비디우스가 상상했던 것보다 섬뜩한 변신으로[35] 온순한 아이들을 독사로 바꾸고, 온화한 어머니들을 괴물로 바꾸며, 아버지들을 무죄한 자기 백성을 학살한 헤롯보다 나쁜 사람으로 바꾸는 자가 누구인가? 죄다.
가족의 마음에 불화의 사과[36]를 던지는 자 누구인가? 전쟁의 횃불을 밝히고 흔들리는 땅에서 불타게 하는 자가 누구인가? 교회를 분열시켜 솔기 없는 그리스도의 옷을 찢는 자가 누구인가? 죄다.
노래로 나실인을 잠들게 하고 하나님의 능력을 할례 받지 않은 자들의 손에 넘기는 들릴라가 누구인가? 얼굴에 승리의 미소를 띠고 혀에 달콤한 아첨을 바른 채 거룩한 환대의 의식을 행하고 의심이 잠들면 우리의 관자놀이에 배신의 못을 박으려고 문 앞에 서 있는 자 누구인가? 미소로 속이고 노래로 유혹하며 입맞춤으로 배신하려고 죽음의 연못가 바위에 앉아 있었고 이제 팔로 우리의 목을 감싸 안고 우리와 함께 멸망에 뛰어들려는 아름다운 요부(妖婦)가 누구인가? 죄다.
부드럽고 온화하기 이를 데 없는 마음을 돌로 바꾸는 자 누구인가? 이성을 그 높은 보좌에서 내던지고 죄인들을, 거라사의 돼지 같이 미친 자들을 낭떠러지로 몰아 불못에 빠지게 하는 자 누구인가? 죄다. (다음에서 인용했다. Elon Foster, *New Cyclopedia of Prose Illustrations* [New York: T. Y. Crowell, 1877], p. 696)

동기

그들의 눈앞에 하나님을 두려워함이 없느니라 함과 같으니라. (3:18)

인간의 죄악됨은 타고난 '하나님 없음'(godlessness, 경건하지 못함) 때문이다. 인간은 기본적으로 죄악되고 영적으로 죽었는데, 구원받지 못한 자들의 **눈앞에 하나님을 두려워함이 없다**라는 사실이 이를 증명한다. 바울이 여기서 인용하는

35 『변신』은 로마 극작가 오비디우스가 이야기 형식으로 쓴 라틴어 시집이며 모두 15권으로 되어 있다.

36 '불화의 금사과'라고도 하며 그리스 신화에 나온다. 이 사과를 얻으려고 세 여신이 싸우며, 이것이 발단이 되어 결국 트로이 전쟁이 일어난다.

시편 36:1의 본문 전체는 이러하다. "악인의 죄가 그의 마음속으로 이르기를 그의 눈에는 하나님을 두려워하는 빛이 없다 하니." 인간은 의의 진리가 아니라 죄의 거짓말에 귀 기울이기에 하나님에게 별 관심이 없고 **하나님을 두려워함이 없다.**

하나님을 두려워함은 긍정적 요소와 부정적 요소를 포함한다. 긍정적으로, 모든 참신자는 하나님을 경외함(reverential fear, 경외)이 있다. 다시 말해, 그분의 능력과 그분의 거룩하심과 그분의 영광을 놀랍게 인식한다. 바른 예배는 언제나 하나님을 향한 이러한 두려움을 포함한다. 하나님을 경외함이 영적 지혜의 시작이다(잠 9:10). 이러한 두려움은 고넬료의 경우에서 보듯이(행 10:2) 한 사람이 구원에 이르도록 인도받는 데 꼭 필요한 요소이며 새신자들이 영적으로 성장하게 한다.

하나님을 두려워함의 부정적 측면은 두려움과 공포와 관련이 있다. 신자들이라도 이러한 두려움이 얼마간 있어야 하는데, 이러한 두려움이 죄짓기를 막는 역할을 하기 때문이다. 잠언 저자가 말한 것과 같다. "인자와 진리로 인하여 죄악이 속하게 되고 여호와를 경외함으로 말미암아 악에서 떠나게 되느니라"(16:6). 신자들은 하나님의 자녀이며, 바로 이 때문에 그분의 징계를 받는다(히 12:5-11을 보라). 성령께 거짓말해서 생명을 잃은 아나니아와 삽비라 부부처럼, 하나님은 불순종하는 신자들을 때로 엄하게 대하실 수도 있다. 하나님은 이 징벌을 사용해 초기 교회 안에 경건한 두려움과 순종이 생겨나게 하셨다(행 5:1-11을 보라). 고린도교회의 어떤 신자들도 자신들의 죄 때문에 하나님께 직접 징계를 받아 죽거나 병들었다(고전 11:30).

그리스도인들이 하나님을 향한 사랑과 그분의 은혜와 복에 감사하는 마음으로 거룩하게 사는 게 이상적이다. 그러나 많은 경우, 신자들을 죄에서 끌어내려면 하나님이 주시는 고난과 고통이 필요하고 신자들이 애초에 죄에 빠지지 않게 하려면 죄에는 형벌이 따른다는 시각이 필요하다.

그러나 불신자들에게는 가장 강렬하고 섬뜩한 의미에서 **하나님을 두려워함**이 있어야 한다. 구약성경에는 하나님이 온갖 죄에 멸망과 죽음을 형벌로 내리신 이야기가 넘쳐난다. 하나님은 소돔과 고모라를 멸하셨다. 두 성읍이 말로 표현 못 할 만큼 음란했기 때문이다. 또한, 하나님은 불순종해 몸을 돌려 이 무서운 광경을 보았다는 이유만으로 롯의 아내가 소금 기둥이 되게 하셨다. 온 인류가 끊임없이 사악했기에, 하나님은 홍수로 온 인류를 멸하고 여덟 명만 구원하셨다. 애굽 군대가 이스라엘 자녀들을 잡아 그들의 노예로 되돌리려 했을 때, 하나님은 이들을 바다에 수장하셨다. 하나님은 모세에게 레위 자손들로 이스라엘 백성 삼천여 명을 죽이라 명하셨다. 모세가 하나님께 율법판을 받으러 산에 올라갔을 때, 이스라엘이 금송아지를 만들어 세워놓고 경배했기 때문이었다.

유대인 한 무리가 예수님께 물었다. 왜 하나님은 빌라도가 갈릴리 사람들을 죽여 그 피를 그들의 희생제물과 섞게 두셨고 왜 실로암 망대가 무너졌을 때 열여덟 명이 깔려 죽게 두셨느냐는 것이었다. 예수님은 이들이 다른 사람들보다 악해서 죽은 게 아니라고 답하셨고, 뒤이어 질문자들에게 경고하셨다. "너희도 만일 회개하지 아니하면 다 이와 같이 망하리라"(눅 13:1-5).

이런 이야기를 들었다. 예배를 강조하기로 유명하며 예배와 관련된 책까지 쓴 목사가 있었다. 어느 날, 그가 담임하는 교회의 성도 몇몇이 그의 사무실 이사를 돕다가 포르노 잡지가 가득한 큰 상자를 발견했다. 누군가는 이런 사람이 그리스도인일 수 있는지 의심한다. 그러나 그가 하나님의 의로운 심판을 사실상 거의 두려워하지 않거나 하나님의 존귀와 영광을 거의 생각하지 않는 것은 분명했다.

앞서 언급한 로버트 할데인은 이렇게 썼다.

> 놀랍게도, 사람들은 하나님의 존재를 인정하면서도 하나님의 진노를 조금도 두려워하지 않고 행동한다. 그러나 이것이 이들의 품성이다. 이들은 자신들처럼 흙에서 온 벌레를 두려워하지만 지극히 높으신 분을 무시한다.…이들은 하나님보다 사람을, 사람의 분노나 경멸이나 조롱을 더 두려워한다. 이들은 하나님을 두려워한다면 할 많은 일을 사람을 두려워하기에 하지 않는다.…이들은 하나님의 성품을 사랑하지 않으며, 그분의 성품에 마땅한 경의를 표하지 않는다. 이들은 하나님의 권위를 존중하지 않는다. 마음이 변화되지 않을 때 인간 본성은 이런

상태다. (*Exposition of Romans*, p. 121)

판결

[19]우리가 알거니와 무릇 율법이 말하는 바는 율법 아래에 있는 자들에게 말하는 것이니, 이는 모든 입을 막고 온 세상으로 하나님의 심판 아래에 있게 하려 함이라. [20]그러므로 율법의 행위로 그의 앞에 의롭다 하심을 얻을 육체가 없나니, 율법으로는 죄를 깨달음이니라. (3:19-20)

여기서 바울은 하나님이 타락하고 회개하지 않은 인류에게 내리시는 판결을 선언한다.

'오이다'(*oida*, **know, 알거니와**)는 확실하고 완전한 지식을 가리킨다. 바울은 이렇게 말하고 있다. 절대적으로 확실하게, **우리가 알거니와 무릇 율법이 말하는 바는 율법 아래에 있는 자들에게 말하는 것이니, 이는 모든 입을 막고 온 세상으로 하나님의 심판 아래에 있게 하려 함이라.** 이 선언은 예외를 허용하지 않는다. 유대인이든 이방인이든 간에, 구속받지 못한 자는 누구나 하나님의 **율법 아래에 있고…하나님의 심판 아래에 있다(accountable to God).**

바울이 이미 선언했듯이, 유대인은 하나님이 모세를 통해 주신 기록된 율법 아래 있고 이방인들은 똑같이 하나님이 주신 마음에 기록된 율법 아래 있다(롬 2:11-15). 하나님은 온 우주의 창조자요 유지자이고 주님이기에 누구든 또는 무엇이든 그분의 다스림과 권세를 벗어날 수 없다.

따라서 최종 판결은 구속받지 못한 인류가 그 어떤 자기변호도 할 수 없으며 모든 고발(혐의)에 대해 유죄라는 것이다. 변론을, 혹 그런 게 있더라도, 포기해야 한다. 모든 것을 아시고 더없이 지혜로우신 하나님이 무죄 판결을 내릴 그 어떤 근거도 없음을 털끝만큼의 오류도 없이 정확히 밝히셨기 때문이다.

유일하게 가능한 반응은 절대 침묵이다. 주 예수 그리스도께서 어느 날 일곱째 인을 떼고 일곱 나팔 심판을 정죄 받은 땅에 내리실 때 하늘에서 절대 침묵이 있을 것처럼 말이다(계 8:1-6을 보라).

바울은 어쩌면 특별히 열심 있는 소수의 사람이 하나님의 율법이 제시하는 완전한 기준에 맞춰 살 수 있을 거라는 주장을 예상하고 이렇게 덧붙인다. **율법의 행위로 그의 앞에 의롭다 하심을 얻을 육체가 없나니**. 하나님의 율법을 지켜 구원받기란 불가능하다. 죄악된 인간은 율법을 지킬 능력이 전혀 없기 때문이다. 죄악된 인간은 하나님께 완전히 순종할 능력이 없을뿐더러 자신 안에 그럴 성향도 없다.

바울이 뒤이어 말하듯이, '율법과 무관하게', 아들의 희생을 통해 일하시는 하나님의 은혜로 구원과 영생이 가능해진다(롬 3:21-22). 그러나 율법 '아래서는' 죽음(사형) 외에 다른 판결이 있을 수 없다.

15

하나님 앞에서 의롭게 되려면 (3:21-25a)

[21]이제는 율법 외에 하나님의 한 의가 나타났으니, 율법과 선지자들에게 증거를 받은 것이라. [22]곧 예수 그리스도를 믿음으로 말미암아 모든 믿는 자에게 미치는 하나님의 의니 차별이 없느니라. [23]모든 사람이 죄를 범하였으매 하나님의 영광에 이르지 못하더니, [24]그리스도 예수 안에 있는 속량으로 말미암아 하나님의 은혜로 값없이 의롭다 하심을 얻은 자 되었느니라. [25]이 예수를 하나님이 그의 피로써 믿음으로 말미암는 화목제물로 세우셨으니, (3:21-25a)

욥은 할 수 있는 가장 중요한 질문을 던졌다. "인생이 어찌 하나님 앞에 의로우랴?"(욥 9:2). 욥은 뒤이어 이렇게 말했다.

> 사람이 하나님께 변론하기를 좋아할지라도 천 마디에 한 마디도 대답하지 못하리라. 그는 마음이 지혜로우시고 힘이 강하시니, 그를 거슬러 스스로 완악하게 행하고도 형통할 자가 누구이랴? 그가 진노하심으로 산을 무너뜨리시며 옮기실지라도 산이 깨닫지 못하며, 그가 땅을 그 자리에서 움직이시니 그 기둥들이 흔들리도다. 그가 해를 명령하여 뜨지 못하게 하시며 별들을 가두시도다. 그가 홀로 하늘을 펴시며 바다 물결을 밟으시며, 북두성과 삼성과 묘성과 남방의 밀실을 만드셨으며, 측량할 수 없는 큰 일을, 셀 수 없는 기이한 일을 행하시느니라. 그가 내 앞으로 지나시나 내가 보지 못하며, 그가 내 앞에서 움직이시나 내가 깨

> 닫지 못하느니라. 하나님이 빼앗으시면 누가 막을 수 있으며, 무엇을 하시나이까 하고 누가 물을 수 있으랴? 하나님이 진노를 돌이키지 아니하시나니, 라합을 돕는 자들이 그 밑에 굴복하겠거든, 하물며 내가 감히 대답하겠으며 그 앞에서 무슨 말을 택하랴? 가령 내가 의로울지라도 대답하지 못하겠고 나를 심판하실 그에게 간구할 뿐이며, 가령 내가 그를 부르므로 그가 내게 대답하셨을지라도 내 음성을 들으셨다고는 내가 믿지 아니하리라. 그가 폭풍으로 나를 치시고 까닭 없이 내 상처를 깊게 하시며, 나를 숨 쉬지 못하게 하시며 괴로움을 내게 채우시는구나. 힘으로 말하면 그가 강하시고 심판으로 말하면 누가 그를 소환하겠느냐? 가령 내가 의로울지라도 내 입이 나를 정죄하리니, 가령 내가 온전할지라도 나를 정죄하시리라. (3-20절)

하나님은 이런 하나님이다. 그렇기에 욥은 궁금했다. 사람이 그분 앞에 의롭고 그분께 받아들여질 수 있길 바라는 것은 고사하고 어떻게 그분께 나아가길 바랄 수 있을까? 한낱 인간이 완전히 거룩하고 무한하며 전능하신 하나님과 바른 관계를 맺을 수 있는가? 빌닷은 욥의 질문을 되울렸다. "그런즉 하나님 앞에서 사람이 어찌 의롭다 하며"(욥 25:4).

세례 요한이 하나님의 심판에 관해 쏟아내는 무서운 경고를 듣자 무리가 그에게 물었다. "그러면 우리가 무엇을 하리이까?"(눅 3:10). 예수님이 이적을 베풀어 무리를 먹이신 다음 날 그들이 물었다. "우리가 어떻게 하여야 하나님의 일을 하오리이까?"(요 6:27-28). 젊은 부자 청년이 예수님께 물었다. "선생님이여, 내가 무슨 선한 일을 하여야 영생을 얻으리이까?"(마 19:16). 오순절에 베드로의 섬뜩한 메시지를 들은 후, 어떤 사람들이 그를 비롯해 사도들에게 물었다. "형제들아, 우리가 어찌할꼬?"(행 2:37). 다메섹 가는 길에 눈이 멀었을 때, 사울이 예수님께 소리쳐 물었다. "주님, 무엇을 하리이까?"(행 22:10). 빌립보 간수가 바울과 실라에게 물었다. "선생들이여, 내가 어떻게 하여야 구원을 받으리이까?"(행 16:30).

역사 내내, 사람들은 욥을 비롯해 숱한 사람이 했던 것과 흡사한 질문들을 했다. 종교가 인류에게 아주 보편적인 이유는 이런 질문들에 답하려는 인간의 시도를 반영한다. 앞장에서 말했듯이, 사람들은 자신이 잘못이라 알고 있는 행동을 한 것에 대해 뿐 아니라 지금 자신의 모습에 대해 죄책감에서 벗어날 수 없다. 인간의 상실감, 외로움, 공허감, 무의미가 모든 문명의 문헌과 고고학 유물에 반영되어 있다. 죽음에 대한 두려움, 무덤 너머의 존재에 대한 두려움, 신의 형벌에 대한 두려움도 마찬가지다. 거의 모든 종교는 이러한 여러 두려움에 대한 반응이며, 신에게 이르고 신을 만족시킬 길을 제시하려 한다. 그러나 기독교를 제외한 모든 종교는 사람이 만들었고 행위가 중심이며, 이 때문에 어느 하나도 인간을 하나님께 이끌지 못한다.

성경은 분명히 말한다. 실제로 하나님께 가는 길이 있지만, 인간이 자기 노력으로 그 길을 낼 수는 없다. 인간은 하나님과 바른 관계를 맺을 수 있지만 자신의 방법이나 능력으로 그렇게 할 수 있는 게 아니다. 이런 기본적인 부분에서, 기독교는 다른 모든 종교와 구별된다. 그러므로 구원의 길과 관련해, 세상이 지금껏 알거나 앞으로 알게 될 종교는 둘 뿐이다. 하나는 신이 성취하는 종교, 곧 성경이 말하는 종교다. 하나는 인간이 성취하는 종교이며, 여기에는 이름이 어떻든 간에 모든 종류의 종교가 포함된다.

사납고 강력한 바벨론 군대가 위협할 때, 유다 백성은 예레미야에게 하나님 앞에서 자신들을 중보해달라고 했다. "당신의 하나님 여호와께서 우리가 마땅히 갈 길과 할 일을 보이시기를 원하나이다." 이들은 더욱 진심인 것처럼 보이려고 예레미야에게 이렇게 말했다. "우리가 당신의 하나님 여호와께서 당신을 보내사 우리에게 이르시는 모든 말씀대로 행하리이다. 여호와께서는 우리 가운데에 진실하고 성실한 증인이 되시옵소서. 우리가 당신을 우리 하나님 여호와께 보냄은 그의 목소리가 우리에게 좋든지 좋지 않든지를 막론하고 순종하려 함이라." 그러나 예레미야가 하나님의 응답, 곧 고향에 남아 하나님이 구원해주실 것을 믿으라는 말씀을 전했을 때, 이들은 그분의 말씀을 거부하고 애굽으로 갔다(렘 42:1-43:7).

이들의 반응은 어떻게 하나님과 바른 관계를 갖는지 묻는 숱한 사람이 보이는 전형적인 모습이다. 이들은 매우 진실해 보이지만 참되고 유일한 길, 곧 예수 그리스도를 믿는 길을 들을 때 이 길을 따르려 하지 않는다. 이들의 반응에서, 이들이 하나님의 방식이 아니라 자신의 방식으로 구원을 찾고 있다는 게 분명해진다.

모든 사람은 하나같이 자기 힘으로 하나님께 나올 수 없다. 이들은 오직 하나님의 은혜로 구원받을 수 있다. 아담과 하와가 타락한 후, 하나님의 은혜에 믿음으로 반응하는 것이 언제나 구원의 유일한 길이며 하나님과 바른 관계를 갖는 유일한 길이다. 인간은 하나님이 모세를 통해 주신 그분의 거룩한 율법으로도 구원받을 수 없다. 어떤 언약 아래서나 어떤 시대에도, 율법은 결코 구원의 길이 아니었다. 율법의 목적은 인간의 노력으로 하나님의 기준에 이르는 게 얼마나 불가능한지 보여주는 것이었다. 모세 언약이 명하고 규정하는 도덕 기준과 의식들은 결코 사람들을 구원하도록 의도되지 않았을뿐더러 결코 구원할 수도 없었다. 하나님은 율법에 순종하려는 진실한 마음과 의식을 합당하게 지키는 것을 기뻐하셨으나 그분을 향한 믿음이 그 속에 담겨 있을 때만 그러하셨다.

로마서에서 되풀이되는 주요 주제 가운데 하나는 의(義)다. 앞장에서 말했듯이, '의'(righteousness), '의롭다 하심'(justification, 칭의), 이와 관련된 다양한 동사와 형용사의 공통된 헬라어 어근이 로마서에 60회 넘게 나온다. 지금 살펴보는 단락은(3:21-25a) 로마서에서 하나님의 의, 곧 모든 의를 가늠하는 기준에 초점을 맞춘 여러 단락 중 하나다.

사람이 자신 속에 소유하거나 획득하는 유일한 의는 불의다. 이것이 타락한 인간 본성의 품성이자 본질이기 때문이다. 이사야는 이렇게 선언한다. "우리의 의는 다 더러운 옷 같으며"(사 64:6). 여기서 "더러운 옷"은 개짐을 가리킨다.

의의 빛은 오직 위로부터 온다. 세례 요한의 아버지 사가랴는 예수님에 관해 이렇게 예언했다. "돋는 해가 위로부터 우리에게 임하여 어둠과 죽음의 그늘에 앉은 자에게 비치고 우리 발을 평강의 길로 인도하시리로다"(눅 1:78-79). 경건한 시므온은 아기 예수를 품에 안고 외쳤다. "내 눈이 주의 구원을 보았사오니, 이는 만민 앞에 예비하신 것이요 이방을 비추는 빛이요 주의 백성 이스라엘의 영광이니이다"(눅 2:30-32). 요한은 주 예수 그리스도를 가리켜 "참 빛 곧 세상에 와서 각 사람에게 비추는 빛"이라고 했다(요 1:9). 예수 그리스도는 성육하신 하나님이며, 구원의 빛으로 세상에 오셨다.

고대 그리스와 로마 시인들은 지나치게 극적인 비극들을 즐겨 썼다. 이런 비극들에서, 남자 주인공이나 여자 주인공은 신의 막판 개입(*the deus ex machina*라는 문학 장치)으로 불가능한 상황에서 구조되었다. 그러나 이들 중에 평판이 더 좋은 사람들은 신이 해결해야 할 문제가 아니라면 신을 무대에 올리지 않는 쪽을 선택했다.

인간의 더없는 비극은 인간의 죄이며, 오직 참 하나님만 이것을 해결하실 수 있다. 오직 완전히 의로우신 하나님 자신만 인간이 하나님께 받아들여질 수 있도록 필요한 의를 주실 수 있다.

하나님의 의는 많은 면에서 다른 모든 종류의 의와 다르다. 첫째, 하나님의 의는 '근원'이 다른데, 하나님이 근원이다. "하늘이여 위로부터 공의를 뿌리며, 구름이여 의를 부을지어다. 땅이여 열려서 구원을 싹트게 하고 공의도 함께 움돋게 할지어다. 나 여호와가 이 일을 창조하였느니라"(사 45:8).

둘째, 하나님의 의는 '본질'이 다르다. 하나님의 의는 하나님의 율법의 교훈과 형벌 둘 다 성취하는 포괄적 의인데, 하나님의 율법 아래서는 모든 사람이 심판을 받았다. 하나님의 율법의 교훈은 율법의 완전한 성취 곧 죄 없는 온전함인데, 사람이신 예수 그리스도만이 성취하셨다. 그분은 하나님의 율법이 제시한 모든 요구를 티끌만큼도 엇나가거나 부족하지 않게 충족하셨다. 그분은 사람이 겪는 모든 유혹을 겪으셨으나 전혀 죄가 없었다(히 4:15). 그러나 죄악된 인류를 위해 율법의 형벌을 성취하려고, 하나님이 "죄를 알지도 못하신 이를 우리를 대신하여 죄로 삼으신 것은 우리로 하여금 그 안에서 하나님의 의가 되게 하려 하심이라"(고후 5:21). "친히 나무에 달려 그 몸으로 우리 죄를 담당하셨으니 이는 우리로 죄에 대하여 죽고 의에 대하여 살게 하려 하심이라"(벧전 2:24; 참조. 히 9:28).

셋째, 하나님의 의는 '지속력'이 다르다. 하나님의 의는 영원한 의이며 영원부터 영원까지 존재한다. 성경 전체에서, 하나님의 의는 영원한 의라 불린다(예를 들면, 다음을 보라. 시 119:142; 사 51:8; 단 9:24). 그러므로 하나님의 의를 받는 자는 영원한 의를 받는 것이다.

호머의 『일리아드』에서, 위대한 트로이 전사 헥토르는 아킬레우스를 비롯해 침략자 그리스군과 싸울 준비를 하고 있었다. 그는 집을 떠나기 전 어린 아들 아스티아낙스를 품에 안고 결국 마지막이 된 작별 인사를 나누고 싶었다. 그러나 아기는 헥토르의 갑옷이 무서워 뒷걸음질 치며 유모에게 안겼다. 아버지는 소리 내어 웃으며 청동 투구를 벗고 어린 아들을 품에 안았다. 소년은 갑옷 뒤에 숨겨진 사랑하는 아버지를 발견했다.

이것은 바울이 3:21부터 로마서에서 하는 것과 비슷하다. 이를테면, 심판자요 집행자이신 하나님을 보여준 후 이제 사랑의 하나님을 보여준다. 그분은 두 팔을 죄악된 인간들에게 내밀면서 이들이 자신에게 와서 구원받길 바라신다.

3:21-25에서, 바울은 하나님이 그분의 아들 예수 그리스도를 믿는 자들에게 주시는 의에 담긴 일곱 요소를 추가로 제시한다. 이 의는 율법주의와 무관하고(21a절), 계시 위에 세워지며(21b절), 믿음으로 얻고(22a절), 모두에게 주어지며(22b-23절), 은혜로 값없이 주어지고(24b절), 속량으로 성취되며(24a절), 대속 제사(atoning sacrifice)로 값이 지불된다(25a절).

의는 율법주의와 무관하다

이제는 율법 외에 하나님의 한 의가 나타났으니, (3:21a)

But[37]은 역접 접속사를 옮긴 것으로, 이 경우 놀랍고 아름다운 대비를 표현하는데, 인간이 전적으로 부패했고 하나님을 기쁘게 할 능력이 없다는 것과 하나님이 자신에게 올 길을 내셨다는 것 사이의 대비를 표현한다. 서론을(1:1-18) 제외하고, 로마서는 하나님 없는 인간의 악함과 절망을 극도로 어둡게 그려낸다. 서론에서, 바울은 이렇게 말하면서 빛을 언뜻 보여주었다. "이 복음은 모든 믿는 자에게 구원을 주시는 하나님의 능력이 됨이라. 먼저는 유대인에게요 그

---

37 NASB에서 3:21은 **But** now apart from the Law(**그러나** 이제 율법과 상관없이)로 시작한다.

리고 헬라인에게로다. 복음에는 하나님의 의가 나타나서 믿음으로 믿음에 이르게 하나니, 기록된 바 오직 의인은 믿음으로 말미암아 살리라 함과 같으니라"(1:16-17).

이제 바울은 유대인과 이방인을 막론하고 죄악된 인류 전체를 칠흑같이 캄캄하고 빠져나갈 구멍이라곤 없을 것 같은 하나님의 진노의 구석으로 다시 몰아넣은 후(1:18-30), 하나님이 친히 주신 의를 통해 구원의 영광스러운 빛이 들어오는 은혜의 창문을 열기 시작한다.

첫째, 바울은 하나님이 신자들에게 주시는 의가 율법과 무관하다(**apart from the Law, 율법 외에**[38])고 말한다. '노모스'(*nomos*, **율법**)는 상응하는 영어 단어와 흡사하게 신약성경에서 여러 의미로 사용된다. 부정적 의미에서, 때로 율법은 율법주의, 곧 하나님이 제시하신 수준의 도덕에 이르려는 자기 노력을 굳게 믿음을 가리킨다(눅 18:9을 보라). 때로 율법은 하나님이 모세를 통해 옛 언약에 규정하신 계명과 의식을 가리킨다. 때로 율법은 단지 전반적인 하나님의 기준을 가리킨다. 때로 율법은 하나님이 그리스도 이전에 계시하신 성경 전체, 곧 지금의 구약성경을 가리킨다. 때로 율법은 일반적 원리나 규범의 동의어다(이 경우는 law를 '율법'이 아니라 '법' 또는 '법칙'이라 옮기는 게 적절하겠다.—옮긴이). 그러므로 신약성경을 해석할 때, 구체적 의미를 문맥에 비추어 결정해야 한다.

이 단락에서 **Law**는 대문자로 표기되어 있다. 따라서 NASB 번역자들이 '노모스'를, 모세 율법이라는 좁은 의미에서든 구약성경 전체라는 넓은 의미에서든, 하나님의 계시를 가리킨다고 이해한 게 분명하다. 그러나 나는 바울이 이 단락에서 무엇보다도 율법주의, 곧 자신의 인간적 노력으로 하나님께 받아들여질 수 있게 되려는 시도를 염두에 두었다고 믿는다.

그러나 바울이 **율법**을 말하면서 이런 의미들 중에 어느 것을 염두에 두었던 간에, 그가 말하려는 핵심은 같다. 그는 하나님이 신자들에게 주시는 의가 그 '어떤' 율법에 대한 순종, 심지어 하나님이 친히 계시하신 율법에 대한 순

---

38 새번역: 율법과는 상관없이. 공동번역개정판: 율법과는 아무 관계가 없습니다.

종과도 전혀 무관하다(**apart from, ~외에**)고 선언한다. 하나님의 의는 결코 인간의 성취를 비롯해 인간이 자신의 힘으로 할 수 있는 그 무엇에도 근거하지 않는다.

유대인의 성경은 하나님의 율법에 순종함으로써 구원 얻는다고 가르치지 않았으며, 그리스도 이전 랍비들과 장로들이 수백 년에 걸쳐 만들어낸 법과 전통, 곧 사람이 만든 숱한 법과 전통에 순종함으로써 구원을 얻는다고는 더더욱 가르치지 않았다. 그런데도 예수님 당시와 바울 당시에 절대다수 유대인이 사람이 만든 이러한 규범을 믿었다. 사실, 대다수 유대인이 하나님이 성경에 계시하신 신성한 율법보다 랍비 전통을 더 믿었다. 회심 전, 바울 자신이 전형적인 유대 율법주의자였다(빌 3:4-6을 보라).

그리스도의 이름을 취한 많은 유대인이 율법주의 정신을 교회에 들여왔다. 이들은 유대주의자라 불렸는데, 복음에 할례와 안식일 율법 준수 같은 구약성경의 율법적 요구를 덧붙이려 했기 때문이다. 바울은 골로새 신자들에 이렇게 권면했다. "먹고 마시는 것과 절기나 초하루나 안식일을 이유로 누구든지 너희를 비판하지 못하게 하라"(골 2:16). 갈라디아 신자들에게는 이렇게 일깨웠다. "우리가 율법의 행위로써가 아니고 그리스도를 믿음으로써 의롭다함을 얻으려 함이라. 율법의 행위로써는 의롭다함을 얻을 육체가 없느니라"(갈 2:16). 또한 같은 서신 뒷부분에서 이렇게 썼다. "그리스도께서 우리를 자유롭게 하려고 자유를 주셨으니, 그러므로 굳건하게 서서 다시는 종의 멍에를 메지 말라. 보라, 나 바울은 너희에게 말하노니, 너희가 만일 할례를 받으면 그리스도께서 너희에게 아무 유익이 없으리라…그리스도 예수 안에서는 할례나 무할례나 효력이 없으되 사랑으로써 역사하는 믿음뿐이니라"(갈 5:1-2, 6). 로마 신자들에게는 이렇게 선언했다. "사람이 의롭다 하심을 얻는 것은 율법의 행위에 있지 않고(apart from works of the Law) 믿음으로 되는 줄 우리가 인정하노라"(롬 3:28).

옛 언약 아래서도, 하나님의 기준에 근거한 선한 행위가 구원과 관련해서는 아무 가치가 없었다. 바울은 "일한 것이 없이(apart from works)[39] 하나님께 의로 여기심을 받는 사람의 복에 대하여 다윗이 말한 바"를 말하면서(롬 4:6) 뒤이어 시편 32:1-2을 인용한다.

하나님이 그분의 의의 기준을 사람들 앞에 내어놓으시는 것은 인간의 노력으로 그 기준에 이르는 게 불가능함을 보여주기 위해서다. 이러한 인간의 무능력 때문에 "율법은 진노를 이루게" 하는데(롬 4:15), 진노란 인간의 죄에 대한 하나님의 심판을 말한다. "무릇 율법 행위에 속한 자들은 저주 아래에 있나니…하나님 앞에서 아무도 율법으로 말미암아 의롭게 되지 못할 것이 분명하니, 이는 의인은 믿음으로 살리라 하였음이라"(갈 3:10-11). 바울은 에베소 신자들에게 이렇게 말했다. "너희는 그 은혜에 의하여 믿음으로 말미암아 구원을 받았으니, 이것은 너희에게서 난 것이 아니요 하나님의 선물이라. 행위에서 난 것이 아니니"(엡 2:8-9). 이 외에도 신약성경의 무수한 구절이 절대로 인간의 노력으로 하나님 앞에서 의롭게 될 수 없다는 복음의 기본 진리를 되풀이한다(예를 들면, 다음을 보라. 빌 3:9; 딤후 1:9; 딛 3:5).

하나님의 율법이 유대인들의 모세 율법이든 이방인들을 비롯해 모든 사람의 마음과 양심에 기록된 율법이든 간에(롬 2:11-15), 인간은 율법에 결코 완전하게 순종할 수 없으며, 따라서 율법은 결코 인간을 구원할 수 없다. 이 진리는 자신의 방법과 힘으로 하나님을 기쁘게 하려는 모두에게 충격이다. 복음이 육에 속한 사람에게 그렇게도 거슬리는 것은 바로 이 때문이다.

그러나 이제 바울은 **하나님의 의,** 사람이 하나님과 바른 관계를 가질 수 있게 하는 신적이며 영원한 의가 **나타났다**고 선언한다. 그가 이어지는 구절에서 설명하듯이, 이 의는 "예수 그리스도를 믿음으로 말미암아 모든 믿는 자에게 미치는" 의다(22절).

---

39 새번역: 행한 것이 없어도

의는 계시 위에 세워진다

율법과 선지자들에게 증거를 받은 것이라. (3:21b)

그러나 바울은 사람들이 나타난 하나님의 의를 받는 방법을 제시하기 전에, 하나님의 의가 율법주의와 무관할 뿐 아니라 하나님이 계시하셨고 **율법과 선지자들에게 증거를 받은 것이라(being witnessed by the Law and the Prophets)**[40] 고 선언한다.

이 진리가 먼저 유대인들을 향했던 게 분명하다. 유대인들의 종교 전체가 **율법과 선지자**에 집중되었으며, 이 표현은 하나님의 기록된 말씀 전체, 곧 지금의 구약성경을 가리키는 데 일반적으로 사용되었다. 바꾸어 말하면, 바울은 새로운 종류의 의가 아니라 유대인의 성경 전체가 말하는 하나님의 의를 말하고 있었다.

율법과 선지자는 하나님의 완전한 의를 선포할 뿐 아니라 바울이 앞서 한 말, 곧 예외 없이 인간은 자신의 방식이나 힘으로 그 의를 성취할 수 없음을 확인해 준다.

유대인들은 성경을 크게 떠받들었지만, 그들 대부분은 하나님이 성경을 계시하셨으나 성경 자체가 구원할 능력이 없음을 깨닫지 못했다. 예수님이 한 무리의 유대 청중에게 말씀하셨다. "너희가 성경에서 영생을 얻는 줄 생각하고 성경을 연구하거니와 이 성경이 곧 내게 대하여 증언하는 것이니라"(요 5:39). 바꾸어 말하면, **율법과 선지자**는 사람들에게 그들 자신의 의를 어떻게 성취하는지 보여주었던 게 아니라 오실 메시아, 하나님이 보내시는 구원자요 그분의 아들, 하나님이 사람들에게 요구하시는 의를 친히 '주실' 분을 가리켰다. 그리스도를 통한 구원에 관한 계시가 구약성경에서는 완전하게 주어지지 않았더라도, '언제나' 이것이 구약성경이 가리키는 구원의 길이었다.

---

40 새번역: 율법과 예언자들이 증언한 것입니다.
공동번역 개정판: 율법서와 예언서가 바로 이 사실을 증명해줍니다.

모세 율법은 의를 성취하는 수단으로 주어진 게 아니라 하나님의 의를 묘사하고 인간이 그 의에 맞춰 사는 게 불가능함을 보여주는 수단으로 주어졌다. 모세 율법의 제사들은 죄를 대속하는 수단이 아니라, 온 세상의 죄를 위해 친히 희생제물이 되신 예수 그리스도를 상징적으로 가리키는 수단으로 규정되었다. 구약성경이 가르치는 계명, 의식, 제사, 경건한 원리는 하나님의 영감으로 된 말씀의 일부였고 지금도 그러하다. 그러나 이것들은 결코 죄를 제거하거나 죄를 사하거나 죄를 대속하거나 죄인에게 새롭고 의로운 생명을 줄 수 없었다. 그가 이것들을 지키려고 아무리 열심히 아무리 진심으로 노력하더라도 말이다.

의는 믿음으로 얻는다

곧 예수 그리스도를 믿음으로 말미암아…의니 (3:22a)

있을 수 있을 오해를 피하려고, 바울은 인간이 성취하는 상대적이고 불완전한 의가 아니라 절대적이고 완전한 **하나님의 의**를 말하고 있음을 다시 언급한다.

여기서 바울의 핵심은 완전하고 구원하는 **하나님의 의**는 율법주의와 무관하게 받으며 계시 위에 세워질 뿐 아니라 오직 **믿음**으로 얻는다는 것이다. 이것이 언제나 인간 쪽에서 유일한 구원의 길이었다. 히브리서 11장의 핵심은 참 하나님을 믿는 **믿음** 외에 구원의 수단이 결코 없음을 보여주는 것이다.

이것은 바울의 로마서에서 되풀이되는 주제이기도 하다. 4장에서 바울은 이렇게 말한다. "일을 아니할지라도 경건하지 아니한 자를 의롭다 하시는 이를 믿는 자에게는 그의 믿음을 의로 여기시나니"(5절). "아브라함이나 그 후손에게 세상의 상속자가 되리라고 하신 언약은 율법으로 말미암은 것이 아니요 오직 믿음의 의로 말미암은 것이니라"(13절; 참조. 20절). 그는 5장을 시작하면서 이렇게 선언한다. "그러므로 우리가 믿음으로 의롭다 하심을 받았으니 우리 주 예수 그리스도로 말미암아 하나님과 화평을 누리자"(1절).

물론, 거짓 믿음이 있으며, 그리스도의 이름을 내세우는 거짓 믿음도 있다.

요한은 예수님을 피상적으로 믿은 많은 사람에게 구원하는 믿음이 없었다고 말한다. "그러므로 예수께서 자기를 믿은 유대인들에게 이르시되 너희가 내 말에 거하면 참으로 내 제자가 되고"(요 8:31). 바꾸어 말하면, 하나님의 말씀에 순종함은 참믿음의 증거다. 반면에, 끈질긴 불순종은 거짓 믿음의 증거다. "행함이 없는 믿음은 그 자체가 죽은 것이라"(약 2:17). 바꾸어 말하면, 불순종하는 믿음은 가짜 믿음이다. 이것은 "혼자"일 뿐 하나님을 믿는 믿음과 관련이 없다. 거짓 믿음은 선한 행위를 믿는 믿음, 의식을 믿는 믿음, 종교적 경험이나 시스템을 믿는 믿음, 자신의 선함을 믿는 믿음, 또는 우리 시대에 흔히 볼 수 있는 단지 믿음을 믿는 모호한 믿음일 수 있다.

사람은 다른 그 무엇과 무관하게 오직 **예수 그리스도를 믿음으로 말미암아 (through faith in Jesus Christ)** 구원받는다. 그러나 성경은 구원하는 믿음이 단순히 예수님에 대한 믿음을 구두로 선언하는 것 그 이상임을 분명히 한다.

A. W. 토저는 통찰력 있게 말했다.

> 칭의 교리에 무슨 일이 일어났다.…바울과 루터의 믿음은 혁명적이었다. 그 믿음은 그 자신의 온 삶을 뒤집었고 그가 전혀 다른 사람이 되게 했다. 그 믿음은 삶을 붙잡아 그리스도께 순종하게 했다. 그 믿음은 자기 십자가를 지고 예수님을 따랐으며 돌아갈 생각을 조금도 하지 않았다. 그 믿음은 엘리야가 불병거에 올라 회오리바람을 타고 승천할 때처럼 옛 친구들에게 작별을 고했다. 그 믿음은 최종적인 것이었다. 그 믿음은 덫처럼 한 사람의 마음을 낚아챘다. 그 믿음은 그를 사로잡아 그 순간부터 주님의 행복한 사랑의 종이 되게 했다. (*The Root of the Righteous*[41] [Harrisburg, Pa.: Christian Publications , 1955], pp. 45-46)

신약성경이 가르치는 구원하는 믿음, 곧 **예수 그리스도를 믿음**은 단순히 그분에 관한 어떤 진리를 인정하는 게 아니다. 귀신들도 그분에 관한 많은 사실을 인정했다. 거라사 지방의 한 사람을 사로잡았던 귀신 중 하나가 예수님께

---

41 『신앙의 기초를 세워라』, 강귀봉 옮김(생명의 말씀사, 2008).

물었다. “지극히 높으신 하나님의 아들 예수여, 나와 당신이 무슨 상관이 있나이까?”(막 5:7). 어린 여종에게 점치는 능력을 주었던 귀신은 바울과 그 친구들을 가리켜 “지극히 높은 하나님의 종으로서 구원의 길을 너희에게 전하는 자”라고 했다(행 16:17).

구원하는 믿음은 자신을 주 예수 그리스도께 완전히 복종시키는 것이며, 신약성경이 분명하게 가르치는 필수 요소들을 포함하고 있다.

구원하는 믿음, 곧 **예수 그리스도를 믿음**은 ‘의지’(will) 행사를 포함한다. 바울은 로마 신자들에게 이렇게 말했다. “하나님께 감사하리로다. 너희가 본래 죄의 종이더니, 너희에게 전하여 준 바 교훈의 본을 마음으로 순종하여”(롬 6:17). 구원은 (인간의 관점에서 볼 때) 한 사람이 죄에서 돌이켜 주 예수 그리스도를 따르는 의지적 순종에서 시작된다.

구원하는 **믿음**은 ‘감정’도 포함한다. 바로 앞에서 언급했듯이, 이 믿음은 생각(mind)뿐 아니라 마음(heart)에서 나와야 하기 때문이다. 그리스도에 관한 좋은 감정으로 구원받을 수 없으며, 모든 시대를 비롯해 오늘날에도 많은 사람이 그리스도에 대한 좋은 감정으로 그분을 믿는 구원하는 믿음을 대체했다. 그러나 반대로, 그리스도 때문에 삶이 변화된 사람은 가장 깊은 방식으로 자신의 감정에 영향을 받을 것이다.

구원하는 **믿음**은 ‘지성’도 포함한다. 그 누구도 자신의 방식으로 천국에 들어갈 생각을 할 수 없을 뿐 아니라 복음의 진리를 얼마간 이해하지 않고는 예수 그리스도를 주님과 구주로 영접할 수 없다(롬 10:17이하를 보라).

예수 그리스도는 체현된 하나님의 의 자체이며, 이 진리 때문에 자신을 믿는 자들에게 하나님의 의를 주실 수 있다. 성육신해 땅에 계실 때, 예수님은 죄 없이 살아 하나님의 의를 나타내셨다. 그리스도께서는 또한 그분의 죽으심으로 모든 인간의 불의한 삶에 대한 값을 지불하심으로써 하나님의 의를 나타내셨다.

17세기 영국 목회자 조셉 얼라인(Joseph Alleine)은 이렇게 썼다.

> 진실한 회심자는 그리스도의 전부를 받아들인다. 그는 품삯을 사랑할 뿐 아니라

그리스도의 일도 사랑하며, 그리스도의 은택을 사랑할 뿐 아니라 그리스도의 짐도 사랑한다. 그는 기꺼이 곡식을 털려할 뿐 아니라 멍에도 매려 한다. 그는 그리스도의 명령에 순종하며 그리스도의 십자가를 진다.

진실하지 못한 회심자는 그리스도와 반만 가깝다. 그리스도의 구원은 원하지만 성화는 원하지 않는다. 특권은 원하지만 그리스도의 성품은 닮으려 하지 않는다. 그리스도의 직무와 그리스도의 은택을 분리한다. 기본이 잘못된 것이다. 생명을 참으로 사랑하는 자는 여기서 조심해야 한다. 이것은 파멸에 이르는 실수이며, 숱하게 경고 받았지만 더없이 자주 범하는 실수다.

예수는 감미로운 이름이지만 사람들은 "주 예수를 진심으로 사랑하지 않는다." 사람들은 그분을 하나님이 제시하시듯이 "임금과 구주"로 받아들이지 않을 것이다. 사람들은 하나님이 합쳐놓으신 것, 즉 왕과 제사장을 분리한다. 사람들은 그리스도의 구원을 그분이 의도하신 대로 받아들이지 않을 것이다. 사람들은 이것을 나눈다.

모든 사람은 고통에서 구원받길 원하지만 죄짓기에서 구원받길 바라지 않는다. 자신의 삶이 구원받길 바라지만 자신의 정욕을 버리려 하지 않는다. 많은 사람이 여기서 나눈다. 자신의 죄를 얼마간 버리는 데 동의하지만 들릴라의 무릎을 떠날 수 없거나 헤로디아와 이혼할 수 없다. 오른쪽 눈이나 오른손에게 잔인할 수 없다. 주님이 이 부분에서 이들을 용서하셔야 한다. 이 부분에서 더없이 신중하라. 당신의 영혼이 여기에 달렸다.

진실한 회심자는 그리스도의 전부를 받아들이며 그분의 모든 뜻과 목적을 예외 없이, 제한 없이, 조건 없이 받아들인다. 어떤 조건에서든 그리스도를 기꺼이 받아들인다. 그리스도의 구원뿐 아니라 그분의 통치도 기꺼이 받아들인다. 그는 바울처럼 말한다. "주님, 제게 무슨 일을 시키시겠습니까?" 주님, 무엇이든 하겠습니다. 그는 백지 위임장을 그리스도께 내밀어 자신이 해야 할 일을 적으시게 한다. (*An Alarm to the Unconverted*[42] [Grand Rapids: Baker, 1980 reprint], pp. 46-48)

---

42 『회개하지 않은 자에게 보내는 경고』, 박문재 옮김(CH북스, 2015).

존 웨슬리는 1791년 3월 2일 여든여덟 살에, 65년간 복음을 전한 후 천국에 갔다. 다음은 그가 임종 전에 가장 즐겨 불렀던 찬송 중 하나다.

나 호흡 있을 때, 날 지으신 분 찬양하리라.
나 죽어 목소리 사라질 때,
찬양이 나의 더 고귀한 능력 사용하리라.
내 찬양의 날들은 결코 사라지지 않으리라.
생명과 생각과 존재가 계속될 때
불멸이 지속될 때.

의는 모두에게 주어진다

22b모든 믿는 자에게 미치는 하나님의 의니 차별이 없느니라. 23모든 사람이 죄를 범하였으매 하나님의 영광에 이르지 못하더니, (3:22b-23)

구원과 이에 수반되는 의는 **모든 믿는 자에게** 주어진다. 예수 그리스도를 주님과 구주로 믿는 자는 누구든지 구원받으며 **차별이 없다**.

바울은 비시디아 안디옥 회당에서 가르치며 이렇게 선포했다. "모세의 율법으로 너희가 의롭다 하심을 얻지 못하던 모든 일에도 이 사람을 힘입어 믿는 자마다 의롭다 하심을 얻는 이것이라"(행 13:39). 갈라디아교회에 보낸 서신에서, 바울은 이렇게 말했다. "사람이 의롭게 되는 것은 율법의 행위로 말미암음이 아니요 오직 예수 그리스도를 믿음으로 말미암는다"(갈 2:16).

예수님 자신이 "내게 오는 자는 내가 결코 내쫓지 아니하리라"고 하셨다(요 6:37). 예수 그리스도를 믿는 자는 누구든지, 살인자든, 매춘부든, 도둑이든, 성폭행범이든, 동성애자든, 종교적 위선자든, 거짓 선생이든, 이교도나 그 누구든지 구원받을 것이다. 구원받을 만큼 선한 사람이 없듯이 구원받지 못할 만큼 악한 사람도 없다.

이것이 로마서 3:22의 놀라운 핵심이다. 믿는 자는 누구든지 구원받는다.

하나님이 보시기에 **차별이 없기** 때문이다. 그리스도 외에 모든 사람이 똑같이 죄악되어 하나님이 받아들이지 않으시듯이, 그리스도 안에 있는 사람은 누구든지 똑같이 의로워서 하나님이 받아들이신다. 바울이 자신을 그렇게 불렀듯이 죄인 중에 "괴수"도(딤전 1:15) 구원받지 못할 만큼 악하지 않았다.

구원받은 자들 사이에는 아무 차별이 없다. 잃은 자들 사이에 아무 차별이 없기 때문이다. **모든 사람이 죄를 범하였으매 하나님의 영광에 이르지 못하더니.** '후스테레오'(*hustereō*, **fall short, 이르지 못하더니**)는 꼴찌 또는 열등함이 기본 의미다. **하나님의 영광**과 관련해서라면 모든 사람이 꼴찌다.

의는 은혜로 값없이 주어진다

하나님의 은혜로 값없이 의롭다 하심을 얻은 자 되었느니라. (3:24b)

마찬가지로, 구원에 관해서라면 그 누구도 다른 사람보다 앞서지 못한다. **의롭다 하심을 얻은 자 되었느니라(being justified)**는 뒤로 돌아가 앞 두 절의 "모든"을 가리킨다. 다시 말해, 믿는 '모든' 자와 죄를 범한 '모든' 사람을 가리킨다. 구원이 필요한 사람들 사이에 차별이 없듯이, 구원받는 사람들 사이에도 차별이 없다. 이들 모두 **하나님의 은혜로 값없이 의롭다 하심을 얻은 자 되었기** 때문이다.

'디카이오오'(*dikaioō*, **justified, 의롭다 하심을 얻은**)는 어떤 것 또는 어떤 사람의 옳음(rightness)을 선언한다는 뜻이다. 칭의(justification, 의롭다 하심을 얻음)는 하나님의 선언, 곧 율법의 모든 요구가 믿는 죄인들을 위해 예수 그리스도의 의를 통해 충족되었다는 선언이다. 칭의는 전적으로 법정적 또는 법적 거래(forensic or legal transaction, 교환, 맞바꿈)다. 칭의는 하나님 앞에서 죄인의 법적 '신분'(standing)을 바꾼다. 칭의에서, 하나님은 그리스도의 완전한 의를 신자들에게 '전가하고'(imputes) 뒤이어 속량 받은 자가 완전히 의롭다고 선언하신다. 칭의와 성화를 반드시 구분해야 한다. 성화에서는 하나님이 그리스도의 의를 실제로 죄인에게 '부여하신다'(imparts). 칭의와 성화는 반드시 구분해야 하지만 절대로 분리할 수 없다. 하나님은 성화 되지 않은 자를 의롭다 하지 않으신다.

그러나 하나님은 **하나님의 은혜로 값없이(as a gift by His grace**, 그분의 은혜를 통해 선물로)[43] 신자들을 의롭다 하실 뿐이며 의롭다 하심을 얻는 자들의 어떤 선한 것 때문에 이들을 의롭다 하시지는 않는다.

당연히, 선물(**a gift, 값없이**)은 거저 주는 것일 뿐이며 받는 사람이 애써 획득한 것도 아니고(unearned) 받을 자격이 있어 받은 것도 아니다(unmerited, 과분한 것이다). 하나님의 가장 큰 선물은 그분의 아들을 통해 주신 구원이며, 구원은 전적으로 하나님의 은혜다. 바울은 이렇게 선언한다. "만일 의롭게 되는 것이 율법으로 말미암으면 그리스도께서 헛되이 죽으셨느니라"(갈 2:21).

율법은 하나님의 의를 계시하고 인간의 불의를 드러낸다. 반대로, **은혜**는 하나님의 의를 계시할 뿐 아니라 하나님의 아들을 믿는 자들에게 하나님의 의를 실제로 준다. 하나님은 이 **은혜**의 선물(**gift, 값없이**)을 주려고 그분의 아들을 십자가 고난과 죽음에 내어주셨고, 그래서 신자가 지불할 게 전혀 남아 있지 않다.

의는 속량으로 성취된다

그리스도 예수 안에 있는 속량으로 말미암아 (3:24a)

'아폴루트로시스'(*apolutrōsis*, **redemption, 속량**)는 '루트로시스'(*lutrōsis*)의 강의형(strengthen form)이며 구해냄(delivering, 해방시킴), 특히 값을 지불함으로써 구해낸다는 의미를 내포한다. 이 단어는 일반적으로 몸값(ransom)을 지불하고 포로를 억류자에게서 해방하거나 노예를 주인에게서 해방하는 것을 말할 때 사용되었다.

인간은 더없이 죄악되고 자신을 하나님이 제시하신 의의 기준에 맞출 수 없기에, 죄인의 **속량**은 오직 **그리스도 예수 안에 있는** 것에서만 올 수 있었다.

43 쉬운성경: 그것은 하나님께서 거저 주시는 선물입니다.

오직 죄 없는 구주만이 죄악된 인간을 속량하는 값을 지불하실 수 있었다.

의는 그 값이 대속 제사로 지불되었다

이 예수를 하나님이 그의 피로써 믿음으로 말미암는 화목제물로 세우셨으니, (3:25a)

사람은 스스로 의로워질 수 없으며, 그래서 사람이 속량 받을 방법을 하나님이 은혜로 주셨다. 그 방법이란 그분의 아들 예수 그리스도의 대속 제사(atoning sacrifice)를 통하는 것이었다.

이 제사는 어둠 속에서나 심지어 성전의 숨겨진 거룩한 공간에서 드려진 게 아니라 갈보리 언덕에서 온 세상이 볼 수 있게 공개적으로 드려졌다. 자신의 아들을 **하나님이…화목제물로 세우셨다**.[44]

'힐라스테리온'(*hilastērion*, **propitiation, 화목제물**)의 기본 개념은 달램(appeasement) 또는 만족(satisfaction)이다. 오늘의 숱한 종교에서 그러하듯이, 고대 이교도 종교들에서 인간이 다양한 선물이나 제물로 신을 달랜다는 개념은 일반적이었다. 그러나 신약성경에서 **화목제물(propitiation)**은 언제나 사람의 일이 아니라 하나님의 일을 가리킨다. 인간은 영원을 지옥에서 보내는 것 외에 달리 하나님의 공의를 만족시킬 능력이 전혀 없다.

하나님께 받아들여질 수 있고 하나님과 인간을 화해시킬 수 있는 유일한 만족, 곧 **화목제물**은 하나님에게서 비롯되어야 했다. 이런 까닭에, 사람의 육신을 입은 하나님 곧 예수 그리스도께서 "모든 사람을 위하여 자기를 대속물로 주셨다"(딤전 2:6). 예수 그리스도께서 하나님의 진노를 가라앉히셨다.

그리스도께서 거룩한 **그의 피로써** 속량하는 **화목제물**을 드리셨다. 베드로는 로마제국 전역에 흩어져 사는 신자들에게 이렇게 썼다. "너희가 알거니와 너

44 NASB: God displayed publicly as a propitiation(하나님이 화목제물로 공개적으로 드러내셨다).

희 조상이 물려 준 헛된 행실에서 대속함을 받은 것은 은이나 금 같이 없어질 것으로 된 것이 아니요 오직 흠 없고 점 없는 어린 양 같은 그리스도의 보배로운 피로 된 것이니라"(벧전 1:18-19).

'힐라스테리온'에 상응하는 히브리어는 구약성경에서 지성소에 있는 은혜의 보좌(Mercy Seat, 시은좌, 시은소)를 가리킬 때 사용되었다. 대제사장이 매년 한 차례 속죄일에 백성을 대신해 제물을 드리러 지성소에 들어갔다. 이때 대제사장은 은혜의 보좌에 피를 뿌렸는데, 자신의 죗값과 백성의 죗값을 지불한다는 상징이었다.

그러나 매년 되풀이되는 이 행위는 비록 하나님이 정하셨고 영예로웠지만 단 한 사람의 죄도 제거하거나 그 값을 지불할 능력이 없었다. 이것은 참되고 유효한 "예수 그리스도의 몸을 단번에 드리심…그가 거룩하게 된 자들을 한 번의 제사로 영원히 온전하게 하셨"음을 가리킬 수 있을 뿐이었다(히 10:10, 14).

그리스도께서 자신을 드림으로써 거룩하게 된 자들은 그분을 **믿음으로**(through faith) 이 거룩하게 됨(sanctification, 성화)을 받는 자들이다. 바울은 골로새 신자들에게 이렇게 썼다.

> 또 그[그리스도] 안에서 너희가 손으로 하지 아니한 할례를 받았으니, 곧 육의 몸을 벗는 것이요 그리스도의 할례니라. 너희가 세례로 그리스도와 함께 장사되고 또 죽은 자들 가운데서 그를 일으키신 하나님의 역사를 믿음으로 말미암아 그 안에서 함께 일으키심을 받았느니라. 또 범죄와 육체의 무할례로 죽었던 너희를 하나님이 그와 함께 살리시고, 우리의 모든 죄를 사하시고, 우리를 거스르고 불리하게 하는 법조문으로 쓴 증서를 지우시고 제하여 버리사 십자가에 못 박으시고. (골 2:11-14)

호라티우스 보나르(Horatius Bonar, 1808-1889)는 자신이 쓴 아름다운 찬송에서 이렇게 노래했다.

나 행한 것으로 구원을 못 얻고
이 육신 힘껏 애써도 죄 씻지 못 하네
나 혼자 힘으로 내 주를 못 뵙고
나 탄식하여 울어도 내 짐을 못 벗네
주 예수 공로만 내 짐을 벗기며
주 예수 흘린 피로써 나 평화 얻겠네
주 예수 사랑이 내 근심 쫓으며
내 병든 영혼 고치사 참자유 주시네[45]

45 번역은 1987년 한국찬송가공회가 발행한 「찬송가」(통일찬송가) '나 행한 것으로'(203장)에서 가져왔다.

16

그리스도께서 어떻게 하나님을 위해 돌아가셨는가? (3:25b-31)

[25b]이는 하나님께서 길이 참으시는 중에 전에 지은 죄를 간과하심으로 자기의 의로우심을 나타내려 하심이니, [26]곧 이 때에 자기의 의로우심을 나타내사 자기도 의로우시며 또한 예수 믿는 자를 의롭다 하려 하심이라. [27]그런즉 자랑할 데가 어디냐? 있을 수가 없느니라. 무슨 법으로냐? 행위로냐? 아니라. 오직 믿음의 법으로니라. [28]그러므로 사람이 의롭다 하심을 얻는 것은 율법의 행위에 있지 않고 믿음으로 되는 줄 우리가 인정하노라. [29]하나님은 다만 유대인의 하나님이시냐? 또한 이방인의 하나님은 아니시냐? 진실로 이방인의 하나님도 되시느니라. [30]할례자도 믿음으로 말미암아 또한 무할례자도 믿음으로 말미암아 의롭다 하실 하나님은 한 분이시니라. [31]그런즉 우리가 믿음으로 말미암아 율법을 파기하느냐? 그럴 수 없느니라. 도리어 율법을 굳게 세우느니라. (3:25b-31)

현대사회의 가장 두드러진 특징 중 하나는 자기주의(selfism)이며, 이것은 자기중심, 이기심, 자기만족, 자기성취로 나타난다. 사람들은 자신의 감정, 자신의 욕구, 자신의 소유, 자신의 안녕에 빠져 있다.

안타깝게도 자기주의가 기독교에 침투해 일부 자칭 복음주의 교회와 단체의 표식이나 다름없게 되었다. 그리스도는 모든 문제의 해답, 평화와 기쁨, 성공과 행복의 근원, 사람을 살 가치 있게 하고 지옥에서 구원하는 분으로 그려진다.

올바른 성경적 관점에서 보면, 그리스도는 인간의 필요에 대한 해답이며, 그 가운데 첫째는 죄로부터의 구원이다. 물론, 그리스도 안에 사는 삶이 지옥에서 벗어나는 유일한 탈출구인 것은 분명한 사실이다. 구원이 사람을 포함하는 것은 분명하며, 구원이 사람이 받을 수 있는 가장 큰 복이라는 것도 똑같이 분명하다. 구원 외에 영원히 가치 있는 것은 없으며, 이런 의미에서 구원은 유일하게 큰 복이다.

그러나 성경에서, 구원은 사람이 아니라 하나님에게 초점을 맞춘다. 하나님의 말씀이 분명히 하듯이, 구원의 최우선 목적은 하나님을 영화롭게 하는 것이다. 바울은 이렇게 일깨운다. "만물이 다 그로 말미암고 그를 위하여 창조되었고"(골 1:16). 시편 기자는 이렇게 외쳤다. "여호와여, 영광을 우리에게 돌리지 마옵소서. 우리에게 돌리지 마옵소서. 오직 주는 인자하시고 진실하시므로 주의 이름에만 영광을 돌리소서"(시 115:1). 모든 신자의 마음에서 이러한 외침이 쉼 없이 터져 나와야 한다.

하나님은 유일하신 참 하나님이고 우주의 창조자요 유지자이며 만물의 근원이요 척도이기에, 하나님만이 영광을 받을 권리가 있다. 하나님만이 사람의 예배와 경배를 받을 권리가 있다.

하나님은 이사야를 통해 이렇게 말씀하셨다. "나는 여호와라. 나 외에 다른 이가 없나니, 나밖에 신이 없느니라…나 외에 다른 신이 없나니, 나는 공의를 행하며 구원을 베푸는 하나님이라. 나 외에 다른 이가 없느니라. 땅의 모든 끝이여, 내게로 돌이켜 구원을 받으라. 나는 하나님이라. 다른 이가 없느니라. 내가 나를 두고 맹세하기를, 내 입에서 공의로운 말이 나갔은즉 돌아오지 아니하나니 내게 모든 무릎이 꿇겠고 모든 혀가 맹세하리라 하였노라"(사 45:5, 21-23).

하나님은 주권적 주님이기에, 바울은 신자들에게 우리가 하는 가장 작고 가장 일상적인 것에서도 하나님을 높이고 영화롭게 하라고 권한다. "그런즉 너희가 먹든지 마시든지 무엇을 하든지 다 하나님의 영광을 위하여 하라"(고전 10:31). 우리의 존재 이유 자체가 하나님을 영화롭게 하는 것이다. 우리는 자신의 이익과 감정과 안녕에 사로잡히지 말고 하나님을 찬양하고 경배하며 사는 놀라운 특권에 몰입해야 한다. 우리는 무엇을 하든지 하나님의 나라와 그분의 의를 먼저 구해야 한다(마 6:33).

존 스토트(John Stott, 1921-2011)는 『복음전도』(*Our Guilty Silence*, IVP 역간)에서 하나님을 영화롭게 하는 데 몰두한 사람 중에 자신이 아는 최고의 본보기로 헨리 마틴(Henry Martyn, 1781-1812)을 꼽았다.

> 그는 케임브리지 대학의 시니어 랭글러(Senior Wrangler, 수학전문가)였고, 세인트 존스 칼리지의 동문이었는데도, 학문적 이력을 등지고 목회에 뛰어들었다. 2년 후, 1805년 7월 16일, 그는 인도로 가는 배에 올랐다. 그는 콜카타에서 버려진 힌두 사원에 살면서 이렇게 외쳤다. "하나님을 위해 나를 불태우게 하소서." 그는 사람들이 스스로 만든 형상 앞에 엎드리는 것을 보며 이렇게 썼다. "나는 이 광경에 표현할 수 없을 만큼 공포를 느꼈다."
>
> 나중에 그는 쉬라즈(Shiraz)로 이주했고, 신약성경을 페르시아어로 번역하는 데 몰두했다. 많은 무슬림 방문자가 그를 찾아와 종교적 대화를 나누었다. 그는 평소에 늘 온화했으나 누구라도 주님을 모독할 때는 달랐다. 언젠가 그는 이런 말을 듣고 감정이 폭발했다. "압바스 미르자 왕자께서 하도 많은 그리스도인을 죽이자 그리스도가 네 번째 하늘에서 내려와 무함마드의 치맛자락을 붙잡고 그만하라고 애원했다는데요." 극적인 판타지였다. 그리스도께서 무함마드 앞에 무릎을 꿇고 계셨다. 마틴이 어떻게 반응했겠는가? "나는 이 신성모독에 영혼이 찔렸다." 일그러진 그의 표정을 보자, 방문자가 뭐가 그렇게 불쾌한지 물었다. 마틴은 이렇게 답했다. "누가 당신의 눈을 뽑는다면 당신은 '왜' 고통을 느끼는지 말할 필요가 없지요. 그냥 느끼니까요. 내가 이토록 심하게 상처 입는 것은 나와 그리스도가 하나이기 때문입니다." ([Grand Rapids: Eerdmans, 1969], pp. 21-22)

여기 가장 불편한 환경에서도 불평 없이 살 수 있었으나, 자신의 주님을 모욕하는 사회에 마음이 아팠던 한 사람이 있었다.

의심할 여지 없이, 다윗이 하나님의 마음에 합한 사람이었던 것은 "내가 여호와를 항상 내 앞에 모심이여"라고 진심으로 선언할 수 있었기 때문이다(시

16:8). 그는 죄와 약점이 있었는데도 삶을 늘 하나님께 오롯이 집중했다.

대다수 그리스도인이 잃은 자들에게 적극적으로 증언하지 않는 가장 큰 이유는 세상에 만연한 자기주의의 영일 것이다. 이것이 대다수 교회가 예수 그리스도의 복음을 들고 세상으로 나아가지 않는 이유다. 그리스도인이 주로 자신의 편안함과 복, 심지어 자신의 영적 복에 집중한다면 하나님께 집중하지 못한다. 그 결과 그의 삶은 하나님의 대위임을 성취하는 방향으로 나아가지 못한다.

1865년 여름, 허드슨 테일러(Hudson Taylor, 1832-1905)는 중국을 향해 엄청난 부담감을 느끼게 되었다. 그의 전기 작가에 따르면, 그는 잉글랜드 브라이턴에서 출석하던 교회에 대해서도 크게 걱정하게 되었다. 그는 회중을 둘러보며 이런 광경을 보았다.

> 의자마다 수염을 멋지게 기른 상인들과 가게 주인들과 방문객들이 앉아 있었다. 보닛 모자를 쓰고 크리놀린 외투를 입은 단아한 부인들이 앉아 있었고 짜증을 숨기도록 훈련받은 말쑥한 아이들이 앉아 있었다. 그는 우쭐한 경건의 분위기에 신물이 났다. 그는 모자를 집어 들고 밖으로 나왔다.
> "나는 수백만이 지식이 없어 죽어가는 동안 천여 명의 회중이 자신들의 안전을 기뻐하는 모습을 견딜 수 없어 혼자 밖으로 나와 해변을 헤매며 큰 영적 고통에 빠졌다." 그 해변에서, 그는 "자원하는 훈련된 일꾼 스물네 명"을 달라고 기도했다(Stott, p. 24).

마침내 이 기도에서 중국내지선교회(China Inland Mission)가 나왔다. 이 사역을 비롯해 비슷한 여러 사역 덕에, 중국 정부는 공식적으로 무신론 정부인데도 현재 중국에 이천오백만에서 오천만 명에 이르는 신자가 있다고 한다.

하나님이 헨리 마틴과 허드슨 테일러 같은 사람들을 사용하실 수 있었던 것은 이들이 자신들의 관심사가 아니라 하나님의 관심사에 주의를 집중했기 때문이었다.

구원은 무엇보다도 하나님을 영화롭게 하는 방법이다. 사람들을 지옥에서 구원해 이들에게 영생을 준다는 사실은 놀랍고 또 경이로운 일이지만, 하나님의 영광에 비하면 부차적인 일이다. 예수 그리스도의 십자가는 구속의 길을 제시한다는 점에서 인류에게 가장 극적인 영향을 끼쳤다. 그러나 예수님의 십자가 죽음은 무엇보다도 하나님을 영화롭게 하기 위한 것이었다. 예수님은 지상 사역을 하는 동안 하나님을 영화롭게 하셨고, 그래서 자신의 하늘 아버지께 이렇게 말씀하실 수 있었다. "아버지께서 내게 하라고 주신 일을 내가 이루어 아버지를 이 세상에서 영화롭게 하였사오니"(요 17:4).

바울은 모든 신자에게 말하며 이렇게 썼다.

> 너희 안에 이 마음을 품으라. 곧 그리스도 예수의 마음이니, 그는 근본 하나님의 본체시나 하나님과 동등됨을 취할 것으로 여기지 아니하시고, 오히려 자기를 비워 종의 형체를 가지사 사람들과 같이 되셨고, 사람의 모양으로 나타나사 자기를 낮추시고 죽기까지 복종하셨으니, 곧 십자가에 죽으심이라. 이러므로 하나님이 그를 지극히 높여 모든 이름 위에 뛰어난 이름을 주사 하늘에 있는 자들과 땅에 있는 자들과 땅 아래에 있는 자들로 모든 무릎을 예수의 이름에 꿇게 하시고, 모든 입으로 예수 그리스도를 주라 시인하여 하나님 아버지께 영광을 돌리게 하셨느니라. (빌 2:5-11)

우리는 천국을 생각할 때도 거기서 누릴 큰 복과 기쁨에만 초점을 맞추는 경향이 있다. 그러나 하나님이 신자들을 천국으로 인도하시는 것은 무엇보다도 그분을 영원히 영화롭게 하기 위해서다. 이것이 사람이 창조된 목적이며, 이것이 하나님의 아들을 믿음으로써 하나님의 은혜로 재창조된 모든 사람의 영원한 목적일 것이다.

데이비드 브레이너드(David Brainerd, 1718-1747, 아메리카 원주민을 위한 선교사)는 임종 때 이렇게 말했다고 한다. "나의 천국은 하나님을 기쁘게 하고 그분을 영화롭게 하며, 그분에게 모든 것을 드리고, 온전히 그분의 영광에 헌신하는 것입니다. 내가 천국에 가는 것은 진보하기 위해서가 아니라 하나님을 높이기 위해서입니다. 내가 천국에서 어디에 위치하느냐, 높은 자리이냐 낮은 자리이냐가 중요한 게 아니라 하나님을 기쁘게 하고 영화롭게 하며 사는 것이 중요합니다." (Jonathan Edwards, *The Life of David Brainerd* [Grand Rapids: Baker, 1980 reprint],[46] pp. 330-331).

물론, 천국에는 말로 표현할 수 없는 복이 있다. 그러나 이 복 자체가 하나님의 은혜와 영광을 영원히 증언할 것이다.

로마서의 주제와 복음 메시지의 핵심은 하나님의 은혜에 반응해 오직 믿음으로 의롭다함을 얻는다는 교리다. 이것은 교회사 내내 잃어버렸다가 되찾기를 반복한 교리다. 이것은 과소평가되거나 과대평가되거나 가장 빈번하게는 그저 소홀히 여기진 교리다. 이것은 초기 교회의 핵심 메시지였고 마르틴 루터와 장 칼뱅 같은 경건한 지도자들 아래서 종교개혁의 핵심 메시지였다. 이것은 오늘에도 하나님 말씀에 충실한 모든 교회의 핵심 메시지다. 교회는 믿음으로 의롭다함을 얻는다는 것을 이해하고 선포할 때에야 참으로 예수 그리스도의 복음을 제시할 수 있다.

이 진리를 가르치는 가장 중요한 구절 중 하나가 지금 살펴보는 본문이다(롬 3:25b-31). 이 단락은 처음 읽으면 아주 뒤얽히고 복잡하며 숨 막힐 것 같다. 그러나 이 단락의 기본 진리는 단순할 뿐 아니라 성경 전체에서 가장 심오하다. 죄악된 인간이 하나님의 은혜로, 그분의 아들 예수 그리스도의 십자가 죽음을 통해 의롭다함을 얻을 수 있게 되었으며, 사람들이 예수 그리스도를 주님과 구주로 믿을 때 이 의가 전가된다.

십자가는 예수님을 믿는 자들에게 영원한 생명을 줌으로써 이들에게 영향을 미친다. 예수님의 죽음과 부활을 통해, 하나님은 "장래의 노하심에서 우리를 건지"신다(살전 1:10). 바울이 로마서 조금 뒤에서 증언하듯이, "우리가 아직 죄인 되었을 때에 그리스도께서 우리를 위하여 죽으심으로 하나님께서 우리에 대한 자기의 사랑을 확증하셨느니라. 그러면 이제 우리가 그의 피로 말미암아 의롭다 하심을 받았으니, 더욱 그로 말미암아 진노하심에서 구원을 받을 것이니"(5:8-9; 참조. 고후 5:18; 딛 2:14).

---

46 『데이비드 브레이너드의 생애와 일기』, 원광연 옮김(CH북스, 2009).

십자가는 땅에 대한 사탄의 권세와 지배를 무너뜨림으로써 사탄에게 영향을 미쳤다. 히브리서 저자는 예수 그리스도께서 자신의 죽음을 통해 "죽음의 세력을 잡은 자 곧 마귀를 멸하"셨다고 선언한다(히 2:14). 이렇게 함으로써, 하나님은 "우리를 흑암의 권세에서 건져내사 그의 사랑의 아들의 나라로 옮기셨으니, 그 아들 안에서 우리가 속량, 곧 죄 사함을 얻었도다"(골 1:13-14).

십자가는 분명히 예수 그리스도 자신에게 영향을 미쳤다. 예수님은 아버지의 뜻에 순종함으로써 죄를 짊어지고 죽음이란 죗값을 지불하는 고난을 당하셨고, 하늘 아버지께 돌아가기 위해 부활하셨다(요 14:28).

십자가는 아버지 하나님과 성령께도 영향을 미쳤다. 아버지와 성령과 아들은 완전히 하나이기 때문이다.

로마서 3:25b-31에서, 바울은 예수 그리스도의 십자가가 하나님을 영화롭게 하는 네 가지 방식에 대해 구체적으로 설명한다: 하나님의 의를 계시함으로써(25b-26절), 하나님의 은혜를 높임으로써(27-28절), 하나님의 보편성을 계시함으로써(29-30절), 하나님의 율법을 확증함으로써(31절).

십자가는 하나님의 의를 계시한다

[25b]이는 하나님께서 길이 참으시는 중에 전에 지은 죄를 간과하심으로 자기의 의로우심을 나타내려 하심이니, [26]곧 이 때에 자기의 의로우심을 나타내사 자기도 의로우시며 또한 예수 믿는 자를 의롭다 하려 하심이라. (3:25b-26)

앞장에서 설명했듯이, **의(righteousness)**, '칭의'(justification), 이와 관련된 동사와 형용사들은 동일한 헬라어 어근에서 나왔다. 두 영어 단어가 보여주듯이, 기본 의미는 바르고 옳은 것과 관련이 있다.

인종학과 종교사를 살펴보면, 지금도 그렇듯이 이교도 신들은 예외 없이 사람의 형상을 하고 있었다. 이들과 사람의 유일한 차이라면 이들이 가졌다는 힘이다. 이러한 힘을 제외하면, 이들은 사람과 똑같이 도덕적으로 결점과 약점이 있다. 이들은 변덕스럽고 일관성이 없고 전혀 예측할 수 없다. 그리스와 로마의 만신전에서, 만들어진 신들이 자신들끼리 끊임없이 경쟁하고 질투했을 뿐 아니라 심지어 비범한 지능과 기술과 힘을 드러내는 인간들까지 질투했다. 어떤 신들은 인간에게 수준 높은 행동을 요구했으나 자신은 변덕스럽고 심히 부도덕하기 일쑤였다.

사람은 바로 이것을 기대한다. 사람이 만든 신들은 결코 사람보다 큰 이미지일 수 없다. 사실, 많은 고대인이 자신의 신들보다 도덕적으로 훨씬 수준 높게 살았다. 사람들은 불공정하고 잘못한다며 특정 신을 비난하고 신의 잘못을 바로잡아 달라며 다른 신 혹은 신들에게 호소하기 일쑤였다.

사람들은 참 하나님을 아주 흡사한 방식으로 재빨리 판단하기까지 한다. 불신자들은 그들이 생각하기에 하나님과 관련해 변덕스럽고 불의하며 심지어 잔혹한 행위를 지적하기 일쑤다. 이들은 이렇게 묻는다. "하나님이 그렇게 거룩하고 공의롭다면 왜 자신의 백성이 그토록 고난받게 두며, 자기 백성의 원수들과 이들을 박해하는 자들을 비롯해 악한 자들이 끔찍한 죄를 짓고도 무사하게 두시는가? 왜 하나님은 무죄한 사람들이 다른 사람들의 악 때문에 고통당하게 두시는가?"

성경에서 하나님이 '하셨다'는 많은 일이 사람의 관점에서 보면 부당하고 불의하다. 예를 들면, 왜 하나님은 자신이 아브라함에게 약속하신 땅을 아브라함이 실제로 상속받게 하지 않으셨는가? 왜 하나님은 자신의 백성이 그렇게도 오래 애굽에서 고난을 겪은 후에야 이들을 건져내셨는가? 건져낸 히브리인들은 애초에 애굽에 온 조상들보다 나을 게 없었다. 이들은 도리어 상황이 훨씬 나빴다. 애굽에서 주인들에게 숱한 이교도 신앙과 관습을 체득했기 때문이다. 하나님은 이스라엘에게 약속의 땅을 주신 후, 왜 하나님을 모르고 심히 악한 이교도 민족들이 그분의 선민을 정복하고 박해하며 흩게 두셨는가? 벌하는 데 사용된 자들이 벌 받는 자들보다 나빴다.

인간의 사법 체계에서, 판사나 고위 관리가 범죄하면 흔히 일반 시민보다 큰 벌을 받는다. 이들의 높은 지위는 더 높은 기준을 요구한다. 사람들은 궁금했다. "그렇다면 왜 모든 신 중에 가장 높은 신이 인간의 가장 높은 의와 공의의 기준을 자신에게 적용하지 않는가?"

하박국 선지자는 하나님을 모세처럼 의심의 여지 없이 이해했다. "그는 반석이시니, 그가 하신 일이 완전하고 그의 모든 길이 정의롭고 진실하고 거짓이 없으신 하나님이시니, 공의로우시고 바르시도다"(신 32:4). 그러나 경건한 하바국은 왜 하나님이 이교도 민족들이 번성할 때 그분의 백성이 고난받게 두시는지 이해할 수 없었다. 그는 이렇게 기도했다. "주께서는 눈이 정결하시므로 악을 차마 보지 못하시며 패역을 차마 보지 못하시거늘, 어찌하여 거짓된 자들을 방관하시며 악인이 자기보다 의로운 사람을 삼키는데도 잠잠하시나이까?"(합 1:13).

말라기 당시, 어떤 유대인들은 같은 것에 관심을 가졌으나 겸손한 하박국과 달리 하나님을 판단하며 불경하게 말했다. "모든 악을 행하는 자는 여호와의 눈에 좋게 보이며 그에게 기쁨이 된다." 또 어떤 유대인들은 이렇게 물었다. "정의의 하나님이 어디 계시냐?"(말 2:17).

이런 질문들을 예상해, 성령께서 바울을 이끌어 이렇게 선언하게 하셨다. 하나님은 십자가를 통해 인간이 저지를 수 있을 가장 불의한 행위, 곧 자신의 죄 없는 아들을 죽이는 행위를 창세 전에 허락하셨을 뿐 아니라 계획하셨다. 그러나 이러한 인간의 흉악한 행위를 통해, 하나님은 자신의 아들을 내어줌으로써 자신의 의를 '드러내셨을'(manifest) 뿐 아니라 이러한 은혜의 행위를 사용해 **자기의 의로우심을 나타내려(to demonstrate His righteousness)** 하셨다. 이러한 비교할 수 없는 희생을 통해, 하나님은 타락한 인류가 지은 모든 죄를 사하고 지워버리기에 충분하게 죄를 벌하셨다. 여기에는 그분의 아들을 십자가에 못 박은 가장 큰 죄가 포함되며, 거듭나지 못한 모두가 이 죄에 가담했다(히 6:6).

하나님이 행하신 가장 위대한 행위는 **하나님께서 길이 참으시는 중에 전에 지은 죄를 간과하심**을 통해 더욱 입증되었다. 하나님은 가장 작은 죄라도 모르거나 용납하지 않으신다. 그러므로 하나님의 **길이 참으심(forbearance)**[47] 은 불의의 표시가 아니라 인내하고 사랑이 넘치는 은혜의 표시다. 베드로는 우리에

47 새번역: 너그럽게 보아주심. 공동번역개정판: 참고 눈감아주심

게 이렇게 단언한다. "주의 약속은 어떤 이들이 더디다고 생각하는 것 같이 더딘 것이 아니라 오직 주께서는 너희를 대하여 오래 참으사 아무도 멸망하지 아니하고 다 회개하기에 이르기를 원하시느니라"(벧후 3:9).

하나님의 공의와 은혜는 너무나 커서 사람의 지혜가 인식하거나 이해할 수 있는 범위를 무한히 넘어선다. 하나님의 공의 때문에, 그 어떤 죄도 벌을 면하지 못한다. 그러나 하나님의 은혜 때문에, 그 어떤 죄도 용서받을 수 있다. 그러므로 모든 죄의 값은 죄인 자신이 지옥에서 영원한 죽음과 벌의 형태로 지불하거나, 자신을 대신한 예수 그리스도의 희생을 믿기 때문에 그를 대신해 지불될 것이다.

'파레시스'(*paresis*, **pass over, 간과하심**)는 KJV의 번역과 달리 사면(remission) 개념을 내포하지 않고 지나침(passing by) 또는 눈감아줌(overlooking)을 가리킨다. 그러므로 하나님의 **길이 참으심**이란 문맥에서 이 단어의 의미는 일시적으로 죄를 간과하고 죄에 대한 심판을 일정 기간 보류한다는 것이다. 인간의 타락 후, 하나님은 아담과 하와를, 그러므로 인류를 정당하게 멸하실 수 있었을 때 타락한 인류의 **죄를 간과하셨다.** 심지어 대홍수 때도, 하나님은 여덟 사람을 구원하셨다. 이들이 완전히 의로웠기 때문이 아니라 그분을 믿었기 때문이다. 마찬가지로 성경에 기록된 숱한 하나님의 심판은 결코 보편적이지 않았고 특정한 개인, 집단, 또는 민족에게 임했다.

시편 기자 아삽은 하나님이 죄가 덜한 사람들을 희생시키면서 숱한 악인이 번영을 누리며 살도록 허용하시는 이유를 어느 정도 이해했다. 그는 이렇게 썼다. "오직 하나님은 긍휼하시므로 죄악을 덮어 주시어 멸망시키지 아니하시고 그의 진노를 여러 번 돌이키시며 그의 모든 분을 다 쏟아내지 아니하셨으니 그들은 육체이며 가고 다시 돌아오지 못하는 바람임을 기억하셨음이라"(시 78:38-39).

바울은 아덴 외곽에 자리한 아레오바고(Mars Hill)에서 에피쿠로스 철학자들과 스토아 철학자들 앞에서 연설하며 말했다. "알지 못하던 시대에는 하나님이 간과하셨거니와 이제는 어디든지 사람에게 다 명하사 회개하라 하셨으니, 이는 정하신 사람으로 하여금 천하를 공의로 심판할 날을 작정하시고 이에 그를 죽은 자 가운데서 다시 살리신 것으로 모든 사람에게 믿을 만한 증거를 주셨음이니라"(행 17:30-31).

태초부터 하나님은 모든 사람이 볼 수 있게 "그의 영원하신 능력과 신성"을 드러내셨다(롬 1:20). 그리스도의 성육신과 죽음과 부활을 통해, 하나님은 인류에게 궁극적 자기 계시를 주셨다. 다시 말해, **이 때에 자기의 의로우심을 나타내셨다.**

이 때문에, 완전히 거룩하신 하나님은 자신이 **의로우실(just)** 뿐 아니라 **예수 믿는** 죄악되고 자격 없는 자를 의롭게 하시는 분(**justifier, 의롭게 하려**)이다. 옛 시편 기자는 자신이 쓴 것의 완전한 진리를 알 수 없었겠으나 예수님의 십자가 희생을 아름답게 그렸다. "인애와 진리가 같이 만나고 의와 화평이 서로 입맞추었으며"(시 85:10).

이를테면, 구원과 관련된 진짜 "문제"는 죄악된 인간을 거룩하신 하나님께 이끄는 게 아니라 거룩하신 하나님이 자신의 공의를 훼손하지 않은 채 죄악된 인간을 받아들이는 것이다. 오직 십자가를 통해, 하나님은 죄악된 인간을 공의롭게 구속하실 수 있었다. 그러나 무한히 더 중요한 게 있다. 십자가는 하나님이 더없이 공의로울 뿐 아니라 더없이 은혜롭다는 것을 영원히 증명한다는 것이다. 무엇보다도, 세상이 하나님의 거룩과 공의가 폐지되지 않았다는 것을 알도록 그리스도께서 십자가에서 돌아가셨다. 십자가는 하나님의 공의와 의를 최종적으로 입증했다. 모든 영적 신비 중에 가장 헤아릴 수 없는 신비가 있다. 거룩하고 공의로운 하나님이 죄악된 인간을 구속하셨을 뿐 아니라 이 은혜로운 행위를 하면서도 자신의 본성을 조금도 훼손하지 않고 오히려 자신을 더없이 영화롭게 하셨다는 것이다.

구원의 최우선 목적은 하나님을 영화롭게 하는 것이다. 구원받은 자들의 죄 고백도 다르지 않다. 하나님이 자신의 자녀들을 징계하시고 이들이 자신들의 죄를 고백할 때, 이들은 자신들의 하늘 아버지의 공의와 의, 그러므로 그분의 영광을 증언한다. 마치 어떤 사람이 이런 광경을 보는 것과 같다. 아버지는 자식을 때리고 자식은 자신이 행한 잘못에 대해 마땅히 벌을 받고 있다고 말한다. 인간 자녀의 이러한 고백이 인간 아버지를 높이고 그의 정당성을 입증하듯이, 하나님의 자녀들이 하는 죄 고백은 이들의 하늘 아버지를 높이고 그분의 정당성을 입증하며 그분을 영화롭게 한다.

여호수아는 이 진리를 깨달았고, 아간의 죄가 드러나자 그에게 이렇게 말했다. "내 아들아, 청하노니 이스라엘의 하나님 여호와께 영광을 돌려 그 앞에 자복하고 네가 행한 일을 내게 알게 하라. 그 일을 내게 숨기지 말라"(수 7:19).

아름답고 사랑받는 두 찬송이 신실한 신자의 놀라운 인식, 곧 하나님의 공의와 의와 은혜에 대한 인식을 표현한다.

19세기 시인 엘리자베스 클레페인(Elizabeth C. Clephane, 1830-1869)의 펜에서 나온 "양 아흔 아홉 마리는"(The Ninety and Nine)이란 찬송에 이런 구절이 있다.

그 아흔 아홉 마리가 넉넉지 않은가
저 목자 힘써 하는 말 그 양도 사랑해
그 길이 멀고 험해도 그 양을 찾을 것이라
그 양을 찾을 것이라

길 잃은 양을 찾으러 산 넘고 물 건너
그 어둔 밤이 새도록 큰 고생하셨네
그 양의 울음소리를 저 목자 들으셨도다
저 목자 들으셨도다[48]

아이작 왓츠(Isaac Watts, 1674-1748)는 유명한 찬송에서 이렇게 썼다.

주 달려 죽은 십자가 우리가 생각할 때에
세상에 속한 욕심을 헛된 줄 알고 버리네

48 번역은 한국찬송가공회가 2006년 발행한 21세기 찬송가에 실린 '양 아흔 아홉 마리는'(297장)에서 가져왔다.

온 세상 만물 가져도 주 은혜 못 다 갚겠네
놀라운 사랑 받은 나 몸으로 제물 삼겠네[49]

십자가는 하나님의 은혜를 높인다

[27]그런즉 자랑할 데가 어디냐? 있을 수가 없느니라. 무슨 법으로냐? 행위로냐? 아니라. 오직 믿음의 법으로니라. [28]그러므로 사람이 의롭다 하심을 얻는 것은 율법의 행위에 있지 않고 믿음으로 되는 줄 우리가 인정하노라. (3:27-28)

십자가는 사람이 자신의 방식과 힘으로 하나님께 나아가려는 노력이 전혀 헛되다는 것을 증명한다. 바울은 묻는다. **그런즉** 사람이 **자랑할 데가 어디냐?** 그는 자신의 질문에 답하면서 분명하게 선언한다. **있을 수 없느니라.**

구원하는 능력은 오직 그리스도의 십자가에 있다. 그러므로 자축하거나 자기만족에 빠질 이유가 없다. 복음으로 가장해 널리 선포되는 자화자찬에 빠질 이유는 더더욱 없다.

바울은 고린도 신자들에게 이렇게 일깨웠다. "형제들아, 너희를 부르심을 보라. 육체를 따라 지혜로운 자가 많지 아니하며, 능한 자가 많지 아니하며, 문벌 좋은 자가 많지 아니하도다"(고전 1:26). 물론, 바울은 이러한 묘사를 순전히 인간적인 수준에서 사용하고 있었다. 하나님의 눈에, 그분의 기준을 적용하면, 그 누구도 지혜롭거나 강하거나 고귀하지 않기 때문이다. 바울은 뒤이어 이렇게 말한다. "그러나 하나님께서 세상의 미련한 것들을 택하사 지혜 있는 자들을 부끄럽게 하려 하시고, 세상의 약한 것들을 택하사 강한 것들을 부끄럽게 하려 하시며, 하나님께서 세상의 천한 것들과 멸시 받는 것들과 없는 것들을 택하사 있는 것들을 폐하려 하시나니, 이는 아무 육체도 하나님 앞에서 자랑하지 못하게 하려 하심이라"(27-29절).

---

49 번역은 한국찬송가공회가 2006년 발행한 21세기 찬송가에 실린 '주 달려 죽은 십자가'(149장)에서 가져왔다.

바울은 묻는다. **무슨 법으로** 자랑이 있을 수 없는가? **행위로냐?** 그는 이번에도 자신의 질문에 스스로 답하며 선언한다. **아니라. 오직 믿음의 법으로니라.** 아브라함, 곧 하나님의 선민의 시조도 행위로 의롭다 하심을 얻지 않았다(롬 4:2). 바울은 에베소교회를 향해 선언했다. "너희는 그 은혜에 의하여 믿음으로 말미암아 구원을 받았으니, 이것은 너희에게서 난 것이 아니요 하나님의 선물이라. 행위에서 난 것이 아니니, 이는 누구든지 자랑하지 못하게 함이라"(엡 2:8-9).

참믿음의 태도를 성전에서 기도하는 세리가 보여주었다. "감히 눈을 들어 하늘을 쳐다보지도 못하고 다만 가슴을 치며 이르되, 하나님이여 불쌍히 여기소서 나는 죄인이로소이다 하였느니라"(눅 18:13).

세상에서 가장 큰 거짓말과 모든 거짓 종교와 사교(邪教)의 공통된 거짓말은 사람이 자기 행위로 하나님께 받아들여질 수 있다는 것이다. 이 믿음의 가장 큰 오류는 이것이 전혀 불가능하다는 것이다. 그러나 이 믿음의 가장 큰 악은 이것이 하나님의 영광을 탈취한다는 것이다.

바울은 **사람이 의롭다 하심을 얻는 것은…행위에**, 심지어 그 행위가 하나님의 **율법**에 반응해 행하는 선한 행위라도, **있지 않고 믿음으로 되는 줄 우리가 인정하노라**고 선언함으로써 행위에 기초한 의(works righteousness)를 뿌리째 뽑아버린다.

그렇다면 전혀 행위와 무관한(**apart from, ~에 있지 않고**) 구원하는 **믿음**은 무엇인가? 먼저 참믿음을 증명하지도 반박하지도 않는 몇몇을 살펴보겠다. 이것들은 참신자들에게서 어느 정도 분명하게 나타날 테지만 불신자들에게서도 때로 더 높은 수준으로 나타날 수 있다.

첫째는 눈에 보이는 도덕성이다. 사람이 겉보기에 도덕적이라도 구원받지 못할 수 있다. 어떤 이교도들과 사이비종교 신봉자들은 높은 행동 기준으로 많은 그리스도인을 부끄럽게 한다. 한 청년이 예수님을 찾아와 물었다. "선생님이여, 내가 무슨 선한 일을 하여야 영생을 얻으리이까?" 예수님은 그에게 계명을 지키라고 명하시며 주요 계명을 나열하셨다. 청년은 "이 모든 것을 내가 지키었사온대"라고 답했다. 그러자 예수님은 그의 진실함을 반박하지 않으셨다. 겉모습과 순종에 대한 인간적 인식으로 보건대, 청년은 진실을 말하고 있었을 것이다. 그러나 예수님이 청년에게 그의 모든 소유를 팔아 가난한 자들에게 주고 "와서 나를 따르라"고 하시자 청년은 "재물이 많으므로 이 말씀을 듣고 근심하며" 그 자리를 떠났다(마 19:16-22). 그리스도께 순종하길 거부함으로써, 청년은 자신이 겉으로 율법에 순종하는 것이 하나님을 향한 사랑에서 비롯되었거나 하나님의 영광을 위해서가 아니라 자기 사랑에서 비롯되었고 자기 이익을 위해서라는 것을 증명해 보였다. 자신의 소유뿐 아니라 자신의 전부를 그리스도께 드리라는 명령을 받았을 때, 청년은 순종하길 거부했다. 이로써, 그가 행한 겉보기에 선한 행위들도 이기적 동기에서 비롯되었기에 영적으로 무가치한 것으로 드러났다.

둘째, 하나님의 진리를 안다는 것이 반드시 구원하는 믿음이 있다는 증거는 아니다. 하나님의 말씀을 많이 알면서도 구원받지 못할 수 있다. 예수님 당시의 서기관들과 바리새인들처럼, 시대마다 많은 학자가 온 삶을 바쳐 성경을 세밀하게 연구했다. 그러나 이들은 자신이 연구한 진리를 믿지 않거나 그 진리에 순종하지 않았기에 그 진리가 이들에게 불리한 심판이 되었고, 이들은 성경이란 게 있는지 알지도 못했던 원시 부족만큼이나 여전히 잃은 자로 남았다. 바울은 자신만만한 육신의 형제들에게 말했다. "유대인이라 불리는 네가 율법을 의지하며 하나님을 자랑하며…율법을 자랑하는 네가 율법을 범함으로 하나님을 욕되게 하느냐? 기록된 바와 같이, 하나님의 이름이 너희 때문에 이방인 중에서 모독을 받는도다"(롬 2:17, 23-24; 참조. 겔 36:20-23).

셋째, 종교 활동에 참여한다는 것이 반드시 구원하는 믿음이 있다는 증거는 아니다. 구약성경에서, 하나님은 자신을 믿지 않으면서 모세의 규례와 의식을 겉으로 세심하게 지킨다며 이스라엘을 거듭 정죄하셨다. 예수님의 비유에 나오는 열 처녀는 겉보기에 옷차림이 똑같았고 똑같은 종류의 등잔을 준비했다. 열 명 모두 처녀라고 하셨다는 사실은 겉보기에 이들 모두 도덕적으로 깨끗하고 종교적으로 신실했다는 것을 암시한다. 그러나 다섯은 등잔에 기름이 없었다. 이들은 구원하는 믿음의 기름이 없었기에 그리스도를 상징하는 신랑을 만날 자격이 없었다(마 25:1-13을 보라).

넷째, 그리스도의 이름으로 적극적인 사역을 한다는 것이 구원하는 믿음이 있다는 확실한 증거는 아니다. 겉보기에, 유다는 여느 제자들처럼 적극적이었으며, 그가 제자들이 신뢰하는 회계였다는 사실이 이를 증명한다. 그러나 예수님은 엄히 경고하셨다. "나더러 주여 주여 하는 자마다 다 천국에 들어갈 것이 아니요 다만 하늘에 계신 내 아버지의 뜻대로 행하는 자라야 들어가리라. 그 날에 많은 사람이 나더러 이르되 주여 주여 우리가 주의 이름으로 선지자 노릇 하며 주의 이름으로 귀신을 쫓아내며 주의 이름으로 많은 권능을 행하지 아니하였나이까 하리니, 그 때에 내가 그들에게 밝히 말하되 내가 너희를 도무지 알지 못하니 불법을 행하는 자들아 내게서 떠나가라 하리라"(마 7:21-23).

다섯째, 죄를 깨달았다는 것조차 반드시 구원하는 믿음이 있다는 증거는 아니다. 전 세계 정신병원이 자신의 죄악됨을 아는 지식에 짓눌린 나머지 사회에서 제 기능을 할 수 없는 사람들로 넘쳐난다. 이들은 죄책감에 압도된 나머지 미쳐버렸다. 그러나 죄책감이 이들을 예수 그리스도께로 이끌지 않았다. 어떤 사람들은 자신의 죄를 깨닫고 자기 개조(self-reformation)를 결심한다. 오랫동안 특정한 죄에 깊이 매인 숱한 사람이 때로 순전히 의지력으로 벗어날 수 있었다. 그러나 이들은 그 특정한 죄를 자신의 힘으로 버리는 데 성공한 후 다른 여러 죄, 특히 교만에 훨씬 취약해진다. 이들은 자신에게서 더러운 귀신을 몰아낸 사람과 같다. 얼마 후, 더러운 귀신이 돌아와 보니 그 사람의 삶이 "비고 청소되고 수리되었거늘, 이에 가서 저보다 더 악한 귀신 일곱을 데리고 들어가서 거하니, 그 사람의 나중 형편이 전보다 더욱 심하게 되느니라"(마 12:43-45). 자기 개조는 사람을 하나님의 은혜에서 더 멀어지게 하기에 구원에서 더 멀어지게 한다.

여섯째, 구원의 확신이 있다는 것이 구원하는 믿음이 있다는 확실한 표식은 아니다. 세상은 자신과 하나님의 관계가 바르고(하나님 앞에서 의롭고) 천국에 자신의 자리가 확보되어 있다고 진심으로 확신하는 사람들로 넘쳐난다. 만약 우리가 그리스도인'이라'고 설득되어 실제로 그리스도인이 된다면 거짓 희망에 속지 말라는 경고가 필요 없을 것이다. 구원받지 않았는데도 구원받았다고 믿는 게 가능하지 않다면 사탄은 구원에 관해 사람들을 속일 방법이 없을 것이다. 그러나 성경은 구원받지 못했는데도 구원받았다고 생각하는 사람들을 향한 경고로 넘쳐난다(마 7:21-23; 약 1:22).

일곱째, 과거에 그리스도를 위해 "결단한" 경험이 있다는 것이 반드시 구원하는 믿음이 있다는 증거는 아니다. 그 사건에서 경건한 삶의 증거가 나오지 않았다면 그 고백이 아무리 강하고 진짜라고 보였더라도 구원받았다는 증거는 아니다.

그러나 구원하는 믿음이 있다는 신뢰할만한 증거들이 '있다'. 하나님은 자신의 자녀들을 자신과의 관계에서 불확실한 상태에 버려두지 않으신다.

구원하는 믿음이 있다는 신뢰할만한 첫째 증거는 '하나님을 향한 사랑'이다. 바울은 "육신의 생각은 하나님과 원수가 되나니"라고 말한다(롬 8:7). 구원받지 못한 사람은 하나님을 사랑할 수 없고 하나님을 사랑하려는 마음도 없다. 그러나 참 하나님의 자녀는 하늘 아버지를 자주 실망하게 하더라도 하나님과 그분의 말씀을 기뻐하며 살 것이다(시 1:2). "사슴이 시냇물을 찾기에 갈급함 같이" 그의 영혼은 하나님을 갈급한다(시 42:1-2). 예수님은 이렇게 선언하셨다. "아버지나 어머니를 나보다 더 사랑하는 자는 내게 합당하지 아니하고, 아들이나 딸을 나보다 더 사랑하는 자도 내게 합당하지 아니하며"(마 10:37). 참신자는 아삽처럼 선포할 것이다. "하늘에서는 주 외에 누가 내게 있으리요? 땅에서는 주밖에 내가 사모할 이 없나이다"(시 73:25). 하나님을 향한 사랑은, 참신자의 삶의 완성은 아니더라도, 그 삶이 나아가는 방향일 것이다. 베드로는 그분이 "그러므로 믿는 너희에게는 보배"라고 선언한다(벧전 2:7).

구원하는 믿음이 있다는 신뢰할만한 둘째 증거는 '죄를 회개하고 미워함'인데, 언제나 참된 뉘우침을 동반한다. 구원하는 믿음의 이 둘째 표식은 첫째 표식의 뒷면이다. 참으로 하나님을 사랑하는 사람은 죄를 향한 미움이 붙박여 있다. 서로 모순되는 둘을 사랑하기란 불가능하다. 예수님은 명확히 선언하셨다. "한 사람이 두 주인을 섬기지 못할 것이니, 혹 이를 미워하고 저를 사랑하거나 혹 이를 중히 여기고 저를 경히 여김이라"(마 6:24). 거룩하고 의로운 하나님을 사랑한다는 것은 죄를 깊이 혐오한다는 뜻에 거의 가깝다.

잠언 저자는 이렇게 선언한다. “자기의 죄를 숨기는 자는 형통하지 못하나 죄를 자복하고 버리는 자는 불쌍히 여김을 받으리라”(잠 28:13). 이 구절은 분리될 수 없는 참 회개의 두 부분을 언설한다. 죄를 고백함과 죄를 버림이다.

나단은 다윗이 밧세바와 간음한 죄와 그녀의 남편 우리아를 죽인 죄를 지적했다. 그러자 시편 51편에서 보듯이, 다윗은 진심으로 회개했다. 그는 이렇게 기도했다. “하나님이여, 주의 인자를 따라 내게 은혜를 베푸시며, 주의 많은 긍휼을 따라 내 죄악을 지워 주소서. 나의 죄악을 말갛게 씻으시며, 나의 죄를 깨끗이 제하소서. 무릇 나는 내 죄과를 아오니, 내 죄가 항상 내 앞에 있나이다. 내가 주께만 범죄하여 주의 목전에 악을 행하였사오니”(1-4절).

참신자는 죄짓는 동안에도 죄를 미워하는 경우가 많으며 죄지은 후에는 ‘언제나’ 죄를 미워한다. 죄는 그가 그리스도 안에서 갖는 새 본성과 완전히 상충하기 때문이다. 신자도 사람이기에 때로 죄에 빠진다. 그렇더라도 바울처럼 해서는 안 된다고 알고 있는 바로 그 일을 하는 신자는(롬 7:16) 회개할 때까지 양심의 평안이 없을 것이다.

참 회개는 단순히 죄를 슬퍼하는 게 아니다. 유다는 예수님을 배신한 죄 때문에 심히 괴로워했고 끝내 극단적 선택을 했다. 그러나 자신의 배신을 회개하거나 예수님의 용서를 구하지 않았다. 바울은 고린도 신자들이 “근심함으로 회개함에 이른” 것과 “하나님의 뜻대로 근심하게 된 것”을 칭찬했다(고후 7:9). 참 회개는 언제나 ‘경건한’ 슬픔(“근심”), 주님께 불순종하고 그분을 마음 아프게 한 것 때문에 일어나는 슬픔을 포함한다.

어느 그리스도인도 주님을 만나러 갈 때까지 죄가 완전히 없어지지 않는다. 요한은 이렇게 말한다. “만일 우리가 죄가 없다고 말하면 스스로 속이고 또 진리가 우리 속에 있지 아니할 것이요 만일 우리가 우리 죄를 자백하면 그는 미쁘시고 의로우사 우리 죄를 사하시며 우리를 모든 불의에서 깨끗하게 하실 것이요”(요일 1:8-9).

어떤 사람이 죄 때문에 괴로워하지 않고 이 상황이 점점 심해진다면 과연 그가 구원받았는지 의심스럽다. 참 회개의 척도는 단순히 죄가 자신을 해치는(죄는 늘 그를 해친다) 방식에 대한 슬픔이 아니라, 죄가 거룩한 주님께 맞서는 것에 대한 슬픔이다. 신자는 무엇보다도 이것에 대해 하나님의 용서를 구한다.

누군가 이렇게 썼다. "하나님은 삶을 만지실 때 마음을 아프게 하신다. 그분이 은혜의 영을 부으시는 곳에 가슴이 들썩이게 하는 일시적 탄식이 아니라 마음을 찢는 슬픔의 진통이 있다."

참믿음이 있다는 신뢰할만한 셋째 증거는 '진정한 겸손'이다. 사람이 자신을 신뢰하고 높이는 한 구원받을 수 없다. 구원은 자신의 마음이 가난함을 고백하고(마 5:3) 기꺼이 자신을 부인하며 그리스도의 십자가를 지는 데서 시작된다(마 16:24). 탕자처럼, 참신자는 죄를 지어도 결국 "제 정신이 들어서"(17절, 새번역) 자신의 죄를 깨닫는 영적 감각이 돌아온다. 그러면 이번에도 탕자처럼 하늘 아버지께 돌아가 자신의 죄와 자신이 용서받을 자격이 없음을 겸손하게 고백하고 아버지의 은혜에 기대어 용서를 구한다(눅 15:17-21을 보라).

참믿음이 있다는 신뢰할만한 넷째 증거는 '하나님의 영광을 위한 헌신'인데, 이것은 하나님을 향한 사랑 및 죄를 회개함과 밀접하게 연결된다. 참신자는 바울과 함께 이렇게 말할 것이다. "나의 간절한 기대와 소망을 따라 아무 일에든지 부끄러워하지 아니하고 지금도 전과 같이 온전히 담대하여 살든지 죽든지 내 몸에서 그리스도가 존귀하게 되게 하려 하나니"(빌 1:20). 이미 말했듯이, 이러한 바람이 참신자의 삶에서 완전하게 보이지는 않더라도 그가 나아가는 삶의 방향에서 언제나 나타날 것이다.

참믿음이 있다는 신뢰할만한 다섯째 증거는 '기도'다. 바울은 갈라디아 신자들에게 이렇게 말했다. "하나님이 그 아들의 영을 우리 마음 가운데 보내사 아빠 아버지라 부르게 하셨느니라"(갈 4:6). 참 그리스도인의 마음은 하나님께 부르짖지 않을 수 없는데, 그분은 하늘에 계신 아버지이며 그분의 영이 그 안에 거하며 이러한 갈망을 일으키신다.

참 그리스도인은 누구라도 마땅히 해야 할 만큼 자주 또는 간절하고 끈질기게 기도하지 못한다는 것을 거리낌 없이 인정할 것이다. 그러나 그는 하늘에 계신 아버지와 교제하길 내면 가장 깊은 곳에서 바랄 것이다. 조나단 에드워즈(Jonathan Edwards, 1703-1758)가 간결하게 말했듯이, "위선자들은 기도 의무에 소홀하다." 이것은 이 주제에 관한 훌륭한 설교 두 편의 제목이기도 하다(*The Works of Jonathan Edwards*, vol. 2 [Carlisle, Pa.: Banner of Truth, 1986 reprint], pp. 71-77).

구원하는 믿음이 있다는 여섯째 표식은 '이타적 사랑', 즉 첫째 표식에서 보았던 하나님을 향한 사랑뿐 아니라 다른 사람들, 특히 동료 그리스도인들을 향한 사랑이다. "빛 가운데 있다 하면서 그 형제를 미워하는 자는 지금까지 어둠에 있는 자요 그의 형제를 사랑하는 자는 빛 가운데 거하여 자기 속에 거리낌이 없으나"(요일 2:9-10). 요한은 같은 서신 뒷부분에서 이렇게 말했다. "우리는 형제를 사랑함으로 사망에서 옮겨 생명으로 들어간 줄을 알거니와 사랑하지 아니하는 자는 사망에 머물러 있느니라"(3:14). 참신자들의 안녕을 진심으로 돌아보지 않는 자는 그 자신이 참신자가 '아니며' 여전히 영적 사망에 머물러 있다. 요한은 또 다시 같은 서신에서 이렇게 말했다. "사랑하는 자들아, 우리가 서로 사랑하자. 사랑은 하나님께 속한 것이니, 사랑하는 자마다 하나님으로부터 나서 하나님을 알고, 사랑하지 아니하는 자는 하나님을 알지 못하나니, 이는 하나님은 사랑이심이라"(4:7-8).

구원하는 믿음이 있다는 일곱째 표식은 '세상으로부터 분리됨'이다. 신자들은 세상에 있도록 부름을 받았으나 세상에 속하도록 부름을 받지는 않았다. 신자들은 그리스도를 증언하려고 세상이 있지만, 이들의 핵심 증언은 세상의 기준과 방식을 반영해서는 안 된다(요 17:15-18을 보라). "누구든지 세상을 사랑하면 아버지의 사랑이 그 안에 있지 아니하니, 이는 세상에 있는 모든 것이 육신의 정욕과 안목의 정욕과 이생의 자랑이니, 다 아버지께로부터 온 것이 아니요 세상으로부터 온 것이라"(요일 2:15-16). 반대로, "무릇 하나님께로부터 난 자마다 세상을 이기느니라. 세상을 이기는 승리는 이것이니 우리의 믿음이니라. 예수께서 하나님의 아들이심을 믿는 자가 아니면 세상을 이기는 자가 누구냐?"(요일 5:4-5). 구원하는 믿음이 있는 자는 "세상의 영을 받지 아니하고 오직 하나님으로부터 온 영을 받았다"(고전 2:12).

구원하는 믿음이 있다는 여덟째 표식은 '영적 성장'이다. 씨뿌리는 비유가(마 13:3-23) 말하려는 핵심 진리는 참신자들은 믿음으로 구원의 씨를 진정으로 받았기에 정도가 다르더라도 언제나 영적으로 성장한다는 것이다. 예수님은 다른 상황에서 이렇게 말씀하셨다. "또 이르시되, 하나님의 나라는 사람이 씨를 땅에 뿌림과 같으니, 그가 밤낮 자고 깨고 하는 중에 씨가 나서 자라되 어떻게 그리 되는지를 알지 못하느니라. 땅이 스스로 열매를 맺되 처음에는 싹이요 다음에는 이삭이요 그 다음에는 이삭에 충실한 곡식이라"(막 4:26-28). 농부와 그의 곡식처럼, 신자는 자신이 영적으로 '어떻게' 성장하는지 알지 못하나 자신 속에 영적 생명이 있기에 자신이 영적으로 성장하리라는 것을 안다(엡 4:13, 빌 1:6도 보라).

구원하는 믿음이 있다는 아홉째이자 마지막 표식은 '순종하는 삶'이다. 요한은 이렇게 말한다. "우리가 그의 계명을 지키면 이로써 우리가 그를 아는 줄로 알 것이요, 그를 아노라 하고 그의 계명을 지키지 아니하는 자는 거짓말하는 자요 진리가 그 속에 있지 아니하되, 누구든지 그의 말씀을 지키는 자는 하나님의 사랑이 참으로 그 속에서 온전하게 되었나니, 이로써 우리가 그의 안에 있는 줄을 아노라"(요일 2:3-5; 참조. 3:10). 그 누구도 자신의 선한 일'로'(by) 구원받지 않지만 참으로 구원받은 자는 선한 일을 할 것이다. 바울은 그 이유를 이렇게 말한다. "우리는 그가 만드신 바라. 그리스도 예수 안에서 선한 일을 위하여 지으심을 받은 자니, 이 일은 하나님이 전에 예비하사 우리로 그 가운데서 행하게 하려 하심이니라"(엡 2:10).

십자가는 하나님의 보편성을 계시한다

[29]하나님은 다만 유대인의 하나님이시냐? 또한 이방인의 하나님은 아니시냐? 진실로 이방인의 하나님도 되시느니라. [30]할례자도 믿음으로 말미암아 또한 무할례자도 믿음으로 말미암아 의롭다 하실 하나님은 한 분이시니라. (3:29-30)

이교도 종교들은 거의 예외 없이 많은 신이 있다. 종종 나머지 신들보다 강력한 최고의 신이 있지만 공통된 형태의 "신성"을 나머지 신들과 공유한다.

그러나 유대교의 근본 진리는 언제나 "우리 하나님 여호와는 오직 유일한 여호와"셨다(신 6:4). 이 진리는 구약성경 전체에서 이런저런 형태로 되풀이된다. 하나님은 자신의 선지자 이사야를 통해 직접 선언하셨다. "나는 여호와라. 나 외에 다른 이가 없나니 나밖에 신이 없느니라"(사 45:5). 하나님은 오직 '한' 분이다. 그분은 온 우주의 창조자요 유지자이며 주인(Lord)이다. "열등한 신들"은 없고 거짓 신들, 곧 사람의 상상력이 만들어냈고 흔히 마귀에게 영감과 능력을 받는 신들이 있을 뿐이다.

그러나 하나님은 오직 한 분이라는 믿음의 핵심 진리에도 불구하고 성경 시대의 많은 유대인은 이방인이 어쨌든 "자신들의" 하나님의 영역 밖에 있다고 믿었다. 유대인들은 자신들이 하나님의 것이라고 생각한 게 아니라 사실상 하나님이 오로지 자신들만의 것이라고 생각했다.

요나는 니느웨에 가길 거부했다. 자신의 증언이 실패할지 모른다고 생각해서가 아니라 자신의 증언이 성공할까 두려워서였다. 그는 하나님께 이렇게 고백했다. "여호와여, 내가 고국에 있을 때에 이러하겠다고 말씀하지 아니하였나이까? 그러므로 내가 빨리 다시스로 도망하였사오니, 주께서는 은혜로우시며 자비로우시며 노하기를 더디 하시며 인애가 크시사 뜻을 돌이켜 재앙을 내리지 아니하시는 하나님이신 줄을 내가 알았음이니이다"(욘 4:2). 그가 다시스로 도망치려 했던 것은 자신의 외침에 이교도 니느웨 백성이 하나님을 믿고 그분께 받아들여질 수 있게 될지 모른다는 것을 알았기 때문이다. 그는 사실 자신이 하나님의 것이며 그분의 종이라는 사실을 알았지만 사랑과 은혜의 하나님'처럼' 되기는 원치 않았다고 고백했다.

자신들의 성경을 통해, 유대인들은 많은 이방인이 하나님께 은혜를 입었다는 것을 알았다. 이들은 이교도 이방인이었을 뿐 아니라 창녀였던 라합이 하나님께 은혜를 입었다는 것을 알았다. 이들은 모압 여인 룻이 자신들의 가장 위대한 왕 다윗의 증조할머니라는 것을 알았다. 이들은 엘리사 선지자가 은혜를 베풀어 자원해 아람 군대장관 나아만의 나병을 고쳐주었다는 것을 알았다. 그러나 많은 유대인이 이방인들을 향한 뿌리 깊은 편견을, 많은 경우에는 증오를 버리지 못했다.

자신도 회심 전에 이러한 편견과 증오를 품었을 터였기에, 바울은 믿음으로 의롭다함을 얻음에 관해 많은 유대인이 제기할 질문을 예상했다. 그래서 수사의문문으로 물었다. **하나님은 다만 유대인의 하나님이시냐? 또한 이방인의 하나님은 아니시냐?** 대답은 편견을 가진 유대인에게도 분명했다. **진실로 이방인의 하나님도 되시느니라.** 하나님이 오직 한 분이라면 유대인의 하나님일 뿐 아니라 이방인의 하나님이기도 해야 했다. 하나님이 오직 한 분이라면 모두의 하나님이어야 한다.

바울은 말한다. 물론, 인간의 종교들에 "하늘에나 땅에나 신이라 불리는 자가 있어 많은 신과 많은 주가 있으나 그러나 우리에게는 한 하나님 곧 아버지가 계시니, 만물이 그에게서 났고 우리도 그를 위하여 있고, 또한 한 주 예수 그리스도께서 계시니, 만물이 그로 말미암고 우리도 그로 말미암아 있느니라"(고전 8:5-6).

바울은 유대인들에게는 모세를 통해 받은 하나님의 율법이 있고 이방인들에게는 그들의 마음과 양심에 기록된 하나님의 율법이 있으며(2:11-15) 참 하나님은 오직 한 분이라는 것을 분명히 한 후 논박할 수 없는 주장을 펼친다. **할례자** 곧 유대인들**도 믿음으로 말미암아 또한 무할례자** 곧 이방인들**도 믿음으로 말미암아 의롭다 하실 하나님은 한 분이시니라.** 하나님이 오직 한 분이듯이 구원의 길도 오직 하나 예수 그리스도를 믿는 것이다.

디모데에게 보낸 편지에서, 바울은 젊은 제자에게 일깨웠다. "이것이 우리 구주 하나님 앞에 선하고 받으실 만한 것이니, 하나님은 모든 사람이 구원을 받으며 진리를 아는 데에 이르기를 원하시느니라. 하나님은 한 분이시요 또 하나님과 사람 사이에 중보자도 한 분이시니, 곧 사람이신 그리스도 예수라. 그가 모든 사람을 위하여 자기를 대속물로 주셨으니"(딤전 2:3-6).

모든 사람이 자신의 죄 때문에 동등하게 하나님의 정죄(심판)를 받듯이(롬 3:19), 모든 사람이 하나님의 아들을 믿음으로써 동등하게 하나님의 은혜로운 구원을 받는다. 그래서 바울은 이 서신 거의 첫머리에서 이렇게 선언했다. "내가 복음을 부끄러워하지 아니하노니, 이 복음은 모든 믿는 자에게 구원을 주시는 하나님의 능력이 됨이라 먼저는 유대인에게요 그리고 헬라인[이방인]에게로다"(롬 1:16).

바울이 이 서신 조금 뒤에서 증명하듯이, 모세 언약 아래서 그리고 그 이전 이들의 시조이자 가장 위대한 족장 아브라함에게까지도 믿음이 '유일한' 구원의 길이었다(4:1-3). 히브리서 11장이 분명히 하듯이, 하나님의 구원 방식, 곧 '오직 믿음으로'라는 구원 방식은 구원이 처음 필요했던 순간, 곧 인간의 타락(the Fall)까지 거슬러 올라간다.

십자가는 하나님의 율법을 확증한다

그런즉 우리가 믿음으로 말미암아 율법을 파기하느냐? 그럴 수 없느니라. 도리어 율법을 굳게 세우느니라. (3:31)

바울은 서신의 수신자들이 물을 그 다음 질문이 무엇인지 알았다. **그런즉 우리가 믿음으로 말미암아 율법을 파기하느냐?** 이들은 이렇게 주장할 것이다. "사람들이 하나님을 믿는 외에 다른 무엇으로도 결코 구원받지 못한다면 율법은 이제 쓸모없을 뿐 아니라 언제나 쓸모없었다."

이번에도 바울은 강한 부정으로 답한다. **그럴 수 없느니라**(3:4, 6을 보라). "천 번을 물어도 아니오"라는 뜻이다. 예수 그리스도의 십자가를 통해 믿음으로 의가 가능해졌는데, 십자가는 **율법을 파기하지** 않을 뿐 아니라 율법을 확증한다. 바울은 말한다. **도리어 율법을 굳게 세우느니라**.

구원과 관련해, 복음은 율법을 대신하지 않는다. 율법은 결코 구원의 수단이 아니었기 때문이다. 율법을 주심은 사람들에게 하나님의 의와 관련된 완전한 기준을 보여주고 그 기준을 인간이 자신의 힘으로 만족시킬 수 없음을 보여주기 위해서였다. 율법의 목적은 하나님을 믿도록 사람들을 몰아가는 것이었다. 산상설교에서, 예수님은 하나님의 완전한 기준이 옛 언약의 기준보다 훨씬 높다고 하셨다. 그분은 살인만이 아니라 미움도(마 5:21-22), 간음만이 아니라 음욕도 하나님의 율법을 어기는 것이라고 하셨다(5:27-28). 모세 율법을 완전히 이행하기란 불가능하다면 그리스도께서 그분의 지상 사역을 통해 제시하신 기준을 충족하기란 더더욱 불가능하다.

십자가는 세 가지 방식으로 율법을 굳게 세운다. 다시 말해, 율법을 확증한다. 첫째, 십자가는 죽음이라는 죗값을 지불함으로써 율법을 굳게 세우는데, 죽음은 율법이 자신의 의로운 요구를 완전하게 충족하지 못한 데 대해 요구하는 값이다. 예수님은 율법이나 선지자를 폐하러 온 게 아니라 완전하게 하려(fulfill) 왔다고 하셨을 때(마 5:17) 자신의 죄 없는 지상 생애뿐 아니라 죄를 짊어진 자신의 죽음을 말씀하셨다.

둘째, 십자가는 율법의 목적, 곧 예수 그리스도를 믿도록 하는 일을 성취함으로써 율법을 굳게 세운다. 바울은 이미 "율법의 행위로 그의 앞에 의롭다 하심을 얻을 육체가 없나니"라고 선언했다(3:20). 야고보는 이렇게 말한다. "누구든지 온 율법을 지키다가 그 하나를 범하면 모두 범한 자가 되나니"(약 2:10). 바울은 갈라디아 신자들에게 이렇게 말했다. "율법이 우리를 그리스도께로 인도하는 초등교사가 되어 우리로 하여금 믿음으로 말미암아 의롭다함을 얻게 하려 함이라"(갈 3:24).

셋째, 십자가는 신자들에게 율법이 성취될 가능성을 제시함으로써 율법을 굳게 세운다. "율법이 육신으로 말미암아 연약하여 할 수 없는 그것을 하나님은 하시나니, 곧 죄로 말미암아 자기 아들을 죄 있는 육신의 모양으로 보내어 육신에 죄를 정하사 육신을 따르지 않고 그 영을 따라 행하는 우리에게 율법의 요구가 이루어지게 하려 하심이니라"(롬 8:3-4).

17

아브라함, 믿음으로 의롭다 하심을 얻다
(4:1-8)

[1]그런즉 육신으로 우리 조상인 아브라함이 무엇을 얻었다 하리요? [2]만일 아브라함이 행위로써 의롭다 하심을 받았으면 자랑할 것이 있으려니와 하나님 앞에서는 없느니라. [3]성경이 무엇을 말하느냐? 아브라함이 하나님을 믿으매 그것이 그에게 의로 여겨진 바 되었느니라. [4]일하는 자에게는 그 삯이 은혜로 여겨지지 아니하고 보수로 여겨지거니와 [5]일을 아니할지라도 경건하지 아니한 자를 의롭다 하시는 이를 믿는 자에게는 그의 믿음을 의로 여기시나니, [6]일한 것이 없이 하나님께 의로 여기심을 받는 사람의 복에 대하여 다윗이 말한 바, [7]불법이 사함을 받고 죄가 가리어짐을 받는 사람들은 복이 있고 [8]주께서 그 죄를 인정하지 아니하실 사람은 복이 있도다 함과 같으니라. (4:1-8)

사람과 하나님의 우두머리 원수가 약화하고 왜곡하려는 교리가 있다면 바로 구원 교리다. 사탄이 구원 교리에 혼란과 오류를 일으킬 수 있다면 사람들을 그들의 죄에 가두어두고 하나님의 심판과 정죄 아래 가두어 두는 데 성공한 것이다. 구속받지 못한 자들은 언젠가 사탄 및 그를 따르는 귀신들과 함께 정죄와 심판을 받아 지옥에서 영원히 고통당할 것이다.

기독교의 이단 분파든, 고도로 발달한 이교도 종교든, 원시 정령신앙(animism)이든 간에, 세상의 모든 거짓 종교는 일종의 행위 구원에 기초한다. 예외 없이, 이것들은 사람이 자신의 힘으로 의를 획득함으로써 어떻게든 신과 바른 관계를 가질 수 있다고 가르친다.

바울은 로마서 4장 전체를 아브라함에게 할애하면서 그를 성경의 핵심 진리를 설명하는 예로 사용한다. 그 핵심 진리란 사람이 결코 행위로가 아니라 하나님의 은혜에 반응해 오직 믿음으로 하나님과 바른 관계에 이를 수 있다는 것이다. 바울은 6-8절에서 다윗을 말하지만 자신이 아브라함에 관해 가르치는 내용을 뒷받침하는 예로 사용할 뿐이다.

바울은 믿음으로 구원받음을 보여주는 최고의 예로 아브라함을 선택했다. 그 이유를 몇 가지로 추정해 볼 수 있다. 첫째, 아브라함은 바울이 이 서신을 쓰기 약 이천 년 전에 살았던 인물이며 행위가 아니라 믿음으로 구원을 얻는다는 원리가 유대교에 새로운 게 아님을 보여주었다. 아브라함은 최초이자 최고의 히브리 족장이었다. 아브라함은 옛 언약이 모세를 통해 세워지기 육백여 년 전에 살았던 인물이다. 그러므로 그는 율법이 주어지기 오래 전에 살았고, 따라서 분명하게도 율법에 순종함으로써 구원받을 수 있었던 게 아니었다.

둘째, 바울이 믿음으로 구원받음을 보여주는 예로 아브라함을 사용한 것은 그가 단지 사람이었기 때문이다. 바울은 로마서에서 지금껏 주로 신학적 진리들을 추상적으로 말했다. 아브라함에게서 그는 이신칭의를 뒷받침하는 살과 피가 있는 예를 제시한다.

셋째, 의심할 여지없이 가장 중요하게도, 바울이 이신칭의를 뒷받침하는 예로 아브라함을 사용한 이유는 랍비들의 가르침과 유대인들의 일반적 믿음이 아브라함이 의롭다 하심을 얻은 '근거'와 관련해 성경과 충돌하지만, 구약성경에서 하나님께 받아들여질 수 있는 경건하고 의로운 인물 중에 아브라함이 최고의 본보기라는 데 동의하기 때문이었다. 아브라함은 성경에서 진정한 믿음과 경건을 보여주는 모델이다.

바울 당시에 대다수 유대인은 아브라함이 하나님 앞에서 의로웠던 것은 의로운 성품 때문이었다고 믿었다. 이들은 하나님이 아브라함을 그분의 백성 이스라엘의 시조로 선택하신 것은 아브라함이 당시에 땅에서 가장 의로운 사람이었기 때문이라고 믿었다. 오늘의 숱한 사이비 종교처럼, 이들은 자신들이 미리 정해둔 개념을 뒷받침하려고 특정 성경구절을 왜곡하거나 문맥에서 떼어내 해석했다.

예를 들면, 랍비들은 하나님이 이삭에게 이렇게 말씀하셨다는 것을 지적했다. "네 자손을 하늘의 별과 같이 번성하게 하며 이 모든 땅을 네 자손에게 주리니, 네 자손으로 말미암아 천하 만민이 복을 받으리라. 이는 아브라함이 내 말을 순종하고 내 명령과 내 계명과 내 율례와 내 법도를 지켰음이라"(창 26:4-5). 이들은 하나님이 아브라함을 "나의 벗"이라 부르셨다는 것을 지적했다(사 41:8). 하박국 2:4은 흔히 "의인은 그의 믿음으로 말미암아(by his faith) 살리라"가 아니라 "의인은 그의 신실함으로 말미암아(by his faithfulness) 살리라"로 해석되었다. 이들은 신실함을 믿음의 열매로 이해하는 대신 신실하려는 노력을 통해 칭의에 이를 수 있다고 생각했다. 마찬가지로, 랍비들은 창세기 15:6을 아브라함의 믿음이 아니라 그의 신실함을 가리키는 것으로 해석했다.

여러 유대교 외경과 위경이 아브라함이 하나님의 율법을 지킴으로써 의롭게 되었다고 가르쳤다. 「집회서」는 「시락의 지혜서」로도 알려져 있는데, 아브라함이 순종해 하나님 앞에서 의롭게 되었다고 말한다(44:19-21).**50** 「므낫세의 기도」는 심지어 아브라함은 죄가 없었다고 단언했다. "그러므로 의인들의 하나님 여호와께서 당신께 범죄하지 않은 의인들, 곧 아브라함과 이삭에게 회개를 명하지 않으셨나이다"(8절). 「희년서」에서, 저자는 이렇게 말한다. "아브라함은 모든 행위가 주님 앞에 완전했으며, 사는 모든 날 동안 의를 아주 기뻐했다"(23:10). 어떤 랍비 저작들은 아브라함이 선천적으로 매우 선해서 세 살 때 하나님을 섬기기 시작했고 성막의 쉐키나 영광을 회복할 특권을 가진 일곱 의인 중 하나였다고 주장했다.

바울은 '오직 믿음'으로 의롭다 하심, 즉 구원을 얻는다는 것을 보여주는 성

---

50 "[19]아브라함은 허다한 민족의 위대한 시조이며 아무도 그 영광을 따를 사람은 없다. [20]그는 지극히 높으신 분의 율법을 지키고 그분과 계약을 맺었다. 자기 살에 그 계약의 표시를 새기었고 시련을 당했을 때에도 그는 충실하였다. [21]그러므로 맹세로써 그에게 약속하시기를, 그의 후손을 통해서 만백성을 축복하고 땅의 먼지처럼 번성하게 하며 그의 후손을 별과 같이 높여주고 이 바다에서 저 바다까지, 이집트 강에서 땅 끝까지를 유산으로 주겠다고 하셨다." (집회서 44:19-21, 공동번역개정판)

경의 예로 아브라함을 사용함으로써 전통 유대교의 성채 자체를 공격했다. 아브라함이 행위로 의롭다 하심을 얻은 게 아님을 증명함으로써 랍비들의 가르침, 곧 사람이 율법을 지킴으로, 다시 말해 자신의 종교적 노력과 행위를 근거로 하나님 앞에서 의롭게 된다는 가르침의 근간을 허물었다. 아브라함이 율법을 지킴으로써 의롭다 하심을 얻을 수 없었다면 그 누구도 그렇게 할 수 없었다. 거꾸로, 아브라함이 순전히 하나님을 믿음으로써 의롭다 하심을 얻었다면 모든 사람이 같은 방식으로 의롭다함을 얻어야 한다. 아브라함은 의로운 사람의 성경적 기준이기 때문이다.

아브라함은 그의 행위로 의롭다 하심을 얻은 것이 아니다

> **[1]그런즉 육신으로 우리 조상인 아브라함이 무엇을 얻었다 하리요? [2]만일 아브라함이 행위로써 의롭다 하심을 받았으면 자랑할 것이 있으려니와 하나님 앞에서는 없느니라.** (4:1-2)

바울은 질문으로 시작한다. **그런즉 육신으로 우리 조상인 아브라함이 무엇을 얻었다 하리요?** 그는 사실상 이렇게 묻고 있었다. "우리는 **아브라함**이 하나님 앞에서 의롭다 하심을 얻은 사람의 비할 데 없는 본보기라는 데 동의합니다. 그러니 그를 세밀하게 들여다봄으로써 그가 의롭다 하심을 얻은 근거를 알아봐야 하지 않겠습니까?"

이 문맥에서 **그런즉…무엇을(what then)**[51]은 '그러므로'와 같으며, 아브라함에 관한 논의를 바울이 앞장에서 말한 모든 것과 연결한다. 앞서 말했듯이, 바울은 유대인과 이방인이 똑같이 믿음으로 의롭다 하심을 얻는다고 단언한 후에(3:30) **아브라함**을 등장시킨다. 랍비들이 유대인들의 가장 위대한 족장, **육신으로** 이들의 **조상인 아브라함**을 사람이 행위로 의롭다 하심을 얻는다는 궁극적 예로 사용한다는 것을 알았기 때문이다. 바울은 오히려 정반대라는 것

51 NASB에서는 1절이 "what then shall we say…"으로 시작한다.

을 입증하려 했다. 성경은 아브라함이 오직 믿음으로 구원받았다고 분명하게 가르친다.

아브라함은 하나님이 그분의 선민과 맺은 첫 언약의 **조상(forefather)**이었다. 그러므로 그는 **육신으로** 진정한 유대인과 하나님 앞에서 의로운 사람의 기준이었다. 히브리 민족 전체가 그의 허리에서 나왔다. 그러므로 그와 하나님의 관계에 적용된 것이 그의 후손 모두에게도 적용되어야 했다.

육신으로(according to the flesh)는 무엇보다도 육체적 혈통을 가리킨다. 그러나 이 문맥에서는 칭의와 관련해 인간의 노력도 암시한다. 바울은 유대인과 이방인이 똑같이 믿음으로 의롭다 하심을 얻는다고 이미 단언했으며(3:30) 4:2에서 아브라함이 선한 행위로 의롭게 되었다는 유대인의 전통적 사고를 언급한다. 그러므로 **육신으로**는 인간의 행위에 의존함을 가리킬 수 있다.

바울은 가언적 삼단논법(hypothetical syllogism)[52]으로 말한다. **만일 아브라함이 행위로써 의롭다 하심을 받았으면 자랑할 것이 있으려니와.** 대전제는 사람이 하나님 앞에서 자신의 인간적 노력으로 의롭다 하심을 받을 수 있다면 자랑할 근거가 있다는 것이다. 소전제는 아브라함이 한 사람으로서 행위로 의롭다 하심을 받았다는 것이다. 필연적 결론은 그러므로 아브라함이 **자랑할 것이 있다**는 것이다.

대전제는 참이다. 사람이 **행위로써 의롭다 하심을 받을** '수 있다'면 스스로 구원을 얻었을(merited) 터이므로 실제로 **자랑할 것**이 있을 것이다. 그러나 바울이 뒤이어 증명하듯이, 소전제는 참이 '아니다'. 따라서 결론도 참이 아니다. 아브라함은 **하나님 앞에서** 자랑할 게 전혀 **없었다.**

---

52 가언명제 1(대전제): A라면 B다.
가언명제 2(소전제): B라면 C다.
결론: 그러므로 A라면 C다.
여기서 가언명제 1(대전제)과 가언명제 2(소전제) 모두 참이면 결론도 참이다.
그러나 두 전제 중 하나라도 거짓이면 결론도 거짓이다.

아브라함은 그의 믿음으로 의롭다 하심을 얻었다

> **[3]성경이 무엇을 말하느냐? 아브라함이 하나님을 믿으매 그것이 그에게 의로 여겨진 바 되었느니라. [4]일하는 자에게는 그 삯이 은혜로 여겨지지 아니하고 보수로 여겨지거니와 [5]일을 아니할지라도 경건하지 아니한 자를 의롭다 하시는 이를 믿는 자에게는 그의 믿음을 의로 여기시나니,** (4:3-5)

긍정어법을 사용한 논증에서, 바울은 먼저 **성경**, 곧 그가 하는 모든 논증의 기초가 되는 하나님의 무오한 진리에 호소한다. 그는 창세기 15:6을 인용하며 선언한다. **아브라함이 하나님을 믿으매 그것이 그에게 의로 여겨진 바 되었느니라.** 창세기 12장에서 아브라함 이야기가 시작되는데, 모세는 영감을 받아 족장 아브라함이 하나님 앞에서 의롭다 하심을 얻은 것은 '오직' 그의 믿음 때문이었다고 썼다. **아브라함이 하나님을 믿으매**, 다른 어떤 근거도 없이, 그의 믿음이 하나님에 의해 **그에게 의로 여겨진 바 되었다(was reckoned to him as righteousness).**[53]

바울은 갈라디아교회에 보낸 편지에서 동일한 창세기 구절을 인용하며 말한다. "그런즉 믿음으로 말미암은 자들은 아브라함의 자손인 줄 알지어다"(갈 3:7). 몇 절 뒤에서, 바울은 이 족장을 가리켜 "믿음이 있는 아브라함"(Abraham, the believer)이라고 말한다(9절). 아브라함은 철저히 믿음의 사람이었다는 의미에서 "믿는 모든 자의 조상"이었다(롬 4:11). 예수님은 아브라함이 하나님을 믿음으로써 "나의 때 볼 것을 즐거워하다가 보고 기뻐하였느니라"고 하셨다(요 8:56).

히브리서 저자는 하나님이 아브라함을 의롭다고 선언하신 근거가 된 믿음을 이렇게 묘사한다. "믿음으로 아브라함은 부르심을 받았을 때에 순종하여 장래의 유업으로 받을 땅에 나아갈 새 갈 바를 알지 못하고 나아갔으며, 믿음으로 그가 이방의 땅에 있는 것 같이 약속의 땅에 거류하여 동일한 약속을 유

---

53 새번역: 하나님께서 그를 의롭다고 여기셨다.

업으로 함께 받은 이삭 및 야곱과 더불어 장막에 거하였으니, 이는 그가 하나님이 계획하시고 지으실 터가 있는 성을 바랐음이라"(히 11:8-10).

로마서를 쓴 바울처럼, 아브라함도 하나님이 주권적으로 직접 선택하셨다. 아브라함도 바울도 하나님을 찾고 있을 때 하나님이 이들을 불러 사명을 맡기신 게 아니다. 아브라함은 참 하나님에 관해 전혀 듣지 못했을 것이다. 반면에, 바울은 그분에 관해 아주 많이 알았다. 아브라함은 우상을 숭배하는 이교도 신앙에 만족했던 것으로 보이며, 바울은 전통적이지만 거짓된 유대교에 만족했다.

처음 하나님의 부르심을 받았을 때, 아브라함은 철저히 이교도적이고 우상을 숭배하는 도시 갈대아 우르에 살았다(창 11:31; 15:7). 고고학자들은 아브라함 당시에 그곳 주민이 삼십만 명 정도였다고 추정한다. 그곳은 유프라테스강 하류의 메소포타미아 지역에 위치한 주요 상업 도시였고, 페르시아만에서 북서쪽으로 160킬로미터 남짓한 거리였다. 우르 주민들은 교육을 많이 받았고, 수학, 농업, 직조, 조각, 천문 등 다양한 분야에 뛰어났다. 19세기와 20세기 초 자유주의 학자들이 제기한 주장과 반대로, 아브라함 당시에 갈대아인들이 발전된 문자 체계를 갖추었던 것으로 드러났다.

갈대아인들은 다신론자였고 신이 많았으며, 그중에 으뜸은 달의 신 난나(Nanna)였다. 아버지 데라가 우상숭배자였기에(수 24:2), 아브라함도 틀림없이 이교도 신앙 가운데 자랐다.

하나님은 아브라함 곧 아브람을 부르셨을 때(아브람은 그의 본명이었다), 세상의 수많은 이교도 중에서 그를 선택하신 이유를 말씀하지 않으셨다. 성경 어디에도 그 이유가 나오지 않는다. 하나님이 아브라함을 선택하신 것은 그것이 그분의 뜻이었기 때문이다. 하나님의 뜻은 정당화나 설명이 전혀 필요 없다.

하나님은 아브라함에게 본토와 친척을 떠나 자신이 보여줄 땅으로 가라고 명하신 후 주권적이며 무조건적인 약속을 하셨다. "내가 너로 큰 민족을 이루고 네게 복을 주어 네 이름을 창대하게 하리니, 너는 복이 될지라. 너를 축복하는 자에게는 내가 복을 내리고 너를 저주하는 자에게는 내가 저주하리니, 땅의 모든 족속이 너로 말미암아 복을 얻을 것이라"(창 12:2-3).

하나님의 말씀 외에 아무 보장도 없이, 아브라함은 가업, 고향, 친구, 대다수 친척, 아마도 많은 소유를 두고 떠났다. 그는 현재의 안전을 포기하고 미래의 불안전을 선택했다. 그의 인간적 눈이 볼 수 있거나 인간적 마음이 이해할 수 있는 한 그러했다. 그가 물려받으리라 약속받은 땅은 아마도 그의 본토 주민들보다 훨씬 더 악하고 훨씬 더 우상을 섬기는 이교도들이 거주하고 있었다. 아브라함은 가나안 땅이 어디인지 막연하게 알았을 뿐이었을 테고 가나안에 대해 전혀 들어보지 못했을 수도 있다. 그러나 하나님이 거기에 가라고 명하셨을 때, 아브라함은 순종해 긴 여정에 올랐다.

그러나 아브라함은 아버지와 조카 롯을 데려가면서 하나님께 부분적으로만 순종했기 때문에 아버지 데라가 죽을 때까지 하란에 살면서 15년을 허비했다(창 11:32). 그때 아브라함은 일흔다섯 살이었으며, 가나안을 향한 여정을 계속하면서 롯을 데려감으로써 여전히 하나님께 부분적으로만 순종했다(12:4).

아브라함과 사라와 롯이 가나안의 세겜에 이르렀을 때, 아브라함은 하나님에게서 또 다른 주권적이고 무조건적인 약속을 받았다. "여호와께서 아브람에게 나타나 이르시되 내가 이 땅을 네 자손에게 주리라 하신지라. 자기에게 나타나신 여호와께 그가 그 곳에서 제단을 쌓고"(창 12:7). 아브라함은 가나안 여정을 계속하면서 또다시 "여호와께 제단을 쌓고 여호와의 이름을 불렀다"(8절).

그러나 그 어느 신자의 믿음이라도 완전하지 못하듯이, 아브라함의 믿음도 완전하지 못했다. 그가 마주해야 했던 첫째 시험은 가나안에 몰아닥친 기근이었다. 아브라함은 도움을 얻으러 하나님께 가지 않고 애굽으로 갔다. 이 불순종 때문에 바로와 타협하는 상황에 처했다. 아름다운 아내를 누이라고 했다. 바로가 자신의 아내를 취하려고 자신을 죽일까 두려웠기 때문이다. 이로써 아브라함은 하나님을 욕되게 했고 바로의 가정에 재앙을 불러왔다(창 12:10-17).

하나님은 아브라함에게 거듭 확신을 주셨고 아브라함은 믿음으로 반응했으며, 하나님은 이 믿음을 "그의 의로 여기셨다"(창 15:6). 그러나 또다시 시험이 닥쳤을 때, 아브라함은 하나님의 말씀이 아니라 자신의 판단을 의지했다. 사라가 가임 연령이 지나 불임 상태였을 때, 아브라함은 사라의 어리석은 조언을 받아들여 문제를 자신의 손으로 해결하려 했다. 사라의 여종 하갈에게서 상속자를 얻길 바라며 그녀와 간음했다. 그러나 늘 그렇듯이, 그의 불순종은 역효과를 냈고 이번에도 무고한 사람에게 불행을 안겼다(창 16:1-15을 보라). 그는 자신의 후손들에게 미래의 불행도 안겼다. 그의 후손들과 하갈에게서 난 아들 이스마엘의 아랍 후손들이 오늘날까지 계속해서 갈등을 겪게 되었다.

아브라함은 영적으로 불완전했는데도 늘 믿음으로 하나님께 돌아왔고 하나님은 그 믿음을 귀히 여겨 아브라함에게 새롭게 약속하셨다. 하나님은 기적을 베풀어 사라가 늙은 나이에 아들, 곧 아브라함에게 주겠다고 약속하셨던 아들을 낳게 하셨다. 가장 큰 시험이 닥쳤을 때, 하나님을 향한 아브라함의 신뢰는 흔들리지 않았다. 하나님이 그에게 이삭, 곧 하나님의 약속이 성취될 수 있는 유일한 인간 수단을 제물로 바치라고 명하셨을 때, 아브라함은 즉시 순종했고 하나님은 이삭의 대체물을 주심으로써 이 순종에 답하셨다(창 22:11-13). 히브리서 저자는 이렇게 선언했다. "아브라함은 시험을 받을 때에 믿음으로 이삭을 드렸으니, 그는 약속들을 받은 자로되 그 외아들을 드렸느니라. 그에게 이미 말씀하시기를 네 자손이라 칭할 자는 이삭으로 말미암으리라 하셨으니, 그가 하나님이 능히 이삭을 죽은 자 가운데서 다시 살리실 줄로 생각한지라. 비유컨대 그를 죽은 자 가운데서 도로 받은 것이니라"(히 11:17-19).

아브라함과 그의 직계 후손들, 곧 그의 아들 이삭과 손자 야곱도 막벨라 굴이 위치한 마므레 근처 작은 밭 외에는 가나안에서 땅을 전혀 갖지 못했다. 아브라함은 사라의 매장지로 쓰려고 이곳을 헷 사람 에브론에게서 샀다(창 23:3-11을 보라). 아브라함 자신과 이삭, 리브가, 레아도 이곳에 장사되었다(49:31). 오랜 후, 야곱의 요청대로, 요셉과 그 형제들이 야곱의 시신을 애굽에서 옮겨와 그의 아버지와 할아버지 곁에 안치했다(창 50:13-14).

참믿음이 늘 그렇듯이, 성령께서 아브라함의 생각과 마음을 비추어 참되고 유일한 하나님을 알고 믿음으로 반응할 수 있게 하셨다. 아브라함은 약속의 땅을 보았고 유목민으로 그곳을 떠돌았으나 결코 그 땅을 소유하지 못했다. 그의 후손들까지도 그 땅에 관한 약속을 처음 받은 지 500년이 넘어서야 그 땅을 소유할 수 있었다.

아브라함은 전혀 본 적 없는 땅을 주겠다는 하나님의 말씀을 믿었듯이, 필요하다면 본 적 없는 기적으로 이삭을 죽은 자 가운데서 살리실 하나님의 능력을 믿었다. 이렇게 하나님을 믿는 아브라함의 믿음에 대한 응답으로, 그의 믿음이 **그에게 의로 여겨진 바 되었다(was reckoned to him as righteousness)**.

여겨진 바 되었느니라(was reckoned)로 번역된 '로기조마이'(*logizomai*)는 다른 사람의 계좌에 무언가를 입금한다는 경제적 · 법적 의미를 내포했다. 하나님이 아브라함에게 받으신 단 하나는 그의 불완전한 믿음이었으나 자신의 은혜와 긍휼로 이것을 그의 영적 계좌에 **의**로 계산해 넣으셨다. 이 은혜로운 계산(reckoning)은 하나님의 구속 계시의 핵심을 반영하며 구약성경과 신약성경 둘 모두의 핵심이다. 하나님은 그분을 믿는 믿음 외에 의롭다 하심을 얻는 그 어떤 수단도 주지 않으셨다.

아브라함의 거듭된 불순종은 죄악되었고 그 자신과 타인들에게 해를 끼쳤다. 그런데도 하나님은 이러한 불순종까지 사용해 자신을 영화롭게 하셨다. 이러한 불순종의 행위들은, 랍비들의 가르침과 반대로, 하나님이 아브라함의 신실함이나 의로 인해 그를 선택하신 게 '아니라' 그분 자신의 이유와 목적을 위해 주권적으로 그를 선택하셨다는 것을 증언한다. 하나님은 아브라함의 행위나 심지어 그의 믿음 때문에 그를 선택하신 게 아니라 자신의 주권적이며 택하시는 은혜(sovereign, elective grace)로 그를 선택하셨다. 아브라함의 믿음이 하나님께 받아들여질 수 있었던 이유는 단 하나, 하나님이 은혜로 그의 믿음을 의로 여기셨기, 즉 셈하셨기 때문이다. 아브라함이 구원받은 것은 그의 믿음이 컸기 때문이 아니라 그가 믿은 은혜로운 하나님이 크시기 때문이었다.

믿음은 결코 칭의의 '근거'나 '이유'가 아니고 하나님이 구속하는 은혜를 주시는 '통로'일 뿐이다. 믿음은 하나님이 값도 없이 공로도 없이 주시는 선물(free and unmerited gift), 곧 구원을 받으려고 손을 내미는 확신에 찬 마음일 뿐이다.

아브라함의 믿음에 적용되었던 것이 모든 신자의 믿음에 적용된다. 바울은 단언한다. **일하는 자에게는 그 삯이 은혜로 여겨지지 아니하고 보수로 여겨지거니와 일을 아니할지라도 경건하지 아니한 자를 의롭다 하시는 이를 믿는 자에게는 그의 믿음을 의로 여기시나니.**

구원을 얻으려면 믿음이 필요하다. 그렇더라도 믿음 자체는 구원할 능력이 없다. 구원하는 능력은 하나님의 구속하는 은혜의 능력뿐이며, 이 능력은 하나님의 아들이 십자가에서 행하신 대속 사역을 통해 역사한다. 어떤 사람들의 주장과 달리, 믿음은 행위의 한 형태가 아니다. 바울은 여기서 분명히 한다. 구원하는 믿음은 사람이 하는 그 '어떤' **일**(**works,** 행위)과도 전혀 무관하다.

사람이 자신의 **일**(행위)로 자신을 구원할 수 있다면 구원은 하나님의 은혜와 무관할 테고 그리스도의 십자가 희생은 헛되었을 것이다. 이러한 의로운 **일**(행위)을 사람이 할 수 있다면 구원은 하나님이 주시는 은혜의 선물이 아니라 **삯**(**wage**) 곧 **보수**(**what is due,** 마땅히 받아야 할 것)일 것이다. 행위에 근거한 의(works righteousness)는 하나님의 은혜를 배제할 뿐 아니라 모든 피조물의 창조 목적, 곧 하나님의 영광을 탈취할 것이다. 바울은 이 서신 뒷부분에서 로마 신자들에게 일깨웠다. "이는 만물이 주에게서 나오고 주로 말미암고 주에게로 돌아감이라. 그에게 영광이 세세에 있을지어다. 아멘"(롬 11:36). 복음의 주목적은 사람들을 구원하는 게 아니라 하나님을 영화롭게 하는 것이다. 바울은 에베소서 중반에서 또 다른 아름다운 축언을 하며 기뻐 외쳤다. "우리 가운데서 역사하시는 능력대로 우리가 구하거나 생각하는 모든 것에 더 넘치도록 능히 하실 이에게, 교회 안에서와 그리스도 예수 안에서 영광이 대대로 영원무궁하기를 원하노라. 아멘"(엡 3:20-21).

죄악된 인간이 자신의 행위로 스스로를 구원할 수 없는 데는 많은 이유가 있다. 첫째, 인간은 자신의 죄 때문에 하나님의 의의 기준, 곧 절대적 완전에 이를 수 없다. 둘째, 인간의 행위는 아무리 후하고 희생적이며 자비롭더라도 그의 죄를 대속하지 못한다. 설령 하나님이 한 사람의 행위 전체를 선하다고 인정하시더라도 그 행위자는 여전히 자신의 죄 때문에 죽음이라는 하나님의 형벌 아래 있을 것이다. 셋째, 앞서 말했듯이, 사람들이 스스로를 구원할 수 있다면 그리스도의 대속의 죽음은 쓸모없을 것이다. 넷째, 역시 이미 말했듯이, 사람이 스스로를 구원할 수 있다면 하나님의 영광이 사람의 영광에 가려질 것이다.

하나님은 자신의 **일(works,** 행위)을 신뢰하지 않고 **경건하지 아니한 자를 의롭다 하시는 이를 믿는 자**를 구원하신다. 자신이 **경건하지 아니한 자**라고 고백하기 전에는 구원의 후보자가 아니다. 여전히 자신의 선을 신뢰하기 때문이다. "내가 의인을 부르러 온 것이 아니요 죄인을 불러 회개시키러 왔노라"는 예수님의 말씀이 바로 이런 뜻이었다(눅 5:32). 자신의 눈에 의로운 자들은 하나님의 구속 역사, 곧 은혜의 역사에 들어갈 자리가 없다.

포도원 비유에서, 예수님은 하나님의 공평한 은혜를 설명하셨다. 인간의 시각에서 보면, 종일 일한 사람들이 마지막 한 시간만 일한 사람들보다 많이 받아야 마땅했다. 그러나 예수님의 핵심은 하나님을 상징하는 포도원 주인이 자신의 뜻대로 할 권리가 있다는 것이었다. 그는 종일 일한 일꾼들을 속이지 않았고 이들에게 약속했고 이들이 동의했던 대로 이들에게 정확히 지불했다.

하나님의 기준에서 볼 때, 모든 사람의 행위(일)는 하나님이 주시는 구속을 얻기에(earning) 까마득히 부족하다. 완전한 의라는 하나님의 저울에 달아보면, 가장 헌신되고 오래 섬긴 그리스도인이라도 자신의 구원을 얻는 데 있어 임종 때 그리스도를 영접한 가장 악한 범죄자보다 머리털 한 올 너비만큼도 가깝지 못하다.

완전한 의가 없이는 그 누구도 하나님께 나아가지 못한다. 그러나 진정한 믿음이라도 그 자체로 완전한 의를 획득하거나(merit) 생산하지 못한다. 오히려 하나님은 **그의 믿음을** 그분께 나오는 데 필요한 **의로 여기신다**.

바울이 여기서 말하는 "여기심"(reckoning)은 칭의를 말하는데, 하나님은 이러한 법정적 행위를 통해 그리스도의 완전한 의를 죄인에게 전가하시고, 뒤이어 용서받은 이 사람이 완전히 의롭다는 판결을 내리신다. 존 머레이(John

Murray, 1898-1975)는 자신의 저서 『구속』[54]에서 이렇게 썼다. "하나님은 그분의 아들의 의를 옷 입은 자들을 그분의 은총(favor) 안에 받아들이지 않으실 수 없다. 하나님의 진노가 하늘로부터 인간의 모든 불의와 불경건을 거슬러 나타났지만 그분의 선한 기쁨도 하늘로부터 그분이 사랑하는 독생자의 의 위에 나타났다"([Grand Rapids: Eerdmans, 1955], p. 124).

하나님은 이렇게 **경건하지 아니한 자를 의롭다 하신다**. 단순히 이들의 죄를 무시함으로써 이렇게 하시는 게 아니라 우리의 죄를 그리스도께 전가하고(그리스도께서 우리의 죗값을 완전히 지불하셨다) 그리스도의 의를 우리에게 전가함으로써 이렇게 하신다. "그는 실로 우리의 질고를 지고 우리의 슬픔을 당하였거늘, 우리는 생각하기를 그는 징벌을 받아 하나님께 맞으며 고난을 당한다 하였노라. 그가 찔림은 우리의 허물 때문이요 그가 상함은 우리의 죄악 때문이라. 그가 징계를 받으므로 우리는 평화를 누리고 그가 채찍에 맞으므로 우리는 나음을 받았도다"(사 53:4-5).

하나님은 신자들의 죄를 그리스도의 계좌에 넣으시기 때문에 그리스도의 의를 신자의 계좌에 넣으실 수 있다. 모든 신자의 죄처럼, 아브라함의 죄도 그 값이 그리스도 자신의 피 흘린 희생으로 지불되었다. 그렇지 않다면, 하나님이 아브라함을 의롭다 하신 것은 정당하지 못했을 것이다.

십자가 이전에는 신자의 죗값이 그리스도의 대속하는 희생(atoning sacrifice, 대속 제사)을 내다보며 지불되었고, 십자가 이후로는 신자의 죗값이 미리 지불되었다.

아더 핑크(Arthur Pink, 1886-1952)는 하나님이 신자들을 의롭다고 여기심을 말하면서 이렇게 썼다.

> 이것은 "'하나님의' 의"라 불린다(롬 1:17; 3:21). 하나님이 이 의를 지명하는 분이고 승인하는 분이며 전가하는 분이기 때문이다. 이것은 "'하나님과 구주 예수 그리스도의' 의"라 불린다(벧후 1:1). 그리스도께서 이것을 행하셔서 하나님께 드렸

54 『구속』(*Redemption Accomplished and Applied*), 장호준 옮김(복있는 사람, 2011).

기 때문이다. 이것은 "'믿음의' 의"라 불린다(롬 4:13). 믿음이 이것을 이해하고 받아들이기 때문이다. 이것은 '사람의' 의라 불린다(욥 33:26). 사람을 위해 그 값이 지불되었고 그에게 전가되었기 때문이다. 이 다양 표현은 모두 구주께서 그분의 백성을 위해 죽기까지 행하신 하나의 완전한 순종의 아주 여러 측면을 가리킨다. (*The Doctrines of Election and Justification* [Grand Rapids: Baker, 1974], p. 188)

하나님이 신자들의 믿음을 자신의 의(His divine righteousness)로 여기신다는 것은 이해할 수 없지만 반박할 수 없는 진리다. 이 진리는 예수 그리스도를 주와 구주로 믿는 자들의 마음에 전율을 일으킨다.

회개하는 죄인은 하나님의 위엄과 능력과 공의를 대면할 때 자신이 잃은 자이며 자신의 행위가 무가치하다는 것을 깨닫지 않을 수 없다. 하나님이 주신 통찰력으로, 자신에게는 하나님의 심판만이 마땅하다는 것을 깨닫는다. 그러나 하나님은 확신을 주신다. 예수 그리스도를 믿는 죄인의 믿음을 통해, 하나님이 그를 심판에서 구원할 뿐 아니라 그분의 영원한 의로 그를 채우시리라는 것이다.

참으로 회개하는 죄인은 미가 선지자와 함께 부르짖는다. 미가 선지자는 이렇게 고백했다. "내가 무엇을 가지고 여호와 앞에 나아가며 높으신 하나님께 경배할까? 내가 번제물로 일 년 된 송아지를 가지고 그 앞에 나아갈까? 여호와께서 천천의 숫양이나 만만의 강물 같은 기름을 기뻐하실까? 내 허물을 위하여 내 맏아들을, 내 영혼의 죄로 말미암아 내 몸의 열매를 드릴까?"(미 6:6-7).

단어의 철자를 이용하는 단순한 이합체시(acrostic)가 구원하는 믿음의 요소들을 이해하는 데 도움이 되겠다. Faith에서 "F"는 '사실들'(facts)을 상징할 수 있다. 많은 자유주의 신학자와 신정통주의 신학자가 우리로 믿게 하려는 것처럼 믿음은 미지의 세계로, 알 수도 없는 것에 맹목적으로 뛰어드는 행위에 기초하지 않는다. 믿음은 하나님이 그분의 아들 예수 그리스도를 통해 행하신 구속 사역의 사실들에 기초한다.

바울은 고린도교회에 보낸 첫 편지에서 이렇게 선언했다.

> 형제들아, 내가 너희에게 전한 복음을 너희에게 알게 하노니, 이는 너희가 받은 것이요 또 그 가운데 선 것이라. 너희가 만일 내가 전한 그 말을 굳게 지키고 헛되이 믿지 아니하였으면 그로 말미암아 구원을 받으리라. 내가 받은 것을 먼저 너희에게 전하였노니, 이는 성경대로 그리스도께서 우리 죄를 위하여 죽으시고 장사 지낸 바 되셨다가 성경대로 사흘 만에 다시 살아나사 게바에게 보이시고 후에 열두 제자에게와 그 후에 오백여 형제에게 일시에 보이셨나니, 그 중에 지금까지 대다수는 살아 있고 어떤 사람은 잠들었으며, 그 후에 야고보에게 보이셨으며 그 후에 모든 사도에게와 맨 나중에 만삭되지 못하여 난 자 같은 내게도 보이셨느니라. (고전 15:1-8)

바울은 예수님이 부활하셨다는 사실이 중요하다는 것을 한층 더 보여주려고 뒤이어 이렇게 말한다. "그리스도께서 만일 다시 살아나지 못하셨으면 우리가 전파하는 것도 헛것이요 또 너희 믿음도 헛것이며…그리스도께서 다시 살아나신 일이 없으면 너희의 믿음도 헛되고 너희가 여전히 죄 가운데 있을 것이요"(14, 17절).

Faith에서 "A"는 '동의(agreement)'를 상징할 수 있다. 복음의 진리를 아는 것과 그 진리에 동의하는 것은 전혀 다르다. 믿는 마음은 하나님의 말씀으로부터 받는 진리를 단언한다.

Faith에서 "I"는 '내면화'(internalization)을 상징할 수 있다. 내면화란 신자가 복음의 진리를 받아들이고 자신의 삶에 적용하려는 내면의 갈망이다. 사도 요한은 그리스도를 말하면서 이렇게 썼다. "자기 땅에 오매 자기 백성이 영접하지 아니하였으나 영접하는 자, 곧 그 이름을 믿는 자들에게는 하나님의 자녀가 되는 권세를 주셨으니, 이는 혈통으로나 육정으로나 사람의 뜻으로 나지 아니하고 오직 하나님께로부터 난 자들이니라"(요 1:11-13). 내면화는 주님이신 그리스도께 순종하려는 진정한 갈망도 포함한다. 예수님은 이렇게 말씀하셨다. "너희가 내 말에 거하면 참으로 내 제자가 되고"(요 8:31).

Faith에서 "T"는 '신뢰'(trust)를 상징할 수 있다. 어떤 면에서 그리고 어떤 맥락에서, 신뢰는 믿음의 동의어다. 그러나 신뢰는 하나님을 향한 아낌없는 확신, 그분이 자신의 자녀인 우리를 결코 버리지 않고 우리의 모든 필요를 채우겠다는 약속을 지키시리라는 확신의 의미도 내포한다. 감춰진 보화의 비유와 값진 진주의 비유(마 13:44-46) 둘 다 신자는 자신이 가진 전부를 그리스도를 위해 내어놓아야 한다는 것을, 그분의 주되심과 은혜를 단언하고 신뢰해야 한다는 것을 가르친다.

진정한 신뢰는 죄와 자신에게서 하나님께로 돌이킴을 포함한다. 이러한 돌이킴을 가리켜 회개라 하며, 회개 없이는 누구도 구원받지 못한다. 회개는 복음에서 아주 중요한 부분이기에 때로 구원과 동일시된다. 베드로는 이렇게 선언했다. "주의 약속은 어떤 이들이 더디다고 생각하는 것 같이 더딘 것이 아니라. 오직 주께서는 너희를 대하여 오래 참으사 아무도 멸망하지 아니하고 다 회개하기에 이르기를 원하시느니라"(벧후 3:9).

Faith에서 "H"는 '소망'(hope)을 상징할 수 있다. 모든 신자는 비록 천국을 본 적이 없고 자신이 믿는 주님도 본 적이 없지만, 천국에서 하나님과 영원히 살 소망을 안고 구원받았다. 도마가 주님의 몸을 만져본 후에야 그분이 죽은 자 가운데서 다시 살아나셨음을 믿었을 때, 예수님은 이렇게 말씀하셨다. "보지 못하고 믿는 자들은 복되도다"(요 20:29). 그리스도를 믿은 사람들의 절대다수가 그분을 전혀 본 적이 없다. 부활하신 그분을 보았고 그분의 승천을 목격한 사람들도 어느 날 천국에서 그분과 함께하리라는 소망이 있었을 뿐 이것이 현실은 아니었다. 모든 신자는 죽음이나 휴거를 통해 주님을 만날 때까지 아직 온전히 받지 못한 것을 소망하며 살아야 한다.

의롭다 하심은 복을 수반한다

6일한 것이 없이 하나님께 의로 여기심을 받는 사람의 복에 대하여 다윗이 말한 바, 7불법이 사함을 받고 죄가 가리어짐을 받는 사람들은 복이 있고 8주께서 그 죄를 인정하지 아니하실 사람은 복이 있도다 함과 같으니라. (4:6-8)

바울은 여기서 다윗을 인용한다. 이스라엘의 가장 위대한 왕이 이신칭의를 알았고 가르쳤다는 것을 분명히 하기 위해서다. 다윗이 말하는 **복**은 구원, 곧 하나님이 타락한 인류에게 제시하시는 최고의 **복**이다. **일한 것이 없이(apart from works) 하나님께 의로 여기심을 받은 사람**만이 이 복을 받을 수 있다.

시편 32편에서, 하나님의 마음에 맞는 사람이 이렇게 선언했다. **불법이 사함을 받고 죄가 가리어짐을 받는 사람들은 복이 있고 주께서 그 죄를 인정하지 아니하실 사람은 복이 있도다.**

다윗은 하나님의 은혜를 분명하게 이해했다. 다윗이 밧세바와 간음하고 그녀의 남편을 죽였을 때, 나단이 면전에서 그의 죄를 지적했다. 이때 다윗은 놀라운 회개 시편에서 이렇게 간구했다. "하나님이여 주의 인자를 따라 내게 은혜를 베푸시며 주의 많은 긍휼을 따라 내 죄악을 지워 주소서." 그는 이렇게 고백했다. "내가 주께만 범죄하여 주의 목전에 악을 행하였사오니 주께서 말씀하실 때에 의로우시다 하고 주께서 심판하실 때에 순전하시다 하리이다." 다윗은 오직 하나님만 자신의 죄를 정결하게 씻으시고 자신의 모든 죄악을 지우실 수 있다는 것을 알았다. 오직 하나님만 그의 안에 정한 마음을 창조하시고 그를 죄책과 이것을 낳는 죄로부터 건지실 수 있었다(시 51:1-14).

다윗은 선언한다. 진정한 믿음의 사람이 **복이 있다**. 하나님의 은혜로운 섭리로 그의 **불법이 사함을 받기** 때문이며 그의 구체적인 숱한 **죄가 가리어짐을 받기** 때문이며 그의 타락한 본성에서 비롯된 기본적인 **죄**와 악행을 **주께서…인정하지 아니하실** 것이기 때문이다.

아브라함은 오직 믿음으로 의롭다 하심을 얻었고 다윗도 오직 믿음으로 의롭다 하심을 얻었으며, 이들 이전과 이후에 모든 신자가 오직 믿음으로 의롭다 하심을 얻었다. 하나님이 은혜로 죄인의 믿음을 받아들이고 그리스도 때문에 그 믿음을 그의 의로 여기신다.

가난한 농부가 있었다. 쟁기를 끌 황소를 사려고 수년째 돈을 모았다. 돈이 충분히 모였다고 생각해 소를 사려고 가장 가까운 읍내까지 먼 거리를 갔다. 그런데 알고 보니, 화폐가 신권으로 바뀐 데다 그동안 그가 애써 모은 구권을 신권으로 교환할 수 있는 기간도 오래전에 끝나버렸다. 농부는 글을 몰랐기에 학교에 다니는 이웃집 소년에게 부탁해 대통령에게 편지를 썼다. 자신의 딱한 처지를 설명하고 구제를 부탁하는 내용이었다. 대통령은 이 편지에 감동해 농부에게 답신을 보냈다. "법은 반드시 지켜야 합니다. 구권을 신권으로 교환할 수 있는 기한은 이미 지났습니다. 정부는 귀하의 구권을 신권으로 바꿔드릴 수 없습니다. 대통령이라도 법을 어길 수는 없습니다." 대통령은 뒤이어 이렇게 썼다. "그러나 귀하께서 정말 열심히 일해 돈을 모았다고 믿습니다. 그래서 귀하께서 소를 살 수 있도록 제가 사비를 들여 귀하의 구권을 신권으로 바꿔드리겠습니다."

하나님 앞에서, 모든 사람의 선한 행위는 농부의 유효 기한이 지난 지폐처럼 무가치하다. 그러나 하나님이 그분의 아들을 통해 친히 그 빚을 갚으셨다. 고백하는 죄인은 자신을 하나님의 자비에 맡기고 자신을 위한 주님의 대속 사역을 믿음으로 받아들일 때 용서받고 의로운 자로 하나님 앞에 설 수 있다.

제임스 프록터(James Froctor)는 자신의 찬송가 "다 이루었다"(It Is Finished)에 담긴 감동적인 구절에서 행위와 무관한 이신칭의의 본질을 잘 표현했다.

크든 작든, 아무것도
죄인은 아무것도 하지 않았고
예수님이 하셨다, 전부 다 하셨다.
오래 오래전에.

그분이 높은 보좌에서
내려와 돌아가셨을 때,
모든 것이 완전히 이루어졌다.
그분의 외침을 들어라!

지치고 고되며 무거운 짐을 진 자,
왜 그렇게 수고하느냐?
행하길 그만두어라. 모든 게 다 이루어졌다.
오래 오래전에.

네가 단순한 믿음으로
예수님 하신 일 붙잡을 때까지
"행하기"는 치명적이니
"행하기"는 죽음으로 끝난다.

네 치명적 "행하기"를 내려놓아라.
예수님 발치에 내려놓아라.
그분 안에, 오직 그분 안에 서라.
아름다운 완결이다.

"다 이루었다!" 참으로,
모든 게 다 이루어졌다.
죄인이여, 이것이 네게 필요한 전부이니,
말해 보라, 그렇지 않은가?

(Copyright 1922. Hope Publishing Co., owner; in *Choice Hymns of the Faith* [Fort Dodge, Iowa: Walterick, 1944], #128.)

18

아브라함, 은혜로 의롭다 하심을 얻다
(4:9-17)

[9]그런즉 이 복이 할례자에게냐 혹은 무할례자에게도냐? 무릇 우리가 말하기를, 아브라함에게는 그 믿음이 의로 여겨졌다 하노라. [10]그런즉 그것이 어떻게 여겨졌느냐? 할례시냐 무할례시냐? 할례시가 아니요 무할례시니라. [11]그가 할례의 표를 받은 것은 무할례시에 믿음으로 된 의를 인친 것이니, 이는 무할례자로서 믿는 모든 자의 조상이 되어 그들도 의로 여기심을 얻게 하려 하심이라. [12]또한 할례자의 조상이 되었나니, 곧 할례 받을 자에게뿐 아니라 우리 조상 아브라함이 무할례시에 가졌던 믿음의 자취를 따르는 자들에게도 그러하니라. [13]아브라함이나 그 후손에게 세상의 상속자가 되리라고 하신 언약은 율법으로 말미암은 것이 아니요 오직 믿음의 의로 말미암은 것이니라. [14]만일 율법에 속한 자들이 상속자이면 믿음은 헛것이 되고 약속은 파기되었느니라. [15]율법은 진노를 이루게 하나니, 율법이 없는 곳에는 범법도 없느니라. [16]그러므로 상속자가 되는 그것이 은혜에 속하기 위하여 믿음으로 되나니, 이는 그 약속을 그 모든 후손에게 굳게 하려 하심이라. 율법에 속한 자에게 뿐만 아니라 아브라함의 믿음에 속한 자에게도 그러하니, 아브라함은 우리 모든 사람의 조상이라. [17]기록된 바, 내가 너를 많은 민족의 조상으로 세웠다 하심과 같으니, 그가 믿은 바 하나님은 죽은 자를 살리시며 없는 것을 있는 것으로 부르시는 이시니라. (4:9-17)

멕시코의 과달루페 성당 같은 가톨릭 성지를 방문하는 것은 몹시 슬프고 답답한 경험이다. 이 성당은 성모 마리아가 발현했다는 장소에 세워졌다. 성모 마리아가 아들 예수 그리스도와 함께 자신들을 중보해주길 바라며, 매년 수많은 순례자가 400미터 남짓 성당까지 손과 무릎으로 기어간다. 그런 후에 들어가 촛불을 밝힌다. 친구나 친척이 연옥에 머무는 기간이 줄길 바라며 그 수만큼 촛불을 밝힌다.

몇 년 전, 인도에 파견된 선교사가 나의 사무실을 찾아와 주요 영어권에 배포되는 인도 뉴스 매거진 최신호를 보여주었다. 마하 쿰브 멜라(Maha Kumbh Mela)라는 큰 힌두교 축제를 다룬 특집 기사가 실려 있었다. 이 축제는 강가강(갠지스 강)과 야무나강이 합류하는 지점, 곧 상감(Sangam)의 전설적인 물이라 불리는 곳에서 12년마다 열렸다. 세계에서 가장 큰 단일 종교행사라고 한다.

여정이 힘들고 비용이 많이 들며 물이 차가운데도, 수많은 신자가 이 축제에 참여한다. 신분 차이(카스트)와 빈부 차이는 잠시 접어둔다. 축제는 완전히 벌거벗은 한 무리의 거룩한 사람들이 이끄는데, 이들은 수많은 순례자 행렬을 이끌고 물에 들어간다. 고행자들은 못이 거꾸로 박힌 자리에 앉고 유리 조각 위를 걸으며 뜨거운 숯 위에 눕는다. 예배자들이 무수한 신들을 달래는 한 방법으로 영원한 침묵을 선언하려고 긴 칼로 자신의 혀를 찌르는 모습을 흔히 볼 수 있다. 어떤 예배자들은 눈이 멀 때까지 태양을 응시한다. 어떤 예배자들은 예배의 몸짓으로 일부러 사지를 마비시킨다. 어떤 사람은 팔을 8년 동안 똑바로 세운 채 지냈다고 한다. 그는 팔 근육이 마비된 지 오래인데도 자르지 않은 손톱이 계속 자라 손에서 70센티미터 넘게 내려왔다.

어느 힌두교 경전은 이렇게 선언한다. "검은 강과 흰 강, 강가강과 야무나강이 합류하는 곳에서 목욕하는 사람들은 천국에 간다." 또 다른 경전은 이렇게 말한다. "이곳에서 목욕하는 순례자는 온 가족의 죄가 용서받고, 설령 백 가지 죄를 지었더라도 강가강에 몸이 닿는 순간 속죄를 받는다. 강물이 그의 죄를 씻는다."

축제 기간, 강을 따라 수많은 면도 부스가 늘어선다. 헌신자들이 이곳에서 옷을 벗고 눈썹과 속눈썹을 비롯해 몸의 털을 모두 민다. 이렇게 민 털은 모아서 더러운 물에 던진다. 힌두 경전은 순례자들에게 확신을 준다. "털 하나하나를 강에 던질 때마다 너희는 천국에서 백 만년을 약속받는다."

이 기사는 이렇게 끝났다. "영적 주림을 안고 온 수많은 사람이 마음의 평화와 새로운 믿음을 얻고 돌아간다."

얼마나 흉악하고 가증스러운 사탄의 속임수인가! 그러나 이것은 사람들이 사탄의 영감을 받아 만들어낸 행위 중심의 종교 체계들을 완벽하게 보여주는데, 행위 중심의 종교 체계들은 모두 사람이 특정 의식을 행함으로써 하나님 앞에서 의로워지고 천국에서 자리를 보장받을 수 있다며 사람들을 설득하려 한다. 어떤 종교들은 다른 종교들보다 훨씬 섬세하고 인간적 매력이 있다. 그러나 모든 종교의 공통점은 어떤 형태로든 행위에 기초한 의를 믿는 거짓 믿음이다. 육에 속한 사람은 어떻게든 자신의 노력으로 하나님 앞에서 의로워질 수 있다고 본능적으로 믿는다.

바울은 행위에 기초한 의를 계속 공격하고, 경건한 사람의 최고 표본인 아브라함이 행위가 아니라 믿음으로 구원받았음을 확실히 했다(롬 4:1-8). 그런 후, 아브라함이 할례를 받거나 율법을 지킴으로써 구원받은 것이 아니라 하나님의 은혜로 구원받았음을 확실히 한다. 그의 논증은 이러했다. 옛 세대에서 가장 훌륭했던 아브라함이 하나님의 은혜로 믿음을 통해 구원받았다면 다른 사람들도 모두 동일한 바탕에서 의롭다 하심을 얻어야 한다. 역으로, 아브라함이 할례를 받거나 율법을 지킴으로써 의롭다 하심을 얻을 수 없었다면 그 누구도 그럴 수 없다.

로마서 4:9-17에서, 바울은 밀접하게 연결된 세 가지 진리를 제시한다. 아브라함을 의롭게 한 믿음은 할례에서 비롯되지 않았다(9-12절). 그 믿음은 율법을 지킴에서 비롯되지 않았다(13-15절). 오히려 그 믿음은 순전히 하나님의 은혜에서 비롯되었다(16-17절).

아브라함은 할례로 의롭다 하심을 얻지 않았다

[9]그런즉 이 복이 할례자에게냐 혹은 무할례자에게도냐? 무릇 우리가 말하기를, 아브라함에게는 그 믿음이 의로 여겨졌다 하노라. [10]그런즉 그것이 어떻게 여겨

졌느냐? 할례시냐 무할례시냐? 할례시가 아니요 무할례시니라. [11]그가 할례의 표를 받은 것은 무할례시에 믿음으로 된 의를 인친 것이니, 이는 무할례자로서 믿는 모든 자의 조상이 되어 그들도 의로 여기심을 얻게 하려 하심이라. [12]또한 할례자의 조상이 되었나니, 곧 할례 받을 자에게뿐 아니라 우리 조상 아브라함이 무할례시에 가졌던 믿음의 자취를 따르는 자들에게도 그러하니라. (4:9-12)

바울은 논증하면서 유대인들이 이 시점에서 던질 질문을 예상했다. "아브라함이 오직 믿음으로 의롭다 하심을 얻었다면 왜 하나님이 아브라함을 비롯해 그의 후손들 모두에게 할례를 요구하셨는가?"

신약시대 대다수 유대인은 철저히 확신했다. 할례는 자신들을 하나님의 선민으로 다른 사람들과 구별하는 특별한 표식일 뿐 아니라 자신들이 하나님께 받아들여질 수 있게 되는 수단이라는 것이었다.

유대 외경 「희년서」는 이렇게 선언한다.

> 이 율법은 모든 세대에 영원히 적용되며, 날짜를 어겨서는 안 되고, 팔 일 가운데 하루라도 건너뛰어서는 안 된다. 이것은 영원한 규례이며 하늘의 돌판에 기록되었다. 태어난 지 팔 일째 되는 날에 포피를 자르지 않은 자는 모두 주님이 아브라함과 맺으신 언약의 자녀에 속하지 않고 멸망의 자녀에 속한다. 그뿐 아니라, 그에게는 그가 주님의 소유라는 아무런 표식이 없으므로 땅에서 멸망하고 죽임을 당할 것이다(15:25 이하).

많은 유대인은 하나님께 대한 순종으로 할례를 받음으로써 구원을 받을 수 있으며, 따라서 이 할례 의식에 영원히 안전이 달려 있다고 믿었다. 랍비 므나헴은 「모세의 책」(*Book of Moses*, 모세오경)을 주석하며 이렇게 썼다. "우리의 랍비들은 할례 받은 자들은 지옥을 보지 않으리라고 했다"(fol. 43, col. 3). 유대인들은 할례를 하나님의 호의를 입은 표식으로 굳게 믿었기에 유대인이 우상숭배를 했다면 먼저 할례를 없애야 지옥에 떨어질 수 있다고 가르쳤다. 할례를 없애기란 인간적으로 불가능하기 때문에 하나님이 직접 하실 터였다.

『얄쿠트 루베니』(*Yalkut Reubeni*)는 "할례는 지옥에서 구원한다"(num. 1)고 가르쳤고, 『미드라쉬 밀림』(*Midrash Millim*)은 "할례 받은 자는 그 누구도 지옥에 가지 않으리라고 하나님이 아브라함에게 맹세하셨다"고 가르쳤으며(fol.7, col.2), 『아케다트 지제하크』(*Akedath Jizehak*)는 "아브라함이 지옥문 앞에 앉아 할례 받은 이스라엘 사람이 하나라도 지옥에 들어가지 못하게 막는다"고 가르쳤다(fol. 54, col. 2).

이러한 믿음들이 유대교에서 아주 강했기에 초기 교회의 회심한 유대인들에 의해 많은 것들이 기독교로 유입되었다. 할례와 모세 율법을 따르는 게 큰 문제가 되었고, 이 문제를 해결하기 위해 사도들과 장로들이 예루살렘에서 특별한 회의를 열었다. 이 회의는 일치된 결정을 내리고 이것을 서신 형태로 모든 교회에 보냈는데, 할례를 비롯해 모세의 의식에 순종하는 것이 구원에 필수가 아니라는 내용이었다(행 15:19-29을 보라).

바울은 율법주의가 강한 유대교 배경에서 태어나 "팔일 만에 할례를 받고…히브리인 중의 히브리인이요 율법으로는 바리새인"이었다(빌 3:5). 그러나 성령께서 그에게 계시하셨고 예루살렘 공의회가 인정했다. 할례를 비롯해 그 어떤 의식이나 인간의 행위도, 아무리 하나님이 정하신 것이더라도, 구원을 가져다줄 수 없다는 것이었다. 할례는 결코 한 사람의 유대인도 구원하지 못했으며 결코 한 사람의 이방인도 구원할 수 없었다(롬 2:25-29). 그러므로 바울은 동료 그리스도인들에게, 특히 유대인 신자들에게 경고했다. "개들을 삼가고 행악하는 자들을 삼가고 몸을 상해하는 일을 삼가라. 하나님의 성령으로 봉사하며 그리스도 예수로 자랑하고 육체를 신뢰하지 아니하는 우리가 곧 할례파라"(빌 3:2-3). 그는 갈라디아 신자들에게 비슷하게 경고했다.

> 그리스도께서 우리를 자유롭게 하려고 자유를 주셨으니, 그러므로 굳건하게 서서 다시는 종의 멍에를 메지 말라. 보라, 나 바울은 너희에게 말하노니, 너희가 만일 할례를 받으면 그리스도께서 너희에게 아무 유익이 없으리라. 내가 할례를 받는 각 사람에게 다시 증언하노니, 그는 율법 전체를 행할 의무를 가진 자라. 율법 안에서 의롭다함을 얻으려 하는 너희는 그리스도에게서 끊어지고 은혜에서

떨어진 자로다. (갈 5:1-4)

누군가 할례를 비롯해 그 어떤 의식이나 일(work, 행위)을 신뢰한다면 그리스도께서 그를 위해 하신 일을 무효화 하는 것이다. 그는 자신을 율법 아래 두며, 율법 아래 있는 자는 율법에 절대적으로 완전하게 순종해야 한다. 그러나 사람이 이렇게 율법에 순종하기란 불가능하다. "그리스도 예수 안에서는 할례나 무할례나 효력이 없으되 사랑으로써 역사하는 믿음뿐이니라"(갈 5:6).

갈라디아에 인접한 브루기아 지역에서, 우세한 이교도 종교는 키벨레(Cybele) 숭배를 포함했다. 키벨레의 제사장들은 희생적인 헌신 행위로 대개 스스로 거세를 했는데, 이것이 바울이 갈라디아서 5:12에서 말한 "스스로 베어버리기"였을 것이다. 그렇다면 바울은 사실 이렇게 말하고 있었다: 유대주의자들이 할례를 공적이 큰 종교 행위로 생각했다면 왜 키벨레 제사장들처럼 극단적인 "스스로 베어버리기"를 계속하지 않았는가?

유대인뿐 아니라 이방인 기독교인도 구원받기 위해 모세 율법을 지켜야 한다고 주장하는 유대주의자들은(행 15:5을 보라) 갈라디아교회에게 아주 강하고 끈질긴 위협이었다. 그래서 바울은 이들에게 쓴 편지 말미에서 앞서 했던 경고를 되풀이했다. "무릇 육체의 모양을 내려 하는 자들이 억지로 너희에게 할례를 받게 함은 그들이 그리스도의 십자가로 말미암아 박해를 면하려 함뿐이라"(갈 6:12). 바꾸어 말하면, 심지어 많은 유대주의자조차 할례와 관련해 위선자였으며, 할례를 동료 유대인들에게 당할 박해를 피하는 수단으로 사용했다.

창세기 17:10-14은 분명히 한다. 할례 행위는 하나님이 아브라함과 그의 후손 곧 유대인들과 맺으신 언약의 표식으로 하나님이 주셨다는 것이다. 이 단락을 근거로, 랍비들은 할례가 하나님을 기쁘게 하고 그분 앞에서 의롭게 되는 수단이라 가르쳤고 대다수 유대인이 이렇게 믿었다. 그러나 바울은 바로 이 단락을 이용해 정반대로 입증한다. 아브라함은 할례를 받음으로써 하나님 앞에서 의롭게 된 게 '아니라' 할례 명령을 받을 때 '이미' 의롭다고 선언된 상태였다는 것이다.

바울은 이렇게 물으며 시작한다. **그런즉 이 복이 할례자에게냐 혹은 무할례자**

에게도냐? 무릇 우리가 말하기를, 아브라함에게는 그 믿음이 의로 여겨졌다 하노라. 그런즉 그것이 어떻게 여겨졌느냐? 할례시냐 무할례시냐?

이 기본 진리는 우리 시대에 매우 중요하다. 이제는 유대인조차 할례가 구원을 가져다준다고 믿는 사람들은 거의 없다. 그렇더라도 무수한 사람이 어떤 형태로든 종교의식이나 활동이 자신을 하나님 앞에서 의롭게 한다고 굳게 믿는다.

그리스도의 이름을 부르는 자 중에서 로마가톨릭교회는 단연코 가장 큰 범죄자다. 가톨릭교회는 자신의 역사 내내 인간의 행위에 의한 구원, 사제의 중보를 통해 효력이 발생하는 구원을 가르쳤다.

루드비히 오트(Ludwig Ott, 1906-1985)는 자신의 저서 『가톨릭의 기본 교리들』(*Fundamentals of Catholic Dogma*, St. Louis: B. Herder, 1962)에서 구원 및 영적 축복과 관련된 로마가톨릭의 기본 가르침을 설명한다.

오트는 가톨릭교회 교리서(Roman Catechism, II, I, 8)에 따라 성사(sacrament, 성례)를 "하나님이 제정하셨기에 거룩과 의를 발현하고 또 나타낼 능력을 가지며 감각으로 지각할 수 있는 것"으로 정의한다(p. 326). 그는 뒤이어 성사들이 사람의 믿음을 통하지 않고 곧바로 은혜를 주며(p. 326), 성사들은 받는 자들에게 거룩하게 하는 은혜를 준다고 말한다(p. 322). 성사 의식들은 거듭남, 용서, 성령, 영원한 생명을 주기 때문에 "이 은혜를 나누어주려면 집례자가 성사의 상징(Sacramental Sign)[55]을 적절하게 사용해야 한다"(p. 343). 로마가톨릭은 성사를 받는 사람의 정통 신앙과 도덕적 자격이 성사의 유효성에 필수 조건이 아니라고 주장한다(p. 345).

16세기 중반, 트렌트공의회는 다음과 같은 선언을 발표했다. "세례를 통해 주어지는 우리 주 예수 그리스도의 은혜로 원죄가 사하여진다는 것을 부정하거나 심지어 죄의 고유한 본성 전체가 제거되지 않는다고 단언하는 자는 누구든지…저주를 받을지어다"(p. 354).

---

55 각 성례(가톨릭은 성사)에는 물질과 그것이 상징하는 것이 있다. 물은 세례를 상징하고, 빵과 포도주는 그리스도의 몸과 피를 상징한다.

오트는 외경 「바나바서」를 인용하면서 가톨릭 신자들은 이렇게 믿는다고 말한다. "우리는 죄와 더러움이 가득한 채 [세례의] 물에 내려갔다가 우리의 마음에 하나님을 향한 경외와 우리의 영에 예수님을 향한 소망을 가진 채 올라온다"(p. 355). 가톨릭은 성경에 따르면 세례가 죄를 제거하고 내면의 성화를 일으키는 능력이 있다고 가르친다. "세례는 죄의 모든 벌을, 영원한 벌과 현세의 벌을 용서하는 효과가 있으며"(p. 355) 세례는 "모든 사람에게, 예외 없이, 구원을 받는 데 필수다"(p. 356).

로마가톨릭은 견진성사가 사람에게 성령을 주고 거룩하게 하는 은혜를 증가시킨다고 주장한다(p. 365). 성체성사(미사)는 받는 사람과 그리스도를 연합시킨다(p. 390). 영적 양식으로서, 미사는 "영혼의 초자연적 생명을 보존하고 증가시킨다"(p. 395). 따라서 세계 어디서든 신실한 가톨릭 신자가 그리스도를 영접했느냐는 질문을 받으면, 그는 지난 미사와 자신이 참석한 모든 미사에서 그분을 영접했다고 답할 것이다.

고해성사, 성품성사,[56] 혼인성사, 종부성사[57]도 그 자체로 하나님의 은혜에서 비롯되는 다른 영적 유익들을 준다고 한다.

어떤 개신교 그룹들은 비슷한 교리를 견지한다. 예를 들면 세례가 받는 사람의 지식이나 믿음과 무관하게 그 사람을 새 언약에 들인다고 믿는다. 결과적으로, 유아 세례는 성숙하고 신앙을 고백하는 성인 세례와 마찬가지로 유효하다.

그러나 이러한 모든 교리는 일종의 마법이며, 받는 사람도 원하는 결과의 근원도 의식적으로(consciously) 포함될 필요가 없다. 결과는 순전히 표현되는 적절한 말이나 수행되는 행위를 근거로 부여된다. 하나님조차 성사의 유효성과 직접 관련이 없다. 성사는 받는 사람의 믿음 없이 이루어질 뿐 아니라 하나님 없이 그분의 은혜를 직접 준다. 능력은 의식의 형식에 있다.

바울 당시에 유대인들이 정확히 이러한 능력을 할례에 부여했다. 이들은

---

56 가톨릭교회가 사제에게 서품을 주는 성사

57 임종을 앞둔 병자에게 하는 성사

칭의와 관련해 아브라함에게 적용되었던 것이 모든 사람에게, 특히 모든 유대인에게 적용된다고 믿었다. 그래서 바울은 계속해서 이 족장을 모델로 사용한다. 바울은 아브라함이 언제 의롭다 하심을 얻었는지 묻고 이 질문에 스스로 답하며 선언한다. **할례시가 아니요 무할례시니라.**

창세기의 분명한 연대기가 이것을 증명한다. 아브라함이 할례를 받을 때, 이스마엘은 열세 살이었고 아브라함은 아흔아홉 살이었다(창 17:23-25을 보라). 그러나 하나님이 아브라함을 의롭다고 선언하셨을 때(15:6), 이스마엘은 아직 태어나지 않았고 잉태되지도 않았다(16:2-4). 이스마엘이 태어났을 때, 아브라함은 여든여섯 살이었다(16:16을 보라). 그러므로 아브라함이 할례를 받기 적어도 14년 전에, 하나님이 그를 의롭다고 선언하셨다.

아브라함은 할례받기 오래전부터 하나님의 언약 안에, 그분의 은혜 아래 있었다. 반면에, 이스마엘은 비록 할례를 받았으나 결코 언약 안에 있지 않았다. 할례는 하나님과 그분의 백성 사이에 언약 관계의 표식이 '되었다'. 그러나 언약이 할례 위에 세워진 것은 아니었다. 아브라함은 언약의 약속을 처음 받았을 때 겨우 일흔다섯 살이었다(창 12:1-4). 아브라함이 할례를 받은 때는 그가 의롭다 하심을 얻은 지 적어도 14년 후였을 뿐 아니라 하나님과 언약 관계에 처음 들어간 지 24년 후였다. 게다가, 당시에는 아직 유대인이 없었으므로 아브라함은 의롭다 하심을 얻었을 때 이를테면 할례 받지 못한 이방인이었다.

그러므로 이렇게 묻는 것은 자연스럽다. "왜 할례인가? 왜 하나님은 할례 의식을 아브라함의 모든 후손에게 구속력 있는 법으로 만드셨는가?" 바울은 할례가 무엇보다도 **표(sign)**라고 말한다. 아브라함은 **할례의 표를 받은** 것이다. 할례는 하나님 백성의 정체성을 나타내는 육체적 · 인종적 표식이었다. 새 언약 아래서도, 바울은 할례를 이렇게 보는 한 유대인이 할례 받는 것에 반대하지 않았다. 사실, 바울은 반쪽짜리 유대인 디모데에게 직접 할례를 행했다. 디모데가 고향 가까이에서 그를 아는 유대인들에게 증언할 더 좋은 기회를 갖게 하기 위해서였다(행 16:3).

할례는 하나님의 언약을 나타내는 표이기도 했으며, 아브라함의 후손들을 특별히 그분의 선민으로, 히브리인으로, 또는 바벨론 포로기에 그렇게 알려지게 되었듯이 유대인으로 구별했다. 시내 광야를 떠돌 때, 불순종한 세대는 할례를 행하지 않았고 하나님은 이들이 약속의 땅에 들어가지 못하고 광야에서 죽게 두셨다. 그러나 자신의 백성이 그 땅에 들어가도록 하나님이 이들을 준비시키실 때, 여호수아가 하나님께 직접 명령을 받아 다시 할례를 행했다(수 5:2).

둘째, 할례는 아브라함이 **무할례시에 믿음으로 된 의를 인친 것**[58]이었다. 바꾸어 말하면, 할례를 행할 때마다, 하나님의 백성은 아브라함이 그리고 모든 신자가 할례와 전혀 무관하게 **믿음**으로 가졌던 하나님의 **의**를 다시 기억해야 했다.

표(sign)와 인(seal)은 비슷한 개념을 내포한다. 그렇더라도 표는 무언가를 가리키는 반면에 인은 그것을 보증한다. 예를 들면, 인장이 서신이나 칙령에 공식적으로 찍혔다면 그것이 진짜라는 보증이었다. 이런 의미에서, 할례는 하나님의 언약적 약속이 성취되리라는 보증서였다. 할례는 하나님이 단지 자기 백성의 몸이 아니라 마음에 새기길, 즉 자신의 인장을 찍길 원하신다는 사실을 가리킨다.

이것이 늘 하나님의 뜻이었고, 유대인들은 바울이 로마서에서 말하기 오래전에 이것을 알았어야 했다. 모세는 이렇게 선언했다. "네 하나님 여호와께서 네 마음과 네 자손의 마음에 할례를 베푸사 너로 마음을 다하며 뜻을 다하여 네 하나님 여호와를 사랑하게 하사 너로 생명을 얻게 하실 것이며"(신 30:6). 하나님은 언제나 무엇보다도 마음을 덮은 죄를 잘라내길 원하셨다. 예레미야는 이렇게 썼다. "여호와께서 유다와 예루살렘 사람에게 이와 같이 이르노라. 너희 묵은 땅을 갈고 가시덤불에 파종하지 말라. 유다인과 예루살렘 주민들아, 너희는 스스로 할례를 행하여 너희 마음 가죽을 베고 나 여호와께 속하라. 그리하지 아니하면 너희 악행으로 말미암아 나의 분노가 불 같이 일어나 사르리니, 그것을 끌 자가 없으리라"(렘 4:3-4). 같은 선지자를 통해, 하나님은 이

58 새번역: 할례를 받지 않은 상태에서 이미 얻은 믿음의 의를 확증하는 것

렇게 선언하셨다.

> 자랑하는 자는 이것으로 자랑할지니, 곧 명철하여 나를 아는 것과 나 여호와는 사랑과 정의와 공의를 땅에 행하는 자인 줄 깨닫는 것이라. 나는 이 일을 기뻐하노라. 여호와의 말씀이니라. 여호와의 말씀이니라. 보라, 날이 이르면 할례 받은 자와 할례 받지 못한 자를 내가 다 벌하리니, 곧 애굽과 유다와 에돔과 암몬 자손과 모압과 및 광야에 살면서 살쩍을 깎은 자들에게라. 무릇 모든 민족은 할례를 받지 못하였고 이스라엘은 마음에 할례를 받지 못하였느니라. (렘 9:24-26).

이스라엘의 모든 사내아이는 사람의 마음에 영적 할례 또는 씻음이 필요하다는 증거였다.

이와 비슷하게, 세례는 신자가 그리스도와 함께 죽고 부활하는 것을 상징한다. 성찬은 우리를 위한 그리스도의 구속 행위를 상징하는데, 그분이 다시 오실 때까지 이것을 기념해야 한다. 의식은 그 자체로 아무 가치가 없으며, 물과 빵과 포도주도 그 자체로 아무 가치나 능력도 없는 게 분명하다. 세례와 성찬 둘 다 예수 그리스도를 통한 구원이라는 내적 실재를 밖으로 드러내고 상기시킨다.

바울이 이 서신에서 이미 분명히 했듯이, "무릇 표면적 유대인이 유대인이 아니요 표면적 육신의 할례가 할례가 아니니라. 오직 이면적 유대인이 유대인이며 할례는 마음에 할지니, 영에 있고 율법 조문에 있지 아니한 것이라. 그 칭찬이 사람에게서가 아니요 다만 하나님에게서니라"(롬 2:28-29).

어떤 현대 교회들의 가르침과 반대로, 유아 세례는 유대인 사내아기의 할례에 상응하지 않는다. 설령 상응하더라도, 할례가 구원을 주지 않았듯이 세례도 구원을 주지 않는다.

유대인들이 약 3,500년 간 지켜온 유월절 만찬은 구원(deliverance)의 수단으로 여겨진 적이 결코 없었고, 다만 그 해방의 상징과 기억물로 여겨질 뿐이다. 유대인에게 유월절은 해방의 집단적 상징이고 할례는 칭의의 개인적 상징이다. 그리스도인에게 성찬은 우리와 그리스도의 관계를 나타내는 집단적 · 공동체적 상징이고 세례는 그 개인적 상징이다.

아브라함은 의롭다 하심을 얻은 후에 할례를 받았다. **이는 무할례자로서 믿는 모든 자의 조상이 되어 그들도 의로 여기심을 얻게 하려 하심이라. 또한 할례자의 조상이 되었나니, 곧 할례 받을 자에게뿐 아니라 우리 조상 아브라함이 무할례시에 가졌던 믿음의 자취를 따르는 자들에게도 그러하니라.**

인종적으로, 아브라함은 모든 유대인의 조상이다. 영적으로, 아브라함은 이방인 신자들 곧 **무할례자로서 믿는 모든 자**와 유대인 신자들 곧 **할례자**의 조상이다. 두 그룹의 신자 모두 예수 그리스도를 통해 하나님을 **믿음**으로써 의롭다 여김을 받았을 뿐 아니라 **우리 조상 아브라함이 무할례시에 가졌던 믿음의 자취를 따르는 자들**이다.

아브라함은 율법으로 의롭다 하심을 얻지 않았다

[13]아브라함이나 그 후손에게 세상의 상속자가 되리라고 하신 언약은 율법으로 말미암은 것이 아니요 오직 믿음의 의로 말미암은 것이니라. [14]만일 율법에 속한 자들이 상속자이면 믿음은 헛것이 되고 약속은 파기되었느니라. [15]율법은 진노를 이루게 하나니, 율법이 없는 곳에는 범법도 없느니라. (4:13-15)

바울이 이 단락에서 말하려는 둘째 핵심은 아브라함이 할례 의식으로 의롭다 하심을 얻지 않았을 뿐 아니라 모세 율법을 지킴으로써 의롭다 하심을 얻은 것도 아니라는 것이다. 이번에도, 유대 성경의 연대기가 바울의 핵심을 증명한다. 모든 유대인이 잘 알았듯이, 율법이 모세에게 계시된 것은 아브라함이 죽은 지 500여 년 후였으며, 분명히 족장 아브라함은 율법이 무엇을 요구하는지 알 길이 없었다.

지금껏 사람은 결코 외적인 의식이나 행동 기준을 수단으로 하나님께 나아갈 수 없었다. 아브라함은 하나님 앞에서 의롭다고 선언되었을 때, 할례를 받지 않았을뿐더러 모세 율법을 갖고 있지도 않았다. 하나님이 아직 할례를 요구하지 않으셨고 율법도 계시하지 않으셨다. 그러므로 바울은 단언한다. **아브**

라함이나 그 후손에게 세상의 상속자가 되리라고 하신 언약은 율법으로 말미암은 것이 아니요 오직 믿음의 의로 말미암은 것이니라.

아브라함…에게 하신 약속(**promise, 언약**)은 하나님이 아브라함과 맺으신 언약에서 구체화되었으며, 이 언약에서 아브라함은 자신의 **후손**이 **세상의** 상속자가 되리라는 말을 들었다(창 12:3; 15:5; 18:18; 22:18). 하나님이 아브라함에게 하신 약속을 분석하면 중요한 네 요소가 나타난다.

첫째, 이 약속(**언약**)은 아브라함이 살 '땅'을 포함했다(창 15:18-21을 보라). 그러나 약 500년 후, 여호수아가 이스라엘을 이끌고 가나안을 정복할 때에야 그의 후손이 그 땅을 소유할 것이다.

둘째, 이 약속(**언약**)은 '민족'도 포함했다. 이들은 땅의 티끌과 하늘의 별같이 헤아릴 수 없을 만큼 많아질 것이다(창 13:16; 15:5). 마침내 아브라함은 "여러 민족의 아버지"가 될 것이다(창 17:5; 참조. 롬 4:17).

셋째, 이 약속(**언약**)은 온 세상이 아브라함의 후손을 통해 얻을 '복'을 포함했다(창 12:3).

넷째, 이 약속(**언약**)은 '구속자'(Redeemer)를 주심에서 성취될 것인데, 이 구속자는 아브라함의 후손일 것이며 그를 통해 온 세상이 구원의 섭리로 복을 받을 것이다. 아브라함에게 주신 약속은 본질적으로 그에게 전하신 복음이었다(갈 3:8). 아브라함은 이 복음을 믿었고 하나님이 약속하신 유일한 상속자 이삭을 제물로 바쳐야 하는 순간에도 "번제할 어린양은 하나님이 자기를 위하여 친히 준비하시리라" 믿었다(창 22:8). 히브리서 저자를 통해, 하나님은 아브라함의 이해와 믿음의 범위를 아름답게 계시하신다. "아브라함은 시험을 받을 때에 믿음으로 이삭을 드렸으니, 그는 약속들을 받은 자로되 그 외아들을 드렸느니라. 그에게 이미 말씀하시기를, 네 자손이라 칭할 자는 이삭으로 말미암으리라 하셨으니, 그가 하나님이 능히 이삭을 죽은 자 가운데서 다시 살리실 줄로 생각한지라. 비유컨대 그를 죽은 자 가운데서 도로 받은 것이니라"(히 11:17-19).

예수님은 믿지 않는 유대 종교 지도자들에게 말씀하셨다. "너희 조상 아브라함은 나의 때 볼 것을 즐거워하다가 보고 기뻐하였느니라"(요 8:56). 설명되지 않는 방식으로, 아브라함은 메시아의 오심을 예견했다. 메시아는 약속된 아브라함의 후손 중 하나로 오리라는 것이었다. 자신의 후손으로 태어날 메시아 곧 예수 그리스도를 통해, 아브라함은 온 세상에 복이 되고 **세상의 상속자**가 될 것이다. 바울은 창세기 22:17-18의 히브리어 본문을 언급하면서 자신의 말에 대한 하나님의 설명을 제시하며 선언한다. "이 약속들은 아브라함과 그 자손에게 말씀하신 것인데, 여럿을 가리켜 그 자손들이라 하지 아니하시고 오직 한 사람을 가리켜 네 자손이라 하셨으니, 곧 그리스도라"(갈 3:16). 같은 장 끝에서, 바울은 '모든' 신자들이, 유대인뿐 아니라 이방인도 "그리스도의 것이면 곧 아브라함의 자손이요 약속대로 유업을 이을 자니라"고 말한다(29절). 그분 안에서, 이들은 단 하나의 영적 자손(seed), "곧 그리스도"의 일부가 된다.

모든 신자는 예수 그리스도 안에서 하나다. "주와 합하는 자는 한 영이니라"(고전 6:17). 신자들은 하나님의 독생자와 하나이기 때문에 그 자신이 하나님의 자녀가 된다. 바울은 로마서 조금 뒤에서 이렇게 선언한다. "성령이 친히 우리의 영과 더불어 우리가 하나님의 자녀인 것을 증언하시나니, 자녀이면 또한 상속자 곧 하나님의 상속자요 그리스도와 함께 한 상속자니, 우리가 그와 함께 영광을 받기 위하여 고난도 함께 받아야 할 것이니라"(롬 8:16-17).

신자가 아브라함과 함께 또한 그리스도와 함께 상속자가 되는 것은 아브라함의 인간적 혈통이기 때문이 아니라 아브라함이 보인 믿음의 본을 따름으로써 그의 영적 혈통이 되기 때문이다. 바울이 대부분 이방인이었던 고린도 신자들에게 일깨웠듯이, 인간적 혈통은 사람이 하나님 앞에서 갖는 신분과 관련해 아무 의미도 없다. "그런즉 누구든지 사람을 자랑하지 말라. 만물이 다 너희 것임이라. 바울이나 아볼로나 게바나 세계나 생명이나 사망이나 지금 것이나 장래 것이나 다 너희의 것이요, 너희는 그리스도의 것이요, 그리스도는 하나님의 것이니라"(고전 3:21-23). 반대로, 예수님은 믿지 않는 유대 지도자들에게, 비록 이들이 육체적으로 아브라함의 후손이더라도 영적으로는 이들의 "아비 마귀"의 자식이라고 하셨다(요 8:44).

의롭다 하심은 결코 할례를 통해 얻은 게 아니었듯이 결코 율법(the Law)을 통해 얻은 것도 아니었다. 이 구절의 헬라어 본문에는 정관사가 없으며 번역자들이 넣은 것이다. 그러므로 바울은 모세 율법뿐 아니라 하나님의 모든 계명과 기준을 언급하는 가장 넓은 의미에서 하나님의 율법을 말하고 있었다. 그는 또한 많은 유대인이 율법을 지키면 구원을 얻는다고 믿는 율법준수의 일반적 원리를 말하고 있었다.

바울이 이 서신 조금 뒤에서 분명히 하듯이, 하나님의 "율법은 거룩하고 계명도 거룩하고 의로우며 선하도다"(롬 7:12; 참조. 갈 3:21). 그러나 율법은 유대인들에게라도 결코 구원의 수단으로 주어진 게 아니었다. "무릇 율법 행위에 속한 자들은," 다시 말해 율법을 지킴으로써 의로워지려는 자들은 "저주 아래에 있나니, 기록된 바 누구든지 율법 책에 기록된 대로 모든 일을 항상 행하지 아니하는 자는 저주 아래에 있는 자라 하였음이라"(갈 3:10). 자신은 율법을 지킴으로써 스스로를 구원할 능력이 있다고 믿는 사람은 저주를 받는다. 하나님의 율법을 온전히 지키기란 불가능하기 때문이다. 바울은 자신이 율법을 지키려 했던 이전 노력을 영적 해 곧 배설물로 여겼다(빌 3:7-8).

율법의 목적은 의를 가늠하는 하나님의 완전한 기준을 계시하고 사람들에게 자신의 힘으로 그 기준에 맞게 살 수 없음을 보여주는 것이었다. 이러한 무능력을 깨달을 때 믿음으로 하나님께 나아가야 한다. 하나님은 율법을 "우리를 그리스도께로 인도하는 초등교사"로 주셨다(갈 3:24).

하나님은 그분을 믿는 **믿음의 의** 외에 그 어떤 의도 절대 인정하지 않으셨으며, 하나님이 전가하시는 의처럼, 이 의도 하나님이 친히 은혜로 주신다. 예수 그리스도는 우리 믿음의 대상일 뿐 아니라 그 믿음의 "주요 또 [그 믿음을] 온전하게 하시는 이"다(히 12:2).

아브라함이 의롭다 하심을 얻은 것은 하나님의 약속을 믿었기 때문이며, 바울이 이 서신에서 이미 선언했듯이, 이 믿음이 "그에게 의로 여겨진 바 되었다"(롬 4:3; 참조. 창 15:6). 정확히 똑같은 방식으로, 한 사람이 하나님의 아들 예수 그리스도를 믿음으로써 그분의 구원 약속을 믿을 때, 이 믿음의 행위가 그에게 그리스도 자신의 의로 여겨진다(고전 1:30; 고후 5:21).

아브라함은 자신이 가진 것이 아니라 약속받은 것을 신뢰했다.

믿음으로 아브라함은 부르심을 받았을 때에 순종하여 장래의 유업으로 받을 땅에 나아갈 새 갈 바를 알지 못하고 나아갔으며, 믿음으로 그가 이방의 땅에 있는 것 같이 약속의 땅에 거류하여 동일한 약속을 유업으로 함께 받은 이삭 및 야곱과 더불어 장막에 거하였으니, 이는 그가 하나님이 계획하시고 지으실 터가 있는 성을 바랐음이라. (히 11:8-10)

아브라함의 **믿음**은 전혀 본 적 없는 땅으로 기꺼이 갔던 데서 나타났다. 가는 그 땅을 기업으로 약속받았으나 결코 소유하지는 못할 터였다. 아브라함은 그 땅으로 떠났고, 그 땅에서 나그네로 사는 데 만족했다. 그의 궁극적 소망은 "하나님이 계획하시고 지으실 터가 있는 성"에 있었기 때문이다.

바울은 설명을 이어간다. **만일 율법에 속한 자들이 상속자이면 믿음은 헛것이 되고 약속은 파기되었느니라.** 만약 사람이 하나님의 **율법**을 완벽하게 지킬 수 있다면 실제로 하나님의 상속자일 것이다. 물론, 이것은 불가능하다. 그러나 이것이 가능하다면 **믿음은 헛것이 되고** 하나님의 **약속은 파기된다.**

믿음은 하나님이 무엇을 약속하시든 받을 수 있다. 반대로, 만약 하나님이 약속하신 것을 아브라함도 지킬 수 없고 그의 자녀들도 지킬 수 없는 율법에 순종함으로써만 받는다면 믿음은 무효가 된다. 바꾸어 말하면, 약속에 불가능한 조건을 붙인다면 약속을 파기하는 것이다.

율법은 구원할 수 없다. **율법은 진노를 이루게 하기**[59] 때문이다. 하나님의 **율법**을 지킴으로써 스스로를 의롭게 하려고 애쓸수록 자신의 죄성 때문에 그렇게 할 수 없음을 더 증명하고 더 많은 심판과 **진노**를 자신에게 쌓는다. 율법은 하나님의 의를 확실하게 계시하듯이 인간의 죄성을 확실하게 드러낸다.

바울이 로마서 조금 뒤에서 다음과 같이 말한다.

그런즉 우리가 무슨 말을 하리요? 율법이 죄냐? 그럴 수 없느니라. 율법으로 말미암지 않고는 내가 죄를 알지 못하였으니, 곧 율법이 탐내지 말라 하지 아니하

59 새번역: 율법은 진노를 불러옵니다.

였더라면 내가 탐심을 알지 못하였으리라. 그러나 죄가 기회를 타서 계명으로 말미암아 내 속에서 온갖 탐심을 이루었나니, 이는 율법이 없으면 죄가 죽은 것임이라. 전에 율법을 깨닫지 못했을 때에는 내가 살았더니, 계명이 이르매 죄는 살아나고 나는 죽었도다. 생명에 이르게 할 그 계명이 내게 대하여 도리어 사망에 이르게 하는 것이 되었도다. 죄가 기회를 타서 계명으로 말미암아 나를 속이고 그것으로 나를 죽였는지라. (롬 7:7-11)

바울은 갈라디아 신자들에게 수사의문문으로 물었다. "그런즉 율법은 무엇이냐? 범법하므로 더하여진 것이라. 천사들을 통하여 한 중보자의 손으로 베푸신 것인데 약속하신 자손이 오시기까지 있을 것이라"(갈 3:19). 앞서 말했듯이, 율법을 주신 것은 우리를 구원하기 위함이 아니라 "우리를 그리스도께로 인도하는 초등교사가 되어 우리로 하여금 믿음으로 말미암아 의롭다함을 얻게 하려 함"이었다(갈 3;24).

아브라함은 하나님의 은혜로 의롭다 하심을 얻었다

16그러므로 상속자가 되는 그것이 은혜에 속하기 위하여 믿음으로 되나니, 이는 그 약속을 그 모든 후손에게 굳게 하려 하심이라. 율법에 속한 자에게 뿐만 아니라 아브라함의 믿음에 속한 자에게도 그러하니, 아브라함은 우리 모든 사람의 조상이라. 17기록된 바, 내가 너를 많은 민족의 조상으로 세웠다 하심과 같으니, 그가 믿은 바 하나님은 죽은 자를 살리시며 없는 것을 있는 것으로 부르시는 이시니라. (4:16-17)

이 단락의 핵심은 16절이다. 구원이 **은혜에 속하기 위하여** 하나님은 신자의 믿음을 의로 여기신다. 하나님이 주권적 **은혜**로 구원의 길을 내지 않으신다면 사람의 믿음이라도 그를 구원하지 못한다. 그렇기에 **믿음**은 어떤 학자들이 수 세기를 내려오며 내세웠던 주장과 달리 단순히 또 다른 형태의 인간 행위(human works)가 아니다. 구원하는 능력 곧 의롭게 하는 능력은 사람의 믿음이 아니라 하나님의 은혜에 있다. 아브라함의 믿음은 '그 자체로' 의였던 게 아니라 그를 비롯해 신자들이 절대 스스로 얻을 수 없는 의를 이들에게 은혜로 주시는 분 때문에 그에게 의로 '여겨졌다'.

은혜는 **그 약속을 그 모든 후손에게 굳게 하려**고 의롭다 하는 하나님의 능력이다. 바울은 여기서 육체적 **후손**이 아니라 영적 **후손**을 말하고 있으며, 이것은 그가 뒤이어 하는 말에서 분명해진다. **율법에 속한 자** 곧 유대인들**에게 뿐만 아니라 아브라함의 믿음에 속한 자에게도 그러하다.**

앞서 말했듯이, 아브라함은 갈대아 우르에서 하나님의 부르심을 받았을 때 우상을 숭배하는 이교도였다. 하나님이 아브라함과 언약을 맺으시기 전에는 유대인이 없었고, 따라서 엄밀히 말하면 이방인도 없었다. 그러나 여기서 바울의 핵심은 이런 구분이 있기 전에, 하나님이 아브라함의 믿음을 의로 여기셨다는 것이다. 이 때문에, 아브라함의 믿음은 단지 유대인, 곧 **율법에 속한 자**에게만 적용되는 게 아니라, 온 인류에게 적용되는 보편적 믿음이었다. 이 때문에, **아브라함은 우리 모든 사람의 조상**, 곧 인종이나 종교적 유산과 관계없이 예수 그리스도를 믿는 모든 사람의 조상이 되었다. **아브라함**은 모든 참신자의 영적 본보기였다. 그는 자신의 노력이 아니라 하나님의 은혜로운 약속을 신뢰한 이교도였고 우상숭배자였으며 경건하지 못한 죄인이었다.

늘 그렇듯이, 바울의 변론은 성경에 기초한다. **기록된 바**는 창세기 17:5을 가리키는데, 바울은 이 구절을 **내가 너를 많은 민족의 조상으로 세웠다**로 옮긴다. 아브라함이 받은 약속이 **그가 믿은 바 하나님**[60] 앞에서 성취되었다. 바울은 자신이 어떤 하나님을 말하고 있는지 조금도 의심하지 못하도록 두 조건을 덧붙인다. 첫째, 이 하나님은 **죽은 자를 살리신다.** 아브라함은 이러한 하나님의 능력을 직접 경험했다. 사라의 가임기가 지난 지 오랜 후, 자신도 아들을 보기에는 "죽은 자와 같은" 상태가 된 후, 아브라함은 약속의 아들 이삭을 기적적으로 얻었다(히 11:11-12).

---

60 새번역: 그가 믿은 하나님

둘째, 이 하나님은 **없는 것을 있는 것으로 부르시는**[61] 분이다. 바울은 여기서 창조를 통해 표현된 하나님의 능력을 말하고 있는 게 분명하다. 창조에서 "보이는 것은 나타난 것으로 말미암아 된 것이 아니"었다(히 11:3). 그분은 순전히 자신의 신적 · 주권적 결정에 따라 말씀으로 사람과 장소와 사건이 생겨나게 하는 한 분이신 참 **하나님**이다.

61 새번역: 없는 것들을 불러내어 있는 것이 되게 하시는

19

구원, 인간의 노력이 아니라 하나님의 능력으로

(4:18-25)

[18]아브라함이 바랄 수 없는 중에 바라고 믿었으니, 이는 네 후손이 이같으리라 하신 말씀대로 많은 민족의 조상이 되게 하려 하심이라. [19]그가 백 세나 되어 자기 몸이 죽은 것 같고 사라의 태가 죽은 것 같음을 알고도 믿음이 약하여지지 아니하고, [20]믿음이 없어 하나님의 약속을 의심하지 않고 믿음으로 견고하여져서 하나님께 영광을 돌리며, [21]약속하신 그것을 또한 능히 이루실 줄을 확신하였으니, [22]그러므로 그것이 그에게 의로 여겨졌느니라. [23]그에게 의로 여겨졌다 기록된 것은 아브라함만 위한 것이 아니요 [24]의로 여기심을 받을 우리도 위함이니, 곧 예수 우리 주를 죽은 자 가운데서 살리신 이를 믿는 자니라. [25]예수는 우리가 범죄한 것 때문에 내줌이 되고 또한 우리를 의롭다 하시기 위하여 살아나셨느니라. (4:18-25)

바울은 이 단락으로 구약성경에 나오는 구원하는 믿음의 최고 본보기 아브라함에 대한 설명을 마무리한다. 사람의 믿음과 하나님의 은혜 둘 다 구원과 관련이 있으나 둘이 결코 동등한 요소는 아니라는 게 분명해진다. 바울이 에베소 신자들에게 선언했듯이, 사람의 믿음도 하나님이 은혜로 주시는 구원에 포함된다. "너희는 그 은혜에 의하여 믿음으로 말미암아 구원을 받았으니, 이것은 너희에게서 난 것이 아니요 하나님의 선물이라. 행위에서 난 것이 아니니, 이는 누구든지 자랑하지 못하게 함이라. 우리는 그가 만드신 바라"(엡 2:8-10a).

아브라함의 본명은 아브람이었으며(창 11:26이하를 보라), 아브람은 "많은 사람의 아버지"라는 뜻이다. 그러나 하나님이 갈대아 우르에 사는 그를 부르셨을 때(창 11:28, 31; 참조. 행 7:2-4), 족장은 자녀가 없었다. 아버지 데라가 죽은 후 하란을 떠날 때, 아브라함은 일흔다섯 살이었으며(창 12:4) 여전히 자녀가 없었다. 그러나 믿음으로, 아브라함은 하나님이 약속하신 땅을 향하는 여정의 마지막 구간을 시작했다.

처음 아브람을 부르셨을 때, 하나님은 그가 큰 민족을 이루게 하겠다고 약속하셨다(창 12:1-2). 여러 해 후, 이 약속을 되풀이하실 때, 하나님은 아브람에게 그의 후손들이 하늘의 별처럼 셀 수 없이 많아지리라고 약속하셨다(15:5; 참조. 22:17). 그러나 그 때도 족장과 그의 아내 사라는 여전히 자녀가 없었다. 그때 "아브람이 여호와를 믿으니 여호와께서 이를 그의 의로 여기셨다"(15:6). 그러나 창세기의 앞 구절들을 보면 분명해지듯이, 아브라함이 하나님을 향해 보인 반응은 진실하고 무조건적인 믿음의 반응이었다.

아브람이 우르에서 처음 부르심을 받았을 때나 약속의 땅 가나안에 처음 들어갔을 때 무슨 생각을 했는지 알 수 없다. 하나님이 우상을 숭배하는 이교도 아브람에게(수 24:2을 보라) 자신이 참되고 유일한 하나님이심을 어떻게 확신시켰는지 또는 그를 어떻게 설득해 자신을 믿게 하셨는지 알 수 없다. 그러나 부르신 바로 그 하나님이 그 부르심에 답하도록 믿음을 촉발하셨다는 것은 알 수 있다.

아브람의 믿음은 참으로 놀라웠다. 하나님은 아브람에게 상속자를 주겠다고 약속하셨고 아브람은 이 약속이 실현되기까지 약 40년간 이 약속을 믿었다. 아브람은 가나안에 사는 동안(창 25:7을 보라) 사라와 자신의 매장지로 구매한 조그마한 밭을 빼면 가나안 땅을 한 뼘도 소유하지 못했다(23:16-20). 아브람은 하나님이 자신으로 큰 민족의 아버지와 무수한 사람의 아버지가 되게 하시리라 믿었다. 거의 600년 후 여호수아가 이스라엘을 이끌고 가나안으로 돌아와 그 땅을 정복할 때까지 민족(nation)이란 용어의 일반적 의미에서 민족이 없을 터였는데도 말이다.

아브람은 가나안에 발을 딛자마자 혹독한 믿음의 시험을 여러 차례 치렀다. 기근을 만났고(창 12:10), 잠재적으로 적대적인 바로를 만났으며(12:14-20), 조카 롯과 갈등이 있었고(13:5-9), 분명히 두려움과 싸웠다(15:1을 보라). 그러나 이 모든 시험을 치르면서, 자신을 부르신 하나님께 충실했다.

도널드 그레이 반하우스는 로마서 주석에서 아브람에 관해 다음과 같이 통찰력 있게 썼다.

> 이제 아브람은 동방사람이었다. 그는 동방사람들의 교섭에 능숙했다. 더욱이, 그는 낙타 카라반들이 고대 이집트와 북동부의 물품을 싣고 오가는 교역로가 교차하는 지점에 전략적으로 자리를 잡았다. 그에게는 우물이 여럿 있었고 가축이 아주 많았다. 성경은 "아브람에게 가축과 은과 금이 풍부하였더라"라고 말한다(창 13:2). 부유한 상인들의 카라반이 북쪽이나 남쪽에서 그 땅에 들어오면 아브람의 우물들 곁에 멈추었다. 아브람의 종들이 낙타와 상인들의 종들의 필요를 잘 돌봐주었다. 여행자들에게 양식을 팔았다. 저녁에는 상인들이 아브라함의 장막을 찾아와 예를 갖추었다. 정해진 패턴을 따라 질문이 오갔을 것이다. 춘추가 어떻게 되십니까? 존함이 어떻게 되십니까? 이곳에 자리 잡은 지 얼마나 되셨습니까? 무역상들이 자신을 소개할 때, 아브람은 자신의 이름을 말하지 않을 수 없었을 것이다. 아브람, 많은 사람의 아버지입니다.
>
> 이런 일이 틀림없이 수백 번, 수천 번 있었을 테고, 아브람은 매번 더 괴로웠을 것이다. "많은 사람의 아버지시라고요! 축하드립니다! 아들은 몇이나 두셨습니까?" 아브람은 이 질문에 답하며 너무나 수치스러웠다. "없습니다." 그의 이름과 이를 뒷받침할 자녀가 하나도 없다는 사실이 전혀 어울리지 않았고, 농담에 반쯤 감춰진 비웃음이 돌았을 게 틀림없다. 아브람은 이 질문을 받고 대답하면서 마음을 독하게 먹었을 것이며, 이런 상황이 너무나 괴롭고 싫었을 게 틀림없다.
>
> …많은 사람의 아버지가 지금 그 누구의 아버지도 아니다. 가능성은 다양했고, 나는 이 내러티브의 심리학에서 이에 관해 많은 수군거림이 있었다는 사실을 찾아내는 게 가능하다고 믿는다. 이 농담을 듣고 당혹해하는 아브람의 표정을 본 종들은 이렇게 저렇게 각색했다. 모두 천막에 살았고, 눈과 귀에 포착되지 않는 사생활이 거의 없었다. 이 문제를 놓고 많은 대화가 오갔을 것이다. 누구 책임이

었을까? 아브람이었을까, 아니면 사라였을까? 그 양반 온전한 남자 맞아? 그는 족장이었다. 그의 말이 곧 법이었다. 그는 가축도 많고 종도 많았다. 그러나 자식이 없었다. 그런데 그의 이름은 "많은 사람의 아버지"였다. (*God's Remedy: Romans 3:21-4:25* [Grand Rapids: Eerdmans, 1954], pp. 311-312)

의심할 여지 없이, 이러한 압박이 사라가 아브람에게 자신의 애굽 여종 하갈에게서 아들을 낳으라고 제안하는 데 크게 작용했다(창 16:2). 종들이 이 제안을 엿들었고 아브람이 절망적으로 동의했음을 알았을 가능성이 크다. 사라는 곧 자신의 성급한 제안을 후회했고 하갈을 시기해서 상당히 잔인하게 대했다.

하갈이 이스마엘을 낳았을 때, 아브람은 마침내 상속자가 생겼다. 그러나 이스마엘은 하나님이 약속하셨고 하나님이 주신 상속자, 오직 사라만이 낳을 수 있는 상속자가 아니라 그의 죄악된 궁리와 인간 생식력이 낳은 상속자일 뿐이었다. 13년 후, 아브람이 아흔아홉 살이었을 때, 자비로우신 하나님이 아브람에게 다시 나타나 그의 후손이 번성하리라는 약속을 되풀이하셨다. 하나님은 또한 아브람의 이름을 바꿔주시며 이렇게 말씀하셨다.

이제 후로는 네 이름을 아브람이라 하지 아니하고 아브라함이라 하리니, 이는 내가 너를 여러 민족의 아버지가 되게 함이니라. 내가 너로 심히 번성하게 하리니, 내가 네게서 민족들이 나게 하며 왕들이 네게로부터 나오리라. 내가 내 언약을 나와 너 및 네 대대 후손 사이에 세워서 영원한 언약을 삼고 너와 네 후손의 하나님이 되리라. 내가 너와 네 후손에게 네가 거류하는 이 땅 곧 가나안 온 땅을 주어 영원한 기업이 되게 하고 나는 그들의 하나님이 되리라. (창 17:5-8).

그러나 아브람은 이전 이름이 당혹스러웠다면 새 이름이 훨씬 더 당혹스러웠다. 이 약속이 어떻게 사라에게서 난 아들을 통해 성취될 수 있을지 도무지 알 수 없었다. 사라는 이제 90세였고 아이를 가질 수 있을 나이가 한참 지났다. 그래서 아브라함은 이스마엘이 약속된 상속자가 되게 해주시길 하나님께

청했다(창 17:18). 그러나 하나님은 이렇게 답하셨다. "아니라. 네 아내 사라가 네게 아들을 낳으리니, 너는 그 이름을 이삭이라 하라. 내가 그와 내 언약을 세우리니, 그의 후손에게 영원한 언약이 되리라"(창 17:19). 하나님은 이제 아브라함에게 분명하게 말씀하셨다. 실제로 사라가 그에게서 아들을 잉태하고 일 년 후 출산할 테니 그 아들의 이름을 이삭이라 지으라는 것이었다(21절).

우리는 여기서 깊은 교훈을 얻는다. 하나님의 약속은 오직 하나님의 능력으로 성취될 수 있으며, 하나님의 뜻을 이루려는 인간의 노력이 아무리 진실하고 기발하더라도 실패할 수밖에 없고 하나님을 영화롭게 하는 게 아니라 오히려 욕되게 한다. 인간의 노력은, 설령 하나님의 계명을 지키거나 하나님의 약속을 성취하려는 목적일지라도, 헛되며 행위에 기초한 의를 추구하는 것이다. 바울은 갈라디아 신자들에게 (그리스도인들은 구원받기 위해 예수를 믿어야 할 뿐 아니라 모세 율법을 지켜야 한다고 가르치는) 율법주의 유대주의자들을 조심하라고 경고하며 말했다. "내게 말하라. 율법 아래에 있고자 하는 자들아, 율법을 듣지 못하였느냐? 기록된 바, 아브라함에게 두 아들이 있으니 하나는 여종에게서, 하나는 자유 있는 여자에게서 났다 하였으며, 여종에게서는 육체를 따라 났고 자유 있는 여자에게서는 약속으로 말미암았느니라"(갈 4:21-23).

이스마엘은 율법주의적 인간의 자기 노력이 낳은 산물을 보여주는 반면에, 이삭은 하나님의 주권적 은혜가 낳은 산물을 보여준다. 바울은 갈라디아 신자들이 예수 그리스도를 믿었기 때문에 "이삭과 같이 약속의 자녀라"는 것을 일깨웠다(4:28). 이들이 하나님의 자녀였던 것은 자신들의 인간적 노력 때문이 아니라 하나님의 은혜 때문이었다.

하나님은 이스마엘을 자신이 아브라함에게 약속하신 아들로 인정하지 않으셨다. 이스마엘은 육적으로 잉태된 아들이었기 때문이다. 마찬가지로, 하나님은 자신들의 선과 성취를 신뢰하는 자들을 그분의 영적 자녀로 인정하지 않으실 것이다.

구원은 행위가 아니라 믿음으로 얻고(롬 4:1-8) 율법이 아니라 은혜에서 온다는 것을 보여준 후(9-17절), 바울은 믿음 또한 인간의 노력이 아니라 하나님의 능력으로 얻는다는 것을 보여주면서 이 장을 마무리한다(18-25절). 이 단락에서, 바울은 구원하는 믿음의 세 가지 실재를 제시한다. 그 분석(18-21절), 그 응답(22절), 그 적용(23-25절).

아브라함의 믿음, 그 분석

[18]아브라함이 바랄 수 없는 중에 바라고 믿었으니, 이는 네 후손이 이같으리라 하신 말씀대로 많은 민족의 조상이 되게 하려 하심이라. [19]그가 백 세나 되어 자기 몸이 죽은 것 같고 사라의 태가 죽은 것 같음을 알고도 믿음이 약하여지지 아니하고 [20]믿음이 없어 하나님의 약속을 의심하지 않고 믿음으로 견고하여져서 하나님께 영광을 돌리며 [21]약속하신 그것을 또한 능히 이루실 줄을 확신하였으니. (4:18-21)

이 단락에서 아브라함의 믿음을 비롯해 하나님이 주신 모든 믿음, 곧 구원을 낳는 유일한 믿음의 주요 특징 일곱을 열거한다.

첫째, 바울은 아브라함이 **바랄 수 없는 중에 바라고 믿었다**고 선언한다. '소망'(hope, **바라고**)과 '믿음'(faith, **믿었으니**)은 서로 연결되지만 같지 않다. 이 경우, 소망은 참일 수 있거나 일어날 수 있는 무엇인가를 바라는 것이고, 반면에 믿음은 참이거나 일어'나리라'(will)는 것에 대한 굳건한 확신이다. 이 옛 족장은 인간의 관점에서 보면 소망을 가질 근거가 전혀 없거나 소망을 갖는 게 전혀 합당하지 않을 때 소망을 가졌다. 그러나 불가능해 보이는 일을 바라면서도 그 일이 하나님의 말씀대로 이루어지리라 **믿었다**.

아브라함의 믿음은 그 대상이 하나님이었으며, 특히 **네 후손이 이같으리라 하신 말씀대로 많은 민족의 조상이 되게** 하시리라는 하나님의 약속이었다. 하나님이 아브라함을 "이끌고 밖으로 나가 이르시되, 하늘을 우러러 뭇별을 셀 수 있나 보라. 또 그에게 이르시되, 네 자손이 이와 같으리라. 아브람이 여호와를 믿으니, 여호와께서 이를 그의 의로 여기시고"(창 15:5-6).

둘째, 바울은 하나님을 향한 아브라함의 **믿음이 약하여지지 아니했다**고 선언한다. **믿음이 약하여**진다는 것은 의심이 믿음을 가리고 부분적으로 허물게 둔다는 뜻이다. 아브라함은 40년 간 하나님을 믿었고, 바울이 방금 넌지시 말했듯이 "하나님은 죽은 자를 살리시며 없는 것을 있는 것으로 부르시는 이"라는 것을 인정했다(롬 4:17). 우리가 아는 한, 아브라함은 하나님의 기적을 하나도 보지 못했다. 그는 하나님이 죽은 자를 살리시거나 존재하지 않는 무엇이나 누구라도 말씀으로 존재하게 하시는 것을 전혀 보지 못했다. 그러나 그는 하나님이 이런 일들을 쉽게 하실 수 있음을 굳게 믿었다. 히브리서 저자는 아브라함의 믿음이 갖는 이러한 특징을 설명하며 말했다. "아브라함은 시험을 받을 때에 믿음으로 이삭을 드렸으니, 그는 약속들을 받은 자로되 그 외아들을 드렸느니라. 그에게 이미 말씀하시기를, 네 자손이라 칭할 자는 이삭으로 말미암으리라 하셨으니, 그가 하나님이 능히 이삭을 죽은 자 가운데서 다시 살리실 줄로 생각한지라. 비유컨대, 그를 죽은 자 가운데서 도로 받은 것이니라"(히 11:17-19).

셋째, 바울은 아브라함이 육체적으로 연약해지는데도 믿음 덕분에 낙담하지 않았다고 말한다. 하나님을 향한 아브라함의 믿음은 강하고 흔들리지 않았으며, 그래서 그의 무지와 연약함이 그가 하나님을 신뢰하는 데 아무런 방해가 되지 못했다. 그러므로 아브라함은 **백세나 되어 자기 몸이 죽은 것 같고 사라의 태가 죽은 것 같음을 알고도** 흔들리지 않았다. 아브라함의 육체적 생식력은 이제 사라졌고 **죽은 것 같았다**. 그러나 이러한 생리적 사실에도 그의 믿음은 작아지지 않았다. 육체적 불능은 아브라함에게 문제가 되지 않았다. 그는 애초에 자신을 창조하신 초자연적 하나님을 믿었기 때문이다.

아브라함보다 여러 세대 전, 노아는 하나님을 향한 비슷한 믿음, 곧 흔들리지 않는 믿음을 보여주었다. 하나님이 노아에게 방주를 지으라 명하셨을 때, 노아는 비를 전혀 보지 못했다. 땅이 필요로 하는 모든 수분을 안개와 이슬이 공급했기 때문이다. 그러나 120년이란 오랜 세월 동안, 노아는 성실하게 방주를 지었다. 이것이 하나님의 뜻이었기 때문이며 다른 이유는 없었다. 노아는 하나님께 순종해 하나님의 지시대로 정확하게 동물들을 모아 방주에 들였다. 그러자 비가 오기 시작했다. 하나님이 하늘의 수문을 주권적으로 여시기 전에는 없던 현상이었다.

"믿음으로 노아는 아직 보이지 않는 일에 경고하심을 받아 경외함으로 방주를 준비하여"(히 11:7). 노아가 방주를 지은 것은 방주가 필요하다고 보았기 때문이 아니라 순전히 이것이 하나님의 명령이었기 때문이다. 노아는 하나님을 믿었기에 방주를 지었을 뿐 아니라 방주를 짓는 동안 믿지 않는 많은 주위 사람에게 성실하게 "의를 전파하는" 자이기도 했다(벧후 2:5). 그러나 의심할 여지 없이, 이들은 노아의 어리석고 무의미한 방주 프로젝트를 보며 그가 미쳤다고 비웃었을 것이다. 이것이 노아의 후손 아브라함이 가졌던 꺾이지 않는 믿음이다.

넷째, 아브라함은 주변 환경이 하나님의 약속의 성취를 불가능하게 만드는 것처럼 보일 때도 그분의 약속을 의심하지 않았다. 하나님이 아브라함과 사라 사이에서 이듬해 이삭이 태어나리라며 구체적 약속을 되풀이하셨을 때, "아브라함과 사라는 나이가 많아 늙었고 사라에게는 여성의 생리가 끊어졌다"(창 18:11-14; 참조. 17:21). 그러나 아브라함 자신의 육체적 불능처럼 **사라의 태가 죽은 것 같음**도 아브라함의 믿음을 막지 못했다.

다섯째, 아브라함은 **믿음이 없어 하나님의 약속을 의심하지 않았다**. 많은 신자가 믿음과 의심 사이에서 머뭇거리지만 그는 그렇지 않았다. 인간의 시각에서 일이 술술 풀리고 있을 때는 하나님을 신뢰하기 쉽다. 그러나 일이 불가능해 보일 때는 하나님을 불신하기가 훨씬 쉽다. 사라는 믿음의 여인이었고 "약속하신 이를 미쁘신(faithful) 줄 알았다"(히 11:11). 그러나 자신의 믿음이 무조건적 신뢰에 이르지 못했을 때, 하나님이 남편에게 하신 약속을 엿듣고 웃었다(창 18:12).

창세기 내러티브들을 보면, 바울이 흔들리지 않은 아브라함의 믿음과 관련해 실수한 것처럼 보일지 모른다. "이 후에 여호와의 말씀이 환상 중에 아브람에게 임하여 이르시되, 아브람아 두려워하지 말라. 나는 네 방패요 너의 지극히 큰 상급이니라. 아브람이 이르되, 주 여호와여, 무엇을 내게 주시려 하나이까? 나는 자식이 없사오니, 나의 상속자는 이 다메섹 사람 엘리에셀이니이다. 아브람이 또 이르되, 주께서 내게 씨를 주지 아니하셨으니, 내 집에서 길린 자가 내 상속자가 될 것이니이다"(창 15:1-3). 아브라함은 하나님 앞에서 공개적으로 인정했다. 하나님이 주신 여러 민족에 대한 약속은 고사하고 상속자에 대한 약속이 어떻게 성취될 수 있을지 도무지 모르겠다는 것이었다. 아브라함이 볼 수 있는 유일한 상속자는 으뜸가는 종 엘리에셀이었으며, 그와 사라 사이에 아들이 없으면 이 종이 그의 기업을 물려받을 터였다.

그러나 죄에 대한 유혹 자체가 죄가 아니듯이 씨름하는 믿음은 의심이 아니다. 아브라함이 하나님의 약속이 어떻게 성취될 수 있을지 이해하려 애쓰고 있었다는 사실 자체가 비록 그가 아직 길을 '볼' 수 없더라도 성취의 길을 '찾고' 있었다는 것을 말한다. 약한 믿음이었다면 쉽게 의심에 굴복했을지 모른다. 영적 문제와 벌이는 진지한 씨름은 강하고 경건한 믿음에서 비롯된다. 이런 믿음은 의심하길 거부하고 하나님의 약속을 신뢰하며 인간적으로 성취의 길을 상상할 수 없을 때라도 신뢰한다. 하나님이 그분의 자녀들의 믿음을 시험하시는 목적은, 당시에는 어려워 보이더라도, 이들이 더 강하게 신뢰하고 이에 대해 그분께 감사하게 하기 위해서다(약 1:2-4을 보라). 아브라함은 하나님께 시험을 받을 때 **믿음으로 견고하여졌다**(**grew strong in faith**, 믿음이 강해졌다).

장 칼뱅은 신자들이 "무지의 찌기가 없을 만큼 깨달음을 얻은 적이 없을 뿐 아니라 염려가 없을 만큼 마음이 굳건했던 적도 없다"라고 지혜롭게 관찰했다. 하나님의 모든 진리를 이해하고 그분의 모든 약속의 성취를 마음에 그린다고 주장하는 그리스도인은 큰 믿음이 아니라 큰 뻔뻔스러움을 내보이는 것이다. 경건한 믿음은 온전한 이해가 아니라 온전한 신뢰, 곧 "바라는 것들의 실상이요 보이지 않는 것들의 증거"다(히 11:1).

여섯째, 바울은 아브라함의 믿음이 **하나님께 영광을 돌렸다**고 말한다. 경건한 믿음은 하나님을 영화롭게 한다. 믿음을 주시는 분에게 모든 영예가 돌아간다. 거꾸로, 하나님을 영화롭게 하지 '않는' 그 어떤 믿음도 하나님에게서 비롯된 믿음이 아니다. 하나님을 믿는다는 것은 그분이 신뢰할 수 있는 분이라는 단언이다. 그러므로 하나님을 믿는 것이 사람이 그분을 영화롭게 하는 최고의 방법이다. 반면에, 믿음이 없으면 하나님을 예배하거나 찬양하거나 높이려는 그 어떤 시도라도 무가치하고 독선적인 위선일 뿐이다. 요한은 정신이 번쩍 드는 선언을 한다. "하나님을 믿지 아니하는 자는 하나님을 거짓말하는 자로 만드나니, 이는 하나님께서 그 아들에 대하여 증언하신 증거를 믿지 아니하였음이라"(요일 5:10).

느부갓네살 왕이 사드락과 메삭과 아벳느고에게 금 신상에 절하라고 명하며 그러지 않으면 죽는다고 협박했을 때, 이들은 차분하게 답했다. "느부갓네살이여, 우리가 이 일에 대하여 왕에게 대답할 필요가 없나이다. 왕이여, 우리가 섬기는 하나님이 계시다면 우리를 맹렬히 타는 풀무불 가운데에서 능히 건져내시겠고 왕의 손에서도 건져내시리이다. 그렇게 하지 아니하실지라도 왕이여, 우리가 왕의 신들을 섬기지도 아니하고 왕이 세우신 금 신상에게 절하지도 아니할 줄을 아옵소서"(단 3:16-18). 세 젊은이의 최고 관심사는 그들의 조상 아브라함처럼 하나님을 높이고 그분께 순종하며 그분을 영화롭게 하는 것이었다.

바울을 비롯해 많은 사람이 배를 타고 지중해를 건너 로마로 가는 길에 맹렬한 폭풍을 만나 배가 산산이 부셔질 지경이었다. 화물과 장비를 모두 바다에 버렸는데도 배는 계속 침몰해갔고 바울을 제외한 모두가 살아날 희망을 버렸다. 누가는 이렇게 기록한다.

> 여러 사람이 오래 먹지 못하였으매, 바울이 가운데 서서 말하되 여러분이여, 내 말을 듣고 그레데에서 떠나지 아니하여 이 타격과 손상을 면하였더라면 좋을 뻔하였느니라. 내가 너희를 권하노니, 이제는 안심하라. 너희 중 아무도 생명에는 아무런 손상이 없겠고 오직 배뿐이리라. 내가 속한 바 곧 내가 섬기는 하나님의 사자가 어제 밤에 내 곁에 서서 말하되, 바울아 두려워하지 말라 네가 가이사 앞에 서야 하겠고 또 하나님께서 너와 함께 항해하는 자를 다 네게 주셨다 하였으니, 그러므로 여러분이여 안심하라. 나는 내게 말씀하신 그대로 되리라고 하나님을 믿노라. (행 27:21-25)

가장 위험한 환경에서도 하늘에 계신 아버지를 향한 바울의 신뢰는 약해지지 않았다. 하나님의 자녀들은 이러한 신뢰를 통해 하나님을 가장 영화롭게 하고 가장 높인다.

일곱째, 아브라함은 하나님의 약속이 확실하고 그분의 능력이 충분하다는 것을, 그리고 하나님이 **약속하신 그것을 또한 능히 이루실 줄을 확신하였다**. 하나님을 향한 아브라함의 믿음이 온전하고 무조건적이었다는 것이 이 한마디로 요약된다.

아브라함의 믿음, 그에 대한 응답

그러므로 그것이 그에게 의로 여겨졌느니라. (4:22)

이 단락 전체의 핵심, 사실 4장 전체의 핵심은 하나님이 아브라함의 믿음에 답해 은혜로 그의 믿음을 **그에게 의로** 여기셨다(**여겨졌느니라**)는 것이다. 죄악된 육체로, 아브라함은 하나님이 세우신 완전한 **의**의 기준을 전혀 충족할 수 없었다. 그러나 구원의 좋은 소식인 "하나님의 복음"은(롬 1:1) 하나님이 친히 한 사람으로 가질 수 있게 하신 믿음을 취하시고 믿는 그 죄인을 대신해 그 믿음을 **의**로 여기시리라는 것이다.

믿음이 구원받을 자격을 주지 않는다. 믿음은 구원을 하나님의 은혜로운 손에서 받아들이는 것이다. 이러한 받음을 통해 하나님만 주실 수 있는 **의**를 얻게 된다.

아브라함의 믿음, 그 적용

[23]그에게 의로 여겨졌다 기록된 것은 아브라함만 위한 것이 아니요 [24]의로 여기심을 받을 우리도 위함이니, 곧 예수 우리 주를 죽은 자 가운데서 살리신 이를 믿는 자니라. [25]예수는 우리가 범죄한 것 때문에 내줌이 되고 또한 우리를 의롭다 하시기 위하여 살아나셨느니라. (4:23-25)

아브라함의 믿음이 의로 여겨졌다는 부분에서 놀라운 사실이 있다. 동일한 원리가 하나님의 아들을 믿는 모두에게 적용된다는 것이다. 성령께서 바울을 감동시켜 이 진리를 기록하게 하셨다. 이것은 아브라함에게 그러했듯이 **의로 여기심을 받을 우리도 위함이니.**

성경의 어느 부분도 기록된 당시만 적용되는 게 아니다. 시편 기자는 이렇게 선언한다. "여호와께서 증거를 야곱에게 세우시며 법도를 이스라엘에게 정하시고 우리 조상들에게 명령하사 그들의 자손에게 알리라 하셨으니, 이는 그들로 후대 곧 태어날 자손에게 이를 알게 하고 그들은 일어나 그들의 자손에게 일러서 그들로 그들의 소망을 하나님께 두며 하나님께서 행하신 일을 잊지 아니하고 오직 그의 계명을 지켜서"(시 78:5-7). 바울은 같은 진리를 로마서 말미에서 표현한다. "무엇이든지 전에 기록된 바는 우리의 교훈을 위하여 기록된 것이니, 우리로 하여금 인내로 또는 성경의 위로로 소망을 가지게 함이니라"(롬 15:4).

아브라함과 그의 믿음 이야기가 오늘 우리에게 중요한 것은 지금 우리도 아브라함과 정확히 똑같은 근거로, 다시 말해 하나님을 믿음으로써 구원받기 때문이다. 예수님의 희생도 아브라함의 죄를 위한 것이었으며, 하나님은 이 희생으로 그를 구원하셨다. 오늘을 사는 사람들은 하나님의 계시를 아브라함보다 훨씬 많이 갖고 있다. 아브라함의 평생에 그리고 그가 죽은 후 오랜 후까지, 기록된 하나님의 말씀이 없었다. 그러나 예수님은 믿지 않는 유대 지도자들에게 분명하게 선언하셨다. "너희 조상 아브라함은 나의 때 볼 것을 즐거워하다가 보고 기뻐하였느니라"(요 8:56).

인간적 측면에서 보면, 로마서 4:24의 핵심 어구는 **믿는 자**다. 믿음은 구원에 필수 조건이다. 히브리서 11장이 분명히 하듯이, 하나님이 받아들이신 사람들은 믿음으로 그분을 받아들인 사람들뿐이다.

아브라함은 받은 계시가 제한적인데도 구주를 고대하고 하나님이 죽은 자를 살리실 수 있음을 믿었다. 그렇다면 현대인들은 아버지께서 "그를 믿는 자마다 멸망하지 않고 영생을 얻게 하려" 하시려고(요 3:16) 실제로 **예수 우리 주를 죽은 자 가운데서 살리신** 것을 믿을 이유가 더욱 더 많지 않겠는가?

예수는 우리가 범죄한 것 때문에 내줌이 되고 또한 우리를 의롭다 하시기 위하여

살아나셨느니라. 내줌이 되다(delivered up)는 재판 용어였으며 범죄자를 그가 받을 형벌에 처하는 것을 가리켰다. 예수 그리스도는 **우리의 범죄**에 내려져야 마땅한 사형 선고에 **내줌이 되고(was delivered up)** 우리가 우리의 힘이나 공로로 결코 획득할 수 없는 **의**를 하나님 앞에서 우리에게 주려고 **살아나셨다 (was raised up).**

19세기 대 신학자 찰스 하지는 이렇게 썼다.

> 구주가 돌아가셨고 죽음이 그분에게 승리해 그분을 사로잡았다. 이것으로 우리의 칭의는 영원히 불가능했다. 옛 경륜 하에서, 대제사장이 제단에서 제물을 죽여야 했을 뿐 아니라 그 피를 지성소에 가지고 들어가 시은소(mercy-seat)에 뿌려야 했듯이, 우리의 큰 대제사장께서 바깥뜰에서 고난을 받으셔야 할 뿐 아니라 하늘에 올라가 우리의 칭의를 위해 그분의 의를 하나님 앞에 드리셔야 한다. 그러므로 우리를 대신한 그분의 대속을 받아들인 증거이자 그분의 희생의 공로를 안전하게 적용하는 필수 단계로서, 그리스도의 부활은 절대적으로 필요했으며 우리의 칭의를 위해서도 그러했다. (*Commentary on the Epistle to the Romans* [Grand Rapids: Eerdmans, 1983 reprint], p. 129)

현대인은 과학적 객관주의에 근거한 주장들을 하면서도 초자연적인 것에 매료되고 외계 생명체의 존재 가능성에 매료된다. 동방의 신비주의가 지적으로 "계몽된" 세상을 다양한 형태와 정도로 유례없이 휩쓸고 있다. 탁월한 많은 사람이 중요한 결정을 내리거나 긴 여정에 나설 때면 점쟁이들에게 조언을 구한다.

이것은 교양 있고 세련된 현대인이라고 해서 초자연적인 일이나 기적을 믿을 수 없는 게 아님을 보여준다. 오히려 모든 시대의 믿지 않는 자들처럼, 현대인도 예수 그리스도께서 행하신 초자연적 기적을 본능적으로 거부한다. '이러한' 초자연적 기적이 유효하려면 자신의 **범죄(transgressions)**를 고백하고 버려야 하지만, 이것은 사람의 부패한 본성에 가장 거슬리는 일이다. 그러나 언제나 참 믿음에 수반되는 그러한 고백과 회개로만 **의롭다 하심**

(justification), 곧 그리스도의 희생으로 가능해지며 자격 없는 자에게 주시는 의를 받을 수 있다.

20

안전한 구원

(5:1-11)

[1]그러므로 우리가 믿음으로 의롭다 하심을 받았으니 우리 주 예수 그리스도로
말미암아 하나님과 화평을 누리자. [2]또한 그로 말미암아 우리가 믿음으로 서 있
는 이 은혜에 들어감을 얻었으며 하나님의 영광을 바라고 즐거워하느니라. [3]다
만 이뿐 아니라 우리가 환난 중에도 즐거워하나니, 이는 환난은 인내를, [4]인내
는 연단을, 연단은 소망을 이루는 줄 앎이로다. [5]소망이 우리를 부끄럽게 하지
아니함은 우리에게 주신 성령으로 말미암아 하나님의 사랑이 우리 마음에 부은
바 됨이니, [6]우리가 아직 연약할 때에 기약대로 그리스도께서 경건하지 않은 자
를 위하여 죽으셨도다. [7]의인을 위하여 죽는 자가 쉽지 않고 선인을 위하여 용
감히 죽는 자가 혹 있거니와 [8]우리가 아직 죄인 되었을 때에 그리스도께서 우
리를 위하여 죽으심으로 하나님께서 우리에 대한 자기의 사랑을 확증하셨느니
라. [9]그러면 이제 우리가 그의 피로 말미암아 의롭다 하심을 받았으니 더욱 그
로 말미암아 진노하심에서 구원을 받을 것이니, [10]곧 우리가 원수되었을 때에
그의 아들의 죽으심으로 말미암아 하나님과 화목하게 되었은즉, 화목하게 된
자로서는 더욱 그의 살아나심으로 말미암아 구원을 받을 것이니라. [11]그뿐 아니
라 이제 우리로 화목하게 하신 우리 주 예수 그리스도로 말미암아 하나님 안에
서 또한 즐거워하느니라. (5:1-11)

사탄이 신자들을 상대하는 주요 전략 중 하나는 신자들로 구원이 영원히 안전

함을 의심하거나 구원이 개개인에게 실재임을 의심하게 하는 것이다. 아마도 이런 이유로, 바울은 그리스도인의 전신갑주에서 중요한 한 부분으로 "구원의 투구"를 말하는데(엡 6:17; 참조. 살전 5:8), 구원의 투구는 그리스도인의 마음을 감싸 그의 구속에 관한 의심과 불안으로부터 그를 보호하라고 주신 것이다. 이것은 객관적이면서도 주관적이다. 첫째, 성경의 객관적 증거가 구원이 모든 신자에게 영원히 안전하다는 것을 보여준다.

영원한 안전의 문제, 즉 "한 번 구원은 영원한 구원"이란 문제는 기독교 역사에서 오래도록 뜨거운 논쟁거리였다. 이 교리의 진위가 엄청나게 중요하다는 데 모두 동의한다. 그러나 신자가 자신이 이러한 참구원을 실제로 받았다는 증거를 인식하는 것도 아주 중요하다. 일단 안전이 구원의 사실로 확립되면, 확신이 그리스도인의 마음에서 주관적으로 유지되어야 한다.

어떤 사람들의 주장처럼 예수 그리스도를 믿음으로써 구원받지만 죄를 지어 하나님의 은혜에서 벗어날 수 있다면, 그리스도인들은 두 측면에서 자신의 영적 운명과 관련해 늘 불확실성을 안고 살아야 한다. 그리스도인들은 하나님이 행하신 일을 토대로 받은 것을 자신의 행위를 토대로 유지해야 한다. 다시 말해, 그리스도인들은 선물로 받은 하나님의 의를 자신이 성취하는 의로 유지해야 한다. 이 교리에 따르면, 구원은 믿음으로 받지만 행위로 유지되고 하나님의 능력으로 받지만 인간의 능력으로 유지된다. 그러므로 이것은 일종의 행위에 근거한 의다. 이 교리는 신자의 삶이 하나님의 기준에 못 미치면 그의 구원이 취소되고 그는 다시 자신의 죄 가운데 잃은 자가 된다고 가르친다. 그는 영적으로 살아 있지만 다음 날 영적으로 다시 죽을 수 있다. 그는 하나님의 자녀이지만 다음 날 사탄의 자녀로 돌아갈 수 있다. 분명히, 영원한 안전이(객관적) 없다면 구원받았다는 확신이(주관적) 없기에 두려워할 이유가 있을 수 있다.

로마서 3장과 4장에서, 바울은 아주 분명히 한다. 구원은 사람의 믿음을 통해 역사하는 하나님의 은혜로만 얻는다. 구원받을 때, 사람의 유일한 몫은 하나님의 손에서 용서와 화해를 값없이 믿음으로 받는 것이다. 하나님의 율법에 대한 순종을 비롯해 다른 무엇이라도 신뢰하는 자는 구원받지 못한다. 안전을 부정하는 사람들조차 대부분 구원의 이러한 측면에 완전히 동의한다.

바울은 '언제나' 믿음이 구원에 이르는 유일한 길이라는 사실을 분명히 했다. 아브라함은 모든 유대인의 육체적 시조이자 하나님과 바른 관계를 가졌던(하나님이 의롭다고 하셨던) 사람으로서 모든 유대인의 최고 본보기였다. 그러나 아브라함은 이러한 관계를 자신의 선한 행위가 아니라 오직 자신의 믿음을 통해 성취했다. 바울은 창세기 15:6을 인용하며 선언한다. "아브라함이 하나님을 믿으매 그것이 그에게 의로 여겨진 바 되었느니라"(롬 4:3).

그러나 바울 당시에 대다수 유대인은 이 진리를 잃은 지 오래였다. 이 진리는 행위-의 시스템(a system of works-righteousness, 행위에 기초한 의 시스템)으로 대체되었는데, 그 토대는 구약 율법뿐 아니라 랍비들이 발전시킨 숱한 전통에 부분적으로 순응하는 것이었다. 이런 점에서, 대중적 유대교는 사람이 만든 다른 종교들과 다르지 않았는데, 이들은 모두 인간이 자신의 선과 성취를 토대로 신을 기쁘게 하고 달랜다는 원리에 기초한다. 죄에서 비롯된 영적 맹목과 교만 때문에, 타락한 인간은 자신만의 영적 힘으로 자신을 고양할 수 있다고 늘 확신한다. 어쨌든 하나님을 믿는다면, 자신이 하나님을 기쁘게 할 만큼 본래 선하거나 자신의 노력으로 하나님이 받아들이실만한 존재가 될 수 있다고 믿는다. (바울은 10:1-4에서 이 부분을 더 자세히 설명한다.)

로마서 3-4장에서, 바울의 논증들은 특별히 유대인들을 향하며(예를 들면, 3:1, 9, 29, 4:1, 13을 보라), 5장에서도 유대인들이 계속 바울의 주된 청중으로 보인다. 이 서신에서 자주 나타나듯이, 위대한 사도는 자신의 영감받은 가르침에 맞서 제기될 전형적인 논증들을 예상했으며, 분명히 이러한 논증은 그가 사역하면서 이미 숱하게 접했을 것이다.

바울이 이제 다루려는 여러 질문과 반대 주장은 어떻게 구원이 유지되는지와 관련이 있다. 바울의 수신자 중에 이렇게 말하는 사람들이 있을 터였다. "그리스도 예수 안에 있는 속량으로 말미암아 하나님의 은혜로 값없이 의롭다 하심을 얻은 자 되었느니라"(3:24; 참조. 4:24). "그렇다면 어떤 조건에서 구속이 유지되는가? 자신이 성취한 그 어떤 선한 행위와 무관하게 오직 믿음으로 구원받는다면, 이것은 그와 하나님의 바른 관계가 영원히 안전하기 때문에 자기 마음대로 살아도 된다는 뜻인가? 아니면 선한 행위가 구원을 유지하는가?"

바울은 믿음을 통해 은혜로 구원받는다는 가르침이 죄를 짓도록 신자를 부추긴다는 억지 주장을 반박하며 둘째 질문에 답했다. 바울의 대적 중에 "우리 불의가 하나님의 의를 드러나게 한다"는 그의 가르침을(3:5) 들어 그를 비난하는 자들이 있었다. 그가 죄를 조장하고 그리스도인이라면 "선을 이루기 위하여 악을 행하"여야 한다고 가르친다는 것이었다(3:8). 이제 그는 구원은 믿음으로 받으나 선한 행위로 유지되어야 한다는 다소 상반된 생각을 반박한다.

신자들이 무엇을 하느냐 하지 않느냐에 따라 구원이 유지되거나 그러지 못한다면 신자들의 구원은 이들이 신실한 만큼 안전할 뿐이다. 그러나 결코 신자들의 신실함이 구원을 안전하게 하지 않는다. 이 견해에 따르면, 신자들은 그리스도께서 그분의 신적 능력으로 시작하신 것을 자신들의 인간적 능력으로 지켜내야 한다.

바울은 이러한 억측과 그에 따른 절망을 반박하려고 에베소교회에게 위로의 말로 확신을 심어주었다. "너희 마음의 눈을 밝히사 그의 부르심의 소망이 무엇이며 성도 안에서 그 기업의 영광의 풍성함이 무엇이며 그의 힘의 위력으로 역사하심을 따라 믿는 우리에게 베푸신 능력의 지극히 크심이 어떠한 것을 너희로 알게 하시기를 구하노라. 그의 능력이 그리스도 안에서 역사하사 죽은 자들 가운데서 다시 살리시고 하늘에서 자기의 오른편에 앉히사"(엡 1:18-20). 바울이 이 단락에서 지적하듯이, 그리스도인이 그리스도 안에서 '지금 가지며 영원히 가질' 안전, 즉 죄악되고 헛된 자신의 노력이 아니라 "우리에게 베푸신 능력의 지극히 크심"과 "그의 능력"에 달려있는 안전에 대해 아는 것이 매우 중요하다. 이 진리가 확신의 모퉁잇돌이다.

우리의 소망은 우리 자신이 아니라 우리의 크신 하나님께 있다. 이것이 그 이유다. "우리는 미쁨이 없을지라도(faithless) 주는 항상 미쁘시니(faithful) 자기를 부인하실 수 없으시리라"(딤후 2:13). 이사야는 하나님의 성실하심(faithfulness)을 "그의 몸의 띠"라고 표현했다(사 11:5). 다윗은 하나님의 "진실하심(faithfulness)이 공중에 사무쳤다"고 했으며(시 36:5), 예레미야는 "주의 성실하심이 크시도소이다"라며 하나님을 찬양했다(애 3:23). 히브리서 저자는 그리스도인들에게 이렇게 훈계한다. "또 약속하신 이는 미쁘시니(faithful) 우리가 믿는 도리의 소망을 움직이지 말며 굳게 잡고"(히 10:23). 지속적인 믿음이 필요하다. 그러나 우리가 굳게 붙잡을 수 있는 것은 우리의 성실 때문이 아니라 주님의 성실하심 때문이다.

로마서에서, 바울은 신자들이 구원의 완성과 관련해 불확실성 속에서 살아야 한다는 파괴적인 주장을 반박하는 논증을 전개한다. 그러면서 참신자와 그의 구주요 주님을 신자의 그 어떤 노력이나 공로와 전혀 무관하게 영원히 연결하는 진리의 사슬을 이루는 "연결고리" 여섯을 제시한다. 그 연결고리는 다음과 같다. 신자는 하나님과 화평을 누린다(5:1). 신자는 은혜 안에 서 있다(2a절). 신자는 하나님의 영광을 바란다(2b-5a절). 신자는 하나님의 사랑이 있다(5b-8절). 신자는 하나님의 심판에서 구원받을 것이 확실하다(9-10절), 신자는 하나님을 기뻐한다(11절).

신자는 하나님과 화평을 누린다

그러므로 우리가 믿음으로 의롭다 하심을 받았으니 우리 주 예수 그리스도로 말미암아 하나님과 화평을 누리자. (5:1)

신자와 그리스도를 끊을 수 없게 영원히 연결하는 사슬의 첫째 고리는 신자들이 하나님과 화평을 누린다는 것이다.

그러므로는 바울이 지금 제시하는 논증과 이미 말한 것, 특히 3장과 4장에서 말한 것을 연결한다. 3, 4장에서 바울은 신자로서 우리가 **믿음으로 의롭다 하심을 받았다**는 것을 분명히 했다. 우리는 **믿음으로** 의롭다 하심을 받았기에, **우리 주 예수 그리스도로 말미암아 하나님과 화평을 누린다.**[62]

---

62 새번역: 우리 주 예수 그리스도로 말미암아 하나님과 더불어 평화를 누리고 있습니다.

우리가…누리자(we have)로 번역된 동사는 현재시제이며 이미 소유하고 있는 것을 가리킨다. 신자의 복 가운데 많은 것은 신자의 부활과 영화(glorification)를 기다려야 한다. 그러나 **하나님과** 누리는 **화평(peace with God)**은 신자가 **주 예수 그리스도**를 믿는 순간 확고해진다.

바울이 여기서 말하는 **화평**은 주관적이지 않고 객관적이다. 느낌이 아니라 사실이다. **예수 그리스도**를 통해 구원받지 않은 사람은 누구라도 하나님을 어떻게 느끼든 간 하나님과 원수사이며 영적으로 그분과 전쟁 중이다(10절을 보라; 참조. 8:7). 마찬가지로, 그리스도를 믿어 의롭다 하심을 얻은 사람은 어느 순간에 어떻게 느끼더라도 하나님과 **화평**을 누린다. **예수 그리스도**를 믿음으로써, 죄인이 하나님과 벌이는 전쟁이 영원히 끝난다.

구원받지 못한 자들은 대부분 스스로 하나님의 원수라고 생각하지 않는다. 이들은 하나님을 미워하는 감정을 의식적으로 품지 않고 적극적으로 그분의 일을 반대하거나 그분의 말씀을 반박하지 않는다. 그래서 자신들이, 최악의 경우, 하나님에 대해 "중립적"이라고 생각한다. 그러나 중립은 가능하지 않다. 구원받지 못한 모든 사람의 마음은 오로지 육신의 것들과 화평할 뿐이기에 본질상 "하나님과 원수가 되며" 그럴 수밖에 없다(롬 8:7).

유명한 선교사 데이비드 리빙스턴(David Livingstone, 1813-1873)이 남아프리카 줄루족과 여러 해를 보낸 후 아내와 어린 자녀를 데리고 내륙으로 들어가 선교 활동을 했다. 돌아와 보니, 줄루족과 원수지간인 한 부족이 줄루족을 공격해 많은 주민을 죽이고 추장의 아들을 잡아갔다. 줄루족 추장은 이 부족과 전쟁하길 원치 않았으나 리빙스턴에게 통렬하게 물었다. "저들이 내 아들을 포로로 잡고 있는데 어떻게 저들과 평화롭게 지낼 수 있겠습니까?"

도널드 그레이 반하우스는 이 이야기를 언급하며 이렇게 썼다. "야만족 추장의 마음이 이러했다면 자신의 아들을 짓밟은 자들, 자신들을 구별한 언약의 피를 거룩하지 못한 것으로 여기는 자들, 은혜의 영을 계속 멸시하는 자들을 향한 하나님 아버지의 마음은 더더욱 이러하지 않겠는가(히 10:29)?" (*God's River: Romans 5:1-11* [Grand Rapids: Eerdmans, 1959], p. 26).

모든 불신자는 하나님의 원수일 뿐 아니라 하나님도 모든 불신자의 원수이며(참조. 시 7:11), 매일 이들에게 분노하고(참조. 시 7:11) 이들에게 영원한 지옥행을 내리실 만큼 이들의 원수다. 하나님은 죄인의 원수이며, 이러한 적대감은 죄인이 **예수 그리스도**를 믿을 때까지 계속된다. 하나님의 자녀가 아닌 자는 누구나 사탄의 자녀이며(요 8:44을 보라), 하나님 나라 시민이 아닌 자는 누구나 사탄의 나라 시민이다. 바울이 이 서신의 거의 첫머리에서 선언했듯이, "하나님의 진노가 불의로 진리를 막는 사람들의 모든 경건하지 않음과 불의에 대하여 하늘로부터 나타"난다(롬 1:18).

하나님을 믿지 않으면 그분의 선민 이스라엘의 일원이라도 하나님의 원수이며 그분의 진노를 피할 수 없다. 하나님은 옛 이스라엘을 애굽에서 건져내신 직후 이들에게 경고하셨다. "나의 노가 맹렬하므로 내가 칼로 너희를 죽이리니, 너희의 아내는 과부가 되고 너희 자녀는 고아가 되리라"(출 22:24). 믿지 않고 신실하지 못한 이스라엘이 뒤이어 광야를 헤맬 때, 하나님이 이들에게 선언하셨다. "그들이 하나님이 아닌 것으로 내 질투를 일으키며 허무한 것으로 내 진노를 일으켰으니 나도 백성이 아닌 자로 그들에게 시기가 나게 하며 어리석은 민족으로 그들의 분노를 일으키리로다. 그러므로 내 분노의 불이 일어나서 스올의 깊은 곳까지 불사르며 땅과 그 소산을 삼키며 산들의 터도 불타게 하는도다"(신 32:21-22). 이스라엘이 약속의 땅에 들어가고 얼마 되지 않았을 때 하나님이 경고하셨다. "만일 너희가 너희의 하나님 여호와께서 너희에게 명령하신 언약을 범하고 가서 다른 신들을 섬겨 그들에게 절하면 여호와의 진노가 너희에게 미치리니, 너희에게 주신 아름다운 땅에서 너희가 속히 멸망하리라"(수 23:16; 참조. 왕하 22:13; 사 5:25; 13:9; 나 1:2).

하나님은 사랑이 넘치는 분이라 그 누구도 지옥에 보내지 않으신다고 어리석게 생각하는 자들에게, 바울은 이렇게 선언했다. "누구든지 헛된 말로 너희를 속이지 못하게 하라. 이로[5절에 열거된 죄로] 말미암아 하나님의 진노가 불순종의 아들들에게 임하나니"(엡 5:6).

나는 경기를 앞둔 어느 프로 풋볼팀의 기도회를 인도한 적이 있다. 그때 감독이 이렇게 말하는 것을 들었다. "하나님이 있는지 모르겠지만 이 기도회가 좋습니다. 하나님이 있다면 그분을 내 편으로 만들고 싶거든요." 이런 정서는 불신자들이 자주 표현한다. 이들은 우주의 창조자요 유지자에게 입에 발린 말을 함으로써 그분을 구슬려 자신이 바라는 것을 하게 할 수 있다고 생각한다. 하나님은 '결코' 불신자들 편이 아니며, 불신자들을 향한 하나님의 진노는 이들이 그분의 아들 예수 그리스도의 대속 사역을 믿을 때에야 누그러질 수 있다.

그러나 십자가에서 그리스도께서 죄악된 인류가 당해야 마땅한 하나님의 맹렬한 진노를 고스란히 당하셨다. 그리스도를 믿는 자들은 더는 하나님의 원수가 아니며 더는 하나님의 진노 아래 있지 않고 하나님과 화평을 누린다.

바울은 골로새 신자들에게 확신을 주었다. "아버지께서는 모든 충만으로 예수 안에 거하게 하시고 그의 십자가의 피로 화평을 이루사 만물 곧 땅에 있는 것들이나 하늘에 있는 것들이 그로 말미암아 자기와 화목하게 되기를 기뻐하심이라. 전에 악한 행실로 멀리 떠나 마음으로 원수가 되었던 너희를 이제는 그의 육체의 죽음으로 말미암아 화목하게 하사 너희를 거룩하고 흠 없고 책망할 것이 없는 자로 그 앞에 세우고자 하셨으니"(골 1:19-22).

의롭다 하심의 가장 즉각적인 결과는 화목(화해)이며, 이것이 로마서 5장의 주제다. 하나님과 화목하면 하나님과 화평하게 된다. 이 화평은 영구적이며 불가역적이다. 신자들은 예수 그리스도를 통해 화목하게 되었다. 그분이 "항상 살아 계셔서 그들을 위하여 간구하시"기 때문이다(히 7:25). 주님은 자신에게 속한 자들을 이렇게 말씀하신다. "내가 그들의 불의를 긍휼히 여기고 그들의 죄를 다시 기억하지 아니하리라"(히 8:12; 참조. 10:17). 신자들의 죄 때문에 누군가가 미래에 벌을 받아야 한다면 이들의 죄를 친히 지신 분, 곧 예수 그리스도여야 한다. 이것은 불가능하다. 그분이 이미 죗값을 완전히 지불하셨기 때문이다.

한 사람이 회개하고 믿음으로 그리스도를 영접할 때, 하나님의 아들, 곧 죄가 없으면서 우리의 모든 죄를 완전히 대속하신 분이 그 사람으로 아버지 하나님과 영원히 화평하게 하신다. 사실, 그리스도께서는 신자에게 화평을 '가져다주실' 뿐 아니라 그분 자신이 "우리의 화평"이다(엡 2:14). 이 모두는 주 예수께서 성취하신 대속 사역의 성격과 범위를 이해하는 것이 확신의 기초로서 얼마나 중요한지 보여준다.

바울이 이 단락에서 말하는 화평은 하나님과 화목하는 객관적 화평이다. 그렇더라도 신자가 이 객관적 진리를 알면 더 깊고 놀라운 주관적 화평도 얻는다. 그리스도인들이 자신이 하나님의 자녀요 예수 그리스도의 형제/자매라는 사실을 알면 찰스 하지가 "영혼의 달콤한 평온"(sweet quiet of the soul)이라 부른 것을 갖지 않을 수 없다(*Commentary on the Epistle to the Romans* [Grand Rapids: Eerdmans, 1974 reprint], p. 132).

그러나 우리가 예수 그리스도를 통해 하나님과 화평을 누린다는 사실에 대한 인식은 감사하고 따뜻한 느낌 그 이상의 것을 선사한다. 자신이 그리스도 안에서 영원히 안전하다고 확신할 때, 그리스도인은 자신의 선과 공로에 집중하는 데서 벗어나 그 무엇도 자신을 하늘에 계신 아버지에게서 떼어놓을 수 없다는 무조건적 확신을 갖고 주님을 섬길 수 있다. 그는 바울처럼 말할 수 있다. "내가 확신하노니, 사망이나 생명이나 천사들이나 권세자들이나 현재 일이나 장래 일이나 능력이나 높음이나 깊음이나 다른 어떤 피조물이라도 우리를 우리 주 그리스도 예수 안에 있는 하나님의 사랑에서 끊을 수 없으리라"(롬 8:38-39).

신자는 자신이 그리스도 안에서 영원히 안전하다는 것을 알 때 화평(평안)을 누린다. 이 화평은 그의 믿음을 강화할 할 뿐 아니라 그의 섬김도 강화한다. 우리가 영원히 하나님과 화평을 누린다는 것을 알면 그리스도를 위해 그분의 능력으로 영적 전쟁을 잘 할 준비가 된다. 전투에 나갈 때, 로마 군인은 전장에서 발이 미끄러지지 않도록 바닥에 못이 박힌 부츠를 신었다고 한다. 그리스도인들은 "평안의 복음"을 신었기에(엡 6:15) 구원에 대한 불확실성이 초래할 수밖에 없는 영적 미끄러짐과 정서적 미끄러짐 없이 확신을 갖고 그리스도를 위해 굳건히 설 수 있다.

신자는 은혜 안에 서 있다

또한 그로 말미암아 우리가 믿음으로 서 있는 이 은혜에 들어감을 얻었으며

(5:2a)

신자들과 그리스도를 끊을 수 없게 영원히 연결하는 사슬의 둘째 고리는 신자들이 하나님의 은혜 안에 서 있다는 것이다.

그로 말미암아(through whom)는 물론 주 예수 그리스도를 가리킨다(1절). 우리는 하나님의 아들을 믿음으로써 아버지 하나님과 화목했기 때문에 **믿음으로…이 은혜에 들어감을 얻었다.**

'프로사고게'(*prosagōgē*, **introduction, 들어감**)는 신약성경에서 단 세 차례 사용되며, 그때마다 신자가 예수 그리스도를 통해 하나님께 나아감을 가리킨다(엡 2:18, 3:12도 보라).

유대인들에게 하나님께 직접 나아감 또는 **들어감**은 생각할 수 없는 것이었다. 하나님과 얼굴을 마주한다는 것은 죽는다는 뜻이었기 때문이다. 하나님은 시내산에서 이스라엘에게 그분의 율법을 주실 때 모세에게 이렇게 말씀하셨다. "내가 빽빽한 구름 가운데서 네게 임함은 내가 너와 말하는 것을 백성들이 듣게 하며 또한 너를 영영히 믿게 하려 함이니라"(출 19:9). 그러나 백성이 하나님의 지시대로 스스로를 정결하게 한 후, "여호와께서 시내산 곧 그 산 꼭대기에 강림하시고 모세를 그리로 부르시니 모세가 올라가매, 여호와께서 모세에게 이르시되, 내려가서 백성을 경고하라. 백성이 밀고 들어와 나 여호와에게로 와서 보려고 하다가 많이 죽을까 하노라"(20-21절).

성막이 세워지고 나중에 성전이 세워진 후, 경계가 엄격하게 설정되었다. 이방인은 바깥뜰까지만 들어갈 수 있었다. 유대인 여자들은 이방인 구역을 넘어갈 수 있었으나 그리 많이 넘어갈 수 없었다. 유대인 남자들과 일반 제사장들도 마찬가지였다. 각 그룹은 하나님의 거룩한 임재가 나타나는 지성소에 좀 더 가까이 갈 수 있었으나 실제로 그 누구도 지성소에 들어갈 수 없었다. 오직 대제사장만, 매년 단 한 번만 아주 짧게 지성소에 들어갈 수 있었다. 대제사장이라도 합당하지 않게 들어가면 목숨을 잃을 수 있었다. 대제사장이 속죄일에 입는 특별한 의복에 종이 달려 있었다. 그가 지성소에서 섬기는 동안 종소리가 멈추면 하나님이 치셔서 죽었다는 것을 알았다(출 28:35).

그러나 그리스도의 죽음으로 이것이 끝났다. 그분은 자신이 드린 대속 제사(atoning sacrifice)를 통해 유대인이든 이방이든 간에 이 제사를 믿는 사람은 누구라도 아버지 하나님께 나아갈 수 있게 하셨다. 히브리서 저자는 신자들을 이렇게 독려한다. "긍휼하심을 받고 때를 따라 돕는 은혜를 얻기 위하여 은혜의 보좌 앞에 담대히 나아갈 것이니라"(히 4:16).

이 진리가 생생하게 드러나도록, 예수님이 십자가에서 돌아가실 때 하나님의 능력으로 "성소 휘장이 위로부터 아래까지 찢어져 둘이 되었다"(마 27:51). 그분의 죽음으로, 성소 휘장이 상징하는 장애물, 곧 하나님의 거룩한 임재 앞에 나아가는 길에 놓였던 장애물이 영원히 제거되었다. 히브리서 저자는 이 놀라운 진리를 설명하며 말한다. "그러므로 형제들아, 우리가 예수의 피를 힘입어 성소에 들어갈 담력을 얻었나니, 그 길은 우리를 위하여 휘장 가운데로 열어 놓으신 새로운 살 길이요 휘장은 곧 그의 육체니라. 또 하나님의 집 다스리는 큰 제사장이 계시매, 우리가 마음에 뿌림을 받아 악한 양심으로부터 벗어나고 몸은 맑은 물로 씻음을 받았으니, 참 마음과 온전한 믿음으로 하나님께 나아가자"(히 10:19-22).

예레미야 선지자는 신자들이 새 언약 아래서 하나님과 맺게 될 새로운 관계를 예언하며 이렇게 썼다. "그들은 내 백성이 되겠고 나는 그들의 하나님이 될 것이며…내가 그들에게 복을 주기 위하여 그들을 떠나지 아니하리라 하는 영원한 언약을 그들에게 세우고 나를 경외함을 그들의 마음에 두어 나를 떠나지 않게 하고"(렘 32:38, 40).

그분을 믿는 우리의 **믿음**을 토대로, 예수 그리스도께서 신자들로 **우리가 서 있는 이 은혜에** 들어가게 하신다. '히스테미'(*histēmi*, **stand, 서 있는**)는 여기서 영속성, 곧 흔들림 없이 굳건히 서 있다는 의미를 내포한다. 믿음은 구원에 필수다. 그렇더라도 구원하고 그 구원을 유지하는 능력은 신자의 믿음이 아니라 하나님의 **은혜**에 있다. 하나님의 은혜로 구원받고 인간의 노력으로 그 구원을 유지하는 게 아니다. 만약 그렇다면 하나님의 은혜가 조롱받을 테고, 하나님은 우리 안에서 시작하시는 일을 유지하고 완성할 뜻이나 능력이 없다는 뜻일 것이다. 바울은 빌립보 신자들에게 분명하게 선언했다. "너희 안에서 착한 일을 시작하신 이가 그리스도 예수의 날까지 이루실 줄을 우리는 확신하노라"(빌 1:6). 유다는 동일한 최고의 진리를 강조하면서 그리스도를 가리켜 "능히 너희를 보호하사 거침이 없게 하시고 너희로 그 영광 앞에 흠이 없이 기쁨으로 서게 하실 이"라고 말한다(유 24). 우리는 성령으로 시작해 육체로 마치는(perfected, 온전해지는) 게 아니다(갈 3:3).

신자들은 자주 죄에 빠진다. 그러나 신자들의 죄가 하나님의 은혜보다 강하지 못하다. 신자들의 죗값을 예수님이 지불하셨다. 구원받기 전에 지은 죄가 아무리 크더라도 대속하는 그리스도의 죽음이 넉넉히 덮으며, 구원 후에 지은 죄가 아무리 크더라도 대속하는 그리스도의 죽음이 넉넉히 덮는다. 이 장 조금 뒤에서, 바울은 이렇게 선언한다. "우리가 원수되었을 때에 그의 아들의 죽으심으로 말미암아 하나님과 화목하게 되었은즉 화목하게 된 자로서는 더욱 그의 살아나심으로 말미암아 구원을 받을 것이니라"(롬 5:10). 죽어가던 구주께서 우리를 하나님의 은혜 앞으로 인도하실 수 있었다면 살아계신 구주께서 우리를 하나님의 은혜 안에 머물게 하실 수 있는 게 분명하다. 이 장 조금 더 뒤에서, 바울은 이 진리를 거듭 단언한다. "율법이 들어온 것은 범죄를 더하게 하려 함이라. 그러나 죄가 더한 곳에 은혜가 더욱 넘쳤나니"(롬 5:20). **은혜** 안에 서 있기에, 우리는 지속적인 용서의 영역 안에 있다.

성경강해자 아더 핑크는 생생하게 썼다. "재판장이신 하나님의 판결이 철회되거나 뒤집히기란 전적으로, 절대적으로 불가능하다. 그분 안에 피한 자들이 다시 정죄 받는 것보다 전능의 번개가 만세반석을 뒤흔드는 게 빠를 것이다"(*The Doctrines of Election and Justification* [Grand Rapids: Baker, 1974], pp. 247-248).

바울은 믿음 안에서 얻은 사랑하는 아들 디모데에게 더없이 확신하며 단언했다. "내가 믿는 자를 내가 알고 또한 내가 의탁한 것을 그날까지 그가 능히 지키실 줄을 확신함이라"(딤후 1:12). 그는 동일한 확신을 갖고 이렇게 썼다. "그런즉 이 일에 대하여 우리가 무슨 말 하리요? 만일 하나님이 우리를 위하시면 누가 우리를 대적하리요? 자기 아들을 아끼지 아니하시고 우리 모든 사람을 위하여 내주신 이가 어찌 그 아들과 함께 모든 것을 우리에게 주시지 아니하겠느냐? 누가 능히 하나님께서 택하신 자들을 고발하리요? 의롭다 하신 이는 하나님이시니, 누가 정죄하리요? 죽으실 뿐 아니라 다시 살아나신 이는 그리스도 예수시니, 그는 하나님 우편에 계신 자요 우리를 위하여 간구하시는 자시니라"(롬 8:31-34).

하나님이 그분의 아들을 믿는 자들을 영원히 의롭다고 주권적으로 선언하신다면 누가 그 판결을 뒤집을 수 있겠는가? 어떤 상급 법원이 이러한 하나님의 무죄 판결을 뒤집을 수 있겠는가? 물론, 상급 법원도 없고 더 큰 재판관도 없다. 예수 그리스도는 온 인류의 재판관(심판자)이며, 참 제자들에게 말할 수 없는 위로의 약속을 주신다. "아버지께서 내게 주시는 자는 다 내게로 올 것이요 내게 오는 자는 내가 결코 내쫓지 아니하리라"(요 6:37).

신자들의 구원이 안전한 것은 자유롭게 죄를 지을 수 있게 하기 위해서가 아니다. 구원의 목적과 결과 자체는 죄'에서' 자유하게 하는 것일 뿐 자유롭게 죄를 짓게 하는 게 아니다. 바울은 이 서신 조금 뒤에서 로마 신자들에게 일깨운다. "[너희는] 죄로부터 해방되어 의에게 종이 되었느니라"(롬 6:18). 그리스도인이라면서 끈질기고 일관되게 죄를 짓는다면 스스로 주님께 속하지 않음을 증명하는 것이다. 사도 요한이 초기 교회의 어떤 배교자들을 말했듯이 말이다. "그들이 우리에게서 나갔으나 우리에게 속하지 아니하였나니, 만일 우리에게 속하였더라면 우리와 함께 거하였으려니와 그들이 나간 것은 다 우리에게 속하지 아니함을 나타내려 함이니라"(요일 2:19). 같은 서신 뒷부분에, 요한은 이렇게 썼다. "하나님께로부터 난 자마다 죄를 짓지 아니하나니… 무릇 의를 행하지 아니하는…하나님께 속하지 아니하니라"(3:9-10). 참신자라면 죄를 미워하고 하나님을 사랑하는 자신의 새로운 본성에서 솟아나는 새로운 의의 패턴을 구원받은 순간부터 시작할 것이다. 그는 완벽하진 않을 테지만 그의 바람이 달라지고 그의 행동 패턴도 달라질 것이다. 거룩을 향해 나아가는 새로운 발전은 하나님의 일인데, 이 부분은 이어지는 몇 장에서 살펴보겠다.

성경은 신자를 비롯해 인간의 죄악됨과 연약함을 거듭 자세히 말하는데, 지각 있고 정직한 사람이라면 이런 자명한 진리를 스스로 찾아낼 수 있다. 그러므로 그리스도인이 자신이 약하고 불완전한데도 오직 죄 없는 하나님의 아들이 흘리신 보혈로 살 수 있는 큰 선물 곧 영적 생명을 스스로 보존할 수 있다고 믿는다면 자신을 속이는 것일 뿐이다.

신자가 자신의 안전을 의심한다는 것은 하나님의 온전하심과 능력 둘 다에 의문을 제기하는 것이다. 이것은 주님을 향한 신뢰에 자기 신뢰를 더하는 것이기도 하다. 우리가 할 수 있거나 할 수 없는 어떤 것 때문에 구원을 잃을 수 있다면 우리의 궁극적 신뢰는 하나님이 아니라 우리 자신에게 있어야 하는 게 분명하기 때문이다.

스코틀랜드 시인이자 목회자 호라티우스 보나르(Horatius Bonar, 1808-1887)는 "죄를 담당하신 분"(The Sin-Bearer)이라는 찬송에서 아름다운 가사를 썼다(*Hymns of Faith and Hope* [London: James Nisbett, 1872], pp. 100-102).

오, 그리스도여, 나의 결박이 아니라 주님의 결박이
나의 사슬을 풀었고,
나의 감옥 문을 부수었으며,
나로 결코 다시 갇히지 않게 합니다.

오, 그리스도여, 오직 주님의 의만
나를 덮을 수 있습니다.
주님의 의 외에 그 어떤 의도
나를 구원하지 못합니다.

오직 주님의 의만이
옷을 입히고 아름답게 할 수 있습니다.
나 그 의로 내 영혼을 두릅니다.
그 안에서 나 살고 죽을 것입니다.

신자는 하나님의 영광을 바란다

> **[2b]하나님의 영광을 바라고 즐거워하느니라. [3]다만 이뿐 아니라 우리가 환난 중에도 즐거워하나니, 이는 환난은 인내를, [4]인내는 연단을, 연단은 소망을 이루는 줄 앎이로다. [5a]소망이 우리를 부끄럽게 하지 아니함은** (5:2b-5a)

신자들과 그리스도를 끊을 수 없게 영원히 연결하고 이들에게 **즐거워할** 이유를 주는 사슬의 셋째 고리는 신자들이 **하나님의 영광을 바란다**는 것이다. 구원은 모든 부분에서 순전히 하나님의 일이기 때문에 결코 잃을 수 없다. 하나님이 하시는 이 놀라운 일의 끝은 모든 신자가 예수 그리스도 안에서 최종적으로 영화롭게 되는 것이다. "하나님이 미리 아신 자들을 또한 그 아들의 형상을 본받게 하기 위하여 미리 정하셨으니, 이는 그로 많은 형제 중에서 맏아들이 되게 하려 하심이니라. 또 미리 정하신 그들을 또한 부르시고, 부르신 그들을 또한 의롭다 하시고, 의롭다 하신 그들을 또한 영화롭게 하셨느니라"(롬 8:29-30).

바울이 이미 분명히 했듯이, 구원은 '과거'에 닻을 내린다. 그리스도께서 그분을 믿는 모두를 위해 하나님과 화평을 이루셨기 때문이다(5:1). 구원은 '현재'에 닻을 내린다. 그리스도의 지속적인 중보로(히 7:25) 모든 신자가 이제 하나님의 은혜에 안전하게 서 있기 때문이다(2a절). 뒤이어 바울은 구원이 '미래'에도 닻을 내린다고 선포한다. 하나님이 그분의 자녀들 모두에게 변할 수 없는 약속, 즉 어느 날 이들이 그분의 아들의 영광을 옷 입게 되리라는 약속을 주시기 때문이다.

'카우카오마이'(*kauchaomai*, **exult, 즐거워하느니라**)는 환희와 기쁨을 의미한다. 그리스도인은 미래를 두려워할 이유가 전혀 없으며 온통 미래를 기뻐할 이유뿐이다. 그에게는 하나님이 안전하게 하신 소망(**hope, 바라고**), 자신의 궁극적 운명은 **하나님의 영광**에 참여하는 것이라는 소망이 있기 때문이다. 예수 그리스도께서 신자의 소망을 보장하신다. 그분 자신이 우리의 소망'이기' 때문이다(딤전 1:1). 아름다운 대제사장 기도에서, 예수님은 하늘에 계신 아버지께 이렇게 말씀하셨다. "내게 주신 영광을 내가 그들에게 주었사오니, 이는 우리가 하나가 된 것 같이 그들도 하나가 되게 하려 함이니이다"(요 17:22). 신자는 처음 그리스도를 믿을 때 구속받고 그때부터 성화되듯이 천국에서 누릴 미래의 영광을 얻는(earn) 게 아니라 하나님의 은혜로운 손에서 받을 것이다.

베드로는 우리에게 일깨운다. "너희가 알거니와 너희 조상이 물려준 헛된 행실에서 대속함을 받은 것은 은이나 금 같이 없어질 것으로 된 것이 아니요 오직 흠 없고 점 없는 어린양 같은 그리스도의 보배로운 피로 된 것이니라. 그는 창세 전부터 미리 알린 바 되신 이나 이 말세에 너희를 위하여 나타내신 바 되었으니, 너희는 그를 죽은 자 가운데서 살리시고 영광을 주신 하나님을 그리스도로 말미암아 믿는 자니, 너희 믿음과 소망이 하나님께 있게 하셨느니라"(벧전 1:18-21; 참조. 골 3:4; 히 2:10). 유한하고 썩을 우리의 육체가 어느 날 썩지 않고 불멸할 몸으로 다시 살아날 때(고전 15:53-54), 우리는 하나님의 영광을 받고 드러내기에 합당할 것이다. "우리의 시민권은 하늘에 있는지라. 거기로부터 구원하는 자 곧 주 예수 그리스도를 기다리노니, 그는 만물을 자기에게 복종하게 하실 수 있는 자의 역사로 우리의 낮은 몸을 자기 영광의 몸의 형체와 같이 변하게 하시리라"(빌 3:20-21).

성령도 신자들의 안전을 위한 보증이 되신다. "그[그리스도] 안에서 너희도 진리의 말씀 곧 너희의 구원의 복음을 듣고 그 안에서 또한 믿어 약속의 성령으로 인치심을 받았으니, 이는 우리 기업의 보증이 되사 그 얻으신 것을 속량하시고 그의 영광을 찬송하게 하려 하심이라"(엡 1:13-14).

바울이 고린도 신자들에게 설명하듯이, 우리의 성화는 지금 땅에서 살아가는 삶에서 부분적으로 시작된다. 그러나 "우리가 다 수건을 벗은 얼굴로 거울을 보는 것 같이 주의 영광을 보매 그와 같은 형상으로 변화하여 영광에서 영광에 이르니, 곧 주의 영으로 말미암음이니라"(고후 3:18).

인간의 이해력은 너무나 불완전하기에 우리가 크고 놀라운 **하나님의 영광**을 이해하기란 불가능하다. 그렇더라도 우리에게는 주님이 친히 주신 확신이 있다. 어느 날 우리가 그분의 신성한 영광을 볼 뿐 아니라 그 영광에 참여하리라는 것이다. 그분의 신성한 거룩함과 장엄한 완전함이 갖는 **영광**이 우리 안에서 우리를 통해 영원히 빛날 것이다. 하나님이 우리가 "그 아들의 형상을 본받게 하기 위하여 미리 정하셨기" 때문에(롬 8:29; 참조. 고전 2:7) 우리는 하나님 바로 그분의 영광에 참여할 것이다. 이 서신 9장에서, 바울은 하나님이 우리를 이렇게 미리 정하신 것은 "영광 받기로 예비하신 바 긍휼의 그릇에 대하여 그 영광의 풍성함을 알게" 하기 위해서라고 설명한다(롬 9:23). 바꾸어 말하면, 하나님 자신의 영광이 그분의 은혜를 통해, 그분이 자신의 신성한 영광을 오로지 멸망 받아 마땅한 자들과 나누심을 통해 나타난다(22절).

그리스도인의 안전은 전적으로 그리스도께서 다 이루신 일과 그리스도의 영이 이것을 유지하시는 능력에 있다. 그렇더라도 그리스도인의 외적인 삶은 그의 내적인 영적 생명을 증언할 것이다. 주님을 향한 순종이 구원을 유지하는 것은 아니다. 그러나 이 순종은 구원의 한 증거'이다'. 우리가 보이는 믿음의 인내가 우리의 구원을 유지하지는 않지만 그 외적 증거다. 이단의 말로든 고집스러운 불경건의 삶으로든 그리스도를 부인하는 자들은 자신이 애초에 결코 그분께 속하지 않았다는 것을 증명한다(요일 2:19을 보라).

히브리서 저자는 이렇게 선언한다. "그리스도는 하나님의 집을 맡은 아들로서 그와 같이 하셨으니, 우리가 소망의 확신과 자랑을 끝까지 굳게 잡고 있으면 우리는 그의 집이라." 그리고 몇 절 뒤에서 이렇게 덧붙인다. "우리가 시작할 때에 확신한 것을 끝까지 견고히 잡고 있으면 그리스도와 함께 참여한 자가 되리라"(히 3:6, 14). 그는 우리의 영적 안전이 그리스도를 단단히 붙잡는 우리 자신의 능력에 있다고 말하는 게 아니라 하나님이 우리에게 주신 단단히 붙잡는 능력이 우리가 그리스도께 속한다는 증거라고 말한다. 그분이 우리를 단단히 붙잡고 계시기 때문에 우리가 그분을 단단히 붙잡을 수 있다. 그리스도인의 인내에는 두 면이 있다. 하나님 편에서 보면, 하나님이 신자들을 붙잡으신다. 사람 편에서 보면, 하나님의 성령이 주시는 힘 때문에 사람들이 그분을 붙잡는다.

우리는 하나님의 영광을 보리라는 확실한 소망 중에 즐거워할 뿐 아니라 **환난 중에도 즐거워한다.** 이것은 환난이 현재의 복과 궁극적 영광에 기여하기 때문이다. '뜰립시스'(*thlipsis*, **tribulations, 환난**)는 압박을 받는다는 기본 의미를 가지며, 올리브를 틀에 넣어 기름을 짜거나 포도를 틀에 넣어 즙을 짜내는 것을 가리키는 데 사용되었다.

바울이 말하는 **환난**은 모든 사람이 다 겪는 어려움이 아니라 그리스도인들이 주님을 위해 겪는 어려움이다. 성경이 신자들에게 주는 덜 매력적인 약속 중 하나는 신실한 자들이 사탄과 그의 지배를 받는 현재의 세상 체계로부터 분명히 압박을 받는다는 것이다. "무릇 그리스도 예수 안에서 경건하게 살고자 하는 자는 박해를 받으리라"(딤후 3:12). 예수님은 팔복 중에 마지막 복을 나머지 복을 모두 합친 것보다 길게 말씀하시는데, 여덟째 복은 박해가 하나님의 복을 가져오리라는 약속을 포함한다(마 5:10-12을 보라). 어쩌면 여덟째 복이 인간적으로 너무나 매력이 없어 두 번 제시되고(10, 11절) 박해가 찾아올 때 "기뻐하고 즐거워하라"는 명령을 수반하는 게 아닐까(12절)?

그리스도를 위해 이생에서 받는 박해 그 자체가 우리가 미래에 누릴 영광의 담보 또는 보증이다. 바울은 이렇게 단언한다. "우리가 잠시 받는 환난의 경한 것이 지극히 크고 영원한 영광의 중한 것을 우리에게 이루게 함이니"(고후 4:17). 그리스도를 위해 박해받는다는 것은 그리스도처럼 살고 있다는 증거다. 예수님은 제자들에게 일깨우셨다. "내가 너희에게 종이 주인보다 더 크지 못하다 한 말을 기억하라 사람들이 나를 박해하였은즉 너희도 박해할 것이요"(요 15:20; 참조. 마 10:24-25).

베드로는 이렇게 말한다. "하나님의 뜻대로 고난을 받는 자들은 또한 선을 행하는 가운데에 그 영혼을 미쁘신 창조주께 의탁할지어다"(벧전 4:19). 사람들이 보기에 자신들의 고난이 아무리 크더라도, 자신들의 처지가 아무리 절망적이더라도, 그리스도인들은 현재의 삶에 절망할 이유가 없다. 우리는 늘 바울의 무조건적 확신을 갖고 말할 수 있어야 한다. "생각하건대, 현재의 고난은 장차 우리에게 나타날 영광과 비교할 수 없도다"(롬 8:18). 바울이 뒤이어 말하듯이, "피조물도 썩어짐의 종노릇 한 데서 해방되어 하나님의 자녀들의 영광의 자유에" 이를 것이며, "그뿐 아니라 또한 우리 곧 성령의 처음 익은 열매를 받은 우리까지도 속으로 탄식하여 양자 될 것 곧 우리 몸의 속량을 기다린다"(21, 23절).

그리스도인들은 **환난** 중에 기뻐해야 한다. 이러한 역경이 복되고 상이 있는 신실한 삶의 증거일 뿐 아니라 영적 유익을 낳기 때문이다. **환난은 인내를, 인내는 연단을, 연단은 소망을 이루는 줄 앎이로다. 소망이 우리를 부끄럽게 하지 아니함은.** 우리가 그리스도를 위해 겪는 고난은 점점 더 큰 복을 낳는다. 그러므로 하나님의 자녀들이 이생에서 고난 당하도록 '정해진'(destined) 것은 이상하지 않다(살전 3:3).

로마서 5:3-5a는 그리스도인의 성숙과 성화를 개괄한다. 그리스도인의 성숙과 성화도 구원의 여느 측면처럼 하나님의 은혜로운 능력으로 성취된다. 바울은 데살로니가전서 말미에서 아름다운 축언을 한다. "평강의 하나님이 친히 너희를 온전히 거룩하게 하시고 또 너희의 온 영과 혼과 몸이 우리 주 예수 그리스도께서 강림하실 때에 흠 없게 보전되기를 원하노라. 너희를 부르시는 이는 미쁘시니 그가 또한 이루시리라"(살전 5:23-24).

'후포모네'(*hupomonē*, **perseverance, 인내**)는 KJV에서와 같이 흔히 "patience"(참음)로 번역된다. 이 단어는 지구력(endurance), 곧 강한 반대와 큰 장애물 앞에서 계속 일하는 능력이란 의미도 내포한다.

인내는 연단(**proven character**, 증명된 성품)[63]을 낳는다. **연단**으로 번역된 헬라어(*dokimē*)는 단순히 "증거"를 뜻하며, 이 본문에서 그리스도인의 성품을 가리키는 게 분명하다. 이 용어는 순도를 입증하기 위해 은과 금 같은 귀금속을 테스트하는 것을 가리키는 데 사용되었다. 그리스도인들이 인내가 필요한 환난을 겪을 때, 그 인내가 다시 이들 속에 증명된 영적 성품(**proven** spiritual **character**)을 낳는다. 금속세공사가 강한 열로 은이나 금을 녹여 물리적 불순물을 제거하듯이, 하나님은 환난을 사용해 그분의 자녀들에게서 영적 불순물을 제거하신다. 야고보는 신자들에게 단언한다. "시험을 참는 자는 복이 있나니, 이는 시련을 견디어 낸 자가 주께서 자기를 사랑하는 자들에게 약속하신 생명의 면류관을 얻을 것이기 때문이라"(약 1:12).

이를테면, 한 바퀴 돌아서, 바울은 경건한 소망이 경건한 소망을 낳는다고 말한다. 하늘에 계신 우리의 아버지께서 환난과 인내와 연단(증명된 성품)의 과

---

63 새번역: 인격

정—그 끝은 부끄럽게 하지 않는(실망시키지 않는) 소망이다—을 통해 하나님의 영광을 바라는 우리의 소망이(2절) 점점 커지고 강해지게 하신다. 신자는 거룩을 추구할수록 더 박해를 받고 고난을 겪으며 하나님의 강력한 은혜로 이 모두를 견뎌낼 때 그의 소망이 더 커진다.

신자에게는 하나님의 사랑이 있다

> **[5b]우리에게 주신 성령으로 말미암아 하나님의 사랑이 우리 마음에 부은 바 됨이니, [6]우리가 아직 연약할 때에 기약대로 그리스도께서 경건하지 않은 자를 위하여 죽으셨도다. [7]의인을 위하여 죽는 자가 쉽지 않고 선인을 위하여 용감히 죽는 자가 혹 있거니와 [8]우리가 아직 죄인 되었을 때에 그리스도께서 우리를 위하여 죽으심으로 하나님께서 우리에 대한 자기의 사랑을 확증하셨느니라.** (5:5b-8)

신자들과 그리스도를 끊을 수 없게 영원히 연결하는 사슬의 넷째 고리는 신자들은 **하나님의 사랑**이 있다는 것인데, **우리에게 주신 성령으로 말미암아** 그 사랑이 **우리 마음에 부은 바 되었다.** 사람이 예수 그리스도를 통해 구원을 받을 때, 하나님과 영적 사랑의 관계에 들어가며 그 관계는 영원히 지속한다.

바울이 8절에서 분명히 하듯이, 여기서 **하나님의 사랑**은 하나님을 향한 우리의 사랑이 아니라 우리를 향한 하나님의 사랑을 가리킨다. 가장 압도적인 복음의 진리는 하나님이 죄악되고 타락했으며 반역하는 인류를 너무나 사랑해 "독생자를 주셨으니 이는 그를 믿는 자마다 멸망하지 않고 영생을 얻게 하려 하심이라"는 것이다(요 3:16). 바울이 이 장 9절에서 선포하듯이, 우리가 구원받기 전, 여전히 그분의 원수일 때 하나님이 이렇게 큰 사랑으로 우리를 사랑하셨다면 지금 우리를 더더욱 사랑하신다.

마치 이것으로 부족하듯이, 하나님은 그분의 사랑을 은혜로 우리에게 나눠주신다. 자신의 구원 제의를 받아들이는 자들을 위해, 하나님은 표현할 수 없는 자신의 과분한 **사랑**을 자신의 **성령으로 말미암아**(성령을 통해) 믿는 자들의

마음에 부으신다. 바울은 영원한 안전에 관한 진리를 생각(the mind, 지성)이라는 객관적 영역에서 도출한 후, 이제 그리스도 안에서 우리가 영원한 구원의 주관적 증거, 곧 하나님이 친히 우리의 내면 가장 깊은 곳에 심으신 증거를 제시한다. 내면 가장 깊은 곳에서, 우리는 우리를 먼저 사랑하신 분을 사랑한다는 것이다(요일 4:7-10; 참조. 고전 16:22).

부은 바 됨(**poured out**, 부어졌다)은 넘치도록 아낌없이 부음을 가리킨다. 우리의 하늘 아버지는 그분의 **사랑**을 방울방울 흘리시는 게 아니라 측량할 수 없는 폭포수처럼 쏟아 부으신다. 하나님이 그분의 **성령**을 보내 신자들 안에 거하게 하신다는 사실 자체가 우리를 향한 그분의 사랑을 뒷받침하는 놀라운 증거다. 그분은 자신이 사랑하지 않는 자들 안에 거의 거하지 않으실 터이기 때문이다. 오로지 이렇게 내주하시는 성령 때문에, 하나님의 자녀들은 그분을 진정으로 사랑할 수 있다. 예수님은 제자들에게 성령을 이렇게 말씀하셨다. "나를 믿는 자는 성경에 이름과 같이 그 배에서 생수의 강이 흘러나오리라"(요 7:38; 참조. 39절). 이 축복의 강이 신자들'에게서' 흘러넘칠 수 있는 이유는 단 하나, 하나님의 **사랑**의 복을 비롯해 하나님이 이들 '속에'(into) **부어주신** 복의 강들 때문이다.

마찬가지로, 우리의 영적 안전은 우리가 경건하게 사는 능력에 있지 않고 우리 안에 거하시는 '성령'의 능력, 곧 우리로 경건하게 '하시는' 능력에 있다. 오직 하나님만 사람들을 경건하게 하실 수 있으며, 성령께서 우리를 경건으로 이끄심이 구원의 큰 증거 중 하나다. 바울은 이렇게 선언한다. "무릇 하나님의 영으로 인도함을 받는 사람은 곧 하나님의 아들이라"(롬 8:14).

사랑하려는 갈망과 더불어 경건하려는 진정한 바람까지도 성령께서 일으키신다. 우리는 의로운 삶을 진심으로 갈망할 때마다, 기도하려는 진심어린 바람을 품을 때마다, 하나님의 말씀을 연구하길 갈망할 때마다, 주 예수 그리스도를 온 마음으로 예배하길 갈망할 때마다 성령께서 우리를 이끄신다는 것을 안다. 하나님이 참으로 우리의 하늘 아버지라는 놀라운 깨달음을 경험할 때마다 "성령이 친히 우리의 영과 더불어 우리가 하나님의 자녀인 것을 증언하시나니, 자녀이면 또한 상속자 곧 하나님의 상속자요 그리스도와 함께 한 상속자"다(롬 8:16-17). 육에 속한 사람은 이런 갈망이나 경험이 없으며, 그리스도인들이라도 **성령**께서 내주하고 인도하지 않으시면 이런 갈망이나 경험이 없을 것이다.

하나님의 약속을 머리로 인정한다고 해서 꼭 마음에 개인적 확신이 생기지는 않는다. 그래서 하나님은 그분의 자녀들을 정신적으로 깨우치실 뿐 아니라 정서적으로 격려하신다. 주님이 우리의 삶을 자유롭게 다스리실 때 성령께서 우리 안에 우리를 통해 열매를 맺으신다. 그 열매 중 첫째가 사랑이다(갈 5:22). 그러나 우리가 불순종해 성령을 근심하게(슬프게) 할 때(엡 4:30) 성령께서 의도하시는 열매를 맺지 못하신다. 그러므로 우리는 불순종하며 살 때 하나님을 향한 사랑을 느끼지 못할 뿐 아니라 우리를 향한 하나님의 사랑도 느끼지 못한다.

바울은 에베소 신자들을 위해 기도할 때 이 진리를 염두에 두었을 것이다. "이러므로 내가 하늘과 땅에 있는 각 족속에게 이름을 주신 아버지 앞에 무릎을 꿇고 비노니, 그의 영광의 풍성함을 따라 그의 성령으로 말미암아 너희 속사람을 능력으로 강건하게 하시오며, 믿음으로 말미암아 그리스도께서 너희 마음에 계시게 하시옵고, 너희가 사랑 가운데서 뿌리가 박히고 터가 굳어져서 능히 모든 성도와 함께 지식에 넘치는 그리스도의 사랑을 알고 그 너비와 길이와 높이와 깊이가 어떠함을 깨달아 하나님의 모든 충만하신 것으로 너희에게 충만하게 하시기를 구하노라"(엡 3:14-19). 성령께서 속사람을 강하게 하시고 "지식에 넘치는 그리스도의 사랑을 알" 수 있게 하신다. 성령께서 우리 안에서 행하시는 은혜로운 일 때문에, 우리의 머리가 파악할 수 없는 깊은 사랑, "지식에 넘치는 그리스도의 사랑"을 우리의 마음이 경험할 수 있다.

바울은 자신의 수신자들이 그들을 채운 하나님의 사랑의 성격과 특성을 더 알고 싶어 하리라는 것을 알았고, 그래서 역사상 아마도 영원토록 하나님의 사랑이 가장 위대하게 나타난 사건을 이들에게 일깨운다. **우리가 아직 연약할 때에 기약대로 그리스도께서 경건하지 않은 자를 위하여 죽으셨도다.** 사람들이 너무나 **연약해(helpless)** 스스로 하나님께 나아갈 수 없을 때, 하나님이 자신의 외아들 예수 **그리스도**를 세상에 보내 우리를 위해 죽게 하셨다. 우리는 **경건하**

지 않은 자였고 하나님의 사랑을 받을 자격이 전혀 없었는데도 말이다. 우리가 우리의 죄에서 벗어날 힘이 없을 때, 죽음에서 벗어날 힘이 없을 때, 사탄에게 저항할 힘이 없을 때, 도무지 하나님을 기쁘게 할 힘이 없을 때, 하나님이 놀랍게도 자신의 아들을 보내 우리를 대신해 죽게 하셨다.

자연스런 인간의 사랑은 거의 예외 없이 대상의 매력에 기초하며, 우리는 우리를 사랑하는 사람들을 사랑하게 된다. 그래서 우리는 하나님도 우리와 같은 사랑을 하시리라 생각하는 경향이 있다. 우리는 우리를 향한 하나님의 사랑이 우리가 얼마나 선한지 또는 우리가 그분을 얼마나 사랑하는지에 달려 있다고 생각한다. 그러나 예수님이 지적하셨듯이, 민족반역자 소리를 듣는 세리들도 자신을 사랑하는 자들을 사랑할 수 있다(마 5:46). 신학자 찰스 하지가 말했듯이, "만약 우리가 하나님을 사랑하기 때문에 하나님이 우리를 사랑하신다면, 하나님은 우리가 그분을 사랑하는 동안만, 우리가 그분을 사랑해야만 우리를 사랑하실 것이다. 그러면 우리의 구원이 배반을 일삼는 우리의 마음이 변치 않음에 달려 있을 것이다. 그러나 그리스도께서 경건하지 못한 우리를 위해 돌아가셨듯이, 하나님이 죄인인 우리를 사랑하실 때, 바울이 논증하듯이 우리의 구원은 우리의 사랑스러움이 아니라 하나님의 사랑이 변치 않는다는 사실에 달려 있다(*Commentary on the Epistle to the Romans* [Grand Rapids: Eerdmans, 1974 reprint], pp. 136-137).

엄청난 하나님의 사랑은 **경건하지 않은 자**들을 위해, 완전히 불의하고 자격 없으며 사랑스럽지 않은 인류를 위해 그리스도께서 돌아가신 데서 가장 분명하게 드러난다. 바울은 인간의 영역에서는 정반대라고 말한다. **의인을 위하여 죽는 자가 쉽지 않고 선인을 위하여 용감히 죽는 자가 혹 있거니와.** 바울은 **의인**과 **선인**을 대비시키는 게 아니라 두 용어를 동의어로 사용할 뿐이다. 그의 핵심은 설령 성품이 고상한 사람의 생명을 구하기 위해서라도 사람이 자신의 생명을 희생하는 경우가 드물다는 것이다. 자신이 흉악한 악당으로 알고 있는 사람을 구하기 위해 자신의 생명을 희생하는 사람은 훨씬 적다. 그러나 하나님은 이런 분이셨고 우리의 안전과 확신은 여기에 있다. 구원받았기에, 우리는 결코 구원받기 전처럼 가엾은 존재일 수 없다. 그때 그분이 우리를 전적으로 사랑하셨다.

우리가 아직 죄인 되었을 때에 그리스도께서 우리를 위하여 죽으심으로 하나님께서 우리에 대한 자기의 사랑을 확증하셨느니라. 이처럼 이타적이고 과분한 사랑은 인간의 이해를 완전히 초월한다. 그러나 이것이 **우리가 아직 죄인되었을 때에** 공의롭고 무한히 거룩하신 하나님이 우리를 향해(**우리에 대한**) 쏟으신 **사랑**이다. 하나님은 모든 죄악된 생각과 모든 죄악된 행위를 미워하시는데도 죄악된 생각을 하고 죄악된 행위를 하는 **죄인**들을, 심지어 이들이 자신의 죄라는 그물에 걸려 옴짝달싹 못 할 때, 사랑하신다. 심지어 사람들이 대놓고 하나님을 미워하고 자신의 죄를 버릴 생각이라곤 눈곱만큼도 없을 때도, 이들은 살아 있는 한 여전히 하나님의 구속하는 **사랑**의 대상이다. 불신자는 죽어야만 하나님의 사랑을 받지 못한다. 죽은 후, 그는 영원히 하나님의 사랑의 울타리 너머에 있고, 돌이킬 수 없이 그분의 진노를 받게 된다. 우리는 그리스도 안에서 하나님의 사랑으로 영원히 하나님과 연결되어 있으며, 하나님의 사랑은 (긍정적인) 복과 (부정적인) 자비로 나타난다.

신자는 하나님의 심판에서 구원받을 것이 확실하다

> **[9]그러면 이제 우리가 그의 피로 말미암아 의롭다 하심을 받았으니 더욱 그로 말미암아 진노하심에서 구원을 받을 것이니, [10]곧 우리가 원수되었을 때에 그의 아들의 죽으심으로 말미암아 하나님과 화목하게 되었은즉, 화목하게 된 자로서는 더욱 그의 살아나심으로 말미암아 구원을 받을 것이니라.** (5:9-10)

마치 지금껏 제시한 네 가지 고리가 우리에게 완전한 확신을 주기에 부족하기라도 하듯이, 바울은 신자들과 그리스도를 끊을 수 없게 영원히 연결하는 사슬의 다섯째 고리를 제시한다. 다섯째 고리는 신자들은 하나님의 심판에서 구원받을 것이 확실하다는 것이다.

그러면…더욱(much more then)이란 표현은 이어지는 내용이 이전 내용보다 훨씬 압도적이고 의미가 깊으며 그 자체로 놀랍고 경이롭다는 것을 말한다. **그의 피로 말미암아 의롭다 하심 의롭다 하심을 받았으니**는 구원의 첫 부분을 가리키는데, 이 부분은 신자들에게 과거다. 바울은 이렇게 말하고 있다. 우리는 이미 **의롭다 하심을 받았다(been justified)**는 사실에 비추어 **그로 말미암아**, 즉 그리스도를 통해 **진노하심에서 구원을 받을 것**을 확신한다. 우리는 이제 그리스도와 하나 되었고 그분을 통해 하나님의 자녀로 입양되었기에 더는 "진노의 자녀"가 아니다(엡 2:3). 대속 사역의 한 부분으로, 예수님은 "장래의 노하심에서 우리를 건지셨다"(살전 1:10; 참조. 5:9). 우리가 받아 마땅한 형벌과 진노를 예수님이 십자가에서 직접 받으셨기 때문이다.

뒤이은 바울의 생각은 앞의 생각(9절)과 밀접하게 연결되며 이 단락의 중심 메시지다. **우리가 원수되었을 때에 그의 아들의 죽으심으로 말미암아 하나님과 화목하게 되었은즉, 화목하게 된 자로서는 더욱 그의 살아나심으로 말미암아 구원을 받을 것이니라.** 하나님은 애초에 우리를 구속할 능력과 의지가 있었다. 그러니 우리의 구속을 유지할 능력과 의지가 **더욱(much more)** 있지 않겠는가? 바꾸어 말하면, **우리가** 하나님의 **원수되었을** 때 하나님이 **그의 아들의 죽으심으로 말미암아** 우리를 그분께 이끄셨다면, 이제 우리는 **화목하게 된** 그분의 자녀이니 하나님이 **더욱** 그분의 아들의 **살아나심(life)으로**[64] 우리의 **구원**을 유지하지 않으시겠는가? 죽어가는 구주께서 우리를 하나님과 화목하게 하셨다면 살아계신 구주께서 우리와 그분의 화목을 유지하실 수 있고 유지하실 게 확실하다.

신자들을 위한 이 진리의 핵심은 우리의 구주께서 우리를 죄와 그 심판에서 건지셨을 뿐 아니라 그 건지심에 대한 불확실성과 의심에서도 건지신다는 것이다. 하나님이 우리를 죄와 죽음과 미래의 심판에서 이미 확실하게 건지셨다. 그러니 우리의 현재 영적 삶이 어떻게 위험에 처할 수 있겠는가? 하나님이 그리스도인의 과거와 미래의 구원을 안전하게 하셨다. 이런 그리스도인이 어떻게 과거의 구원과 미래의 구원 사이의 시간에서 불안해 할 수 있겠는가? 죄는 우리의 구속이 시작되지 못하게 막는 장애물이 아니었다. 그러니 어떻게 죄가 우리의 구속이 완성되지 못하게 막는 장애물일 수 있겠는가? 가장

---

64 새번역: 생명으로

큰 죄라도 우리가 화목하게 되는 것을 막을 수 없었다. 그러니 어떻게 더 작은 죄가 우리가 화목한 상태로 있는 것을 막을 수 있겠는가? 하나님의 은혜는 그분의 원수들의 죄까지 덮는다. 그러니 그분의 자녀들의 죄는 더더욱 덮지 않겠는가? 여기서 바울은 큰 것에서 작은 것으로 추론해간다. 성도들을 영광으로 인도하는 것보다 죄인들을 은혜로 인도하는 것이 하나님의 더 큰 일이다. 은혜가 영광에서 먼 것보다 죄가 은혜에서 더 멀기 때문이다.

그리스도인의 모든 복은 그리스도에게서 온다. 그리스도를 통해, 우리는 하나님과 화평을 누리고(롬 5:1), 은혜에 들어가 하나님의 영광을 바라며(2절), 인내와 연단(증명된 성품)과 소망을 가지고(3-4절), 하나님이 그분의 성령을 통해 우리의 마음에 부어주시는 사랑을 받고(성령 자체가 구주께서 우리에게 주시는 선물이다, 5절), 그분의 대속하는 죽음으로 죄에서 해방되고(6-8절), 하나님의 진노에서 구원받으며(9절), 아버지 하나님과 화목하고(10a절), 현세를 사는 동안 견인(preservation)[65]을 받는다(10b절).

신자는 하나님을 기뻐한다

그뿐 아니라 이제 우리로 화목하게 하신 우리 주 예수 그리스도로 말미암아 하나님 안에서 또한 즐거워하느니라. (5:11)

신자들과 그리스도를 끊을 수 없게 영원히 연결하는 사슬의 여섯째이자 마지막 고리는 신자들이 하나님을 기뻐하며 크게 즐거워한다는 것이다. 이것은 우리가 그리스도 안에서 안전하다는 가장 중요하거나 가장 심오한 증거는 아닐는지 몰라도 가장 아름다운 증거일 것이다. 이 증거는 주관적인데도 실제적이다. 우리가 우리로 하나님께 나아갈 수 있게 하신 **우리 주 예수 그리스도로 말미암아 하나님 안에서 또한 즐거워하는** 이유가 무엇인가? 예수 그리스도께서 우리로 **화목하게 하셨기** 때문이다. 예수 그리스도께서 화목을 우리에게 선물

65 성도의 견인(preservation of the saints).

하셨다.

주 예수 그리스도로 말미암아 하나님이 그분의 자녀들에게 주시는 풍성한 기쁨은 자신들의 구원과 하나님이 어떤 분이신지(who God is)에 감사하는 기쁨을 포함한다.

분명히 다윗이 하나님의 마음에 합한 사람이었던 이유 중 하나는 하나님 때문에 하나님을 기뻐했다는 것이다. 그는 이렇게 노래했다. "나와 함께 여호와를 광대하시다 하며 함께 그의 이름을 높이세"(시 34:3). 다른 시편 기자들도 동일한 기쁨을 표현했다. "우리 마음이 그를 즐거워함이여, 우리가 그의 성호를 의지하였기 때문이로다"(시 33:21). "그런즉 내가 하나님의 제단에 나아가 나의 큰 기쁨의 하나님께 이르리이다. 하나님이여, 나의 하나님이여, 내가 수금으로 주를 찬양하리이다"(시 43:4).

아마도 성경 외에, 이처럼 그리스도인이 누리는 가장 깊은 기쁨을 찰스 웨슬리의 장엄한 찬송 "오, 노래할 천 개의 혀가 있다면"(O for a Thousand Tongues to Sing)[66]의 한 소절보다 아름답게 표현한 것도 없을 것이다.

오, 노래할 천 개의 혀가 있다면
나의 크신 구속자 찬양하리라.
나의 하나님, 나의 왕의 영광 찬양하리라.
그분의 은혜, 그 승리 찬양하리라.

그분의 음성 들어라, 너 듣지 못하는 자여,
그분을 찬양하라, 너 말하지 못하는 자여,
너희들의 풀린 혀를 사용하라.
네 구주께서 오심을 보라, 너 보지 못하는 자여,
기뻐 뛰어라, 너 걷지 못하는 자여!

---

66 우리말로 '만 입이 내게 있으면'으로 번역되었다(21세기 찬송가 23장). 여기 소개된 후반부는 번역된 찬송가에 없다.

이 여섯 고리가 신자를 주님과 연결하는 곳에 참되고 영원한 구원이 있고 그 구원을 온전히 확신할 모든 이유가 있다.

21

아담과 사망의 왕 노릇
(5:12-14)

[12]그러므로 한 사람으로 말미암아 죄가 세상에 들어오고 죄로 말미암아 사망이 들어왔나니, 이와 같이 모든 사람이 죄를 지었으므로 사망이 모든 사람에게 이르렀느니라. [13]죄가 율법 있기 전에도 세상에 있었으나 율법이 없었을 때에는 죄를 죄로 여기지 아니하였느니라. [14]그러나 아담으로부터 모세까지 아담의 범죄와 같은 죄를 짓지 아니한 자들까지도 사망이 왕 노릇 하였나니, 아담은 오실 자의 모형이라. (5:12-14)

많은 사람이 로마서에서 5:12-21을 가장 어려운 단락으로 여기는데, 12-14절은 이 단락의 서론이다. 처음 읽으면 복잡하고 수수께끼 같아 보이는데, 어떤 의미에서는 그렇다. 나중에 논하겠지만, 인간의 머리로는 이 단락의 진리를 이해할 수 없다. 그러나 다른 한편으로, 겸손하게 믿고 하나님의 말씀으로 받아들일 때, 이 단락의 진리 자체는 놀랍도록 단순하고 분명하다. 중력의 법칙을 완전히 이해하지 못한 채 받아들이고 그에 따라 사는 게 가능하듯이, 신자들이 하나님의 진리를 완전히 이해하지 못한 채 받아들이고 그에 따라 사는 것도 가능하다.

12-14절은 사망이 인류에게 보편적이라는 분명한 진리를 지적함으로써 5장 나머지 부분의 토대를 놓는다. 이 세 절에서, 바울은 아담과 그의 죄가 낳은 사망의 왕 노릇에 초점을 맞춘다. 5장 나머지 부분(15-21절)에서, 바울은

그리스도와 생명의 왕 노릇에 초점을 맞춘다.

바울이 이 서신 조금 뒷부분에서 분명히 하듯이, 죄가 초래한 멸망이 '모든' 창조 세계에게 영향을 미친다(롬 8:19-22을 보라). 그러나 바울은 지금 죄가 세상에 초래한 인간 생명의 보편적 멸망, 곧 하나님이 자신의 형상으로 창조하신 자들의 죽음에 초점을 맞춘다.

죽음은 필연이며 이보다 자명한 진리는 없다. 지구는 여기저기 무덤으로 뒤덮여 있으며, 가장 분명한 역사의 증언은 모든 사람이 부나 신분이나 성취와 상관없이 죽는다는 것이다. 창조 이래, 에녹과 엘리야 둘만 빼고 모두 죽었다. 그리스도께서 교회를 휴거하지 않으시면 모든 사람이 계속 죽을 것이다.

죽음이라는 고통스러운 현실은 중단도 예외도 없이 인류를 찾아온다. 동방의 속담에 따르면, "죽음이라는 검은 낙타가 각 문 앞에 한 번씩 무릎을 꿇으며 '필사의 존재'(mortal)는 너나없이 그 등에 올라 결코 돌아오지 못할 길을 가야 한다." 필사의 존재(mortal)라는 말 자체가 "죽을 수밖에 없다"(subject to death, 죽음의 지배를 받는다)는 뜻이다.

18세기 시인 토마스 그레이(Thomas Gray, 1716-1771)는 「시골 묘지에서 쓴 애가」(*Elegy Written in a Country Churchyard*)라는 시에서 잊히지 않을 구절을 썼다.

> 자랑스러운 가문도, 화려한 권세도,
> 그 모든 아름다움도, 재물이 주는 모든 것도,
> 피할 길 없는 시간 똑같이 기다리니.
> 영광의 길은 무덤에 이를 뿐이다.

셰익스피어의 희곡 『리처드 2세』에서, 왕은 지혜롭게 말한다(III. II. 195).

> 어차피 죽을 왕의 관자놀이를 두른
> 텅 빈 왕관 속에서
> 죽음이 왕궁을 지키고 광대가 거기 앉아

왕의 위엄을 조롱하고 왕의 영화를 비웃으며,
왕에게 한 호흡, 작은 한 장면을 허락한다.
그래서 왕은 다스리고 두려움의 대상이 되며
눈짓만으로 사람을 죽일 수 있다며
헛된 자부심을 그에게 불어넣어
마치 생명을 둘러싼 이 육체가
난공불락의 성이라도 되는 듯 생각하게 하고,
이렇듯 비위를 맞추고는
마침내 다가와 작은 바늘 하나로
그의 성벽을 뚫고 왕에게 이별을 고한다!

17세기 시인 제임스 셜리(James Shirley, 1596-1666)는 『아약스와 율리시즈의 논쟁』(*The Contention of Ajax and Ulysses*)이란 시집에서 이렇게 썼다.

우리의 출생과 신분의 영광은
그림자일 뿐 본질이 아니다.
운명을 막을 갑옷은 없다.
죽음이 왕들에게 차디찬 손을 얹는다.
홀과 왕관은
굴러떨어질 수밖에 없다.
티끌 속에서는
보잘것없이 구부러진
낫이나 삽과 똑같아진다.

누구나 반드시 죽는다는 사실을 생각할 때 이런 의문이 든다. "왜 죽음이 세상에서 왕 노릇 하는가? 장수하고 죽든 태어나자마자 죽든 간에, 왜 모든 사람은 죽어야 하는가? 죽음이 어떻게 논박할 수 없이 인류의 승자가 되었는가?"

바울은 현재 단락에서 이 질문들에 답한다. 그가 제시하는 기본 진리들은 그 자체로 아주 단순하더라도 그가 이것들을 변호하며 제시하는 논증은 단순하지 않다. 하나님의 감동으로 된 그의 논증은 독자를 여러 신비에, 어느 날 주님과 얼굴을 마주 볼 날까지 결코 완전히 이해하지 못할 신비에 깊이 몰아넣는다. 그러나 이 단락의 주목적은 왜 모든 사람이 죽는지 설명하는 게 아니다. 바울이 죽음이란 주제를 다루는 것은 단지 한 사람의 행위가 많은 사람에게 가차 없이 영향을 미칠 수 있다는 원리를 확립하기 위해서다. 이 장에서, 바울의 주목적은 어떻게 한 사람(Man)의 죽음이 많은 사람에게 구원을 가져다주는지 보여주는 것이며, 이를 위해 바울은 먼저 한 사람의 죄가 많은 사람에게 정죄를 안겼으므로 이 진리가 합리적이라는 것을 보여준다.

바울이 제시하는 아담과 그리스도의 유비는 하나님의 구속 계획과 관련해 여러 진리를 분명하게 드러내지만 절대로 그 놀라운 계획의 모든 부분을 분명하게 드러내지는 않는다. 하나님의 진리 중 어느 하나도 설명이 불가능하다는 게 아니라 이것 중 많은 것에 대한 설명이 인간의 이해를 넘어선다는 것이다. 우리의 책임은 분명한 것과 분명하지 않은 것을, 이해할 수 있는 것과 여전히 신비로 남아 있는 것을 믿음으로 받아들이는 것이다.

바울은 온 인류의 섬뜩한 죄와 잃은 자 됨(lostness)을 기술한(1:18-3:20) 후에, 그리스도께서 십자가에서 의롭게 하는 죽음을 통해 믿음으로 하나님께 나오는 모두에게 구원의 길을 어떻게 제시하셨는지 보여주었다(3:21-5:11). 그러므로 피할 수 없는 의문이 일어난다. “어떻게 역사의 한 시점을 살았던 한 사람이 인류에게 그렇게 절대적인 영향을 미칠 수 있었을까?”

아담과 그리스도의 유비는 대조의 유비, 곧 정반대되는 것들의 유비다. 아담의 죄 때문에 온 인류가 정죄받는다. 그리스도의 순종 때문에 많은 사람이 용서받는다. 그러므로 아담이 그리스도와 비슷한 것은 한 사람의 행위가 무수한 사람에게 영향을 미쳤다는 공통 원리에서뿐이다.

바울이 12-14절에서 제시하는 논증은 다음과 같이 네 개의 논리적 요소 또는 단계로 구성된다: 죄가 한 사람을 통해 세상에 들어왔다(12a절). 사망이 죄를 통해 세상에 들어왔다(12b절). 모든 사람이 죄를 지었기에 사망이 모든 사람에게 이르렀다(12c절). 사망이 모든 사람에게 왕 노릇 한다는 것을 역사가 증명한다(13-14절).

죄가 한 사람을 통해 세상에 들어왔다

그러므로 한 사람으로 말미암아 죄가 세상에 들어오고, (5:12a)

그러므로는 이제 다룰 부분을 바로 앞에서 선언한 것, 즉 신자로서 우리가 하나님의 아들 예수 그리스도의 희생으로 하나님과 화목하게 되었다는 것과(8-11절) 연결한다. 이제 바울은 아담과 그리스도의 유비를 시작한다. 아담과 그리스도의 공통점은 각각의 경우 무수한 사람에게 미치는 엄청난 영향이 **한 사람으로 말미암아** 생겨났다는 것이다.

아담의 경우, **한 사람으로 말미암아 죄가 세상에 들어왔다**. 바울이 죄가 아담에게서 비롯되었다고(originated) 말하는 게 아니라 **세상** 곧 인간의 영역에서 죄가 아담에게서 시작되었다고(began) 말할 뿐이라는 데 주목해야 한다. 죄는 사탄에게서, "처음부터 범죄한" 자에게서 비롯되었다(요일 3:8). 요한은 그 처음이 언제였는지 구체적으로 말하지 않지만 아담과 하와가 사탄에게 유혹을 받았으므로 이들이 창조되기 전이었던 게 분명하다.

아담과 하와를 에덴동산에 두신 후, "여호와 하나님이 그 사람에게 명하여 이르시되, 동산 각종 나무의 열매는 네가 임의로 먹되 선악을 알게 하는 나무의 열매는 먹지 말라. 네가 먹는 날에는 반드시 죽으리라"고 하셨다(창 2:15-17). 아담은 하나님께 단 하나, 그것도 단순한 금지 명령을 받았다. 그러나 이 금지 명령에 불순종한 결과는 혹독했다.

하와가 아담에게서 창조되어 아내와 배필로서 에덴동산에서 그와 함께한 후, 사탄이 하와를 유혹해 하나님의 명령을 의심하고 불순종하게 했다. 뒤이어, 하와는 남편을 꾀어 불순종하게 했고 둘이 함께 죄를 지었다. 그러나 하와가 먼저 불순종했는데도 이 죄의 주된 책임은 아담에게 돌아갔다. 첫째, 하나님이 이 명령을 직접 주신 대상이 아담이었기 때문이다. 둘째, 아담이 하와의 머리이며, 따라서 하와가 자신을 불순종으로 이끌도록 두지 말고 함께 하나님께 순종하길 고집했어야 하기 때문이다.

아담이 하나님께 복종하며 지켜야 할 명령은 이것 하나뿐이었다. 단 하나의 제한을 제외하면, 아담은 온 땅을 정복하고 다스릴 권한을 받았다(창 1:26-30). 그러나 아담이 하나님께 불순종했을 때, 죄가 그의 삶에 들어와 그의 본성을 본질적으로, 무죄함(innocence)에서 죄악됨(sinfulness)으로, 모든 후손에게 대물림될 타고난 죄악됨으로 바꿔 놓았다.

바울은 논증을 시작하며 아담을 통해 **죄가 세상에 들어왔다**고 단언한다. 그는 복수로 죄들이 아니라 단수로 **죄**를 말한다. 이런 의미에서, 죄는 불의한 특정 행위가 아니라 불의를 향한 타고난 성향을 가리킨다. 이것은 아담이 마침내 저지른 다른 많은 죄악된 행위가 아니라 그가 첫 불순종 때문에 갖게 되었고 후손에게 물려준 내주하는 **죄**성(**sin** nature)이다. 아담은 자신의 육체적 본성을 후손에게 물려주었듯이 자신의 영적 본성도 후손에게 물려주었으며, 따라서 이후로 인간의 영적 본성은 **죄**가 특징이었고 죄의 지배를 받았다.

하나님은 인간을 생산하는(procreative, 후손을 낳는) 존재로 지으셨다. 따라서 인간은 생산할 때 자녀에게, 자녀의 자녀에게, 자신의 본성—육체적, 심리적, 영적 본성—을 물려준다.

존 던(John Donne, 1572-1631)은 『묵상 17』(*Meditation XVII*)에서 유명한 구절을 남겼다.

> 어떤 인간도 섬이 아니며 혼자서는 온전할 수 없다. 모든 인간은 대륙의 한 조각이며 본토의 일부다. 한 줌 흙이 바닷물에 씻겨나가면 유럽 대륙은 그만큼 작아진다. 곶 하나가 씻겨나가도 그렇고, 그대 친구들의 영지나 그대 자신의 영지 하나가 씻겨나가도 그렇다. 어느 누구의 죽음이라도 나를 줄어들게 한다. 나는 인류 전체의 일부이기 때문이다. 그러므로 절대로 사람을 보내 누구를 위해 종이 울리는지 알려고 하지 마라. 종은 그대를 위해 울리나니.

인류는 단일체이며 하나님이 정하신 공동 운명체를 구성한다. 하위 그룹이 얼마나 많든 간에, 아담은 그에게서 비롯된 인류 전체를 대표한다. 그러므로 아담이 죄를 지었을 때 온 인류가 죄를 지었으며, 아담의 첫 죄가 그의 내적 본성을 바꿔 놓았기에 이제 타락한 본성이 그의 후손에게도 대물림되었다. 아담이 영적으로 오염되었기에 그의 후손들도 모두 같은 방식으로 오염될 것이다. 이 오염은 사실 인류 역사를 내려오며 축적되고 심해졌다. 인본주의자들의 주장과 달리, 인간은 진화한 게 아니라 퇴화했으며 갈수록 큰 죄악에 빠졌다.

옛 유대인들은 집단 정체성 개념을 아주 잘 알았다. 이들은 절대로 자신을 고립된 개개인으로 생각하거나 우연히 가족 및 동족 유대인과 혈통이 같은 분리된 개인들의 집단으로 생각하지 않았다. 이들은 다른 민족들도 모두 똑같은 방식으로 보았다. 가나안 사람, 에돔 사람, 애굽 사람 한 명 한 명은 그 민족 전체와 연결되어 분리될 수 없었다. 한 사람이 한 일이 나머지 모두에게 영향을 미쳤고 다른 사람들이 한 일이 그에게 영향을 미쳤다. 개개인이 중심인 현대인은 이해하기 어려운 방식으로 말이다.

하나님은 구성원 중 몇몇이 했거나 심지어 단 한 사람이 한 일 때문에 한 지파나 도시나 민족 전체를 벌하거나 복 주실 때가 많았다. 바로 이것이 그 근거였다. 이 원리에 비추어, 아브라함은 소돔에서 의인을 몇몇만 찾을 수 있으면 소돔을 멸하지 말아 달라고 하나님께 간청했다(창 18:22-33). 아간 한 사람이 불순종해 여리고에서 얼마간의 전리품을 자신을 위해 챙겼는데, 이 때문에 하나님은 모든 이스라엘에게 책임을 묻고 아간과 그 가족을 멸하셨다(수 7:1-26을 보라). 이것도 바로 이 원리에 근거했다.

히브리서 저자는 레위가 멜기세덱에게 준 십일조에 관한 자신의 말을 서신을 읽는 유대인들이 이해하리라는 것을 알았다. 그는 이렇게 선언했다. "논란의 여지없이 낮은 자가 높은 자에게서 축복을 받느니라. 또 여기는 죽을 자들이 십분의 일을 받으나 저기는 산다고 증거를 얻은 자가 받았느니라. 또한 십분의 일을 받는 레위도 아브라함으로 말미암아 십분의 일을 바쳤다고 할 수 있나니, 이는 멜기세덱이 아브라함을 만날 때에 레위는 이미 자기 조상의 허리에 있었음이라"(히 7:7-10; 참조. 1-3절; 창 14:18-20). 바꾸어 말하면, 멜기세덱은 제사장 지파의 조상 레위가 태어나기 오래전에 살았지만 레위는 아브라함의 나머지 모든 후손과 함께 아브라함의 허리에 씨로 있음으로써 옛 왕에게 십일조를 바치는 데 참여했다.

마찬가지로, 비록 엄청나게 더 큰 결과들을 낳았지만, 아담의 죄가 그의 후손 모두에게 대물림되었다. 아담은 에덴동산에서 죄를 지었을 때 '한' 사람으로서 죄를 지은 게 아니라 '사람'으로서 죄를 지었다. 한 몸인 그와 아내가(창 2:24) 하나님께 죄를 지었을 때, 이들의 모든 후손, 곧 이들의 허리에 있던 인류 전체가 이 죄에 가담해 하나님으로부터 멀어졌고 그 결과로 죄에 예속되었다. 바울은 고린도 신자들에게 "아담 안에서 모든 사람이 죽었다"고 설명했다(고전 15:22). 죄책과 관련해, 모든 인간이 에덴동산에 아담과 함께 있었고 그가 거기서 지은 죄에 가담했다.

아담과 하와는 실존 인물이었을 뿐 아니라 모든 인간의 시조였다는 사실은 바울이 여기서 제시하는 논증에 절대적으로 중요하며 예수 그리스도의 복음의 유효성에도 중요하다. 역사적 아담이 죄악에서 온 인류를 대표하지 않는다면 역사적 그리스도가 의에서 온 인류를 대표할 수 없다. 모든 사람이 첫 아담과 함께 타락하지 않았다면 모든 사람이 둘째이자 마지막 아담 곧 그리스도를 통해 구원받을 수 없다(고전 15:20-22, 45을 보라).

사망이 죄를 통해 세상에 들어왔다

죄로 말미암아 사망이 들어왔나니, (5:12b)

바울이 제시하는 논증의 둘째 요소는 죄가 한 사람을 통해 세상에 들어왔기에 죄의 결과인 **사망**도 그 한 사람의 **죄로 말미암아**(죄를 통해) 세상에 들어왔다는 것이다.

하나님은 아담을 필사의 존재, 곧 죽음에 예속된 존재로 창조하지 않으셨다. 그러나 아담에게 분명하게 경고하셨다. 불순종해 선악을 알게 하는 나무의 열매를 먹으면 죽음에 예속되리라는 것이었다(창 2:17). 사탄의 거짓말과

(3:4) 반대로, 이것이 실제로 아담이 불순종 때문에 맞은 운명이었다. 인간이 죄를 짓기도 전에, 하나님이 죄의 삯은 사망(죽음)이라고 정하셨다(롬 6:23; 참조. 겔 18:4). 죽음은 아담의 마음과 그의 후손 모두의 마음에 주입된 독이 어김없이 맺는 열매다.

어린 아기들이라도 죽을 수 있다. 이들이 죄를 지었기 때문이 아니라 죄성(sin nature)이 있으며 죄성의 궁극적 결과가 죽음이기 때문이다. 죄를 지어 죄인이 되는 게 아니라 본질상 죄인이기 때문에 죄를 짓는다. 거짓말을 할 때 거짓말쟁이가 되는 게 아니라 이미 마음에 거짓이 가득하기 때문에 거짓말을 한다. 사람을 죽일 때 살인자가 되는 게 아니라 이미 마음에 살의가 가득하기 때문에 사람을 죽인다. 예수님은 이렇게 말씀하셨다. "마음에서 나오는 것은 악한 생각과 살인과 간음과 음란과 도둑질과 거짓 증언과 비방이니"(마 15:19).

죄는 사람들에게 다양한 **사망**을 안긴다. 사망은 분리다. 아담의 첫째 사망은 하나님과 단절되는 '영적' 분리였으며 아담은 불순종한 직후 이것을 경험했다. 바울은 에베소 신자들에게 이렇게 일깨웠다. "그는 허물과 죄로 죽었던 너희를 살리셨도다. 그 때에 너희는 그 가운데서 행하여 이 세상 풍조를 따르고 공중의 권세 잡은 자를 따랐으니, 곧 지금 불순종의 아들들 가운데서 역사하는 영이라"(엡 2:1-2). 구원받지 못한 자들은 "그들의 총명이 어두워지고 그들 가운데 있는 무지함과 그들의 마음이 굳어짐으로 말미암아 하나님의 생명에서 떠나 있도다"(엡 4:18). 거듭나지 못한 자들은 세상에 대해 생생하게 살아 있으나 하나님과 하나님의 것들에 대해 죽었다.

죄가 안기는 둘째이자 분명한 사망은 '육체적' 사망, 곧 동료 인간들과 단절되는 분리다. 아담은 죄를 짓는 순간 육체적 생명을 곧바로 잃지 않았으나 육체적 죽음에 예속되었다.

죄가 안기는 셋째 사망은 '영원한' 사망이며, 이것은 첫째 사망의 무한히 더 나쁜 확장판이다. 성경에서 둘째 사망(계 21:8)으로 언급되는 이 사망은 하나님과 단절되는 영원한 분리뿐 아니라 지옥에서 겪는 영원한 고통을 안긴다.

불신자는 세 가지 사망 모두 두려워할 이유가 있다. 영적 사망은 이 땅에서 불신자의 행복을 막는다. 육체적 사망은 구원받을 기회가 사라지게 한다. 영원한 사망은 영원한 형벌을 안긴다. 그러나 신자들은 어떤 종류의 사망도 두려워해서는 안 된다. 신자들은 그리스도께서 영적 사망과 영원한 사망에서 영원히 구원하셨고, 이들의 육체적 사망은 (또는 휴거는) 이들을 하나님 앞으로 인도할 것이다. 신자들을 위해, 그리스도께서 사망의 두려움을 제거하셨다(히 2:14, 15).

모든 사람이 죄를 지었기에 사망이 모든 사람에게 이르렀다

이와 같이 모든 사람이 죄를 지었으므로 사망이 모든 사람에게 이르렀느니라. (5:12c)

바울이 제시하는 논증의 셋째 요소는 **사망**이 예외 없이 **모든 사람**에게 퍼졌다는 것이다. 지금껏 죽음을 피한 사람은 없다. 에녹과 엘리야는 육체적 죽음과 영원한 죽음을 피했으나 하나님을 믿기 전에는 영적으로 죽었다. 예수님도 죽었다. 자신의 죄 때문이 아니라 자신이 대신 지신 세상의 죄 때문이었다. 예수님은 죄를 지셨을 때 죄의 형벌도 받으셨다.

죄를 지었으므로(sinned)로 번역된 헬라어 동사는 시제가 부정과거(aorist)이며, 어느 시점에 **모든 사람이 죄를 지었다**는 것을 가리킨다. 물론, 어느 시점이란 아담이 처음 죄를 지은 때를 말한다. 아담의 죄가 인류의 죄가 되었다. 온 인류가 아담의 허리에 있었기 때문이다.

사람들은 인간의 유전자에서 특정한 신체적 · 정신적 특성을 규명할 수 있게 되었으나 인류 역사 내내 대물림된 영적 부패를 규명할 방법을 결코 찾지 못할 것이다. 우리는 오직 하나님의 말씀이란 계시를 통해 이 유산을 안다.

바울은 자신의 설명을 수신자들에게 완전히 이해시키려 하지 않는다. 주님이 자신에게 그리고 자신을 통해 주신 계시의 의미를 온전히 이해한다고 주장하지도 않았다. 단지 이 진리를 하나님이 자신에게 계시하셨기에 아담의 죄가 그의 **모든** 후손에 대물림되었다고 선언할 뿐이다.

자연스러운 인간의 부패는 인간이 저지르는 죄악된 행위의 결과가 아니라 원인이다. 유아에게 불순종하거나 이기적으로 되라고 가르칠 필요가 없다. 인간은 이렇게 태어난다. 어린아이에게 거짓말하거나 훔치라고 가르칠 필요가 없다. 이것들은 타락한 그의 본성에 자연스러우며 그는 누군가 막지 않으면 이것들을 당연히 표현할 것이다.

다윗은 이렇게 고백했다. "내가 죄악 중에서 출생하였음이여, 어머니가 죄 중에서 나를 잉태하였나이다"(시 51:5). 다른 시편에서 그는 이렇게 증언했다. "악인은 모태에서부터 멀어졌음이여, 나면서부터 곁길로 나아가 거짓을 말하는도다"(시 58:3). 다윗만 이러했던 게 아니다. 예레미야는 이렇게 선언했다. "만물보다 거짓되고 심히 부패한 것은 마음이라. 누가 능히 이를 알리요?"(렘 17:9). 엘리바스는 욥에게 수사의문문으로 물었다. "사람이 어찌 깨끗하겠느냐? 여인에게서 난 자가 어찌 의롭겠느냐?"(욥 15:14).

그리스도를 통해 영적으로 거듭나지 못한 사람은 누구든지(요 3:3) 사탄의 자녀다. 예수님은 믿지 않는 유대 지도자들에게 이렇게 말씀하셨다. "너희는 너희 아비 마귀에게서 났으니 너희 아비의 욕심대로 너희도 행하고자 하느니라. 그는 처음부터 살인한 자요 진리가 그 속에 없으므로 진리에 서지 못하고 거짓을 말할 때마다 제 것으로 말하나니, 이는 그가 거짓말쟁이요 거짓의 아비가 되었음이라"(요 8:44).

이미 말했듯이, 하와가 하나님의 명령에 먼저 불순종했는데도 아담이 자신의 불순종에 대해 책임이 더 컸던 것은 "아담이 속은 것이 아니고 여자가 속아 죄에 빠졌"기 때문이었다(딤전 2:14). 아담은 변명의 여지가 없었다. 그는 속지 않았고 자신이 무슨 짓을 하는지 잘 알았는데도 대놓고 하나님께 불순종했다.

어떤 사람들은 자신이 아담 안에서 죄를 지었다는 생각에 반대하며 말한다. 아담이 죄를 지었을 때 자신은 거기 있지 않았을뿐더러 존재하지도 않았다는 것이다. 그러나 같은 이유로, 그리스도께서 십자가에서 돌아가실 때 우리는 육체적으로 거기에 못 박히지 않았으나 그분과 함께 죽었다는 진리를 신자로서 믿음으로 받아들인다. 우리는 문자 그대로 그리스도와 함께 무덤에 들어가지 않았고 문자 그대로 그분과 함께 부활하지도 않았으나 믿음으로 그분과 함께 장사되고 일으킴을 받았다고 간주된다. 아담 안에서 **모든 사람이 죄를 지었다**는 원리가 거짓이라면 모든 사람이 그리스도 안에서 의롭게 될 수 있다고 주장할 수 없다. 이 진리를 바울은 이 서신 조금 뒤에서(5:15-19), 그리고 고린도전서에서 분명히 밝힌다. "아담 안에서 모든 사람이 죽은 것 같이 그리스도 안에서 모든 사람이 삶을 얻으리라"(고전 15:22).

어떤 사람들은 아담의 죄를 안고 태어나는 것은 공정하지 않다며 이렇게 주장한다. "우리는 태어나게 해 달라고 요청하지 않았고 우리의 부모나 그분들의 부모나 조부모도 마찬가지다." 그러나 죄 없는 하나님의 아들이 온 인류를 대신해 죄의 형벌을 받으셨다는 것도 "공정하지" 않았다. 하나님이 오로지 공정하기만 하셨다면 아담과 하와는 불순종한 즉시 죽었을 테고 이로써 인류는 사라졌을 것이다. 사람들이 구원받을 수 있는 이유는 단 하나, 하나님은 단지 정의로운 게 아니라 은혜를 베풀고 용서하시기 때문이다. 바울이 사용하는 유비는 놀라울 정도로 방대하며, 그 의미는 완전히 이해할 수 없고 믿음으로 받아들일 수 있을 뿐이다.

하박국은 하나님을 이해하는 게 아주 어려웠다. 처음에는 왜 하나님이 선민 이스라엘을 회복시키지 않으시는지 이해할 수 없었다. 그는 이렇게 부르짖었다. "여호와여, 내가 부르짖어도 주께서 듣지 아니하시니 어느 때까지리이까? 내가 강포로 말미암아 외쳐도 주께서 구원하지 아니하시나이다"(합 1:2). 왜 하나님이 이교도이며 이스라엘과 비교도 못 할 만큼 악한 갈대아인들의 손으로 자신의 백성을 벌하려 하시는지 더더욱 이해할 수 없었다. 선지자는 하나님께 상기시켜드렸다. "주께서는 눈이 정결하시므로 악을 차마 보지 못하시며 패역을 차마 보지 못하시거늘 어찌하여 거짓된 자들을 방관하시며 악인이 자기보다 의로운 사람을 삼키는데도 잠잠하시나이까?"(1:13).

하박국은 하나님의 방법이 인간의 이해를 초월한다는 것을 마침내 깨닫고 이렇게 증언한다. "비록 무화과나무가 무성하지 못하며 포도나무에 열매가 없으며 감람나무에 소출이 없으며 밭에 먹을 것이 없으며 우리에 양이 없으며 외양간에 소가 없을지라도 나는 여호와로 말미암아 즐거워하며 나의 구원의 하나님으로 말미암아 기뻐하리로다. 주 여호와는 나의 힘이시라"(3:17-19).

하박국은 우리가 하나님의 방법을 이해하지 못할 때 인간 이성의 모래 늪을 피하고 하나님의 의로운 성품이란 바위에 믿음으로 서야 한다는 것을 배웠다.

그러나 천사들을 살펴보면 하나님이 타락한 인류에게 구원을 베푸시는 목적을 얼마간 이해하는 데 도움이 된다. 사람과 달리, 천사들은 하나님의 형상이나 생산하는(procreative, 후손을 낳는) 존재로 창조되지 않았으며(마 22:30), 루시퍼(계명성)와 함께 타락했을 때(계 12:7-9) 개별적으로 타락했고 곧바로 영원한 지옥행을 선고받았으며 구속받을 기회가 없다.

하나님은 자신을 섬기고 자신에게 영광을 돌리도록 천사들을 창조하셨다. 천사들은 거룩하게 창조되었기에 하나님의 거룩, 의, 위엄 같은 것을 온전히 이해했다. 그러나 하나님의 은혜, 자비, 긍휼, 용서는 이해하지 못했다. 이러한 성품들은 죄책감이 있는 곳에서만 의미가 있기 때문이다. 거룩한 천사들이 구원의 복음을 살펴보길 갈망하는 것은 바로 이 때문일 것이다(벧전 1:12). 거룩한 천사들이라도 하나님을 온전히 찬양하기란 불가능하다. 이들도 하나님의 크심을 온전히 이해하지 못하기 때문이다.

그러나 그분만의 이유에서, 하나님은 사람을 생산하는(procreative, 후손을 낳는) 존재로 창조하셨다. 아담이 타락해 자신과 자신의 모든 후손에게 정죄를 안겼을 때, 하나님은 그분의 은혜를 경험하는 자들이 그 은혜 때문에 그분을 찬양하게 하려고 자비를 베풀어 구원의 길을 내셨다. 바울은 구속받은 성도들 곧 구원받은 사람들을 통해 하나님이 "이제 교회로 말미암아 하늘에 있는 통치자들과 권세들에게," 다시 말해 그분의 하늘 천사들에게 "하나님의 각종 지혜를 알게 하려" 하신다고 선언한다(엡 3:10).

창조의 목적은 하나님을 영화롭게 하는 것이다. 그러므로 하나님이 그분의 은혜와 자비를 받고 하나님의 형상으로 회복되어 그분을 영원히 찬양할 피조물로 하늘을 채우시려는 것은 합당하다.

사망이 모든 사람에게 왕 노릇 한다는 것을 역사가 증명한다

[13]죄가 율법 있기 전에도 세상에 있었으나 율법이 없었을 때에는 죄를 죄로 여기지 아니하였느니라. [14]그러나 아담으로부터 모세까지 아담의 범죄와 같은 죄를 짓지 아니한 자들까지도 사망이 왕 노릇 하였나니, 아담은 오실 자의 모형이라. (5:13-14)

바울이 제시하는 논증의 넷째 요소는 사망의 보편성을 역사가 증명한다는 것이다.

바울은 하나님이 시내산에서 율법을 주시기 전에 이미 **죄가…세상에 있었다**고 지적한다. 그러나 사람들은 율법의 기준을 충족하지 못한 것을 **죄로 여기지 아니하였다.** 그때는 **율법이 없었기** 때문이다. 그러나 **아담으로부터 모세까지… 사망이 왕 노릇 하였기** 때문에, 즉 율법이 없었는데도 사망이 보편적이었기 때문에, 사람들이 여전히 죄악되었던 게 분명하다. **아담으로부터 모세까지** 모든 사람이 사망에 예속되었던 것은 아직 있지도 않은 모세 율법을 어김으로써 저지르는 '죄악된 행위'(sinful acts) 때문이 아니라 이들의 '죄악된 본성'(sinful nature) 때문이었다.

아담과 하와는 죄를 지은 후 에덴동산에서 쫓겨났기에 더는 하나님의 유일한 금지 명령에 불순종할 기회가 없었다. 이들은 선악을 알게 하는 나무의 열매 곧 금단의 열매에 접근할 기회가 더는 없었을 뿐 아니라 이들의 후손 중 그 누구도 그럴 기회가 없었다. 결과적으로, 모세 전이든 후든 간에, 그 누구도 **아담의 범죄와 같은 죄를 짓는** 게 불가능했다.

그러나 인간의 연대성(solidarity) 원리와 관련해, 아담은 예수 그리스도**의 모형**이었다. 이 진리를 전환점으로, 바울의 논의는 죄와 사망에서 하나님이 그분의 사랑하는 아들 곧 **오실 자**를 통해 타락한 인류에게 제시하시는 영광된 구원의 복음으로 옮겨간다.

22

그리스도와 생명의 왕 노릇 (5:15-21)

[15]그러나 이 은사는 그 범죄와 같지 아니하니, 곧 한 사람의 범죄를 인하여 많은 사람이 죽었은즉 더욱 하나님의 은혜와 또한 한 사람 예수 그리스도의 은혜로 말미암은 선물은 많은 사람에게 넘쳤느니라. [16]또 이 선물은 범죄한 한 사람으로 말미암은 것과 같지 아니하니, 심판은 한 사람으로 말미암아 정죄에 이르렀으나 은사는 많은 범죄로 말미암아 의롭다 하심에 이름이니라. [17]한 사람의 범죄로 말미암아 사망이 그 한 사람을 통하여 왕 노릇 하였은즉 더욱 은혜와 의의 선물을 넘치게 받는 자들은 한 분 예수 그리스도를 통하여 생명 안에서 왕 노릇 하리로다. [18]그런즉 한 범죄로 많은 사람이 정죄에 이른 것 같이 한 의로운 행위로 말미암아 많은 사람이 의롭다 하심을 받아 생명에 이르렀느니라. [19]한 사람이 순종하지 아니함으로 많은 사람이 죄인 된 것 같이 한 사람이 순종하심으로 많은 사람이 의인이 되리라. [20]율법이 들어온 것은 범죄를 더하게 하려 함이라. 그러나 죄가 더한 곳에 은혜가 더욱 넘쳤나니, [21]이는 죄가 사망 안에서 왕 노릇 한 것 같이 은혜도 또한 의로 말미암아 왕 노릇 하여 우리 주 예수 그리스도로 말미암아 영생에 이르게 하려 함이라. (5:15-21)

바울은 아담과 그리스도의 유비를 계속하면서, 아담의 죄로 모든 사람에게 피할 수 없게 된 죽음이 그리스도의 대속하는 희생(atoning sacrifice, 대속 제사)으로 모든 사람에게 가능해진 생명을 어떻게 대조적으로 설명하는지 보여준다.

바울은 고린도전서에서 이 진리를 이렇게 요약한다. "아담 안에서 모든 사람이 죽은 것 같이 그리스도 안에서 모든 사람이 삶을 얻으리라"(고전 15:22).

앞장에서 말했듯이, 아담과 그리스도 사이에 진정한 유비의 요소는 단 하나, '한 사람/한 행위'다. 다시 말해, 한 사람 아담의 죄가 온 인류에게 죄를 안겼듯이 한 사람 예수 그리스도께서 행하신 한 번의 희생으로 온 인류에게 구원이 가능해졌다.

이 단락에서, 마치 이 놀라운 유비의 모든 면을 살펴보듯이, 바울은 정죄하는 아담의 행위와 구속하는 그리스도의 행위 사이에 본질적으로 대조를 이루는 다섯 부분을 탐구한다. 양쪽의 행위는 유효성(15절), 범위(16절), 효능(17절), 본질(18-19절), 에너지가 서로 달랐다(20-21절).

유효성이 대조적이다

그러나 이 은사는 그 범죄와 같지 아니하니, 곧 한 사람의 범죄를 인하여 많은 사람이 죽었은즉 더욱 하나님의 은혜와 또한 한 사람 예수 그리스도의 은혜로 말미암은 선물은 많은 사람에게 넘쳤느니라. (5:15)

바울은 첫째 대조를 분명하게 말한다. 그리스도의 **은사**(**the free gift**, 값없는 선물)와 아담의 **범죄**(**the transgression**)가 대조를 이루며, 둘은 정반대 행위였다.

정의하면, 모든 선물은 거저 주어진다. 그러나 '카리스마'(*charisma*, **free gift, 은사**, 값없는 선물)는 특별한 자애와 호의를 담아서 주는 그 무엇을 가리키며, 따라서 "은혜의 선물"(grace gift)이라 옮겨도 적절하다. 하나님'께' 드려진 것에 사용될 때, 이 용어는 그분이 보시기에 바르고 받으실만한 것을 가리킨다. 하나님'이' 주시는 것에 사용될 때, 이 용어는 인간의 공로와 전혀 무관하게 주시는 것을 가리킨다. 예수님의 대속하는 희생은 두 의미를 모두 내포한다. 십자가는 예수님이 아버지께 보이신 더없는 순종의 행위였으며, 따라서 아버지께서 온전히 받으실 수 있는 것이었다. 예수님의 십자가는 하나님의 더없는 은혜의 행위, 곧 죄악된 인류에게 값없이 주시는 선물이기도 했다.

범죄(transgression)로 번역된 '파라프토마'(*paraptōma*)는 기본 의미가 '길에서 벗어나다' 또는 '규범을 이탈하다'이다. 확대하면, 가지 말아야 할 곳에 간다는 의미를 내포하며, 따라서 때로 "trespass"(침입, 침해)로 번역된다.[67] 아담의 죄 하나가 그의 모든 후손에게 대물림되었고 그 죄 하나 때문에 사망이 세상에서 왕 노릇 하게 했다. 그 죄 하나는 하나의 명령, 곧 하나님이 주신 유일한 순종의 규범을 어긴 **범죄**였다.

은사(the free gift)의 영향과 **범죄(the transgression)**의 영향은 뚜렷이 다르다. **한 사람** 아담의 **범죄를 인하여 많은 사람이 죽었다.** 바울은 **많은(many)**을 이 구절에서 서로 다른 두 의미로 사용하는데, 대구법을 위해서일 것이다. 바울은 이 용어를 18절에서 비슷하게 서로 다른 의미로 사용한다. 아담의 행위와 관련해, **많은**은 보편적이고 포괄적이며, 12절의 "모든"에 해당한다. '모든' 사람이 예외 없이 죄의 본성과 표식을 가졌기에 '모두' 예외 없이 사형 선고를 받았다(그가 앞장들에서 분명히 했듯이).

선악을 알게 하는 나무의 열매를 먹음으로써, 아담은 하나님의 기준에서 떠나 하나님이 금하신 영역에 들어갔다. 그런데 사탄의 약속과 달리, 인간은 좀 더 하나님처럼 된 게 아니라 자신의 창조자와 더 달라졌고 그분에게서 분리되었다. 아담의 **범죄**는 그를 하나님의 영역에 들여보낸 게 아니라 그와 그의 모든 후손을 사탄의 영역에 몰아넣었다.

그러나 바울의 비교에서 핵심은 그리스도께서 하신 한 번의 구원 행위가 아담이 한 한 번의 파멸 행위보다 무한히 큰 영향을 미쳤다는 것이다. 바울은 말한다. **더욱 하나님의 은혜와 또한 한 사람 예수 그리스도의 은혜로 말미암은 선물은 많은 사람에게 넘쳤느니라.** 하나님이 주시는 구속은 아버지 **하나님의 은혜**를 표현할 뿐 아니라 하나님의 아들, 곧 **한 사람 예수 그리스도의 은혜**도 표현한다.

아담의 죄는 사망을 초래했다. 그러나 **한 사람 예수 그리스도의 은혜로 말미**

---

67 로마서 5:15의 *paraptōma*를 NIV, ESV는 trespass로 옮겼다.

암은 선물은 단지 타락한 인류가 아담의 본래 순수(original innocence) 상태로 회복될 길을 낸 게 아니었다. **예수 그리스도**는 죄를 사하고 씻음으로써 사망의 저주를 되돌리셨을 뿐 아니라 구속받은 자들이 하나님의 완전한 의와 영광에 참여할 길을 내셨다.

장 칼뱅은 이렇게 썼다. "아담의 타락이 많은 사람의 파멸을 초래할 만큼 영향력이 컸기에 많은 사람에게 유익을 끼치는 하나님의 은혜는 훨씬 유효하다. 아담이 멸하기에 강한 것보다 그리스도께서 구원하기에 훨씬 강하시기 때문이다(*Commentaries on the Epistle of Paul the Apostle to the Romans* [Grand Rapids: Baker, 1979], p. 206). 하나님의 은혜가 사람의 죄보다 크다. 하나님의 은혜는 모든 사람에게 죽음을 안긴 아담의 원죄보다 클 뿐 아니라 사람들이 지금껏 지었고 앞으로 지을 모든 죄를 다 합친 것보다 크다.

아담의 죄악된 행위는 그 자체로 파괴적이었으나 단면적 결과를 낳았을 뿐이라고 할 수 있다. 다시 말해, 아담의 죄악된 행위는 모두에게 죽음을 안겼다. 그러나 그리스도의 구속 행위가 미치는 영향은 측량할 수 없는 부분들이 있다. 그리스도는 사람을 영적 생명으로 회복시키실 뿐 아니라 그에게 하나님의 생명 자체를 주시기 때문이다. 죽음은 본질상 정적이며 텅 비어 있다. 반면에, 생명은 본질상 동적이며 가득 차 있다. 오직 생명만이 **넘칠(abound)** 수 있다.

이 구절 첫 부분에서 아담과 관련해 사용될 때와 반대로, **많은**이란 용어는 이제 일반적 의미를 내포하며, 그리스도를 믿음으로써 그분이 은혜로 주시는 구원의 선물이 유효해진 자들에게만 적용된다. 바울은 비록 이 시점에서 이런 제한하는 진리를 언급하지 않더라도 앞서 신자들이 "믿음으로 의롭다 하심을 받았"으며 "믿음으로 서 있는 이 은혜에 들어감을 얻었다"고 선언했다(5:1-2). 물론, 인간 쪽에서 이것은 복음의 기본 진리다. 이것은 바울이 이 서신 3:21-5:2에서 주는 가르침의 핵심이다.

많은 청교도와 개혁자들이 이 단락의 "실제적 활용"을 언급하며 설교나 주석을 마무리했다. 로마서 5:15의 실제적 진리는 죄의 권세 곧 사망은 무너뜨릴 수 있지만 그리스도의 권세 곧 구원은 무너뜨릴 수 없다는 것이다. 바울은 디모데에게 이렇게 선언했다. "그는[그리스도는] 사망을 폐하시고 복음으로써 생명과 썩지 아니할 것을 드러내신지라"(딤후 1:10).

예수 그리스도께서 죄와 사망의 권세를 무너뜨리셨으나 죄와 사망은 예수 그리스도를 무너뜨리지 못했다. 아담의 죄가 초래한 정죄는 되돌릴 수 있지만 예수 그리스도의 구속은 되돌릴 수 없다. 아담의 행위가 초래한 결과는 그리스도께서 무효화 하지 않으셔야만 영구적이다. 그러나 그리스도의 행위가 초래한 결과는 신자 개개인에게 영구적이며 되돌리거나 무효화 할 수 없다. 우리에게는 큰 확신이 있다. 한 번 그리스도 안에 있으면 영원히 그리스도 안에 있다는 것이다.

범위가 대조적이다

또 이 선물은 범죄한 한 사람으로 말미암은 것과 같지 아니하니, 심판은 한 사람으로 말미암아 정죄에 이르렀으나 은사는 많은 범죄로 말미암아 의롭다 하심에 이름이니라. (5:16)

아담의 한 행위와 그리스도의 한 행위 사이에 나타나는 둘째 대조는 범위와 관련이 있다. 유효성에서처럼 이 부분에서도 그리스도의 칭의가 아담의 정죄보다 훨씬 크다.

15절에서, 아담은 "한 사람의 범죄"를 말한다. 반면에, 16절에서는 **범죄한 한 사람** 곧 엇나간 한 사람을 말한다. 전자는 죄를 강조하고 후자는 죄인을 강조한다. 그러나 기본 진리는 같다. '한 사람'이 '한 번'에 지은 '하나의 죄'가 하나님의 **심판**과 **정죄**를 초래했다.

그러나 하나님이 예수 그리스도를 통해 주시는 **이 선물(the gift)**은 그것과 **같지 않다**. 아담과 그 후손에 대한 하나님의 **심판**은 단 하나의 범죄(**one transgression, 한 사람**)에서 비롯되었다(**arouse from, ~으로 말미암은**). 반면에(**on the other hand**), 값없는 선물(**the free gift, 은사**)은 그 한 번의 범죄 때문이 아니라 **많은 범죄로 말미암아(from many transgressions)** 주신 것이며 그 결과

는 단순히 회복이 아니라 **의롭다 하심(justification)**이다.[68]

존 머레이는 유익한 통찰을 제시한다. "그 한 번의 범죄가 다름 아닌 모든 사람의 정죄를 요구했다. 그러나 의롭다 하심에 이르게 하는 값없는 선물은 많은 범죄를 계산에 넣어야 한다. 이 선물이 많은 범죄를 제거하지 못하면 의롭다 하심이라는 값없는 선물일 수 없다. 결과적으로, 단 하나의 범죄가 심판의 성격과 효력을 결정하듯이 많은 범죄가 값없는 선물의 성격과 효력을 결정한다"(*The Epistle to the Romans* [Grand Rapids: Eerdmans, 1965],[69] p. 196).

이 구절은 매우 실제적인 두 진리를 담고 있는데, 둘은 밀접하게 연결된다. 첫째 진리는 하나님이 죄를 너무나 미워하시기에 단 하나의 죄 때문에 온 인류가 정죄를 받고 하나님과 분리되었다는 것이다. 아담의 첫 죄가 그가 지은 나머지 죄보다 더 악했거나 그 후 사람들이 지은 숱한 죄보다 더 악했던 게 아니다. 단지 아담의 첫 죄가 죄였다는 것이다. 그때 금단의 열매를 먹는 것이 아담과 하와가 범할 수 있는 유일한 죄였다. 하나님이 이들에게 단 하나만 제한하셨기 때문이다. 그러나 가능했다면 어떤 죄라도 같은 결과를 냈을 것이다. 마찬가지로, 아담이 지은 단 하나의 죄처럼, 어떤 사람이 범한 어떤 죄라도 온 인류를 멸하기에 충분했을 것이다. 생각만 해도 오싹하다.

16절에 담긴 둘째 진리는 훨씬 놀랍고 이해할 수 없으며, 첫째 진리가 오싹한 만큼이나 힘이 나게 한다. 죄인을 향한 하나님의 사랑이 죄를 향한 하나님의 미움보다 크다. 하나님은 죄를 너무나 미워하시기에 어느 하나의 죄라도 인류를 멸할 수 있다. 그러나 이런 사실에도 불구하고, 하나님은 사람을 너무나 사랑하시기에 한 사람을 하나의 죄에서 구속할 뿐 아니라 모든 사람을 모

---

68 이해를 돕기 위해, 저자가 사용하는 NASB의 5:16을 그대로 옮기면 이렇다.
And the gift is not like that which came through the one who sinned; for on the one hand the judgment arose from one transgression resulting in condemnation, but on the other hand the free gift arose from many transgressions resulting in justification. (그리고 그 선물은 죄를 지은 한 사람을 통해 온 것과 같지 않다. 한편으로 심판은 한 번의 범죄에서 비롯되었고 그 결과는 정죄였으나 다른 한편으로 값없는 선물은 많은 범죄에서 비롯되었고 그 결과는 의롭다 하심이기 때문이다.)

69 『로마서주석』, 아바서원 번역팀 옮김(아바서원, 2017)

든 죄에서 구속할 길을 내신다. 예수 그리스도께서 온 세상 죄를 친히 지셨다. "하나님께서 그리스도 안에 계시사 세상을 자기와 화목하게 하시며 그들의 죄를 그들에게 돌리지 아니하시고"(고후 5:19).

효능이 대조적이다

한 사람의 범죄로 말미암아 사망이 그 한 사람을 통하여 왕 노릇 하였은즉 더욱 은혜와 의의 선물을 넘치게 받는 자들은 한 분 예수 그리스도를 통하여 생명 안에서 왕 노릇 하리로다. (5:17)

아담의 한 행위와 그리스도의 한 행위 사이에 나타나는 셋째 대조는 효능, 곧 원하는 결과를 낳는 능력과 관련이 있다.

바울이 이미 지적했듯이, 한 사람 아담이 범한 하나의 죄 때문에 사망이 왕 노릇 하게 되었다(12-14절). "때문에"란 의미를 내포하는 if가 바로 이 진리를 가리킨다.[70] 아담의 범죄 행위 하나 때문에 사망이 왕 노릇 하게 되었다는 게 분명해졌다. 그러나 이것은 첫 죄의 '의도'가 아니었다. 아담도 하와도 죽고 싶어 죄를 지은 게 아니었다. 이들이 죄를 지은 것은 하나님처럼 되리라 기대했기 때문이다. 이들의 죄는 이들의 바람과 정반대되는 결과를 낳았으며, 이로써 유혹하는 자의 속임수가 드러났다. 앞서 말했듯이, 이들은 좀 더 하나님처럼 되기는커녕 도리어 좀 더 하나님과 '다르게' 되었다.

그러나 한 사람 예수 그리스도의 한 행위가 정확히 바라던 결과를 낳았다. 예수 그리스도께서 자신을 십자가에서 희생하신 의도는 비할 데 없는 **은혜와 의의 선물을 넘치게 받는 자들이** 자신들을 위해 죽은 **한 분 예수 그리스도를 통하여 생명 안에서 왕 노릇 하는** 것이었다.

---

70 NASB 17절은 이렇게 시작한다.
For if by the transgression of the one, death reigned through the one…(그 한 사람의 범죄로 사망이 그 한 사람을 통해 왕 노릇 하게 되었다면…)

아담의 한 행위가 낳은 단면적 결과는 죽음이었다. 반면에, 그리스도의 한 행위가 낳은 결과는 생명이었는데, 이 생명은 다면적이다. 그리스도께서는 단지 **생명**을 주시는 게 아니라 풍성한 생명, 곧 넘치는 생명을 주신다(15절; 참조. 요 10:10). 그리스도 안에서 구속받은 자들은 풍성한 생명을 '받을'(receive) 뿐 아니라 이들에게는 **의**가 **선물**로 주어진다(참조. 고후 5:21). 이들은 자신들의 주님이요 구주이신 분과 함께 이 의로운 **생명 안에서 왕 노릇 한다.** 이들은 하나님 바로 그분의 매우 의롭고 영화로우며 영원한 **생명**을 소유한다.

이 위대한 진리의 "실제적 활용"은 우리에게 영적 **생명**을 주신 분이 그 생명으로 우리를 채우시리라는 것이다. 바울은 빌립보 신자들에게 이렇게 단언했다. "너희 안에서 착한 일을 시작하신 이가 그리스도 예수의 날까지 이루실 줄을 우리는 확신하노라"(빌 1:6). 하나님은 삶을 놀랍게 변화시키고 채우시는 분이다. "그런즉 누구든지 그리스도 안에 있으면 새로운 피조물이라. 이전 것은 지나갔으니 보라 새것이 되었도다"(고후 5:17).

그리스도를 통해 **생명 안에서 왕 노릇 한다**는 것은 죄를 다스리는 권세를 갖는다는 것이기도 하다. 바울은 이렇게 말한다. "하나님께 감사하리로다. 너희가 본래 죄의 종이더니 너희에게 전하여 준 바 교훈의 본을 마음으로 순종하여 죄로부터 해방되어 의에게 종이 되었느니라"(롬 6:17-18). 신자로서, 우리는 성경뿐 아니라 경험을 통해 우리가 여전히 죄에 찌들어 있고 여전히 옛사람의 죄악된 누더기를 걸치고 있다는 것을 안다(엡 4:22을 보라). 그러나 죄가 더는 신자의 본성이나 주인이 아니다. 그리스도 안에서, 우리는 더는 죄의 희생자가 아니라 죄를 이기는 승리자다(고전 15:57).

본질이 대조적이다

[18]그런즉 한 범죄로 많은 사람이 정죄에 이른 것같이 한 의로운 행위로 말미암아 많은 사람이 의롭다 하심을 받아 생명에 이르렀느니라. [19]한 사람이 순종하지 아니함으로 많은 사람이 죄인 된 것같이 한 사람이 순종하심으로 많은 사람이 의인이 되리라. (5:18-19)

아담의 한 행위와 그리스도의 한 행위 사이에 나타나는 넷째 대조는 본질과 관련이 있다. 이 두 절은 아담과 그리스도의 유비를 요약한다.

15절의 '많은'(many)처럼, 바울은 18절에서 대구법을 위해 **많은(all)**을 사용하는 게 분명하다.[71] 이 용어의 두 용례는 서로 다른 의미를 내포하는데도 말이다. 15절의 "많은 사람이(the many) 죽었은즉"이 포괄적으로 모든 사람을 가리키듯이, 여기서 **많은 사람이…생명에 이르렀느니라(life to all men)**는 배타적으로 그리스도를 믿는 자들을 가리킨다. 어떤 사람들이 수 세기를 내려오며 해온 주장과 달리, 이 구절은 만인구원론을 가르치지 않는다. 5:1-2을 비롯해 이 서신의 다른 부분을 통해 분명히 알 수 있듯이, 구원은 예수 그리스도를 믿는 자들에게만 임한다(다음도 보라. 1:16-17; 3:22, 28; 4:5,13).

이 두 절에서, 바울의 주된 가르침은 아담의 **한 범죄**는(18a절) **순종하지 아니함**이 본질이지만(19a절) 그리스도의 **한 의로운 행위**는(18b절) **순종하심**이 본질이라는 것이다(19b절). 하나님이 아담에게 금단의 열매를 먹지 말라 명하셨을 때, 아담은 불순종해 죽음을 가져왔다. 하나님이 그분의 독생자를 세상에 보내어 고난받고 죽게 하셨을 때, 그 아들은 순종해 생명을 가져오셨다.

된(made)으로 번역된 '카띠스테미'(*kathistēmi*)는 여기서 구성하기(constituting) 또는 세우기(establishing)라는 의미를 내포한다. 아담의 **순종하지 아니함**의 죄책이 그의 모든 후손에게 전가되었다. 그래서 이들은 하나님이 보시기에 법적으로 유죄가 되었다는 의미에서 **죄인 된(made sinners)** 것이다. 마찬가지로, 그러나 정반대 효과를 내면서, 그리스도의 **순종하심**은 그분을 믿는 자들로 하나님이 보시기에 **의인이 되게(made righteous)** 한다. 그분의 완전한 **순종하심**의 결과, 곧 흠 없고 완전한 의가 이들에게 전가되어 이들을 법적으로 의롭게 한다.

처음부터 끝까지, 예수님의 지상 생애는 하늘에 계신 아버지께 온전히 순종하는 삶이었다. 겨우 열두 살에, 예수님은 자신이 아버지의 일을 해야 한다

71 15절에서 **많은(many)**으로 번역된 단어와 18절에서 **많은(all)**으로 번역된 단어는 다르다. 전자는 '폴로이'(*polloi*)와 '폴루스'(*pollous*)이고 후자는 '판타스'(*pantas*)이다.

는 것을 부모에게 상기시키셨다(눅 2:49). 이 땅에서, 예수님의 유일한 목적은 아버지의 뜻을 행하는 것이었다(요 4:34; 5:30; 6:38; 참조. 마. 26:39, 42). 성육신을 통해, 그분은 "사람의 모양으로 나타나사 자기를 낮추시고 죽기까지 복종하셨으니, 곧 십자가에 죽으심이라"(빌 2:8).

그리스도께서 하나님의 계명에 **순종하심**을 흔히 "능동적 순종"(active obedience)이라 하고 그분의 십자가 죽음을 "수동적 순종"(passive obedience)이라 한다. 그분은 삶에서 율법에 온전히 순종하셨으나 율법의 모든 무서운 형벌에도 온전히 복종하셨다. 능동적 순종과 수동적 순종 둘 다 신자들에게 전가되는 그리스도의 완전한 의에 포함된다. 그러므로 이것은 형벌을 비롯해 율법의 모든 요구를 만족시키는 의다. 따라서 **한 사람이 순종하심(the obedience of the One)**으로 **많은 사람**의 구속, 곧 하나님이 보시기에 **의인이 될(will be made righteous)** 사람들의 구속이 안전해졌다. 그러므로 "경건하지 아니한 자를 의롭다 하시는" 하나님이(롬 4:5) 자신의 의에 털끝만큼도 오점을 남기지 않은 채 여전히 죄악된 신자들을 온전히 의롭다고 선언하실 수 있다. 하나님은 의로우실 뿐 아니라 예수를 믿는 자를 의롭게 하시는 분이기 때문이다(롬 3:26).

이 진리의 "실제적 활용"은 참신자는 스패포드(H. G. Spafford, 1828-1888)의 놀라운 찬송을 그와 함께 진심으로 부를 수 있다는 것이다.

> 내 지은 죄 주홍빛 같더라도
> 주 예수께 다 아뢰면
> 그 십자가 피로써 다 씻으사
> 흰 눈보다 더 정하리라.
> 내 영혼 평안해
> 내 영혼 내 영혼 평안해.[72]

---

72 번역은 21세기 찬송가 413장 '내 평생에 가는 길' 3절을 그대로 가져왔다.

에너지가 대조적이다

[20]율법이 들어온 것은 범죄를 더하게 하려 함이라. 그러나 죄가 더한 곳에 은혜가 더욱 넘쳤나니, [21]이는 죄가 사망 안에서 왕 노릇 한 것 같이 은혜도 또한 의로 말미암아 왕 노릇 하여 우리 주 예수 그리스도로 말미암아 영생에 이르게 하려 함이라. (5:20-21)

아담의 한 행위와 그리스도의 한 행위 사이에 나타나는 다섯째 대조는 에너지와 관련이 있다.

바울이 7장에서 자세히 설명하듯이, 인간의 죄 배후에 자리한 에너지원은 **율법**이며 **율법이 들어온 것은 범죄를 더하게 하려 함이다.** 바울은 자신이 반율법주의를 주창하고 하나님이 친히 모세를 통해 거룩하게 계시하신 것을 욕한다는 비난을 받으리라는 것을 알았기에 아주 명료하게 말한다. "율법은 거룩하고 계명도 거룩하고 의로우며 선하도다"(롬 7:12). 그렇더라도, 하나님의 율법은 사람의 **범죄를 더하게 하는** 결과를 낳았다.

여기서 주목해야 할 게 있다. 의식법이든 도덕법이든 영적인 법이든 간에, 하나님의 율법은 그 어느 시대나 세대에서도 결코 구원의 수단이 아니다. 하나님의 계획에서, 하나님이 율법에 부여하신 자리는 일시적이었다. 성경학자 브루스(F. F. Bruce, 1910-1990)가 말했듯이, "율법은 구속사에서 영구적 의미를 갖지 않는다"(*Letter of Paul to the Romans* [Grand Rapids: Eerdmans, 1985], p. 121). 바울은 이미 선언했다. 아브라함은 그가 했던 그 어느 선한 행위와 무관하게, 할례 받기 여러 해 전에, 율법이 있기 수 세기 전에, 순전히 그의 믿음으로 하나님께 의롭다 하심을 얻었다(4:1-13).

율법은 하나님의 구속 계획을 구성하는 필수 요소이며 일시적 목적을 가졌을 뿐이며 결코 그 자체에 구속하는 능력이 없었다. 율법에 불순종한다고 영혼이 지옥에 떨어지는 게 결코 아니며 율법에 순종한다고 영혼이 하나님께 인도되는 것도 결코 아니다. 죄와 그 정죄는 율법이 있기 오래전부터 세상에 있었으며 죄와 정죄에서 벗어날 길도 그러했다.

하나님은 모세를 통해 **율법**을 의의 수단이 아니라 모형으로 주셨다. 율법은 의를 낳을 능력이 없다. 그러나 하나님께 속하고 하나님의 뜻을 진심으로 행하려는 자에게, 율법은 의로운 삶으로 이끄는 길잡이다.

율법은 구체적 범죄를 규명한다. 어떤 행위가 죄인지 사람들이 더 쉽게 볼 수 있게 하고 이로써 더 쉽게 자신을 죄인으로 볼 수 있게 하기 위해서다. 이런 이유로, **율법**은 또한 사람들이 불의하도록 부추기는 힘이 있다. 이것은 **율법**이 악해서가 아니라 사람들이 악해서다.

누군가 공원에서 꽃을 꺾지 말라는 팻말을 보고도 꽃을 꺾는다면 권위에 맞서는 타고난 반항심을 드러내는 것이다. 팻말은 잘못이 없다. 팻말의 메시지는 완벽하게 합법적이고 선하다. 그러나 이 메시지는 사람들이 제멋대로 할 자유를 제한하기에 분노를 불러일으켜 누군가는 팻말이 없었다면 생각지도 않았을 행동을 하게 하는 효과가 있다.

그러므로 **율법**은 의와 불의 둘 모두에 필수다. 율법 없는 사람의 경우, 율법은 그를 자극해 불순종하고 불의를 좇게 하지만 그는 이미 이런 성향이 있다. 하나님을 신뢰하는 사람의 경우, 율법은 그를 자극해 순종하고 의를 좇게 한다.

이번에도 바울은 그리스도의 한 번의 구속 행위가 아담의 한 번의 정죄 행위보다 훨씬 크다는 진리에 초점을 맞추며 기뻐 외친다. **그러나 죄가 더한 곳에 은혜가 더욱 넘쳤나니.** 하나님의 **은혜**는 아담의 한 죄뿐 아니라 인류의 모든 죄를 초월한다.

옷감 짜는 장인처럼, 바울은 자신이 짜는 구속의 진리라는 태피스트리의 실 가닥을 전부 하나로 모으며 외친다. **이는 죄가 사망 안에서 왕 노릇 한 것 같이 은혜도 또한 의로 말미암아 왕 노릇 하여 우리 주 예수 그리스도로 말미암아 영생에 이르게 하려 함이라.**

23

죽어야 산다
(6:1-10)

**[1]그런즉 우리가 무슨 말을 하리요? 은혜를 더하게 하려고 죄에 거하겠느냐? [2]그
럴 수 없느니라. 죄에 대하여 죽은 우리가 어찌 그 가운데 더 살리요? [3]무릇 그
리스도 예수와 합하여 세례를 받은 우리는 그의 죽으심과 합하여 세례를 받은
줄을 알지 못하느냐? [4]그러므로 우리가 그의 죽으심과 합하여 세례를 받음으로
그와 함께 장사되었나니, 이는 아버지의 영광으로 말미암아 그리스도를 죽은
자 가운데서 살리심과 같이 우리로 또한 새 생명 가운데서 행하게 하려 함이라.
[5]만일 우리가 그의 죽으심과 같은 모양으로 연합한 자가 되었으면 또한 그의 부
활과 같은 모양으로 연합한 자도 되리라. [6]우리가 알거니와 우리의 옛 사람이
예수와 함께 십자가에 못 박힌 것은 죄의 몸이 죽어 다시는 우리가 죄에게 종노
릇 하지 아니하려 함이니, [7]이는 죽은 자가 죄에서 벗어나 의롭다 하심을 얻었
음이라. [8]만일 우리가 그리스도와 함께 죽었으면 또한 그와 함께 살 줄을 믿노
니, [9]이는 그리스도께서 죽은 자 가운데서 살아나셨으매 다시 죽지 아니하시고
사망이 다시 그를 주장하지 못할 줄을 앎이로라. [10]그가 죽으심은 죄에 대하여
단번에 죽으심이요 그가 살아계심은 하나님께 대하여 살아계심이니,** (롬 6:1-10)

십대 초반, 존 뉴턴(John Newton,1725-1807)은 잉글랜드를 도망쳐 노예선 선원이 되었다. 몇 년 후, 그 자신이 아프리카에서 백인 노예상의 흑인 아내에게 넘겨졌다. 그는 잔인하게 학대를 당했고 이 흑인 여자가 남긴 음식을 먹고 밤에

야생 참마를 캐서 먹으며 버텼다. 탈출 후, 한동안 원주민들과 살다가 마침내 선장이 되어 더없이 불경건하고 방탕하게 살았다. 그러나 1748년 기적처럼 회심한 후, 잉글랜드로 돌아와 런던에서 이타적이고 지칠 줄 모르는 복음의 일꾼이 되었다. 그는 지금도 세상에서 가장 널리 불리는 많은 찬송을 남겼다. 그중에 가장 유명하고 가장 사랑받는 찬송은 "나 같은 죄인 살리신"(Amazing Grace)이다. 그는 잉글랜드 한 교회의 목사가 되었고 지금도 그 교회 뜰에 뉴턴이 직접 쓴 묘비가 남아 있다(*Out of the Depths: An Autobiography*[73] [Chicago, Moody, n.d.], p. 151).

> 심부름꾼 존 뉴턴은
> 한때 무신론자였고 방탕아였으며,
> 아프리카 노예상이었으나
> 우리 주님이요 구주이신
> 예수 그리스도의 풍성한 자비로
> 보존되고 회복되며 용서받아
> 자신이 오랫동안 무너뜨리려 애썼던
> 믿음을 전하는 자로 지명되었다.

이처럼 방탕했고 스스로 믿음의 원수라 외쳤던 자가 어떻게 마침내 바울처럼 말할 수 있었을까? "나를 능하게 하신 그리스도 예수 우리 주께 내가 감사함은 나를 충성되이 여겨 내게 직분을 맡기심이니, 내가 전에는 비방자요 박해자요 폭행자였으나 도리어 긍휼을 입은 것은 내가 믿지 아니할 때에 알지 못하고 행하였음이라"(딤전 1:12-13). 이 사도가 어떻게 고린도 신자들을 가리켜 "그리스도 예수 안에서 거룩하여지고 성도라 부르심을 받은 자들"이라면서(고전 1:2) 이들에게 이렇게 말할 수 있었을까? "불의한 자가 하나님의 나라를 유업으로 받지 못할 줄을 알지 못하느냐? 미혹을 받지 말라. 음행하는 자

---

73 『나 같은 죄인 살리신』, 이혜진 옮김(도서출판 NCD, 2007).

나 우상숭배하는 자나 간음하는 자나 탐색하는 자나 남색하는 자나 도적이나 탐욕을 부리는 자나 술취하는 자나 모욕하는 자나 속여 빼앗는 자들은 하나님의 나라를 유업으로 받지 못하리라. 너희 중에 이와 같은 자들이 있더니"(6:9-11). 바울은 곧바로 답하며 이들에게 일깨운다. "[너희는] 주 예수 그리스도의 이름과 우리 하나님의 성령 안에서 씻음과 거룩함과 의롭다 하심을 받았느니라"(11b절).

바울은 로마서 6-8장에서 이와 비슷하고 중요한 관심사를 다룬다. 로마서의 이 시점에서, 바울은 구원과 그것이 구원받는 자들에게 미치는 실제적 영향에 관한 가르침을 새롭게 전개하기 시작한다. 바울은 인간의 죄와 그리스도를 통한 구속을 폭넓게 논의한 후 이제 신자의 거룩이란 주제로 옮겨간다. 다시 말해, 하나님이 그분의 자녀들에게 요구하고 공급하시는 의로운 삶, 그분의 능력으로 그분의 말씀에 순종하는 삶으로 옮겨간다.

바울은 갈라디아 교회들에 보낸 편지에서 변화된 삶과 생활을 가능하게 하는 원리를 짧고 아름답게 요약한다. "내가 그리스도와 함께 십자가에 못 박혔나니, 그런즉 이제는 내가 사는 것이 아니요 오직 내 안에 그리스도께서 사시는 것이라. 이제 내가 육체 가운데 사는 것은 나를 사랑하사 나를 위하여 자기 자신을 버리신 하나님의 아들을 믿는 믿음 안에서 사는 것이라"(갈 2:20).

로마서 6:1-10에서, 바울은 신자의 거룩한 삶을 변호하기 시작하면서 세 가지 요소를 연결한다: 적대자(1절), 대답(2절), 그 대답을 설명하고 변호하는 논증(3-10절).

적대자

그런즉 우리가 무슨 말을 하리요? 은혜를 더하게 하려고 죄에 거하겠느냐? (6:1)

자주 그러듯이, 바울은 자신을 비판하는 자들이 제기할 주요 반대 주장들을 예상한다. 바울이 로마서를 쓰기 한참 전에, 특히 바나바와 함께 오직 믿음을 통해 은혜로 구원을 받는다고 전했기에 이미 상당한 반대에 부딪혔다. 물론, 다른 사도들과 교사들과 선지자들도 의심할 여지 없이 이러한 반대에 부딪혔다. 당시의 전형적 유대인은 모세 율법과 랍비의 법을 엄격히 지키지 않고서 하나님을 기쁘게 한다는 것을 이해할 수 없었다. 이들에게는 이러한 율법을 따르는 것이 곧 경건이었다.

바울과 바나바가 수리아의 안디옥에서 복음을 전할 때 이런 일이 있었다. 그리스도를 믿는다는 어떤 유대인들이 "유대로부터 내려와서 형제들을 가르치되, 너희가 모세의 법대로 할례를 받지 아니하면 능히 구원을 받지 못하리라 하니, 바울 및 바나바와 그들 사이에 적지 아니한 다툼과 변론이 일어난지라. 형제들이 이 문제에 대하여 바울과 바나바와 및 그 중의 몇 사람을 예루살렘에 있는 사도와 장로들에게 보내기로 작정하니라"(행 15:1-2). 두 사람이 예루살렘에 도착했을 때, 그리스도인이라 주장하는 다른 유대인들, 곧 한 무리의 율법주의 바리새인들도 이들의 가르침에 반대하며 "일어나 말하되, 이방인[이방인 회심자들]에게 할례를 행하고 모세의 율법을 지키라 명하는 것이 마땅하다"고 했다(행 15:5). 예루살렘 공의회에서, 베드로가 담대하게 선언했다. 하나님이 "믿음으로 그들의 마음을 깨끗이 하사 그들이나[이방인들이나] 우리나[유대인들이나] 차별하지 아니하셨느니라. 그런데 지금 너희가 어찌하여 하나님을 시험하여 우리 조상과 우리도 능히 메지 못하던 멍에를 제자들의 목에 두려느냐? 그러나 우리는 그들이 우리와 동일하게 주 예수의 은혜로 구원 받는 줄을 믿노라"(행 15:9-11). 바울과 바나바가 추가로 논하고 야고보가 요약한 후, 공의회는 만장일치로 결정했다. 모세 율법에 대한 순종은 구원에 아무 기여도 하지 못하며 그 어느 신자도, 이방인이나 심지어 유대인이라도 구속해서는 안 된다(12-29절을 보라).

몇 년이 지나고, 바울은 유대 지역의 궁핍한 신자들을 위해 주로 이방인 교회들에서 모은 연보를 가지고 예루살렘에 돌아온 후, 성전에 가서 서약을 함으로써 믿지 않는 유대인들의 반대를 얼마간 누그러뜨릴 뿐 아니라 미숙한 유대인 신자들과 화해하려 했다. 아시아에서 온 믿지 않는 유대인들이 성전에서 바울을 보고는 그가 이방인들을 제한 구역에 데리고 들어옴으로써 성전을 더럽혔다고 오해했다. 이들은 이렇게 소리쳤고 곧 폭동이 일어날 것 같았다. "이스라엘 사람들아, 도우라. 이 사람은 각처에서 우리 백성과 율법과 이 곳을 비방하여 모든 사람을 가르치는 그 자인데, 또 헬라인을 데리고 성전에 들어가서 이 거룩한 곳을 더럽혔다"(행 21:28-36).

바울은 정반대 극단에서 로마서 일부 수신자들이 "죄가 더한 곳에 은혜가 더욱 넘쳤나니"라는(롬 5:20) 자신의 단언을 잘못 해석하리라는 것도 알았다. 이들은 어리석게도 죄 자체가 하나님의 은혜를 더하게 함으로써 하나님을 영화롭게 한다고 가르친다며 바울을 비난할 터였다. 이들은 이것이 사실이라면 인간은 죄를 지을 자유가 있을 뿐 아니라 하나님이 그분의 은혜를 확대하실 수 있게 죄를 지을 '의무가 있다'고 추론했다. 구원이 전적으로 하나님에게서 비롯되고 전적으로 은혜라면, 하나님이 은혜를 베풂으로써 영화롭게 되신다면, 죄악된 마음은 이렇게 추론할 것이다. "죄가 더할수록 은혜도 더한다. 그러므로 인간은 마음대로 죄를 지어야 한다." 또 어떤 사람들은 이렇게 말할 것이다. "로마서 4:5이 말하듯이, 하나님이 경건하지 않은 자를 의롭다 하시길 기뻐하신다면 은혜 교리는 경건치 않음에 더 높은 가치를 둔다. 경건치 않음이 하나님께 그분의 은혜를 드러낼 기회를 더 많이 주기 때문이다."

이것이 바로 19세기와 20세기 초 러시아를 지배한 로마노프 가문의 종교 고문으로 악명이 높았던 라스푸틴(Rasputin)이 가르친 뒤틀린 해석이다. 그는 되풀이되는 죄와 거짓 회개 경험을 통해 반율법주의 구원관을 가르치고 예시했다. 그는 우리가 죄를 많이 지을수록 하나님이 우리에게 은혜를 많이 베푸신다고 가르쳤다. 그러므로 우리는 마음껏 죄를 지을수록 하나님께 자신을 영화롭게 할 기회를 더 드리는 것이다. 라스푸틴은 우리가 단지 평범한 죄인이라면 하나님께 그분의 영광을 드러낼 기회를 드리지 않는 것이므로, 따라서 '유별난' 죄인이 되어야 한다고 선언했다.

바울은 이미 비슷한 가상의 비난을 반박했다. "우리 불의가 하나님의 의를 드러나게 하면 무슨 말 하리요? [내가 사람의 말하는 대로 말하노니] 진노를 내리시는 하나님이 불의하시냐?" 바울은 자신의 질문에 힘주어 답한다. "결코 그렇지 아니하니라. 만일 그러하면 하나님께서 어찌 세상을 심판하시리요?"(롬 3:5-6). 뒤이어 바울은 "선을 이루기 위하여 악을 행하자"는 추악한 생각을 가르치려는 자들을 단호하게 정죄한다(8절).

율법주의 유대인들은 바울에게 바로 이런 종류의 반율법주의(antinomianism) 혐의를 씌우려 했다. 바울이 하나님의 율법과 모순되게 가르치며, 하고 싶은 대로 할 도덕적 · 영적 자유를 주창하면서 이러한 삶이 실제로 하나님을 영화롭게 하므로 정당하다고 주장한다는 것이었다. 이러한 바울의 대적들은 그 어느 행위와도 무관하게 오직 믿음으로 구원을 얻는다는 생각을 받아들이기가 특히 힘들었다. 이 교리에다 죄가 늘어나면 어떻게든 하나님의 은혜도 덩달아 늘어난다는 생각을 덧붙이는 것은 혐오와 더 심한 혐오를 결합하는 것일 터였다. 그러나 이들은 이러한 위험에서 믿음을 보호하려고 또 다른 위험을 추가했다. 그리스도를 믿는 자라도 영성뿐 아니라 구원까지도 외적인 율법을 지킴으로써 얻는다는 것이었다.

교회사 내내, 어떤 그리스도인 그룹들은 동일한 오류에 빠져 사람이 만든 무수한 규정과 의식을 지켜야 참 경건에 이른다고 주장했다. 극단적 의식주의의 형태로든 엄격히 규정된 행동 규범의 형태로든 간에, 사람들은 자신이 만든 율법주의적 요구들을 추구함으로써 오직 믿음으로 역사하는 순수한 은혜의 복음을 보호하고 북돋운다고 생각해 왔다.

교회는 복음의 자유를 죄를 정당화하는 수단으로 악용하는 거짓 신자들에게 오염될 위험에도 늘 노출되었다. 유다가 선언하듯이, "이는 가만히 들어온 사람 몇이 있음이라. 그들은 옛적부터 이 판결을 받기로 미리 기록된 자니, 경건하지 아니하여 우리 하나님의 은혜를 도리어 방탕한 것으로 바꾸고 홀로 하나이신 주재 곧 우리 주 예수 그리스도를 부인하는 자니라"(유 4).

여기서 바울은 이러한 반율법주의에 치명타를 날리면서도 하나님의 은혜가 구원에 충분함을 부인하려는 자들에게 한 뼘도 양보하지 않는다. 성령의 인도로, 바울은 한편으로 율법주의라는 극단을 피하고 다른 한편으로 방종주의(libertinism)라는 극단을 피했다. 그는 하나님의 은혜를 포기하고 율법주의자들을 포용하려 하지 않았을뿐더러 하나님의 의를 포기하고 방종주의자들을 포용하려 하지도 않았다.

성경이 창세기부터 요한계시록까지 페이지마다 분명히 하듯이, 사람과 하나님의 구원 관계는 거룩한 삶과 떼려야 뗄 수 없으며, 거룩한 삶이란 참신자의 마음에서 그 마음을 통해 일하시는 하나님의 능력으로 사는 것이다. 한 사람의 마음에 일어나는 하나님의 구속 행위에서, 참 거룩은 거듭남과 이것이 가져다주는 영적 생명만큼이나 하나님의 선물이다. 기본적으로 거룩하지 않는 삶은 구원받았다고 주장할 수 없다. 사실, 그 어떤 신자도 죽거나 휴거로 이 땅을 떠나 주님과 함께할 때까지 죄가 없지 않을 것이다. 그렇더라도 스스로 신자라면서도 불순종으로 그리스도의 주되심과 그분이 제시하신 의의 기준을 끈질기게 무시하는 자는 그리스도가 자신의 구주라고 주장할 수 없다. 이것은 바울이 로마서 6-7장에서 강하게 변호하는 복음의 중요한 진리다.

우리 시대에 널리 퍼진 반율법주의에 비춰볼 때, 구원의 요소로서 칭의와 성화, 곧 그리스도 안에서 얻은 새 생명과 그리스도께서 요구하고 공급하시는 거룩함 가운데 그 생명(삶)을 살아내는 것은 서로 분리될 수 없으며, 이것이야말로 신자들이 이해해야 하는 가장 중요한 진리다. 복음주의 깃발을 내건 많은 교회가 쉬운 믿음(easy believism)이라는 비성경적 가르침을 제시하고 그 지도자와 구성원이 세상을 좇아 살아가면서 구속의 증거나 구원하는 믿음에 반드시 수반되어야 하는 거룩의 증거를 거의 보여주지 못한다.

바울은 묻는다. "이런 어리석은 단언들에 **그런즉 우리가 무슨 말을 하리요?"** 그리고 수사의문문으로 덧붙인다. **"은혜를 더하게 하려고 죄에 거하겠느냐?"** '에피메노'(*epimenō*, **to continue, 거하다**)는 습관적 고집이란 의미를 내포한다. 이 단어는 때로 어떤 사람이 일부러 특정 장소에 살고 그곳을 영구 거처로 삼는 것을 말할 때 사용되었다. 요한은 모세 율법을 어기도록 예수님을 꾀려고 끈질기게 애쓰는 결연한 유대 지도자들에게 이 단어를 사용했다(요 8:7).

바울은 모든 그리스도인이 육신이 연약하고 불완전해 이따금 그러듯이 신자가 이따금 죄에 빠진다는 것을 말하고 있었던 게 아니다. 그는 고착된 삶의 한 패턴으로 고의적 · 자의적으로 죄를 짓는 것을 말하고 있었다.

구원받기 전, **죄**는 고착된 생활방식일 '수밖에 없었다'. 죄는 구속받지 못한 사람이 하는 모든 것을 더럽히기 때문이다. 그러나 신자는 새 생명을 얻었고 하나님의 영이 내주하시기에 습관적으로 **죄에 거할(continue in sin)** 핑계가 없다. 그가 구원받기 전과 똑같이 죄에 복종하며 살 수 있는가? 신학적으로 말하면, 칭의는 정말로 성화와 별개인가? 새 생명을 얻고도 계속 옛 방식대로 살 수 있는가? 거룩한 구속의 거래(transaction of redemption, 교환, 맞바꿈)는 구속받은 자들에게 영향을 계속 미치지 못하는가? 다시 말해, 끈질기게 사탄의 자녀로 사는 자가 진정 하나님의 자녀로 거듭났을 수 있는가? 많은 사람이 예라고 말한다. 2절이 힘주어 말하듯이, 바울은 아니오라고 말한다.

대답

그럴 수 없느니라. 죄에 대하여 죽은 우리가 어찌 그 가운데 더 살리요? (6:2)

바울은 자신의 질문에 곧바로 답하면서 분명히 공포에 질려 소리친다. **그럴 수 없느니라(may it never be).** '메 게노이토'(*mē genoito*)는 정확히 문자 그대로 옮기면 '절대 그럴 수 없다'**(may it never be)**이며, 신약 헬라어에서 부정을 나타내는 가장 강한 관용표현이다. 이것은 이미 로마서 3장에서 세 차례 사용되었으며(4, 6, 31절) 앞으로도 여섯 차례 더 사용된다(다음을 보라. 6:15; 7:7, 13; 9:14; 11:1, 11). 이런 것이 참일 수 있다는 생각에 분노한다는 의미를 내포한다.

바울은 죄가 어떤 방식으로든 하나님을 기쁘게 하고 영화롭게 할 수 있다는 생각 자체를 혐오했다. 이 거짓은 너무나 자명해 세세하게 반박할 가치도 없었다. 이런 생각에 마땅한 것은 정죄뿐이다.

그러나 바울은 자신의 서신을 읽는 사람들이 혹시라도 자신이 어려운 문제를 회피한다고 생각지 않도록 죄가 하나님을 영화롭게 한다는 생각이 왜 혐오스럽고 터무니없는지 거의 소리쳐 말하는 것 같다. 이 시점에서, 바울은 이성적 논증으로 답하지 않고 짧고 단호한 수사의문문으로 답한다. **죄에 대하여 죽은 우리가 어찌 그 가운데 더 살리요?**

바울은 자신의 적대자들이 내세우는 주장이 조금이라도 신빙성이나 가치가 있다고 인정하지 않는다. 바울은 지금 진리를 논증하는 게 아니라 선언할 뿐이다. 그리스도 안에서 산 자는 **죄에 대하여 죽은** 자이며, 죽음으로 죄에서 구원받은 신자가 다시 죄 **가운데 산다**는 것은 생각할 수 없으며 자기모순이다. 하나님이 은혜를 베푸신 목적은 죄에서 구원하기 위해서다. 그러므로 가장 뒤틀린 논리를 사용하는 가장 부패한 마음만이 구원받은 것으로 여겨지는 죄 가운데 계속 사는 것이 인간을 모든 불의에서 건지려고 자신의 외아들을 희생한 거룩하신 하나님을 어떻게든 높인다고 주장할 수 있을 것이다.

단순한 이유로, 한 부류의 삶에 대해 **죽은** 사람이 여전히 **그 가운데 살** 수 없음을 인정해야 한다. 바울은 날마다 죄에 대해 죽는 신자의 현재 상태를 말하고 있었던 게 아니라 죄에 대해 죽은 과거의 행위(*apothnēskō*, 제2부정과거능동태)를 말하고 있었다. 바울은 그리스도인이 죄악된 상태에 계속 머물러 있기란 불가능하다고 말한다. 이 행위는 이런 의미에서 단 한 번뿐이다(once for all).

다시 정의하자면, 사람은 계속해서 죽지 않는다. 그의 죽음이 진짜라면 영구적이다. 참으로 **죄에 대해 죽은** 사람이 여전히 **그 가운데 사는** 것은 불가능하다. 육체적 영역뿐 아니라 영적 영역에서도, 죽음과 생명이 양립할 수 없다. 그러므로 논리적으로뿐 아니라 신학적으로도, 영적 생명과 영적 죽음은 공존할 수 없다. 그리스도인이 습관적으로 죄 가운데 계속 살 수 있다는 생각은 비성경적일 뿐 아니라 비합리적이다. 그리스도인들은 구원받기 전에 범했던 죄 가운데 많은 것을 여전히 범할 수 있는 것이 분명하지만, 이전처럼 그 죄 가운데 영구히 살 수는 없다. 요한은 이렇게 선언한다. "하나님께로부터 난 자마다 죄를 짓지 아니하나니, 이는 하나님의 씨가 그의 속에 거함이요 그도 범죄하지 못하는 것은 하나님께로부터 났음이라"(요일 3:9). 그리스도인들은 단지 죄의 영역과 차원에서 계속 살아서는 '안 되는' 게 아니라 그렇게 살 '수 없다'.

바울은 넘치는 하나님의 은혜를 얼버무리지 않는다. 그러나 "죄가 더한 곳에 은혜가 더욱 넘쳤나니"라는 진리는(5:20b) 사람의 죄가 아니라 하나님의 은혜에 초점을 맞추고 그 은혜가 돋보이게 하는 게 분명하다. 이것은 하나님이 용서 못 할 만큼 큰 죄는 없으며, 대속에서 작동하는 측량할 수 없이 풍성한 하나님의 은혜가 모든 시대, 곧 과거와 현재와 미래에 온 인류가 범했고 범하며 범할 모든 죄를 넉넉히 덮고도 남는다고 선언한다.

바울은 뒤이어 똑같이 분명하게 선언한다. 참으로 의롭게 된 삶은 성화된 삶'이며 계속 그런' 삶일 것이다. 조직신학의 목적에 맞게, 그리고 하나님의 구속 사역을 유한한 인간 지성이 좀 더 이해할 수 있도록, 우리는 흔히 성화가 칭의에 이어진다고 말한다. 물론, 어떤 의미에서는 그렇다. 다시 말해, 칭의가 흔히 의롭다는 즉각적이고 완전하며 영원한 법정적 또는 법적 선언이라 불리는 것을 포함한다는 의미에서 그렇다. 그러나 구원에서 칭의와 성화는 분리된 두 단계가 아니다. 오히려, 칭의와 성화는 하나님이 신자의 삶에서 행하시는 구속 사역의 분리되지 않는 연속체가 갖는 두 측면인데, 하나님은 구속 사역을 통해 한 사람이 의롭다고 선언하실 뿐 아니라 그를 재창조해 의롭게 하신다. 거룩은 구속의 어느 요소만큼이나 신자에게서 이뤄지는 하나님의 일이다. 한 사람이 구속받을 때, 하나님은 그 사람이 의롭다고 선언하실 뿐 아니라 그 사람 안에 그리스도의 의를 형성하기 시작하신다. 따라서 구원은 단순히 법적 거래(legal transaction, 맞바꿈, 교환)가 아니라 필연적으로 변화의 기적을 낳는다.

그리스도인의 삶에서 성장은 언제나 과정이며 "그리스도의 예수의 날까지" 계속된다(빌 1:6). 그러나 참으로 그리스도께 회심한 사람에게서 칭의는 성취되었으나 성화, 곧 법정적 성화와 실제적 성화가 아직 시작되지 않는 경우는 없다. 바꾸어 말하면, 칭의와 성화 사이에 '절대로' 틈이 없다. 그러나 옛 사람과 새 사람 사이에 총체적이고 영구적인 틈이 늘 있을 수밖에 없다. 그리스도 안에서, 옛 사람이 송장이 되었다. 당연히, 송장에는 생명의 흔적이 남아 있지 않다.

옛 사람은 거듭나지 못한 사람이다. 옛 사람은 부분적으로 의롭고 부분적으로 죄악된 게 아니라 전적으로 죄악되며 '자신 안에' 의롭게 되고 하나님을 기쁘게 할 잠재력이 털끝만큼도 없다. 반대로, 새 사람은 거듭난 사람이다. 새 사람은 예수 그리스도를 통해 하나님을 기쁘게 하도록 지음받았고 그의 새 본성은 '완전히 경건하고 의롭다'. 그는 아직 완전해지거나 영화롭게 되지 못했으나 이미 영적으로 살아있으며 거룩이 그 안에서 일한다. 새 사람은 아무리 느리게 또는 비틀대며 자라더라도 거룩에서 '계속' 자랄 것이다. 본질상, 생명은 자라기 때문이다. 도널드 그레이 반하우스는 이렇게 썼다. "거룩은 칭의가 끝나는 곳에서 시작된다. 그러므로 거룩이 시작되지 않으면 칭의도 결코 시작되지 않았다고 의심해야 마땅하다"(*Romans*, vol. 3 [Grand Rapids: Eerdmans, 1961], 2:12).

그러므로 성화 없는 칭의란 없다. 거룩한 삶(divine living)이 없는 거룩한 생명(divine life)이란 없다. 참으로 구원받은 사람은 새롭고 경건한 영역에서 새롭고 경건한 삶을 산다. 그는 지금과 영원히 하나님의 은혜와 의의 영역에서 살며, 절대로 다시 자아와 죄라는 사탄의 영역에서 살 수 없다. 육에 속하고 죄악되며 거듭나지 못한 사람은 자신의 본 모습을 드러내지 않을 수 없으며, 거듭난 사람도 마찬가지다.

다시 말하건대, 구원은 거래(transaction, 맞바꿈, 교환)일 뿐 아니라 변화이며, 법정적일 뿐 아니라 실제적이다. 그리스도께서 우리가 한 행위뿐 아니라 우리의 어떠함(what we are) 때문에 돌아가셨다. 바울은 신자들에게 말한다. "이는 너희가 죽었고 너희 생명이 그리스도와 함께 하나님 안에 감추어졌음이라"(골 3:3). 그는 훨씬 분명하게 선언한다. "그런즉 누구든지 그리스도 안에 있으면 새로운 피조물이라. 이전 것은 지나갔으니, 보라 새것이 되었도다"(고후 5:17).

그러므로 **죄에 대하여 죽은(died to sin)**은 로마서 6장 전체의 근본 전제를 표현하며, 나머지 부분은 이 중요한 사실을 자세히 설명한다. 그리스도 안에 살아있으면서 여전히 죄에 대해 살아있기란 불가능하다. 신자가 그리스도와 동행하기 전에는 한순간도 죄의 지배력, 곧 그리스도께서 그를 건져내려고 돌아가신 죄의 삶에서 완전히 벗어난 게 아니다. 이 중요한 사실이 어떤 의미에서 참인지는 이어지는 본문에서 드러난다.

논증

[3]무릇 그리스도 예수와 합하여 세례를 받은 우리는 그의 죽으심과 합하여 세례를 받은 줄을 알지 못하느냐? [4]그러므로 우리가 그의 죽으심과 합하여 세례를

받음으로 그와 함께 장사되었나니, 이는 아버지의 영광으로 말미암아 그리스도를 죽은 자 가운데서 살리심과 같이 우리로 또한 새 생명 가운데서 행하게 하려 함이라. [5]만일 우리가 그의 죽으심과 같은 모양으로 연합한 자가 되었으면 또한 그의 부활과 같은 모양으로 연합한 자도 되리라. [6]우리가 알거니와 우리의 옛 사람이 예수와 함께 십자가에 못 박힌 것은 죄의 몸이 죽어 다시는 우리가 죄에게 종노릇 하지 아니하려 함이니, [7]이는 죽은 자가 죄에서 벗어나 의롭다 하심을 얻었음이라. [8]만일 우리가 그리스도와 함께 죽었으면 또한 그와 함께 살 줄을 믿노니, [9]이는 그리스도께서 죽은 자 가운데서 살아나셨으매 다시 죽지 아니하시고 사망이 다시 그를 주장하지 못할 줄을 앎이로라. [10]그가 죽으심은 죄에 대하여 단번에 죽으심이요 그가 살아계심은 하나님께 대하여 살아계심이니, (롬 6:3-10)

신자가 계속 죄 가운데 거함으로써 하나님을 영화롭게 할 수 있다는 생각이 로마 교회들을 비롯해 여러 교회에 널리 퍼져 있었다. 그렇지 않았다면, 바울은 여기에 이렇게 주목하지 않았을 것이다. 바울은 논리적이며 순차적인 네 원리를 제시하는데, 이것들을 2절에서 제시한 기본 핵심, 곧 죄에 대해 죽은 사람이 죄 가운데 계속 살 수 없다는 사실에서 추론한다.

우리는 예수와 합하여 세례를 받는다

무릇 그리스도 예수와 합하여 세례를 받은 우리는(6:3a)[74]

첫째 원리는 모든 참 그리스도인은 **그리스도 예수와 합하여 세례를 받았다(have been baptized into Christ Jesus)**는 것이다.

세례 요한이 물로 회개의 세례를 줄 때, 분명하고 확실한 의도는 의를 향해 돌아서게 하는 것이었다. 요한의 세례를 받을 때, 죄인은 자신의 죄를 버렸으

---

74 새번역: 세례를 받아 그리스도 예수와 하나가 된 우리는

며 상징적 씻음을 통해 그때부터 자신과 메시아 및 그분의 의를 동일시했다. 세례는 특별한 방식으로 동일시(identification, 하나됨)를 상징했다.

케네스 웨스트(Kenneth S. Wuest, 1893-1961)는 '바프티조'(*baptizō*, to be **baptized, 세례를 받다**)의 이 특별한 용례를 "사람이나 사물을 그 상태를 바꾸거나 이전 환경이나 상태와의 관계를 바꾸려고 새로운 환경에 넣거나 다른 무엇과 결합하는 것"으로 정의한다(*Romans in the Greek New Testament* [Grand Rapids: Eerdmans, 1955], pp. 96-97).

고린도전서에서, 바울은 이스라엘이 모세에게 속하여 세례를 받았다(baptized into Moses)고 말하는데(고전 10:2), 이는 하나님의 대언자요 지도자인 모세와 백성의 동일시 또는 연대를 상징하고 백성이 자신들을 모세의 권위 아래 두었음을 상징한다. 이러한 동일시와 복종으로 이들은 모세의 지도력에 참여했고 그에 따른 복과 영예를 얻었다. 신실한 이스라엘은 말하자면 하나님과 하나 된 모세와 하나 되었다. 비슷하지만 무한히 더 심오하고 영구적인 방식으로, **무릇…우리는(all of us)**, 곧 모든 그리스도인은 **예수와 합하여 세례를 받은(have been baptized into Christ Jesus)** 자들이며, 따라서 그분과 하나 되도록 영구히 그분에게 잠긴다. 여기서 주목해야 한다. 헬라어 개념뿐 아니라 용어가 이 실재를 적절히 상징하려고 물에 잠기는 물세례(침례)를 요구한다는 것이다.

다른 단락들에서, 바울은 주님의 직접 명령에 순종해 물세례를 받는 게 중요하다고 단언했다(고전 1:13-17과 엡 4:5을 보라). 그러나 이것은 그가 여기서 언급하는 세례의 외적 상징일 뿐이다. 신자가 성령을 통해 그리스도께 영적으로 잠김, 곧 신자가 자신의 주님과 친밀하게 하나됨을 은유적으로 말하고 있다. 이 진리는 예수님이 "볼지어다 내가 세상 끝 날까지 너희와 항상 함께 있으리라"고 하실 때 말씀하신 것이며(마 28:20) 요한이 "우리의 사귐은 아버지와 그의 아들 예수 그리스도와 더불어 누림이라"고 할 때 말한 것이다(요일 1:3). 바울은 고린도전서에서 이것을 신자가 그리스도와 한 영이 되는 것이라고 말하며(고전 6:17), 갈라디아 신자들에게 "누구든지 그리스도와 합하기 위하여 세례를 받은(baptized into Christ) 자는 그리스도로 옷 입었느니라"고 설명한다(갈 3:27). 각 경우가 내포하는 의미는 그리스도에게 완전히 에워싸이고 그분과 하나 된다는 것이다.

바울은 이해할 수 없는 이 진리에 비추어 일부 고린도 신자들의 성적 부도덕을 강하게 꾸짖고 믿을 수 없다는 듯이 외친다. "너희 몸이 그리스도의 지체인 줄을 알지 못하느냐? 내가 그리스도의 지체를 가지고 창녀의 지체를 만들겠느냐? 결코 그럴 수 없느니라"(고전 6:15).

앞서 말했고 이 책 전반에 걸쳐 언급하듯이, 구원은 하나님이 죄인을 의롭다고 여기시는 것일 뿐 아니라 죄인에게 새롭고 의로운 기질 또는 본성을 '주시는 것'이다. 신자가 그리스도 안에서 갖는 의는 하늘에서뿐 아니라 땅에서도 실재이며, 그렇지 않다면 전혀 실재가 아니다. 신자의 새 생명은 하나님의 생명이다. 그러므로 참신자가 구원받기 전에 살았던 죄악된 방식으로 계속 사는 것은 불가능하다.

많은 사람이 로마서 6:3-10에서 바울이 제시하는 논증이 물세례를 가리킨다고 해석한다. 그러나 바울은 물세례라는 물리적 유비를 사용해 신자와 그리스도의 연합이라는 영적 실재를 가르치고 있을 뿐이다. 물세례는 예수님의 죽음, 장사, 부활에 대한 믿음이라는 내적 실재의 외적 상징이다. 바울은 물세례로 구원받는다고 주장하고 있지 않았다. 이렇게 주장했다면, 그가 (물세례를 전혀 언급하지 않는) 로마서 3-5장에서 행위가 아니라 은혜로 받는 구원에 관해 말했던 모든 것과 모순될 것이다.

물세례는 하나님에 대한 믿음의 공적 상징이었다. 베드로는 세례가 구원의 표식이라고 했다. 세례가 그리스도를 믿는 내적 믿음의 외적 증거이기 때문이다(벧전 3:21). 디도는 디도서 3:4-5에서 같은 말을 한다. "우리 구주 하나님의 자비와 사람 사랑하심이 나타날 때에 우리를 구원하시되 우리가 행한 바 의로운 행위로 말미암지 아니하고 오직 그의 긍휼하심을 따라 중생의 씻음과 성령의 새롭게 하심으로 하셨나니." 바울은 사도행전 22:16에서 이렇게 말한다. "이제는 왜 주저하느냐? 일어나 주의 이름을 불러 세례를 받고 너의 죄를 씻으라." 이 구절들은 사람이 물로 구원을 받는다고 말하는 게 아니라 물세례가 구원하는 참믿음의 상징이라고 말한다.

로마 신자들은 세례의 상징을 잘 알았다. 바울은 "알지 못하느냐?"라고 말할 때 사실 이렇게 말하고 있다. "여러분이 받은 세례의 의미를 모르십니까? 여러분의 세례가 무엇을 상징하는지 잊었습니까?" 이들은 물세례가 예수 그리스도에게 잠김(being immersed into Jesus Christ)이라는 영적 실재를 상징한다는 것을 알지 못했다. 비극은 많은 사람이 물세례라는 상징을 구원의 증거가 아니라 수단으로 오해한다는 것이다. 상징을 실재로 바꾼다는 것은 실재를 제거한다는 뜻이며, 이 경우 실재는 오직 그리스도를 믿음으로써 은혜로 받는 구원이다.

우리는 그리스도의 죽음과 부활에서 그분과 연합한다

> **[3b]그의 죽으심과 합하여 세례를 받은 줄을 알지 못하느냐? [4]그러므로 우리가 그의 죽으심과 합하여 세례를 받음으로 그와 함께 장사되었나니, 이는 아버지의 영광으로 말미암아 그리스도를 죽은 자 가운데서 살리심과 같이 우리로 또한 새 생명 가운데서 행하게 하려 함이라. [5]만일 우리가 그의 죽으심과 같은 모양으로 연합한 자가 되었으면 또한 그의 부활과 같은 모양으로 연합한 자도 되리라.** (6:3b-5)

바울이 강조하는 둘째 원리는 첫째 원리의 확장이다. 모든 그리스도인은 그리스도와 하나 될 뿐 아니라 구체적으로 그리스도의 죽음과 부활에서 그분과 하나 된다.

둘째 원리의 첫 요소는 참신자 모두 **그의**[그리스도의] **죽으심과 합하여 세례를 받았다(have been baptized into His death)**[75]는 것이다. 이것은 십자가에서 일어난 우리와 그분의 연합을 되돌아보게 하는 역사적 사실이다. **우리가 그의 죽으심과 합하여 세례를 받음으로 그와 함께 장사되었던** 목적은 **아버지의 영광으로 말미암아 그리스도를 죽은 자 가운데서 살리심과 같이 우리로 또한 새 생명 가**

---

75 새번역: 세례를 받을 때에 그와 함께 죽었다

운데서 행하게 하려 함이다. 이것은 부활에서 일어난 우리와 그분의 연합을 돌아보게 하는 역사적 사실이다.

이 진리는 너무나 놀라워 우리가 온전히 이해할 수 없다. 그러나 이 진리의 기본적이고 분명한 핵심은 우리가 그리스도와 함께 죽은 목적이 그분을 통해 생명을 얻고 그분처럼 살기 위해서라는 것이다. 이번에도 바울은 부도덕함을 강조하는 것이 아니라 우리가 구원받기 전과 같은 방식으로 계속 사는 것이 불가능함을 강조한다. 우리는 예수 그리스도를 주님과 구주로 믿음으로써 헤아릴 수 없는 하나님의 기적을 통해 2,000년 전으로 돌아가 이를 테면 우리 구주의 **죽으심**에 참여하고 **그와 함께 장사되었**는데 장사는 죽음의 증거다. 하나님이 우리로 그리스도의 **죽으심**(그분의 죽음은 우리의 죗값을 지불했다)과 부활에 참여하게 하신 목적은 이제부터 우리로 **새 생명 가운데 행하게 하려 함**이었다.

대 신학자 찰스 하지는 이렇게 요약했다. "그리스도의 죽음에 참여하지 않고는 그분의 생명에 참여할 수 없으며, 그분의 생명의 능력에 참여하지 않고는 그분의 죽음이 주는 유익을 누릴 수 없다. 거룩해지려면 하나님과 화해해야 하며, 이로써 거룩해지지 않고는 화해할 수 없다(*Commentary on the Epistle to the Romans* [Grand Rapids: Eerdmans, 1983 reprint], p. 195).

그리스도의 부활 생명이 그분이 우리의 죄를 위한 희생으로서 맞으신 죽음의 확실한 결과이듯이, 신자가 그리스도 안에서 사는 거룩한 삶은 그가 그리스도 안에서 맞은 죽음, 곧 죄에 대한 죽음의 확실한 결과다.

새(newness)라고 번역된 단어는 단순히 시간적 의미에서 새로움을 가리키는 '네오스'(*neos*)가 아니라 질과 특징이 새로움을 가리키는 '카이로스'(*kairos*)다. 죄가 우리의 옛 삶을 특징지었듯이 이제 의가 우리의 새 삶을 특징짓는다. 성경은 신자들의 새로운 영적 생명을 자주 말한다. 우리는 새 마음을 받고(겔 36:26), 새 영을 받으며(겔 18:31), 새 노래를 받고(시 40:3), 새 이름을 받는다(계 2:17). 우리는 새로운 피조물이라 불리고(고후 5:17), 새로 지으심을 받은 것이라 불리며(갈 6:15), 새 사람이라 불린다(엡 4:24).

바울은 뒤이어 우리가 그리스도의 죽음에서 그분과 연합함으로써 새 생명을 얻고 필연적으로 새로운 방식으로 살게 된다고 단언하며 말한다. **만일 우리가 그의 죽으심과 같은 모양으로 연합한 자가 되었으면 또한 그의 부활과 같은 모양으로 연합한 자도 되리라.** 바꾸어 말하면, 옛 생명이 죽었기에 필연적으로 새 생명이 태어났다.

성공회의 핸들리 모울(Handley Moule, 1841-1920) 주교는 생생하게 단언했다.

> 우리로 "화목하게 하신" 것은 우리가 이제 마치 감옥에서 풀려나듯 하나님을 떠나는 게 아니라 그분의 아들 안에서 그분의 자녀로서 하나님과 동행하게 하기 위해서다. 우리는 의롭다 하심을 얻었기에 거룩해야 하고 죄로부터 분리되어야 하며 하나님께로 분리되어야 한다. 단지 우리의 믿음이 진짜이고 따라서 우리가 법적으로 안전하다는 표시로 이렇게 해야 하는 게 아니다. 우리가 이렇게 해야 하는 것은 우리가 바로 이 목적을 위해, 거룩하게 되기 위해 의롭다 하심을 얻었기 때문이다.…
>
> 포도나무에 달린 포도송이는 단지 그 나무가 포도나무이고 살아있다는 산 증거가 아니다. 포도송이는 산물이며 포도나무는 이를 위해 존재한다. 죄인이 의롭다 하심을 얻고 자신을 위해 산다는 것은 생각할 수 없다. 이것은 가장 심한 도덕적 모순이며, 이렇게 생각한다면 애초에 그 사람의 영적 신조 전체가 틀렸다는 것을 드러내는 셈이다. (*The Epistle to the Romans* [London: Pickering & Inglis, n.d.], pp. 160-61)

우리의 죄의 몸이 죽었다

> **6 우리가 알거니와 우리의 옛 사람이 예수와 함께 십자가에 못 박힌 것은 죄의 몸이 죽어 다시는 우리가 죄에게 종노릇 하지 아니하려 함이니, 7 이는 죽은 자가 죄에서 벗어나 의롭다 하심을 얻었음이라.** (6:6-7)[76]

---

76 knowing this, that our old self was crucified with Him, that our body of sin might

바울이 강조하는 셋째 원리는 죄악된 옛 사람이 죽었다는 것이다. **우리가 알거니와(knowing this)**는 신자들이 마땅히 알아야 하는 상식에 호소하는 게 분명한데, 바울은 지금 이들에게 이들에 관해 말하고 있다. 바울은 이렇게 말하고 있다. "여러분은 마땅히 알아야 합니다. 그리스도 안에 있는 여러분은 구원받기 전의 여러분과 같지 않습니다. 여러분에게는 새 생명, 새 마음, 새로운 영적 힘, 새 소망을 비롯해 이전에 여러분의 삶에 없었던 새로운 것들이 있습니다." 그리스도께서 우리를 구속하셨을 때 **우리의 옛 사람이…십자가에 못 박혔다.** 다시 말해, 죽어 파기되었다.

옛(old)으로 번역된 헬라어는 단순히 시간적 나이를 가리키는 '아르카이오스'(*archaios*)가 아니라 완전히 낡고 쓸모없어 버려야 하는 것을 가리키는 '팔라이오스'(*palaios*)다. 이것은 모든 실제적 목적에서 파기된다. 앞서 인용한 갈라디아서 구절에서, 바울은 이렇게 선언한다. "내가 그리스도와 함께 십자가에 못 박혔나니"—다시 말해, 나의 옛 "내가" 죽어 더는 존재하지 않으니—"그런즉 이제는 내가 사는 것이 아니요 오직 내 안에 그리스도께서 사시는 것이라"(갈 2:20). 바꾸어 말하면, 그리스도인으로서 우리의 새 생명은 옛 생명(삶)의 수정판이 아니라 하나님이 주신 새 생명, 곧 그리스도 바로 그분의 생명이다.

성경을 성경과 비교해 보면(책임 있는 성경 연구는 이 부분을 늘 포함한다), 바울이 로마서 6장에서 말하는 "옛 사람"은 그가 5장에서 말한 거듭나지 못하고 아담 안에 있는 사람, 하나님의 구속 및 그 구속이 주는 새 생명과 무관한 사람이라는 게 분명해진다.

그리스도인에게 두 가지 본성이 있다는 이원론적 시각은 비성경적 용어를 사용하며, 거룩한 삶을 극도로 파괴하는 인식으로 이어질 수 있다. 이런 시각을 가진 사람 중에 어떤 사람들은 바울 당시의 극도로 뒤틀린 영지주의로 넘

---

be done away with, that we should no longer be slaves to sin; for he who has died is freed from sin(NASB). ([우리가] 알듯이, 우리의 옛 사람은 그분과 함께 십자가에 못 박혔고, 우리의 죄의 몸은 제거될 것이며, 우리가 더는 죄의 종이어서는 안 된다. 죽은 자는 죄에서 자유롭기 때문이다.)

어가 악한 자아는 통제되거나 바뀔 수 없기 때문에, 어쨌든 미래에 파기될 것이기 때문에, 이것이 제멋대로 하도록 두는 것은 그리 문제되지 않는다고 주장한다. 오로지 생각과 의도 같은 "영적인" 것만 중요하다. 이러한 철학이 지배하는 교회들에서, 지도자들 뿐 아니라 구성원들 간에 부도덕한 행위가 흔하고 교회 권징이 대체로 실행되지 않는 것은 놀랍지 않다.

바울은 단언한다. 잘 배운 신자들은 그리스도인의 자유에 대한 이러한 뒤틀린 시각이 거짓되고 파괴적이며 교회에서 즉시 정죄되어야 한다는 것을 안다. 로마서 6:6에서, 바울은 신자들을 옛 본성과 새 본성에 대한 이러한 거짓된 시각들로부터 보호하는 놀라운 세 가지 진리를 말한다.

첫째 진리는 우리의 옛 사람이 **예수와 함께 십자가에 못 박혔다**는 것이다. 십자가형은 단순히 극한 고통을 동반하는 게 아니다. 십자가형은 죽음을 동반한다. 십자가에 못 박힌다는 것은 죽는다는 것이다. 모든 신자의 **옛 사람이** 그의 주님과 **함께 십자가에 못박혔다**. 그러지 않았다면, 그 사람은 구원받지 못한 것이다. 그리스도와 함께 죽지 않은 참 그리스도인은 없다.

에베소서에서, 바울은 **옛 사람**에 관해 상당히 자세하게 쓴다. 그는 신자들에게 이렇게 말한다. "오직 너희는 그리스도를 그같이 배우지 아니하였느니라. 진리가 예수 안에 있는 것 같이 너희가 참으로 그에게서 듣고 또한 그 안에서 가르침을 받았을진대, 너희는 유혹의 욕심을 따라 썩어져 가는 구습을 따르는 옛 사람을 벗어 버리고 오직 너희의 심령이 새롭게 되어 하나님을 따라(in the likeness of God)[77] 의와 진리의 거룩함으로 지으심을 받은 새 사람을 입으라"(엡 4:20-24). 그리스도인의 '새 사람'은 실제로 하나님의 형상(likeness)을 닮았다.

존 머레이를 비롯한 신약학자들이 지적했듯이, "벗어 버리고"(lay aside, 22절)와 "입으라"(put on, 24절) 둘 다 헬라어 부정사를 옮긴 것인데, 이 문맥에서 두 부정사 모두 결과의 부정사로 번역되어야 한다. 바꾸어 말하면, 바울은 훈계하거나 명령하고 있는 게 아니라 이미 성취되었고 종결된 것에 관해 사

---

77 새번역: 하나님의 형상을 따라

실을 진술하고 있다. 그러므로 머레이는 22절을 이렇게 옮긴다. "그래서 여러분은 옛 사람이 이전에 따르던 생활 방식을 벗어버렸습니다"(*Principles of Conduct* [Grand Rapids: Eerdmans, 1957], pp. 211-219를 보라).

또 다른 학자 핸들리 모울 주교는 이 구절을 이렇게 옮겼다. "그리스도 밖에 있었고 아담의 주도 아래 있었으며 죄책 아래 있었고 도덕적 속박 가운데 있었던 우리의 옛 사람, 우리의 옛 상태가 그리스도와 함께 십자가에 못 박혔습니다"(*The Epistle to the Romans* [London: Pickering & Inglis, n.d.], p. 164). 또 다른 강해설교자요 주석가 마틴 로이드 존스(Martyn Lloyd-Jones, 1899-1981)는 이 구절을 이렇게 옮겼다. "마치 여러분이 아직도 그 옛 사람인 것처럼 살지 마십시오. 그 옛 사람은 죽었기 때문입니다. 마치 그가 아직 거기 있는 것처럼 살지 마십시오"(*Romans: An Exposition of Chapter 6* [Grand Rapids: Zondervan, 1972],[78] p. 64).

설령 22절을 명령으로 보더라도, 우리의 옛 사람의 지시를 거부하라는 명령은 아닐 것이다. 바울은 옛 사람이 십자가에 못 박혀 죽었다고 방금 선언했으며, 그러므로 옛 사람이 더는 우리에게 지시할 수 없다. 오히려 마치 우리가 아직도 옛 사람의 악한 지배 아래 있기라도 하듯이 옛 사람의 죄악된 길에 관한 남아 있는 기억들을 따르지 말라는 명령일 것이다.

바울은 참신자들은 이미 죄악된 옛 사람의 지배에서 벗어났다고 또다시 선언하면서 갈라디아교회에 이렇게 말한다. "그리스도 예수의 사람들은 육체와 함께 그 정욕과 탐심을 십자가에 '못 박았느니라'"(갈 5:24).

골로새서의 다소 비슷한 구절에서, 바울은 신자가 옛 사람을 벗어버린 것은 기정사실이며 이미 이루어졌고 되돌릴 수 없는 일이라고 분명하게 말한다. 그는 이렇게 말한다. "너희가 서로 거짓말을 하지 말라. 옛 사람과 그 행위를 벗어 버리고 새 사람을 입었으니, 이는 자기를 창조하신 이의 형상을 따라 지식에까지 새롭게 하심을 입은 자니라"(골 3:9-10). 모든 골로새 신자가 완전히 성숙해 옛 사람의 잔재를 완전히 지배하게 된 것은 아니었다. 바울은 오히

---

78 『로마서 강해, 제 3권』, 서문강 옮김(기독교문서선교회, 1980).

려 모든 신자가 얼마나 성숙했던 간에 자신의 옛 사람을 악한 "그 행위"와 함께 벗어버렸다고 주장할 수 있다고 말하고 있었다. 정확히 같은 방식으로, 그리스도 안에 있는 그의 새 사람은 자신을 재창조하신 하나님의 형상에 맞추어 이미 "새롭게 하심을 입었다."

바울이 6절에서 옛 성품과 새 성품에 관해 제시하는 큰 둘째 진리는 우리의 죄의 몸이 제거되리라(**our body of sin might be done away with, 죄의 몸이 죽어**)[79]는 것이다. 여기서 '되리라'(**might be**)는 가능성의 의미를 내포하는 게 아니라 이미 있는 사실을 말하는 관용적 방식일 뿐이다. 바꾸어 말하면, 우리는 그리스도 안에서 십자가에서 죄에 대해 역사적으로 죽었고 그 결과 우리의 **죄**가 제거되었다(**done away with, 죽어**). 두 진리는 거의 동의어이므로 6절은 거의 동어반복이다. 죽은(**십자가에 못 박힌**) 죄는 분명히 제거되었다(**done away with**). 바울은 자신의 핵심을 좀 더 이해하기 쉽게 제시하고 있을법한 어떤 모호함도 제거하기 위해 이 진리를 서로 다른 두 방식으로 말한다.

NASB(**done away with**, 제거되다)와 KJV(destroyed, 멸해지다) 둘 다 우리의 **죄의 몸(our body of sin)**이 멸절된다(annihilated)는 암시를 줄 수 있다. 그러나 '카타르게오'(*katargeō*, **done away with**)는 문자적으로 "작동하지 못하거나 쓸모없게 하다," 즉 어떤 것의 통제력을 제거함으로써 그것을 무력하게 한다는 뜻이다. 이런 의미는 이 단어가 로마서 3:3, 31(nullify, 폐하다, 파기하다), 4:14(nullified, 파기되었다), 7:2(released from, 벗어나다) 같은 다른 구절들에서 번역된 방식에 분명하게 나타난다.

성숙한 그리스도인이라면 누구나 깨닫듯이, 그리스도인은 그리스도 안에서 자랄수록 자신의 삶에서 죄를 더 자각하게 된다. 많은 곳에서, 바울은 '몸'(body)과 '육신'(flesh)이란 용어를 사용해 육체적 약점 및 쾌락과 얽혀 있는 죄악된 성향을 가리킨다(예를 들면, 롬 8:10-11, 12, 23을 보라). 그리스도 안에서 새로 태어나면 죄악된 자아가 죽는다. 그러나 장차 영화롭게 될 때까지, 일시적 육신과 그 타락한 성향은 죽지 않는다. 분명히, 그리스도인의 몸은 잠재

79 새번역: 죄의 몸이 죽어. 공동번역개정판: 죄에 물든 육체는 죽어버리고

적으로 선하며, 선한 것들만 하도록 의도되었다. 그렇지 않다면, 바울은 신자들에게 그들의 몸을 "하나님이 기뻐하시는 거룩한 산 제물로 드리라. 이는 너희가 드릴 영적 예배니라"라고 명하지 않았을 것이다(롬 12:1). 그리스도인의 몸은 새롭고 거룩한 성향에 반응할 수 있지만 늘 그렇게 하지는 않는다.

바울이 이 서신 7장에서 더 자세히 설명하듯이, 신자의 구속받지 못한 인성(humanness)—이와 관련해, 바울은 자신을 예로 든다—이 그가 변화되어 하늘의 영광에 이를 때까지 그에게 남아 있다. 성경과 경험 둘 다 분명하게 가르치듯이, 남아 있는 인성은 어쨌든 이런저런 약점이 있고 죄로 기우는 성향이 있다. 그리스도인의 삶 안에서, 그리스도인의 삶 위에서 죄가 휘두르던 폭정이 무너졌고 죄에 대한 형벌도 해결되었다. 그러나 죄가 그리스도인의 삶에서 표현될 잠재적 가능성이 완전히 제거된 것은 아니다. 인간적 약점과 본능 때문에, 그리스도인이라도 성령의 말씀과 능력에서 멀어진 채 살 때 사탄의 유혹에 굴복할 수 있다. 그리스도인은 구속받은 새롭고 거룩한 피조물이지만 구속받지 못한 육신에 갇혀 있다.

바울은 죄와 관련해 남아 있는 약점과 싸우려면 어떻게 해야 하는지 이 장 뒤쪽에서 신자들에게 가르쳐준다. "전에 너희가 너희 지체를 부정과 불법에 내주어 불법에 이른 것 같이, 이제는 너희 지체를 의에게 종으로 내주어 거룩함에 이르라"(롬 6:19).

바울이 6절에서 옛 본성과 새 본성에 관해 제시하는 큰 셋째 진리는 **다시는 우리가 죄에게 종노릇 하지 아니**해야**(we should no longer be slaves to sin)** 한다는 것이다. 이번에도 번역 때문에 의미가 다소 모호하다. 그러나 바울은 몇 절 뒤에서 명료하게 말한다. "하나님께 감사하리로다. 너희가 본래 죄의 종이더니, 너희에게 전하여 준 바 교훈의 본을 마음으로 '순종하여(became obedient) 죄로부터 해방되어(having been freed) 의에게 종이 되었느니라(became slaves)'"(롬 6:17-18). 이 두 절의 모든 동사가 분명히 하듯이, 그리스도께서 신자가 죄 아래서 하던 종살이를 끝내셨으며, 따라서 이것은 과거의 일이다. 몇 절 뒤에서, 바울은 신자가 '이제' 하나님께 종이기 때문에 새롭게 의에게 종이 될 수 있다는 진리를 되풀이한다(22절).

바꾸어 말하면, **다시는 우리가 죄에게 종노릇 하지 아니**해야 한다는 직접적인 문맥은 더 정확한, 그리고 더없이 중요한, 의미를 전달한다. 신자들이 **다시는… 죄에게 종노릇** '할 수 없다'는 것이다. 이미 말했듯이, 바울은 그리스도인이 더는 죄를 지을 '수 없다'고 가르치는 게 아니라 그리스도인은 더 이상 죄의 강압과 폭정 아래 있지 않을 뿐 아니라 이전과 달리 죄에 의무적으로 오롯이 복종하지 않으리라고 가르친다. 모든 참 그리스도인은 더는 죄에게 '종노릇'하지 않는다.

물론, 이유는 **죽은 자가 죄에서 벗어**났기**(he who has died is freed from sin)**[80] 때문이다. 옛 사람이 죽었기**(has died, 죽은)** 때문에 옛 사람의 특성이 옛 사람과 함께 죽었고, 가장 중요하게는 **죄**에 대한 종살이가 죽었으며, 그리스도 안에서 구속받은 자들 '모두' 죄에서 단번에 영원히 해방되었다.

베드로는 첫째 서신에서 이 진리를 강하게 강조한다. "그리스도께서 이미 육체의 고난을 받으셨으니 너희도 같은 마음으로 갑옷을 삼으라. 이는 육체의 고난을 받은 자는 죄를 그쳤음이니, 그 후로는 다시 사람의 정욕을 따르지 않고 하나님의 뜻을 따라 육체의 남은 때를 살게 하려 함이라"(벧전 4:1-2). 그러나 베드로는 뒤이어 엄하게 경고하면서 현세의 삶에서 죄를 짓지 말고 완전하게 살라고 가르치는 게 아니다. "너희 중에 누구든지 살인이나 도둑질이나 악행이나 남의 일을 간섭하는 자로 고난을 받지 말려니와…"(15절).

마틴 로이드 존스는 신자와 그가 이전에 가졌던 죄악된 성향의 관계를 이해하는 데 도움이 되는 예화를 들려준다(*Romans: An Exposition of Chapter 6* [Grand Rapids: Zondervan, 1972], pp. 26-27). 그는 길을 사이에 두고 인접한 두 밭을 그려낸다. 하나는 사탄의 소유고 하나는 하나님의 소유다. 구원받기 전, 한 사람이 사탄의 밭에 살면서 완전히 사탄의 지배를 받는다. 구원받은 후, 그는 다른 밭에서 일하며 이제 오로지 하나님의 지배만 받는다. 그러나 그는 새 밭에서 쟁기질을 하다가 이전 주인에게 자주 부추김을 받는다. 이전 주인은 어떻게든 그를 꾀어 죄악된 옛 방식으로 되돌리려 한다. 사탄은 잠시 신자의

---

80 새번역: 죽은 사람은 이미 죄의 세력에서 해방되었습니다.

주의를 새 주인과 새로운 생활 방식에서 돌리는 데 자주 성공한다. 그러나 그는 신자를 죄와 사망의 옛 밭으로 되돌릴 힘이 없다.

그리스도의 한 번의 죽음은 죄에 대한 죽음이었다

> **[8]만일 우리가 그리스도와 함께 죽었으면 또한 그와 함께 살 줄을 믿노니, [9]이는 그리스도께서 죽은 자 가운데서 살아나셨으매 다시 죽지 아니하시고 사망이 다시 그를 주장하지 못할 줄을 앎이로라. [10]그가 죽으심은 죄에 대하여 단번에 죽으심이요 그가 살아계심은 하나님께 대하여 살아계심이니,** (롬 6:8-10)

넷째 원리는 그리스도께서 한 번 죄에 대해 죽음으로써 믿음으로 그분과 함께 죽은 자들에게 죄의 죽음뿐 아니라 죽음의 죽음을 안기셨다는 것이다. 이 세 절은 바울이 앞에서 신자가 죄에 대해 죽고 그리스도 안에서 새 생명을 얻었다는 것에 관해 가르친 내용을 잘 요약한다. 바울은 또한 이 놀랍고 영광스러운 진리가 영구적이라는 것을 강조한다.

우리가…또한 그와 함께 살리라는 확신은 분명히 신자가 궁극적으로 하늘에서 그리스도와 영원히 함께하게 되는 것에 적용된다. 그러나 이 문맥은 거룩한 삶에 초점을 맞추며, 따라서 바울이 여기서 주로 **그와 함께** 현세에 의롭게 사는 것을 말하고 있음을 강하게 암시한다. 영어처럼, 헬라어도 미래 시제가 확실성을 내포할 때가 많다. 바울은 여기서 **또한…살**(**shall also live,** 또한 살리라)로 번역된 '수자오'(*suzaō*) 또는 '순자오'(*sunzaō*)를 이렇게 사용하는 것으로 보인다. 10절에서 그리스도와 관련해 분명히 하듯이, 바울은 단지 하나님 앞에 있음(existing in the presence of God)이 아니라 하나님께 대하여 살아있음(living to God)을, 다시 말해 하나님의 거룩함에 딱 들어맞는 삶을 살아감을 말하고 있다.

이 생각을 바탕으로, 바울은 뒤이어 이렇게 말한다. **이는 그리스도께서 죽은 자 가운데서 살아나셨으매 다시 죽지 아니하시고 사망이 다시 그를 주장하지 못할 줄을 앎이로라.** 핵심은 우리가 그리스도와 함께 죽었고 다시 살아났기 때문에

(3-5절) 또한 **다시 죽지 아니하리라(never die again)**는 것이다. 죄가 우리를 죽음에 굴복시켰으나 **다시 그를 주장하지 못하**듯이 다시 우리를 지배하지 못한다. 그뿐 아니라, 죄는 결코 우리의 집행자일 수 없다.

6장에서 이 단락의 절정은 이 부분이다. **그가 죽으심은 죄에 대하여 단번에 죽으심이요 그가 살아계심은 하나님께 대하여 살아계심이니.** 죽음은 죄에 대한 형벌이기에(롬 6:23), 죄의 지배를 무너뜨린다는 것은 죽음의 지배를 무너뜨린다는 것이다.

10절에 나오는 더없이 중요한 두 진리가 강조되어야 한다. 첫째는 그리스도께서 **죄에 대하여…죽었다(died to sin)**는 것이다. 그리스도께서는 성육신 기간에 완벽하게 죄 없이 사셨기에 결코 죄에 대해 나머지 모든 인간이 가졌던 관계와 동일한 관계를 갖지 않으셨던 게 분명하다. 그분은 결코 죄의 지배를 받지 않으셨을 뿐 아니라 티끌만큼도 죄를 범하지 않으셨다. 그런데 어떻게 '그분이' **죄에 대하여 죽었을** 수 있는가? 그러나 이 구절에서 분명히 알 수 있듯이, 그리스도께서 어떤 방식으로 죄에 대해 죽었든 간에 신자들도 죄에 대해 죽었다.

어떤 사람들은 신자들이 더는 죄의 유혹에 민감하지 않다는 의미에서 죄에 대하여 죽었다고 말한다. 그러나 이런 시각은 그리스도인의 경험이 지지하지 않을뿐더러 애초에 죄의 유혹에 전혀 민감하지 않으셨던 그리스도께 적용될 수 없는 게 분명하다. 어떤 사람들은 바울이 신자들은 죄에 대해 죽어'야 한다'(ought)고 가르치고 있다고 말한다. 그러나 이번에도, 이런 해석은 그리스도께 적용될 수 없다. 그뿐 아니라, 이것은 그리스도께서 온전하게 됨으로써 죄에 대하여 죽었다는 의미일 수도 없다. 그분은 언제나 온전하셨기 때문이다.

바울은 그리스도께서 **죄에 대하여…죽었다**고 선언하면서 두 가지를 의미하는 것으로 보인다. 첫째, 그리스도께서 온 세상의 죄를 친히 지심으로써 죄의 '형벌'에 대하여 죽었다. 그리스도께서 자신을 믿을 모든 사람을 위해 죄의 법적 요구를 충족하셨다. 신자들은 그분의 무한한 은혜로 능력을 얻어 그분을 믿음으로써 법정적으로 죄에 대하여 죽었다. 둘째, 그리스도께서 죄의 '권세'(power)에 대하여 죽었고, 이로써 하나님의 아들을 믿음으로써 하나님께 속한 자들에 대한 죄의 권세를 영원히 깨뜨리셨다. 바울은 미숙하고 쉽게 죄에 빠지는 고린도 신자들에게까지 확신을 준다. "하나님이 죄를 알지도 못하신 이를 우리를 대신하여 죄로 삼으신 것은 우리로 하여금 그 안에서 하나님의 의가 되게 하려 하심이라"(고후 5:21).

오거스터스 토플라디(Augustus Toplady, 1740-1778)가 멋진 찬송가 "만세반석 열리니"의 아름다운 구절인 "내게 효험되어서 정결하게 하소서"[81]에서 염두에 둔 것은 아마도 신자들이 죄의 형벌에 대해 죽었다는 것과 죄의 권세에 대해 죽었다는 쌍둥이 진리였을 것이다.

10절이 강조하는 둘째 핵심은 그리스도의 **죽으심은 죄에 대하여 단번에 죽으심(died to sin, once for all)**이라는 것이다. 그분은 결코 되풀이될 필요가 없을 승리를 거두셨으며, 이것이 히브리서 저자가 거듭 강조하는 심오한 진리다(7:26-27; 9:12, 28; 10:10; 참조. 벧전 3:18).

신자들은 바울이 이 단락에서 말하는 방식들로—즉, 그리스도의 죽음과 부활에서, 죄의 몸의 죽음에서, 죄에 대하여 죽음에서—그리스도와 실제로 하나 될 뿐 아니라 그분의 동정녀 탄생에서, 그분의 육체적 탄생과 자신들의 영적 출생 모두 성령에 의한 잉태에서 비롯되었다는 점에서 주님과 연결된다. 그리스도께서는 성육신에서 우리 인간과 하나 되셨다. 그리고 할례를 받음으로써 일시적으로 자신을 모세 율법의 권위 아래 두셨는데, 이는 율법 아래 있는 자들을 구속하기 위해서였다(골 2:11). 우리는 주님의 고난에서도 그분과 연결된다. 바울처럼, 우리도 그분을 위해 고난받은 흔적이 있기 때문이다. 여러 가지 면에서, 신자들은 주 예수 그리스도와 완전히, 분리될 수 없게 하나가 되기에 그분은 우리를 형제라 부르길 부끄러워하지 않으신다(히 2:11).

---

81 Be of sin the double cure, save from wrath and make me pure. (죄를 배로 치료해 나를 진노에서 구원하고 정결하게 하소서.)

24

하나님께 대하여 살아있다
(6:11-14)

[11]이와 같이 너희도 너희 자신을 죄에 대하여는 죽은 자요 그리스도 예수 안에서 하나님께 대하여는 살아있는 자로 여길지어다. [12]그러므로 너희는 죄가 너희 죽을 몸을 지배하지 못하게 하여 몸의 사욕에 순종하지 말고 [13]또한 너희 지체를 불의의 무기로 죄에게 내주지 말고 오직 너희 자신을 죽은 자 가운데서 다시 살아난 자 같이 하나님께 드리며 너희 지체를 의의 무기로 하나님께 드리라. [14]죄가 너희를 주장하지 못하리니, 이는 너희가 법 아래에 있지 아니하고 은혜 아래에 있음이라. (6:11-14)

나사로가 죽은 지 나흘이 지난 후, 예수님이 그를 무덤에서 불러내셨다. 나사로는 무덤에서 나왔을 때 여전히 머리부터 발끝까지 수의를 두르고 있었고, 예수님은 곁에 선 사람들에게 "풀어놓아 다니게 하라"고 하셨다(요 11:44).

이 이야기는 신자가 회심할 때 어떤 상태인지 보여주는 생생한 그림이다. 그는 그리스도를 구주와 주님으로 믿을 때 영적으로 온전히 살아나지만, 이를테면 죄악된 옛 삶이라는 수의에 여전히 매여 있다. 물론, 차이라면 모든 신자의 죄악된 옛 옷이 나사로의 수의와 달리 즉시 벗겨지지 않는다는 것이다. 그뿐 아니라 신자들은 옛 옷을 다시 입으라고 계속 유혹받는다. 바울은 로마서 6:11-14에서 신자가 계속해서 이렇게 죄와 싸우고 사탄과 싸운다는 것을 인정한다.

바울은 자신의 서신을 읽는 사람들에게 그들이 그리스도와 함께 죄에 대하여 죽었고 새 생명에 대하여 살아났음을 일깨운 후, 이제 이들의 시선을 옛 수의를 벗고 그리스도의 충만한 의와 영광에 이르기까지 새 삶을 사는 것에 돌린다.

7장에서, 바울은 자신을 본보기로 사용해 신자들이 죄악된 옛 습관 및 성향과 벌이는 싸움을 더 자세히 다룬다. 바울은 사도로서 자신이 죄에 대해 죽었는데 왜 속에서는 여전히 죄와 싸우는지 온전히 이해하지 못했다고 고백한다. "내가 행하는 것을 내가 알지 못하노니, 곧 내가 원하는 것은 행하지 아니하고 도리어 미워하는 것을 행함이라"(롬 7:15). 그러나 그는 문제가 어디 있는지 알기에 몇 절 뒤에서 이렇게 선언한다. "내 속, 곧 내 육신에 선한 것이 거하지 아니하는 줄을 아노니, 원함은 내게 있으나 선을 행하는 것은 없노라"(18절).

이 단락에서, 바울은 자신의 서신을 읽는 사람들이 궁금해할 질문들에 다시 답한다. "그리스도께서 정말로 우리를 죄에서 자유하게 하셨다면(7절) 왜 죄가 우리에게 그렇게 많은 문제를 일으키는가? 우리가 이제 하나님 앞에서 거룩하다면 왜 우리의 삶은 거룩하지 못하기 일쑤인가? 우리가 의롭다면 어떻게 우리의 삶이 그 의를 더 잘 드러낼 수 있는가?" 핵심 단어 셋이 6:11-14에 제시된 답변들을 요약한다. '알다'(know), '여기다'(consider), '내맡기다'(yield).

알다

이와 같이 (6:11a)

첫째 핵심 단어 '알다'는 지성과 관련이 있으며 전환 어구 **이와 같이(even so**, 그렇더라도)에 암시되어 있다. 이 어구는 바울의 설명에 아주 중요하며, 뒤로 돌아가 바울이 6:1-10에서 방금 제시한 진리들을 가리킨다. 의미는 이러하다. "여러분은 제가 방금 말한 것을 '알고 완전히 믿어야' 합니다. 그러지 않으면 제가 이제 하려는 말이 앞뒤가 맞지 않을 것입니다. 여러분이 영적으로 죄에 대하여 죽었다는 진리와 여러분이 영적으로 그리스도께 대하여 살아있다는 사실은 유한한 여러분의 머리가 검증하려 하는 추상적 개념이 아닙니다. 이것들은 하나님이 계시하셨으며 그리스도인의 삶 뒤에 자리한 기본 공리이기에, 이것들이 없이는 여러분의 새 주님이 요구하시는 거룩한 삶을 살겠다는 소망을 결코 품을 수 없습니다."

바울은 자신이 1-10절에서 제시하는 진리들의 중요성을 깨닫고 '알다'와 '믿다'의 여러 형태를 네 차례 정도 사용하며(3, 6, 8, 9), 다른 곳에서 자신의 서신을 읽는 사람들이 다른 어떤 진리들을 알고 있음을 암시한다(예를 들면, 2, 5, 7절을 보라).

성경적 권면의 기초는 '늘' 영적 지식이다. 하나님은 사람들에게 아무 설명도 없이 '하라'와 '하지 말라'의 목록을 주셨더라도 완전히 정당하셨을 테지만 은혜와 긍휼로 독재자가 되는 쪽을 택하지 않으셨다. 사람은 왜 하나님의 기준을 따라 살아야 하는가? 이와 관련해 하나님이 계시하신 기본 이유가 옛 이스라엘을 향한 그분의 선언에 요약되어 있다. "내가 거룩하니 너희도…거룩하게 하고"(레 11:44). 베드로는 바로 이 명령을 인용하며 그리스도인들에게 권면한다. "오직 너희를 부르신 거룩한 이처럼 너희도 모든 행실에 거룩한 자가 되라. 기록되었으되 내가 거룩하니 너희도 거룩할지어다 하셨느니라"(벧전 1:15-16). 성경은 행동과 관련된 구체적 명령과 기준으로 넘쳐나며, 이 모든 명령과 기준 뒤에 명시적이거나 암시적인 하나님의 진리들이 있고, 그 위에 이러한 계명들과 기준들이 세워진다.

바울은 앞서 신자로서 우리가 예수 그리스도의 죽음에서 그분과 연합되었고 그분을 통해 우리의 죗값이 지불되었다고 선언했다. 우리는 우리 주 예수 그리스도의 부활에서 그분과 함께 일으킴을 받았으며, 따라서 새 생명 가운데 행할 수 있다. 그리스도께서 결코 다시 죄에 대하여 죽지 않을 것이기에 우리도 결코 다시 죄에 대하여 죽지 않을 것이다.

그리스도인이 그리스도 안에서 새 삶을 충만하게 살려면, 참으로 새로운 피조물로서 살려면, 자신이 예전의 자신이 아님을 알고 또 믿어야 한다. 자신이 개조된 죄인이 아니라 재창조된 성도라는 것을 '반드시' 알아야 한다. 자신이 지금 죄와 싸우고 있더라도 더는 죄의 폭정 아래 있지 않고 결코 다시 그렇게 되지 않으리라는 것을 '반드시' 알아야 한다. 다시 말해, 자신의 정체성을 정확이 아는 게 필수다.

하나님은 호세아를 통해 이렇게 탄식하셨다. "내 백성이 지식이 없으므로 망하는도다. 네가 지식을 버렸으니 나도 너를 버려 내 제사장이 되지 못하게 할 것이요 네가 네 하나님의 율법을 잊었으니 나도 네 자녀들을 잊어버리리라"(호 4:6). 이사야는 이렇게 외쳤다. "하늘이여 들으라. 땅이여 귀를 기울이라. 여호와께서 말씀하시기를, 내가 자식을 양육하였거늘 그들이 나를 거역하였도다. 소는 그 임자를 알고 나귀는 그 주인의 구유를 알건마는 이스라엘은 알지 못하고 나의 백성은 깨닫지 못하는도다 하셨도다"(사 1:2-3). 바울은 빌립보 신자들에게 이렇게 권면했다. "끝으로 형제들아, 무엇에든지 참되며, 무엇에든지 경건하며, 무엇에든지 옳으며, 무엇에든지 정결하며, 무엇에든지 사랑 받을 만하며, 무엇에든지 칭찬 받을 만하며, 무슨 덕이 있든지 무슨 기림이 있든지 이것들을 생각하라"(빌 4:8). 그는 골로새 신자들에게 일깨웠다. "[너희는] 새 사람을 입었으니, 이는 자기를 창조하신 이의 형상을 따라 지식에까지 새롭게 하심을 입은 자니라"(골 3:10). 거룩한 지식이(divine knowledge) 없으면 신실하고 거룩하게 살 수 없다.

여기다

너희도 너희 자신을 죄에 대하여는 죽은 자요 그리스도 예수 안에서 하나님께 대하여는 살아있는 자로 여길지어다. (6:11b)

둘째 핵심 단어(여기다, consider)는 이른바 마음(the heart, 감성)과 더 깊은 관련이 있다. 문자적 의미에서, '로기조마이'(*logizomai*)는 단순히 무엇인가를 헤아리거나 세다(to count or number)라는 뜻이다. 예수님은 최후의 만찬 중에 이사야가 예언한 "불법자의 동류로 여김을 받았다"(numbered with transgressors)

는 자가 바로 자신임을 제자들에게 드러내면서 이 단어를 자신에게 사용하셨다(눅 22:37; 참조. 사 53:12). 그러나 이 단어는 대개 은유적으로 사용되어 진리를 온전히 단언한다는 의미, 머리가 인정한 것이 실재라고 내면이 전적으로 확신한다는 의미를 내포한다. 두 측면 모두 실제로 머리(the mind, 지성)에서 일어나지만 우리는 이 문제를 "통감"(heart felt)이란 의미에서 생각한다.

이 서신 다음 장에서, 바울은 그리스도인이 경험을 통해 자신이 죄의 속박에서 벗어났음을 깨닫는 게 얼마나 어려운지를 자신의 삶을 토대로 설명할 것이다. 구원받은 후 우리의 삶을 정직하게 들여다보면 알듯이, 죄가 일으킨 오염이 여전이 우리의 매우 많은 부분에 남아 있는 게 너무나 분명하다. 우리가 구원받을 때 외적인 변화가 아무리 좋은 쪽으로 급진적으로 이루어졌다 해도, 우리에게 더는 타락한 죄의 본성이 없고 우리의 새 본성이 실제로 거룩하다(divine)는 것을 이해하기란 쉽지 않다. 실제로 성령께서 우리 안에 거하시고 하나님이 이제 우리를 그분의 자녀라 부르시며 우리가 그분의 천국에서 그분과 함께 영원히 살기에 합당하다고 여기신다는 것을 깨닫기란 쉽지 않다.

자신들이 죄의 속박에서 벗어났다는 것을 신자들이 이해하기 어려울 때가 많은 데는 여러 이유가 있다는 점에 주목하면 우리 자신을 이렇게 **여기는** 데 도움이 된다. 많은 신자가 이 놀라운 진리를 깨닫지 못하는 것은 단지 이 진리를 전혀 들어보지 못했기 때문이다. 이들은 구원이 오로지 거래적 또는 법정적 거룩(transactional or forensic holiness)만 가져다줄 뿐이라고 생각하거나 어쩌면 잘못 배웠다. 다시 말해, 이들이 그리스도를 믿기 때문에 하나님이 이제 이들이 거룩하다고 '간주하지만'(regards) 이들과 죄의 기본 관계는 예전과 똑같고 이들이 세상을 떠나 그리스도와 함께할 때까지 변하지 않으리라는 것이다. 이러한 구원관은 흔히 이런 생각을 포함한다. 다시 말해, 그리스도를 믿으면 신자가 새 본성을 갖더라도 옛 본성이 고스란히 남아 그대로 작동하며, 그리스도인의 삶은 본질적으로 상주하는 그의 두 본성이 벌이는 싸움이라는 것이다. 이렇게 되면 구원은 "변화"가 아니라 "보탬"이 된다.

자신들이 실제로 죄의 폭정에서 해방되었다는 것을 그리스도인들이 믿기 어려워할 때가 많은 둘째 이유는 이들이 이렇게 믿길 사탄이 원치 않기 때문이다. 우리 영혼의 원수와 형제들을 참소하는 자가 우리로 자신이 이 땅에서 우리의 삶을 여전히 지배한다고 생각하게 만들 수 있다면, 그는 의롭게 사는 게 불가능하게 보이게 함으로써 의롭게 살려는 우리의 결심을 약화한다.

자신들이 죄의 강압에서 해방되었다는 것을 신자들이 믿기 어려울 때가 많은 셋째 이유는 그리스도 안에서 거듭남이라는 실재가 경험적이지 않고 눈에 보이거나 검증할 수 있지 않기 때문이다. 구속은 신성하고 영적인 거래(divine and spiritual transaction, 교환, 맞바꿈)이기에 육체적 경험이나 정서적 경험을 수반할 수도 있고 하지 않을 수도 있다. 신자는 자신이 그리스도와 함께 죽고 부활하는 순간을 '인간적으로' 검증할 수 있는 그 어떤 방식으로도 인지하거나 경험할 수 없다.

자신들이 여전히 이 땅에 사는 동안 죄의 폭정에서 해방되었다는 것을 그리스도인들이 믿기 힘든 넷째이자 아마도 가장 일반적인 이유는 이들과 죄가 벌이는 끝없는 싸움이 이 진리와 거의 끊임없이 모순되어 보이기 때문이다. 그리스도인들은 의아해한다. 지신들에게 새롭고 거룩한 성향이 있고 죄의 지배가 실제로 무너졌다면 자신들이 왜 여전히 그렇게도 강하게 유혹을 받고 왜 그렇게도 자주 굴복하는가?

바울은 이렇게 답한다. **너희도 너희 자신을 죄에 대하여는 죽은 자요 그리스도 예수 안에서 하나님께 대하여는 살아있는 자로 여길지어다**. 그는 심리적 마인드 게임을 말하고 있는 게 아니었다. 다시 말해, 우리의 더 나은 판단을 거슬러 심지어 실제 사실을 거슬러 확신이 들 때까지 무엇인가를 그렇다고 단언하고 또 단언해야 한다고 말하고 있었던 게 아니다. 우리는 우리가 **죄에 대하여는 죽은 자요 그리스도 예수 안에서 하나님께 대하여는 살아있는 자**라는 것을 안다. 하나님의 말씀이 그렇다고 선언하기 때문이다. 바꾸어 말하면, 이것은 믿음의 진리이며 믿음으로 단언해야 한다.

데이비드 니드햄(David C. Needham, 1929-)은 이렇게 썼다. "자신은 자기중심적인 죄인이라 생각하면서도 하나님 중심적인 거룩을 삶의 목적으로 삼는 그리스도인보다 무엇이 더 절망적일 수 있겠는가?"(*Birthright: Christian, Do You*

Know Who You Are? [Portland: Multnomah, 1979], p. 69). 그리스도께서 신자의 삶에서 죄의 권세를 깨뜨리셨다. 이 진리를 믿을 때까지, 신자는 승리하며 살 수 없다. 그는 내면 깊은 곳에서 이것이 가능하다고 생각하지 않기 때문이다.

주석가 도널드 그레이 반하우스는 이렇게 말했다.

> 수년 전, 남미 어느 나라에서 혁명이 일어났을 때, 미국인 한 명이 체포되어 사형 선고를 받았다. 그러나 미국 관리가 사수들 앞으로 달려 나가 총살당할 미국인을 대형 성조기로 두르고는 소리쳤다. "이 사람을 쏘면 성조기를 쏘고 한 나라 전체의 분노를 살 것이요!" 그러자 책임자가 그를 즉시 석방했다. (*Romans: God's Freedom* [Grand Rapids: Eerdmans, 1961], p. 118).

이와 비슷하게, 그리스도의 의가 모든 신자를 덮어 죄의 치명적 공격으로부터 보호한다.

우리는 하나님의 영원한 목적과 계획과 임재와 능력 안에 있다. 우리가 이렇게 믿는 것은 하나님의 말씀이 우리에게 이렇다고 확신을 주기 때문이다. 바울은 에베소 신자들에게 확신을 준다. 하나님이 "창세 전에 그리스도 안에서 우리를 택하사 우리로 사랑 안에서 그 앞에 거룩하고 흠이 없게 하시려" 하셨다는 것이다(엡 1:4). 그리고 빌립보교회에 이렇게 편지했다. "너희 안에서 착한 일을 시작하신 이가 그리스도 예수의 날까지 이루실 줄을 우리는 확신하노라…그러므로 나의 사랑하는 자들아, 너희가 나 있을 때뿐 아니라 더욱 지금 나 없을 때에도 항상 복종하여 두렵고 떨림으로 너희 구원을 이루라. 너희 안에서 행하시는 이는 하나님이시니, 자기의 기쁘신 뜻을 위하여 너희에게 소원을 두고 행하게 하시나니"(빌 1:6; 2:12-13).

우리 자신을 **죄에 대하여는 죽은 자요 그리스도 예수 안에서 하나님께 대하여는 살아있는 자**로 여길 때 중요하고 실제적인 결과가 많이 일어난다. 첫째, 우리는 유혹(temptation)을 받을 때 확신을 가질 수 있다. 죄의 폭정이 무너졌기에 우리가 하나님의 능력으로 죄에 성공적으로 맞설 '수 있다'는 것을 알기 때문이다. "사람이 감당할 시험(temptation)밖에는 너희가 당한 것이 없나니, 오직 하나님은 미쁘사 너희가 감당하지 못할 시험 당함을 허락하지 아니하시고 시험 당할 즈음에 또한 피할 길을 내사 너희로 능히 감당하게 하시느니라"(고전 10:13).

둘째, 우리는 죄를 짓더라도 하나님의 은혜에서 벗어나지 못한다는 것을 확신한다. 오직 하나님의 능력으로 우리가 구원받았듯이, 오직 하나님의 능력으로 우리의 구원이 유지된다. 예수님은 이렇게 말씀하셨다. "내 양은 내 음성을 들으며 나는 그들을 알며 그들은 나를 따르느니라. 내가 그들에게 영생을 주노니, 영원히 멸망하지 아니할 것이요 또 그들을 내 손에서 빼앗을 자가 없느니라. 그들을 주신 내 아버지는 만물보다 크시매 아무도 아버지 손에서 빼앗을 수 없느니라"(요 10:27-29).

셋째, 우리는 참으로 자신을 죄에 대하여 죽었고 하나님에 대하여 살아있는 자로 여길 때 확신을 갖고 죽음을 맞을 수 있다. 우리 주님은 이렇게 말씀하셨다. "나는 부활이요 생명이니 나를 믿는 자는 죽어도 살겠고 무릇 살아서 나를 믿는 자는 영원히 죽지 아니하리니"(요 11:25-26; 참조. 히 2:14).

넷째, 우리는 이생에서 우리에게 무슨 일이 일어나더라도, 그 일이 아무리 끔찍하더라도, 하나님은 그 일을 사용해 자신을 영화롭게 하실 뿐 아니라 우리에게 복이 되게 하시리라는 것을 안다. "우리가 알거니와 하나님을 사랑하는 자 곧 그의 뜻대로 부르심을 입은 자들에게는 모든 것이 합력하여 선을 이루느니라"(롬 8:28).

이 모든 것을 비롯해 더 많은 것이 사실이다. 우리가 **그리스도 예수 안에서**는 **하나님에 대하여 살아있기** 때문이다. 세상 그 어느 종교도 이런 주장을 할 수 없고, 하지 않는다. 가장 열렬한 무슬림이라도 자신이 무함마드 안에 있거나 알라 '안에' 있다고 주장하지 않는다. 불교신자들은 자신이 부처 '안에' 있다고 주장하지 않고, 힌두교도들은 자신이 그 수많은 신 중 어느 하나 '안에' 있다고 주장하지 않는다. 그러나 그리스도인으로서, 우리는 안다. "하나님 곧 우리 주 예수 그리스도의 아버지께서 그리스도 안에서 하늘에 속한 '모든 신령한 복'을 우리에게 주셨다"(엡 1:3).

내맡기다

**[12]그러므로 너희는 죄가 너희 죽을 몸을 지배하지 못하게 하여 몸의 사욕에 순
종하지 말고 [13]또한 너희 지체를 불의의 무기로 죄에게 내주지 말고 오직 너희
자신을 죽은 자 가운데서 다시 살아난 자 같이 하나님께 드리며 너희 지체를 의
의 무기로 하나님께 드리라. [14]죄가 너희를 주장하지 못하리니, 이는 너희가 법
아래에 있지 아니하고 은혜 아래에 있음이라.** (6:12-14)

셋째 핵심 단어는 '내맡기다'(yield), 즉 "내주다"(present, 13절)이며, 이것은 분명히 의지와 관련이 있다. 신자와 하나님의 관계와 관련해 이해할 수 없지만 신자가 머리(the mind)로 알고 마음으로 깊이 느끼며 의지하는 진리들이 있기 때문이다. **그러므로** 신자는 의지를 사용해 **죄**에 성공적으로 맞설 수 있고 죄가 자신의 **죽을 몸을 지배하는** 것을 하나님의 능력으로 막을 수 있다.

현세의 삶에서, **죄**는 늘 강력한 힘일 테고 그리스도인은 이것을 고려해야 한다. 그러나 죄는 이제 주인이 아니며 지배자도 아니다. 그러므로 우리는 죄에 맞설 수 있고 맞서야 한다. 바울은 **죄**를 의인화해 왕좌에서 쫓겨났으나 여전히 강력한 군주, 곧 신자의 삶을 구원받기 이전처럼 **지배하려** 결심한 군주로 표현한다. 그러므로 바울은 신자들에게 **죄가 너희 죽을 몸을 지배하지 못하게 하라**고 명한다. 죄는 이제 그럴 권리가 없기 때문이다. 이제 신자가 **몸의 사욕에 순종하기**로 선택하지 않는 한 죄는 신자의 몸을 지배할 능력이 없다.

베드로도 비슷하게 호소한다. "너희는 택하신 족속이요 왕 같은 제사장들이요 거룩한 나라요 그의 소유가 된 백성이니…거류민과 나그네 같은 너희를 권하노니, 영혼을 거슬러 싸우는 육체의 정욕을 제어하라"(벧전 2:9, 11). 구원받는 순간, 그리스도인들은 하나님의 의의 나라 시민이 되며, 이로써 사탄의 영역, 곧 죄와 죽음의 영역에서 거류민과 나그네가 된다.

신자는 그리스도 안에서 새로운 피조물이기 때문에 불멸하는 그의 영혼은 죄의 영향을 영원히 받지 않는다. 이제 죄가 그리스도인을 공격할 교두보로 삼을만한 곳은 그리스도인의 **죽을 몸(mortal body)** 뿐이다. 어느 날, 이 몸이

영화롭게 되어 죄의 영향에서 영원히 벗어날 것이다. 그러나 그때까지 이 몸은 여전히 **죽을** 몸, 곧 부패와 죽음에 매인 몸이다. 이 몸은 여전히 죄악된 **사욕(lusts)**을 가지며—뇌와 사고 과정이 **죽을 몸**의 일부이기 때문이다—사탄이 이러한 **사욕**을 이용해 어떻게든 하나님의 백성을 꾀어 죄로 돌아가게 하려 한다.

바울은 이 서신 조금 뒤에서 이렇게 선언한다. "피조물이 다 이제까지 함께 탄식하며 함께 고통을 겪고 있는 것을 우리가 아느니라. 그뿐 아니라 또한 우리 곧 성령의 처음 익은 열매를 받은 우리까지도 속으로 탄식하여 양자 될 것 곧 우리 몸의 속량을 기다리느니라"(롬 8:22-23). 그는 같은 진리를 가르치며 빌립보 신자들에게 이렇게 썼다. "우리의 시민권은 하늘에 있는지라. 거기로부터 구원하는 자 곧 주 예수 그리스도를 기다리노니, 그는 만물을 자기에게 복종하게 하실 수 있는 자의 역사로 우리의 낮은 몸을 자기 영광의 몸의 형체와 같이 변하게 하시리라"(빌 3:20-21). 그리고 고린도 신자들에게는 이렇게 썼다. "이 썩을 것이 반드시 썩지 아니할 것을(immortality) 입겠고 이 죽을 것이 죽지 아니함을 입으리로다"(고전 15:53).

우리의 죽을 몸은 여전히 죄에 매여 있다. 그래서 바울은 이렇게 말한다. **너희 지체를 불의의 무기로 죄에게 내주지 말고.** 바울은 죄가 우리의 영혼을 지배하는 것을 경고하는 게 아니라 죄가 우리의 몸을 지배하는 것을 경고할 뿐이다. 몸이 그리스도인에게서 죄가 작동할 수 있는 유일한 곳이기 때문이다. 그래서 바울은 이 서신 조금 뒤에서 이렇게 탄식한다. "내 속 곧 내 '육신'에 선한 것이 거하지 아니하는 줄을 아노니, 원함은 내게 있으나 선을 행하는 것은 없노라…내 속사람으로는 하나님의 법을 즐거워하되 내 '지체' 속에서 한 다른 법이 내 마음의 법과 싸워 내 지체 속에 있는 죄의 법으로 나를 사로잡는 것을 보는도다"(롬 7:18, 22-23). 그는 뒤이어 이렇게 마무리한다. "오호라, 나는 곤고한 사람이로다. 이 사망의 '몸'에서 누가 나를 건져내랴? 우리 주 예수 그리스도로 말미암아 하나님께 감사하리로다. 그런즉 내 자신이 마음으로는 하나님의 법을 '육신'으로는 죄의 법을 섬기노라"(롬 7:24-25).

그리스도인과 죄의 싸움은 몸에서 벌어지기에 바울은 또한 이렇게 외쳤다.

"그러므로 형제들아, 내가 하나님의 모든 자비하심으로 너희를 권하노니, 너희 '몸'을 하나님이 기뻐하시는 거룩한 산 제물로 드리라. 이는 너희가 드릴 영적 예배니라"(롬 12:1). "내가 내 '몸'을 쳐 복종하게 함은 내가 남에게 전파한 후에 자신이 도리어 버림을 당할까 두려워함이로다"(고전 9:27).

죄가 우리의 몸을 지배'할 수 있는' 것은 분명하며, 그렇지 않다면 바울의 권면이 무의미할 것이다. 그러나 죄가 우리의 몸을 지배할 '필요'가 없는 것도 분명하며, 그렇지 않다면 이 경고도 똑같이 무의미할 것이다. 그러므로 바울은 이렇게 명령한다. **너희 지체를 불의의 무기로 죄에게 내주지 말고 오직 너희 자신을 죽은 자 가운데서 다시 살아난 자 같이 하나님께 드리며 너희 지체를 의의 무기로 하나님께 드리라.**

당연히, 명령은 명령받는 사람의 의지를 전제한다. 하나님의 말씀에 나오는 명령도 예외가 아니다. 그러므로 바울은 여기서 그리스도인의 의지를 말하고 있다. 죄가 하나님의 자녀를 지배할 힘을 가지려면 먼저 그의 의지를 뚫어야 한다. 그래서 바울은 신자들에게 이렇게 권면한다. "그러므로 나의 사랑하는 자들아, 너희가 나 있을 때뿐 아니라 더욱 지금 나 없을 때에도 항상 복종하여 두렵고 떨림으로 너희 구원을 이루라. 너희 안에서 행하시는 이는 하나님이시니, 자기의 기쁘신 뜻을 위하여 너희에게 소원을 두고 행하게 하시나니"(빌 2:12-13). 우리의 의지가 하나님의 의지(뜻)에 복종할 때에야 하나님의 뜻이 우리의 삶에서 작동할 수 있다.

신자가 자기 몸의 **지체**들을 **죄에게** 내맡길 때, 그 지체들은 **불의의 무기**가 된다. 반대로, 하늘에 계신 아버지께 순종해 자신을 **죽은 자 가운데서 다시 살아난 자**로 내맡길 때, 동일한 **지체**들이 **하나님께** 거룩한 **의의 무기**가 된다.

14절에서, 바울은 훈계에서 선언으로 옮겨가 확신을 주는 말을 한다. **죄가 너희를 주장하지 못하리니, 이는 너희가 법 아래에 있지 아니하고 은혜 아래에 있음이라.**

하나님의 율법(**law, 법**)은 "거룩하고 계명도 거룩하고 의로우며 선하도다"(롬 7:12). 그러나 율법은 죄의 형벌이나 권세를 깨뜨리지 못한다. 율법은 꾸짖고 억누르고 정죄할 수 있을 뿐이다. 그리스도인은 더는 하나님의 율법의 정죄 **아래에** 있지 않고 이제 그분의 구속하는 **은혜**의 능력 **아래에** 있다. 주님은 그리스도인에게 바로 이 **은혜**의 능력 안에 살라고 하신다.

25

죄에서 해방되다
(6:15-23)

15그런즉 어찌하리요? 우리가 법 아래에 있지 아니하고 은혜 아래에 있으니 죄를 지으리요? 그럴 수 없느니라. 16너희 자신을 종으로 내주어 누구에게 순종하든지 그 순종함을 받는 자의 종이 되는 줄을 너희가 알지 못하느냐? 혹은 죄의 종으로 사망에 이르고 혹은 순종의 종으로 의에 이르느니라. 17하나님께 감사하리로다. 너희가 본래 죄의 종이더니 너희에게 전하여 준 바 교훈의 본을 마음으로 순종하여 18죄로부터 해방되어 의에게 종이 되었느니라. 19너희 육신이 연약하므로 내가 사람의 예대로 말하노니, 전에 너희가 너희 지체를 부정과 불법에 내주어 불법에 이른 것 같이 이제는 너희 지체를 의에게 종으로 내주어 거룩함에 이르라. 20너희가 죄의 종이 되었을 때에는 의에 대하여 자유로웠느니라. 21너희가 그 때에 무슨 열매를 얻었느냐? 이제는 너희가 그 일을 부끄러워하나니, 이는 그 마지막이 사망임이라. 22그러나 이제는 너희가 죄로부터 해방되고 하나님께 종이 되어 거룩함에 이르는 열매를 맺었으니, 그 마지막은 영생이라. 23죄의 삯은 사망이요 하나님의 은사는 그리스도 예수 우리 주 안에 있는 영생이니라.

(6:15-23)

죄는 인간의 흐름에 들어온 가장 파괴적이고, 쇠약하게 만들며, 타락시키는 힘이다. 사실, 죄의 악은 창조 세계 전체를 더럽혔고, 그래서 온 "피조물이 다 이제까지 함께 탄식하며 함께 고통을 겪고 있다"(롬 8:22).

성경은 죄와 그 결과를 여러 방식으로 특징짓는다. 성경은 죄를 영혼을 더럽히고 오염시키는 것이라고 말한다. 인간의 영혼에 죄는 귀금속의 부식이나 아름다운 하늘의 스모그 같은 것이다. 죄는 "불결한 물건"이라 불리며(사 30:22), "뱀의 독이요 독사의 맹독"에 비유된다(신 32:33). 사람들이 의롭다 여기는 것들조차도 하나님의 눈에는 "더러운 옷"(문자적으로, "개짐")과 같다(사 64:6; 참조. 슥 3:3-4). 바울은 죄를 가리켜 "육과 영의 온갖 더러운 것"이라 하고(고후 7:1) 죄인들을 가리켜 마음과 양심이 더러운 자들이라 말한다(딛 1:15).

죄는 하나님의 말씀을 거역하고 무시하며 심지어 짓밟는다. 어떤 사람은 죄를 하나님을 죽이려는 자(God's would-be murderer)라 불렀다. 죄가 성공하면 하나님을 그분의 의와 함께 무너뜨릴 것이기 때문이다.

죄는 감사를 모르며 하나님을 모든 좋은 것의 근원으로 인정하길 거부한다. 죄인은 사방에서 하나님의 은혜로운 공급을 탐닉하면서도 하나님께 영광을 돌리기는커녕 감사조차 하지 않는다. 죄는 하나님의 복을 취해 자신과 사탄을 섬기는 데 사용한다. 모든 죄인은 아버지 다윗의 왕위를 찬탈하려고 음모를 꾸미면서도 아버지께 입을 맞추었던 압살롬 같다(삼하 14:33-15:6을 보라).

죄는 인간의 노력과 힘으로 고칠 수 있는 게 아니다. 설령 타락한 인간이 자신에게서 죄를 제거하고 싶어 하더라도 그럴 수 없다. "구스인이 그의 피부를 표범이 그의 반점을 변하게 할 수" 없듯이 말이다(렘 13:23). 청교도 작가 존 플라벨(John Flavel, 1627-1691)은 죄의 무서운 결과를 말하면서 죄인 하나가 흘리는 회개의 눈물이 창조 이래 내린 모든 빗방울만큼 많더라도 단 하나의 죄도 씻을 수 없다고 했다.

죄는 강력하며, 밤에 드리운 어둠처럼 인류 위에 드리워져 있다. 죄는 지(知, 롬 1:21), 정(情, 요 3:19-21), 의(意)를 지배한다(렘 44:15-17).

죄는 사탄의 지배를 초래한다. 모든 죄는 "공중의 권세 잡은 자"의 목적에 기여하기 때문이다(엡 2:2). 구속받지 못한 죄인은 모두 마귀의 자식이다(요 8:44).

죄는 만족을 약속하지만, 만족이 아니라 불행과 좌절과 절망을 안긴다. 욥은 "사람은 고생을 위하여 났으니 불꽃이 위로 날아가는 것 같으니라"고 탄식했다(욥 5:7). 사실, 죄 때문에 모든 "피조물이 허무한 데 굴복한다"(롬 8:20).

무엇보다도 죄는 구속받지 못한 영혼을 지옥에 보낸다. 밧모섬에서, 사도 요한은 환상 중에 이런 광경을 보았다. "죽은 자들이 큰 자나 작은 자나 그 보좌 앞에 서 있는데 책들이 펴 있고 또 다른 책이 펴졌으니 곧 생명책이라. 죽은 자들이 자기 행위를 따라 책들에 기록된 대로 심판을 받으니, 바다가 그 가운데에서 죽은 자들을 내주고 또 사망과 음부도 그 가운데에서 죽은 자들을 내주매, 각 사람이 자기의 행위대로 심판을 받고 사망과 음부도 불못에 던져지니, 이것은 둘째 사망 곧 불못이라. 누구든지 생명책에 기록되지 못한 자는 불못에 던져지더라"(계 20:12-15).

유일하게 예수 그리스도만 제외하고, 이 세상 모든 사람이 죄악된 본성을 가지고 태어났다. 육에 속하며 구속받지 못한 사람은 죄의 폭정 아래 있다. 죄가 그의 생각과 말과 행동을, 그의 온 존재를 지배한다. 예수님은 "죄를 범하는 자마다 죄의 종이라"고 선언하셨으며(요 8:34), 구원받지 못한 자는 누구나 죄짓는 것밖에 할 수 있는 게 없기에 죄의 종이다.

바울이 이 단락에서 말하듯이, 육에 속한 사람은 '자발적인'(willing) 죄의 종이다. 사람들은 자신이 가진 하나님의 빛을 거부함으로써 자신의 삶에서 매일매일 이 진리를 증명한다. 거듭나지 못한 자들은 자신의 죄가 초래하는 불쾌하고 파괴적인 결과들에서 필사적으로 벗어나려 하기 일쑤이면서도 정작 자신이 소중히 여기는 온갖 죄는 버리려 하지 않는다.

미국 남북전쟁 때, 일부 흑인 노예들이 자발적으로 주인들 편에 서서 싸웠다고 한다. 자신들을 구원하겠다고 하시는 분에게 맞서고 그분을 거부하는 죄인들과 다르지 않게, 이 노예들은 자신들을 해방하려는 연방군(북군)과 맞서 싸웠다.

바울은 이 서신의 중요한 신학 단락을 시작하면서 정신이 번쩍 드는 선언을 한다. "하나님의 진노가 불의로 '진리를 막는' 사람들의 모든 경건하지 않음과 불의에 대하여 하늘로부터 나타나나니, 이는 '하나님을 알 만한 것이 그들 속에 보임이라'. 하나님께서 이를 그들에게 보이셨느니라. 창세로부터 그의 보이지 아니하는 것들, 곧 그의 영원하신 능력과 신성이 그가 만드신 만물에 '분명히 보여 알려졌나니', 그러므로 그들이 핑계하지 못할지니라"(롬 1:18-20).

죄는 구속받지 못한 모두의 마음에 치료할 수 없는 암처럼 자리하고 자라 생명과 영혼을 파괴하는 무서운 실체다. 사람들은 죄로부터 벗어나려 해도 벗어날 수 없고 죄책에서 벗어나려 해도 벗어날 수 없다. 하나님이 타락한 인류에서 주실 수 있는 가장 큰 선물은 죄로부터의 자유이며, 하나님은 그분의 아들 예수 그리스도를 통해 바로 이 선물을 주신다. 이제 바울은 크게 영감된 자신의 마음을 죄로부터의 구속이라는 가장 큰 선물에 집중한다.

바울은 계속해서 성화를 말하면서 자신의 서신을 읽는 그리스도인들에게 먼저 이들이 과거에 죄의 종이었다는 사실을 일깨우고 뒤이어 이들이 예수 그리스도를 믿음으로써 이제 의의 종이 되었다는 사실을 일깨운다. 그가 6:15-23에서 말하려는 핵심은 신자들이 예수 그리스도 안에서 그리스도와 그분의 의에 전적으로 복종하며 살고 이전에 짓던 죄, 곧 더는 자신들에 대해 권한이 없는 죄로 돌아가지 말아야 한다는 것이다. 이들은 그리스도 안에서 죄에 대하여 죽었고 그분과 함께 의에 대하여 살아났기 때문에 더는 죄의 지배 아래 있지 않고 이제 의의 지배 아래 있다. 그리스도인은 이제 하나님과 새로운 관계에 있기 때문에 죄와도 새로운 관계에 있다. 그는 이제 처음으로 죄악되게 살지 않을 수 있을 뿐 아니라 처음으로 의롭게 살 수 있다.

바울이 로마서 6:15-23을 전개하는 방식은 1-10절을 전개하는 방식과 매우 비슷하다(이 책 23장을 보라). 그는 적대자(15a절), 대답(15b절), 공리(16절), 논증(17-22절), 절대적인 것(23절)을 차례로 제시한다.

적대자

그런즉 어찌하리요? 우리가 법 아래에 있지 아니하고 은혜 아래에 있으니 죄를 지으리요? (6:15a)

그런즉 어찌 하리요? 바울은 이 짧은 도입 질문으로, 신자들이 "[율]법 아래에 있지 아니하고 은혜 아래에 있음이라"는 자신의 선언에서(14절) 적대자들이 도출할 거짓 결론들을 또다시 예상한다. 이들에게, 더는 [율]**법 아래에 있지 아니하고 은혜 아래 있다**는 생각은 모든 도덕적 제약으로부터 해방되었다는 뜻이었다. 이들은 이렇게 주장할 터였다. "**법**(율법)에 더는 순종할 필요가 없다면, 하나님의 **은혜**가 모든 죄를 덮는다면, 신자들은 하고 싶은 대로 할 완전한 자유가 있다." 반면에, 유대 율법주의자들은 하나님의 율법에 순종하는 것이 유일한 구원의 길이라 믿었다. 이들이 볼 때, 바울은 한 입으로 의를 높이는 동시에 죄를 지어도 좋다는 허가증을 내주었다. 이들은 하나님의 **은혜**를 빙자해 불법(lawlessness, 율법 없는 삶)을 용인한다며 바울을 비난했다.

은혜 교리는 늘 이러한 거짓 비난의 대상이었으며, 바울은 6장 전반부에서 이러한 비난에 답한다. 그러나 이러한 오해가 너무나 흔하고 이 문제가 너무나 중요했기에 바울은 조금 다른 시각에서 다시 답한다. 그 어떤 행위와 무관하게 오직 사람의 믿음을 통해 역사하는 하나님의 은혜로 구원받는다는 교리는 죄를 지어도 좋다는 허가증과는 더없이 거리가 멀다.

대답

그럴 수 없느니라. (6:15b)

바울은 2절에서 그렇게 했듯이 여기서도 똑같이 강력하고 명료하게 부정한다. 이 대답은 이런 의미다. "그럴 수 없습니다. 그럴 수 없어요. 천 번을 물어도 대답은 똑같습니다." 하나님의 은혜가 죄를 지어도 좋다는 허가증이라는 단순한 생각은 그 자체로 모순이다. 도덕적 · 영적으로 모순일 뿐 아니라 논리적으로도 모순이다. 하나님의 은혜는 사람을 죄로부터 자유하게 하는 게 목적이다. 그런데 어떻게 은혜가 계속 죄 가운데 사는 것을 정당화할 수 있겠는가? 은혜는 구원받은 자를 의롭게 할 뿐 아니라 그의 삶을 변화시킨다. 도덕적 · 영적 변화의 증거가 없는 삶은 구원의 증거도 없다.

공리

너희 자신을 종으로 내주어 누구에게 순종하든지 그 순종함을 받는 자의 종이 되는 줄을 너희가 알지 못하느냐? 혹은 죄의 종으로 사망에 이르고 혹은 순종의 종으로 의에 이르느니라. (6:16)

공리란 자명하며 증명이 필요 없는 일반적 진리다. **너희가 알지 못하느냐?**는 수사의문문이 분명하며, 바울의 서신을 읽는 사람들이 조금만 생각하면 그가 이제 말하려는 진리를 기꺼이 인정하리라는 것을 암시한다. **너희 자신을 종으로 내주어 누구에게 순종하든지 그 순종함을 받는 자의 종이 된다.** 무엇이 이 사실보다 분명할 수 있겠는가? **너희 자신을…내주어(present yourselves)**는 주인에게 순종하는 '자발적 선택'을 말하며 바울의 핵심을 한결 더 분명하게 한다. 말 그대로 모든 종, 특히 자원하는 종은 주인, 곧 자신의 순종을 **받는 자**에게 **순종**으로 완전히 매여 있다. 이렇게 매여 있지 않는 자는 종이 아니다.

바울은 이 공리를 신자들의 생활방식에, 자신이 지금껏 가르친 성화된 삶의 문제에(1-14절) 적용한다. 하나님의 뜻과 관련해, 구원받은 사람은 두 가지 선택밖에 없다. 하나님께 불순종하겠다는 **죄**를 짓는 것과 **순종**하는 것이다. 한 사람의 일반적 생활 패턴이 누가 그의 진짜 주인인지 증명한다. 하나님의 뜻과 반대인 **죄**가 그의 삶을 특징짓는다면 그는 죄의 종이다. 하나님의 뜻을 나타내는 **순종**이 그의 삶을 특징짓는다면 그는 하나님의 종이다. 첫 번째 종살이의 결과는 육체적 · 영적 **사망**이다. 반면에, 두 번째 종살이의 결과는 영원한 '생명'의 필연적 표식인 **의**다. 신자들은 하나님의 작품이다. "우리는 그가 만드신 바라. 그리스도 예수 안에서 선한 일을 위하여 지으심을 받은 자니, 이 일은 하나님이 전에 예비하사 우리로 그 가운데서 행하게 하려 하심이니라"(엡 2:10). 습관적으로 불의한 삶은 그리스도인의 삶일 수 없다.

5장에서, 바울은 동일한 진리를 정반대 시각, 곧 주인의 시각에서 설명했다. 거듭나지 못한 삶, 곧 아담 안에서 사는 삶은 죄와 사망이 왕 노릇 한다. 반면에, 구속받은 삶, 곧 그리스도 안에서 사는 삶은 의와 영생이 왕 노릇 한다(5:12-21). 다른 선택, 곧 중립 지대는 없다. 모든 사람은 죄가 그 주인이어서 사탄의 주권 아래 있거나, 의가 그 주인이어서 예수 그리스도의 주권 아래 있거나 둘 중 하나다. 매튜 헨리(Matthew Henry, 1662-1714)가 말했듯이, "우리가 두 가족 중 어느 쪽에 속하는지 알고 싶다면 두 주인 중 어느 쪽에 순종하는지 물어야 한다"(*Matthew Henry's Commentary on the Whole Bible*, vol. 6[82] [Old Tappan, N.J.: Revell, n. d.], p. 405).

육에 속하며 자유를 구하고 반역하는 마음은 진리에 반발한다. 그렇더라도 그 어느 인간도 자신의 주인이 아니다. 사람들은 흔히 자신이 자기 삶과 운명의 주인일 수 있다고 생각한다. 그러나 이런 생각은 아담과 하와가 타락했을 때부터 사탄이 인류에게 줄곧 심어준 망상이다. 사실 아담과 하와가 이 거짓말에 속아 첫 죄를 지었다. 베드로는 이런 매혹적인 거짓말을 선포하는 1세기 거짓 선생들을 조심하라고 경고하며 이렇게 썼다. "그들이 허탄한 자랑의 말을 토하며 그릇되게 행하는 사람들에게서 겨우 피한 자들을 음란으로써 육체의 정욕 중에서 유혹하는도다. 그들에게 자유를 준다 하여도 자신들은 멸망의 종들이니, 누구든지 진 자는 이긴 자의 종이 됨이라"(벧후 2:18-19). 인간이 처한 상황을 정직하게 인정한다면 인간이 독립된 피조물이 아니라는 게 분명해진다. 인간은 세상이 정의하고 가치 있게 여기는 자유라는 의미에서 자유롭지 않으며 그럴 수도 없다.

많은 사람이 그리스도의 주장을 받아들이지 않는다. 자신이 소중히 여기는 자유를 포기해야 하는 게 두렵기 때문이다. 물론, 실제로 이들은 잃을 자유가 없다. 구원받지 못한 사람은 자신이 선택하는 대로 선이나 악을 행할 자유가 없다. 그는 죄에 매여 있는 죄의 종이며, 그가 '할 수 있는' 거라곤 죄 짓는 일뿐이다. 그의 유일한 선택은 언제, 어떻게, 왜, 어느 정도나 죄를 지을 것인가이다.

---

82 이 주석 6권은 우리말로는 3권으로 나눠 출간되었다.
『매튜 헨리 주석 19, 사도행전』, 모수환 옮김(CH북스, 2007)
『매튜 헨리 주석 20, 로마서-데살로니가후서』, 김귀탁 옮김(CH북스, 2007)
『매튜 헨리 주석 21, 디모데전서-요한계시록』, 김영배 옮김(CH북스, 2007)

그 누구도 두 주인의 종일 수 없다는 것도 자명하기는 마찬가지다. 예수님은 이렇게 선언하셨다. "한 사람이 두 주인을 섬기지 못할 것이니, 혹 이를 미워하고 저를 사랑하거나 혹 이를 중히 여기고 저를 경히 여김이라. 너희가 하나님과 재물을 겸하여 섬기지 못하느니라"(마 6:24).

바울이 로마서 6장 후반부에서 말하려는 핵심은 예수님이 방금 인용한 구절에서 제시하신 핵심과 같다. 사람은 상반된 두 본성을 동시에 가질 수 없으며 상반된 두 영적 세계에서 동시에 살 수 없다. 그는 **죄**의 종이거나 **의**의 종이거나 둘 중 하나인데, 육적 출생으로 종이 되고 거듭남으로 의의 종이 된다.

바울은 여기서 도덕적 · 영적 의무가 아니라 도덕적 · 영적 실재를 말하고 있다. 그는 신자들이 의를 사모하거나 갈망하거나 실천해야 한다고 말하는 게 아니다. 물론, 마땅히 이렇게 해야 하지만 말이다. 그는 여기서 그리스도인이라면 **의**의 종'이어야 한다'고 말하는 게 아니라 모든 그리스도인은 하나님의 창조를 통해 **의**의 종으로 '지음을 받으며'(made) 다른 어떤 것일 수 없다고 말한다. 바울은 요한이 정확히 첫째 서신에서 말하는 것을 말하고 있다. "하나님께로부터 난 자마다 죄를 짓지 아니하나니, 이는 하나님의 씨가 그의 속에 거함이요 그도 범죄하지 못하는 것은 하나님께로부터 났음이라. 이러므로 하나님의 자녀들과 마귀의 자녀들이 드러나나니, 무릇 의를 행하지 아니하는 자나 또는 그 형제를 사랑하지 아니하는 자는 하나님께 속하지 아니하니라"(요일 3:9-10).

바울은 골로새 신자들에게 이렇게 말한다. "전에 악한 행실로 멀리 떠나 마음으로 원수가 되었던 너희를 이제는 그의[예수 그리스도의] 육체의 죽음으로 말미암아 화목하게 하사 너희를 거룩하고 흠 없고 책망할 것이 없는 자로 그 앞에 세우고자 하셨으니"(골 1:21-22). 바꾸어 말하면, 그리스도인에게 불의한 삶, 곧 하나님에게서 멀어지고 하나님께 적대적인 삶은 '과거'다. 죄악된 옛 삶의 방식이 참 그리스도인을 계속 특징지을 '수 없다'. 의롭게 살면서 하나님께 순종하는 모습은 참으로 의롭게 된 사람의 삶에서 필수다. 잠시 신실하지 못해 때로 죄악된 불순종이 그리스도인의 삶을 지배하는 것처럼 '보일' 수도 있다. 그러나 참신자는 언제까지나 계속 불순종할 수 없다. 이것은 자신의 새롭고 거룩한 본성, 죄악된 삶을 언제까지나 견딜 수 없는 본성과 완전히 반대되기 때문이다.

요한은 첫째 서신에서 이 진리를 거듭 강조한다. "만일 우리가 하나님과 사귐이 있다 하고 어둠에 행하면 거짓말을 하고 진리를 행하지 아니함이거니와…그를 아노라 하고 그의 계명을 지키지 아니하는 자는 거짓말하는 자요 진리가 그 속에 있지 아니하되…하나님께로부터 난 자마다 죄를 짓지 아니하나니, 이는 하나님의 씨가 그의 속에 거함이요 그도 범죄하지 못하는 것은 하나님께로부터 났음이라"(요일 1:6; 2:4; 3:9).

논증—두 종살이에 대한 설명

[17]하나님께 감사하리로다. 너희가 본래 죄의 종이더니 너희에게 전하여 준 바 교훈의 본을 마음으로 순종하여 [18]죄로부터 해방되어 의에게 종이 되었느니라. [19]너희 육신이 연약하므로 내가 사람의 예대로 말하노니, 전에 너희가 너희 지체를 부정과 불법에 내주어 불법에 이른 것 같이 이제는 너희 지체를 의에게 종으로 내주어 거룩함에 이르라. [20]너희가 죄의 종이 되었을 때에는 의에 대하여 자유로웠느니라. [21]너희가 그 때에 무슨 열매를 얻었느냐? 이제는 너희가 그 일을 부끄러워하나니, 이는 그 마지막이 사망임이라. [22]그러나 이제는 너희가 죄로부터 해방되고 하나님께 종이 되어 거룩함에 이르는 열매를 맺었으니, 그 마지막은 영생이라. (6:17-22)

바울은 자신이 방금 말한 원리(16절), 곧 사람은 죄와 사탄의 종이거나 의와 하나님의 종이거나 둘 중 하나라는 것을 여기서 설명하고 적용한다. 그러면서 두 종살이의 위치, 실행, 약속을 서로 대비시킨다.

이들의 위치

[17]하나님께 감사하리로다. 너희가 본래 죄의 종이더니 너희에게 전하여 준 바

교훈의 본을 마음으로 순종하여 [18]죄로부터 해방되어 의에게 종이 되었느니라.

(6:17-18)

먼저, 바울은 **하나님께 감사**한다. 감사의 내용은 자신의 서신을 읽는 신자들이 더는 사망에 이르는 종살이를 하지 않는다는 것이다. 그는 이들의 지혜나 지성이나 도덕적 · 영적 결단을 두고 이들에게 감사하거나 이들을 칭찬하지 않는다. 이것들 중 어느 하나도 이들의 구원에 아무 역할도 하지 않았기 때문이다. 예수님은 이렇게 말씀하셨다. "나를 보내신 아버지께서 이끌지 아니하시면 아무도 내게 올 수 없으니…내 아버지께서 오게 하여 주지 아니하시면 누구든지 내게 올 수 없다"(요 6:44, 65). 구원에 대해 늘 하나님께만 감사해야 한다. 오직 하나님만이 "우리 주 예수 그리스도로 말미암아 우리에게 승리를 주시"기 때문이다(고전 15:57).

신자들은 오로지 **하나님**의 은혜와 능력으로 구원받는다. 하나님의 은혜로, 그분에 대한 습관적 불순종이 과거시제가 되었다. 바울은 말한다. 우리가 전에는 **죄의 종이더니** 이제는 아니다. **이더니(were)**로 번역된 헬라어는 미완료 시제이며 계속되는 상황을 의미한다. 바꾸어 말하면, 거듭나지 못한 사람은 여전히 죄의 종이다. 이것은 육에 속한 사람의 보편적 위치이며 예외란 없다. 구원받지 못한 사람의 삶이 겉보기에 아무리 도덕적이거나 올바르거나 인정이 넘치더라도, 그가 생각하고 말하며 행동하는 모든 것이 교만하고 죄악되며 경건하지 못한 마음에서 나온다. 바울은 이미 시편 14편을 인용하며 이 진리를 분명히 했다. "기록된 바, 의인은 없나니 하나도 없으며, 깨닫는 자도 없고, 하나님을 찾는 자도 없고, 다 치우쳐 함께 무익하게 되고, 선을 행하는 자는 없나니 하나도 없도다"(롬 3:10-12).

바울은 단지 외적인 의를 말하는 게 아니며, 이것은 **너희가…마음으로 순종하여(you became obedient from the heart)**라는 선언에서 분명해진다. 하나님은 한 사람의 가장 깊은 곳에서 그분의 구원을 이루신다. 사람들이 하나님을 믿을 때, 하나님은 자신의 아들이 공급한 은혜를 통해 사람들의 본성 자체가 변화되게 하신다. **마음**이 변화되지 않은 사람은 구원받지 못했다. 순종하는 마음(**obedient...heart, 마음으로 순종하여**)에서 비롯되는 의로운 삶은 습관이다. 하나님의 은혜가 오직 믿는 마음을 통해 작동하듯이, 하나님의 의는 오직 순종하는 마음을 통해 작동한다.

믿음과 순종은 분리될 수 없다. 하나님을 향한 순종이 없으면 구원하는 믿음도 없고, 경건한 믿음이 없으면 경건한 순종도 없다. 아름답고 사랑받는 찬송이 권면하듯이, "믿고 순종하라. 다른 길은 없다."[83] 바울은 말한다. 우리 주님이 "우리를 대신하여 자신을 주심은" 우리를 지옥에서 구원해 천국에 데려가시기 위해서일 뿐 아니라 "모든 불법에서 우리를 속량하시고 우리를 깨끗하게 하사 선한 일을 열심히 하는 자기 백성이 되게" 하기 위해서다(딛 2:14).

베드로는 로마제국 전역에서 박해받는 신자들에게, 구원이 "하나님 아버지의 미리 아심을 따라 성령이 거룩하게 하심으로" 오는데, 신자들이 "'순종함과' 예수 그리스도의 피 뿌림을 얻기 위하여"[84]라고 썼다(여기서 "피 뿌림"은 순종의 언약을 가리키는 상징이다, 출 24:1-8을 보라). 같은 서신 조금 뒤에서, 베드로는 이렇게 권면했다. "너희가 '진리를 순종함'으로 너희 영혼을 깨끗하게 하여 거짓이 없이 형제를 사랑하기에 이르렀으니, 마음으로 뜨겁게 서로 사랑하라. 너희가 거듭난 것은 썩어질 씨로 된 것이 아니요 썩지 아니할 씨로 된 것이니, '살아있고 항상 있는 하나님의 말씀'으로 되었느니라"(벧전 1:2, 22-23). 예수 그리스도께 순종한다는 말과 그분의 진리에 순종한다는 말은 완전히 같으며, 그분의 진리는 "살아있고 항상 있는 하나님의 말씀"이다.

순종은 구원을 낳지도 않고 유지하지도 않는다. 그러나 순종은 구원받은 자들이 필연적으로 갖는 성품이다. 믿음 자체가 순종의 행위이며 하나님의 주권적 은혜로 가능하고 촉발되지만 언제나 신자의 자발적 의지를 포함한다. 우리는 사탄의 흑암의 나라에서 하나님의 빛의 나라로 수동적으로 옮겨지는 게 아니다. 구원은 신자의 헌신이란 행위와 무관하게 일어나지 않는다. 삶을

---

83 원제는 Trust and Obey이며, 우리말로 '예수 따라가며'로 번역되었다(21세기 찬송가 449장).

84 NASB: that you may *obey Jesus Christ* and be sprinkled with His blood(벧전 1:2). (여러분이 '예수 그리스도께 순종해' 그분의 피로 뿌림을 얻도록…)

바꾸는 구원 사역은 오직 하나님의 능력으로 이뤄지지만 사람의 의지와 무관하게 이뤄지는 게 아니다. 하나님의 가정에는 의지가 없는(unwilling, 마지못한) 자녀가 없고 그분의 나라에는 의지가 없는 시민이 없다.

참 믿음은 하나님의 아들을 믿을 뿐 아니라 하나님의 진리를 믿는다. 예수님은 이렇게 말씀하셨다. "내가 곧 길이요 진리요 생명이니, 나로 말미암지 않고는 아버지께로 올 자가 없느니라"(요 14:6). 바울은 자신의 서신을 읽을 로마 교회 신자들의 구원을 확신했다. 이들이 자신들에게 **전하여 준 바 교훈의 본**에 순종했기 때문이다. 물론, 그 어느 신자도 하나님의 진리를 모두 다 이해할 수는 없다. 가장 성숙하고 신실한 그리스도인이라도 현세에서는 하나님 말씀의 풍성함을 헤아리기 시작할 뿐이다. 그러나 하나님의 진리를 알고 거기에 순종하려는 마음은 참구원의 가장 확실한 표식 중 하나다. 초기 교회는 처음부터 "사도의 가르침"에 전념했다(행 2:42). 예수님은 그분의 말씀에 순종하는 자들이 참신자라고 분명하게 말씀하셨다(요 8:31; 14:21, 23, 24; 15:10 등을 보라).

본(form)으로 번역된 '투포스'(*tupos*)는 주물을 만들려고 녹인 금속을 부어 넣는 틀을 가리키는 데 사용되었다. **전하여(committed)**는 "넘겨주다"(deliver over to)가 기본 의미인 '파라디도미'(*paradidōmi*)의 부정과거 수동태(aorist passive)다. '에이스'(*eis*, **to**, **에게**)는 '안으로'(into)로도 번역될 수 있기 때문에, 이 어구의 더 정확한 번역은 "너희가 그 안으로 넘겨진 그 교훈의 본"(that form of teaching into which you were delivered)으로 보인다. 물론, 읽기와 전파(preaching)를 통해 하나님의 말씀이 신자들'에게'(to) 넘겨지는(전해지는) 것은 사실이다. 그러나 여기서 바울의 핵심은 참신자는 또한 하나님의 말씀, 곧 그분의 신성한 **교훈(teaching)** '안으로' 넘겨진다는 것이다. 여기에 담긴 의미는 하나님이 신자를 새로운 영적 피조물로 만드실 때 그를 신성한 진리의 틀 안으로 부어넣으신다는 것이다. 필립스(J. B. Phillips, 1906-1982, 성경번역가, 원문에서 현대어로 직접 번역한 『필립스 신약성경』으로 유명하다)는 로마서 12:2을 옮기면서 같은 비유를 사용한다. "여러분을 둘러싸고 있는 세상의 틀에 억지로 맞추지 말고 하나님이 새로 만드시는 사람이 되어…'[85] 바꾸어 말하면, "사탄의 세력이 여러분을 다시 죄악된 옛 틀에 우겨넣지 못하게 하십시오. 하나님이 여러분을 거기서 건져내셨습니다. 하나님이 여러분을 그분의 아들의 완전한 형상으로 계속 만들어가시게 하십시오."

자신의 서신들 전체에서, 바울은 하나님의 진리가 신실한 그리스도인의 삶에 아주 중요하다고 힘주어 말한다. 디모데후서에서, 바울은 젊은 제자 목회자에게 이렇게 조언했다. "너는 그리스도 예수 안에 있는 믿음과 사랑으로써 내게 들은 바 바른 말을 본받아 지키고"(딤후 1:13). 그리고 나중에 그에게 이렇게 경고했다. "때가 이르리니, 사람이 바른 교훈을 받지 아니하며 귀가 가려워서 자기의 사욕을 따를 스승을 많이 두고"(4:3). 바울은 교회의 감독이나 장로는 이러해야 한다고 했다. "미쁜 말씀의 가르침을 그대로 지켜야 하리니, 이는 능히 바른 교훈(sound doctrine)으로 권면하고 거슬러 말하는 자들을 책망하게 하려 함이라"(딛 1:9). 같은 서신 조금 뒤에서 디도에게 이렇게 권면했다. "오직 너는 바른 교훈(sound doctrine)에 합당한 것을 말하여"(2:1). 하나님의 말씀에 신실하게 순종하는 그리스도인은 그 말씀의 진리를 따르고 살아있는 복음의 본이 된다. 신자가 예수 그리스도 안에서 복종하는 신성한 **교훈**이 그의 구주요 주님의 진짜 형상을 도장 찍듯이 그에게 찍는다.

그리스도의 이름을 부르고 나서 무엇이든 자신이 원하는 것을 믿고 행함으로써 그리스도인이 되는 게 아니다. 단지 어떤 것들을, 심지어 성경이 칭찬하는 경건한 것들을 말하거나 행함으로써 그리스도인이 될 수 있는 게 아니다. 그러나 진정으로 구원받은 '후에는' 하나님의 진리를 알고 거기에 순종하려는 성령이 이끄시는 타고난 마음을 갖게 된다.

사업가들이 모이는 자리에서 말씀을 전한 적이 있다. 모임이 끝나고 한 사

---

85 이 번역은 『필립스 신약성경 2, 예수에서 교회까지』(김명희, 송동문 옮김, 아바서원)에서 가져왔다. 원문은 다음과 같다.
"Don't let the world around you squeeze you into its own mould, but let God re-mould your minds from within." (여러분의 주변 세상이 여러분을 자신의 틀에 우겨넣지 못하게 하고, 하나님이 여러분을 안에서부터 새로 만드시게 하십시오.)

람이 내게 말했다. "이 모임에 들어온 지 오래 되었습니다. 우리가 어떻게 하나님께 갈 수 있는지 말씀드릴까요? 긴 계단이 있고 그 끝에 문이 하나 있는데, 그 문 뒤에 예수님이 계십니다. 그러니 그 계단을 올라가 문을 열고 예수님이 우리를 맞아들이게 하면 됩니다. 우리가 계단을 오를 때, 모든 설교자와 운동이 우리를 응원합니다. 그러나 우리는 자기 방식대로 오르면 됩니다. 저는 이것을 희망의 계단이라 부르지요. 저는 이것이 복음이라 생각합니다." 나는 무거운 마음으로 답했다. "선생님은 그리스도인일 수 없습니다. 선생님이 방금 말씀하신 것은 복음과 전혀 무관하며, 선생님의 천국 계단은 희망이 없습니다. 구원을 얻으려면 오직 예수 그리스도만 의지해야 합니다. 선생님은 구원받는다는 게 무슨 뜻인지 전혀 모릅니다. 그러니 선생님은 천국으로 가고 있는 게 아닙니다."

사람이 아무리 진지하게 노력하더라도 스스로 하나님께 이르는 길을 낼 수 없다. 그래서 하나님이 그분께 이르는 유일한 길을 내셨다. 그 길은 그분의 아들 예수 그리스도를 믿는 것이다. 구원하는 믿음, 곧 예수 그리스도를 믿는 믿음은 그분에 관한 사람의 생각이 아니라 그분에 관한 하나님의 계시에 기초한다. 하나님이 복음에 계시한 내용이 있으며 그것을 거부하거나 우회하는 자는 자신이 진정으로 하나님 나라와 그 의를 구하고 있지 않다는 증거를 명백하게 제시하는 것이다.

지방교회(Local Church) 운동의 창시자 위트니스 리(Witness Lee, 1905-1997)는 『그리스도 대 교리』(*Christ Versus Doctrine*)라는 책을 썼다. 이 책의 주된 주제는 그리스도와의 인격적 관계가 중요하며 교리는 실제로 이 관계를 방해한다는 것이다. 이 책은 비성경적일 뿐 아니라 제목에서 짐작되듯이 자기 모순적이다. 교리는 가르침(teaching, 교훈)을 가리키는 또 하나의 단어일 뿐이다. 물론, 리의 책은 그 '자신의' 교리를 가르치는 데 목적이 있었다.

이들의 실행

너희 육신이 연약하므로 내가 사람의 예대로 말하노니, 전에 너희가 너희 지체

를 부정과 불법에 내주어 불법에 이른 것 같이 이제는 너희 지체를 의에게 종으로 내주어 거룩함에 이르라. (6:19)

하나님의 원리와 진리는 유한한 인간 지성이 이해할 수 있는 말로 표현하기 어렵다. 바울은 **너희 육신이 연약하므로 내가 사람의 예대로 말하노니**라고 말한다. 자신의 서신을 읽는 신자들의 인성(humanness, 사람임)에 맞추어 주인과 종의 유비를 사용했다는 뜻이다.

여기서 **육신**은 인성(humanness, 사람임) 또는 필사(mortality)의 동의어이며, 13절의 "너희 지체" 및 19절 끝의 **지체(members)**와 같다. **육신(flesh)**은 죄에게 영향을 받는 부분이며, 신자들이 죽을 몸을 입고 있는 한 죄는 공격을 개시할 교두보를 여전히 확보하고 있다. 그래서 바울은 신자들에게 그들의 '몸'을 "하나님이 기뻐하시는 거룩한 산 제물로 드리라"고 권면한다(롬 12:1). 신자의 속사람은 그리스도의 형상으로 변화되었지만 **육신**으로 대표되는 겉사람은 여전히 죄에 더러워진다.

바울은 여기서 초점을 위치에서 실행으로 옮겨 신자들에게 새로운 본성에 걸맞게 살라고 촉구한다. 그리스도인들이 죄를 짓는 게 여전히 가능하다. 그렇더라도 그리스도인들은 이제 죄에 매여 있지 않다. 그리스도인들은 이제 죄를 짓지 '않을' 자유가 있으며 새 주님과 주인에게 순종함으로써 하나님이 주신 이러한 능력을 사용해야 한다.

구원받기 전, 신자들은 타락한 나머지 인류와 같았으며 **부정과 불법**으로 기우는 타고난 성향을 따르는 외에 아무 욕구나 능력도 없었다. 두 단어는 각각 내적인 죄와 외적인 죄를 가리킨다. 거듭나지 못한 사람은 내적·외적으로 죄악되며 자신의 죄성을 따라 살기에 그 결과는 더한 불법(**further lawlessness**)이다. 암이 몸 전체가 망가질 때까지 스스로 증식하듯이, 죄 자체도 전인(全人)이 망가질 때까지 스스로 증식한다.

빼어난 작가 오스카 와일드(Oscar Wilde, 1854-1900)는 동성애를 비롯해 자신의 일탈 행위가 세상에 알려진 후 이렇게 썼다. "나는 사람이 자신의 은밀한 행위를 언젠가 지붕에서 외치게 되리라는 것을 잊었다." 또 다른 유명 작가로 문학계의 보석이었고 1930년에 노벨문학상을 받은 싱클레어 루이스(Sinclair Lewis, 1885-1951)는 자신이 기독교의 위선이라 여기는 것을 조롱하려고 『엘머 갠트리』(*Elmer Gantry*)라는 소설을 썼다. 이 소설에서, 성경을 외치는 전도자 갠트리는 은밀한 알코올 중독자요 난봉꾼이며 도둑이다. 그러나 루이스 자신이 로마 외곽의 삼류 병원에서 알코올 중독자로, 자신의 죄악된 생활의 황폐한 희생자로 죽었다는 사실을 아는 사람은 거의 없다.

신자들은 죄에 맞서 의롭게 사는 게 가능하기에 **이제는** 자신의 **지체를 의에게 종으로 내주어야** 한다. 죄의 삶이 한층 더한 죄에 이르듯이, **의**의 삶은 한층 더한 의에 이르며 그 마지막은 완전한 **거룩함**(**sanctification,** 성화)이다.

마틴 로이드 존스는 이렇게 썼다. "이 의로운 삶을 계속하면서 여러분의 모든 힘과 정열과 시간을 다해 이러한 삶을 살 때…여러분은 이전에 진행된 과정, 여러분이 나쁜 데서 더 나쁜 데 이르고 점점 더 악해졌던 과정이 완전히 뒤집어지는 것을 보게 될 것입니다. 여러분은 점점 더 깨끗해지고, 점점 더 정결해지며, 점점 더 거룩해지고, 점점 더 하나님의 아들의 형상을 닮을 것입니다"(*Romans: An Exposition of Chapter Six* [Grand Rapids: Zondervan, 1972], pp. 268-269).

그 누구도 도덕적 · 영적으로 제자리에 가만히 서 있지 않다. 불신자들이 죄악에서 더 큰 죄악으로 나아가듯이, 의에서 자라지 않는 신자는 결코 의에서 완전히 떨어지지는 않겠지만 죄로 돌아가 죄에 점점 더 빠질 것이다.

하나님이 사람들을 죄에서 구속하신 목적은 이들에게 자기가 기뻐하는 대로(자기 마음대로) 할 자유를 주는 게 아니라 그분이 기뻐하시는 대로 할 자유, 곧 의롭게 살 자유를 주는 것이다. 하나님은 바로에게 그분의 백성을 보내라고 명하셨을 때 이들을 구해내시는 자신의 목적도 분명히 밝히셨다. "그러면 그들이 광야에서 나를 섬길 것이니라"(출 7:16). 하나님이 사람들을 죄의 종살이에서 구해내시는 유일한 목적은 이들이 그분과 그분의 의에게 종이 되게 하는 것이다.

이들의 약속

> **[20]너희가 죄의 종이 되었을 때에는 의에 대하여 자유로웠느니라. [21]너희가 그 때에 무슨 열매를 얻었느냐? 이제는 너희가 그 일을 부끄러워하나니, 이는 그 마지막이 사망임이라. [22]그러나 이제는 너희가 죄로부터 해방되고 하나님께 종이 되어 거룩함에 이르는 열매를 맺었으니, 그 마지막은 영생이라.** (6:20-22)

구원받지 못한 자들은 **죄의 종**이며 **의에 대하여 자유**롭다. 다시 말해, 이들은 의와 관련이 없다. 이들은 의의 요구를 충족할 마음도 없고 능력도 없기에 의가 이들에게 아무 요구도 할 수 없다. 이들은 죄의 통제와 지배를 받으며 죄를 주인으로 섬길 수밖에 없다. 이런 의미에서, 이들은 의에 대해 아무 책임이 없다. 의의 기준과 요구를 충족할 능력이 없기 때문이다. 그러므로 죄인들에게 개선(reformation)을 외친다는 것은 어리석다. 하나님이 이들의 삶을 바꾸실 때까지, 이들은 자신의 삶을 개선할 수 없다.

물론, 구원받지 못한 많은 사람은 자신의 삶에 변화(transformation, 변혁)는 고사하고 개선조차 필요하다고 생각하지 않는다. 세상에는 자신이 품위 있고, 정직하며, 법을 지키고, 유익하며, 종종 자신의 삶이 모범적이라고 생각하는 매우 종교적인 사람들이 넘쳐난다. 그러나 바울은 선언한다. 예수 그리스도를 통해 구원받지 않은 사람은 '모두' **죄의 종**이며 하나님이 제시하신 **의**의 기준**에 대하여 자유롭다.** 다시 말해, **의**의 기준으로부터 완전히 분리되어 있고 그 기준과 아무 관계가 없다. 바울은 자신이 구원받기 전에 했던 선한 행위와 종교적 성취를 쓰레기 또는 배설물로 여겼다(빌 3:8).

하나님이 보시기에, 사람들이 구원받지 않고 하는 **일**과 구원받은 후 **부끄러워**하게 되는 일에서 얻을 수 있는 **열매(benefit,** 유익)는 전혀 없다. 이러한 일이 초래할 수 있는 유일한 결과는 **마지막이 사망**이다. 이것은 둘째 사망, 곧 영적 죽음이요 영원한 지옥의 고통이다.

참구원의 표식 중 하나는 그리스도께 나오기 이전에 살았던 삶을 **부끄러워한다**는 것이다. 이전 삶이 더러운 부도덕의 삶이었든 훌륭하고 품위 있는 삶이었든, 가증스런 범죄를 저지르는 삶이었든 희생하며 섬기는 삶이었든, 더없이 이기적인 삶이었든 더없이 자선을 베푸는 삶이었든 간에, 그것은 참신자가 부끄러워할 수밖에 없는 삶이다. 세상에 어떻게 보이더라도, 하나님과 무관한 삶은 의와 무관한 삶이다.

장 칼뱅은 이렇게 썼다.

> 경건한 자들은 그리스도의 영과 복음 전파로 비췸을 얻기 시작하자마자 과거 자신들의 삶 전체, 곧 그리스도 없이 살았던 삶 전체가 정죄 받아 마땅하다는 것을 거리낌 없이 인정한다. 이들은 그 삶을 변명하려 하기는커녕 자신을 부끄러워한다. 참으로, 이들은 여기서 더 나아가 자신의 부끄러움을 계속 생각한다. 이 부끄러움 때문에 하나님 앞에서 더 진실하게, 더 기꺼이 겸손해지기 위해서다. (*The Epistles of Paul the Apostle to the Romans and to the Thessalonians* [Grand Rapids: Eerdmans, 1960], p. 135).

그러나 예수 그리스도를 믿어 **죄로부터 해방되고 하나님께 종이 된** 자들이 맺는 **열매**는 **거룩함**(**sanctification,** 성화)이며 **그 마지막(outcome)은 영생**이다. 구원에서, 하나님은 우리를 죄의 궁극적 형벌로부터 자유하게 하실 뿐 아니라 죄의 현재 폭정으로부터도 자유하게 하신다.

죄로부터 해방되고(freed from sin)는 신자가 더는 죄를 지을 능력이 없다는 뜻이 아니라 더는 죄의 종이 아니며 더는 죄에 속절없이 종속되지 않는다는 뜻이다. 바울이 여기서 말하는 죄에서 자유함은 장기적 목표나 궁극적 이상이 아니라 이미 성취된 사실이다. 예외 없이, 그리스도를 구주와 주님으로 믿는 사람은 모두 **죄로부터 해방되고 하나님께 종이 된다.** 분명히, 어떤 신자들은 다른 신자들보다 더 신실하고 더 순종한다. 그러나 그리스도인들은 똑같이 **죄**의 속박에서 **해방되고** 똑같이 **하나님께 종이 되며** 똑같이 **거룩함**을 얻고 똑같이 **영생**을 얻는다.

절대적인 것

죄의 삯은 사망이요 하나님의 은사는 그리스도 예수 우리 주 안에 있는 영생이니라. (6:23)

이 구절은 움직일 수 없는 절대 진리 둘을 표현한다. 첫째, **죄의 삯은 사망이다.** 영적 **사망**은 버는 것이다(earned). 이것은 **죄**가 특징인 삶, 곧 하나님과 무관한 모든 삶에 대한 공의롭고 의로운 보응이다.

둘째, **하나님의 은사는 그리스도 예수 우리 주 안에 있는 영생이다.** 말 그대로, 선물은 공짜다. 그러나 바울은 누구라도 하나님의 크나큰 은혜를 깎아내리지 못하도록 하나님의 값없는 선물(**free gift, 은사**)을 말한다. 구원은 행위나 선함이나 종교 의식을 비롯해 인간이 할 수 있는 그 무엇으로 얻을 수 있는 게 아니다. 바울은 에베소 신자들에게 이렇게 일깨웠다. "너희는 그 은혜에 의하여 믿음으로 말미암아 구원을 받았으니, 이것은 너희에게서 난 것이 아니요 하나님의 선물이라. 행위에서 난 것이 아니니, 이는 누구든지 자랑하지 못하게 함이라"(엡 2:8-9).

어떤 사람이 받을 자격이 있는 것, 곧 영원한 죽음을 원하면 하나님은 이것을 정당한 **삯(wages)**으로 주실 것이다. 어떤 사람이 받을 자격이 없는 것, 곧 **영생**을 원하면 하나님은 그에게 이것을 주시지만 값없는 선물(**free gift, 은사**)로 주실 것인데, 이 선물의 유일한 근원은 **그리스도 예수 우리 주**다.

바울은 여기서 로마서 6장의 대 절정에 이른다. 예수 그리스도는 죄에서 의로, 정죄에서 구원으로, 영원한 죽음에서 영원한 삶으로 옮겨가는 '유일한 길'이다.

베드로는 오순절 직후 공회 앞에 섰을 때 동일한 진리를 선포하며 증언했다. "다른 이로써는 구원을 받을 수 없나니 천하 사람 중에 구원을 받을 만한 다른 이름을 우리에게 주신 일이 없음이라"(행 4:12). 예수님은 믿지 않는 바리새인들에게 이렇게 말씀하셨다. "내가 진실로 진실로 너희에게 말하노니, 나는 양의 문이라. 나보다 먼저 온 자는 다 절도요 강도니, 양들이 듣지 아니하였느니라. 내가 문이니, 누구든지 나로 말미암아 들어가면 구원을 받고 또는 들어가며 나오며 꼴을 얻으리라"(요 10:7-9). 다락방 강화에서, 예수님은 이렇게 말씀하셨다. "내가 곧 길이요 진리요 생명이니, 나로 말미암지 않고는 아버지께로 올 자가 없느니라"(요 14:6).

유명한 독일 목회자요 신학자 디트리히 본회퍼(Dietrich Bonhoeffer, 1906-1945)는 나치에 저항하다 여러 해 감옥에 갇혔으며, 2차 세계대전이 끝나기 직전 처형되었다. 그는 자신의 책 『제자도의 대가』(*The Cost of Discipleship*)[86]에서 자신이 값싼 은혜라 불렀던 것에 관해 통찰력이 넘치는 말을 했다.

> [값싼 은혜는] 회개하는 죄인, 곧 그 자신이 죄에서 떠나고 죄가 그에게서 떠나는 죄인의 칭의가 없는 죄의 칭의(justification of sin)에 해당한다. 값싼 은혜는 우리를 죄의 덫에서 자유하게 하는 죄 용서가 아니다.…값싼 은혜는 제자의 삶이 없는 은혜이며, 십자가가 없는 은혜이고, 예수 그리스도가 없는 은혜다.…
> [반면에, 값비싼 은혜는] 예수 그리스도의 부르심이며, 이 부르심에 제자는 그물을 버려두고 그분을 따른다.…[마르틴 루터는] 은혜를 말할 때마다, 은혜가 자신의 생명을, 이제 그리스도께 절대적으로 순종하는 삶을 요구한다는 것을 당연한 결과로 암시했다.…이 은혜를 알기에 세상에서 살면서도 세상에 속하지 않을 수 있는 자들, 예수 그리스도를 따름으로써 자신의 시민권이 하늘에 있다고 굳게 확신하기에 이 세상에서 참으로 자유롭게 살아가는 자들이 복이 있다. ([New York: Macmillan, 1959], pp. 47, 53, 60).

오직 하나님의 아들만이 구원의 대가를 지불하실 수 있었다. 그러나 그분은 자신을 따르는 자들에게 제자도의 대가를 지불하라고 요구하신다. 예수님은 이렇게 말씀하셨다 "누구든지 나를 따라오려거든 자기를 부인하고 자기 십자가를 지고 나를 따를 것이니라. 누구든지 제 목숨을 구원하고자 하면 잃을 것이요 누구든지 나를 위하여 제 목숨을 잃으면 찾으리라"(마 16:24-25).

---

86 『현대인을 위한 제자도의 대가』, 최예자, 백요한 옮김(도서출판 프리셉트, 2021).

누가는 자신의 복음서 14:26-33에서 예수님의 말씀을 인용하면서 대가 문제를 기록한다.

> 무릇 내게 오는 자가 자기 부모와 처자와 형제와 자매와 더욱이 자기 목숨까지 미워하지 아니하면 능히 내 제자가 되지 못하고, 누구든지 자기 십자가를 지고 나를 따르지 않는 자도 능히 내 제자가 되지 못하리라. 너희 중의 누가 망대를 세우고자 할진대 자기의 가진 것이 준공하기까지에 족할는지 먼저 앉아 그 비용을 계산하지 아니하겠느냐? 그렇게 아니하여 그 기초만 쌓고 능히 이루지 못하면 보는 자가 다 비웃어 이르되, 이 사람이 공사를 시작하고 능히 이루지 못하였다 하리라. 또 어떤 임금이 다른 임금과 싸우러 갈 때에 먼저 앉아 일만 명으로써 저 이만 명을 거느리고 오는 자를 대적할 수 있을까 헤아리지 아니하겠느냐? 만일 못할 터이면 그가 아직 멀리 있을 때에 사신을 보내어 화친을 청할지니라. 이와 같이, 너희 중의 누구든지 자기의 모든 소유를 버리지 아니하면 능히 내 제자가 되지 못하리라.

주님이 들려주신 진주 비유와 밭에 감춰진 보화 비유에서(마 13:44-46), 진주를 발견한 사람과 밭에 감춰진 보화를 발견한 사람 둘 다 자신의 전부를 팔아 그 진주와 보화를 산다.

예수 그리스도는 자신들의 죄에 지옥행을 면하는 보험으로 그분을 추가하려는 사람들을 찾고 계시는 게 아니다. 회개하지 않는 자신들의 삶에 그분의 높은 도덕 원리를 적용하려는 사람들을 찾고 계시는 게 아니다. 자신들의 옛 본성을 개선함으로써 겉만 개선되길 원하는 사람들을 찾고 계신 게 아니다.

예수 그리스도는 그분을 통해 내면이 기꺼이 변화되길 원하는 사람들, 그분 자신의 거룩한 형상으로 창조된 완전히 새로운 본성을 원하는 사람들을 부르신다. 자신들의 죄악을 그분의 거룩과 기꺼이 맞바꾸려는 사람들, 그분과 함께 살아나기 위해 기꺼이 그분과 함께 죽으려는 사람들, 그분의 의에 종이 되려고 자신들의 죄에 종노릇 하길 기꺼이 그만두려는 사람들을 부르신다. 사람들이 그분의 조건대로 그분께 나올 때, 그분은 이들의 운명을 영원한 죽음에서 영원한 생명으로 바꾸신다.

26

율법에 대하여 죽다
(7:1-6)

**1형제들아, 내가 법 아는 자들에게 말하노니, 너희는 그 법이 사람이 살 동안만
그를 주관하는 줄 알지 못하느냐? 2남편 있는 여인이 그 남편 생전에는 법으로
그에게 매인 바 되나 만일 그 남편이 죽으면 남편의 법에서 벗어나느니라. 3그
러므로 만일 그 남편 생전에 다른 남자에게 가면 음녀라. 그러나 만일 남편이
죽으면 그 법에서 자유롭게 되나니, 다른 남자에게 갈지라도 음녀가 되지 아니
하느니라. 4그러므로 내 형제들아, 너희도 그리스도의 몸으로 말미암아 율법에
대하여 죽임을 당하였으니, 이는 다른 이 곧 죽은 자 가운데서 살아나신 이에게
가서 우리가 하나님을 위하여 열매를 맺게 하려 함이라. 5우리가 육신에 있을
때에는 율법으로 말미암는 죄의 정욕이 우리 지체 중에 역사하여 우리로 사망
을 위하여 열매를 맺게 하였더니, 6이제는 우리가 얽매였던 것에 대하여 죽었으
므로 율법에서 벗어났으니, 이러므로 우리가 영의 새로운 것으로 섬길 것이요
율법 조문의 묵은 것으로 아니할지니라.** (7:1-6)

구약성경을 공부하다 보면 계시된 하나님의 규례, 계명, 율례, 증거 등의 이름으로도 불리는 하나님의 율법에 부여된 위엄과 영예에 감동하지 않을 수 없다. 하나님은 모세에게 영감을 주셔서 이렇게 기록하게 하셨다.

이는 곧 너희의 하나님 여호와께서 너희에게 가르치라고 명하신 명령과 규례와

법도라. 너희가 건너가서 차지할 땅에서 행할 것이니, 곧 너와 네 아들과 네 손자들이 평생에 네 하나님 여호와를 경외하며 내가 너희에게 명한 그 모든 규례와 명령을 지키게 하기 위한 것이며 또 네 날을 장구하게 하기 위한 것이라. 이스라엘아, 듣고 삼가 그것을 행하라. 그리하면 네가 복을 받고 네 조상들의 하나님 여호와께서 네게 허락하심 같이 젖과 꿀이 흐르는 땅에서 네가 크게 번성하리라. 이스라엘아 들으라. 우리 하나님 여호와는 오직 유일한 여호와이시니, 너는 마음을 다하고 뜻을 다하고 힘을 다하여 네 하나님 여호와를 사랑하라. 오늘 내가 네게 명하는 이 말씀을 너는 마음에 새기고, 네 자녀에게 부지런히 가르치며, 집에 앉았을 때에든지 길을 갈 때에든지 누워 있을 때에든지 일어날 때에든지 이 말씀을 강론할 것이며, 너는 또 그것을 네 손목에 매어 기호를 삼으며, 네 미간에 붙여 표로 삼고, 또 네 집 문설주와 바깥문에 기록할지니라. (신 6:1-9)

솔로몬은 이렇게 썼다. "일의 결국을 다 들었으니, 하나님을 경외하고 그의 명령들을 지킬지어다. 이것이 모든 사람의 본분이니라"(전 12:13). 시편 119편은 서로 다른 동의어 열 개를 사용해 하나님의 율법을 말한다. 저자는 이렇게 선언한다.

행위가 온전하여 여호와의 율법을 따라 행하는 자들은 복이 있음이여(1절). 주께서 명령하사 주의 법도를 잘 지키게 하셨나이다(4절). 내 길을 굳게 정하사 주의 율례를 지키게 하소서(5절). 내가 주께 범죄하지 아니하려 하여 주의 말씀을 내 마음에 두었나이다(11절). 찬송을 받으실 주 여호와여, 주의 율례들을 내게 가르치소서(12절). 주의 율례들을 즐거워하며 주의 말씀을 잊지 아니하리이다(16절). 나로 하여금 깨닫게 하여 주소서. 내가 주의 법을 준행하며 전심으로 지키리이다(34절). 내가 주의 법을 어찌 그리 사랑하는지요! 내가 그것을 종일 작은 소리로 읊조리나이다(97절). 주의 말씀의 강령은 진리이오니 주의 의로운 모든 규례들은 영원하리이다(160절). 주의 법을 사랑하는 자에게는 큰 평안이 있으니 그들에게 장애물이 없으리이다(165절). 주의 모든 계명들이 의로우므로 내 혀가 주의 말씀을 노래하리이다(172절).

장인 이드로에게, 모세는 하나님이 자신을 이스라엘 지도자로 세우신 주된 목적은 "하나님의 율례와 법도를 알게 하는" 것이라고 설명했다(출 18:16). 이사야는 이렇게 선포했다. "여호와께서 그의 의로 말미암아 기쁨으로 교훈을 크게 하며 존귀하게 하려 하셨다"(사 42:21).

위대한 다윗 왕은 영감을 받아 하나님의 율법이 갖는 목적과 탁월함과 웅대함을 분명하게 선언했다. "여호와의 율법은 완전하여 영혼을 소성시키며, 여호와의 증거는 확실하여 우둔한 자를 지혜롭게 하며, 여호와의 교훈은 정직하여 마음을 기쁘게 하고, 여호와의 계명은 순결하여 눈을 밝게 하시도다. 여호와를 경외하는 도는 정결하여 영원까지 이르고, 여호와의 법도 진실하여 다 의로우니 금 곧 많은 순금보다 더 사모할 것이며 꿀과 송이꿀보다 더 달도다"(시 19:7-10). 하나님이 구약성경에서 주신 마지막 명령은 이것이다. "너희는 내가 호렙에서 온 이스라엘을 위하여 내 종 모세에게 명령한 법 곧 율례와 법도를 기억하라"(말 4:4).

하나님의 율법이 고대 이스라엘에서 아주 강력했기에 많은 유대인이 사실상 율법을 우상화했다. 고대 랍비들의 토라(모세 율법) 해석을 모아놓은 바빌로니아 탈무드에서, 랍비 라바는 이렇게 말했다. "거룩하신 분이 사람의 악한 성향을 지으셨으나 이것을 극복하도록 토라[모세 율법]를 지으셨다"(*Baba Bathra*, 16a). 라바의 해석은 하나님이 계시하신 토라 자체와 분명히 모순되지만 대다수 유대인이 율법을 얼마나 높였는지 보여준다. 또 다른 유명한 탈무드 주석가 랍비 유다는 이렇게 말했다. "거룩한 분의 본성은 유한한 인간의 본성과 다르다. 어떤 사람이 약을 처방할 때, 그 처방이 한 사람에게는 유익하지만 다른 사람에게는 해가 될 수 있다. 그러나 하나님은 이스라엘에게 토라를 모든 치유의 원천으로 주셨다"(54a).

그리스도께서 세상에 오셨을 무렵, 유대인들은 하나님의 율법에 순종하는 것을 하나님이 의도하신 구원의 경건을 보여주는 증거일 뿐 아니라 구원의 수단으로 여겼다. 그러나 하나님은 결코 이것을 구원의 수단으로 의도하지 않으셨다. 율법에 충실함이 율법을 주신 하나님을 믿는 믿음을 대신하게 되었다. 복음서 전체에서 나타나듯이, 이런 유대인들은 모세 율법을 부정하고 모세 율법에 순종하지 않는다며 예수님을 줄곧 비난했다.

바울은 모세 율법을 무시했다며 믿지 않는 유대인 반대자들에게 맹렬한 비난을 받았다. 바울이 3차 선교 여행에서 돌아왔을 때, 예루살렘교회 장로들이 그에게 조언했다. 유대인 남자 넷과 함께 성전에서 나실인의 정결 예식에 참여하라는 것이었다. 이 예식에 참여하면 그가 율법을 존중한다는 게 입증될 테고 거짓 비난도 어느 정도 가라앉을 터였다. 이런 행위가 결코 복음을 훼손하는 게 아닐 것이기에 바울은 기꺼이 동의했다(행 21:20-26). 그러나 유대인들은 바울의 행동을 오해하고 왜곡해 그를 훨씬 심하게 반대했다(27-30절을 보라). 그렇더라도 이 사건은 유대인들이 적어도 율법의 외적 · 의식적 측면을 매우 중하게 여긴다는 것을 분명하게 보여준다.

회심 전, 바울은(당시는 사울이었다) 전형적인 유대 율법주의자였다. 빌립보교회에 보낸 서신에서, 바울은 한때 자신의 율법 준수를 신뢰했었다고 증언한다. "만일 누구든지 다른 이가 육체를 신뢰할 것이 있는 줄로 생각하면 나는 더욱 그러하리니, 나는 팔일 만에 할례를 받고 이스라엘 족속이요 베냐민 지파요 히브리인 중의 히브리인이요 율법으로는 바리새인이요 열심으로는 교회를 박해하고 율법의 의로는 흠이 없는 자라"(빌 3:4-6).

구약 율법을 보는 정반대 시각도 예수님의 사역 기간과 초기 교회에서 문제가 되었다. 모든 시대가 그렇듯이, 많은 사람이 많은 제약에 매이지 않은 채 종교적일 수 있는 길을 찾고 있었다. 이들에게는 율법과 무관하게 오직 믿음으로 말미암아 은혜로 구원을 받는다는 개념이 케이크를 먹는 동시에 소유하기도 하는 완벽한 방법처럼 보였다. 이들은 그저 "하나님을 신뢰하고" 자신이 하고 싶은 대로 하려 했다.

하나님이 모세를 통해 주신 율법을 자신이 소중히 여긴다는 것을 분명히 하려고, 예수님은 사역 초기에 이렇게 선언하셨다. "내가 율법이나 선지자를 폐하러 온 줄로 생각하지 말라. 폐하러 온 것이 아니요 완전하게 하려 함이라. 진실로 너희에게 이르노니, 천지가 없어지기 전에는 율법의 일점일획도 결코 없어지지 아니하고 다 이루리라. 그러므로 누구든지 이 계명 중의 지극히 작은 것 하나라도 버리고 또 그같이 사람을 가르치는 자는 천국에서 지극히 작다 일컬음을 받을 것이요 누구든지 이를 행하며 가르치는 자는 천국에서 크다 일컬음을 받으리라"(마 5:17-19).

바울은 하나님이 그분의 천사들을(히 2:2; 행 7:53) 통해서 하신 말씀이(롬 3:2; 참조. 행 7:38) 거룩하며 범할 수 없는 것이라고 증언한다. 그는 이미 이렇게 증언했다. "그런즉 우리가 믿음으로 말미암아 율법을 파기하느냐? 그럴 수 없느니라. 도리어 율법을 굳게 세우느니라"(롬 3:31). 그는 조금 뒤에 분명하게 단언한다. 한계가 있고 구원할 능력이 없더라도, "율법은 거룩하고 계명도 거룩하고 의로우며 선하도다"(7:12; 참조. 딤전 1:8).

그러나 바울은 이렇게도 선언했다. "그러므로 율법의 행위로 그의 앞에 의롭다 하심을 얻을 육체가 없나니, 율법으로는 죄를 깨달음이니라"(롬 3:20). "율법이 들어온 것은 범죄를 더하게 하려 함이라. 그러나 죄가 더한 곳에 은혜가 더욱 넘쳤나니"(5:20). 그리스도인들은 율법으로 구원받지 않으며 "[율]법 아래에 있지 아니하고 은혜 아래에 있다"(6:14).

바울은 자신의 서신을 읽는 사람들, 특히 유대인 신자들이 그리스도를 믿는 그들의 믿음과 관련해 율법에 대해 여전히 궁금한 게 많으리라는 것을 알았고, 그래서 이 단락에서도 이 중요한 관계를 설명한다.

로마서 6장 끝부분에서, 바울은 14절의 첫째 진리, 곧 정죄하는 율법의 능력과 관련해 신자들이 더는 율법 아래 있지 않다는 진리를 설명한다. 7장에서, 바울은 이 구절의 둘째 진리, 곧 신자들이 이제 은혜 아래 있다는 진리를 설명한다. 그러나 이렇게 설명하면서, 바울은 7장에서 율법을 23회 언급하며 그중에 8회는 1-6절에서 언급한다. 바울은 이 설명에서 공리(1절), 유비(2-3절), 적용(4-5절), 단언을 제시한다(6절).

공리

형제들아, 내가 법 아는 자들에게 말하노니, 너희는 그 법이 사람이 살 동안만 그를 주관하는 줄 알지 못하느냐? (7:1)

재치 있는 수사의문문 **알지 못하느냐?**는 바울이 또다시 자명한 진리를 기초로 논증을 전개한다는 것을 보여준다. **형제들(brethren)**은 바울의 유대인 형제들(**법 아는 자들**)을 가리킨다. 바울은 이 용어를 강조해 유대인 신자들의 깊은 걱정, 곧 자신이 모세의 **법**을 훼손하는 것처럼 보여서 하는 걱정을 잘 안다며 이들을 안심시키고 있을 것이다.

그러나 헬라어 본문에서 무관사가 구문에서 나타나듯이(명사 앞에, 이 경우 **법** 앞에 정관사가 없다), 여기서 바울의 핵심은 그 '어느(any)' **법**과도 연결된다. 문자 그대로 옮기면 "법을 아는 자들에게"다. 바울은 어느 **법**이든—로마법이든, 그리스법이든, 심지어 하나님이 주신 성경의 법이든—**사람이 살 동안만 그를 주관한다**고 말하고 있는 게 분명하다. 범죄자가 죽으면 아무리 많은 범죄를 저질렀고 아무리 흉악한 범죄를 저질렀더라도 기소되지 않고 처벌받지도 않는다. 존 F. 케네디 암살범으로 기소된 리 하비 오스왈드(Lee Harvey Oswald)는 전혀 재판을 받지 않았다. 재판이 시작되기 전에 암살되었기 때문이다. 법은 살아 있는 자들에게만 구속력이 있다.

유비

2남편 있는 여인이 그 남편 생전에는 법으로 그에게 매인 바 되나 만일 그 남편이 죽으면 남편의 법에서 벗어나느니라. 3그러므로 만일 그 남편 생전에 다른 남자에게 가면 음녀라. 그러나 만일 남편이 죽으면 그 법에서 자유롭게 되나니, 다른 남자에게 갈지라도 음녀가 되지 아니하느니라. (7:2-3)

어떤 주석가들의 혼란스러운 해석과 달리, 바울은 복잡한 알레고리나 그 어떤 종류의 알레고리도 제시하고 있지 않다. 단지 자신이 방금 언급한 단 하나의 핵심, 곧 사람이 죽은 후에는 그 어떤 법도 그를 주관하지 못한다는 것을 설명하려고 결혼법을 유비로 제시할 뿐이다. 이 단락은 이혼과 관련해 전혀 아무것도 말해주지 않는다. 그러므로 이 단락의 침묵을 토대로 이혼이 그리스도인에게 절대로 정당화될 수 없으며 배우자의 죽음만이 재혼할 권리를 부여한다고 가르쳐서는 안 된다. (이러한 논의를 다루려면 마 5:31-32, 19:3-12, 고전 7:10-15 같은 단락을 살펴보아야 한다. 더 자세한 연구는 저자의 책 *The Family* [Chicago: Moody, 1982]를 보라).

바울은 결혼법이 부부 모두 살아 있는 동안만 구속력이 있다는 사실에 주의를 집중시킨다. 남편이 살아 있는 동안 **다른 남자에게 가면(joined to another man)** 그 여자는 **음녀(an adulteress)**, 곧 법을 어긴 자가 된다. 그러나 **남편이 죽으면** 다른 남자와 결혼하는 것이 완전히 합법이고 허용된다. 과부는 자신을 이전 남편에게 매었던 **그 법에서 자유롭게 된다**. 사실, 바울은 젊은 과부들에게 재혼을 독려했다. 신자와 합하는 한(고전 7:39을 보라), 이런 과부들은 "시집가서 아이를 낳고 집을 다스리고 대적에게 비방할 기회를 조금도 주지 말아야" 한다(딤전 5:14).

적용

> [4]**그러므로 내 형제들아, 너희도 그리스도의 몸으로 말미암아 율법에 대하여 죽임을 당하였으니, 이는 다른 이 곧 죽은 자 가운데서 살아나신 이에게 가서 우리가 하나님을 위하여 열매를 맺게 하려 함이라. [5]우리가 육신에 있을 때에는 율법으로 말미암는 죄의 정욕이 우리 지체 중에 역사하여 우리로 사망을 위하여 열매를 맺게 하였더니,** (7:4-5)

그러므로는 바울이 짧은 공리와 유비에서 적용으로 넘어간다는 표시다. 바울은 **형제들**을 두 번째 사용하면서 그 앞에 **내(my)**를 덧붙이는데, 이로써 이 용어가 1절에서보다 한결 부드럽고 친밀하다.

이 시점에서, 바울은 이 단락의 영적 가르침을 시작한다. 남편이 죽으면 여자가 부부를 하나로 묶었던 결혼에서 자유롭게 되듯이, **너희도** (즉, 그리스도인들도) 모세 **율법에 대하여 죽임을 당하였**다고 그는 선언한다. **죽임을 당하였으니 (were made to die)**는 '따나토오'(*thanatoō*)의 부정과거 시제를 번역한 것으로 죽음의 완결성과 최종성을 강조한다. 이 동사는 수동형이기도 하며, 신자들이 당연히 스스로를 죽이는 게 아니라 자신의 아들을 믿는 믿음에 답하시는 하나님의 신적 행위에 의해 **죽임을 당하였다**는 것을 말한다.

율법에 대한 순종은 구약에서 은혜로 받는 구원의 결과였을 뿐 결코 구원의 수단이 아니었다(롬 3:20). 율법은 사람들의 죄에 대해 이들을 정죄해 죽음에 이르게 하는 능력만 있을 뿐(6:23) 이들을 죄에서 구속할 능력이 없다. 바울은 이미 지적했다. 예수 그리스도를 믿는 믿음에 의해 확장된 하나님의 은혜가 죄의 죽음과 죄로부터의 자유를 가져온다(롬 6:3-7). 그는 이제 예수 그리스도를 믿는 믿음이 **율법**에도 죽음을 안기고 그 결과로 율법의 형벌에서 벗어나는 자유를 가져온다고 선언한다.

자신들을 대신해 죽음의 형벌을 받으신 **그리스도의 몸으로 말미암아**, 과부가 전남편과의 관계에서 자유하게 되듯이, 신자들은 율법과의 관계에서 자유하게 된다. 과부처럼 신자들은 다른 남편, **다른 이 곧 죽은 자 가운데서 살아나신 이에게 갈** 자유, 곧 예수 그리스도께 갈 자유가 있다. 배우자가 죽은 후 재혼이 결혼 관계를 완전히 바꿔놓듯이, 구원은 영적 관계를 완전히 바꿔놓는다. 신자들은 더는 율법과 결혼한 상태가 아니며, 이제 그분의 교회의 거룩한 신랑이신 예수 그리스도와 결혼한 상태다.

바울은 에베소서에서 이 관계를 아름답게 표현한다. "그러므로 교회가 그리스도에게 하듯 아내들도 범사에 자기 남편에게 복종할지니라. 남편들아, 아내 사랑하기를 그리스도께서 교회를 사랑하시고 그 교회를 위하여 자신을 주심 같이 하라. 이는 곧 물로 씻어 말씀으로 깨끗하게 하사 거룩하게 하시고 자기 앞에 영광스러운 교회로 세우사 티나 주름 잡힌 것이나 이런 것들이 없이 거룩하고 흠이 없게 하려 하심이라"(엡 5:24-27). 바울은 똑같이 결혼을 비유로 사용해 고린도 신자들에게 아름답게 말했다. "내가 하나님의 열심으로 너희를 위하여 열심을 내노니, 내가 너희를 정결한 처녀로 한 남편인 그리스도께 드리려고 중매함이로다"(고후 11:2).

로마서의 기본 강조점은 구원이 전적 변화를 낳는다는 것이다. 예수님의 죽음과 부활을 통해, "하나님이 죄를 알지도 못하신 이를 우리를 대신하여 죄로 삼으신 것은 우리로 하여금 그 안에서 하나님의 의가 되게 하려 하심이라"(고후 5:21). 우리가 그리스도와 연합된 목적은 **우리가 하나님을 위하여 열매를 맺게 하려 함**이다. 바울은 에베소 신자들에게 이렇게 말한다. "우리는 그가 만드신 바라. 그리스도 예수 안에서 선한 일을 위하여 지으심을 받은 자니, 이 일은 하나님이 전에 예비하사 우리로 그 가운데서 행하게 하려 하심이니라"(엡 2:10). 그는 갈라디아서에서 통찰을 더한다. "내가 율법으로 말미암아 율법에 대하여 죽었나니, 이는 하나님에 대하여 살려 함이라. 내가 그리스도와 함께 십자가에 못 박혔나니, 그런즉 이제는 내가 사는 것이 아니요 오직 내 안에 그리스도께서 사시는 것이라. 이제 내가 육체 가운데 사는 것은 나를 사랑하사 나를 위하여 자기 자신을 버리신 하나님의 아들을 믿는 믿음 안에서 사는 것이라"(갈 2:19-20). 변화된 삶은 **하나님을 위해 열매를 맺게** '될 것이다'.

대 신학자 찰스 하지(Charles Hodge, 1797-1875)는 이렇게 썼다. "우리에게 있어 구속은 거룩을 [낳기] 위한 것이다. 우리가 율법에서 해방된 것은 그리스도와 연합하기 위해서다. 우리가 그리스도와 연합하는 것은 하나님께 열매를 맺기 위해서다.…율법의 형벌에서 해방되는 것은 거룩을 [낳기] 위해서이므로, 이 해방의 목적을 생각하지 않고 이 해방을 기대하는 것은 헛되다"(*Commentary on the Epistle to the Romans* [Grand Rapids: Eerdmans, n.d.], p. 220).

경건의 **열매**는 기본적으로 두 부분으로 구성된다. 태도와 행동이다. 신자의 삶이 맺는 성령의 열매는 "사랑과 희락과 화평과 오래 참음과 자비와 양선과 충성과 온유와 절제"라는 태도에서 내적으로 나타난다(갈 5:22-23). 경건한 '행동'에 관해서는 예수님이 이렇게 말씀하셨다. "나는 참 포도나무요 내 아버지는 농부라. 무릇 내게 붙어 있어 열매를 맺지 아니하는 가지는 아버지께서 그것을 제거해 버리시고 무릇 열매를 맺는 가지는 더 열매를 맺게 하려 하여 그것을 깨끗하게 하시느니라"(요 15:1-2). 히브리서 저자는 "그 이름을 증언하는 입술의 열매"를 말하고(히 13:15), 바울은 빌립보 신자들이 "예수 그리스도로 말미암아 의의 열매가 가득하여 하나님의 영광과 찬송이" 됨으로써 그리스도의 날을 맞을 준비가 되길 기도했다(빌 1:11).

5절에서 바울은 자신의 서신을 읽는 신자들에게 불신자였던 그들의 옛 삶의 네 가지 특징을 상기시킨다. 첫째, 이들은 **육신에 있었다(were in the flesh).** 구속받지 못하고 거듭나지 못한 사람은 오로지 **육신**의 영역에서, 타락한 인류의 육에 속하고 죄악된 영역에서 활동할 수 있다.

성경에서, **육신(flesh)**이란 말은 여러 방식으로 사용된다. 도덕적 · 영적으로 중립적 의미로 사용되어 인간의 육체적 존재를 가리킨다. 이런 의미에서, 주님은 성육하신 하나님이 되었을 때 "육신이 되어 우리 가운데 거하셨다"(요 1:14). 사실, 참신자의 확실한 표식 중 하나는 "예수 그리스도께서 육체로 오신 것을 시인하는" 것이다(요일 4:2).

육신(flesh)은 도덕적 · 윤리적 의미로도 사용되지만 언제나 악한 의미를 내포한다. 바울은 로마서 8장, 갈라디아서 5장, 에베소서 2장에서 육신을 거듭 이런 의미로 사용하며, 그때마다 육신은 사람의 구속받지 못한 인성(unredeemed humanness)을 가리킨다. 육신의 영역에서 여전히 살아 있는 사람은 그리스도께 속할 수 없다. 바울은 신자들을 이렇게 말한다. "만일 너희 속에 하나님의 영이 거하시면 너희가 육신에 있지 아니하고 영에 있나니, 누구든지 그리스도의 영이 없으면 그리스도의 사람이 아니라"(롬 8:9). 물론, 신자가 죄를 지을 때마다 육신의 길로 되돌아갈 수는 있다. 신자는 절대로 다시 육신에 있을 수 없지만 육신은 신자 안에서 여전히 자신을 드러낼 수 있다.

둘째, 신자의 옛 삶은 **죄의 정욕(sinful passions)**, 곧 육신에 있는 자들 안에서 생겨나는 악을 생각하고 행하려는 충동이 특징이었다.

셋째, 신자의 옛 삶은 계속해서 **율법으로 말미암는** 죄의 정욕[87]이 특징이었다. 어떻게 하나님의 **율법** 같은 선한 것이 죄악된 것을 일으킬 수 있는지 의문이다. 무엇보다도, **율법**을 모르면 선과 악을 분별하지 못하기 때문이다(7:7을 보라). **율법**은 무엇이 잘못인지 선언할 때 거듭나지 못한 사람 안에 악을 불러일으키기도 한다. 거듭나지 못한 자는 거역하는 본성을 타고 났기에 금지되었다고 배운 것들을 하고 싶어 하기 때문이다.

넷째, 신자의 옛 삶은 죄의 정욕이 그의 **지체 중에** 끊임없이 **역사하여** 그로

---

87 새번역: 율법으로 말미암아 일어나는 죄의 욕정

사망을 위하여 열매를 맺게 한다는 게 특징이었다. **역사하여(at work)**로 번역된 헬라어 동사[88]는 "강력하게 작동하다"라는 뜻이다. '에너지'(energy)라는 단어가 여기서 왔다. **우리 지체(members of our body)**라는 표현은 전인(全人)을 모든 부분에서 **죄의 정욕**의 희생자로, 하나님의 최종적이고 영원한 심판의 **열매** 곧 **사망**을 낳는 정욕의 희생자로 요약한다.

단언

> **이제는 우리가 얽매였던 것에 대하여 죽었으므로 율법에서 벗어났으니, 이러므로 우리가 영의 새로운 것으로 섬길 것이요 율법 조문의 묵은 것으로 아니할지니라.** (7:6)

바울은 **이제는(but now)**이라는 전환 어구를 사용해 이 짧은 단락의 핵심으로 넘어가는데, 그 핵심은 거듭나지 못한 사람에 관해 방금 기술한 내용(5절)과 철저히 대비된다. **우리**, 곧 예수 그리스도를 믿는 자들은(4절을 보라) 전에 육신에 있을 때 **얽매였던 것에 대하여 죽었으므로 율법**의 속박**에서 벗어났다.**

바울이 앞서 지적했듯이, "그 법이 사람이 살 동안만 그를 주관한다"(1절). 그러므로 사람이 죽으면 모든 법적 책임과 형벌을 면한다. 예수 그리스도께서 갈보리에서 우리가 진 죄의 빚을 청산하셨을 때 우리 신자들은 그분 안에서 죽었다. 그러므로 이로써 우리는 하나님의 **율법** 아래서 가지며 받는 도덕적 · 영적 책임과 형벌에서 **벗어났다**. "그리스도께서 우리를 위하여 저주를 받은 바 되사 율법의 저주에서 우리를 속량하셨으니, 기록된 바 나무에 달린 자마다 저주 아래에 있는 자라 하였음이라"(갈 3:13).

바울은 이미 최대로 강력하고 명료하게 선언했다. 율법의 속박에서 자유롭다는 말은 율법이 금하는 것을 할 자유가 있다는 뜻이 '아니다'(6:1, 15; 참조. 3:31). 율법에서 자유롭다는 것은 죄에게 자유를 준다는 뜻이 아니라 그 정반

---

88 *energeō*: 작동하다, 일하다, 하다(to be at work, to work, to do)

대다. 생전 처음으로 의로운 것을 할 자유, 거듭나지 못한 자는 가지고 있지 않으며 가질 수도 없는 자유가 있다는 뜻이다.

바울의 핵심은 단순히 구속받은 사람이 옳은 일을 할 수 있다는 게 아니라, 옳은 일을 '하려 한다'(will)는 것이다. 그분의 아들 예수 그리스도를 믿는 믿음에 답해, 하나님은 사람들을 율법의 속박에서 풀어주어 **섬기게** 하신다. '둘루오'(*douleuō*, **serve**, **섬길**)를 옮긴 많은 영어 번역이 다소 모호하며 이 헬라어 용어의 힘을 온전히 담지 못한다. 이 동사는 고용된 일꾼의 자발적 섬김을 말하지 않는다. 고용된 일꾼은 원하는 경우 명령을 거부하고 다른 고용주를 찾을 수 있다. 이 동사는 오로지 노예의 섬김을 가리키며, 노예의 유일한 존재 목적은 주인의 뜻에 순종하는 것이다.

케네스 웨스트(Kenneth Wuest, 1893-1961)는 6절을 정확하고 아름답게 옮겼다. "그러나 이제 우리는 줄곧 억눌렸던 것에 대해 죽어 율법에서 벗어났으니 [새로운 주인을 향한] 노예의 순종이 몸에 배어 나타날 만큼 벗어났다(*Wuest's Word Studies from the Greek New Testament*, vol. 1 [Grand Rapids: Eerdmans, 1973], p. 117).

조문의 묵은 것으로가 아니라 **영의 새로운 것으로** 주님을 섬기는 것은 선택이 아니라 구속의 필수 열매다. 이미 말했듯이, 열매 없는 그리스도인은 참 그리스도인이 아니며 하나님 나라에서 자신의 몫이 없다. 예수님은 이렇게 말씀하셨다. "무릇 내게 붙어 있어 열매를 맺지 아니하는 가지는 아버지께서 그것을 제거해 버리시고 무릇 열매를 맺는 가지는 더 열매를 맺게 하려 하여 그것을 깨끗하게 하시느니라"(요 15:2).

예수 그리스도의 은혜를 통해 믿음으로 의롭다 하심을 받는 사람은 안전하고(롬 5장) 거룩하며(6장) 자유하고 열매를 맺으며 섬긴다(7장). 이러한 참신자의 특징 중 마지막 네 가지는 첫 번째와 마찬가지로 선택적이나 조건적이지 않다. 이러한 거듭남의 거룩한 표식 중에 어느 하나도 사람에게서 완전하게 표현되지 않지만 이들 모두 신자의 삶에 늘 존재한다.

율법은 그리스도인에게 여전히 중요하다. 처음으로, 그리스도인은 율법이 요구하는 의를 충족'할 수 있다'(의는 하나님이 애초에 율법을 주셨을 때 바라신 것이었다). 그에게는 새로운 본성이 있고 하나님의 성령께서 그에게 힘을 주어 순종하게 하시기 때문이다. 그리스도인은 율법의 속박이나 형벌 아래 있지 않지만 율법의 경건한 기준을 따라 살기를 가장 열성적인 율법주의자보다 더 진정으로 갈망한다. 온전히 진심과 기쁨으로, 그는 시편 기자처럼 말할 수 있다. "내가 주의 법을 어찌 그리 사랑하는지요!"(시 119:7).

신자로서, 우리는 율법의 요구와 정죄에 관해서는 율법에 대하여 죽었다. 그러나 우리는 이제 **영의 새로운 것으로** 살기 때문에 온전하고 기쁜 마음으로 하나님의 율법을 사랑하고 섬긴다. 그리고 우리는 안다. 하나님의 율법에 순종하는 것이 그분의 뜻을 행하는 것이고 그분의 뜻을 행하는 것이 그분에게 영광을 돌리는 것이다.

27

죄와 율법
(7:7-13)

[7]그런즉 우리가 무슨 말을 하리요? 율법이 죄냐? 그럴 수 없느니라. 율법으로 말미암지 않고는 내가 죄를 알지 못하였으니, 곧 율법이 탐내지 말라 하지 아니하였더라면 내가 탐심을 알지 못하였으리라. [8]그러나 죄가 기회를 타서 계명으로 말미암아 내 속에서 온갖 탐심을 이루었나니, 이는 율법이 없으면 죄가 죽은 것임이라. [9]전에 율법을 깨닫지 못했을 때에는 내가 살았더니, 계명이 이르매 죄는 살아나고 나는 죽었도다. [10]생명에 이르게 할 그 계명이 내게 대하여 도리어 사망에 이르게 하는 것이 되었도다. [11]죄가 기회를 타서 계명으로 말미암아 나를 속이고 그것으로 나를 죽였는지라. [12]이로 보건대, 율법은 거룩하고 계명도 거룩하고 의로우며 선하도다. [13]그런즉 선한 것이 내게 사망이 되었느냐? 그럴 수 없느니라. 오직 죄가 죄로 드러나기 위하여 선한 그것으로 말미암아 나를 죽게 만들었으니, 이는 계명으로 말미암아 죄로 심히 죄 되게 하려 함이라. (7:7-13)

로마서 3-8장은 믿음, 은혜, 죄, 의, 율법 같은 다양한 주제를 주목할 만한 방식으로 한 데 엮는다. 바울의 서신을 읽는 유대인 신자들에게 특히 중요한 것은 그가 율법을 폭넓게 다루고, 사람이 그리스도께 나오고 그리스도를 위해 살아가는 데 있어서 율법이 하는 역할을 다룬 것이었다.

바울은 율법이 구원할 수 없으며(롬 3-5장), 율법이 거룩하게 할 수 없고(6장), 율법이 더는 신자를 정죄할 수 없다는 것을 분명히 했다(7:1-6). 이제 바울은 율법이 불신자들과 신자들 양쪽 모두에게 유죄 판결을 내릴 수 있고(7:7-13), 구원 전이든 후든 간에 율법이 죄에서 건져내지 못하며(7:14-25), 신자들이 내주하는 성령의 능력으로 율법을 성취할 수 있다는 것을 분명히 한다(8:1-4).

신약 시대가 시작되었을 때, 유대인 랍비들은 성경의 율법을 613개 계명으로 요약해 놓았는데, 그 가운데 248개는 '하라'는 명령이고 365개는 '하지 말라'는 명령이었다. '하라'는 명령은 예배, 성전, 제사, 맹세, 의식, 기부, 안식일, 식용 동물, 절기, 공동체 문제, 전쟁, 사회 문제, 가족의 책임, 사법 문제, 법적 권리와 의무, 종에 관한 규정 등과 관련이 있었다. '하지 말라'는 명령은 우상숭배, 역사의 교훈, 신성모독, 성전 예배, 제사, 제사장직, 음식, 맹세, 농사, 대부, 사업, 종, 정의, 개인적 관계 등과 관련이 있었다.

랍비들은 이러한 성경의 율법들에 무수한 부속 조항과 조건과 실제적 해석을 덧붙였다. 모든 율법과 전통을 지키려는 시도는 바리새인 같은 율법주의 유대인들에게 절실한 삶의 방식이 되었다. 예루살렘 공의회에서, 베드로는 이러한 극단적 율법주의를 가리켜 "우리 조상과 우리도 능히 메지 못하던 멍에"라고 했다(행 15:10).

하나님이 계시하신 율법과 관련해, 신실한 유대인들이 율법을 세세한 부분까지 모두 지키려 했던 이유는 분명하다. 모세를 통해, 하나님은 "이 율법의 말씀을 실행하지 아니하는 자는 저주를 받을 것이라"고 선언하셨다(신 27:26). 신명기 28장은 불순종의 몇몇 심각한 결과, 즉 사실상 삶의 모든 부분에 영향을 미치는 결과를 구체적으로 제시한다.

> 네가 만일 네 하나님 여호와의 말씀을 순종하지 아니하여 내가 오늘 네게 명령하는 그의 모든 명령과 규례를 지켜 행하지 아니하면 이 모든 저주가 네게 임하며 네게 이를 것이니, 네가 성읍에서도 저주를 받으며 들에서도 저주를 받을 것이요, 또 네 광주리와 떡 반죽 그릇이 저주를 받을 것이요, 네 몸의 소생과 네 토지의 소산과 네 소와 양의 새끼가 저주를 받을 것이며, 네가 들어와도 저주를 받고 나가도 저주를 받으리라. 네가 악을 행하여 그를 잊으므로 네 손으로 하는 모

> 든 일에 여호와께서 저주와 혼란과 책망을 내리사 망하며 속히 파멸하게 하실 것이며, 여호와께서 네 몸에 염병이 들게 하사 네가 들어가 차지할 땅에서 마침내 너를 멸하실 것이며, 여호와께서 폐병과 열병과 염증과 학질과 한재와 풍재와 썩는 재앙으로 너를 치시리니, 이 재앙들이 너를 따라서 너를 진멸하게 할 것이라. (28:15-22)

예수 그리스도의 사도로서, 바울은 이 진리를 되풀이했다. "무릇 율법 행위에 속한 자들은 저주 아래에 있나니, 기록된 바 누구든지 율법 책에 기록된 대로 모든 일을 항상 행하지 아니하는 자는 저주 아래에 있는 자라 하였음이라"(갈 3:10; 참조. 신 27:26). 야고보는 이렇게 선언했다. "누구든지 온 율법을 지키다가 그 하나를 범하면 모두 범한 자가 되나니"(약 2:10).

왜 하나님은 자신의 선민에게 지킬 수 없는 율법을 주셨을까? 하나님의 목적은 구원받은 자들이 적용하며 살아야 하는 의의 기준을 계시할 뿐 아니라 이들에게 그분의 능력 없이는 그렇게 사는 게 불가능함을 보여주고 정직하게 율법에 비추어 볼 때 자신들의 죄악이 얼마나 깊은지 보여주는 것이었다. 하나님이 율법을 주신 것은 사람들에게 그들이 얼마나 선할 수 있는지가 아니라 얼마나 선할 수 없는지 보여주기 위해서였다. 바울은 앞서 말한 신명기 27:26을 인용한 후 갈라디아 신자들에게 이렇게 말했다. "하나님 앞에서 아무도 율법으로 말미암아 의롭게 되지 못할 것이 분명하니"(갈 3:11a). 이 진리를 입증하기 위해, 바울은 구약성경의 또 다른 구절을 인용한다. "의인은 믿음으로 살리라"(3:11b; 참조. 합 2:4). 하나님이 율법을 주신 것은 그분의 기준을 세우고 사람들에게 이러한 의의 기준을 충족하기란 전혀 불가능하며, 따라서 용서가 필요하고 하나님의 선하심과 자비를 의지해야 한다는 것을 보여주기 위해서였다. 히브리서 11장이 분명히 하듯이, 하나님이 모세 율법을 주시기 전과 후 모두 하나님께 받아들여질 수 있는 자들은 자신의 의가 아니라 하나님의 의를 신뢰하는 자였다.

예수님은 이 진리를 이해하지 못한다며 바리새인들을 꾸짖으셨다(눅 18:9). 대단한 바리새인이었던 바울은(빌 3:4-6) 회심 후 이 진리를 분명하게 깨달았다. 그는 빌립보 신자들에게 이렇게 증언했다. "무엇이든지 내게 유익하던 것을 내가 그리스도를 위하여 다 해로 여길뿐더러 또한 모든 것을 해로 여김은…그리스도를 얻고 그 안에서 발견되려 함이니, 내가 가진 의는 율법에서 난 것이 아니요 오직 그리스도를 믿음으로 말미암은 것이니, 곧 믿음으로 하나님께로부터 난 의라"(빌 3:7-9).

바울은 이렇게 선언했다. "우리가[신자들이] 육신에 있을 때에는 율법으로 말미암는 죄의 정욕이 우리 지체 중에 역사하여 우리로 사망을 위하여 열매를 맺게 하였더니, 이제는 우리가…율법에서 벗어났으니, 이러므로 우리가 영의 새로운 것으로 섬길 것이요 율법 조문의 묵은 것으로 아니할지니라"(롬 7:5-6). 그리고는 자신의 서신을 읽는 신자들의 그다음 질문을 알았다. **그런즉 우리가 무슨 말을 하리요? 율법이 죄냐?** 이들은 이렇게 물을 터였다. "하나님이 모세를 통해 주신 율법이 실제로 악했는가? 그러면 이제 그리스도인들은 율법의 기준을 무시하고 마음대로 살아도 되는가?"

바울은 또다시 가장 강력한 헬라어 부정어를 사용해 답한다. '메 게노이토'(*mē genoito*, **May it never be! 그럴 수 없느니라**. 3:4, 6, 31, 6:2, 15, 7:13을 보라). 의미는 "물론, 아니다! 물론, 아니다!"이다. 율법은 죄악되지 않을뿐더러 그리스도인에게 죄를 깨닫게 함으로써 여전히 큰 가치를 지니고 있다. 7:7b-13에서, 바울은 하나님의 율법이 죄를 깨닫게 하는 일과 관련해 네 요소를 제시한다. 율법은 죄를 드러낸다(7b절). 율법은 죄를 일으킨다(8절). 율법은 죄인을 죽인다(9-11절). 율법은 죄가 죄라는 것을 드러낸다(12-13절).

율법은 죄를 드러낸다

율법으로 말미암지 않고는 내가 죄를 알지 못하였으니, 곧 율법이 탐내지 말라 하지 아니하였더라면 내가 탐심을 알지 못하였으리라. (7:7b)

On the contrary(정반대로, 오히려).[89] 바울은 오히려 정반대라고 말한다. 하나님이 명하시는 어떤 것이라도 결함이 있다고 말하는 것은 터무니없고 신성모독적이며, 죄악되다고 말하는 것은 더더욱 그러하다.

그러나 하나님의 율법은 그 자체로 완전하기에 인간의 불완전함을 '드러낸다'(reveal). 바울은 뒤이어 이렇게 설명한다. **율법으로 말미암지 않고는 내가 죄를 알지 못하였으니.** 바꾸어 말하면, 하나님이 그분의 신성한 의의 기준을 드러내셨기에 사람들이 죄를 더 분명하게 규정할 수 있는데, 죄란 그 기준을 충족하지 못하는 것이다.

바울은 로마서에서 이 진리를 이미 여러 차례 언급하거나 암시했다. "율법으로는 죄를 깨달음이니라"(3:20). "율법은 진노를 이루게 하나니, 율법이 없는 곳에는 범법도 없느니라"(4:15). "죄가 율법 있기 전에도 세상에 있었으나 율법이 없었을 때에는 죄를 죄로 여기지 아니하였느니라"(5:13).

바울은 옳음과 그름을 아는 인간의 일반적 인지 능력을 말하는 게 아니다. 이교도 이방인들은 하나님이 계시하신 율법을 전혀 들은 적 없는데도 "그 양심이 증거가 되어 그 생각들이 서로 혹은 고발하며 혹은 변명하여 그 마음에 새긴 율법의 행위를 나타"낸다(롬 2:15). 현재 단락에서, 바울은 인간의 **죄**와 관련해 전반적 범위와 부패를 아는 것을 말한다.

7장 나머지 전체에서, 바울은 1인칭 단수 인칭대명사 '나'(I, me)를 사용해 자신이 보편적 진리를 가르칠 뿐 아니라 개인적 증언을 하고 있음을 보여준다. 그는 자신이 다메섹 가는 길에 그리스도를 만나고 뒤이어 사흘 동안 눈이 멀었을 때와 그 이전에 성령께서 자신의 마음에서 율법을 통해 일하셔서 죄를 깨닫게 하신 것을 말하고 있다(행 9:1-18을 보라).

그리스도께서 사울에게 나타나 그를 사도로 부르셨던 것은 하나님의 주권적 행위였다. 그렇더라도 어느 시점에, 사울은(당시에 그는 사울로 알려져 있었

---

89 NASB에서 7:8는 이렇게 시작한다. On the contrary, I would not have come to know sin…(오히려, 나는 죄를 알지 못했을 것입니다).
on the contrary는 헬라어 역접접속사 *alla*의 번역이며, 새번역과 공동번역 개정판은 "그러나"로 옮겼다.

다) 구원을 얻기 위해 자신의 죄를 고백하고 그리스도를 믿어야 했다. 하나님은 아무도 그의 의지를 거스르거나 그의 믿음과 무관하게 강제로 자신의 나라에 들이지 않으신다. 바울은 아그립바 왕 앞에서 증언할 때, 자신이 겉으로는 그리스도의 추종자들을 박해하는 동안에도 속으로는 그의 마음에서 죄를 깨닫게 하시는 성령의 역사라는 "가시채"에 발길질을 하고 있었다고 했다(행 26:14).

바울은 어릴 때부터 유대교에서 훈련을 받았고, 예루살렘에 올라가 유명한 가말리엘 밑에서 공부했으며, 율법을 엄밀하게 따르려 노력했고, 자신에게 하나님을 향한 열정이 있다고 생각했다(행 22:3; 갈 1:13-14; 빌. 3:5-6a). 회심 전, 바울은 자신이 다른 사람들과 같지 않음을 감사하며 자기만족에 빠진 바리새인이 성전에서 했던 기도로 쉽게 기도할 수 있었을 것이다(눅 18:11-12을 보라). 그는 젊은 부자 관원처럼 어릴 때부터 율법을 다 지켰다고 단언했을 것이다(마 19:20, 빌 3:6b을 보라).

열성적 유대인들이 이런 주장들을 했던 것은 하나님이 받아들이실 만한 순종의 잣대를 인간이 넘을 수 있게 낮추려고 랍비 전통이 하나님의 율법을 수정하고 구체화했기 때문이다. 이들은 하나님을 믿는 개인적 믿음이나 마음의 내적 상태를 고려하지 않았다. 이들이 보기에, 랍비들의 율법 해석이 제시하는 외적이고 눈에 보이는 요구를 충족하며 사는 사람은 하나님께 온전히 받아들여질 수 있었다.

구원받기 전 죄를 자각하는 경험에서, 바울은 하나님이 계시하신 율법의 가장 중요한 요구는 외적인 것이 아니라 내적인 것이며 자신이 그 요구를 충족하지 못했음을 깨달았다. 의미 깊게도, 바울은 십계명의 가장 분명한 '내적' 명령을 선택해 율법이 죄를 드러냄을 보여주는 자신의 경험을 설명한다. **율법이 탐내지 말라 하지 아니하였더라면 내가 탐심을 알지 못하였으리라.** 바울은 자신의 탐심을 점점 더 자각했기에 마침내 교만이 무너지고 변화를 일으키는 성령의 역사에 마음을 열었을 것이다. 회심하고 여러 해 후, 바울은 빌립보 신자들에게 이렇게 말했다. "하나님의 성령으로 봉사하며(worship) 그리스도 예수로 자랑하고 육체를 신뢰하지 아니하는 우리가 곧 할례파라"(빌 3:3).

죄와 벌이는 진짜 싸움은 내면적이며 마음과 생각에서 일어난다. 상담, 치료, 심지어 강력한 의지력까지도 한 사람의 행동을 수정할 수 있을 때가 많다. 사람들은 익명의 알코올 중독자 모임의 계획을 성실하게 따름으로써 술을 끊거나, 심리치료를 받음으로써 거짓말이나 속이기를 그만둘 수도 있다. 그러나 변화를 일으키는 성령의 능력만이 죄악된 마음을 순전하게, 하나님이 받으실 수 있게 바꿀 수 있다. 이런 변화에서 율법의 역할은 한 사람으로 자신의 죄를 알게 하고 그에게 하나님의 용서와 구속이 필요함을 알게 하며 하나님이 받아들이실 수 있는 도덕성의 기준을 세우는 것이다.

찰스 하지는 이렇게 썼다.

> 율법은 사람들의 칭의나 성화를 보장할 수 없지만 구원의 경륜에서 필수적인 역할을 수행한다. 율법은 양심을 비추어 우리가 죄로 인식하지 못했을 수많은 것들이 악하다고 판결하게 한다. 율법은 죄를 일으키고, 죄의 힘을 키우며, 그 자체로뿐 아니라 우리의 양심에서도 죄를 극도로 죄악되게 한다. 그러므로 율법은 이러한 마음 상태를 낳는데, 이것은 복음을 받아들이는 데 꼭 필요한 준비다.…죄를 깨달음, 곧 죄의 본성을 아는 적절한 지식, 그리고 우리를 지배하는 죄의 힘에 대한 인식은 복음의 종교에서 없어서는 안 될 부분이다. 복음을 죄에서 해방되는 수단으로 받아들일 수 있으려면, 먼저 우리가 부패와 곤경에 빠져 있다는 것을 느껴야 한다. (*Commentary on the Epistle to the Romans* [Grand Rapids: Eerdmans, n.d.], p. 226)

율법이 없다면, 우리의 죄악을 정확히 판단할 길이 없을 것이다. 오직 하나님의 율법만이 그분의 신성한 의의 기준을 계시하며, 이로써 우리가 그분의 의에 얼마나 미치지 못하고 우리 자신의 노력으로 그 의에 이르기에 얼마나 무력한지 볼 수 있게 한다.

산상설교의 중심 주제는 하나님이 마음의 완전한 의를(마 5:48) 요구하신다는 것이다. 이것은 서기관들과 바리새인들이 전형적으로 보여준 외적이며 위선적인 의를 훨씬 능가하는 의다(마 5:20). 예수님은 이 선언에 뒤이어 하나님의 의의 기준들을 연이어 예를 들어 설명하신다. 하나님이 보시기에, 형제를 미워하거나 욕하는 자는 살인자만큼이나 살인죄를 지었고(21-22절), 음욕을 품는 자는 간음하는 자만큼이나 음행의 죄를 지었으며(27-28절), 음행한 경우가 아닌데도 배우자와 이혼하는 자는 배우자뿐만 아니라 미래의 배우자도 간음하게 한다(31-32절; 마 19:3-12, 막 10:11-12도 참조하라). 예수님은 진리는 진리이고 거짓은 거짓이며, 맹세가 거짓말을 정당화할 할 수 없을 뿐 아니라 진리를 확증할 수도 없다고 선언하셨다(마 5:33-37).

유대인들은 하나님이 외적인 의뿐 아니라 내적인 의도 요구하신다는 것을 알지 못했으며, 여기에 대해 아무 핑계도 댈 수 없었다. 쉐마("들어라"를 뜻하는 히브리어 단어에서 유래했다)는 신명기 6:4-9, 11:13-21, 민수기 15:37-41로 구성되며, 신실한 유대인들은 매일 두 차례 암송했다. 신명기 두 본문은 작은 양피지 조각에 기록되어 유대인 남자들이 기도할 때 이마와 왼팔에 매는 성구함에 담긴 네 구절 중 하나였다. 동일한 두 본문은 메주자(Mezuzahs), 곧 유대인들이 신명기 6:9과 11:20의 지시에 따라 문기둥에 붙여둔 작은 상자에도 들어갔다. 지금도 많은 정통 유대인이 성구함과 메주자 둘 다 사용한다. 신명기 두 본문은 거듭된 권고를 담고 있다. "너는 마음을 다하고 뜻을 다하고 힘을 다하여 네 하나님 여호와를 사랑하라"(6:5; 11:13). (모세 율법의 최고 권위자인) 바리새인들이 예수님께 "율법 중에서 어느 계명이 크니이까?"라고 물었을 때, 예수님은 신명기 6:5로 답하셨다. 그런 후, 가장 큰 둘째 계명은 "네 이웃을 네 자신 같이 사랑하라"는 것이라고 하셨으며, "이 두 계명이 온 율법과 선지자의 강령이니라"라고 선언하셨다. 의심할 여지 없이 마지못해, 그분의 대적들은 그분의 대답이 정확하다고 인정했다(마 22:34-40; 레 19:18). 반대 상황에서, 예수님은 한 바리새인 율법 교사에게 "율법에 무엇이라 기록되었으며 네가 어떻게 읽느냐?"고 물으셨고, 그 사람은 즉시 신명기 6:5을 최고의 계명으로 인용했으며 예수님처럼 가장 큰 둘째 계명은 "네 이웃을 네 자신 같이 사랑하라"는 것이라고 했다(눅 10:25-28).

그러므로 성경과 자주 모순되는 랍비 전통의 외형주의에도 불구하고(마 15:3-6), 예수님과 바울 당시의 유대인들은 하나님의 '최고' 계명 둘이 외적인 행동이 아니라 내적인 동기와 관련이 있다는 것을 알았다. 그러나 이들은 자신들이 마음을 다해 사랑한다고 공언하는 하나님이 아니라 자신들의 외적 성취를 계속 믿었다.

율법은 죄를 일으킨다

그러나 죄가 기회를 타서 계명으로 말미암아 내 속에서 온갖 탐심을 이루었나니, 이는 율법이 없으면 죄가 죽은 것임이라. (7:8)

바울은 다시 한번(참조. 7절) 율법 자체가 죄악되지 않고 죄에 대해 책임이 없음을 분명히 한다. **기회를 타서** 율법의 **계명으로 말미암아** 무수한 구체적 죄뿐 아니라 **온갖 탐심**을 낳는 것은 이미 사람의 마음에 자리한 **죄**다.

신실한 설교자들은 언제나 하나님의 율법이 요구하는 것들을 선포한 후에 복음의 은혜를 선포한다. 자신을 길을 잃고 어찌할 수 없는 죄인으로 보지 않는 자는 구주가 필요하다고 보지 않는다. 자신의 죄가 깨끗이 씻어지길 바라지 않는 자는, 설령 자신의 죄를 깨닫더라도, 구원받길 거부하기 때문에 구주께 나아가지 않는다.

성경 주석가 F. F. 브루스는 이렇게 썼다. "문제의 장본인은 죄다. 율법이 무엇이 옳고 무엇이 그른지 내게 보여주었을 때, 죄가 기회를 포착했다"(*The Epistle of Paul to the Romans*[90] [Grand Rapids: Eerdmans, 1963], p. 150). 문제는 율법이 아니라 죄다. 바울은 갈라디아 신자들에게 수사의문문으로 "율법이 하나님의 약속들과 반대되는 것이냐?"라고 묻고 즐겨 쓰는 부정어법으로 답한다. "결코 그럴 수 없느니라"(갈 3:21).

'아포르메'(*aphormē*, **opportunity, 기회**)는 본래 원정의 출발점이나 작전 기지를 가리키는 데 사용되었다. **죄**는 **계명** 곧 하나님의 율법을 자신의 악한 일을 시작하는 거점으로 사용한다.

---

90 『틴델 신약 주석시리즈 6, 로마서』, 권성수 옮김(기독교문서선교회, 2000).

사람은 반항하는 성향을 타고나며 이 성향 때문에 명령이나 금지에 거의 반사적으로 분개한다는 것은 비밀이 아니다. 사람들이 예를 들면 "잔디밭에 들어가지 마시오"라거나 "꽃을 꺾지 마시오" 같은 팻말을 볼 때 팻말이 금하는 바로 그것을 하려는 충동이 자주 일어난다.

『행동 원리』(*Principles of Conduct*)라는 책에서, 존 머레이는 하나님의 율법의 빛이 우리의 부패한 마음에 비칠수록 우리 마음에 이를 거부하는 적대감이 더 일어나며, 이것은 육신의 마음이 하나님의 율법에 복종하지 않는다는 것을 증명한다고 했다([Grand Rapids: Eerdmans, 1957], p. 185). 사람이 하나님의 율법을 마주할 때 금지된 것이 훨씬 더 매력적으로 변하는데, 그것 자체 때문이 아니라 자신의 뜻을 주장할 통로를 제공하기 때문이다.

풍성한 우화 『천로역정』에서, 존 번연(John Bunyan, 1628-1688)은 율법이 죄를 일으킨다는 것을 그림 언어로 생생하게 표현한다. 해석자의 집에서 먼지로 뒤덮인 큰 응접실은 사람의 마음을 상징한다. 비를 든 사람은 하나님의 율법을 상징하는데, 그가 비질을 시작하자 먼지가 사방으로 날렸고 그리스도인은 숨이 막혔다. 이것이 율법이 죄에게 하는 일이다. 율법은 죄를 아주 심하게 쑤석거려 숨이 막힐 지경이다. 비질로 먼지가 소복한 방을 청소할 수 없고 먼지만 날리게 할 뿐이듯이, 율법도 마음에서 죄를 씻어낼 수 없고 죄를 더 분명하고 불쾌하게 할 뿐이다.

여기서 바울의 논증이 제시하는 공리는 이것이다. **율법이 없으면 죄가 죽은 것임이라.** 율법이 없으면 죄가 없다는 게 아니다. 이것은 분명히 사실이 아니기 때문이다. 바울은 율법이 계시되기 오래전에 죄가 아담과 하와를 통해 세상에 들어와 그의 모든 후손에게 퍼졌다고 이미 말했다(롬 5:12). 그는 뒤이어 이렇게 설명한다. "율법이 없었을 때에는 죄를 죄로 여기지 아니하였느니라"(13절). 바울이 로마서 7:8에서 제시하는 핵심은 죄가 어느 정도 수면 상태이고 완전히 활동적이지는 않다는 의미에서 **죄가 죽었다**는 것이다. 죄가 **율법**이 알려질 때처럼 죄인을 압도하지는 않는다.

율법은 죄인을 죽인다

[9]전에 율법을 깨닫지 못했을 때에는 내가 살았더니, 계명이 이르매 죄는 살아나 고 나는 죽었도다. [10]생명에 이르게 할 그 계명이 내게 대하여 도리어 사망에 이 르게 하는 것이 되었도다. [11]죄가 기회를 타서 계명으로 말미암아 나를 속이고 그것으로 나를 죽였는지라. (7:9-11)

율법은 죄를 드러내고 일으킬 뿐 아니라 죄인을 무너뜨리고 파멸시킨다. 바울은 여전히 구원받기 전 경험을 말하면서 자신이 오랫동안 **율법을 깨닫지 못했을 때에는 살았더니(alive apart from the Law)**[91]라고 고백한다. 고도로 훈련되고 열정이 넘치는 바리새인으로서, 그는 율법을 알지 못하거나 율법에 관심이 없었다는 의미에서 율법과 무관하게(**apart from the Law, 율법을 깨닫지 못했을**) 살았던 것은 분명히 아니다. 그는 율법 전문가였고 스스로 율법과 관련해 흠이 없다고 여겼으며, 따라서 자신의 삶이 하나님을 기쁘게 한다고 생각했었다(빌 3:6).

그러나 교만하게 스스로 노력하며 살았던 모든 세월 동안, 바울은 율법의 "조문의 묵은 것"을 섬겼을 뿐이었다(롬 7:6). 그러나 **계명이 이르매**, 즉 계명을 진정으로 깨달았을 때, 자신의 참모습을 보기 시작했고 자신이 율법의 의의 기준에 얼마나 까마득히 미치지 못하는지 깨닫기 시작했다. 그러자 그의 **죄가 살아났다.** 다시 말해, 그는 자신의 진정한 상태, 넘치는 악과 파멸에 처한 자신의 상태를 깨닫게 되었다. 반대로, 그는 **죽었다**. 다시 말해, 자신의 모든 종교적 성취가 영적 쓰레기라는 것을 깨달았다(빌 3:7-8). 그의 자부심, 자기만족, 교만이 산산이 무너졌다. 바울이 **죽었다.** 다시 말해, 자신이 영적으로 죽었다는 것을 처음으로 깨달았다. 그는 하나님의 완전한 율법의 위엄과 거룩을 보았을 때 마음을 찢고 회개했다. 마침내 회개하는 세리처럼 "하나님이여, 불쌍히 여기소서. 나는 죄인이로소이다"라고 기도할 준비가 되었다(눅 18:13). 자신

---

91 새번역: 율법이 없어서 내가 살아 있었는데. 현대인의 성경: 율법 없이 살았습니다.

이 무력하고 경건하지 못한 자이며, 이런 자신을 위해 그리스도께서 돌아가셨다는 것을 깨달았다(롬 5:6을 보라).

우리 시대는 하나님의 사랑만 크게 강조할 뿐 그분의 진노와 심판은 소홀히 하기 일쑤다. 이럴 때, 하나님의 사랑에 대한 관심보다 하나님의 율법에 대한 관심으로 한 사람의 구원이 진짜인지 평가하는 게 특히 중요하다.

바울은 말한다. **생명에 이르게 할 그 계명이 내게 대하여 도리어 사망에 이르게 하는 것이 되었도다.** 여기서 **계명**은 하나님의 율법을 말한다. 그가 영원한 **생명**을 얻는 수단으로 여겼던 것이 영적 **사망**의 길로 드러났다.

하나님이 율법을 주신 것은 그분을 사랑하고 섬기는 자들에게 복을 주기 위해서였다. 구약성경 전체에서, 하나님은 그분의 백성에게 이렇게 약속하셨다. "행위가 온전하여 여호와의 율법을 따라 행하는 자들은 복이 있음이여, 여호와의 증거들을 지키고 전심으로 여호와를 구하는 자는 복이 있도다"(시 119:1-2).

그러나 율법 곧 **계명**은 불신자들에게 복과 평안을 줄 수 없다. 불신자는 율법의 요구를 충족할 수 없어 율법의 **사망** 선고(사형 선고) 아래 있기 때문이다. 율법은 생명을 주어야 하지만 줄 수 없다. 아무도 율법의 완전한 의의 기준을 충족할 수 없기 때문이다. 그럴 수 있다면, 율법에 완벽하게 순종해 생명을 얻을 수 있을 것이다. 그러나 이런 순종이 타락하고 죄악된 인간에게 불가능하기 때문에 율법은 그에게 생명이 아니라 **사망**을 안긴다.

예수 그리스도를 믿는 자로서, 우리는 구원을 받았고 영생을 얻었다. "육신을 따르지 않고 그 영을 따라 행하는 '우리에게 율법의 요구가 이루어[졌기]'" 때문이며, 그리스도께서 자신의 영을 통해 친히 우리 안에 거하시기에 "몸은 [우리의] 죄로 말미암아 죽은 것이나 '영은' [그분의] 의로 말미암아 '살아 있다'(롬 8:4, 10).

바울은 방금 말한 것을 되풀이한다. **죄가 기회를 타서 계명으로 말미암아**(참조. 8절) **나를 죽였는지라**(참조. 9-10절). 그러면서 죄가 자신을 **속였는지라(deceived)**고도 말한다. 속임은 죄가 행하는 가장 교묘하고 치명적인 악 중에 하나다. **속아**서 자신은 공로와 선한 행위 때문에 하나님께 받아들여질 수 있다고 생각하는 사람은 구원이 필요하다고 보지 않을 테고 그리스도를 믿을 이유도 없다. 의심할 여지 없이 이런 이유로, 그리스도의 이름을 내건 종교들을 비롯한 모든 거짓 종교가 어떤 식으로든 자기 신뢰와 자기 노력이라는 거짓 기초 위에 세워진다. 자기 의는 결코 의가 아니고 가장 악한 죄다. 율법의 기준과 은혜의 기준 모두에서, 자기 의라는 용어 자체가 '자기모순'이다.

다메섹으로 가는 길에서 그리스도를 만나기 얼마 전, 바울은 죄의 속임수와 율법의 불가능한 요구를 알게 되었고 자신의 불의와 영적 무력함을 성령으로 깨달았다.

율법은 죄가 죄라는 것을 드러낸다

> [12]**이로 보건대, 율법은 거룩하고 계명도 거룩하고 의로우며 선하도다.** [13]**그런즉 선한 것이 내게 사망이 되었느냐? 그럴 수 없느니라. 오직 죄가 죄로 드러나기 위하여 선한 그것으로 말미암아 나를 죽게 만들었으니, 이는 계명으로 말미암아 죄로 심히 죄 되게 하려 함이라.** (7:12-13)

바울은 "율법이 죄냐?"는(7:7) 질문에 다시 답한다. 이제 그는 율법이 죄가 아닐뿐더러 사실 **율법은 거룩하고 계명도 거룩하고 의로우며 선하도다**라고 선언한다.

7장 나머지 전체에서, 바울은 계속해서 하나님의 율법을 찬양하고 높이며, 율법이 신령하고(14절) 선하다고 말하며(16절), 그의 "속사람"으로 율법의 신성한 진리와 기준에 즐겁게 동의한다(22절).

다윗은 하나님의 율법을 크게 높이며 선포했다.

> 여호와의 율법은 완전하여 영혼을 소성시키며, 여호와의 증거는 확실하여 우둔한 자를 지혜롭게 하며, 여호와의 교훈은 정직하여 마음을 기쁘게 하고, 여호와의 계명은 순결하여 눈을 밝게 하시도다. 여호와를 경외하는 도는 정결하여 영원까지 이르고, 여호와의 법도 진실하여 다 의로우니, 금 곧 많은 순금보다 더 사모할 것이며 꿀과 송이꿀보다 더 달도다. 또 주의 종이 이것으로 경고를 받고 이것

을 지킴으로 상이 크니이다. (시 19:7-11)

율법은 죄를 드러내고 일으키며 정죄하고 죄인에게 죽음을 안긴다. 그러나 이런 사실이 율법 자체를 악하게 하지는 않는다. 어떤 사람이 살인죄로 정당하게 판결과 선고를 받을 때, 법이나 법을 집행하는 사람은 아무 잘못이 없다. 잘못은 법을 어긴 사람에게 있다.

바울은 자신이 한 말에 비춰볼 때 당연히 떠오를 질문을 또다시 예상하며 묻는다. **그런즉 선한 것이 내게 사망이 되었느냐?** 이번에도 자신의 질문에 앞서 했던 대답을 되풀이 한다. **그럴 수 없느니라**.

살인범 재판의 유비를 다시 사용하자면, 처벌받아 마땅한 것은 살인을 금지하는 법이 아니라 살인 행위다. 법 자체는 선하다. 법을 어기는 것이 악하다. 하나님의 율법은 더더욱 **선하고** 그것을 어기는 것은 더더욱 악하다.

영적 사망을 초래한 것은 율법이 아니라 오히려 죄였다**(rather it was sin, 오직 죄가)**. 율법이 죄를 드러내고 일으키는 목적은 **죄가 죄로 드러나기 위하여**이며, 그 방법은 **선한 그것으로 말미암아 나를 죽게 만드는** 것이다. 죽음을 초래하는 죄의 특성이 하나님의 율법의 순전한 빛 아래서 드러난다.

하나님이 자신의 거룩하고 의로우며 선한 율법을 주신 목적은 **계명으로 말미암아 죄로 심히 죄 되게(sinful) 하려 함이다.** 이미 말했듯이, 복음을 말하려면 먼저 율법을 말해야 한다. 사람들은 자신의 죄를 있는 그대로 볼 때까지 자신이 죄에서 구원받아야 한다고 보지 않을 것이다.

바울이 여기서 말하려는 핵심은 죄가 **심히 죄 되어(utterly sinful)** 심지어 하나님의 거룩한 율법의 목적까지 왜곡하고 훼손할 수 있다는 것이다. 죄는 율법을 심하게 뒤틀고 왜곡할 수 있기에 하나님이 의도하신 대로 생명을 안기는 대신 죽음을 안긴다. 죄는 하나님의 순전한 율법을 조작해 사람들을 속이고 파멸로 몰아간다. 죄는 이토록 끔찍하다.

갈라디아교회에 보내는 서신에서, 바울은 율법의 위치와 목적에 관해 더 많은 통찰을 보여준다.

그런즉 율법은 무엇이냐? 범법하므로 더하여진 것이라. 천사들을 통하여 한 중보자의 손으로 베푸신 것인데, 약속하신 자손이 오시기까지 있을 것이라. 그 중보자는 한 편만 위한 자가 아니나 하나님은 한 분이시니라. 그러면 율법이 하나님의 약속들과 반대되는 것이냐? 결코 그럴 수 없느니라. 만일 능히 살게 하는 율법을 주셨더라면 의가 반드시 율법으로 말미암았으리라. 그러나 성경이 모든 것을 죄 아래에 가두었으니, 이는 예수 그리스도를 믿음으로 말미암는 약속을 믿는 자들에게 주려 함이라. (갈 3:19-22)

율법의 궁극적 목적은 자신의 의가 아니라 그분의 의를 의지하는 죄인들을 대신해 율법의 요구를 충족하신 예수 그리스도를 믿도록 사람들을 몰아가는 것이었다.

로버트 머레이 맥체인(Robert Murray McCheyne)은 1843년 30세에 죽었지만 회고록을 비롯한 여러 글에서 하나님의 백성에게 큰 보화를 남겼다. 그는 "여호와 우리의 의"를 뜻하는 "예호바 치드케누"라는 시에서 이렇게 증언한다.

나 이전에 은혜와 하나님이 낯선 자였고,
나의 위험 알지 못했으며, 나의 짐 느끼지 못했었네.
친구들이 나무에 달린 그리스도를 말했으나
예호바 치드케누, 내게 아무것도 아니었네.

나 마음 달래거나 다잡으려 즐겁게 자주 읽었네,
이사야의 거친 선율과 요한의 단순한 구절을.
그러나 이들이 피가 뿌려진 나무를 그렸을 때도
예호바 치드케누, 내게 아무것도 아닌 것 같았네.

시온의 딸들이 흘린 눈물처럼
물이 그분의 영혼을 덮을 때 나 울었네.
그러나 내 죄가 그 나무에 못 박혔다고 생각하지 않았네.

여호와 치드케누, 내게 아무것도 아니었네.

값없는 은혜가 위에서 내리는 빛으로 나를 깨우고
법적 두려움이 나를 뒤흔들 때, 나 죽을 듯이 떨었네.
어떤 피난처도, 어떤 안전도 내 안에서 찾을 수 없었네.
예호바 치드케누, 나의 구원자가 틀림없었네.

나의 모든 두려움 그 아름다운 이름 앞에 사라졌네.
내 죄에 대한 두려움 사라졌고, 나 담대해져
생명과 자유를 주는 샘에 나와 마셨네.
예호바 치드케누, 내게 모든 것이라네.

예호바 치드케누! 나의 보화 나의 자랑,
예호바 치드케누! 나 절대 잃은 자 될 수 없네.
당신 안에서 나 물에서든 땅에서든 이기네.
나의 밧줄, 나의 닻, 나의 갑옷, 나의 방패!

사망의 음침한 골짜기를 다닐지라도
이 "좌우명" 내 가쁜 호흡 회복하리라.
삶의 열병에서 내 하나님 나를 자유하게 하시니,
예호바 치드케누, 내 임종의 노래되리라.

맥체인도 사도 바울과 똑같이 죄를 깨닫는 경험을 했다. 하나님의 율법의 충만한 빛 아래 자신을 보았을 때, 자신이 파멸되고 죽었으며 주 예수 그리스도의 구원하는 은혜 외에 소망이 없다는 것을 깨달았다.

구원 후, 그리스도인들은 여전히 하나님의 율법의 신성한 기준에 계속 노출되어야 한다. 자신의 삶에서 죄를 더 분명하게 보고 고백하며 그분의 자녀들에게 속한 충만한 복을 경험하기 위해서다. 그러면 이들은 시편 기자와 함께 "내가 주께 범죄하지 아니하려 하여 주의 말씀을 내 마음에 두었나이다"(시 119:11)라고 말할 수 있으며 "만일 우리가 우리 죄를 자백하면 그는 미쁘시고 의로우사 우리 죄를 사하시며 우리를 모든 불의에서 깨끗하게 하실 것이요"(요일 1:9)라는 약속이 자신의 것이라 주장할 수 있다.

28

신자와 내주하는 죄
(7:14-25)

**[14]우리가 율법은 신령한 줄 알거니와 나는 육신에 속하여 죄 아래에 팔렸도다.
[15]내가 행하는 것을 내가 알지 못하노니, 곧 내가 원하는 것은 행하지 아니하고
도리어 미워하는 것을 행함이라. [16]만일 내가 원하지 아니하는 그것을 행하면
내가 이로써 율법이 선한 것을 시인하노니, [17]이제는 그것을 행하는 자가 내가
아니요 내 속에 거하는 죄니라. [18]내 속 곧 내 육신에 선한 것이 거하지 아니하는
줄을 아노니, 원함은 내게 있으나 선을 행하는 것은 없노라. [19]내가 원하는 바 선
은 행하지 아니하고 도리어 원하지 아니하는 바 악을 행하는도다. [20]만일 내가
원하지 아니하는 그것을 하면 이를 행하는 자는 내가 아니요 내 속에 거하는 죄
니라. [21]그러므로 내가 한 법을 깨달았노니, 곧 선을 행하기 원하는 나에게 악이
함께 있는 것이로다. [22]내 속사람으로는 하나님의 법을 즐거워하되 [23]내 지체 속
에서 한 다른 법이 내 마음의 법과 싸워 내 지체 속에 있는 죄의 법으로 나를 사
로잡는 것을 보는도다. [24]오호라, 나는 곤고한 사람이로다! 이 사망의 몸에서 누
가 나를 건져내랴? [25]우리 주 예수 그리스도로 말미암아 하나님께 감사하리로
다. 그런즉 내 자신이 마음으로는 하나님의 법을 육신으로는 죄의 법을 섬기노
라.** (7:14-25)

이 단락은 한 사람이 자신과 겪는 내적 갈등을 털어놓는 가슴 아픈 얘기다. 그의 한 부분은 그를 이쪽으로 끌어당기고 다른 부분은 반대쪽으로 끌어당긴다.

갈등은 실재이며 극심하다.

그러나 교회가 이 본문을 알았을 때부터 지금까지, 해석자들은 여기 묘사된 사람이 그리스도인인지 비그리스도인인지를 두고 의견이 일치하지 않는다. 해석자들은 전체적으로 양쪽으로 갈린다. 한쪽은 이 사람이 신자라기엔 죄에 너무 매여 있다고 주장한다. 반면에, 다른 쪽은 이 사람이 불신자라기엔 하나님의 것들을 너무나 사랑하고 죄를 너무나 미워한다고 주장한다.

그러므로 이 단락을 어떤 식으로든 해석하기 전에 바울이 여기서 말하는 사람이 어느 쪽인지 결정하는 게 분명히 중요하다. 바울이 사용하는 1인칭 단수가 그 자신을 가리키는지 아니면 단순히 자신의 서신을 읽는 신자들과 더 친밀하게 하나 되려고 사용하는 문학적 도구일 뿐인지를 결정하는 것도 어느 정도 중요하다. 두 질문에 대한 대답은 자동적으로 셋째 질문에 답한다. 바울이 자신을 말하고 있다면 자신의 회심 전 상황과 회심 후 상황 중에 어느 쪽을 말하고 있는가?

바울이 불신자를 말하고 있다고 믿는 사람들은 그가 이 사람이 "육신에 속하여 죄 아래에 팔렸고"(14절) 그 속에 선한 것이 전혀 없으며(18절) "사망의 몸"에 갇힌 "곤고한 사람"으로 묘사한다는 점을 지적한다(24절). 그렇다면 이런 사람이 어떻게 바울이 6장에서 죄에 대하여 죽었으며(2절) 그의 옛 사람이 십자가에 못 박혔고 더는 죄의 종이 아니며(6절) "죄에서 벗어났고"(7, 18, 22절), 자신을 죄에 대하여 죽은 자로 여기며(11절) 마음으로 하나님의 말씀에 순종한다고 묘사한(17절) 그리스도인과 상응할 수 있는가?

바울이 7장에서 신자를 말하고 있다고 주장하는 사람들은 이 사람이 하나님의 율법에 순종하려 하고 악한 것을 행하길 미워하며(15, 19, 21절), 하나님 앞에서 겸손해 자신의 인성(humanness) 속에 선한 것이 전혀 없음을 깨닫고(18절), 죄가 자신 속에 있으나 자신 속에 있는 '전부'는 아니라는 것을 안다는 점을(17, 20-22절) 지적한다. 그는 자신의 주님이신 예수 그리스도께 감사하며 마음으로 그분을 섬긴다(25절). 바울은 이것 중 어느 하나도 구원받지 못한 자의 특징이 아니라는 것을 이미 분명히 했다. 불신자는 하나님의 진리와 의를 미워할 뿐 아니라 억압하며, 하나님이 계신다는 자연의 증거를 애써 거부하고, 하나님을 높이지도 않고 그분께 감사하지도 않으며, 완전히 죄에게 지배되어 오만하게도 하나님의 율법에 불순종하며 그렇게 하라며 다른 사람들을 부추긴다(1:18-21, 32).

로마서 6장에서, 바울은 성화를 논하면서 먼저 신자는 새로운 피조물, 곧 그리스도 안에서 완전히 새 사람이라는 데 초점을 맞추었다. 그러므로 전가되고 분여된 신자의 거룩과 의(the holiness and righteousness)[92]가 강조된다. 앞 단락에서 제시된 이유들 뿐 아니라 나중에 언급될 다른 이유들 때문에, 7장에서 바울은 여전히 신자를 말하고 있는 게 분명해 보인다. 그러나 여기서 초점은 계속되는 신자와 죄의 갈등에 맞춰진다. 6장에서도, 바울은 신자들이 삶에서 여전히 죄와 계속 싸워야 한다고 말한다. 그러므로 그는 신자들을 권면한다. "죄가 너희 죽을 몸을 지배하지 못하게 하여 몸의 사욕에 순종하지 말고 또한 너희 지체를 불의의 무기로 죄에게 내주지 말고"(롬 6:12-13).

어떤 해석자들은 7장이 세상적이거나 육신적인 그리스도인, 곧 영적으로 매우 낮은 수준에서 살고 있는 그리스도인을 묘사한다고 믿는다. 많은 사람이 이 사람은 모세 율법에 맞게 살려고 애씀으로써 자신의 힘으로 하나님을 기쁘게 하려다 좌절한 율법주의 그리스도인이라고 주장한다.

그러나 7장에 표현된 태도는 자신의 율법 성취에 만족하는 경향이 있는 율법주의자들이 보이는 전형적 태도가 아니다. 대다수 사람이 애초에 율법주의에 끌리는 이유는 율법주의가 자신의 힘으로 하나님의 기준에 부합되게 살 수 있다는 희망을 제시하기 때문이다.

오히려 바울은 여기서 가장 영적이고 성숙한 그리스도인들, 곧 하나님의 의의 기준으로 자신을 정직하게 평가할수록 자신이 얼마나 미치지 못하는지 더 절실히 깨닫는 그리스도인들을 묘사하고 있는 것으로 보인다. 하나님께 가까이 갈수록 우리 자신의 죄가 더 잘 보인다. 따라서 미숙하고 육신적이며 율법주의적인 사람들이 자신은 영적이며 하나님의 기준에 잘 부합한다고

---

92 the holiness and the righteousness가 아니라 the holiness and righteousness이다. 저자는 거룩과 의를 하나로 본다.

착각하고 사는 경향이 있다. 로마서 7장에 묘사된 사람을 특징짓는 수준 높은 영적 통찰과 상함과 통회와 겸손은 영적이며 성숙한 신자, 곧 하나님 앞에서 자신의 선과 성취를 신뢰하지 않는 신자의 표식이다.

1인칭 단수가 사용된 데서 자연스럽게 추측할 수 있듯이(1인칭 단수가 롬 7:7-25에서 46회 사용된다), 바울은 자신을 말하고 있는 것으로도 보인다. 그가 이 단락의 주어일 뿐 아니라 이 단락이 그려내는 것은 성숙하고 영적으로 원숙한 사도다. 이처럼 영적 성숙의 절정에 이른 그리스도인만이 이처럼 깊은 마음과 생각과 양심의 싸움을 경험하거나 거기에 관심을 가질 것이다. 바울은 하나님의 거룩과 선하심을 분명하고 완전하게 볼수록 자신의 죄악을 더 깨닫고 더 슬퍼했다.

바울은 자신의 서신들 곳곳에서 똑같은 겸손을 보여준다. 고린도전서에서, 바울은 이렇게 고백했다. "나는 사도 중에 가장 작은 자라. 나는 하나님의 교회를 박해하였으므로 사도라 칭함 받기를 감당하지 못할 자니라"(고전 15:9). 바울은 자신이 회심 이전에 취했던 태도와 행동을 말하지만, 자신의 사도직을 현재 시제로 말하며 자신이 여전히 이 고귀한 소명을 감당할 자격이 없다고 여긴다. 그는 에베소 신자들에게 자신을 가리켜 "모든 성도 중에 지극히 작은 자"라고 했으며(엡 3:8) 디모데에게 주님께서 "나를 충성되이 여겨 내게 직분을 맡기심"이 놀랍다고 했고 자신을 가리켜 죄인 중에 괴수라고 했다(딤전 1:12, 15). 그는 자신이 그리스도 안에 있는 모든 것이 전적으로 하나님의 은혜 때문이라고 고백했다(고전 15:10).

오직 그리스도 안에 있는 새로운 피조물만이 죄와 의가 맞서는 이러한 긴장을 감지하며 살아간다. 오직 그리스도인만이 그 속에 하나님의 신성한 성품이 있기 때문이다. 그리스도인은 이제 아담 안에 있지 않고 그리스도 안에 있기에 그리스도의 형상을 닮아가고 완전히 의로워지려는 열망, 곧 성령께서 주신 열망이 있다. 그러나 죄가 여전히 그의 인성에 들러붙어 있다. 그의 속사람이 죄를 미워하고 경멸하는데도 말이다. 그는 어둠에서 빛으로 옮겨왔고 이제 그리스도의 죽음과 장사와 부활과 영원한 생명에 참여하지만 그리스도를 닮아갈수록 자신 속에 내내 똬리를 튼 죄, 그가 싫어하며 제거되길 갈망하는 죄의 존재와 힘을 더 강하게 감지한다. 이러한 감수성 때문에, 4세기 교부 요한네스 크리소스토무스(John Chrysostom, 347년경-407)는 「에우트로피우스[93]에게 주는 두 번째 훈계」(*Second Homily on Eutrophius*)에서 자신은 죄 이외에 아무것도 두렵지 않다고 했다. 로마서 7장에 묘사된 사람은 자신의 죄를 깊이 자각할 뿐 아니라 모든 것에서 주님을 기쁘게 하려는 깊은 열망이 있다. 이런 특성은 성숙한 그리스도인에게만 있을 수 있다.

청교도 저자 토마스 왓슨(1620-1686)은 이렇게 말했다. "성화의 확실한 표식 중 하나는 죄를 혐오한다는 것이다.…위선자는 죄를 떠날지 몰라도 죄를 사랑한다. 뱀이 허물을 벗어도 독은 버리지 못하듯이 말이다. 그러나 성화된 사람은 죄를 버린다고 말할 뿐 아니라 죄를 미워한다고 말할 수 있다." 그는 뒤이어 그리스도인에게 말한다. "하나님은…죄를 결박하셨을 뿐 아니라 그대의 본성을 바꾸셨고 그대를 왕의 딸로 만드셨으며 그대 안에 있는 모든 것을 영화롭게 하셨다. 그분은 그대에게 화살이 절대 뚫지 못하는 흉갑을 입히셨다"(*A Body of Divinity* [London: Banner of truth, rev. ed., 1965], pp. 246, 250).

영적인 신자는 죄에 민감하다. 죄가 성령을 근심하게(슬프게) 한다는 것을 알기 때문이며(엡 4:30), 죄가 하나님을 욕되게 한다는 것을 알기 때문이고(고전 6:19-20), 죄가 그의 기도 응답을 막는다는 것을 알기 때문이며(벧전 3:12), 죄가 그의 삶을 영적으로 무력하게 한다는 것을 알기 때문이다(고전 9:27). 영적인 신자는 죄에 민감하다. 죄가 하나님으로부터 오는 좋은 것들을 막기 때문이고(렘 5:25), 죄가 그에게서 구원의 기쁨을 앗아가기 때문이며(시 51:12), 죄가 영적 성장을 방해하기 때문이며(고전 3:1), 죄가 주님의 징계를 부르기 때문이며(히 12:7), 죄가 그로 주님이 쓰기에 합당한 그릇이 되지 못하게 하기 때문이다(딤후 2:21). 영적인 신자는 죄에 민감하다. 죄가 그리스도인의 교제를 더럽히기 때문이고(고전 10:21), 죄가 주의 만찬에 합당하게 참여하지 못하게 하기 때문이며(고전 11:28-29), 죄가 심지어 그의 육체적 삶과 건강을 위험에

93 에우트로피우스는 당시 동로마제국의 황제 아르카디우스(재위 395-408) 아래서 실권을 잡고 학정을 일삼았던 인물이다.

몰아넣을 수 있기 때문이다(고전 11:30; 요일 5:16).

이 책 앞 장(27장)에서 지적했듯이, 바울은 로마서 7:7-13에서 동사의 과거시제를 사용하는데, 의심할 여지없이 회심 이전에 살았던 자신의 삶을 말하고 있었다는 뜻이다. 그러나 14절부터 7장 끝까지, 자신을 말하면서 현재시제만 사용한다. 이러한 갑작스럽고 분명하며 일관된 시제 변화는 바울이 14-25절에서 그리스도인으로서 자신의 삶을 기술하고 있음을 강하게 뒷받침한다.

14절부터 죄와 관련해 주어의 상황들도 명확하게 바뀐다. 7-13절에서, 바울은 죄가 자신을 속이고 죽인다고 말한다. 그리고 죄에 휘둘리고 죄의 치명적 손아귀에서 벗어날 힘이 없는 모습을 묘사한다. 그러나 14-25절에서는 죄에 맞서며 의식 있고 결단력 있는 싸움을 말하며, 죄는 여전히 강력한 원수이나 더는 그의 주인이 아니다. 로마서 8장 후반부에서, 바울은 또한 하나님의 율법을 계속 변호하고 그분의 율법이 주는 유익을 기뻐한다. 율법은 죄로부터 구원하지 못한다. 그렇더라도 율법은 구원 이전에 그렇게 했듯이 신자의 삶에서 죄를 계속 드러내고 깨닫게 할 수 있다.

신자가 이 땅에서 죽을 수밖에 없고 부패한 몸을 갖고 살아가는 내내, 율법은 계속해서 그의 영적 동맹이 될 것이다. 그러므로 순종하며 성령이 충만한 신자는 하나님의 모든 도덕적 · 영적 계명을 아주 귀하게 여기고 존중한다. 그는 계속해서 시편 기자와 함께 선언한다. "내가 주께 범죄하지 아니하려 하여 주의 말씀을 내 마음에 두었나이다"(시 119:11). 하나님의 말씀은 그의 발에 등과 그의 길에 빛 그 이상이다(시 119:105). 하나님의 말씀은 옛 언약 아래 있던 신자들보다 새 언약 아래 있는 신자들에게 더 귀중하다. 하나님이 그분의 진리를 신약성경에서 더 많이 계시하셨기 때문일 뿐 아니라 이제 충만히 내주하시는 성령께서 하나님의 진리를 신자들에게 조명하고 적용하시기 때문이다. 그러므로 율법은 구원하거나 거룩하게 하지 못하더라도 여전히 거룩하고 의로우며 선하고(롬 7:12), 율법에 순종하면 신자들과 불신자들 양쪽 모두에게 큰 유익이 있다.

바울은 여전히 믿음을 통해 은혜로 의롭다 하심을 받는다는 더 넓은 주제를 가르치고 있다. 그는 신자가 의롭다 하심을 받음으로써 안전해지고(5장), 거룩해지며(6장), 율법의 속박에서 해방된다는 것을 분명히 했다(7:1-6). 이 유익의 목록에, 바울은 이제 죄에 민감함과 죄를 미워함을 덧붙인다.

로마서 7:14-25에서, 바울은 자신의 영적 곤경과 어려움을 연이어 탄식한다. 처음 세 탄식은(14-17, 18-20, 21-23) 패턴이 같다. 바울은 먼저 자신이 탄식하는 영적 상태를 기술하고 뒤이어 그 증거를 제시하며 마지막으로 문제의 근원을 밝힌다. 마지막 탄식은(24-25절) 그분의 아들 예수 그리스도에 대해 하나님께 드리는 아름다운 감사의 기쁨도 포함한다. 하나님의 아들 예수 그리스도의 은혜로운 희생 때문에, 죄의 끈질긴 힘에도 불구하고, 그분을 믿는 자들은 이제 정죄 아래 있지 않다(8:1).

첫째 탄식

14우리가 율법은 신령한 줄 알거니와 나는 육신에 속하여 죄 아래에 팔렸도다. 15내가 행하는 것을 내가 알지 못하노니, 곧 내가 원하는 것은 행하지 아니하고 도리어 미워하는 것을 행함이라. 16만일 내가 원하지 아니하는 그것을 행하면 내가 이로써 율법이 선한 것을 시인하노니, 17이제는 그것을 행하는 자가 내가 아니요 내 속에 거하는 죄니라. (7:14-17)

상태

우리가 율법은 신령한 줄 알거니와 나는 육신에 속하여 죄 아래에 팔렸도다. (7:14)

접속사 for[94]는 '왜냐하면'(because)이라는 의미를 내포하며 바울이 새로운

---

94 NASB의 14절은 다음과 같다:
For we know that the Law is spiritual ; but I am of flesh, sold into bondage to

주제를 소개하는 게 아니라 방금 말한 내용을 변호하고 있음을 보여준다. 그는 **율법**이 문제가 아니라고 단언하며 시작한다. 율법은 **신령(spiritual)**하기 때문이다. 믿음을 통해 은혜로 얻는 구원이 **율법**을 대체하거나 율법의 가치를 떨어뜨리지 않는다. 율법은 결코 구원의 수단이 아니었기 때문이다. 앞서 살펴보았듯이, 히브리서 11장을 비롯해 성경의 많은 단락이 분명히 하듯이, 언제나 구원의 유일한 수단은 사람의 믿음이란 통로를 통해 공급되고 역사하는 하나님의 은혜이기 때문이다.

바울은 뒤이어 말한다. 그러나 **나는(but I)** 여전히 **육신에 속하여** 있다. **나는** 여전히 땅에 매여 있으며 반드시 죽는다(mortal). 바울은 자신이 여전히 **육신**'에'(in, 안에) 있다고 말하지 않고 자신이 여전히 육신**에 속하여(of)** 있다고 말한다는 데 주목해야 한다. 그는 신자들이 더는 "육신에 있지" 않으며(7:5; 참조. 8:8) 이전과 달리 더는 육신의 죄악에 매인 종이 아니라고 이미 설명했다. 의미는 비록 신자들이 여전히 육신 안에 있지 않더라도 육신이 여전히 그들 안에 있다는 것이다. 고린도전서에서, 바울은 고린도 그리스도인들을 "육신에 속한 자 곧 그리스도 안에서 어린 아이들"이라고 했다(고전 3:1). 바울이 이 단락 뒷부분에서 현재 시제로 하는 고백과 같다. "내 속 곧 내 육신에 선한 것이 거하지 아니하는 줄을 아노니"(7:18). 예수 그리스도의 사도인데도 바울은 그리스도 안에서 죄의 전적 지배와 정죄로부터 구원받은 자들을 포함하여 모든 사람을 특징짓는 죄의 잔재를 소유하고 있었다.

그러나 그리스도인의 영, 곧 그의 속사람은 죄를 완전하게 영원히 씻음 받았다. 이런 이유로, 그리스도인은 죽어 완전히 거룩하고 정결하게 하나님 앞에 설 준비가 되었다. 그리스도인은 이미 영적으로 거듭났기에 그의 육신은 육신의 남은 죄와 함께 뒤에 남겨진다.

제대로 배우고 정직한 그리스도인이라면 누구라도 자신의 삶이 하나님의 완전한 의의 기준에 턱없이 못 미치고 자신이 혼란스러울 만큼 빈번하게 죄

---

sin(왜냐하면 우리는 율법은 신령하다는 것을 알기 때문입니다. 그러나 나는 육신에 속하며 팔려 죄에게 속박되었습니다).

에 거듭 빠진다는 사실을 안다. 그는 이제 옛 아버지 곧 마귀에게 속하지 않는다(요 8:44). 그는 이제 세상을 사랑하지 않는다(요일 2:15). 그는 이제 죄의 종이 아니다. 그러나 그는 여전히 죄의 속임수에 넘어가고 여전히 죄의 숱한 유혹에 끌린다. 그러나 그리스도인은 자신의 죄와 함께하면서 행복할 수 없다. 죄는 그의 새로운 본성에 어긋나기 때문이고 죄가 그의 양심 뿐 아니라 그의 주님을 슬프게 한다는 것을 알기 때문이다.

어떤 불신자가 있었다. 그는 오직 은혜로 구원받는다는 복음을 듣고 이렇게 말했다. "내가 구원이 공짜에다 오로지 믿음으로 얻는다고 믿을 수 있다면 믿고 죄를 실컷 지을 겁니다." 그에게 복음을 전한 사람이 지혜롭게 답했다. "진정한 그리스도인이 죄를 얼마나 실컷 지으면 만족할 거라 생각하십니까?" 그의 핵심은 죄를 지으려는 욕구를 잃지 않은 사람은 진정으로 회심했을 수 없다는 것이었다.

죄 아래 팔렸도다(sold into bondage to sin)[95]라는 문구 때문에, 많은 해석자가 바울의 핵심을 놓치고, 바울이 여기서 말하는 사람이 그리스도인이 아니라는 증거로 이 문구를 받아들였다. 그러나 바울은 23절에서 비슷한 문구를 사용하는데, 거기서 자신의 지체 곧 육신의 몸만 "죄의 법의 포로"(a prisoner of the law of sin)[96]라는 것을 분명히 한다. 그의 구속받지 못한 부분 곧 인성(humanness)은 여전히 죄악되며, 따라서 그의 새롭고 구속받은 부분, 곧 더는 죄의 포로가 아니라 이제 공공연한 죄의 원수인 부분과 싸운다.

바울은 자신의 상태를 말하면서 의미가 강한 단어들을 사용한다. 그러나 이것은 그가 당시에 부분적으로만 구원받았음을 말하는 게 아니다. 오히려 죄가 그리스도인의 삶에서 무서운 힘을 계속 가질 수 있으며 죄를 가벼이 여겨서는 안 된다는 것을 강조한다. 신자와 죄의 싸움은 격렬하며 평생 계속된다. 바울이 이 장 뒷부분에서도 지적하듯이, 그리스도인이라도 진실하게 말할 수 있다. "내 속 곧 내 육신에 선한 것이 거하지 아니하는 줄을 아노니"(롬

---

95 새번역: 육정에 매인 존재로서, 죄 아래에 팔린

96 개역개정: 죄의 법으로 나를 사로잡는. 새번역: 죄의 법에 나를 포로로 만드는

7:18). '그 자신에서'(in himself), 곧 그의 남아 있는 육신에서, 그리스도인은 구원받기 이전보다 더 거룩하지도 않고 무죄하지도 않다.

다윗이 이렇게 기도한 것은 신자가 된 지 오랜 후였을 것이다. "하나님이여, 주의 인자를 따라 내게 은혜를 베푸시며, 주의 많은 긍휼을 따라 내 죄악을 지워 주소서. 나의 죄악을 말갛게 씻으시며, 나의 죄를 깨끗이 제하소서. 무릇 나는 내 죄과를 아오니, 내 죄가 항상 내 앞에 있나이다"(시 51:1-3). NIV의 5절 번역은 유익한 통찰을 담고 있다. "확실히 나는 태어날 때부터 죄인이었으며, 어머니가 나를 잉태할 때부터 죄악되었습니다."[97] 다윗은 사도 요한이 나중에 신자들에게 선포한 진리를 잘 이해했다. "만일 우리가 죄가 없다고 말하면 스스로 속이고 또 진리가 우리 속에 있지 아니할 것이요, 만일 우리가 우리 죄를 자백하면 그는 미쁘시고 의로우사 우리 죄를 사하시며 우리를 모든 불의에서 깨끗하게 하실 것이요, 만일 우리가 범죄하지 아니하였다 하면 하나님을 거짓말하는 이로 만드는 것이니, 또한 그의 말씀이 우리 속에 있지 아니하니라"(요일 1:8-10).

이사야는 하나님의 선지자였으나 하늘 보좌 앞에 서서 "나는 입술이 부정한 사람"이라고 겸손하게 고백했다(사 6:5). 이사야처럼, 그리스도인도 하나님께 가까이 갈수록 하나님의 거룩과 자신의 죄악을 더 분명하게 감지한다.

주석가 크랜필드(C. E. B. Cranfield, 1915-2015)는 이렇게 말했다. "그리스도인이 은혜로 살고 복음의 훈련에 더 진지하게 복종하려 할수록 더 민감하게 느끼는 사실이 있다.…자신의 가장 좋은 행동과 행위라도 여전히 자신 속에서 강력하게 작동하며, 이전보다 더 교묘하게 위장되기 때문에 결코 덜 악하지 않은 이기주의에 의해 더럽혀진다는 것이다"(*A Critical and Exegetical Commentary on the Epistle to the Romans* [Edinburgh: T & T Clark, 1975], 1:358).

18세기 말부터 20세기 초, 영국 성공회의 복음 전파자 토마스 스캇(Thomas Scott, 1747-1821)은 이렇게 썼다. "자신의 실제 성취를 율법의 영성과 비교하

---

97 Surely I have been a sinner from birth, sinful from the time my mother conceived me.

고 율법에 순종하려는 자신의 바람 및 목표와 비교할 때, 신자는 자신의 마음 상태가 여전히 그것도 아주 심하게 육적이며 자신이 악한 성향들의 권세 아래 있음을 보는데, (노예로 팔린 사람처럼) 그는 이러한 성향들에서 완전하게 벗어날 수 없다. 그는 하나님의 율법에 완전하게 복종하지 못한 만큼 육적이다"(B. Wilson, *Romans: A Digest of Reformed Comment* [London: Banner of Truth, 1969], p. 121에서 재인용했다).

죄는 너무나 비열하고 강력해 구속받은 사람에게도 들러붙어 그 삶을 더럽히고 하나님의 뜻에 순종하려는 그의 내적 갈망을 꺾어버린다.

증거

> **내가 행하는 것을 내가 알지 못하노니, 곧 내가 원하는 것은 행하지 아니하고 도리어 미워하는 것을 행함이라.** (7:15)

바울은 죄가 여전히 자신 안에 거한다는 증거를 제시했다. **내가 행하는 것을 내가 알지 못하노니, 곧 내가 원하는 것은 행하지 아니한다**는 현실이었다.

'기노스코'(*ginōskō*, **understand, 알고**)의 기본 의미는 무엇이나 누군가에 관해 단순한 사실 그 이상의 지식을 받아들인다는 것이다. 더 나아가, 이 용어는 어떤 지식의 주체와 대상 간의 특별한 관계를 가리키는 데 빈번하게 사용되었다. 이 용어는 남편과 아내, 하나님과 그분의 백성 간의 친밀한 관계를 가리키는 데 자주 사용되었다. 바울은 이 용어를 이런 의미로 사용해 구원받은 자와 구주의 관계를 표현한다. "이제는 너희가 하나님을 알 뿐 아니라 더욱이 하나님이 아신 바 되었거늘, 어찌하여 다시 약하고 천박한 초등학문으로 돌아가서 다시 그들에게 종노릇 하려 하느냐?"(갈 4:9). 한 걸음 더 나아가, 이 단어는 무엇이나 누군가를 인정하거나 받아들인다는 의미로 사용되었다. 바울은 이렇게 말한다. "누구든지 하나님을 사랑하면 그 사람은 하나님도 알아주시느니라[받아주시느니라]"(고전 8:3).

이 단어는 여기서 이런 의미로 사용된 것으로 보이며, 이것은 문장 후반부와도 일치한다. 바울은 스스로 인정하지 않는 것들을 **행하는** 자신을 보았다. 그가 특별히 어떤 선한 일을 할 수 없었다는 게 아니라 충만하고 장대한 하나님의 율법을 보았을 때 거기에 온전히 부합할 수 없었다는 것이다. 그가 아무 선도 결코 행할 수 없었다는 게 아닐뿐더러 결코 하나님을 신실하게 섬길 수 없었다는 것도 아니다. 바울은 오히려 가장 깊은 내적 혼란, 즉 마음은 율법의 조문뿐 아니라 정신까지 성취하길 진정으로 원하지만(7:6을 보라) 하나님의 완전한 기준과 자기 마음의 갈망에 부합해 살 수 없음을 깨달은 데서 오는 혼란을 표현하고 있었다.

바울은 용서받지 못한 죄나 주님을 따르길 주저하는 이기심 때문에 양심의 가책을 받고 있었던 게 아니다. 그리스도의 형상으로 재창조되었고 성령께서 내주하시는 그의 속사람은 이제 하나님의 율법의 진정한 거룩과 선과 영광을 얼마간 볼 수 있었고, 자신이 그 율법을 조금이라도 위반하거나 그 율법에 조금이라도 미치지 못하는 것을 슬퍼했다. 회심 이전에 자신이 하나님의 율법 앞에 흠이 없다고 생각하며 자기만족에 빠졌던 모습과는 극명한 대조를 보이며(빌 3:6), 바울은 자신이 성령께서 내주하시는 신자요 예수 그리스도의 사도인데도 안타깝게도 하나님의 완전한 율법에 까마득히 못 미치게 살았다는 것을 깨달았다.

이 겸손한 회개의 영이 그리스도의 모든 영적 제자의 표식이며, 이들은 이렇게 부르짖는다. "주님, 저는 주님이 원하시는 사람이 온전히 될 수 없습니다. 저는 주님의 완전하고 거룩하며 영광스러운 율법을 성취할 수 없습니다." 이들은 큰 좌절과 슬픔에 빠져 바울처럼 고백한다. **내가 원하는 것은 행하지 아니하고.**

근원

[16]만일 내가 원하지 아니하는 그것을 행하면 내가 이로써 율법이 선한 것을 시인하노니, [17]이제는 그것을 행하는 자가 내가 아니요 내 속에 거하는 죄니라.

(7:16-17)

바울은 이제 자신이 율법을 완전하게 성취할 수 없는 이유 곧 근원을 다루며, 먼저 신성한 기준을 확고하게 변호한다. 그는 이렇게 말한다. "**내가 원하지 아니하는 그것을** 행하는 이유가 무엇이든 간에 율법의 잘못이 아닙니다. 속속들이 나는 율법에 동의합니다**(I agree with the Law)**.[98] 하나님의 썩지 않고 영원한 씨가 그 속에 심어진 새로운 피조물인 나의 새 자아는 율법이 **선하다**는 것을 전심으로 **시인합니다(confessing)**. 나의 구속받은 존재 안에서, 나는 율법을 존중하고 완전하게 성취하길 진심으로 갈망합니다."

모든 참 그리스도인은 하나님의 **율법**이 도덕적으로 탁월하다는 것을 마음으로 느낀다. 그리스도 안에서 성숙할수록 율법의 선함과 거룩함과 영광을 더 온전히 깨닫고 노래한다. 삶에서 성령의 인도를 깊이 구할수록 주 예수 그리스도를 향한 사랑이 깊어지고, 하나님의 거룩과 위엄을 더 깊이 느끼며, 하나님의 율법을 성취하려는 열망이 커진다.

그렇다면 무엇이 문제인가? 우리가 하나님의 기준과 자신의 내적 바람에 맞게 살지 못하는 원인은 무엇인가? 바울은 이렇게 설명한다. **이제는 그것을 행하는 자가 내가 아니요 내 속에 거하는 죄니라.**

바울은 개인적 책임을 회피하려 했던 게 아니다. 그는 순전한 복음을 후에 초기 교회를 오염시켰고 지금도 교계의 일부 진영에서 유행하는 헬라 철학의 이원론과 혼합하지 않았다. 바울은 당시에 영향력이 강했던 영지주의 철학의 주장처럼 영적 세계는 모두 선하고 물질세계는 모두 악하다고 가르치고 있지도 않았다. 이 경건치 못한 학파를 옹호하는 자들은 하나같이 도덕적 무감각을 내세운다. 이들은 자신들의 죄를 정당화하면서 죄는 전적으로 육체적 몸, 어쨌든 파멸될 몸의 산물이고 내적이며 영적인 사람은 타고난 선한 상태를 유지하고 몸이 하는 그 무엇에도 영향을 받지 않으며 책임도 없다고 주

---

98 NASB는 16절을 이렇게 옮겼다.
"But if I do the very thing I do not wish to do, I agree with the Law, confessing that it is good"(그러나 만약 내가 하고 싶지 않은 바로 그것을 하면, 율법에 동의하며, 율법이 선하다고 인정하는 것이다.)
새번역은 이렇게 옮겼다: "내가 그런 일을 하면서도 그것을 해서는 안 되겠다고 생각하는 것은, 곧 율법이 선하다는 사실에 동의하는 것입니다."

장한다.

바울은 자신이 자신의 죄에 공모했다고 이미 고백했다. 자신이 신자로 지금 땅에서 사는 삶을 말하면서 "나는 육신에 속하여 죄 아래에 팔렸도다"라고 했다(7:14). "진정한" 내적 그리스도인이 자신의 삶에서 죄에 책임이 없다면 죄를 고백하고 씻음 받고 용서받을 이유가 없을 것이다. 앞서 말했듯이, 요한은 분명히 한다. 죄가 없다는 주장은 하나님을 거짓말쟁이로 만들고 그분의 말씀이 우리 안에 없음을 증명한다(요일 1:10). 참신자는 자신의 죄를 끊임없이 깨닫고 자백한다(9절).

로마서 7장 전체에서, 바울은 개인적이고 비전문적인 용어들로 말했다. 그는 신자가 회심하기 이전에 살았던 옛 삶과 그리스도 안에 사는 새 삶을 신학적으로 엄밀하게 구분하지 않았다. 그는 그리스도인이 두 본성 또는 두 인격을 갖는다고 가르치고 있지 않았던 게 분명하다. 이전에 잃은 한 사람이(one lost person) 있었듯이 구원받은 한 사람이 있을 뿐이다.

그러나 17절에서, 바울은 좀 더 전문적이고 엄밀한 신학 용어를 사용한다. 모든 그리스도의 삶이 그러하듯이, 그의 삶도 완전히 달라졌다. '우케티'(*ouketi*, **no longer, 아니요**)는 시간을 나타내는 부정 부사(negative adverb)이며, 완전하고 영구적인 변화를 말한다. 바울의 새로운 **나**, 새로운 속사람은 육신을 통해 여전이 그에게 붙어있는 죄를 더는 용인하지 않는다(**no longer, 아니요**). 그가 회심하기 전, 그의 속사람은 그가 짓는 죄를 용인했다. 반면에, **이제는** 그의 속사람이, 완전히 새로운 속사람이 결코 용인하지 않는다(강하게 거부한다). 그는 이러한 변화가 일어난 이유를 갈라디아서에서 설명한다. "내가 그리스도와 함께 십자가에 못 박혔나니, 그런즉 이제는 내가 사는 것이 아니요 오직 내 안에 그리스도께서 사시는 것이라. 이제 내가 육체 가운데 사는 것은 나를 사랑하사 나를 위하여 자기 자신을 버리신 하나님의 아들을 믿는 믿음 안에서 사는 것이라"(갈 2:20).

구원받은 후, 폐위되고 추방당한 통치자처럼, 죄는 더 이상 한 사람의 삶에서 왕 노릇 하지 못하지만 근근이 생존한다. 죄는 더 이상 한 사람의 내면 가장 깊은 곳에 거하지 못하지만 그의 육신에, 신자가 휴거 되거나 죽어 주님을 만날 때까지 남아 있는 구속받지 못한 인성(the unredeemed humanness)에 거처를 마련한다. 바울은 갈라디아 신자들에게 더 자세히 설명했다. "육체의 소욕은 성령을 거스르고 성령은 육체를 거스르나니, 이 둘이 서로 대적함으로 너희가 원하는 것을 하지 못하게 하려 함이니라"(갈 5:17).

이생에서, 그리스도인들은 미숙한 화가와 비슷하다. 아름다운 풍경을 보며 캔버스에 옮기고 싶지만 재능이 부족해 제대로 그릴 수 없다. 잘못은 풍경이나 캔버스나 붓이나 물감이 아니라 화가 자신에게 있다. 그래서 우리는 대 화가이신 예수 그리스도께 그분의 손을 우리의 손에 얹어 그분 없이는 결코 불가능한 붓놀림이 가능하게 해 달라고 구해야 한다. 예수님은 "나를 떠나서는 너희가 아무 것도 할 수 없음이라"고 하셨다(요 15:5). 우리가 승리하며 살 수 있는 유일한 길은 "육체의 욕심을 이루지" 않기 위해 그리스도의 영을 따라 그분의 능력으로 행하는 것이다(갈 5:16).

둘째 탄식

[18]내 속 곧 내 육신에 선한 것이 거하지 아니하는 줄을 아노니, 원함은 내게 있으나 선을 행하는 것은 없노라. [19]내가 원하는 바 선은 행하지 아니하고 도리어 원하지 아니하는 바 악을 행하는도다. [20]만일 내가 원하지 아니하는 그것을 하면 이를 행하는 자는 내가 아니요 내 속에 거하는 죄니라. (7:18-20)

둘째 탄식도 첫째 탄식과 패턴이 같다. 상태, 증거, 근원으로 구성된다.

상태

내 속 곧 내 육신에 선한 것이 거하지 아니하는 줄을 아노니, (7:18a)

자신의 서신을 읽는 신자들이 오해하지 않도록, 바울은 **내(me)** 곧 그 속에 **선한 것이 거하지 아니하는** 나는 방금 앞 절에서 언급한 "내"(I)와 동일한 대상이 아니며, 새롭고 구속받고 썩지 않고 그리스도를 닮은 본성을 가리키는 것과 같지 않음을 분명히 밝힌다. 바울의 현재 존재에서, 그 속에 죄가 여전히 **거하는** 부분은 그의 **육신**, 아직 완전하게 변화되지는 못한 그의 옛 인성이다.

이번에도 바울은 신자의 삶에서 죄의 유일한 거처는 그의 **육신,** 곧 구속받지 못한 인성이라고 지적한다(5, 14절을 보라). 앞서 말했듯이, **육신**은 그 자체로 죄악되지 않지만 여전히 죄의 지배를 받고 죄에게 신자의 삶에서 활동할 교두보를 내준다.

증거

> [18b]**원함은 내게 있으나 선을 행하는 것은 없노라.** [19]**내가 원하는 바 선은 행하지 아니하고 도리어 원하지 아니하는 바 악을 행하는도다.** (7:18b-19)

바울은 오직 선만 행하고 싶은 깊은 바람이 있었다. 하나님의 뜻을 행하려는 **원함(wishing)**이 구속받은 그의 안에 아주 많이 **있었다.** 여기서 **내(me)**는 이 구절 전반부의 "내"(me)가 아니라 17절의 "내"(I)와 상응한다. 그러나 안타깝게도, 마음이 원하는 **선을** 온전히 **행하는 것**이 그의 삶에 없었다. 그는 동일한 진리를 조금 바꾸어 말한다. **내가 원하는 바 선은 행하지 아니하고.**

15절과 관련해 말했듯이, 바울은 자신이 선하고 받아들여질 수 있는 것을 전혀 행할 능력이 없다고 말하는 게 아니다. 하나님의 거룩한 율법이 요구하는 것들을 '완전히' 충족시킬 능력이 없다고 말한다. 그는 빌립보교회에 이렇게 설명했다. "내가 이미 얻었다 함도 아니요 온전히 이루었다 함도 아니라. 오직 내가 그리스도 예수께 잡힌 바 된 그것을 잡으려고 달려가노라. 형제들아, 나는 아직 내가 잡은 줄로 여기지 아니하고 오직 한 일 즉 뒤에 있는 것은 잊어버리고 앞에 있는 것을 잡으려고 푯대를 향하여 그리스도 예수 안에서 하나님이 위에서 부르신 부름의 상을 위하여 달려가노라"(빌 3:12-14).

신자는 영적 삶에서 자랄수록 죄를 점점 더 미워하고 의를 점점 더 사랑할 수밖에 없다. 거룩을 향한 갈망이 커질수록 죄에 더 민감하고 죄를 더 혐오하게 된다.

바울은 곤경의 이면을 말한다. **원하지 아니하는 바 악을 행하는도다.** 이번에도 죄와 큰 내적 싸움을 하는 사람이 미숙하고 어린아이 같은 신자가 아니라 성숙한 하나님의 사람이라는 것을 이해하는 게 중요하다.

다윗은 하나님의 마음에 맞는 사람이었고(삼상 13:14) 메시아가 그의 자손이라 불리는 영예를 얻었다. 그러나 그는 구약의 어느 성도보다 큰 죄인이었고 자신의 죄를 자각했다. 특히 놀라운 참회 시편, 곧 시편 32, 38, 51편뿐 아니라 많은 시편에서, 자신의 죄 때문에 괴로워하고 그 죄를 하나님 앞에 자백했다. 하나님의 마음에 더없이 맞는 사람이었기에 그의 삶에서 아무리 작은 죄라도 그의 눈에는 큰 범죄로 보였다.

근원

만일 내가 원하지 아니하는 그것을 하면 이를 행하는 자는 내가 아니요 내 속에 거하는 죄니라. (7:20)

바울은 자신이 16-17절에서 했던 말을 조금만 바꾸어 되풀이한다. 그는 간단한 논리로 주장한다. **만일 내가 원하지 아니하는 그것을 하면 이를 행하는 자는 내가 아니요.** 바울은 다시 **아니요(no longer)**라는 어구를 사용해 회심 이전의 자신을 가리킨다. 구원받기 전, 죄를 짓고 그 죄에 동의한 것은 내면의 **내(I)**였다. 구원받지 못한 자는 자신이 이제 그것을 하고 있지 않다고 정직하게 말할 수 없다. 구원받지 못한 자에게는 도덕적 또는 영적 "아니요"(no longers)가 없다.

셋째 탄식

[21]그러므로 내가 한 법을 깨달았노니, 곧 선을 행하기 원하는 나에게 악이 함께 있는 것이로다. [22]내 속사람으로는 하나님의 법을 즐거워하되 [23]내 지체 속에서

한 다른 법이 내 마음의 법과 싸워 내 지체 속에 있는 죄의 법으로 나를 사로잡는 것을 보는도다. (7:21-23)

셋째 탄식은 내용과 순서 둘 다 첫째와 둘째 탄식과 매우 비슷하다.

상태

그러므로 내가 한 법을 깨달았노니, 곧 선을 행하기 원하는 나에게 악이 함께 있는 것이로다. (7:21)

신자의 삶에 **악**이 계속 실재하는 것은 너무나 보편적이다. 그래서 바울은 이것을 가리켜 특별한 일이 아니라 끊임없이 작동하는 영적 원리(**principle, 법**)라 불릴 만큼 일반적 현실이라고 말한다. 끈질긴 죄는 신자가 하려는 모든 **선**, 곧 모든 선한 생각, 모든 선한 의도, 모든 선한 동기, 모든 선한 말, 모든 선한 행위와 싸운다.

하나님은 아벨의 제물은 받고 가인의 제물은 받지 않으셨다. 그러자 가인이 분노했다. 그때 하나님이 가인에게 경고하셨다. "죄가 문에 엎드려 있느니라. 죄가 너를 원하나 너는 죄를 다스릴지니라"(창 4:7). 죄는 사람들을 불순종에 몰아넣으려고 문 앞에, 심지어 신자들의 문 앞에도 줄곧 엎드려 있다.

증거

[22]내 속사람으로는 하나님의 법을 즐거워하되 [23a]내 지체 속에서 한 다른 법이 내 마음의 법과 싸워 (7:22-23a)

바울은 죄가 더는 자신의 주인이 아니며 하나님이 참으로 자신을 구속해 그리스도를 닮게 하셨다는 증거를 제시한다. 그 증거의 첫째 부분은 그가 **내**

속사람으로는 하나님의 법을 즐거워하되[99]라고 말할 수 있다는 것이다. 바꾸어 말하면, 바울의 **속사람**은 **하나님의 법**의 편에 있으며, 구원받지 못한 모든 사람과 달리, 더는 죄의 편에 있지 않다.

시편 119편은 로마서 7장과 놀랍도록 비슷하다. 시편 기자는 하나님과 그분의 말씀을 여러 방식으로 거듭거듭 친양하고 즐거워한다. "내가 모든 재물을 즐거워함 같이 주의 증거들의 도를 즐거워하였나이다"(14절). "내가 사랑하는 주의 계명들을 스스로 즐거워하며"(47절). "주의 법은 나의 즐거움이니이다"(77절). "주의 말씀은 내 발에 등이요 내 길에 빛이니이다"(105절). "주의 말씀이 심히 순수하므로 주의 종이 이를 사랑하나이다"(140절). 경건한 사람이 "여호와의 율법을 즐거워하는" 것은 언제나 사실이다(시 1:2).

바울의 **속사람**, 구속받은 그의 가장 깊은 내면, 그의 마음 바닥이 하나님의 의에 주리고(마 5:6을 보라) 먼저 하나님의 나라와 그 의를 구한다(마 6:33을 보라). 바울은 고린도 신자들에게 이렇게 말했다. "우리의 겉사람은 낡아지나 우리의 속사람은 날로 새로워지도다"(고후 4:16). 그는 에베소 그리스도인들을 위해 이렇게 기도했다. "그의 영광의 풍성함을 따라 그의 성령으로 말미암아 너희 속사람을 능력으로 강건하게 하시오며"(엡 3:16).

바울은 죄가 더는 자신의 주인이 아니며 하나님이 참으로 자신을 구속해 그리스도를 닮게 하셨다는 증거를 제시한다. 그 증거의 둘째 부분은 상응하지만 정반대되는 원리(참조. 21절) 곧 **한 다른 법**을 포함한다. 이 법은 속사람이 아니라 신자의 **지체**, 곧 구속받지 않았으며 여전히 죄악된 인성(humanness)에서 작동한다.

이 정반대 원리는 계속해 신자의 **마음의 법과 싸운다.** 여기서 **마음(mind)**은 바울이 지금껏 말한 구속받은 속사람에 해당한다. 바울은 마음과 몸의 이분법을 설정하는 게 아니라 속사람, 곧 구속받은 "새로운 피조물"(참조. 고후 5:17)과 "육신"(롬 7:25), 곧 우리가 영화롭게 된 몸을 받을 때까지(8:23) 여전히 각

---

99 NASB: I joyfully concur with the law of God in the inner man(나는 속사람으로 하나님의 법에 기쁘게 동의한다).

신자와 함께하는 옛 사람의 잔재를 대비시킨다. 바울은 자신의 마음은 언제나 영적이고 자신의 몸은 언제나 죄악되다고 말하는 게 아니다. 사실, 그는 안타깝게도 육신의 원리가 자신의 마음의 법을 훼손해 잠시 **내 지체 속에 있는 죄의 법으로 나를 사로잡는 것을 보는도다**[100]라고 고백한다.

바울이 다음 장에서 설명하듯이, 그가 방금 자신에 관해 한 말은 불신자에게 적용될 수 없다. 불신자는 육신뿐 아니라 마음이 완전히 "하나님과 원수가 되기" 때문이다(롬 8:7). 불신자들은 하나님이 기쁘게 하길 원치 않으며, 원하더라도 그렇게 할 수 없다(8절).

시편 119편은 신자가 자신이 미워하며 제거되길 갈망하는 죄와 끊임없이 싸운다고 말한다는 점에서 로마서 7장과 비슷하다. 모든 시대의 신자들처럼, 시편 기자는 하나님과 자신의 속사람을 대적하여 싸우는 악한 세력들과 사람들에게 때로 괴롭힘을 당했다. 그는 이렇게 탄식했다. "주의 규례들을 항상 사모함으로 내 마음이 상하나이다"(20절). "내 영혼이 진토에 붙었사오니"(25절). "고난 당한 것이 내게 유익이라. 이로 말미암아 내가 주의 율례들을 배우게 되었나이다"(71절). 그는 자신을 회복시켜달라고 하나님께 거듭 간구한다(25절, 88절, 107절, 149절, 154절).

모든 성숙한 신자가 보이는 깊은 겸손으로, 시편 기자는 하나님께 이렇게 고백하며 마무리한다. "잃은 양 같이 내가 방황하오니, 주의 종을 찾으소서. 내가 주의 계명들을 잊지 아니함이니이다"(176절).

근원

내 지체 속에 있는 죄의 법으로 나를 사로잡는 것을 보는도다. (7:23b)

바울이 23절 전반부에서 이미 언급했'듯이', 그의 죄의 근원은 더는 속사람이 아니다. 속사람은 이제 구속받았으며 거룩해지고 있기 때문이다. 모든 신

---

100 새번역: 내 지체에 있는 죄의 법에 나를 포로로 만드는 것을 봅니다(23b절).

자가 이 땅에 사는 동안 그러하듯이, 바울도 자신이 때로 죄의 법의 포로가 되는 것(**a prisoner of the law, 죄의 법으로 나를 사로잡는 것**), 곧 악이 여전히 그와 함께 있다는 원리를 발견한다(7:21). 그러나 이제 **죄**는 그의 몸의 **지체**, 곧 "죄로 말미암아 죽은" 옛 사람(엡 4:22)에만 있었다(롬 8:10).

바울의 구원이 불완전했다거나 어떤 식으로든 결함이 있었다는 게 아니다. 예수 그리스도를 주님과 구주로 영접하는 순간, 신자는 완전히 하나님이 받으실만하고 그분을 만날 준비가 되어 있다. 그러나 죽을 몸, 곧 구속받지 못한 옛 인성에 남아 있는 동안에는 유혹을 받고 죄를 짓는다. 바울은 고린도 신자들에게 이렇게 설명했다(대다수 고린도 신자들은 영적으로 미숙했고 여전히 매우 육신적이었다). "우리가 육신으로 행하나 육신에 따라 싸우지 아니하노니, 우리의 싸우는 무기는 육신에 속한 것이 아니요 오직 어떤 견고한 진도 무너뜨리는 하나님의 능력이라. 모든 이론을 무너뜨리며"(고후 10:3-4). 바꾸어 말하면, 그리스도인은 육신'에'(in) 사는 것을 피할 수 없더라도 육신을 '따라' 육신의 죄악된 방식으로 행하는 것은 피할 수 있고 피해야 한다.

마지막 탄식

[24]오호라, 나는 곤고한 사람이로다! 이 사망의 몸에서 누가 나를 건져내랴? [25]우리 주 예수 그리스도로 말미암아 하나님께 감사하리로다. 그런즉 내 자신이 마음으로는 하나님의 법을 육신으로는 죄의 법을 섬기노라. (7:24-25)

바울의 마지막 탄식은 나머지 탄식들보다 훨씬 강렬하다. 그는 극한 고통과 좌절 가운데 부르짖는다. **오호라, 나는 곤고한 사람이로다!** 이 사람이 자신을 이렇게 부정적으로 묘사하기 때문에, 많은 주석가는 그가 그리스도인으로서 말하고 있었던 것일 수 없으며 사도로서 말하고 있었던 것일 수는 더더욱 없다고 믿는다. 이들은 바울이 자신을 말하고 있었다면 회심 이전의 상태를 말하고 있었던 게 틀림없다고 주장한다.

그러나 스코틀랜드 주석가 로버트 할데인(Robert Haldane, 1764-1842)은 사람들이 먼저 하나님과 그분의 율법의 거룩함을 발견할수록 자신이 죄인임을 더 깊이 깨닫는다고 했다. 다윗은 참회 시편 중 하나에서 자기 영혼의 큰 고통, 하나님이 원하시는 온전한 사람이 되지 못한 것 때문에 느끼는 고통을 표현했다. "여호와여, 주의 노하심으로 나를 책망하지 마시고, 주의 분노하심으로 나를 징계하지 마소서. 주의 화살이 나를 찌르고 주의 손이 나를 심히 누르시나이다. 주의 진노로 말미암아 내 살에 성한 곳이 없사오며, 나의 죄로 말미암아 내 뼈에 평안함이 없나이다. 내 죄악이 내 머리에 넘쳐서 무거운 짐 같으니, 내가 감당할 수 없나이다"(시 38:1-4).

또 다른 시편 기자는 자신의 죄 때문에 느끼는 고통을 하나님을 알고 사랑하는 사람만이 할 수 있는 말로 표현했다. "여호와여, 내가 깊은 곳에서 주께 부르짖었나이다. 주여, 내 소리를 들으시며 나의 부르짖는 소리에 귀를 기울이소서. 여호와여, 주께서 죄악을 지켜보실진대 주여 누가 서리이까? 그러나 사유하심이 주께 있음은 주를 경외하게 하심이니이다. 나 곧 내 영혼은 여호와를 기다리며 나는 주의 말씀을 바라는도다"(시 130:1-5).

바울은 뒤이어 질문하는데 그 답을 잘 안다. **이 사망의 몸에서 누가 나를 건져내랴?** 그는 **이 사망의 몸**이 자신의 좌절과 고통의 원인임을 다시금 분명히 한다. 신자의 **몸**만 여전히 죄와 **사망**의 지배를 받는다.

'루오마이'(*rhuomai*, **set...free, 건져내랴**)는 '위험에서 구해내다'가 기본 의미이며, 병사가 전장에서 다친 동료에게 달려가 그를 안전한 곳으로 옮기는 모습을 표현할 때 사용되었다. 바울은 자신의 죄악되고 구속받지 못한 옛 육신의 마지막 흔적에서 구조될 날을 고대했다.

바울이 태어난 다소(행 22:3) 근처에 사는 어느 고대 부족은 살인자들을 특히 끔찍하게 처형했다고 한다. 피살된 사람의 시체를 살인자와 단단히 묶어 살인자가 죽을 때까지 두었다. 며칠 안에, 살인자에게는 의심할 여지 없이 영원처럼 보였을 며칠 안에, 그가 죽인 시체가 부패해 그를 감염시켜 죽였다. 어쩌면 바울은 자신이 **이 사망의 몸**에서 벗어나고픈 갈망을 표현할 때 이런 처형 방식을 염두에 두었을 것이다.

주저 없이, 바울은 자신이 마침내 구조되리라 확신한다고 증언하며 해방되기도 전에 주님께 감사한다. 그는 이렇게 기뻐 외친다. **우리 주 예수 그리스도로 말미암아 하나님께 감사하리로다.** 이 서신 조금 뒤에서, 그의 증언은 한 걸음 더 나아간다. "생각하건대, 현재의 고난은 장차 우리에게 나타날 영광과 비교할 수 없도다"(롬 8:18). 신자가 지금 죄와 벌이는 싸움이 좌절을 안기고 고통스러울 수 있다. 그렇더라도 땅에서 잠시 겪는 곤경은 천국에서 그를 기다리는 영원한 영광에 비하면 아무것도 아니다.

그리스도인들은 이 땅에 사는 동안에도 하나님의 의와 영광을 맛보기 때문에 천국을 더욱 간절히 갈망한다. 바울은 이렇게 말한다. "우리 곧 성령의 처음 익은 열매를 받은 우리까지도 속으로 탄식하여 양자 될 것 곧 우리 몸의 속량을 기다리느니라"(롬 8:23; 참조. 고후 5:4). 그 놀라운 날에, 우리의 썩을 몸까지 구속되어 썩지 않을 몸이 될 것이다. 바울은 우리에게 이렇게 단언한다. "죽은 자들이 썩지 아니할 것으로 다시 살아나고 우리도 변화되리라. 이 썩을 것이 반드시 썩지 아니할 것을 입겠고 이 죽을 것이 죽지 아니함을 입으리로다…사망이 쏘는 것은 죄요 죄의 권능은 율법이라. 우리 주 예수 그리스도로 말미암아 우리에게 승리를 주시는 하나님께 감사하노니"(고전 15:52-53, 56-57).

그러나 이 단락에서, 바울이 무엇보다 강조하는 부분은 신자가 죄로부터 영원히 벗어남이 아니라 영적으로 민감한 하나님의 자녀 모두를 괴롭히는 죄와 벌이는 싸움이다. 그러므로 바울은 이 싸움의 두 면을 요약하며 마무리한다. **그런즉 내 자신이 마음으로는 하나님의 법을 육신으로는 죄의 법을 섬기노라.**

테니슨(Alfred Tennyson, 1809-1892)의 시 「모드」(*Maud*, x. 5)에서, 등장인물 중 하나가 이렇게 외친다. "내 안에 새 사람이 일어나려면 지금의 내가 죽어야 하리라!" 그리스도인은 자신 안에 새 사람이 이미 일어났다고 말할 수 있지만 옛 사람의 죄악된 부분이 아직 죽지 않았다고도 고백해야 한다.

29

성령으로 살다 I:
성령께서 우리를 죄와 사망에서 해방하시고 우리로 율법을 성취할 수 있게 하신다
(8:1-4)

[1]그러므로 이제 그리스도 예수 안에 있는 자에게는 결코 정죄함이 없나니, [2]이 는 그리스도 예수 안에 있는 생명의 성령의 법이 죄와 사망의 법에서 너를 해방 하였음이라. [3]율법이 육신으로 말미암아 연약하여 할 수 없는 그것을 하나님은 하시나니, 곧 죄로 말미암아 자기 아들을 죄 있는 육신의 모양으로 보내어 육신 에 죄를 정하사 [4]육신을 따르지 않고 그 영을 따라 행하는 우리에게 율법의 요 구가 이루어지게 하려 하심이니라. (8:1-4)

성경은 죄로부터 구원받는다는 좋은 소식을 제시하는 책이지만 죄 때문에 정죄받는다는 나쁜 소식을 전하는 책이기도 하다. 세상의 어느 책이나 글모음도 하나님 없는 인간이 처한 더없이 절망적인 상황을 이렇게 완전하고 생생하게 선포하지 않는다.

성경은 아담과 하와의 타락(the Fall) 후 모든 사람이 죄성을 가진 채 태어난다고 말한다. 다윗이 자신을 가리켜 한 말이 모두에게 적용될 수 있다. "내가 죄악 중에서 출생하였음이여, 어머니가 죄 중에서 나를 잉태하였나이다"(시 51:5). 바울은 로마서 앞부분에서 "모든 사람이 죄를 범하였으매 하나님의 영광에 이르지 못하더니"라고 선언했다(롬 3:23). 이러한 타고난 보편적 죄성 때문에 모든 불신자는 하나님의 정죄 아래 있으며 "본질상 진노의 자녀"다(엡 2:3).

인간은 단순히 죄의 영향을 받는 게 아니라 죄에게 완전히 압도당하며, 그 누구도 자기 노력으로 죄의 지배에서 벗어날 수 없다. 죄는 더럽히는 질병으로 모든 사람을 부패시키고 모든 개개인의 가치를 떨어뜨리며 모든 영혼이 불안해하게 한다. 죄는 마음에서 평안과 기쁨을 빼앗고 근심과 고통으로 그 자리를 대신한다. 죄는 모든 인간의 삶에 뿌리를 내리며, 죄의 치명적 힘은 그 어떤 사람도 치료할 수 없는 보편적 부패를 일으킨다.

죄는 사람들을 사탄, 곧 지금 세상 체계를 통치하는 자의 권세 아래 몰아넣는다(요 12:31). 사람들은 "공중의 권세 잡은 자"와 "지금 불순종의 아들들 가운데서 역사하는 영"의 지배 아래 있다(엡 2:2). 바울이 에베소 신자들에게 뒤이어 일깨우듯이, 모든 그리스도인은 전에 이 악한 체계의 일부였다(3절). 예수님은 사탄이 모든 불신자의 영적 아비이며(요 8:41, 44) "죄를 짓는 자는 마귀에게 속하나니, 마귀는 처음부터 범죄함이라"고 선언하셨다(요일 3:8; 참조. 10절).

죄 때문에, 온 인류가 고통과 질병과 사망에 결박된 채 태어난다. 욥의 친구 중 하나가 정확히 말했다. "사람은 고생을 위하여 났으니, 불꽃이 위로 날아가는 것 같으니라"(욥 5:7). 죄 때문에, 나머지 모든 "피조물이 허무한 데 굴복하[고]…다 이제까지 함께 탄식하며 함께 고통을 겪고 있다"(롬 8:20, 22).

죄 때문에, 타락한 인간은 하나님의 심판을 물려받는 상속자다. 거듭나지 못한 모든 죄인에게는 "무서운 마음으로 심판을 기다리는 것과 대적하는 자를 태울 [하나님의] 맹렬한 불만 있다"(히 10:27). 하나님과 무관하게 사는 죄인은 마치 디오니소스의 연회에 참석한 다모클레스처럼 살고 있다. 연회석에 비스듬히 누워 있는 다모클레스의 목 위에 검이 말총 한 가닥에 묶인 채 걸려 있다. 말총이 언제라도 끊어져 검이 그를 영원으로 몰아넣을 수 있다.[101]

죄 때문에, 죄인의 영혼에 임하는 저주가 있다. 예수님이 이 땅에서 하신 마지막 말씀 중에 "믿지 않는 사람은 정죄를 받으리라"는 말씀이 있다(막 16:16).

---

101 이 일화에서 한치 앞을 볼 수 없는 위기상황을 가리키는 "다모클레스의 검"이란 말이 나왔다.

바울은 이렇게 선언했다. "만일 누구든지 주를 사랑하지 아니하면 저주를 받을지어다"(고전 16:22). "무릇 율법 행위에 속한 자들은 저주 아래에 있나니, 기록된 바 누구든지 율법 책에 기록된 대로 모든 일을 항상 행하지 아니하는 자는 저주 아래에 있는 자라 하였음이라"(갈 3:10; 참조. 살후 1:8).

적어도 세 가지 이유에서, 하나님이 죄인들을 정죄하심은 정당하다. 첫째, 하나님이 죄인들을 정죄하심이 정당한 것은 모든 사람이 아담의 후손이기에 원죄의 죄책과 원죄에서 비롯된 도덕적 · 영적 부패를 공유하기 때문이다. 바울은 이 서신에서 이미 설명했다. "한 사람의 범죄로 말미암아 사망이 그 한 사람을 통하여 왕 노릇 하였은즉 더욱 은혜와 의의 선물을 넘치게 받는 자들은 한 분 예수 그리스도를 통하여 생명 안에서 왕 노릇 하리로다. 그런즉 한 범죄로 많은 사람이 정죄에 이른 것 같이 한 의로운 행위로 말미암아 많은 사람이 의롭다 하심을 받아 생명에 이르렀느니라"(롬 5:17-18).

둘째, 하나님이 죄인들을 정죄하심이 정당한 것은 모든 사람이 악한 본성을 갖고 태어나기 때문이다. 바울은 에베소 신자들에게 이렇게 일깨웠다. "전에는 우리도 다 그 가운데서 우리 육체의 욕심을 따라 지내며 육체와 마음의 원하는 것을 하여 다른 이들과 같이 본질상 진노의 자녀이었더니"(엡 2:3).

셋째, 하나님이 죄인들을 정죄하심이 정당한 것은 이들의 타락한 본성이 낳을 수밖에 없는 악한 행위 때문이다. "하나님께서 각 사람에게 그 행한 대로 보응하시되…오직 당을 지어 진리를 따르지 아니하고 불의를 따르는 자에게는 진노와 분노로 하시리라"(롬 2:6, 8).

죄 때문에 거듭나지 못한 자들은 지옥에서 영원히 형벌을 받는 것 외에 고대할 미래가 없다. 이 운명이 죄인의 둘째 사망, 불못, 자비 없는 심판, 줄지 않는 고통이다(계 20:14). 예수님은 잃은 자들이 "바깥 어두운 데 쫓겨나 거기서 울며 이를 갈게 되리라"고 하셨다(마 8:12).

이미 말했듯이, 성경은 더없이 정죄하는 책이며 로마서도 전혀 예외가 아니다. 바울은 인류 전체가, 이방인들뿐 아니라 유대인들도 타락해 죄 아래 있다고 이미 분명하게 밝혔다. 그는 이렇게 선언한다. "의인은 없나니 하나도 없으며…하나님을 찾는 자도 없고…선을 행하는 자는 없나니 하나도 없도다…

그 혀로는 속임을 일삼으며…파멸과 고생이 그 길에 있어…그들의 눈앞에 하나님을 두려워함이 없느니라"(롬 3:9-18).

같은 서신 조금 뒤에서, 바울은 이렇게 선언한다.

> 한 사람으로 말미암아 죄가 세상에 들어오고 죄로 말미암아 사망이 들어왔나니, 이와 같이 모든 사람이 죄를 지었으므로 사망이 모든 사람에게 이르렀느니라…또 이 선물은 범죄한 한 사람으로 말미암은 것과 같지 아니하니, 심판은 한 사람으로 말미암아 정죄에 이르렀으나 은사는 많은 범죄로 말미암아 의롭다 하심에 이름이니라…그런즉 한 범죄로 많은 사람이 정죄에 이른 것 같이 한 의로운 행위로 말미암아 많은 사람이 의롭다 하심을 받아 생명에 이르렀느니라. (롬 5:12, 16, 18)

계시된 하나님의 율법은 "거룩하고 의로우며 선하"고(롬 7:12) 사람들이 살며 또 복을 받는 기준이다. 그렇더라도 구원받지 못한 자들은 율법의 요구를 성취할 생각도 없고 능력도 없다. 부패하고 반역하는 인간 본성 때문에, 거룩한 하나님의 율법이 이미 있는 죄를 불러일으키고 악화시킬 뿐이다(7:5).

바울은 데살로니가후서에서 이렇게 계시한다. "환난을 받는 너희에게는 우리와 함께 안식으로 갚으시는 것이 하나님의 공의시니, 주 예수께서 자기의 능력의 천사들과 함께 하늘로부터 불꽃 가운데에 나타나실 때에 하나님을 모르는 자들과 우리 주 예수의 복음에 복종하지 않는 자들에게 형벌을 내리시리니, 이런 자들은 주의 얼굴과 그의 힘의 영광을 떠나 영원한 멸망의 형벌을 받으리로다"(살후 1:7-9).

성육하신 하나님, 곧 주 예수 그리스도께서 이 땅에 오신 것 자체가 이 정죄를 제거할 수 없었다. 예수님의 완전한 가르침과 죄 없는 삶이 그분을 보고 그분의 말씀을 들은 자들을 향한 정죄를 실제로 '키웠다'. 예수님은 이렇게 말씀하셨다. "그 정죄는 이것이니, 곧 빛이 세상에 왔으되 사람들이 자기 행위가 악하므로 빛보다 어둠을 더 사랑한 것이니라. 악을 행하는 자마다 빛을 미워하여 빛으로 오지 아니하나니, 이는 그 행위가 드러날까 함이요"(요 3:19-20).

주님이 앞서 설명하셨듯이, 이것은 하나님의 바람이 아니었다. "하나님이 그 아들을 세상에 보내신 것은 세상을 심판하려 하심이 아니요 그로 말미암아 세상이 구원을 받게 하려 하심이라"(요 3:17). 그러나 하나님의 완전한 율법이 사람들의 마음을 바꿀 능력이 없었듯이 그리스도의 완전한 가르침과 완전한 삶 자체도 그럴 능력이 없었다. 예수님의 가르침은 완전했고 그분의 삶은 죄가 없었기에, 이 둘은 타락한 인간이 자신의 힘으로 하나님의 거룩한 기준을 충족할 수 없음을 율법보다 훨씬 생생하게 드러냈다.

세상에 태어난 모든 사람이 이러한 상태이며, 바울은 이러한 무서운 상태에 비추어 로마서 8:1-4에서 믿음을 통해 역사하는 은혜로 예수 그리스도께 속한 자들에 관해 말할 수 없이 놀라운 진리를 선포한다. 그는 신자들에게 측량할 수 없는 위로와 기쁨과 소망으로 마음을 채우는 황홀한 약속을 선포한다. 어떤 사람들은 로마서 8:1을 성경의 희망 구절이라 불렀다. 생각하는 마음이나 탐구하는 영혼이 이러한 놀라운 하나님의 공급을 받으려고 열심히 달려가려 하지 않는다는 게 이상하다. 그러나 죄의 가장 큰 비극은 죄인의 눈을 가려 생명을 주는 하나님의 약속을 보지 못하게 하는 대신에 거짓되고 죽음을 주는 사탄의 꾐을 믿게 한다는 것이겠다.

바울은 신자들에게 하나님의 구원 약속을 제시하면서 그 실제인 정죄함이 없음(1a, c절), 그 이유인 의롭다 하심(1b, 2절), 그 길인 대속(3절), 그 결과인 성화에 초점을 맞춘다(4절).

자유의 실제, 정죄함이 없음

그러므로 이제…결코 정죄함이 없나니, (8:1a, c)

간단히 정의하면, **그러므로**는 앞서 확립된 내용을 근거로 결과나 결말이나 결론을 도출한다. 바울은 바로 앞 본문을 가리키는 것 같지 않다. 그는 자신을 비롯해 신자의 삶에서 계속되는 죄의 문제를 탄식했으며 그 탄식이 이제 막 끝났다. 그는 분명히 '이' 진리를 근거로 신자들이 더는 하나님의 **정죄** 아래 있지 않다고 자신 있게 선언하는 게 아니다. 누군가는 오히려 추가로 죄를 지으면 추가로 심판을 받아야 마땅하다고 예상할는지 모른다. 그러나 바울은 분명히 한다. 우리의 은혜로운 하나님은 그런 분이 아니다. **그러므로**는 1-7장 전체에서 도출된 결론을 말하는 것으로 보이는데, 1-7장은 오직 믿음으로, 곧 순전히 하나님의 은혜에 기초하고 그 은혜의 능력으로 가능해진 믿음으로 얻는 의롭다 하심에 주로 초점을 맞춘다.

따라서 8장은 로마서의 초점과 흐름이 크게 바뀐다는 것을 명시한다. 이 시점에서, 바울은 의롭다 하심 곧 칭의 때문에 신자의 삶에서 일어나는 놀라운 결과들을 서술하기 시작한다. 먼저, 놀라운 구원의 진리 몇몇을(정죄함이 없음, 의롭다 하심, 대속, 성화) 유한한 지성에 최선을 다해 설명하기 시작한다.

하나님의 구원은 그리스도의 완전한 가르침이나 삶이 아니라 완전한 십자가 희생을 통해 우리에게 왔다. 하나님은 그리스도의 삶이 아니라 죽음을 통해 구원의 길을 내셨다. 그리스도를 믿고 그분이 자신을 위해 하신 일을 믿는 자들에게는 **그러므로…결코 정죄함이 없다.**

헬라어 '카타크리마'(*katakrima*, **condemnation, 정죄함**)는 로마서에만 나오며, 이곳과 5:16, 18에만 나온다. 이 용어는 범죄자를 향한 선고와 관련이 있지만 주된 초점은 판결이 아니라 그 판결이 요구하는 형벌에 있다. 바울이 이미 선언했듯이, 죄에 마땅한 형벌이나 정죄는 죽음이다(6:23).

바울은 여기서 놀랍도록 좋은 소식을 선포한다. 그리스도인들에게는 **결코 정죄함이 없다.** 다시 말해, 신자들이 범했거나 범할 죄에 대한 판결도 없고 형벌도 없다.

'우케티'(*ouketi*, **no**, **결코…없나니**)는 시간을 나타내는 강조형 부사이며 완전한 중지를 의미한다. 예수님은 어떤 임금이 한 종의 엄청난 빚을 탕감해준 비유에서(마 18:23-27) 하나님이 겸손한 회개와 믿음으로 그분께 나오는 자들의 죄를 은혜로 완전히 용서하신다는 것을 보여주셨다. 예수님이 겸손하게 자비를 구하고 그분을 믿는 자들을 위해 죄의 빚과 율법의 형벌(죽음에 이르는 **정죄**)을 완전히 영구적으로 청산하셨다는 것이 복음의 핵심이요 정수다. 사도 요한을 통해, 하나님은 그분의 자녀들에게 확신을 주신다. "만일 누가 죄를 범하여도 아버지 앞에서 우리에게 대언자가 있으니, 곧 의로우신 예수 그리스도시라. 그는 우리 죄를 위한 화목제물이니, 우리만 위할 뿐 아니요 온 세상의 죄를 위하심이라"(요일 2:1-2).

예수님은 신자가 진 죄의 빚을 청산하실 뿐 아니라 신자를 "모든 불의에서" 깨끗하게 하신다(요일 1:9). 더욱 놀랍게도, 예수님은 각 신자에게 자신의 완전한 의를 은혜로 전가하고 나눠 주신다. "그가[그리스도께서] 거룩하게 된 자들을 한 번의 제사로 영원히 온전하게 하셨느니라"(히 10:14; 참조. 롬 5:17; 고후 5:21; 빌 3:9). 이보다 더 놀라운 것은 예수님이 자신의 엄청난 하늘 기업을 믿음으로 자신에게 나오는 자들과 공유하신다는 것이다(엡 1:3, 11, 14). 이러한 측량 못 할 하나님의 은혜 때문에, 바울은 그리스도인들에게 "우리로 하여금 빛 가운데서 성도의 기업의 부분을 얻기에 합당하게 하신 아버지께 [늘] 감사하"라고 권면한다(골 1:12). 하나님 아버지께서 자격을 주셨기에, 우리는 어떤 상황에서도 절대로 하나님의 **정죄**를 받지 않을 것이다. 정죄를 받지 않는다니, 얼마나 복된 일인가!

신자들에게는 영원한 죽음의 형벌이 결코 있을 수 없다는 진리가 로마서 8장의 기초다. 바울이 8장 끝에서 수사의문문으로 묻듯이, "만일 하나님이 우리를 위하시면 누가 우리를 대적하리요?"(31절). "누가 능히 하나님께서 택하신 자들을 고발하리요? 의롭다 하신 이는 하나님이시니"(33절). 우주 최고 법정이 우리를 의롭다고 한다면 누가 우리에게 유죄를 선언할 수 있겠는가?

신자가 정죄에서 해방된 것은 털끝만큼도 신자가 성취한 그 어떤 완전함 때문이 아니며, 이것을 깨닫는 게 더없이 중요하다. 신자가 이 땅에 사는 동안 죄에서 완전히 벗어날 수는 없다. 바울은 로마서 7장에서 이 진리를 아주 매섭고 강렬하게 확립한다. 요한은 첫째 서신에서 이 진리를 최대한 분명하게 선언한다. "만일 우리가 죄가 없다고 말하면 스스로 속이고 또 진리가 우리 속에 있지 아니할 것이요"(요일 1:8). 그리스도인이 죄와 벌이는 싸움은 이 땅을 떠나 주님과 함께 할 때야 끝난다. 그렇더라도 여전히 정죄함이 없다. 그리스도인의 삶에서 일어나는 모든 실패의 값이 그리스도 안에서 모두 지불되었고 은혜로 그에게 적용되기 때문이다.

하나님의 정죄에서 벗어났다는 것이 하나님의 징계에서 벗어났다는 뜻은 아니며, 이것을 깨닫는 것도 중요하다. "주께서 그 사랑하시는 자를 징계하시고 그가 받아들이시는 아들마다 채찍질하심이라"(히 12:6). 그뿐 아니라, 하나님의 정죄에서 벗어났다는 것이 그분을 향한 우리의 책임에서 벗어났다는 뜻도 아니다. "스스로 속이지 말라. 하나님은 업신여김을 받지 아니하시나니, 사람이 무엇으로 심든지 그대로 거두리라"(갈 6:7).

자유의 이유, 의롭다 하심

[1b]그리스도 예수 안에 있는 자에게는…[2]이는 그리스도 예수 안에 있는 생명의 성령의 법이 죄와 사망의 법에서 너를 해방하였음이라. (8:1b, 2)

앞 단락을 시작하며 말했듯이, 1절을 시작하는 '그러므로'는 뒤로 돌아가 이 서신 1-7장의 주요 주제—신자는 하나님 앞에서 완전히 의롭다 하심을 얻으며, 이 의롭다 하심은 그가 하나님의 아들의 희생적 죽음과 부활을 믿는 데 답해 하나님이 은혜로 주시는 것이다—를 가리킨다.

신자들은 하나님의 정죄에서 벗어나며(8:1a, c), 여기에는 예외나 자격이 없다. 이러한 벗어남은 **그리스도 예수 안에 있는 자에게**, 모든 참 그리스도인에게 주어진다. 의롭다 하심은 '모든' 신자를 죄의 속박과 형벌, 곧 죽음에서 완전히 · 영원히 해방하며(6:23), 이로써 그는 거룩하신 하나님 앞에 영원히 죄 없이 서게 된다. 바울은 8장을 시작하면서 의롭다 하심의 이러한 특별한 측면에 초점을 맞춘다.

바울은 7:7-25에서 1인칭 단수 대명사(내가, 나를)를 사용해 슬픈 사실, 곧 이생에서 어떤 그리스도인도, 설령 사도라도 죄와 벌이는 싸움을 면제받지 않는다는 것을 강조한다. 반면에, 8장을 시작하면서 '모든' 신자, 설령 가장 연약하고 생산적이지 못한 신자라도 죄의 정죄에서 완전히 · 영원히 자유롭다는 놀라운 사실을 강조한다. 가장 거룩한 성도들은 경고를 받는다. 이들이 이생에서 더는 죄의 지배 아래 있지 않더라도 죄와 싸우게 되리라는 것이다. 가장 연약한 신자들도 약속을 받는다. 이들이 육신에 있는 동안 비틀대고 죄의 권세에 넘어가더라도 내세에 죄에게 최종 승리를 거두리라는 것이다.

구원의 모든 측면을 이해하는 열쇠는 **그리스도 예수 안에**라는 단순하지만 무한히 심오한 어구다. 그리스도인은 그리스도 예수 안에 있는 사람이다. 바울은 이미 이렇게 선언했다. "무릇 그리스도 예수와 합하여 세례를 받은 우리는 그의 죽으심과 합하여 세례를 받은 줄을 알지 못하느냐? 그러므로 우리가 그의 죽으심과 합하여 세례를 받음으로 그와 함께 장사되었나니, 이는 아버지의 영광으로 말미암아 그리스도를 죽은 자 가운데서 살리심과 같이 우리로 또한 새 생명 가운데서 행하게 하려 함이라. 만일 우리가 그의 죽으심과 같은 모양으로 연합한 자가 되었으면 또한 그의 부활과 같은 모양으로 연합한 자도 되리라"(롬 6:3-5).

그리스도인이 되는 것은 단순히 그리스도와 외적으로 하나 되는 게 아니라 그리스도의 '일부'가 되는 것이며, 단순히 그리스도와 연합하는 게 아니라 그리스도 안에서 연합하는 것이다. 우리가 그리스도 안에 있다는 것은 가장 심오한 신비에 속하며, 우리는 천국에서 얼굴을 맞대고 그분을 뵐 때야 이 신비를 온전히 이해할 것이다. 그러나 성경은 이 놀라운 진리를 밝혀준다. 우리가 알듯이, 우리는 영적으로 그리스도 안에 있으며 그분과 신성하고 영원하게 연합한다. 바울은 이렇게 설명한다. "아담 안에서 모든 사람이 죽은 것 같이 그리스도 안에서 모든 사람이 삶을 얻으리라"(고전 15:22). 그리스도인들은 살아 있는 참여의 의미에서도 그리스도 안에 있다. 바울은 같은 서신에서 이렇게 선언한다. "너희는 그리스도의 몸이요 지체의 각 부분이라"(12:27). 우리는 실제로 그분의 한 부분이며 상상할 수 없는 방식들로 그분이 일하실 때 일하고 그분이 슬퍼하실 때 슬퍼하며 그분이 기뻐하실 때 기뻐한다. 바울은 우리에게 확신을 준다. "우리가 유대인이나 헬라인이나 종이나 자유인이나 다 한 성령으로 세례를 받아 한 몸이 되었고 또 다 한 성령을 마시게 하셨느니라"(고전 12:13). 그리스도의 신성한 생명이 우리를 통해 고동친다.

많은 사람이 물려받은 가문의 유산에, 자신의 조상이 누구였으며 어디에 살았고 무엇을 했는지에 관심을 쏟는다. 좋은 쪽으로든 나쁜 쪽으로든, 우리는 모두 육체적 · 지적 · 문화적으로 조상들과 생생하게 연결되어 있다. 이와 비슷하게, 그러나 무한히 더 중요한 방식으로, 우리와 그분의 아들 예수 그리스도의 관계 때문에, 우리는 하나님의 가족과 연결되어 있다. 그래서 모든 그리스도인은 이렇게 말할 수 있다. "내가 그리스도와 함께 십자가에 못 박혔나니, 그런즉 이제는 내가 사는 것이 아니요 오직 내 안에 그리스도께서 사시는 것이라. 이제 내가 육체 가운데 사는 것은 나를 사랑하사 나를 위하여 자기 자신을 버리신 하나님의 아들을 믿는 믿음 안에서 사는 것이라"(갈 2:20).

하나님의 말씀은 분명히 한다. 모든 사람이 아담의 후손이며 아담의 타락한 본성을 물려받았다. 모든 참신자는 하나님의 참 아들 예수 그리스도의 영적 후손이 되며, 이로써 아버지의 거룩한 하늘 가정에 사랑하는 자녀로 입양된다. 우리는 단지 입양되는 게 아니라 그리스도 안에서 하나님의 생명 자체를 물려받는다.

마르틴 루터는 이렇게 말했다.

> 사람이 그리스도인이 되면서 그리스도를 갖지 않는다는 것은 불가능하며, 그리스도를 갖는다면 동시에 그리스도 안에 있는 모든 것을 갖는다. 양심에 평안을 주는 사실은 믿음으로 우리의 죄가 더는 우리의 것이 아니라 그리스도의 것이며 하나님이 우리의 모든 죄를 그분에게 지우셨고, 반대로 그리스도의 모든 의가 우리의 의이며 하나님이 그 의를 우리에게 주셨다는 것이다. 그리스도께서 그분의 손을 우리에게 얹으시며 우리가 나음을 입는다. 그분이 자신의 겉옷을 벗어 우리에게 입히신다. 그분은 영원히 찬송 받으실 영광의 구주이기 때문이다. (Robert Haldane, *An Exposition of Romans* [MacDill AFB, Fla.: McDonald, 1958], p. 312에서 재인용)

하나님과 그분의 선민 이스라엘의 관계가 대제사장의 의복에 아름답게 표현되었다. 대제사장은 아름다운 겉옷 위에 흉패를 걸쳤는데, 흉패에는 이스라엘 열두 지파를 상징하는 서로 다른 열두 보석이 박혀 있었다. 보석마다 상징하는 지파 이름이 새겨져 있었다. 대제사장은 매년 한 차례 속죄일에 하나님의 백성 모두를 가시적으로 상징하는 열두 보석이 박힌 흉패를 착용하고 지성소에 들어가 하나님 앞에 섰다.

이 흉패는 우리의 대제사장 예수 그리스도를, 아버지께서 자신에게 주신 모든 자를 위해 아버지 앞에 서서 중보하시는 분을 가리키는 풍성한 상징이었다(히 7:24-25). 흔히 그분의 대제사장 기도라 일컫는 기도에서, 예수님은 자신에게 속한 자들을 위해 기도하셨다. "아버지여, 아버지께서 내 안에, 내가 아버지 안에 있는 것 같이 그들도 다 하나가 되어 우리 안에 있게 하사 세상으로 아버지께서 나를 보내신 것을 믿게 하옵소서"(요 17:21).

루터는 또한 이렇게 썼다.

> 믿음은 아내를 남편과 연합시키듯이 한 영혼을 그리스도와 연합시킨다. 그리스도께서 가지신 모든 것이 믿는 영혼의 소유가 되며, 그 영혼이 가진 모든 것이 그리스도의 소유가 된다. 그리스도께서는 모든 복과 영원한 생명을 소유하시며, 따라서 이것들이 그 영혼의 소유가 된다. 그 영혼은 자신의 모든 허물과 죄를 가지며, 따라서 이것들이 그리스도의 소유가 된다. 이렇게 복된 맞교환이 이뤄진다. 하나님이요 사람이신 그리스도, 전혀 죄를 짓지 않으신 그리스도, 완전히 거룩하신 그리스도, 전능하고 영원하신 그리스도께서 신자의 모든 죄를 '믿음'의 혼인 반지로 자신이 취하시며 신자의 죄는 그분 안에서 사라지고 폐기된다. 그분의 무한한 의 앞에 그 어떤 죄도 거하지 못하기 때문이다. 이렇게 믿음으로 신자의 영혼이 죄에서 건짐을 받고 신랑이신 그리스도의 영원한 의를 입는다. (Haldane, *Exposition of Romans*, p. 313에서 재인용)

KJV의 1절 끝에 "육신을 따라 행하지 않고 그 영을 따라 행하는 자"라는 어구가 나온다.[102] 그러나 이 어구는 로마서 초기 사본들이나 대다수 현대 번역

---

102 KJV의 8:1은 이렇게 되어 있다.
There is therefore now no condemnation to them which are in Christ Jesus, who walk not after the flesh, but after the Spirit(그러므로 그리스도 예수 안에 있는 자들, 육신을 따라 행하지 않고 그 영을 따라 행하는 자들에게는 이제 정죄함이 없다.)

에 없다. 필사자가 4절의 이 어구를 실수로 여기에 넣었을 것이다. 정확히 일치하는 표현이 4절에 나오기 때문에, 구절의 의미는 영향을 받지 않는다.

접속사 **이는(for)**은 여기서 '왜냐하면'(because)의 의미를 내포하며 신자들에게 정죄함이 없는 이유가 이어진다. **그리스도 예수 안에 있는 생명의 성령의 법이 죄와 사망의 법에서 너를 해방하였음이라.**

바울은 여기서 **법(law)**이란 용어를 모세 율법을 비롯해 하나님의 계명이나 요구를 가리키는 의미로 사용하지 않는다. 오히려 이 서신 앞부분에서 "믿음의 법"을 말할 때처럼(3:27), 갈라디아서에서 "그리스도의 법"을 말할 때처럼(6:2) 작동 원리라는 의미로 사용한다. 예수 그리스도를 믿는 자들은 높고 신성한 법(higher divine law)에 순종함으로써 낮고 신성한 법(lower divine law)의 정죄에서 벗어난다. 낮은 법이란 **죄**와 관련된 신성한 원리이며 그 형벌은 **사망**이다. 높은 법이란 **성령의 법**이며 이 법은 **그리스도 예수 안에 있는 생명**을 준다.

그러나 바울이 이 단락에서 말하는 **법**이 순종과 아무 관련이 없다고 결론지어서는 안 된다. 하나님을 향한 순종이 사람을 구원할 수는 없다. 구속받지 못한 죄악 가운데 있는 사람은 하나님께 순종하길 '원하지' 않으며 설령 원하더라도 완전하게 순종할 수 없기 때문이다. 그러나 참된 구원은 언제나 참된 순종을 낳는다. 이 순종은 이생에서 완전하지는 않더라도 참되며 늘 얼마간 가능하다. 진정으로 믿고 받아들일 때, 예수 그리스도의 복음은 언제나 "믿음의 순종"(obedience of faith)[103]으로 이어진다(롬 16:25-26). 예레미야가 예언하고 히브리서 저자가 언급한 도래하는 그리스도의 나라는 불법(lawless)과 거리가 멀다. "또 주께서 이르시되, 그 날 후에 내가 이스라엘 집과 맺을 언약은 이것이니, 내 법을 그들의 생각에 두고 그들의 마음에 이것을 기록하리라"(히 8:10; 참조. 렘 31:33). 법과 정죄의 속박에서 벗어난다는 것은 법의 요구와 기준에서 벗어난다는 뜻이 아니다. 높은 성령의 법은 낮은 의무의 법에 대한 순종을 낳는다.

---

103 개역개정은 "믿어 순종하게"로 옮겼다.

그리스도께서 주시는 자유란 죄의 권세와 형벌로부터 (그리고 궁극적으로 죄의 존재로부터) 완전히 영구적으로 벗어나는 것이다. 이 자유는 하나님께 순종할 능력도 준다. 그리스도인은 자신이 원하는 대로 할 자유가 있다는 생각 자체가 자기모순이다. 구원이 우리를 법에서 구해내 방종으로 데려간다고 믿는 사람은 은혜의 복음을 조금도 이해 못 한 것이며 그리스도가 자신의 구주이며 주님이라고 주장할 수 없다.

바울은 **그리스도 예수 안에 있는 생명의 성령(the Spirit)**을 말할 때 성령(the Holy **Spirit**)을 말하고 있음을 이 장 뒷부분에서 분명하게 밝힌다. 그리스도인의 마음은 그 영(the Spirit)의 것들에 집중되며(6절) 성령의 내주하심과 생명을 받는다(9-11절). 바울은 이러한 두 법이 하는 일을 이 서신 조금 앞에서 요약했다. "죄의 삯은 사망이요 하나님의 은사는 그리스도 예수 우리 주 안에 있는 영생이니라"(롬 6:23).

예수님은 니고데모에게 구원의 길을 설명하며 말씀하셨다. "사람이 물과 성령으로 나지 아니하면 하나님의 나라에 들어갈 수 없느니라"(요 3:5). 바울은 이렇게 설명한다. "[하나님은] 우리를 구원하시되 우리가 행한 바 의로운 행위로 말미암지 아니하고 오직 그의 긍휼하심을 따라 중생의 씻음과 성령의 새롭게 하심으로 하셨나니, 우리 구주 예수 그리스도로 말미암아 우리에게 그 성령을 풍성히 부어 주사"(딛 3:5-6). **그리스도 예수**를 믿는 자에게 영적 생명을 주어 생동하게 하시는 분은 **성령**(the Holy **Spirit**)이다. 바울이 성령 아닌 어떤 영을 말하고 있는 것일 수 없다. 오직 하나님의 성령만이 영적으로 죽은 마음에 영적 생명을 주실 수 있기 때문이다.

로마서 7장의 진리는 성경 전체에서 가장 우울하고 가슴 아픈 것에 속하며, 많은 해석자가 주로 이런 이유로 이 진리가 그리스도인을 묘사하는 것일 수 없다고 믿는다. 그러나 바울은 모든 신자가 마주하며 좌절과 낙담을 안기는 영적 싸움을 솔직하고 정직하게 말하고 있었다. 사실, 가장 신실하게 순종하는 그리스도인이 가장 큰 영적 싸움을 마주한다. 물리적 전쟁처럼, 적의 가장 맹렬한 공격을 마주하는 것은 최전선에 투입된 병사들이다. 그러나 최전선의 전투는 용기를 드러낼 수 있듯이 연약함과 취약함도 드러낼 수 있다. 가장 용맹한 군사라도 부상당하고 낙담할 수 있다.

세상에 사는 동안, 그리스도인에게는 자신의 옛 인성, 곧 옛 육신의 사람에게서 비롯된 남은 약점이 늘 있을 것이다. 아무리 주님과 가까이 동행하더라도 죄의 권세로부터 아직 완전히 자유하지는 못하다. 이것이 로마서 7장이 말하는 당혹스러운 사실이다.

그러나 과거와 달리 그리스도인은 더는 죄의 종이 아니며 더는 죄의 전적 지배와 통제 아래 있지 않다. 이제 그리스도인은 죄의 속박과 죄의 궁극적 형벌에서 벗어났다. 사탄, 세상, 자신의 인성(humanness)이 여전히 그리스도인으로 비틀대고 넘어지게 할 수 있지만 더는 그리스도인을 지배하거나 무너뜨릴 수 없다. 그가 그리스도 안에서 갖는 새 생명은 바로 하나님 자신의 영이 주시는 신성한 생명(divine life)이기 때문이다. 이것이 로마서 7장의 위로하는 진리다.

도개교를 올리고 내리는 사람이 있었다. 매일 오후 정한 시간에 여객선이 지나가도록 다리를 올렸다가 재빨리 내려야 했다. 몇 분 후면 고속으로 달리는 여객 열차가 다리를 건너야 했기 때문이다. 어느 날, 어린 아들이 일하는 아버지를 찾아왔다가 지나가는 여객선을 더 잘 보려고 아래로 내려갔다. 아들은 그 광경에 넋이 나가 자신이 어디로 가고 있는지 유심히 살피지 못했고 결국 거대한 톱니바퀴에 떨어졌다. 그런데 한 쪽 발이 톱니바퀴 틈에 끼어 도저히 빠져나올 수 없었다. 아버지는 무슨 일이 일어났는지 보았다. 그러나 아들을 구하려고 지체하면 다리가 미처 내려오기 전에 기차가 강으로 추락할 터였다. 그렇다고 기차의 승객과 승무원 수백 명을 구하려고 다리를 내리면 아들이 으스러져 죽을 터였다. 그때 기차의 기적소리를 들렸다. 기차가 곧 강에 도착한다는 뜻이었다. 그는 자신이 무엇을 해야 하는지 알았다. 아들은 그에게 매우 소중했다. 반면에, 기차의 승객과 승무원은 전혀 모르는 사람들이었다. 그는 다른 사람들을 위해 아들을 희생했고, 이것은 순전한 은혜와 자비의 행위였다.

이 이야기는 아버지 하나님께서 정죄받을 수밖에 없는 인류의 죄를 위해 죽도록 자신의 사랑하는 외아들을 세상에 보내셨을 때 하신 무한히 더 큰 희생을 보여준다.

자유에 이르는 길, 대속

> **율법이 육신으로 말미암아 연약하여 할 수 없는 그것을 하나님은 하시나니, 곧 죄로 말미암아 자기 아들을 죄 있는 육신의 모양으로 보내어 육신에 죄를 정하사** (8:3)

이 구절은 성경에서 대속을 말하는 가장 결정적이고 간결한 선언일 것이다. 이 구절은 복음 메시지의 핵심, 예수 그리스도께서 죄에서 돌이켜 그분을 주님과 구주로 믿을 모든 사람을 대신해 형벌을 받으셨다는 놀라운 진리를 표현한다.

앞 절에서처럼, 접속사 **for**[104]는 '왜냐하면'(because)의 의미를 내포하며 방금 말한 것을 설명한다. 그리스도께서 이들을 위해 행하신 일 때문에, 신자들은 생명의 성령의 법에 의해 죄와 사망의 법에서 해방되어 살아났다.

율법은 사람들에게서 죄를 불러일으키고 죄 때문에 이들을 정죄할 수 있으나 이들을 죄의 형벌에서 구원하지는 못한다. 바울은 갈라디아 신자들에게 이렇게 설명했다. "무릇 율법 행위에 속한 자들은 저주 아래에 있나니, 기록된 바 누구든지 율법 책에 기록된 대로 모든 일을 항상 행하지 아니하는 자는 저주 아래에 있는 자라 하였음이라"(갈 3:10). 같은 장 뒷부분에서 이렇게 말한다. "그러면 율법이 하나님의 약속들과 반대되는 것이냐? 결코 그럴 수 없느니라. 만일 능히 살게 하는 율법을 주셨더라면 의가 반드시 율법으로 말미암았으리라"(3:21). 하나님의 거룩한 율법은 그분의 의의 기준을 세우고 사람들에게 혼자서 그 기준을 충족할 능력이 전혀 없음을 보여줄 수 있을 뿐이다.

바울은 이미 설명했다. "[순종하면] 생명에 이르게 할 그 계명이[곧 율법이, 9절] 내게 대하여 도리어 사망에 이르게 하는 것이 되었도다. 죄가 기회를 타서 계명으로 말미암아 나를 속이고 그것으로 나를 죽였는지라"(롬 7:10-11). 하

104 NASB의 3절은 "For what the Law could not do"로 시작한다.

나님이 사람을 창조하실 때, 그분의 창조에 죄가 발붙일 자리가 없었다. 그러나 사람이 타락했을 때, 죄라는 낯선 권세가 그의 존재 자체를 더럽혔고 그를 정죄해 죽음, 곧 육체적 죽음과 영적 죽음에 이르게 했다. 온 인류가 하나님의 저주 아래 놓였다. 죄가 타락한 인류를 빚진 자의 감옥(divine debtor's prison)에 가두었고 율법이 그의 간수가 되었다. 하나님의 복과 기쁨 아래 살도록 기준으로 주어진 율법이 살인자가 되었다.

비록 "거룩하고 의로우며 선하"지만(롬 7:12), **율법이 육신으로 말미암아 연약하기 때문에 사람들을 죄에서 구원**할 수 없다. **육신**이 죄악되고 부패했기 때문에 **율법**은 구원할 능력이 없다. 율법은 사람들을 의롭게 할 수 없으며, 이들의 불의를 드러내고 이 불의 때문에 이들을 정죄할 수 있을 뿐이다. 율법은 사람들을 완전하게 할 수 없으며, 이들의 큰 불완전을 드러낼 수 있을 뿐이다. 바울은 비시디아 안디옥의 회당에서 이렇게 설명했다. "이 사람을[예수 그리스도를] 힘입어 죄사함을 너희에게 전하는 이것이며, 또 모세의 율법으로 너희가 의롭다 하심을 얻지 못하던 모든 일에도 이 사람을 힘입어 믿는 자마다 의롭다 하심을 얻는 이것이라"(행 13:38-39).

성육신해 계실 때, 예수님은 모세 율법의 체현이셨다. 이 세상에 살았거나 살 모든 사람 중에 오직 그분만이 하나님의 율법을 완전히 성취하셨다. 그분은 이렇게 말씀하셨다. "내가 율법이나 선지자를 폐하러 온 줄로 생각하지 말라. 폐하러 온 것이 아니요 완전하게 하려 함이라"(마 5:17). 예수님은 언젠가 성전에서 말씀하실 때 서기관과 사두개인들의 죄악된 자기 의(독선)를 폭로하셨는데, 이들은 간음하다 잡혀 온 여인에게 돌을 던지지 못함으로써 자신들도 죄가 없지 않음을 인정했다(요 8:7-9). 같은 사건에서 조금 뒤에, 예수님은 자신의 대적들에게 자신을 어떤 죄로든 책잡아 보라며 도전하셨으나 아무도 그러지 못했거나 시도조차 못 했다(46절).

스스로 그리스도인이라 말하는 많은 사람을 비롯해, 어떤 사람들은 자신의 힘으로 하나님의 기준에 맞게 살아 도덕적 · 영적 완전에 이를 수 있다고 믿었다. 그러나 야고보는 우리에게 일깨운다. "누구든지 온 율법을 지키다가 그 하나를 범하면 모두 범한 자가 되나니"(약 2:10). 바꾸어 말하면, 아무리 작은 죄라도 언제 지었든, 단 하나의 죄만으로도 천국행 자격을 잃기에 충분하다.

언젠가 청년이 예수님을 찾아와 물었다.

> 선생님이여, 내가 무슨 선한 일을 하여야 영생을 얻으리이까? 예수께서 이르시되, 어찌하여 선한 일을 내게 묻느냐? 선한 이는 오직 한 분이시니라. 네가 생명에 들어가려면 계명들을 지키라. 이르되, 어느 계명이오니이까? 예수께서 이르시되, 살인하지 말라, 간음하지 말라, 도둑질하지 말라, 거짓 증언 하지 말라, 네 부모를 공경하라, 네 이웃을 네 자신과 같이 사랑하라 하신 것이니라. 그 청년이 이르되 이 모든 것을 내가 지키었사온대 아직도 무엇이 부족하니이까? 예수께서 이르시되, 네가 온전하고자 할진대 가서 네 소유를 팔아 가난한 자들에게 주라. 그리하면 하늘에서 보화가 네게 있으리라. 그리고 와서 나를 따르라 하시니, 그 청년이 재물이 많으므로 이 말씀을 듣고 근심하며 가니라. (마 19:16-22)

이 사람은 종교심이 더없이 깊었다. 그러나 계명에 부지런히 순종했는데도 가장 큰 두 계명, "네 마음을 다하고 목숨을 다하고 뜻을 다하여 주 너의 하나님을 사랑하라"는 계명과 "네 이웃을 네 자신 같이 사랑하라"는 계명을, 예수님이 "온 율법과 선지자의 강령이니라"고 하신 두 계명을 지키지 못했다는 게 드러났다(마 22:37-40). 예수님을 찾아온 청년은 자기중심적이고 이기적이었으며 물질에 매여 있었다. 그의 자기 사랑은 하나님 사랑과 이웃 사랑을 능가했다. 그래서 그의 세밀한 종교 생활이 하나님 앞에서 아무 가치가 없었다.

하나님의 율법은 의를 명하지만 그 의를 성취할 수단을 제시하지 못한다. 그러므로 타락한 인간을 위해 율법이 할 수 없는 것을 **하나님**이 직접 **하셨다**. 율법은 죄인을 정죄할 수 있으나 오직 하나님만 죄를 정죄하고 멸하실 수 있으며, 자기 아들을 **죄 있는 육신의 모양으로 보내어**[105] 그 아들을 믿는 자들을 위해 그렇게 행하셨다.

---

105 NASB: in the likeness of sinful flesh and as an offering for sin(죄악된 육신의 모양으로, 그리고 속죄제물로).

예수님은 이렇게 말씀하셨다. "나는 하늘에서 내려온 살아 있는 떡이니, 사람이 이 떡을 먹으면 영생하리라. 내가 줄 떡은 곧 세상의 생명을 위한 내 살이니라"(요 6:51). 성육신 때, 예수님은 완전히 사람이셨고 완전히 육신이 되셨다. 그러나 그분은 **죄 있는 육신의 모양** 곧 겉모습을 하셨을 뿐이었다. 바울은 여기서 예수님의 무죄성(sinlessness)을 구체적으로 언급하지 않지만, 그가 사용하는 용어는 이 심오한 진리를 세심하게 보호한다.

예수님은 "모든 일에 우리와 똑같이 시험을 받으신 이로되 죄는 없으신" 분이었다(히 4:15). 예수님이 완전히 사람이자 완전히 죄가 없는 분이 아니셨다면 세상 죄를 위해 하나님이 받으실만한 제물로 자신을 드릴 수 없었을 것이다. 예수님이 죄가 없지 않으셨다면 타락한 인류를 위한 희생제물이 되실 수 없었을 뿐 아니라 자신을 위한 희생제물이 필요하셨을 것이다. 예수님은 사탄의 유혹을 모두 물리치셨고 세상에 계실 때 그 어떤 죄도 짓지 않으셨다. 죄는 **육신**에 대한 지배권을 승리자에게 넘길 수밖에 없었고, 이로써 예수 그리스도는 죄와 그 결과인 사망에 대한 주권자가 되셨다.

그리스도를 믿는 자들은 죄의 형벌에서 구원받을 뿐 아니라 하나님의 의로운 기준을 처음으로 충족할 수 있다. 신자의 육신은 여전히 약하고 죄의 지배를 받지만, 속사람은 그리스도의 형상으로 재창조되며 그분의 영을 통해 죄에 맞서고 죄를 이길 힘을 갖는다. 어느 그리스도인도 세상에 사는 동안 완전해질 수 없으나 죄를 지으면서 그 어떤 핑계도 댈 수 없다. 그에게는 죄에 맞서는 하나님의 능력이 있기 때문이다. 요한은 신자들에게 확신을 준다. "너희 안에 계신 이가[성령이] 세상에 있는 자[사탄]보다 크심이라"(요일 4:4). 바울이 이미 선언했듯이, "우리가 원수되었을 때에 그의 아들의 죽으심으로 말미암아 하나님과 화목하게 되었은즉 화목하게 된 자로서는 더욱 그의 살아나심으로 말미암아 구원을 받을 것이니라.(롬 5:10). 다시 말해, 우리의 구원이 유지되고 우리는 죄의 지배로부터 보호받을 것이다.

예수님은 임박한 십자가 죽음을 내다보며 말씀하셨다. "이제 이 세상에 대한 심판이 이르렀으니, 이 세상의 임금이 쫓겨나리라"(요 12:31). 바꾸어 말하면, 십자가 죽음으로 그리스도께서 죄와 사탄을 정죄하고 정복하셨다. 예수님은 모든 죄를 향한 하나님의 불같은 진노를 친히 받으셨고, 이로써 그분이 그들을 위해 속죄제물로(**as an offering for sin, 죄로 말미암아**) 자신을 내어주셨음을 믿는 자들에게서 죄의 권세를 깨뜨리셨다. 예수 그리스도를 믿음으로써, 전에 사탄의 자녀였던 자들이 하나님의 자녀가 되었고, 전에 하나님의 진노의 대상이었던 자들이 그분의 은혜를 누리는 수혜자가 되었다. "하나님이 죄를 알지도 못하신 이를 우리를 대신하여 죄로 삼으신 것은 우리로 하여금 그 안에서 하나님의 의가 되게 하려 하심이라"(고후 5:21). 그리스도는 "많은 사람의 죄를 담당하시려고 단번에 드리신바 되셨다"(히 9:28).

예수님의 가르침과 이적과 죄 없는 삶은 그분의 지상 사역에서 매우 중요했다. 그러나 그분이 이 땅에서 오신 가장 큰 목적은 속죄제물(**an offering for sin**)이 되는 것이었다. 예수님이 세상 죄를 위해 자신을 제물로 드리지 않으셨다면, 그분이 하신 다른 모든 일에도 불구하고 사람들은 여전히 그들의 죄 가운데 있고 여전히 하나님과 분리되어 있었을 것이다.

사람들이 예수님을 본받음으로써 선하게 살 수 있다고 가르치는 것은 어리석음을 부추기는 짓이다. 예수님의 생명과 영이 우리 안에 없으면서 그분의 완전한 본을 따르는 것은 모세 율법을 성취하려 애쓰는 것보다 훨씬 더 불가능하고 절망스러운 짓이다. 예수님이 보이신 본은 우리를 구원하지 못하며, 오히려 의에 이르려는 우리 자신의 노력으로 우리 자신을 구원하기란 불가능하다는 것을 한층 더 분명하게 보여줄 뿐이다.

사람이 자신의 죄로부터 구원받을 수 있는 유일한 길은 그리스도께서 갈보리에서 자신을 속죄제물(**offering for sin**)로 드리셨음을 믿는 것이다. 그분은 제물(**offering**)이 되셨을 때 온 인류의 죄를 위해 죽음이란 형벌을 받으셨다. 19세기 스코틀랜드 복음주의자 로버트 할데인은 로마서 주석에서 이렇게 썼다. "아버지께서 자신의 원수였던 자들의 아버지가 되려고 자신의 아들의 재판관이 되신다. 아버지께서 진노의 자녀들을 용서하려고 자신의 사랑하는 아들을 정죄하신다"(*Expostion of Romans*, p. 324).

예수 그리스도는 **육신에 죄를 정하셨다(condemned sin in the flesh)**. 전에는 죄가 신자를 정죄했다(condemned). 이제는 반대로 신자의 구주이신 그리스도께서 죄를 정죄하고 신자를 죄의 권세와 형벌에서 구해내신다. 율법은 죄를 본래 그대로 드러낸다는 의미에서, 그리고 죄에 대한 형벌 곧 죽음을 선언한다는 의미에서 죄를 정죄한다. 그러나 율법은 죄인을 그의 죄악으로부터 구해낸다는 의미에서 또는 죄를 제압하고 최종 멸망에 가둔다는 의미에서 죄를 정죄하지는 못한다. 오직 주 예수 그리스도만이 이렇게 하실 수 있었으며, 바울은 이 놀라운 진리에 감동해 외쳤다. "사망아, 너의 승리가 어디 있느냐? 사망아, 네가 쏘는 것이 어디 있느냐? 사망이 쏘는 것은 죄요 죄의 권능은 율법이라. 우리 주 예수 그리스도로 말미암아 우리에게 승리를 주시는 하나님께 감사하노니"(고전 15:55-57).

이사야 선지자는 성육하신 그리스도의 희생을 감동적으로 예언했다.

> 그는 실로 우리의 질고를 지고 우리의 슬픔을 당하였거늘 우리는 생각하기를 그는 징벌을 받아 하나님께 맞으며 고난을 당한다 하였노라. 그가 찔림은 우리의 허물 때문이요 그가 상함은 우리의 죄악 때문이라. 그가 징계를 받으므로 우리는 평화를 누리고 그가 채찍에 맞으므로 우리는 나음을 받았도다. 우리는 다 양 같아서 그릇 행하여 각기 제 길로 갔거늘 여호와께서는 우리 모두의 죄악을 그에게 담당시키셨도다. 그가 곤욕을 당하여 괴로울 때에도 그의 입을 열지 아니하였음이여, 마치 도수장으로 끌려가는 어린 양과 털 깎는 자 앞에서 잠잠한 양 같이 그의 입을 열지 아니하였도다. 그는 곤욕과 심문을 당하고 끌려갔으나 그 세대 중에 누가 생각하기를 그가 살아 있는 자들의 땅에서 끊어짐은 마땅히 형벌 받을 내 백성의 허물 때문이라 하였으리요? (사 53:4-8)

자유의 결과, 성화

육신을 따르지 않고 그 영을 따라 행하는 우리에게 율법의 요구가 이루어지게 하려 하심이니라. (8:4)

신자가 죄에서 벗어난 결과는 궁극적 성화뿐 아니라 현재의 성화다. 참 그리스도인은 이 땅에 있는 동안 의롭게 살려고 갈망할 뿐 아니라 그렇게 살도록 하나님이 주시는 능력이 있다. 하나님은 인류의 죄를 정죄하고 제거하는 유일한 제물이 됨으로써 인류를 구속하라고 자신의 아들을 보내셨다(3절). 그러므로 **우리에게(in us)**, 즉 신자들 안에서 **율법의 요구가 이루어질** 수 있다.

바울은 여기서 분명히 구원의 칭의 사역이 아니라 신자의 지상 생활에서 이루어지는 성화 사역에 대해 말하고 있다. 성령께서 구속받은 사람의 삶을 통해 일하지 않으시면 의로워지려는 인간의 노력은 더러운 옷같이 더럽고 쓸모없다(사 64:6). 그러나 그리스도인들은 죄씻음을 받았고 자신 속에 하나님의 본성을 받았으므로 이제 거룩한 삶을 갈망할 뿐 아니라 살 수 있다.

하나님이 사람들을 그들의 죄에서 자유하게 하신 것은 그들이 기뻐하는 대로 행하게 하기 위해서가 아니라 하나님이 기뻐하시는 대로 행하게 하기 위해서다. 하나님이 사람들을 구속하시는 것은 이들이 계속 죄를 짓게 하기 위해서가 아니라 이들**에게 율법의 요구가 이루어지게** 함으로써 이들이 의롭게 살기 시작하게 하기 위해서다**(in order that, 하려 하심이라)**.

이들은 더는 율법 아래 있지 않고 이제 은혜 아래 있다. 그래서 어떤 그리스도인들은 자신을 구원하기 위해 할 수 있었던 게 전혀 없었듯이 이제 무엇을 하더라도 구원을 잃을 수 없으므로 무엇을 하더라도 별 차이가 없다고 주장한다. 그러나 성령께서 결코 그리스도인을 부추겨 이런 어리석고 불경건한 말을 하게 하실 수 없다. 영적 그리스도인은 하나님의 율법이 거룩하고 의로우며 선하다는 것을 알며(롬 7:12), 자신이 구원받은 것은 하나님의 거룩과 의와 선하심이 자신에게 **이루어지게** 하기 위해서라는 것을 안다. 이것이 그의 바람이다. 그는 거룩한 갈망이 있다.

육신을 따르지 않고 그 영을 따라 행하는이란 표현은 권면이 아니라 모든 신자에게 적용되는 사실 진술이다. 바울이 여러 절 뒤에서 설명하듯이, 그리스도께 속한 자는 예외 없이 성령께서 그 안에 거하신다(9절). 성령의 내주(內住)는 특별한 성숙이나 영성의 표식이 아니라 예외 없이 모든 참 그리스도인의 표식이다.

비유적 의미에서, '페리파테오'(*peripateō*, **walk, 행하는**)는 삶의 습관적 방식이나 성향, 곧 생활 방식을 가리킨다. 누가는 세례 요한의 부모 사가랴와 엘리사벳을 이렇게 말한다. "이 두 사람이 하나님 앞에 의인이니, 주의 모든 계명과 규례대로 흠이 없이 행하더라"(눅 1:6). 바울은 에베소 신자들에게 "이제부터 너희는 이방인이 그 마음의 허망한 것으로 행함 같이 행하지 말라"고 권면했다(엡 4:17). 요한은 이렇게 선언한다. "그가[하나님이] 빛 가운데 계신 것 같이 우리도 빛 가운데 행하면 우리가 서로 사귐이 있고 그 아들 예수의 피가 우리를 모든 죄에서 깨끗하게 하실 것이요"(요일 1:7).

바울은 단언한다. 어리든 나이가 들었든 간에, 미숙하든 성숙하든 간에, 잘 배웠든 제대로 배우지 못했든 간에, 참신자는 **육신을 따라** 행하지 않는다. 그는 똑같이 분명하게 선언한다. 참신자는 '참으로' **그 영을 따라 행한다.** 예외는 없다. 참신자는 모두 성령께서 내주하시기에 성령의 열매를 맺는다(갈 5:22-23). 예수님은 분명히 하셨다. "너희 의가 서기관과 바리새인보다 더 낫지 못하면 결코 천국에 들어가지 못하리라"(마 5:20). 산상설교가 기록된 첫째 장 끝에서, 예수님은 이렇게 명하셨다. "하늘에 계신 너희 아버지의 온전하심과 같이 너희도 온전하라"(마 5:48).

하나님의 마음에 그분이 자신의 형상으로 창조하신 자들의 도덕적 · 영적 탁월함보다 소중한 것은 없다. 이들에게도 이보다 소중한 것은 없다. 하나님은 이들이 전가된 의(imputed righteousness)만 아니라 실천적 의(practical righteousness)도 갖길 원하신다. 이것은 이들이 원하는 것이기도 하다. 바울은 여기서 이에 관해 말한다. 에베소교회에 보낸 편지 서두에서 이에 관해 말하듯이 말이다. "[하나님이] 창세 전에 그리스도 안에서 우리를 택하사 우리로 사랑 안에서 그 앞에 거룩하고 흠이 없게 하시려고"(엡 1:4).

하나님의 큰 바람이 있다. 신자들이 믿을 때 그분이 인정하시는 완전한 의(perfect righteousness)를 이들이 살아내는 것, 즉 이들이 그분의 자녀답게 살고 더는 세상과 사탄의 자녀처럼 살지 않는 것이다. 위치적 의(positional righteousness)가 실천적 의에 투영되어야 한다. 그리스도께서는 위치적으로만 의로운 신부가 아니라 자신이 의롭듯이 실제로 의로운 신부를 원하신다. 그리스도께서 내주하시는 자신의 영을 통해 신자들에게 이런 바람을 주신다.

복음의 목적은 사람들을 행복하게 하는 게 아니라 거룩하게 하는 것이다. 팔복이 분명히 하듯이, 참 행복은 그리스도께 속하며 그분의 뜻에 순종하는 자들에게 온다. 하나님은 행복을 약속하지만 거룩을 요구하시며, 거룩함 없이는 "아무도 주를 보지 못한다"(히 12:14).

『의로운 나라』(*Righteous Kingdom*)에서, 월터 챈트리(Walter J. Chantry, 1938-)는 이렇게 썼다.

> 설교자들이 마치 사람들의 행복이 하나님의 가장 큰 바람인 것처럼 말할 때, 숱한 사람이 문제를 안고 예수님께 몰려든다. 건강이 나쁜 사람들, 결혼생활에서 어려움을 겪는 사람들, 경제적 절망이 빠진 사람들, 외로운 사람들이 각자 마음에 바라는 것을 안고 주님을 찾는다. 이들은 건강, 평안, 번영, 교제에서 기쁨을 찾을 수 있다고 생각한다. 그러나 이들은 신기루 같은 행복을 찾느라 예수 그리스도와 구원으로 연결되지 않는다. 사람들이 거룩하지 않으면, 하나님은 이들이 영원히 비참해지며 저주를 받게 하신다. (Carlisle, Pa.: Banner of Truth, 1980, p. 67)

의는 구원의 심장이다. 하나님이 자신의 아들을 믿는 자들을 구원하시는 것은 의를 위해서다. 바울은 로마서 첫머리에서 이렇게 선언했다. "내가 복음을 부끄러워하지 아니하노니…복음에는 하나님의 의가 나타나서 믿음으로 믿음에 이르게 하나니, 기록된 바 오직 의인은 믿음으로 말미암아 살리라 함과 같으니라"(롬 1:16-17). 베드로는 신자들에게 이렇게 권면한다. "오직 너희를 부르신 거룩한 이처럼 너희도 모든 행실에 거룩한 자가 되라"(벧전 1:15). 실천적 의는 신자들로 "경건하지 않은 것과 이 세상 정욕을 다 버리고 신중함과 의로움과 경건함으로 이 세상에 살게" 한다(딛 2:11-12; 참조. 갈 5:24-25). 아우구스티누스가 오래전에 말했듯이, 은혜를 주신 이유는 율법이 성취되게 하기 위해서다.

죄인이 그리스도의 희생으로 죄를 용서받고 하나님의 법정을 나설 때, 그의 삶에서 하나님의 일이 막 시작되었다. 신자가 법정을 떠날 때, 하나님이 그에게 생명의 법을 주며 말씀하신다. "이제 네 안에 나의 영을 가졌기에, 그러지 않으면 불가능할 요구인 나의 법을 그의 능력으로 성취할 수 있을 것이다."

성경은 분명하게 말한다. 오직 하나님만 아시는 신비로운 방식으로, 사람은 믿는 순간 성령으로 행하기 시작한다. 그러나 다른 한편으로, 세상에서 그리스도의 주권 아래 성령의 능력으로 살면서 성령으로 행하라는 권면도 받는다. 구원 자체처럼, 성령으로 행함(walking by the Spirit)도 무엇보다 신자의 마음에서 일어나는 하나님의 주권적 역사로 가능하지만 신자의 의지도 포함한다. 로마서 8:4은 전자를 말하고 갈라디아 5:25은("우리가 성령으로 살면 let us… walk by the Spirit") 후자를 말한다.

그리스도인의 삶과 관련해, 모든 영적 실재는 영적 책임이기도 하다. 진정한 그리스도인은 기도로 하늘 아버지와 교제하지만 기도할 책임도 있다. 그리스도인은 성령의 가르침을 받지만 성령의 인도와 도움을 구할 의무도 있다. 성령께서 신자의 삶에서 영적 열매가 맺히게 '하실' 테지만 신자는 열매를 맺으라는 권면도 받는다. 이러한 진리는 하나님의 주권과 인간의 의지 사이에 존재하는 놀랍고 역설로 보이는 긴장의 일부다. 사람의 마음은 이러한 신비를 이해할 수 없으나 하나님의 말씀이 분명하게 가르치기에 받아들인다.

우리는 타락 이전에 아담과 하나님의 관계가 직접적이고 친밀했다는 것 외에 둘의 관계를 거의 알지 못한다. 하나님은 단 하나만 명하셨다. 그 명령은 아담과 하와의 유익을 위한 것이었고 순종하기 쉬웠다. 그 명령을 어길 때까지, 아담과 하와는 자연스럽게도 하나님의 완전한 뜻 가운데 살았다. 그분의 뜻을 행하는 것이 이들의 존재 자체의 일부였다.

신자와 하나님의 관계도 이와 매우 닮았다. 그리스도인들이 구원받기 전에 살았던 삶의 육신적 잔재들이 이들을 옛 방식으로 되돌리려 한다. 그러나 이들의 새로운 존재는 하나님을 향한 순종이 "자연스럽게" 한다.

하나님을 향한 그리스도인의 의무는 또 다른 형태의 율법주의가 아니다. 진정으로 구원받은 사람은 새롭고 신성한 본성, 곧 정의하자면 하나님의 뜻에 조율된 본성을 갖는다. 그가 성령의 능력으로 새로운 본성을 따라 살 때, 그의 바람은 하나님의 바람이며 어떤 강요도 개입되지 않는다. 그러나 신자는 여전히 옛 사람을 입고 있어 때로 하나님의 뜻에 저항한다. 그가 하나님의 뜻에 맞서고 자신의 새로운 본성에 맞설 때만 하나님의 명령과 기준이 부담스러워 보인다. 반대로, 마음으로 순종하는 신실한 하나님의 자녀는 언제나 시편 기자처럼 말할 수 있다. "내가 주의 법을 어찌 그리 사랑하는지요!"(시 119:97).

30

성령으로 살다 II: 성령께서 우리의 본성을 바꾸시고 승리하도록 우리에게 능력을 주신다 (8:5-13)

**[5]육신을 따르는 자는 육신의 일을, 영을 따르는 자는 영의 일을 생각하나니, [6]육
신의 생각은 사망이요 영의 생각은 생명과 평안이니라. [7]육신의 생각은 하나님
과 원수가 되나니, 이는 하나님의 법에 굴복하지 아니할 뿐 아니라 할 수도 없음
이라. [8]육신에 있는 자들은 하나님을 기쁘시게 할 수 없느니라. [9]만일 너희 속에
하나님의 영이 거하시면 너희가 육신에 있지 아니하고 영에 있나니, 누구든지
그리스도의 영이 없으면 그리스도의 사람이 아니라. [10]또 그리스도께서 너희 안
에 계시면 몸은 죄로 말미암아 죽은 것이나 영은 의로 말미암아 살아있는 것이
니라. [11]예수를 죽은 자 가운데서 살리신 이의 영이 너희 안에 거하시면 그리스
도 예수를 죽은 자 가운데서 살리신 이가 너희 안에 거하시는 그의 영으로 말미
암아 너희 죽을 몸도 살리시리라.**

**[12]그러므로 형제들아, 우리가 빚진 자로되 육신에게 져서 육신대로 살 것이 아니
니라. [13]너희가 육신대로 살면 반드시 죽을 것이로되 영으로써 몸의 행실을 죽이
면 살리니,** (8:5-13)

로마서 8장의 영적 풍요, 곧 신학적 풍요와 실천적 풍요는 다 헤아릴 수 없고 말로 다 표현할 수 없다. 신자가 마음을 열고 순종하는 자세로 읽을 때, 로마서 8장은 그를 믿을 수 없을 만큼 부요하게 한다. 로마서 8장은 성경에서 삶을 변화시키는 최고의 장 가운데 하나다. 로마서 8장은 점증적이며 놀라운 찬양과

확신으로 끝맺는다. "내가 확신하노니, 사망이나 생명이나 천사들이나 권세자들이나 현재 일이나 장래 일이나 능력이나 높음이나 깊음이나 다른 어떤 피조물이라도 우리를 우리 주 그리스도 예수 안에 있는 하나님의 사랑에서 끊을 수 없으리라"(롬 8:38-39).

성령은 로마서 1-7장에서 단 한 번 언급되지만 8장에서만 거의 스무 번 언급된다. 성령과 신자의 관계는 창조자 하나님과 물질세계의 관계와 같다. 하나님이 없으면 물질세계는 존재하지 않을 것이다. 물질세계는 전능하신 하나님의 능력으로 창조되었고 유지된다. 따라서 천지창조에 참여하셨던 성령과 그리스도인의 관계도 이와 같다. 성령은 예수 그리스도를 믿는 자들 안에 영적 생명을 창조하고 유지하며 보존하시는 신적 행위자(divine agent, 실행하시는 하나님)이다. 성령께서 하나님 앞에서 모든 신자를 영원히 영화롭게 함으로써 궁극적으로 이들의 구원을 완성하실 것이다.

분명히 해야 할 게 있다. 성령은 단순히 하나님에게서 나오는 영향력이나 비인격적 힘이 아니다. 성령은 인격체이고 삼위일체의 셋째 위격이며 모든 면에서 성부 및 성자와 동등하다. 하나님은 본질이 하나지만 세 위격으로 계신다는 교리는 성경에서 가장 확실한 진리에 속한다. 그러나 성령은 모든 면에서 아버지와 아들만큼 신적 인격체(divine person)로서 존중받지 못하실 때가 많다.

성령께서 소유하고 드러내시는 많은 인격적 특성 중에 이런 것들이 있다. 성령께서는 지 · 정 · 의로 기능하신다. 성령께서는 성도들을 사랑하시며, 성도들과 소통하시고, 성도들을 가르치고 인도하며 위로하고 징계하신다. 성령께서는 슬퍼하실 수 있고, 소멸되실 수 있으며, 거짓말의 대상이 되실 수 있고, 시험받으실 수 있으며, 거부되실 수 있고, 모독을 받으실 수 있다. 성경은 성령의 전지(全知), 전능, 무소부재, 신적 영광과 거룩을 말한다. 성령께서는 하나님, 주, 하나님의 영, 주의 영, 야웨(여호와)의 영, 아버지의 영, 아들의 영, 예수의 영, 신자들의 위로자(Comforter, 보혜사)요 대언자라 불리신다.

성경은 성령께서 아버지와 아들과 함께 창조에 온전히 참여하셨고, 모든 신자와 함께 계시며, 오순절 전에도 이들에게 능력을 주셨다고 계시한다. 성령께서는 언제나 사람들로 죄를 깨닫게 하시고, 진정으로 믿는 자들에게 구원을 주시며, 이들에게 하나님을 바르게 예배하고 그분께 바르게 순종하며 그분을 바르게 섬기도록 가르치신다. 성령께서는 신적 행위자(divine agent)로서 특별히 하나님의 종들에게 임하셨으며 하나님이 주권적으로 선택하신 사람들을 감동시켜 하나님의 말씀을 기록하게 하셨다. 참신자들은 언제나 인간의 힘이나 능력이 아니라 성령으로 하나님을 섬겼다(참조. 슥 4:6). 성령은 예수님이 인간으로 잉태되시는 과정에 관여하셨고, 예수님의 세례와 기름부음과 유혹과 가르침과 이적과 죽음과 부활에도 관여하셨다.

오순절 이후, 성령께서 모든 신자에게 충만히 내주하면서 이들을 비추어 하나님의 말씀을 이해하고 적용하게 하실 뿐 아니라 이들에게 능력을 주어 이전 어느 때보다 크게 성화되게 하신다. 성령께서 이들을 채우고, 이들을 인치며, 이들과 교통하고, 이들과 교제하며, 이들을 위해 중보하고, 이들을 위로하며, 이들을 훈계하고, 이들을 거룩하게 하며, 이들이 죄에 맞서고 하나님을 섬길 수 있게 하신다.

현제 단락에서(롬 8:5-13), 바울은 의롭다 하심의 무수한 결과, 특히 정죄에서 벗어남으로써 얻는 놀라운 유익을 계속 드러낸다. 바울은 2-3절에서 성령께서 우리를 죄와 사망에서 해방하셨음을 논했고, 4절에서 성령께서 우리가 하나님의 율법을 성취할 수 있게 하셨음을 논했다. 5-13절에서, 바울은 성령께서 우리의 본성을 바꾸시며 구속받지 못한 육신에게 승리하도록 우리에게 힘을 주신다는 것도 보여준다.

성령께서 우리의 본성을 바꾸신다

5육신을 따르는 자는 육신의 일을, 영을 따르는 자는 영의 일을 생각하나니, 6육신의 생각은 사망이요 영의 생각은 생명과 평안이니라. 7육신의 생각은 하나님과 원수가 되나니, 이는 하나님의 법에 굴복하지 아니할 뿐 아니라 할 수도 없음이라. 8육신에 있는 자들은 하나님을 기쁘시게 할 수 없느니라. 9만일 너희 속에 하나님의 영이 거하시면 너희가 육신에 있지 아니하고 영에 있나니, 누구든지

그리스도의 영이 없으면 그리스도의 사람이 아니라. [10]또 그리스도께서 너희 안에 계시면 몸은 죄로 말미암아 죽은 것이나 영은 의로 말미암아 살아있는 것이니라. [11]예수를 죽은 자 가운데서 살리신 이의 영이 너희 안에 거하시면 그리스도 예수를 죽은 자 가운데서 살리신 이가 너희 안에 거하시는 그의 영으로 말미암아 너희 죽을 몸도 살리시리라. (8:5-11)

4절에서 바울은 신자의 행동에 대해 말하면서 신자는 "육신을 따르지 않고 그 영을 따라 행한다"고 주장한다. 2, 3절에서처럼 5절에서도 접속사 **for**[106]는 '왜냐하면'(because)의 의미를 내포한다. 핵심은 신자는 육신을 따라 행하지 않는다는 것이다. 신자의 새로운 마음과 생각이 더는 육신의 것에 집중하지 않고 죄의 지배를 받지 않기 때문이다.

하나님이 보시기에, 세상에는 두 종류의 사람이 있을 뿐이다. 하나님께 속하지 않은 사람과 하나님께 속한 사람이다. 달리 말하면, **육신을 따르는 자**와 **영을 따르는 자**가 있을 뿐이다. 영적 삶과 관련해, 하나님은 성별, 나이, 교육, 재능, 계급, 인종을 비롯해 그 어떤 인간적 차이도 고려하지 않으신다(갈 3:28). 하나님은 사람을 순전히 그 사람과 그분의 관계로 구별하시며 그 차이는 절대적이다.

분명히 두 범주 모두 정도가 있다. 구원받지 못한 사람 중에 수준 높은 도덕적 행위를 하는 사람들이 있는 반면에 성도 중에 하나님의 일에 마땅히 마음을 두어야 하는 만큼 두지 않는 사람들이 많다. 그러나 모든 인간의 영적 상태는 하나님께 속하거나 속하지 않거나 둘 중 하나다. 한 사람의 육체가 일부는 죽고 일부는 살아 있을 수 없듯이, 영도 일부는 죽고 일부는 살아 있을 수 없다. 중간은 없다. 용서받아 하나님 나라에 있거나 용서받지 못해 세상

---

106 NASB 5절은 다음과 같다:
For those who are according to the flesh set their minds on the things of the flesh, but those who are according to the Spirit, the things of the Spirit(왜냐하면 육신을 따르는 자들은 육신의 일에 마음을 두지만 그 영을 따르는 자들은 그 영의 일에 마음을 두기 때문이다).

나라에 있거나 둘 중 하나다. 하나님의 자녀이거나 사탄의 자녀이거나 둘 중 하나다.

이 문맥에서, **따르는(according to)**은 기본 영성을 가리킨다. 헬라어[107]를 문자 그대로 **따르고** '있는' **자들(those being according to)**로 옮길 수 있으며 한 사람의 근본 본성이나 경향이나 성향을 말한다. **육신을 따르는 자(those who are according to the flesh)**는 구원받지 못한 자, 용서받지 못한 자, 구속받지 못한 자, 거듭나지 못한 자다. **영을 따르는 자(those who are according to the Spirit)**는 구원받은 자, 용서받은 자, 구속받은 자, 거듭난 하나님의 자녀다. 바울이 몇 절 뒤에서 지적하듯이, 구원받지 못한 자들은 육신을 따를 뿐 아니라 육신에 있으며 성령께서 내주하지 '않으신다'. 반대로, 구원받은 자들은 성령을 따를 뿐 아니라 성령'에'(in) 있으며 성령께서 '내주하신다'(9절). 바울은 여기 5절에서 한 사람의 삶이 갖는 결정적인 영적 '패턴'을 말하고 있는 반면에, 8-9절에서는 한 사람의 삶이 갖는 영적 '영역'을 말하고 있다.

생각하나니(set their minds) 뒤에 자리한 동사 '프로네오'(*phroneō*)는 마음이나 지성 자체(헬. *nous*)가 아니라 마음의 방향과 성향과 사고 패턴을 가리킨다. 이것은 한 사람의 추론뿐 아니라 감정과 의지도 포함한다. 바울은 빌립보서에서 같은 동사를 사용해 신자들을 권면한다. "너희 안에 이 마음을 품으라. 곧 그리스도 예수의 마음이니"(2:5; 2:2, 3:15, 19, 골 3:2도 보라).

구속받지 못한 자들의 기본 성향은 "육체를 따라 더러운 정욕 가운데서 행하는" 것이다(벧후 2:10). 잃은 자들은 "그들의 마침은 멸망이요 그들의 신은 배요 그 영광은 그들의 부끄러움에 있고 땅의 일을 생각하는 자"이다(빌 3:19). **육신의 일**은 거짓 철학과 종교를 포함하며, 이것들은 자기 이익과 자기 노력을 통해 노골적으로 또는 미묘하게 하나같이 **육신**에 호소한다.

그러나 **영을 따르는 자는 영의 일**에 마음을 둔다고 바울은 말한다. 바꾸어 말하면, 하나님께 속한 자들은 경건한 일에 관심을 둔다. 조나단 에드워즈가 그렇게 말하길 좋아했듯이, 이들은 "거룩한 감정들"(holy affections), 곧 하나님

---

107 *kata*(전치사): down, against, according to

과 성화를 향한 깊은 갈망이 있다. 바울이 로마서 7장에서 분명히 하듯이, 하나님의 자녀라도 때로 하나님을 향한 순종이 흔들린다. 그러나 바울이 자신에 관해 말했듯이, 그런데도 이들은 "속사람으로는 하나님의 법을 즐거워한다"(롬 7:22). 숱한 영적 실패에도 불구하고, 이들의 기본 성향과 내면의 깊은 관심사는 **영의 일**과 관련이 있다.

'프로네마'(*phronēma*, **the mind, 마음**)는 5절에 사용된 동사의 명사형이며, 그 동사처럼 마음 자체가 아니라 마음의 내용이나 사고 패턴을 가리킨다. 의미심장하게도, 바울은 **육신의 생각**(**the mind set on the flesh,** 육신에 고정된 마음)이 **사망**으로 '이어진다'(leads)고 말하지 않고 육신의 생각이 사망이라고 말한다. 구원받지 못한 사람은 영적으로 이미 죽었다. 바울은 영적 결과가 아니라 영적 등식을 말하고 있다. 이 관계에 포함된 결과는 거꾸로다. 다시 말해, 구속받지 못한 자들은 영적으로 이미 죽었으므로 **육신의 생각**을 할 수밖에 없다. 바울은 에베소 신자들에게 일깨웠다. 구원받기 전, 이들은 모두 "[자신들의] 허물과 죄로 죽었다"는 것이다(엡 2:1).

물론, 어떤 의미에서 죄는 사망으로 '이어진다'. 이사야는 이스라엘에게 이렇게 외쳤다. "오직 너희 죄악이 너희와 너희 하나님 사이를 갈라놓았고 너희 죄가 그의 얼굴을 가리어서 너희에게서 듣지 않으시게 함이니라"(사 59:2). 로마서 조금 앞에서, 바울은 "죄의 삯은 사망이요"(6:23) "우리가 육신에 있을 때에는 율법으로 말미암는 죄의 정욕이 우리 지체 중에 역사하여 우리로 사망을 위하여 열매를 맺게 하였더니"라고 설명했다(7:5; 참조. 갈 6:8).

그러나 이 단락에서 바울은 모든 불신자가 몸과 마음이 매우 생생하게 살아 움직이는 동안에도 이미 사망한 상태라는 것을 강조한다. 바울은 고린도 신자들에게 이렇게 설명했다. "육에 속한 사람은 하나님의 성령의 일들을 받지 아니하나니, 이는 그것들이 그에게는 어리석게 보임이요, 또 그는 그것들을 알 수도 없나니 그러한 일은 영적으로 분별되기 때문이라"(고전 2:14).

몇 년 전, 자동차 사고로 죽은 여자 아기의 장례를 집례했다. 그러나 장례 전, 어머니는 관에 다가가 생명 없는 아기를 품에 안고 어루만지며 아기에게 가만히 속삭였다. 물론, 아기는 육체적 영역에서 아무 반응도 할 수 없었다.

반응할 생명이 없기 때문이었다. 구원받지 못한 자는 영적으로 시체이며, 따라서 혼자 힘으로 하나님의 일에 전혀 반응할 수 없다. 성령께서 개입해 그로 죄를 깨닫게 하고 하나님께 믿음으로 반응할 수 있게 하셔서 이로써 살아나지 않으면, 죽은 아기가 엄마의 손길과 목소리에 무감각했듯이, 구원받지 못한 자도 하나님의 일에 무감각하다.

영의 생각은 생명과 평안이니라. 바울은 또다시 결과가 아니라 하나의 등식을 말한다. **영의 생각**, 곧 하나님의 일에 고정된 마음은 **생명과 평안**과 같고 생명과 평안은 그리스도인이라는 사실과 같다. **영의 생각**, 곧 영에 고정된 마음은 그리스도인의 동의어, 곧 거듭났으며 그의 믿음을 통해 역사하는 하나님의 은혜로 영적 **생명**을 얻은 사람의 동의어다.

영의 생각은 영적 **평안** 곧 하나님과의 평화의 동의어이기도 하다. 구원받지 못한 자는 제 아무리 하나님을 높이고 예배하며 사랑한다고 주장하더라도 하나님의 원수다. 이것은 바울이 이 서신에서 이미 말한 진리다. 바울은 말한다. 우리는 구원받기 전에 모두 하나님의 원수였다(5:10). 하나님 안에서 새 **생명**을 가진 자만이 하나님과 평화(**peace, 평안**)한다.

이 진리의 당연한 추론은 영적 **생명과 평안**을 포함하는 **영의 생각**을 가지면서도 하나님의 일에 그대로 죽어 있기란 불가능하다는 것이다. 스스로 그리스도인이라면서 하나님의 일에 무감각하고 "거룩한 감정들"이 없다면 하나님께 속하지 않은 사람이다. 단순히 그리스도인이라고 고백하는 사람이라고 해서 육신과 싸우는 게 아니다. 그는 사실상 자연스럽게도 여전히 육신의 일에 기울어져 있기 때문이다. 그는 육신의 일을 갈망하며 육신의 일이 그에게 자연스럽다. 여전히 육신에 있으며 온통 육신의 일을 생각하기 때문이다.

불신자는 자신을 위해 스스로 세웠거나 자신이 속한 교단을 비롯한 종교기관이 세운 종교적 기준과 규범에 맞게 살지 못하는 것을 깊이 걱정하고 이 목표를 달성하려 분투할는지 모른다. 그러나 그의 분투는 순전히 인간적인 것이다. 그의 분투는 하나님 사랑이 아니라 자기 사랑에서 비롯되고 자기 사랑이 낳는 욕망, 곧 더 큰 인간적 성취를 토대로 하나님이나 사람에게 더 잘 보이려는 욕망에서 비롯된다. 그가 그 어떤 종교적 · 도덕적 분투를 하더라도,

그것은 육신을 거스르는 성령의 문제가 아니라 육신과 함께하는 육신의 문제다. 성령은 육신적인 사람 속에 계시지 않고 육신적인 사람은 성령 안에 있지 않기 때문이다.

바울이 로마서 7장에서 자신의 삶을 들어 설명했듯이, 참 그리스도인은 육신과 싸운다. 그의 죽을 몸이 여전히 죄악된 옛 방식에 매달려 있고 그를 유혹해 그 방식으로 되돌리려 하기 때문이다. 그러나 그는 이제 육신'에'(in, 안에) 있지 않고 성령'에'(안에) 있다. 바울은 참신자들을 이렇게 말했다. "육체의 소욕은 성령을 거스르고 성령은 육체를 거스르나니, 이 둘이 서로 대적함으로 너희가 원하는 것을 하지 못하게 하려 함이니라"(갈 5:17). 그는 뒤이어 이렇게 말한다. 그러나 "만일 우리가 성령으로 살면 또한 성령으로 행할지니"(25절; 참조. 16절). 바꾸어 말하면, 신자의 새 본성은 신성하고(divine) 하나님의 영이 내주하시기 때문에, 신자는 이에 합당하게 행하려 한다.

주목해야 할 중요한 사실이 있다. 바울은 그리스도인의 삶에 자리한 죄를 말할 때 늘 조심스럽게 죄와 새로운 내적 본성을 동일시하지 않고 죄와 부패한 겉몸(outer, corrupted body)을 동일시한다. 신자가 그리스도를 믿을 때 그의 육신이 구속받는 게 아니다. 만약 그렇다면 모든 그리스도인이 구원받는 즉시 완전해질 것인데, 이것은 성경의 증언이 아니더라도 분명히 사실이 아니다. 구속받지 못한 인성(unredeemed humanness)의 죄악된 찌꺼기는 그리스도인이 세상을 떠나 주님과 함께할 때야 없어질 것이다. 이런 까닭에, 신약성경은 때로 그리스도인의 구원을 미래 시제로 말한다(롬 13:11을 보라). 바울은 8장 조금 뒤에서 이미 구원받은 자들을 이렇게 말한다. "우리 곧 성령의 처음 익은 열매를 받은 우리까지도 속으로 탄식하여 양자 될 것 곧 우리 몸의 속량을 기다리느니라"(롬 8:23). 그는 고린도 신자들에게 이렇게 설명했다. "죽은 자의 부활도 그와 같으니, 썩을 것으로 심고 썩지 아니할 것으로 다시 살아나며, 욕된 것으로 심고 영광스러운 것으로 다시 살아나며, 약한 것으로 심고 강한 것으로 다시 살아나며, 육의 몸으로 심고 신령한 몸으로 다시 살아나나니, 육의 몸이 있은즉 또 영의 몸도 있느니라"(고전 15:42-44).

구속받지 못한 자가 제아무리 자신을 희생하며 도덕적이고 진실하게 살더라도 그의 종교적 노력은 이기적이다. 그는 **육신의 생각(the mind set on the flesh)**에 매여 진정으로 하나님을 섬길 수 없기 때문이다. 바울은 다시(참조. 6절) '프로네마'(*phronēma*, **the mind, 마음**)라는 용어를 사용하는데, 이것은 한 사람의 속마음, 사고 패턴, 기본 성향과 방향을 가리킨다. 이러한 **육신**의 성향이나 경향은 실제 불순종보다 훨씬 깊이 자리하고 심각한데, 실제 불순종은 거듭나지 못한 자의 내면에서 일어나는 육신적 충동이 겉으로 드러난 것일 뿐이다.

종교인이든 무신론자든, 겉으로 도덕적이든 사악하든, 구속받지 못한 자는 모두 **하나님과 원수**다. 구원받지 못한 자는 경건하고 의로운 본성이나 자원이 없기 때문에 경건하고 의롭게 살 수 없다. 그러므로 그는 하나님이나 하나님의 일을 향한 참된 사랑을 가질 '수 없다'. 죄악되고 육신적인 그의 생각은 **하나님의 법에 굴복하지 아니할 뿐 아니라 할 수도 없다.** 설령 그 삶이 선행의 본보기로 보이더라도, 불신자는 참으로 선한 일을 전혀 할 수 없다. 그는 하나님에게서 동기나 힘을 얻지 않기 때문이며 그의 일은 육신이 자기중심적 이유에서 하는 것이라 결코 하나님의 영광이 될 수 없기 때문이다. 그러므로 육신의 생각이 하나님의 법에 굴복하지 않을뿐더러 할 수도 없다면 **육신에 있는 자들은 하나님을 기쁘시게 할 수 없는** 게 분명하다.

인간은 하나님을 기쁘게 하도록 창조되었다. 바울은 로마서의 실천(적용) 단락이 시작되는 부분에서 이렇게 말한다. "그러므로 형제들아, 내가 하나님의 모든 자비하심으로 너희를 권하노니, 너희 몸을 하나님이 기뻐하시는 거룩한 산 제물로 드리라. 이는 너희가 드릴 영적 예배니라. 너희는 이 세대를 본받지 말고 오직 마음을 새롭게 함으로 변화를 받아 하나님의 선하시고 기뻐하시고 온전하신 뜻이 무엇인지 분별하도록 하라"(롬 12:1-2). 이와 비슷하게, 고린도 신자들에게 "몸으로 있든지 떠나든지 주를 기쁘시게 하는 자가 되기를" 힘쓰라고 권면했다(고후 5:9; 참조. 엡 5:10; 빌 4:18). 또한 데살로니가 신자들에게 이렇게 권면했다. "너희가 마땅히 어떻게 행하며 하나님을 기쁘시게 할 수 있는지를 우리에게 배웠으니, 곧 너희가 행하는 바라. 더욱 많이 힘쓰라"(살전 4:1).

바울은 육신에 있는 자들의 영적 특징과 무능을 기술한 후 **육신에 있지 않고 영에 있는** 자들에 대해 다시 말한다. 예수님이 니고데모에게 설명하셨듯이 "육으로 난 것은 육이요 영으로 난 것은 영이다"(요 3:6). 죄악된 인간의 육신은 더욱 죄악된 인간의 육신을 낳을 수 있을 뿐이다. 오직 하나님의 성령만이 영적 생명을 낳으실 수 있다.

구원하는 믿음을 시험하는 기준은 성령의 내주하심이다. 바울은 이렇게 말하고 있다. "**만일 너희 속에 하나님의 영이 거하시면** 너희의 구원을 확신해도 좋다." '오이케오'(*oikeō*, **dwells, 거하다**)는 자신의 집에 있다는 의미를 내포한다. 놀랍고 이해할 수 없는 방식으로, **하나님의 영**이 예수 그리스도를 믿는 모두의 삶에 자신의 집을 마련하신다.

정반대 경우도 참이다. **누구든지 그리스도의 영이 없으면 그리스도의 사람이 아니라.** 자신의 삶에서 하나님의 영의 임재와 능력과 열매를 보여주지 못하는 사람은 그리스도를 자신의 구주와 주님이라고 정당하게 주장할 수 없다. 하나님의 일을 향한 갈망을 보여주지 못하고 죄를 피하는 성향이나 하나님을 기쁘게 하려는 열정이 없다면, 이런 사람은 성령께서 내주하지 않으시기에 그리스도께 속한 사람이 아니다. 바울은 스스로 그리스도인이라 주장하는 자들에게 권면한다. 이러한 냉정한 진리에 비추어 "너희는 믿음 안에 있는가 너희 자신을 시험하고 너희 자신을 확증하라. 예수 그리스도께서 너희 안에 계신 줄을 너희가 스스로 알지 못하느냐? 그렇지 않으면 너희는 버림받은(fail the test, 시험에 떨어진) 자니라"(고후 13:5).

바울은 계속해서 신자들에게 말한다. **또 그리스도께서 너희 안에 계시면 몸은 죄로 말미암아 죽은 것이나 영은 의로 말미암아 살아있는 것이니라.** 바꾸어 말하면, 하나님의 영이 우리 안에 거하시면 우리의 **영은 의로 말미암아,** 다시 말해 하나님이 전가하신 의, 곧 모든 신자로 의롭게 하심을 얻게 하는 의 때문에 **살아있는 것이다**(롬 3:21-26). 이 완전한 의에 비춰볼 때, 의로워지려는 인간의 모든 시도는 쓰레기일 뿐이다(빌 3:8).

바울은 자신이 방금 5-10절에서 선언한 것을 요약한다. **예수를 죽은 자 가운데서 살리신 이의 영이 너희 안에 거하시면 그리스도 예수를 죽은 자 가운데서 살리**

신 이가 너희 안에 거하시는 그의 영으로 말미암아 너희 죽을 몸도 살리시리라. 이번에도 그리스도의 부활을 일으킨 신적 행위자(divine agent)는 성령이셨다. 성령께서 예수님을 육체적 죽음에서 일으켜 그분의 죽을 몸에 생명을 주셨듯이, 신자 안에 거하시는 성령께서 그에게 새 생명을 이제와 영원히 주신다(참조. 요 6:63; 고후 3:6).

우리가 육신에게 승리하도록 성령께서 능력을 주신다

> **[12]그러므로 형제들아, 우리가 빚진 자로되 육신에게 져서 육신대로 살 것이 아니니라. [13]너희가 육신대로 살면 반드시 죽을 것이로되 영으로써 몸의 행실을 죽이면 살리니, (8:12-13).**

17세기 청교도 리처드 백스터(Richard Baxter, 1615-1691)는 자주 재출간되는 저서 『참된 목자』(*The Reformed Pastor*)[108]에서 이렇게 말한다.

> 여러분이 다른 사람들에게 짓지 말라고 설교하는 그 죄를 정작 여러분 자신이 짓지 않도록 자신을 살피십시오. 여러분이 매일 정죄하는 그 죄를 정작 여러분 자신이 짓지 않도록 자신을 살피십시오. 여러분은 하나님을 높이는 것을 자신의 일로 삼고 그 일을 한 후에 다른 사람들만큼이나 그분을 욕되게 하려 합니까? 여러분은 그리스도의 통치 능력을 선포하고 나서 정작 자신이 그 능력을 정죄하고 자신을 배신하려 합니까? 여러분은 그분의 법을 선포한 후에 그 법을 의도적으로 어기려 합니까? 죄가 악하다면, 여러분은 왜 죄 가운데 삽니까? 죄가 악하지 않다면, 여러분은 왜 사람들에게 죄를 버리라고 합니까? 죄가 위험하다면, 어떻게 여러분은 위험을 무릅 쓰고 죄를 짓습니까? 죄가 진짜가 아니라면, 왜 여러분은 쓸데없이 죄를 들먹이며 사람들을 괴롭히고 이유 없이 사람들을 두려움에 몰아넣습니까? 여러분은 "이 같은 일들을 행하는 자는 죽어 마땅하다는 하나님의

---

108 『참된 목자』, 고성대 옮김(CH북스, 2016)

심판을 알면서도" 그 일들을 행합니까(롬 1:32)? 여러분은 "다른 사람을 가르치면서 정작 자신은 가르치지 않습니까? 여러분은 사람들에게 간음하지 말라고 하면서 도리어 스스로 간음합니까?" 또는 술 취하지 말라거나 탐심을 품지 말라고 가르치면서 정작 자신은 술 취하고 탐심을 품습니까(롬 2:21-22)? "여러분은 율법을 자랑하면서 정작 자신이 율법을 어김으로써 여러분의 하나님을 욕되게 합니까?"(롬 2:23). 이게 무슨 짓입니까? 악하지 말라고 말하는 혀로 악을 말하겠습니까? 다른 사람들에게 그러지 말라고 호소하는 입술로 여러분의 이웃을 비난하고 모략하며 헐뜯겠습니까? 죄짓지 말라고 호소하면서 정작 자신은 죄에 굴복하지 않도록 자신을 살피십시오. 여러분이 다른 사람들에게서 제거하려는 죄에 여러분 자신이 굴복하고 종이 되지 않도록 자신을 살피십시오. "누구든지 진 자는 이긴 자의 종이 됩니다"(벧후 2:19). "여러분은 누구에게든 자신을 종으로 내주어 순종하면 그 사람의 종이므로 그에게 순종해야 합니다. 여러분은 죄의 종으로 사망에 이르든지 순종의 종으로 의에 이릅니다"(롬 6:16). 형제 여러분, 죄를 이기는 것보다 죄를 꾸짖는 게 더 쉽습니다.…많은 재단사가 다른 사람들에게는 값비싼 옷을 지어주면서 자신은 누더기를 걸칩니다. 많은 요리사가 다른 사람들을 위해 더없이 값비싼 요리를 하면서도 자신은 입에 겨우 풀칠이나 합니다. ([Carlisle, Pa.: Banner of Truth, 1974], pp. 67-68)

바울이 방금 분명히 했듯이(5-11절), 모든 참 그리스도인은 하나님의 영이 내주하시므로 그의 새로운 영적 삶은 세상적이고 육신적인 관심사와 행동이 아니라 하나님의 일이 특징이다. 이제 12-13절에서 바울의 강조점은 신자의 책임, 곧 내주하시는 성령을 통해 자신의 삶에서 죄를 제거할 책임으로 옮겨간다.

그러므로(so then)라는 어구로, 바울은 자신의 서신을 읽는 신자들에게 그리스도인들이 내주하시는 성령을 통해 죄를 이기는 놀라운 특권을 일깨운다. 8:1-11에서, 바울은 신자들과 관련해 다음 몇 가지를 지적했다. 신자들은 더는 하나님의 정죄 아래 있지 않으며, 죄와 사망의 법에서 해방되었고, 더는 죄의 지배 아래 있지 않으며, 성령으로 행하고, 영의 일을 생각하며, 성령을 통해 생명과 평안을 얻는다.

성경이 신자들에게 하는 권면은 모두 이들이 이미 주님에게서 받은 복과 약속에 기초한다. 그분이 공급하시는 것들이 없다면 우리는 그분에게서 받은 명령을 행할 수 없을 것이다. 예를 들면, 하나님이 이스라엘에게 땅을 약속하시고 그 땅을 정복하도록 이들을 준비시키신 후에야 이들은 그 땅을 취하라는 명령을 받았다. 로마서에서, 바울은 자신의 서신을 읽는 신자들에게 그들의 큰 영적 특권을 무수히 일깨운 후 12장에 가서야 주된 권면을 시작한다. 에베소서의 경우, 바울은 먼저 1-3장에서 주로 영적 유익을 열거한다. 3장 말미에 아름다운 영광송을 시작하기 전, 이렇게 기도한다. "[하나님이] 그의 영광의 풍성함을 따라 그의 성령으로 말미암아 너희 속사람을 능력으로 강건하게 하시오며, 믿음으로 말미암아 그리스도께서 너희 마음에 계시게 하시옵고, 너희가 사랑 가운데서 뿌리가 박히고 터가 굳어져서 능히 모든 성도와 함께 지식에 넘치는 그리스도의 사랑을 알고 그 너비와 길이와 높이와 깊이가 어떠함을 깨달아 하나님의 모든 충만하신 것으로 너희에게 충만하게 하시기를 구하노라"(엡 3:16-19). 그 후에야 동료 신자들에게 권한다. "너희가 부르심을 받은 일에 합당하게 행하라"(4:1). 비슷한 패턴이 갈라디아서, 빌립보서, 골로새서에도 나오며 흔히 '그러므로'라는 단어로 시작한다.

바울은 이 본문에서 권면하기 전에, 자신의 서신을 읽는 신자들을 애정을 담아 **형제들**이라 부르며, 이들을 동료 그리스도인들, 하나님이 육신을 이기는 승리를 약속하신 자들이라 밝힌다. 그는 우월감이나 가부장적 용어가 아니라 존중과 평등의 용어를 사용해 그리스도 안에 있는 형제들과 자매들을 가리킨다.

그런 후 바울은 육신을 이기는 하나님의 승리 패턴을 제시한다. 성령께서 내주하시는 하나님의 자녀로서, 우리는 **육신에게** 의무(**obligation**, 빚), 곧 **육신대로 살** 의무가 없다. **육신**은 죄가 우리의 몸을 통해 낳는 경건치 못한 동기와 감정과 원리와 목적과 말을 비롯해 인간의 죄악된 욕망이 뒤섞인 추악한 복합체다. **육신대로 산다(to live according to the flesh)**는 것은 이 추악한 복합체의 지배와 통제를 받는다는 뜻이다. 그리스도께서 우리를 위해 이루신 구원 사역 때문에, 죄악된 육신이 더는 우리를 지배하지 못하고 우리를 약하게 만들어 우리 모두가 태어났던 부패의 구덩이에 다시 끌어들이지 못한다. 이런 까닭에, 우리는 이제 **육신**의 지배를 받아 육신의 죄악된 방식으로 **살지** 않는다.

사람이 **육신대로 살면 반드시 죽을 것이다.** 바울은 참신자들에게 육신의 방식들로 되돌아가면 구원을 잃고 정죄 받아 사망에 이를 수 있다고 경고하는 게 아니다. 그는 이미 절대적 확신을 주었다. "그러므로 이제 그리스도 예수 안에 있는 자에게는 결코 정죄함이 없나니"(8:1). 그는 오히려 **육신**의 일이 삶의 특징인 사람은 그의 종교적 소속이나 활동이 어떻든 간에 참 그리스도인이 아니며 영적으로 죽었다고 말하고 있다. 그가 참믿음으로 그리스도께 나오지 않는다면 하나님의 마지막 심판 때 둘째 죽음을 **반드시 죽을 것이다.**

뒤이어 바울은 참 그리스도인들이 더는 죄에게 의무(빚)가 없고 죄에 매이지 않으며 더는 죄의 정죄 아래 있지 않는 이유를 다시 말한다. 우리가 주님을 만날 때까지 **육신**은 아주 질기게 우리에게 늘 영향을 미칠 테지만 그렇더라도 죄가 우리의 삶을 계속 더럽힌다면 우리는 변명할 수 없다. 그리스도인의 의무는 이제 육신이 아니라 **영(Spirit)**에 대한 것이다. **육신대로 살** 때 나타나는 **몸의 행실**을 대적하고 **죽일** 수 있는 자원, 곧 그리스도의 **영**이 우리 안에 있다.

몸의 행실을 죽임은 하나님의 자녀에게서 나타나는 특징이다. 스코틀랜드 신학자 데이비드 브라운(David Brown)은 이렇게 썼다. "당신이 죄를 죽이지 않으면 죄가 당신을 죽인다." 예수님은 이렇게 말씀하셨다. "만일 네 오른 눈이 너로 실족하게 하거든 빼어 내버리라. 네 백체 중 하나가 없어지고 온 몸이 지옥에 던져지지 않는 것이 유익하며, 또한 만일 네 오른손이 너로 실족하게 하거든 찍어 내버리라. 네 백체 중 하나가 없어지고 온 몸이 지옥에 던져지지 않는 것이 유익하니라"(마 5:29-30). 죄를 처리하는 데 과도한 행동이란 없다. 죄에서 돌이켜 예수 그리스도를 믿어 지옥에서 영원한 죽음의 형벌을 피하는 데 어떤 대가도 크지 않다.

성경에는 자기 점검을 위한 단락이 많다. 바울은 여기서 그중 하나를 제시한다. 앞서 말했듯이, 자신의 삶에서 하나님의 영의 임재와 능력과 열매를 보여주지 못하는 사람은 그리스도를 자신의 구주와 주님이라고 정당하게 주장할 수 없다. 이 진리의 분명한 이면은 육신의 죄악된 방식이 삶의 특징인 사람은 여전히 육신에 있고 그리스도 안에 있지 않다는 것이다. 신자들은 하나님의 "만드신 바라. 그리스도 예수 안에서 선한 일을 위하여 지으심을 받은 자니, 이 일은 하나님이 전에 예비하사 우리로 그 가운데서 행하게 하려 하심이니라"고 선언할 때(엡 2:10) 바울은 바람이 아니라 사실을 말하고 있다.

고린도교회의 많은 구성원처럼, 미숙하고 불순종하는 그리스도인은 필연적으로 이런저런 육신의 길에 빠질 것이다(고전 3:1을 보라). 사도가 된 지 여러 해 후, 바울은 자신도 여전히 영적으로 흠이 없지 않다고 고백했다. 그는 빌립보 신자들에게 이렇게 말했다. "내가 이미 얻었다 함도 아니요 온전히 이루었다 함도 아니라. 오직 내가 그리스도 예수께 잡힌 바 된 그것을 잡으려고 달려가노라. 형제들아, 나는 아직 내가 잡은 줄로 여기지 아니하고 오직 한 일 즉 뒤에 있는 것은 잊어버리고 앞에 있는 것을 잡으려고 푯대를 향하여 그리스도 예수 안에서 하나님이 위에서 부르신 부름의 상을 위하여 달려가노라"(빌 3:12-14). 바울은 그리스도 안에서 완전한 의를 이루는 것이 인생 최고 목표였으나 아직 그 의를 이루지 못했다. 육신이 때로 그의 뒷덜미를 잡아 그리스도와 교제하는 온전한 기쁨을 잠시 방해했지만, 그의 마음에 자리한 기본 바람은 그의 주님께 순종하고 그분을 기쁘게 하는 것이었다.

그리스도인을 자처하는 사람이 습관적으로 죄 가운데 살면서 회개나 용서나 예배나 다른 신자들과의 교제에 관심이 전혀 없다면 그리스도의 이름을 헛되이 부르고 있다는 증거다. 교회의 많은 거짓 그리스도인이 자신의 삶을 겉보기에 깨끗하게 유지하려 애쓴다. 그러면 다른 사람들이 그를 더 높이 평가하기 때문이며, 자신이 도덕적으로 행동하고 친절하게 행동하면 그러지 않을 때보다 자신을 더 자랑스럽게 느끼기 때문이다. 그러나 우리 시대의 많은 사람에게 인기를 끄는 심리적 만병통치약인 자신을 더 좋게 느끼는 것은 교만하고 죄악된 육신, 인간의 구속받지 못한 이기심, 경건하지 못한 인성의 핵심이다. 하나님이 아니라 자신을 위해 선을 행하는 것은 결코 선을 행하는 게 아니라 자기 사랑의 죄를 위선적으로 투영하는 것일 뿐이다.

세상은 갈수록 자기 사랑과 자기 성취를 옹호하기에 성적 난잡함과 학대와 도착의 문제, 도둑질과 거짓말과 살인과 자살과 절망의 문제를 비롯해 온갖 도덕적 · 사회적 질병이 기하급수적으로 늘어나고 있으며, 이는 놀랄 일이 아니다.

반대로, 참신자가 살아가는 패턴은 그가 그리스도를 고백할 뿐 아니라 그리스도의 **영으로** 살며 죄악되고 불경건한 **몸의 행실을 죽이는** 일이 몸에 뱄다는 것을 보여준다. 따라서 그는 살 것이다**(will live, 살리니)**. 다시 말해, 그리스도 안에서 얻은 영원한 생명을 충만하게 소유하고 보존할 것이다.

하나님이 아말렉 족속과 그 가축을 '모조리' 죽이라 명하셨을 때, 사울 왕은 온전히 순종하지 않고 아각 왕을 살려두었을 뿐 아니라 가축 중에 가장 좋은 것들을 전리품으로 챙겼다. 사무엘 선지자가 이 부분을 지적했을 때, 사울은 백성이 일부 가축을 살려두자고 고집했고 그 가축을 하나님께 제물로 드릴 것이라 주장하며 자신의 행동을 애써 변호했다. 사무엘은 왕을 꾸짖으며 말했다. "여호와께서 번제와 다른 제사를 그의 목소리를 청종하는 것을 좋아하심 같이 좋아하시겠나이까? 순종이 제사보다 낫고 듣는 것이 숫양의 기름보다 나으니"(삼상 15:22). 왕이 자비를 간절히 구했는데도, 사무엘은 뒤이어 이렇게 선포했다. "여호와께서 오늘 이스라엘 나라를 왕에게서 떼어 왕보다 나은 왕의 이웃에게 주셨나이다"(28절). 사울은 하나님께 온전히 순종하지 못해 왕위를 잃었다.

하나님의 백성은 초점을 전능자에서 자신과 세상일로 옮길 때 어김없이 다시 죄에 빠진다. 이런 까닭에, 바울은 골로새 신자들에게 이렇게 권면했다. "너희가 그리스도와 함께 다시 살리심을 받았으면 위의 것을 찾으라. 거기는 그리스도께서 하나님 우편에 앉아 계시느니라. 위의 것을 생각하고 땅의 것을 생각하지 말라. 이는 너희가 죽었고 너희 생명이 그리스도와 함께 하나님 안에 감추어졌음이라"(골 3:1-3). 바울은 뒤이어 그리스도인들이 스스로를 그것들에 대해 죽은 자로 여김으로써 죽여야 하는 부분적이지만 대표적인 여러 죄를 열거한다. "땅에 있는 지체를 죽이라. 곧 음란과 부정과 사욕과 악한 정욕과 탐심이니 탐심은 우상숭배니라. 이것들로 말미암아 하나님의 진노가 임하느니라. 너희도 전에 그 가운데 살 때에는 그 가운데서 행하였으나 이제는 너희가 이 모든 것을 벗어 버리라. 곧 분함과 노여움과 악의와 비방과 너희 입의 부끄러운 말이라. 너희가 서로 거짓말을 하지 말라. 옛 사람과 그 행위를 벗어 버리고 새 사람을 입었으니, 이는 자기를 창조하신 이의 형상을 따라 지식에까지 새롭게 하심을 입은 자니라"(5-10절).

바울은 죄와 유혹이 사실상 사라질 때까지 더 높은 영성으로 올라가는 이른바 더 깊은 삶(deeper life)을 주창하는 그룹들과 지도자들이 내세우는 "손 놓고 하나님께 맡겨라"(Let go and let God)라는 철학을 제시하는 것이 아니다. 바울이 로마서 7장에서 아주 감동적으로 증언하듯이, 이것은 그가 약속하거나 개인적으로 경험한 영적 삶이 아니다. 신자는 이 땅에서 몸을 입고 사는 동안 육신의 위험에 굴복하기에 육신의 죄를 계속 죽여야 한다. 오직 천국에서야 실천적 성화가 더는 필요 없게 된다. 그때까지, 모든 신자는 죄를 죽이고 자신의 새로운 주권자 주 예수 그리스도 안에서 그분을 위해 살아야 한다(참조. 롬 6:3-11).

청교도 존 오웬(John Owen, 1616-1683)은 죄의 바다는 늘 더없이 잔잔해 보이지만 고요해 보일 때 깊다고 경고했다(참조. *Sin and Temptation*[109] [Portland, Ore.: Multnomah, 1983], p. xxi). 신자가 자신의 영적 삶에 가장 만족할 때 사탄이 들러붙기 쉽다. 이럴 때, 죄의 우두머리인 교만이 우리의 삶에 어렵지 않게 살며시 들어와 우리로 자신에게 만족함이 하나님 안에서 만족함이라 믿게 한다.

성경은 신자들이 삶에서 죄를 피하고 또 죽이려 할 때 많은 도움이 된다. 첫째, 우리의 육신에 죄가 있음을 인식해야 한다. 우리는 바울처럼 정직하게 고백해야 한다. "내가 한 법을 깨달았노니, 곧 선을 행하기 원하는 나에게 악이 함께 있는 것이로다"(롬 7:21). 우리가 죄를 인정하지 않으면 스스로를 속이고 죄의 영향력에 훨씬 취약해진다. 죄는 인식하고 죽이지 않으면 신자의 삶

109 『죄와 유혹』, 엄성옥 옮김(은성, 1991)

에서 강력하고 파괴하는 힘이 된다. 우리의 남은 인성은 그리스도를 믿기 이전에 살았던 죄악된 방식으로 언제라도 우리를 다시 끌고 갈 준비가 되어 있다. 베드로는 이 진리를 잘 알기에 이렇게 권면한다. "사랑하는 자들아, 거류민과 나그네 같은 너희를 권하노니, 영혼을 거슬러 싸우는 육체의 정욕을 제어하라"(벧전 2:11). 그리스도인들이 죄에 빠질 끊임 없는 위험에 노출되어 살고 있지 않다면 이런 조언은 의미 없을 것이다.

인간의 약점과 한계가 우리의 생각에 미치는 영향 때문에 삶에서 죄를 인식하기 어려울 때가 많다. 죄는 쉽게 위장할 수 있는데, 흔히 하찮고 사소해 보이는 것으로 위장하며 심지어 의롭고 선해 보이는 것으로 위장한다. 그러므로 우리는 다윗처럼 기도해야 한다. "하나님이여, 나를 살피사 내 마음을 아시며 나를 시험하사 내 뜻을 아옵소서. 내게 무슨 악한 행위가 있나 보시고 나를 영원한 길로 인도하소서"(시 139:23-24). 학개가 옛 이스라엘에게 했던 조언은 어느 시대든 신자들에게 유익하다. "너희의 행위를 살필지니라"(학 1:5, 7).

신자들이 삶에서 죄를 죽이는 둘째 방법은 마음을 하나님께 고정하는 것이다. 다윗은 하나님께 이렇게 노래했다. "하나님이여, 내 마음이 확정되었고 내 마음이 확정되었사오니, 내가 노래하고 내가 찬송하리이다"(시 57:7). 또 다른 시편 기자는 이렇게 증언했다. "내 길을 굳게 정하사 주의 율례를 지키게 하소서. 내가 주의 모든 계명에 주의할 때에는 부끄럽지 아니하리이다"(시 119:5-6). 바꾸어 말하면, 우리가 하나님의 말씀을 알고 그 말씀에 순종할 때 죄를 향해 방어진과 공격진을 모두 구축하는 것이다.

신자들이 삶에서 죄를 죽이는 셋째 방법은 하나님의 말씀을 묵상하는 것이다. 우리가 성경에 빠져 우리에게 더 깊은 이해력을 주실 기회를 하나님께 드릴 때만 많은 하나님의 진리가 분명해진다. 다윗은 우리에게 그 예를 제시한다. "내가 주께 범죄하지 아니하려 하여 주의 말씀을 내 마음에 두었나이다"(시 119:11).

우리의 삶에서 죄를 멸하는 넷째 방법은 기도를 통해 정기적으로 하나님과 교제하는 것이다. 베드로는 "너희는 정신을 차리고 근신하여 기도하라"고 명한다(벧전 4:7). 우리는 이런 훈련을 성실히 할 때 이것들이 서로 어떻게 연결되는지 안다. 하나님의 말씀 연구가 어디서 시작하고 묵상이 어디서 시작하는지, 묵상이 어디서 끝나고 기도가 어디서 시작하는지 말하기 어려울 때가 많다.

기도와 관련해 강조해야 할 것이 있다. 참된 기도는 언제나 고백을 반드시 포함해야 한다. 우리는 자신이 하나님께 속하며 정죄로부터 자유롭다고 확신하더라도 결코 그분 앞에 완전히 죄 없이 나아갈 수 없음을 안다. 요한은 신자들에게 경고한다. "만일 우리가 죄가 없다고 말하면 스스로 속이고 또 진리가 우리 속에 있지 아니할 것이요." 그러나 "만일 우리가 우리 죄를 자백하면 그는 미쁘시고 의로우사 우리 죄를 사하시며 우리를 모든 불의에서 깨끗하게 하실 것이요, 만일 우리가 범죄하지 아니하였다 하면 하나님을 거짓말하는 이로 만드는 것이니, 또한 그의 말씀이 우리 속에 있지 아니하니라"(요일 1:8-10). 히브리서 저자는 이렇게 권면한다. "그러므로 우리는 긍휼하심을 받고 때를 따라 돕는 은혜를 얻기 위하여 은혜의 보좌 앞에 담대히 나아갈 것이니라"(히 4:16). 우리는 하나님께 나올 때마다 깨끗이 씻음을 받아야 한다.

진실한 기도는 죄의 속임수를 드러낸다. 하나님의 자녀들이 생각과 마음을 하늘 아버지께 열 때, 그분은 그렇지 않으면 드러나지 않았을 죄를 사랑으로 드러내신다.

우리의 삶에서 죄를 죽이는 다섯째 방법은 하나님께 순종하는 것이다. 삶의 모든 작은 문제에서 그분의 뜻을 행하고 그분의 뜻만 행한다면 혹독한 유혹을 만나더라도 변치 않을 습관을 기를 수 있다.

바울이 7장에서 자신의 삶을 증언하며 이미 분명히 했듯이, 죄를 죽이는 일은 어렵고 느리며 좌절감을 안기기 일쑤다. 사탄은 하나님의 백성을 대적하며 이들을 어떻게든 죄 구덩이로 끌어들이려 한다. 그러나 하나님의 백성이 내주하시는 성령의 능력으로 삶에서 죄를 이길 때 하늘 아버지께 더 가까이 인도될 뿐 아니라 자신이 참으로 그분의 자녀이며 그분 안에서 영원히 안전하다는 확신이 점점 커진다.

신약성경이 은혜 안에서 자라고 온전히 거룩해지며 속사람이 새롭게 되는 것을 말할 때, 그것은 죄 죽이기를 의미한다. 신자들은 일시적으로 육신에 매여 있으며, 육신이 낳는 죄는 신자들이 온전한 경건에 이르지 못하게 막는 유일한 장애물이다.

그러나 바울은 그리스도인들에게 확신을 준다. 그리스도인들은 이생에서 여전히 자신에게 들러붙어 있는 죄악된 육신을 이길 능력이 있다는 것이다. 성령의 초자연적 능력이 없다면 우리의 삶에서 되풀이되는 죄를 결코 죽일 수 없다. 우리에게 자신의 자원밖에 없다면 죄와 벌이는 싸움은 육신이 육신을 이기려는 싸움일 뿐이고 인성이 인성을 이기려는 싸움일 뿐이다. 바울은 심지어 그리스도인으로서 탄식했다. "내 속 곧 내 육신에 선한 것이 거하지 아니하는 줄을 아노니, 원함은 내게 있으나 선을 행하는 것은 없노라"(롬 7:18). 성령이 없으면 그리스도인은 불신자와 다름없이 죄에 맞서고 죄를 이길 능력이 없다.

성령은 하나님의 능력과 사실상 동의어다. 예수님은 승천하기 직전 사도들에게 약속하셨다. "오직 성령이 너희에게 임하시면 너희가 권능을 받고 예루살렘과 온 유대와 사마리아와 땅 끝까지 이르러 내 증인이 되리라"(행 1:8). 나중에 누가는 초기 교회를 다루며 이렇게 기록한다. "하나님이 나사렛 예수에게 성령과 능력을 기름 붓듯 하셨으매, 그가 두루 다니시며 선한 일을 행하시고 마귀에게 눌린 모든 사람을 고치셨으니, 이는 하나님이 함께 하셨음이라"(행 10:38). 자신의 복음서에서, 누가는 천사가 마리아에게 예수님의 신적 잉태와 탄생을 알리는 장면을 전한다. "성령이 네게 임하시고 지극히 높으신 이의 능력이 너를 덮으시리니, 이러므로 나실 바 거룩한 이는 하나님의 아들이라 일컬어지리라"(눅 1:35).

미가 선지자는 이렇게 썼다. "오직 나는 여호와의 영으로 말미암아 능력과 정의와 용기로 충만해져서 야곱의 허물과 이스라엘의 죄를 그들에게 보이리라"(미 3:8). 성전 재건과 관련해, 천사가 스가랴 선지자를 통해 스룹바벨을 독려했다. "만군의 여호와께서 말씀하시되, 이는 힘으로 되지 아니하며 능력으로 되지 아니하고 오직 나의 영으로 되느니라"(슥 4:6). 바꾸어 말하면, 성령의 신적 능력이 스룹바벨을 떠받칠 것이며 그의 일을 방해하려는 악한 자들의 능력을 훨씬 능가할 것이다.

바울은 이 서신 말미에서 많은 이방인이 자신의 사역을 통해 구원받은 것은 오직 "성령의 능력으로" 이루어진 일이라고 말한다(롬 15:19). 그리고 에베소교회 신자들을 위해 이렇게 기도했다. "그의 영광의 풍성함을 따라 그의 성령으로 말미암아 너희 속사람을 능력으로 강건하게 하시오며"(엡 3:16).

바울이 로마서 8:13에서 말하려는 핵심은 그리스도인은 자신 안에 거하시는 **영(the Spirit)**의 능력으로 삶에서 죄에 맞서고 죄를 멸할 수 있다. 바울은 우리에게 일깨운다. "우리의 싸우는 무기는 육신에 속한 것이 아니요 오직 어떤 견고한 진도 무너뜨리는 하나님의 능력이라"(고후 10:4). 성령의 능력에 대한 이러한 확신이 바울이 7:24-25에서 표현한 좌절, 모든 그리스도인이 때때로 직면하는 좌절에 희망을 준다.

바울은 갈라디아 신자들에게 신자와 죄의 싸움을 이렇게 말했다. "육체의 소욕은 성령을 거스르고 성령은 육체를 거스르나니, 이 둘이 서로 대적함으로 너희가 원하는 것을 하지 못하게 하려 함이니라"(갈 5:17). 몇 절 뒤에서 이렇게 선언한다. "그리스도 예수의 사람들은 육체와 함께 그 정욕과 탐심을 십자가에 못 박았느니라. 만일 우리가 성령으로 살면 또한 성령으로 행할지니"(24-25절). 바꾸어 말하면, 우리 내면의 영적 삶에 성령께서 내주하시기에 우리는 그분의 뜻을 따라 그분의 능력으로 행동해야 한다. 모든 참 그리스도인은 내주하시는 성령을 통해 사탄과 세상과 죄를 이길 신적 자원을 갖는다.

에베소서에서, 바울은 신자들이 성령의 능력을 계속 의지해야 한다며 이렇게 권면한다. "술취하지 말라. 이는 방탕한 것이니 오직 성령으로 충만함을 받으라"(엡 5:18). 좀 더 문자적으로 옮기면 "계속해서 성령으로 충만하라." 그 의미는 이렇다. "너희 안에 거하시며 늘 너희에게 힘을 주시고 너희를 보호하실 수 있는 성령의 능력을 늘 의지하라." 성령으로 충만하다는 것은 생각이 완전히 성령의 지배 아래 있다는 것이다. 그러려면 하나님의 말씀이 신자 안에 풍성히 거해야 한다(참조. 골 3:16). 우리의 생각이 하나님의 지배 아래 있을 때 우리의 행동도 그분의 지배 아래 있을 수밖에 없다. 이것은 사용할 수 있는 능력의 문제가 아니라 사용할 수 있는 의지의 문제다. 성령의 능력으로, 모든 신자는 "부르심을 받은 일에 합당하게 행할" 수 있다(엡 4:1). "오직 주 예수 그리스도로 옷 입은" 자들은 "정욕을 위하여 육신의 일을 도모하지" 않을 것이다(롬 13:14).

하나님의 영에게 지배받는 일은 그분의 말씀에 순종하는 데서 비롯된다. 성령이 충만한 삶은 신비 경험이나 황홀경에서 비롯되지 않고 성경을 연구하고 성경에 복종하는 데서 비롯된다. 신자가 성실하게 순종하며 자신의 생각과 마음을 하나님의 진리로 채울 때, 성령의 지배를 받는 그의 행동이 밤이 낮을 뒤따르듯 확실히 뒤따를 것이다. 우리가 하나님의 진리로 충만하고 그분의 영에게 인도받을 때, 우리의 비자발적 행동마저, 우리에게 무엇을 하거나 말할지 생각하며 결정할 시간이 없을 때 일어나는 행동마저 경건할 것이다.

31

성령으로 살다 III:
성령께서 우리의 입양을 확증하신다
(8:14-16)

[14]무릇 하나님의 영으로 인도함을 받는 사람은 곧 하나님의 아들이라. [15]너희는 다시 무서워하는 종의 영을 받지 아니하고 양자의 영을 받았으므로 우리가 아빠 아버지라고 부르짖느니라. [16]성령이 친히 우리의 영과 더불어 우리가 하나님의 자녀인 것을 증언하시나니, (8:14-16)

성경 전체에서 가장 부요하고 아름다운 단락 중 하나다. 바울은 사랑받는 자녀인 신자와 하나님의 친밀하고 영구적인 관계를 입양에 비유해 설명한다.

이 단락에서, 바울은 신자들이 하나님의 자녀로서 하나님과 영원히 연결된다는 것을 하나님이 확증하시는 여러 방식을 연이어 밝히며 성령께서 우리를 하나님께 인도하고 우리가 그분께 나아갈 자격을 주며 내적 확신을 주신다고 증언한다. 우리에게 확신을 주는 세 가지 방식은 서로 밀접하게 연결되고 얽혀있지만, 저마다 성령께서 신자의 삶에서 하시는 일과 관련해 확연히 구분되는 진리를 제시한다.

성령께서 우리를 인도하신다

무릇 하나님의 영으로 인도함을 받는 사람은 곧 하나님의 아들이라. (8:14)

신자가 하나님의 자녀로 입양되었다는 내적 확증 중에 첫째는 **하나님의 영으로 인도함을 받는다**는 것이다. 삶에서 인도하시는 하나님의 손길을 진정으로 경험하고 있다면 하나님의 자녀라 확신해도 좋다.

바울이 사용하는 시제에 주목해야 한다. **인도함을 받는(are being led)**은 '아고'(*agō*)의 현재 수동태 직설법을 번역한 것으로 이미 존재하는 것을 가리킨다. 그러나 **인도함을 받는**이란 어구는 **영(the Spirit)**의 인도를 중단 없이 받음을 말하지 않는다. 이것이 이런 의미라면 신약성경이 그리스도인에게 주는 숱한 권면과 경고가 무의미할 것이다. 그러나 진정한 신자의 삶은 그리스도의 의가 기본 특징이듯이 성령의 인도가 기본 특징이다.

스스로 그리스도인이라 말하는 사람이라고 해도 **하나님의 영으로 인도함을 받는** 게 아니며 그럴 수도 없다. 그는 도덕적이고 양심적이며 후하고 교회를 비롯해 기독교 단체에서 활동하고 있을 뿐 아니라 칭찬받을 만한 특징을 많이 보여줄 수도 있다. 그러나 종교적이든 그렇지 않든 간에, 그가 내세울 수 있는 성취라고는 자신의 행위에서 비롯된 것뿐이다. 그는 삶이 빼어나게 종교적일 수 있으나 육신의 능력으로 살기 때문에 결코 진정으로 영적일 수 없으며 하나님의 인도와 힘주심을 결코 내적으로 확신할 수 없을 것이다.

어떤 사람이 자신의 구원을 의심한다고 털어놓을 때, 나는 대답 대신 흔히 삶에서 하나님의 인도를 느끼는지를 묻는다. 그가 그렇다고 답하면 바울이 이 구절에서 주는 확신을 일깨운다. **무릇 하나님의 영으로 인도함을 받는 사람은 곧 하나님의 아들이라.**

하나님의 자녀들은 그분의 인도에 마땅히 반응하고 순종해야 할 만큼 하지 못할 때라도 그분 안에서 안전하다.

그러나 이것은 하나님의 자녀가 늘 안전하다고 느끼리라는 말이 아니다. 그리스도인이 성경을 연구하길 소홀히 하고 기도로 하나님과 소통하길 소홀히 하며 하나님의 백성과 교제하길 소홀히 하고 하나님의 뜻에 순종하길 소홀히 하면, 하나님과 그분의 일에 무관심하기에 자신의 구원을 의심할 수밖에 없다. 순종하는 하나님의 자녀라도 고통이나 슬픔이나 실패나 실망을 겪을 때 자신과 하나님의 관계에 관해 마음에 의심이 쉽게 들어올 수 있다. 하나님 백성의 큰 대적 사탄은 이런 상황을 이용해 불안의 씨를 뿌릴 준비가 늘 되어 있다.

그러나 우리의 하늘 아버지께서는 그분의 자녀들이 늘 확신하길, 자신들이 그분께 속하며 그분 안에서 안전함을 늘 확신하길 바라신다. 바울이 방금 말했듯이(롬 8:13), 자신의 삶에서 죄 죽이기에 성공하는 사람은 자신의 능력 곧 육신의 능력이 아니라 성령의 능력으로 이렇게 한다. 자신의 삶에서 죄에게 승리하며 죄악된 욕망과 행위가 줄어드는 사람은 자신이 **하나님의 아들**이라 확신해도 좋다. 오직 하나님의 **영**만이 죄를 이기게 하실 수 있기 때문이다. 마찬가지로, 오랫동안 우리를 당혹스럽게 했던 성경 진리를 깨닫기 시작할 때, 하나님이 우리의 양심에 가책을 주시는 것을 경험할 때, 죄를 지어 주님 때문에 슬퍼할 때, 우리에게는 하나님이 주시는 확신, 곧 우리가 **하나님의 아들**이라는 확신이 있다. 오직 내주하시는 **하나님의 영**만이 이런 이해와 가책과 경건한 슬픔을 주실 수 있기 때문이다.

우리의 유한한 마음은 하나님이 하시는 초자연적 일을 온전히 이해할 수 없듯이 성령께서 신자를 인도하심도 온전히 이해할 수 없다. 그러나 우리는 안다. 우리의 하늘 아버지께서는 그분의 뜻을 그분의 자녀들에게 강요하지 않으신다. 그분은 우리의 자발적 순종을 원하시는데, 자발적 순종은 당연히 강요될 수 없다. 우리가 그분께 진정으로 복종할 때 우리의 주님께서 우리의 뜻이 자발적으로 그분의 뜻에 일치하도록 우리의 뜻을 초자연적으로 다시 빚고 다시 방향을 설정하신다.

하나님은 그분을 믿는 믿음을 통해 사람들을 구원하시며, 구원하신 자들을 믿음이라는 동일한 인간의 통로를 통해 인도하신다. 잠언 저자는 이렇게 조언한다. "너는 마음을 다하여 여호와를 신뢰하고 네 명철을 의지하지 말라. 너는 범사에 그를 인정하라. 그리하면 네 길을 지도하시리라"(잠 3:5-6). 구하고 자원하며 순종하는 마음은 주님의 인도에 열려 있다. 다윗은 이렇게 기도했다. "여호와여, 주의 도를 내게 보이시고 주의 길을 내게 가르치소서. 주의 진리로 나를 지도하시고 교훈하소서. 주는 내 구원의 하나님이시니 내가 종일 주를 기다리나이다"(시 25:4-5). 그는 같은 시편 조금 뒤에서 우리에게 일깨운다. 하나님은 "온유한 자를 정의로 지도하심이여, 온유한 자에게 그의 도를 가르치시리로다"(시 25:9). 다른 시편에서, 그는 하나님께 간구했다. "나를 가르쳐 주의 뜻을 행하게 하소서. 주의 영은 선하시니 나를 공평한 땅에 인도하소서"(시 143:10).

이사야는 우리가 진정으로 하나님의 뜻을 구하도록 확신을 준다. 그분은 이미 우리 곁에 서서 이렇게 말씀하실 준비가 되어 있으시다. "이것이 바른길이니 너희는 이리로 가라"(사 30:21). 이사야 선지자는 꼭 들리는 목소리가 아니라 하나님을 향한 신자의 양심, 곧 하나님의 말씀으로 교훈 받고 그분의 영에 조율된 양심에서 나는 소리를 말하고 있었다. 이사야는 또한 우리에게 확신을 준다. 하나님은 언제나 그분의 백성을 바른길로 인도할 준비가 되어 있고 그렇게 하려 하신다는 것이다. 이사야는 성육신 이전 그리스도의 이름으로 예언하며 선언했다. "너희는 내게 가까이 나아와 이것을 들으라. 내가 처음부터 비밀히 말하지 아니하였나니, 그것이 있을 때부터 내가 거기에 있었노라 하셨느니라. 이제는 주 여호와께서 나와 그의 영을 보내셨느니라. 너희의 구속자시요 이스라엘의 거룩하신 이이신 여호와께서 이르시되, 나는 네게 유익하도록 가르치고 너를 마땅히 행할 길로 인도하는 네 하나님 여호와라"(사 48:16-17). 예레미야는 인정했다. "여호와여, 내가 알거니와 사람의 길이 자신에게 있지 아니하니 걸음을 지도함이 걷는 자에게 있지 아니하니이다"(렘 10:23). 하나님의 자녀라도 자신의 지성으로 하나님의 진리를 분별하거나 자신의 힘으로 순종할 수는 없다.

하나님의 영이 주권적으로 하나님의 자녀들을 다양하게 인도하시며 때로 직접적이고 특별한 방식으로 인도하신다. 그러나 그분이 우리를 인도하겠다고 약속하신 주된 방식은 조명(illumination)과 성화(sanctification)이다.

첫째 방식에서, 하나님은 조명을 통해 우리의 유한하고 여전히 죄로 더럽혀진 마음이 이해할 수 있도록 그분의 말씀이 명료해지게 함으로써 그분의 자녀들을 인도하신다. 우리가 성경을 읽고 묵상하며 성경을 따라 기도할 때, 내주하시는 하나님의 영이 우리의 해석자가 되신다. 이러한 조명은 먼저 죄를 깨닫게 하며, 구원하는 믿음을 통해 그리스도인의 삶 전체로 이어진다.

요셉이 새 언약의 신자들과 달리 성령이 내주하시지 않았는데도 애굽의 이교도 통치자는 그가 "하나님의 영에 감동된 사람"임을 알아보았다. 그 결과 "[바로가] 요셉에게 이르되, 하나님이 이 모든 것을 네게 보이셨으니, 너와 같이 명철하고 지혜 있는 자가 없도다"(창 41:38-39).

하나님의 말씀을 너무도 아름답게 노래하는 시편 119편을 쓴 구약의 성도는 자신이 그 말씀을 이해하고 순종하는 데 하나님의 도움이 필요하다는 것을 알았다. 모든 신자는 늘 이 시편 기자처럼 기도해야 한다. "나로 하여금 주의 계명들의 길로 행하게 하소서. 내가 이를 즐거워함이니이다"(시 119:35). "나의 발걸음을 주의 말씀에 굳게 세우시고 어떤 죄악도 나를 주관하지 못하게 하소서"(시 119:133).

예수님은 배신당해 잡히기 조금 전 다락방 강화(講和)에서 사도들에게 말씀하셨다. "내가 아직 너희와 함께 있어서 이 말을 너희에게 하였거니와 보혜사 곧 아버지께서 내 이름으로 보내실 성령 그가 너희에게 모든 것을 가르치고 내가 너희에게 말한 모든 것을 생각나게 하리라"(요 14:25-26). 이 약속은 사도들에게 특별한 의미가 있었다. 이들은 특별한 권위를 가진 그리스도의 증인이 되어 그리스도께서 승천하신 후 그분의 진리를 증언할 터였기 때문이다. 그러나 이 약속은 또한 일반적 방식으로 오순절 이후 모든 신자에게 적용된다. 그때부터, 성령께서 '모든' 신자 안에 거하시며, 우리가 이해하지 못할 성경의 진리에 빛을 비추시는 것을 비롯해 우리에게 여러 일을 행하신다.

예수님은 부활 후 여러 차례 나타나셨는데, 한 번은 남은 열한 사도에게 나타나 말씀하셨다. "내가 너희와 함께 있을 때에 너희에게 말한 바 곧 모세의 율법과 선지자의 글과 시편에 나를 가리켜 기록된 모든 것이 이루어져야 하리라 한 말이 이것이라 하시고 이에 그들의 마음을 열어 성경을 깨닫게 하시고"(눅 24:44-45). 이번에도 예수님의 말씀은 사도들에게 특별한 의미가 있었으나 비슷한 방식으로 주님은 '모든' 제자의 마음을 열어 "성경을 깨닫게 하신다."

바울은 에베소 신자들을 위해 이렇게 기도했다. "우리 주 예수 그리스도의 하나님, 영광의 아버지께서 지혜와 계시의 영을 너희에게 주사 하나님을 알게 하시고, 너희 마음의 눈을 밝히사 그의 부르심의 소망이 무엇이며 성도 안에서 그 기업의 영광의 풍성함이 무엇이며 그의 힘의 위력으로 역사하심을 따라 믿는 우리에게 베푸신 능력의 지극히 크심이 어떠한 것을 너희로 알게 하시기를 구하노라"(엡 1:17-19). 같은 서신 조금 뒤에서, 바울은 비슷하게 기도하며 하나님께 구했다. "그의 영광의 풍성함을 따라 그의 성령으로 말미암아 너희 속사람을 능력으로 강건하게 하시오며 믿음으로 말미암아 그리스도께서 너희 마음에 계시게 하시옵고 너희가 사랑 가운데서 뿌리가 박히고 터가 굳어져서 능히 모든 성도와 함께 지식에 넘치는 그리스도의 사랑을 알고 그 너비와 길이와 높이와 깊이가 어떠함을 깨달아 하나님의 모든 충만하신 것으로 너희에게 충만하게 하시기를 구하노라"(3:16-19).

바울은 골로새 성도들에게 확인시켜 주었다. "우리도 듣던 날부터 너희를 위하여 기도하기를 그치지 아니하고 구하노니, 너희로 하여금 모든 신령한 지혜와 총명에 하나님의 뜻을 아는 것으로 채우게 하시고"(골 1:9). 바울은 이들을 향한 헌신을 사랑의 말로 거듭 표현했다. "그리스도의 말씀이 너희 속에 풍성히 거하여 모든 지혜로 피차 가르치며 권면하고 시와 찬송과 신령한 노래를 부르며 감사하는 마음으로 하나님을 찬양하고"(3:16).

고린도전서의 다음 구절이 성경에서 성령의 조명 사역을 가장 분명하게 말할 것이다. "육에 속한 사람은 하나님의 성령의 일들을 받지 아니하나니, 이는 그것들이 그에게는 어리석게 보임이요, 또 그는 그것들을 알 수도 없나니, 그러한 일은 영적으로 분별되기 때문이라. 신령한 자는 모든 것을 판단하나 자기는 아무에게도 판단을 받지 아니하느니라. 누가 주의 마음을 알아서 주를 가르치겠느냐? 그러나 우리가 그리스도의 마음을 가졌느니라"(고전 2:14-16). 바꾸어 말하면, 하나님의 자녀들이라도 그분의 성령께서 그들 안에서 비춰주지 않으시면 하늘 아버지의 말씀을 이해할 수 없다.

영(the Spirit) 곧 성령께서 하나님의 자녀들을 인도하시는 주요 방법 중 둘째는 이들의 성화다. **영** 곧 성령은 우리의 마음을 비추어 성경을 이해하게 하실 뿐 아니라 우리를 도와 성경에 순종하게 하시는데, 이러한 순종은 우리의 구원을 뒷받침하는 또 하나의 증언이다. 겸손한 하나님의 자녀는 자신의 힘으로 주님을 기쁘게 할 수 없다는 것을 안다. 그러나 그는 자신이 성경의 명령과 원리를 따라 주님의 일에 진실하게 힘쓸 때 성령께서 그 일에 다양한 방식으로 복을 주어 신자 자신의 능력으로는 도저히 불가능했을 일을 해내게 하신다는 것도 안다. 이럴 때 우리의 하늘 아버지께서 우리를 크게 기뻐하시는데, 우리가 성취한 것 때문이 아니라 우리가 그분께 맡겨 그분이 우리 안에서 우리를 통해 성취하시게 해드린 것 때문이다. 우리의 하늘 아버지의 마음에 기쁨을 안기는 것은 우리가 하는 일 자체가 아니라 우리가 그분의 일을 할 때 그분께 순종하고 그분을 의지하는 우리의 영이다. 우리는 신실한 순종을 통해 **영** 곧 성령께서 우리의 삶에서 은혜로 일하심을 경험한다. 그분의 신적 조명과 함께 그분의 신적 성화 사역이 우리가 참으로 **하나님의 아들**이라는 확신을 준다.

바울은 갈라디아 신자들에게 이렇게 권면했다. "내가 이르노니, 너희는 성령을 따라 행하라. 그리하면 육체의 욕심을 이루지 아니하리라. 육체의 소욕은 성령을 거스르고 성령은 육체를 거스르나니, 이 둘이 서로 대적함으로 너희가 원하는 것을 하지 못하게 하려 함이니라"(갈 5:16-17). 그리고 뒤이어 이렇게 말한다. "만일 우리가 성령으로 살면 또한 성령으로 행할지니"(5:25).

조명을 비롯해 하나님이 하시는 모든 일이 그렇듯, 우리는 '어떻게' 하나님이 우리 안에서 성화 사역을 이루시는지 정확하게 이해하지 못한다. 단지 그분의 말씀을 통해, 흔히 경험을 통해, 하나님이 우리 자신의 노력이나 능력으로 되지 않는 영적인 일들을 우리 안에서 우리를 통해 행하신다는 것을 알 뿐이다. 우리는 성령의 활동을 나중에야, 이를테면 성령께서 오래전에 우리의 삶에 심긴 씨앗이 자라 열매를 맺게 하시는 능력, 곧 우리를 성화시키시는 능력을 보고서야 알게 되기 일쑤다. 우리는 복된 확신도 있다. 비록 우리 안에서는 일어나는 성령의 일을 의식적으로 알지 못하더라도 성령께서 우리 안에서 언제나 그분의 신성한 일을 '수행하고' 계신다는 것이다. 성령께서는 우리의 영적 생명을 주고 유지하실 뿐 아니라 그분 자신이 우리의 영적 생명이다.

하늘에 계신 우리 아버지께서 그분의 자녀들에게 크게 바라시는 것은 이들이 그분의 영광과 자신들의 영적 결실, 안녕, 평안을 위해 그분의 영의 인도에 복종하는 것이다.

성령께서 우리가 하나님께 나아갈 수 있게 하신다

너희는 다시 무서워하는 종의 영을 받지 아니하고 양자의 영을 받았으므로 우리가 아빠 아버지라고 부르짖느니라. (8:15)

성령께서 우리가 하나님의 자녀로 입양되었음을 확증하시는 둘째 방법은 우리를 **다시 무서워하게** 할 수밖에 없는 **종의 영**에서 자유하게 하시는 것이다. 히브리서 저자는 우리에게 이렇게 말한다. "[하나님의] 자녀들은 혈과 육에 속하였으매 그도 또한 같은 모양으로 혈과 육을 함께 지니심은 죽음을 통하여 죽음의 세력을 잡은 자 곧 마귀를 멸하시며 또 죽기를 무서워하므로 한평생 매여 종노릇 하는 모든 자들을 놓아 주려 하심이니"(히 2:14-15).

죄악된 인간은 그 사실을 아무리 교묘히 숨기거나 부정하더라도 두려움에 계속 굴복한다. 이들은 계속해서 죄 가운데 살며 따라서 계속해서 하나님의 심판 아래 있기 때문이다. 죄의 종은 두려움의 종이 되며, 성령께서 은혜로 하시는 일 가운데 하나는 하나님의 자녀를 죄와 두려움에서 구해내는 것이다.

17세기 영국 시인 존 던(John Donne, 1572-1631)은 나중에 성공회에서 서품을 받아 런던에 자리한 성 바울 대성당의 수석 사제가 되었는데, "아버지 하나님께 드리는 찬송"(A Hymn to God the Father)에서 감동적인 구절을 남겼다.

나 태어날 때부터 있던 죄를
그보다 오래전에 범했으나
그 또한 내 것인 죄를 용서하시겠습니까?
나 지은 죄를, 앞으로 지을 죄를
여전히 뉘우치면서도 짓는 죄를 용서하시겠습니까?
당신이 용서하시더라도 다 하신 게 아닙니다.
내게는 더 많은 죄가 있기 때문입니다.

내겐 두려움의 죄가 있습니다.

나의 마지막 실을 다 자아냈을 때

내가 물가에서 멸망하리라는 두려움입니다.

그러나 당신을 걸고 맹세해 주십시오.

나 죽을 때 당신의 아들이 지금처럼 비추리라고.

그렇게 해주시면 당신은 다 하신 것입니다.

나 이제 두려움 없습니다.

바울은 디모데에게 일깨웠다. 하늘에 계신 우리 아버지께서 "우리에게 주신 것은 두려워하는 마음이 아니요 오직 능력과 사랑과 절제하는 마음이니"(딤후 1:7). 요한은 우리에게 단언한다. "사랑 안에 두려움이 없고 온전한 사랑이 두려움을 내쫓나니 두려움에는 형벌이 있음이라. 두려워하는 자는 사랑 안에서 온전히 이루지 못하였느니라"(요일 4:18).

로마서의 이 시점에서, 바울이 강조하는 것은 입양**(adoption, 양자)** 자체가 아니라 자신이 입양되었다는 신자의 확신이다. 거듭나게 하시는 성령의 사역을 통해, 우리는 참으로 그리고 영구적으로 하나님의 자녀로 입양될 뿐 아니라 **양자의 영(a spirit of adoption)**[110]을 받는다. 다시 말해, 하나님은 그분의 자녀들로 자신들이 하나님의 자녀라는 것을 확실히 '알게' 하신다. 하나님의 영이 우리의 마음에 거하시기에 우리의 **영**은 우리가 사랑하는 아버지 하나님 앞에 언제든 나아갈 특권이 있음을 인식한다.

입양**(adoption, 양자)**이란 용어는 사랑, 은혜, 온정, 친밀한 관계 같은 개념으로 채워진다. 이것은 부부가 친자가 아닌 아이를 자녀로 받아들여 가족으로 삼기로 하는 행위다. 적절한 법적 절차를 밟아 입양된 아이는 가족 구성원으로서 모든 권리와 특권을 갖는다.

성경에 기록된 첫 입양 사례는 모세다. 바로가 히브리 사내아기를 모조리 죽이라 명했을 때, 어머니는 모세를 물이 새지 않게 역청을 바른 상자에 넣어

---

110 새번역: 자녀로 삼으시는 영

나일강 갈대 사이에 두었다. 바로의 딸이 시녀들을 데리고 나일강에 목욕하러 왔다가 상자를 발견해 시녀에게 건져 오라 명했다. 공주는 상자 속 아기가 히브리인이라는 걸 금세 눈치챘으나 그를 가엾게 여겼다. 모세의 누이 미리암이 이 광경을 가까이서 지켜보다가 어머니의 지시대로 바로의 딸 앞에 나아가 유모를 구해드리면 어떻겠냐고 했다. 바로의 딸이 그러라고 했고, 미리암은 자신의 어머니를 데려왔으며, 그녀는 사례를 받고 모세를 집에 데려와 젖을 먹여 길렀다. 모세는 어엿한 소년이 되었을 때 왕궁에 들어가 바로의 딸에게 입양되었다(출 2:1-10을 보라).

에스더는 부모가 죽어 사촌 오라버니 모르드개에게 입양되었고, 모르드개는 아버지로서 에스더를 사랑하며 특별히 보살폈다(에 2:5-11을 보라).

구약성경에 기록된 가장 감동적인 입양 사례는 므비보셋일 것이다. 므비보셋은 요나단의 아들이었으며 다리를 절었고 남아 있는 사울의 유일한 후손이었다. 다윗 왕은 므비보셋의 사정을 알게 되었을 때, 할아버지 사울의 소유였던 땅을 그에게 모두 주었으며 그가 정기적으로 예루살렘 왕궁에서 왕의 식탁에 자신과 함께 앉게 해줌으로써 가장 소중했던 친구 요나단의 아들을 높여주었다(삼하 9:1-13을 보라).

바로의 딸은 연민과 동정 때문에 모세를 입양했다. 모르드개는 에스더를 끔찍이 사랑했으며, 그가 에스더를 입양한 것은 가족의 의무 때문이기도 했다. 그러나 다윗이 므비보셋을 입양한 동기는 순전히 은혜로운 사랑이었다. 많은 면에서, 다윗이 므비보셋을 입양하는 모습은 하나님이 신자들을 입양하시는 모습을 그려낸다. 다윗이 먼저 나서서 므비보셋을 찾아 왕궁에 데려왔다. 므비보셋은 다윗과 가장 가까웠던 친구의 아들이었지만 줄곧 다윗을 죽이려 했던 사울의 손자이자 유일한 상속자이기도 했다. 두 다리를 다 절었기에, 므비보셋은 다윗을 조금이라도 의미 있게 섬길 수 없었다. 주권자의 은총을 받을 수 있을 뿐이었다. 므비보셋은 이름 자체가 "수치스러운 것"이란 뜻이며 여러 해 로드발에서 살았는데, 로드발은 "황무지"(문자적으로 "목초지가 없다")라는 뜻이다. 다윗은 이 낙오자를 자기 아들로서 자신의 식탁에 앉혔으며 그에게 더는 법적 권한이 없는 엄청난 유산을 은혜로 주었다.

이것은 영적 입양을 보여주는 아름다운 그림이다. 영적 입양에서, 하나님은 은혜와 사랑으로 먼저 나서서 자격 없는 사람들을 찾아 자녀 삼으신다. 이유는 단 하나, 이들이 그분의 참 아들 예수 그리스도를 믿기 때문이다. 신자들은 입양되었기에 아들(the Son)의 기업 전체를 공유할 것이다. 하나님은 모든 그리스도인에게 선언하신다. "내가 너희를 영접하여 너희에게 아버지가 되고 너희는 내게 자녀가 되리라. 전능하신 주의 말씀이니라"(고후 6:17-18). 바울은 우리에게 말할 수 없이 놀라운 확신을 준다. 하나님이 "그 기쁘신 뜻대로 우리를 예정하사 예수 그리스도로 말미암아 자기의 아들들이 되게 하셨"다는 것이다(엡 1:5).

어떤 현대인들은 입양이란 말을 들으면 가정에서 이류 신분을 떠올린다. 그러나 바울 당시의 로마 문화에서, 입양된 아이, 특히 입양된 아들은 때로 친자녀보다 높은 위상과 특권을 가졌다. 로마법에 따르면, 자녀에 대한 아버지의 권한은 절대적이었다. 아버지는 친아들의 솜씨나 성품을 비롯해 어떤 부분이라도 실망스러우면 자신이 바라는 자질을 갖춘 소년을 입양하려고 부지런히 찾았다. 소년이 자격을 갖췄다고 증명되면, 아버지는 입양에 필요한 법적 절차를 밟았다. 아버지가 죽으면, 아버지의 사랑을 받은 양자가 때로 아버지의 직함과 대다수 재산을 상속받고 성씨(family name)의 주요 선조가 되었다. 입양이 아주 중요했기에, 로마의 입양 과정은 세밀하게 규정된 여러 법적 절차를 포함했다. 첫 단계는 소년과 친가족 간의 법적 · 사회적 관계를 완전히 끊는 것이었고, 둘째 단계는 그를 영구히 새 가족에 들이는 것이었다. 여기에 더해, 그가 이전에 졌던 빚을 비롯해 모든 의무가 마치 전혀 없었던 것처럼 사라졌다. 이런 절차가 법적 구속력을 가지려면, 아버지가 죽은 후 입양에 대해 어떤 이의가 제기 될 경우에 필요하면 증언해 줄 평판 좋은 증인 일곱도 있어야 했다.

바울은 이 관습을 틀림없이 잘 알았으며 이 단락을 쓸 때 이것을 염두에 두었을 것이다. 그는 신자들에게 놀라운 진리를 확인시켜 준다. 신자들은 참으로 입양된 하나님의 자녀이며, 이러한 측량할 수 없는 은혜의 관계 때문에 모든 자녀가 땅에서 자신의 아버지께 외치듯이 하늘에 계신 자신의 **아버지** 하나님께 **아빠 아버지라고 부르짖는** 온전한 권리와 특권이 있다는 것이다. 신자들에게 하나님과 교제하고 소통하려는 갈망과 더불어 사랑하는 아버지께 친밀한 간구와 찬양으로 부르짖으려는 강렬한 바람이 있다는 사실은 성령께서 내주하신다는 증거이며, 이러한 성령의 내주하심은 한 사람의 구원을 증명하고 영생의 확신을 준다.

아빠는 **아버지**를 가리키는 구어체 아람어이며 친밀감과 다정함과 의지함, 두려움이나 불안이 전혀 없음 같은 의미를 내포한다. 현대 영어에서 이에 상응하는 말은 Daddy나 Papa이겠다. 예수님은 곧 세상 죄를 지실 일을 두고 겟세마네 동산에서 고뇌하실 때 이 친근한 이름으로 기도하셨다. "아빠 아버지여, 아버지께는 모든 것이 가능하오니 이 잔을 내게서 옮기시옵소서. 그러나 나의 원대로 마시옵고 아버지의 원대로 하옵소서"(막 14:36).

우리가 구원받을 때, 우리의 죄악된 옛 삶이 하나님의 눈에서 완전히 사라지고 우리는 이제 죄나 죽음을 두려워할 이유가 없다. 그리스도께서 두 큰 원수를 우리를 대신해 정복하셨기 때문이다. 그분 안에서, 우리는 새로운 신성한 본성(divine nature)을 받고 참 자녀가 되며, 여기에 수반되는 모든 복과 특권과 기업을 받는다. 우리가 얼굴을 맞대고 주님을 볼 때까지, 우리가 하나님의 가정에 입양된 것이 진짜라는 것을 그분의 성령께서 쉼 없이 증언하실 것이다.

바울의 동시대인들은 그리스도인이 입양된 하나님의 자녀라는 것을 큰 영예와 특권으로 이해했던 게 분명하다. 바울은 에베소서에서 이렇게 기뻐 외친다. "찬송하리로다. 하나님 곧 우리 주 예수 그리스도의 아버지께서 그리스도 안에서 하늘에 속한 모든 신령한 복을 우리에게 주시되, 곧 창세 전에 그리스도 안에서 우리를 택하사 우리로 사랑 안에서 그 앞에 거룩하고 흠이 없게 하시려고 그 기쁘신 뜻대로 우리를 예정하사 예수 그리스도로 말미암아 자기의 아들들이 되게 하셨으니"(엡 1:3-5). 무수한 세대 전에, 자신의 형상대로 첫 사람을 창조하시기 전에, 하나님은 주권적으로 모든 신자를 자신의 사랑하고 영원한 자녀로 선택하셨다.

입양이란 용어가 놀랍기는 하지만 하나님의 구원 사역을 완전히 설명하지는 못한다는 점을 염두에 두어야 한다. 신자는 또한 죄에서 씻음을 받았고, 죄의 형벌 곧 사망에서 구원받았으며, 영적으로 다시 태어났고, 의롭다 하심을 얻었으며, 성화되고, 마침내 영화롭게 된다. 그러나 예수 그리스도를 믿어 그분의 은혜로 구원받은 자들에게 입양된 하나님의 자녀라는 칭호보다 높은 칭호는 없다. 이 칭호는 이들이 그리스도와 함께 온전한 유산을 함께 물려받을 자격이 있음을 말한다. 그러므로 바울이 8장을 시작하고 끝맺으면서 신자들에게 그들이 더는 하나님의 정죄 아래 있지 않으며 결코 다시 그 정죄 아래 있을 수도 없다는 확신을 주는 것은 결코 우연이 아니다(8:1, 38-39을 보라).

성령께서 우리에게 확신을 주신다

성령이 친히 우리의 영과 더불어 우리가 하나님의 자녀인 것을 증언하시나니, (8:16)

우리와 하나님의 영원한 관계와 관련해 더 큰 확신을 주려고, 주님의 **성령이 친히 우리의 영과 더불어 우리가 하나님의 자녀인 것을 증언하신다.** 앞서 말했듯이, 로마의 입양 과정에서 증인들이 입양의 합법성을 증언할 책임이 있었듯이, 내주하시는 **성령이 친히** 늘 임재해 계셔서 우리가 하나님의 가정에 입양되었음을 우리 속에서 증언하신다. 성령께서 분명히 조명과 성화라는 내적 사역을 통해 이렇게 하실 뿐 아니라 하나님과의 교제를 갈망하게 하심으로써 이렇게 하신다.

그러나 여기서 바울은 우리가 구원받았다고 말하는 어떤 신비한 작은 목소리만을 염두에 두고 있지 않다. 오히려 성령의 열매를 말하고 있을 수 있는데(갈 5:22-23), 이 열매는 성령께서 맺게 하실 때 신자에게 확신을 준다. 또는 섬김을 위한 능력을 생각하고 있을 수도 있는데(행 1:8), 이 능력은 경험될 때 성령의 임재를 뒷받침하는 증거가 되며 따라서 구원의 확신을 준다.

신자들이 하나님을 향한 사랑으로 강권함을 받고 죄를 향해 깊은 증오를 느끼며 세상을 거부하고 그리스도의 재림을 갈망하며 다른 그리스도인들을 사랑하고 기도 응답을 경험하며 진리와 거짓을 분별하고 그러길 갈망하며 그리스도를 닮아갈 때, 성령의 역사가 증명되고 신자들은 자신이 참으로 **하나님의 자녀**라는 증언을 듣는다.

19세기 영국 목회자 빌리 브레이(Billy Bray, 1794-1868)는 이러한 내적 증언이 부족했던 적이 전혀 없었던 것 같다. 그는 술주정뱅이로 방탕하게 살다가 존 번연의 『천국과 지옥』(*Visions of Heaven and Hell*)[111]을 읽고 회심했다. 그는 하나님의 은혜와 선하심이 늘 너무나 기뻐 이렇게 말했다. "주님을 찬양하지 않을 수 없습니다. 길을 걸을 때, 한 발을 들면 그 발이 '영광'하고 말하는 것 같습니다. 다른 쪽 발을 들면 그 발이 '아멘'하고 말하는 것 같습니다. 걷는 내내 두 발이 계속 이렇게 합니다."

세상이나 다른 그리스도인들이나 우리 자신이 우리가 참으로 구원받았는지 물을 때마다, 우리는 내주하시는 **성령**께 우리의 마음에서 이 문제를 해결해 달라고 호소할 수 있다. 이러한 확신을 주는 일은 성령께서 우리에게 하시는 가장 귀한 사역 중 하나다.

요한의 말이 힘이 된다. "자녀들아, 우리가 말과 혀로만 사랑하지 말고 행함과 진실함으로 하자. 이로써 우리가 진리에 속한 줄을 알고 또 우리 마음을 주 앞에서 굳세게 하리니, 이는 우리 마음이 혹 우리를 책망할 일이 있어도"(요일 3:18-20a). 이것은 우리가 참으로 하나님의 자녀라는 객관적 증거다. 요한은 뒤이어 우리에게 주관적 증거, 곧 은혜로운 주님이 주시는 증거를 일깨운다. "하나님은 우리 마음보다 크시고 모든 것을 아시기 때문이라. 사랑하는 자들아, 만일 우리 마음이 우리를 책망할 것이 없으면 하나님 앞에서 담대함을 얻고"(20b-21절).

---

111 『존 번연이 본 천국과 지옥』, 이길상 옮김(2004, 규장)

32

성령께서 우리의 영광을 보증하신다 I : 영광이 주는 비교할 수 없는 유익 (8:17-18)

[17]자녀이면 또한 상속자 곧 하나님의 상속자요 그리스도와 함께 한 상속자니, 우리가 그와 함께 영광을 받기 위하여 고난도 함께 받아야 할 것이니라. [18]생각하건대 현재의 고난은 장차 우리에게 나타날 영광과 비교할 수 없도다. (8:17-18)

의식적으로든 아니든 간에, 참 그리스도인은 모두 영광의 빛과 소망 가운데 산다. 이 소망은 요한이 첫째 서신에서 가장 잘 요약한 것 같다. "사랑하는 자들아, 우리가 지금은 하나님의 자녀라. 장래에 어떻게 될지는 아직 나타나지 아니하였으나 그가 나타나시면 우리가 그와 같을 줄을 아는 것은 그의 참모습 그대로 볼 것이기 때문이니"(요일 3:2). 우리가 예수 그리스도를 주님과 구주로 온전히 믿었기에 하나님이 은혜로 우리를 그분의 자녀로 입양하셨고 어느 날 우리는 "그와 같이," 우리가 그분의 의뿐 아니라 그분의 영광도 함께 갖도록 우리의 죄를 친히 지신 완전하고 죄 없는 하나님의 아들과 같이 될 것이다.

성령께서는 신자들을 죄와 사망에서 해방하고(롬 8:2-3) 신자들이 하나님의 법을 성취할 수 있게 하며(4절) 신자들의 본성을 바꾸고(5-11절) 신자들에게 능력을 주어 승리하게 하며(12-13절) 신자들이 하나님의 자녀로 입양되었음을 확증할 뿐 아니라(14-16절) 신자들의 궁극적 승리를 보증하신다(17-30절). 17-18절에서, 바울은 신자들이 얻는 비교할 수 없는 영적 유익, 곧 신자들이 보장받은 신적 영광을 통해 얻는 유익에 초점을 맞춘다.

거듭남, 신생(new birth), 칭의, 성화, 영화 등 성경이 말하는 구원의 다양한 측면과 단계는 구분될 수 있으나 결코 분리될 수 없다. 어느 하나도 나머지 것들 없이 존재할 수 없다. 이것들은 솔기 없는 직물과 같이 서로 분리될 수 없는 구조 속에 하나님의 주권적 구속 사역을 이룬다.

그러므로 칭의와 영화 사이에서 구원을 잃는 일은 있을 수 없다. 따라서 영화 없는 칭의란 결코 있을 수 없다. "[하나님이] 또 미리 정하신 그들을 또한 부르시고, 부르신 그들을 또한 의롭다 하시고, 의롭다 하신 그들을 또한 영화롭게 하셨느니라"(롬 8:30). 칭의는 구원의 시작이고 영화는 구원의 완성이다. 구원이 시작되었기에 하나님이 구원을 멈추지 '않으실 것이며' 우주의 그 어느 권세도 구원을 멈출 '수 없다'. "사망이나 생명이나 천사들이나 권세자들이나 현재 일이나 장래 일이나 능력이나 높음이나 깊음이나 다른 어떤 피조물이라도 우리를 우리 주 그리스도 예수 안에 있는 하나님의 사랑에서 끊을 수 없으리라"(롬 8:38-39). 예수님은 이 땅에서 사역할 때 분명하게 선언하셨다. "아버지께서 내게 주시는 자는 다 내게로 올 것이요 내게 오는 자는 내가 결코 내쫓지 아니하리라…나를 보내신 이의 뜻은 내게 주신 자 중에 내가 하나도 잃어버리지 아니하고 마지막 날에 다시 살리는 이것이니라. 내 아버지의 뜻은 아들을 보고 믿는 자마다 영생을 얻는 이것이니, 마지막 날에 내가 이를 다시 살리리라"(요 6:37, 39-40).

사람은 하나님의 형상으로 창조되었기에 영광스러운 본성을 지닌 존재로 창조되었다. 타락하기 전에 사람은 죄가 없었으며 자신을 창조하신 분의 영광을 성경에 드러나지 않은 어떤 방식으로 발산했다. 그러나 아담이 하나님의 유일한 명령에 불순종해 타락했을 때, 사람은 자신의 무죄함(sinlessness)과 순수함(innocence)을 잃었을 뿐 아니라 자신의 영광과 이에 수반되는 존귀와 영예마저 잃었다. 이런 까닭에, 모든 사람은 이제 "하나님의 영광에 이르지 못한다"(롬 3:23).

타락한 인간은 자신에게 영광이 없음을 기본적으로 아는 것으로 보이며, 자신의 힘으로 영광을 얻기 위해 지칠 줄 모르고 애쓰기 일쑤다. 현대인들은 자존감 쌓기에 집착하는데, 이것은 인간의 죄악되고 헛된 노력, 곧 거룩과 무관하게 영광을 다시 얻으려는 노력이 투영된 비극적 현상이다.

구원의 최종 목적은 사람들의 죄를 사하고 씻어 이들을 회복시켜 하나님의 영광에 이르게 하고, 이로써 주권적 은혜로 일하시는 하나님께 훨씬 큰 영광을 돌리는 것이다. 그러나 신자들이 예수 그리스도를 통해 받을 영광은 사람이 타락(the Fall) 전에 가졌던 영광을 훨씬 뛰어넘을 것이다. 완전함은 순수함(죄 없음)을 훨씬 능가하기 때문이다. 영화는 구원의 완성과 완전함을 나타내는 표식이다. 그러므로 영국의 목회자요 신학자 마틴 로이드 존스가 이 본문을 강해하며 정확히 말했듯이, 구원은 전체적 완전함에 이르기 전에 어느 지점에서도 멈출 수 없으며, 멈춘다면 구원이 아니다. 바울은 이 진리를 지적하며 빌립보 신자들에게 말했다. "너희 안에서 착한 일을 시작하신 이가 그리스도 예수의 날까지 이루실 줄을 우리는 확신하노라"(빌 1:6).

구원받은 사람은 예수 그리스도를 온전히 닮을 때까지 신적 영광(divine glory)에서 계속 성장한다. "우리가 다 수건을 벗은 얼굴로 거울을 보는 것 같이 주의 영광을 보매 그와 같은 형상으로 변화하여 영광에서 영광에 이르니 곧 주의 영으로 말미암음이니라"(고후 3:18). 우리가 이 땅에 사는 동안 성령께서 우리를 늘 돌보시는데, 그 돌보심 중 하나는 우리를 다음 단계의 영광으로 인도하시는 것이다.

바울은 신자들이 하나님이 주신 영광에서 얻는 비교할 수 없는 유익을 선포하면서 먼저 상속자들에 초점을 맞추고(8:17a), 뒤이어 근원(17b절), 범위(17c절), 증거(17d절)에 초점을 맞추며, 마지막으로 비교에 초점을 맞춘다(18절).

영광의 상속자들

자녀이면 또한 상속자 (8:17a)

로마서 8:17-18은 신자들의 영광을 강조하며, 이것은 신자들이 하나님의 자녀로 입양된 것과 밀접하게 연결된다(14-16절을 보라). 앞 문맥에서 분명하게 나타나듯이, 17절의 **이면(if)**은 가능성이나 의심이 아니라 실제와 인과관계를 내포하며, 따라서 "왜냐하면"(because)으로 번역하는 게 더 낫다. 바꾸어 말하면, '모든' 신자는 성령의 인도를 받고(14절) 자신이 참으로 하나님의 **자녀**라는 성령의 증언이 있기에(16절) **또한 상속자**다.

하늘의 천사들은 하나님을 직접 섬길 뿐 아니라 신자들도 섬긴다. 신자들은 하나님의 자녀이자 상속자이기 때문이다. 히브리서 저자는 수사의문문으로 묻는다. "모든 천사들은 섬기는 영으로서 구원 받을 상속자들을 위하여 섬기라고 보내심이 아니냐?"(히 1:14). 우리가 하나님의 아들 예수 그리스도를 믿기 때문에 아버지 하나님이 "우리로 하여금 빛 가운데서 성도의 기업의 부분을 얻기에 합당하게" 하셨다(골 1:12).

앞 장에서 설명했듯이, 바울이 사용하는 입양 비유는 유대의 법과 관습보다 로마의 법과 관습에 더 부합하는 것 같다. 이렇게 예상할 수 있는 것은 바울이 로마 신자들에게 편지를 쓰고 있었기 때문이다. 의심할 여지 없이, 이들 중에 유대인이 많았을 것이다. 그렇더라도 이들의 집안이 로마에 정착한 지 여러 세대가 지났다면 이들은 유대 관습보다 로마 관습이 더 친숙했을 것이다.

유대 전통에서, 장자는 일반적으로 아버지의 유산에서 두 몫을 받았다. 반대로, 로마 사회에서는 아버지가 한 자녀에게 나머지 자녀보다 많이 물려줄 특권이 있기는 했으나 대개 모든 자녀가 동등한 몫을 받았다. 로마법은 구매하거나 일해 마련한 재산보다 상속받은 재산을 더 보호해 주었다. 아마도 이러한 로마의 관습과 법을 반영해, 바울은 이 단락에서 하나님의 자녀들이 동등하고 이들의 입양이 안전하다는 점을 강조한다.

바울은 갈라디아 신자들에게 이렇게 말했다. "너희가 그리스도의 것이면 곧 아브라함의 자손이요 약속대로 유업을 이을 자니라"(갈 3:29; 참조. 4:7). 여기서 바울은 영적 유산을 말하고 있으며, "모든 믿는 자의 조상"(롬 4:11) 아브라함을 입양된 하나님의 자녀이자 상속자의 인간 원형(human archetype)으로 인용한다.

영광의 근원

곧 하나님의 상속자요 (8:17b)

신자들의 비교할 수 없는 영광의 근원은 **하나님**, 하늘에 계신 이들의 아버지, 이들을 자신의 자녀와 **상속자**로 입양하신 분이다. 바울은 골로새 그리스도인들에게 "[너희가] 기업의 상을 주께 받을" 것이라고 단언했다(골 3:24). 이 기업은 오직 하나님만 주시는데, 하나님은 이 기업을 그분의 아들 예수 그리스도를 믿어 그분의 자녀와 상속자가 된 자들에게 주권적으로 예외 없이 주신다.

예수님은 마지막 날에 있을 양과 염소를 나누는 심판을 묘사하면서 우리가 그분과 함께 받을 기업을 하나님이 영원 전에 결정하셨다는 놀라운 진리를 드러내신다. "그 때에 임금이 그 오른편에 있는 자들에게 이르시되, 내 아버지께 복 받을 자들이여, 나아와 창세로부터 너희를 위하여 예비된 나라를 상속받으라"(마 25:34). 하나님은 그분의 자녀들을 나중에 입양하시는 게 아니라 그분이 미리 정하신 구속 계획, 곧 "창세" 전에 시작된 계획에 따라 입양하신다.

유산의 가치는 그것을 물려주는 사람의 가치가 결정한다. 그리스도인들이 받는 유산은 세상의 창조자요 유지자요 주인이신 분에게서 온다. **하나님**은 우리가 받는 유산(기업)의 근원일 뿐 아니라 그분 자신이 우리의 유산이다. 우주의 모든 좋은 것 중에 가장 귀중한 것은 우주의 창조자 자신이다. 시편 기자는 이렇게 선언한다. "하늘에서는 주 외에 누가 내게 있으리요? 땅에서는 주밖에 내가 사모할 이 없나이다"(시 73:25). 예레미야는 이렇게 썼다. "내 심령에 이르기를, 여호와는 나의 기업이시니 그러므로 내가 그를 바라리라 하도다"(애 3:24). 요한은 밧모섬에서 본 환상 중에 한 음성을 들었다고 말한다. "내가 들으니 보좌에서 큰 음성이 나서 이르되, 보라 하나님의 장막이 사람들과 함께 있으매 하나님이 그들과 함께 계시리니, 그들은 하나님의 백성이 되고 하나님은 친히 그들과 함께 계셔서"(계 21:3). 하나님의 자녀들이 천국에서 받을 가장 큰 복은 그들의 하나님과 영원히 함께하는 것이다.

영광의 범위

그리스도와 함께 한 상속자니 (8:17c)

우리 가운데 많은 사람이 땅에서 물려줄 재산이 거의 없는 사람들의 상속자이며, 우리의 인간적 유산은 거의 없거나 어쩌면 전혀 없을 것이다. 그러나 하나님의 자원이 무한하듯이, 우리의 영적 유산도 무한하다. 그리스도와 **함께 한 상속자(fellow heirs)**로서, 우리는 하나님의 참 아들 예수 그리스도께서 상속하시는 모든 것을 공유하기 때문이다.

바울은 기뻐 외친다. "찬송하리로다. 하나님 곧 우리 주 예수 그리스도의 아버지께서 그리스도 안에서 하늘에 속한 모든 신령한 복을 우리에게 주시되… 모든 일을 그의 뜻의 결정대로 일하시는 이의 계획을 따라 우리가 예정을 입어 그 안에서 기업이 되었으니"(엡 1:3, 11). 아버지 하나님이 예수 그리스도를 "만유의 상속자"로 정하셨고(히 1:2), 우리는 그분과 함께한 상속자이기에 그분이 받으시는 전부를 받게 되어 있다.

세상의 계산법으로, 각 상속자가 유산을 동등하게 받으면 전체 유산의 일정 부분밖에 받지 못한다. 그러나 천국은 이런 제한을 받지 않으며, 하나님께 입양된 자녀는 '모두' 그분의 아들과 함께 유산 '전체'를 받는다. **그리스도**께서 신적 권리로 받으시는 모든 것을 우리가 신적 은혜로 받을 것이다. 마태복음 20:1-16에 나오는 포도원 품꾼 비유가 이 은혜를 설명하며 그리스도를 섬기는 모두가 섬김의 차이와 무관하게 영원한 상을 똑같이 받으리라는 것을 보여준다.

신자들은 어느 날 자신의 주인이신 분의 영원한 기쁨에 참여할 것인데(마 25:21), 그분은 이 기쁨을 위해 "십자가를 참으사 부끄러움을 개의치 아니하시더니 하나님 보좌 우편에 앉으셨다"(히 12:2). 신자들은 그리스도와 함께 하늘 보좌에 앉아 그분과 함께 다스리며(계 3:21; 참조. 20:4; 눅 22:30) 자신들의 구주요 주님의 형상을 영원히 입을 것이다(고전 15:49; 요일 3:2). 무한한 "우리 주 예수 그리스도의 은혜를 너희가 알거니와 부요하신 이로서 너희를 위하여 가난하게 되심은 그의 가난함으로 말미암아 너희를 부요하게 하려 하심이라"(고후 8:9). 예수님은 놀라운 대제사장 기도에서 믿을 수 없이 놀라운 진리, 곧 그분을 믿는 자는 누구든지 그분과 하나 되고 그분의 충만한 영광을 공유하리라는 진리를 아버지께 말씀하셨다. "내게 주신 영광을 내가 그들에게 주었사오니, 이는 우리가 하나가 된 것 같이 그들도 하나가 되게 하려 함이니이다"(요 17:22). 우리는 그리스도의 특권을 침해하지 않을 것이다. 그분은 은혜로운 의지로 친히 자신의 영광을 우리에게 주시고 아버지께 이를 확증해 달라고 하시기 때문이다.

이것은 어떤 사교들의(cults) 가르침처럼 신자들이 신이 된다는 게 아니라 우리가 그리스도와 공동상속인으로서 하나님께 있는 모든 복과 위엄을 받으리라는 것이다. "우리로 그의 은혜를 힘입어 의롭다 하심을 얻어 영생의 소망을 따라 상속자가 되게 하려 하심이라"(딛 3:7). 예수 그리스도는 "새 언약의 중보자시니, 이는 첫 언약 때에 범한 죄에서 속량하려고 죽으사 부르심을 입은 자로 하여금 영원한 기업의 약속을 얻게 하려 하심이라"(히 9:15).

그리스도인이 그리스도의 재림을 간절히 고대하지 않고 그리스도의 뜻을 따라 살지 않는다면 이 땅에 단단히 매인 것이다. 그러나 하나님의 말씀에 따르면, 오직 영원을 바라보며 참으로 천국을 사모하는 신자들만 이 땅에서 그분을 섬길 수 있다. 이들은 하나님의 많은 자녀의 순종을 방해하는 이 땅의 욕망과 동기에서 해방되었기 때문이다. 신실한 신자들은 열매 맺는 신자이며, 이들은 자신의 참 시민권이 하늘에 있음을 알고(빌 3:20) 하나님의 약속(히 6:12), 곧 거짓말을 하실 수 없고 언제나 약속을 성실하게 지키시는 분의 약속이 자신의 기업이라는 것을 안다.

바울은 셋째 하늘에 이끌려갔을 때 사람의 말로 표현할 수 없는 광경을 보았고 소리도 들었다(고후 12:2-4). 성령에 감동된 사도인데도 하늘의 위엄과 장엄과 영광을 표현할 수 없었다. 그러나 언젠가 모든 신자가 이러한 신성하고 놀라운 것을 보고 이해할 뿐 아니라 거기에 온전히 참여할 것이다.

요한은 우리에게 말한다. "주를 향하여 이 소망을 가진 자마다 그의 깨끗하심과 같이 자기를 깨끗하게 하느니라"(요일 3:3). 하나님의 영광에 참여하리라는 소망과 기대는 모든 신자가 여전히 이 땅에 있는 동안 깨끗한 삶에 헌신하는 동기여야 한다. 거룩한 삶만이 하나님이 온전히 사용하실 수 있고, 거룩한 삶만이 주님의 기업을 받기에 제대로 준비된 것이다.

어느 날, 이 땅의 모든 것이 소멸하고 사라질 것이다. 온 땅이 더럽혀지고 부패했기 때문이다. 그러나 아주 놀랍도록 대조적이게도, 어느 날 하나님은 모든 신자로 "썩지 않고 더럽지 않고 쇠하지 아니하는 유업을 잇게 하시나니, 곧 너희를[그들을] 위하여 하늘에 간직하신 것이라"(벧전 1:4). 우리가 이 땅에서 신자로서 사는 삶은 "우리가 믿음으로 서 있는 이 은혜에 들어감"일 뿐이며, 우리의 궁극적 소망과 기쁨은 "하나님의 영광을 바라고 즐거워"하는 데 있다(롬 5:2). 바울은 자신이 이러한 궁극적 기업(유산)을 받으리라는 것을 늘 확신했기에 이렇게 말할 수 있었다. "나는 비천에 처할 줄도 알고 풍부에 처할 줄도 알아 모든 일 곧 배부름과 배고픔과 풍부와 궁핍에도 처할 줄 아는 일체의 비결을 배웠노라"(빌 4:12). 예수님도 하나님이 주시는 이러한 궁극적 기업에 비추어 이렇게 명하셨다. "너희를 위하여 보물을 땅에 쌓아 두지 말라. 거기는 좀과 동록이 해하며 도둑이 구멍을 뚫고 도둑질하느니라. 오직 너희를 위하여 보물을 하늘에 쌓아 두라. 거기는 좀이나 동록이 해하지 못하며 도둑이 구멍을 뚫지도 못하고 도둑질도 못하느니라. 네 보물 있는 그 곳에는 네 마음도 있느니라"(마 6:19-21).

영광의 증거

우리가 그와 함께 영광을 받기 위하여 고난도 함께 받아야 할 것이니라. (8:17d)

17절을 시작할 때처럼, **if**는 여기서 가능성이 아니라 실제라는 뜻을 내포하며, 따라서 "왜냐하면"(because) 또는 "~이므로"(inasmuch)라고 번역하는 게 더 낫다.[112] 바울은 이렇게 선언하고 있다. 세상의 생각에는 이상해 보이겠지만, 신

---

112 NASB 17절: and if children, heirs also, heirs of God and fellow heirs with Christ,

자가 마침내 영광을 받으리라는 현재의 증거는 주님을 위해 고난을 받는다는 것이다. 우리는 그분과 함께 고난을 받기**(suffer with Him)** 때문에 그분과 함께 영광도 받으리라**(also be glorified with Him)**는 것을 안다.[113] 예수님은 의를 위하여, 다시 말해 그분을 위해 박해받은 자들은 복이 있다고 거듭 약속하며 이와 동일한 어조로 팔복을 마무리하셨다(마 5:10-12).

이 세상 체계는 사탄의 지배 아래 있기에 세상은 하나님과 그분의 백성을 경멸한다. 그러므로 박해가 한쪽 극단에서 언어폭력으로 닥치든 반대쪽 극단에서 순교로 닥치든 간에, 신자는 믿음의 대가를 치를 수밖에 없다. 우리는 예수 그리스도와의 관계 때문에 조롱이나 멸시나 비웃음을 비롯해 어떤 형태로든 박해를 **받을(suffer)** 때, 또한 그분과 함께 영광을 받을**(also be glorified with Him)** 것이다.

하나님의 숱한 약속이 우리가 생각하기에 "긍정적"이지 않다. 예수님은 이렇게 약속하셨다. "제자가 그 선생보다, 또는 종이 그 상전보다 높지 못하나니, 제자가 그 선생 같고 종이 그 상전 같으면 족하도다. 집 주인을 바알세불이라 하였거든 하물며 그 집 사람들이랴!"(마 10:24-25). 바울은 이렇게 약속했다. "무릇 그리스도 예수 안에서 경건하게 살고자 하는 자는 박해를 받으리라"(딤후 3:12; 참조. 2:11). 베드로도 첫째 서신에서 박해에 관한 동일한 약속을 암시한다. "잠깐 고난을 당한 너희를 친히 온전하게 하시며 굳건하게 하시며 강하게 하시며 터를 견고하게 하시리라"(벧전 5:10). 고난은 영적 성숙에 꼭 필요하며, 베드로는 참신자라면 누구라도 주님을 위해 얼마간 고난을 받으리라고 말한다. 오는 세상에서 그리스도와 함께 다스릴 자들은 이 땅에 사는 동안

---

if indeed we suffer with Him in order that we may also be glorified with Him(그리고 자녀라면 상속자 곧 하나님의 상속자요 그리스도와 공동 상속자이기도 하며, 참으로 우리가 그분과 함께 고난을 받는다면 그분과 함께 영광도 받을 것이다).

113 바로 앞 역자주를 참조하라. NASB와 개역개정은 어순이 반대다. 개역개정은 "우리가 그와 함께 영광을 받기 위하여 고난도 함께 받아야 할 것이니라"이지만 NASB를 어순 그대로 옮기면 이렇다. "참으로 우리가 그분과 함께 고난을 받는다면[받기 때문에, 받으므로] 그분과 함께 영광도 받을 것이다(if indeed we suffer with Him in order that we may also be glorified with Him).

그분을 위해 당한 고난에 걸맞은 상을 받을 것이다.

바울은 확신하고 기뻐하며 선언한다. "우리가 사방으로 욱여쌈을 당하여도 싸이지 아니하며, 답답한 일을 당하여도 낙심하지 아니하며, 박해를 받아도 버린 바 되지 아니하며, 거꾸러뜨림을 당하여도 망하지 아니하고, 우리가 항상 예수의 죽음을 몸에 짊어짐은 예수의 생명이 또한 우리 몸에 나타나게 하려 함이라. 우리 살아있는 자가 항상 예수를 위하여 죽음에 넘겨짐은 예수의 생명이 또한 우리 죽을 육체에 나타나게 하려 함이라"(고후 4:8-11). 바울은 동료 신자들과 믿어야 할 자들을 위해 기꺼이 고난을 받았다. 그러나 그가 고난을 피하지 않은 가장 큰 동기는 그의 고난이 하나님께 영광이 된다는 것이었다. 그는 뒤이어 이렇게 말했다. "이는 모든 것이 너희를 위함이니, 많은 사람의 감사로 말미암아 은혜가 더하여 넘쳐서 하나님께 영광을 돌리게 하려 함이라"(15절). 그러나 바울은 자신을 위해서도 기꺼이 고난을 받았다. 자신이 그리스도를 위해 당하는 고난이 자신에게 유익하리라는 것을 알았기 때문이다. 그는 이렇게 말했다. "그러므로 우리가 낙심하지 아니하노니, 우리의 겉사람은 낡아지나 우리의 속사람은 날로 새로워지도다. 우리가 잠시 받는 환난의 경한 것이 지극히 크고 영원한 영광의 중한 것을 우리에게 이루게 함이니"(16-17절).

신자는 주님을 위해 이생에서 고난받을수록 천국에서 [하나님을] 영화롭게 할 능력이 더 커질 것이다. 예수님은 마태복음 20:21-23에서 야고보와 요한과 이들의 어머니에게 장차 임할 나라에서 윗자리에 앉는 것은 지금 여기서 낮아짐을 통해 고난의 잔을 마시는 경험과 관계가 있다고 하시며 이 관계를 분명히 하셨다. 일과 상의 관계처럼(고전 3:12-15을 보라), 우리가 이 땅에서 살아가는 삶의 영적 질이 우리가 천국에서 살아갈 삶의 질에, 하나님이 정하신 어떤 방식으로, 영향을 미칠 것이다. 덧붙여 말하건대, 신자들의 최종 운명은 하나님을 영화롭게 하는 것이기에 우리가 천국에서 받을 상과 영광은 본질적으로 하나님을 영화롭게 하는 능력일 것이다.

이생에서 고난을 받을 때 보이는 반응에서 영혼의 진정한 상태가 드러난다. 하나님이 고난을 허락하심은 신자들이 그분을 의지하게 하기 위해서인데,

하나님을 의지한다는 것은 진정으로 구원받았다는 증거다.

믿음 때문에 받는 고난은 우리가 하나님께 속하며 천국에 가리라는 증거일 뿐 아니라 천국을 위한 준비의 한 형태이기도 하다. 이런 까닭에, 바울은 "그분의 고난에 동참하여, 그분의 죽으심을 본받"길 간절히 바랐으며(빌 3:10, 새번역) "푯대를 향하여 그리스도 예수 안에서 하나님이 위에서 부르신 부름의 상을 위하여 달려가"기로 굳게 결심했다(14절).

우리는 땅에서 그리스도를 위해 기꺼이 고난받을수록 자신의 자원이 아니라 그분을 더 의지하게 되고 그분의 능력을 더 얻는다. 그리스도를 위해 고난받으면 그리스도와 더 가까워진다. 그분을 위해 고난받으면 그분이 성육신 중에 우리를 위해 견디신 고난을 더 잘 이해할 수 있다. 우리가 그리스도를 위해 당하는 그 어떤 조롱이나 배척이나 추방이나 상실이나 갇힘이나 육체적 고통이나 죽음이라도 우리가 얻을 것에 비하면 아무것도 아니다. 이미 인용했듯이, 이러한 고난들은 당장에 아무리 혹독해 보이더라도 잠시이고 눈 깜짝할 사이에 지나가는 고통일 뿐이며 "지극히 크고 영원한 영광의 중한 것을 우리에게 이루"어 준다(고후 4:17).

우리는 거듭났고, 그리스도의 부활을 통해 소망을 얻었으며, 그분과 함께 썩지 않을 기업을 가졌고, 하나님의 능력으로 보호받는다. 이것들은 우리가 "크게 기뻐할" 이유다(벧전 1:3-5, 6b). 그러나 베드로는 뒤이어 자신의 서신을 읽는 신자들에게 일깨운다. "그러므로 너희가 이제 여러 가지 시험으로 말미암아 잠깐 근심하게 되지 않을 수 없으나…너희 믿음의 확실함은 불로 연단하여도 없어질 금보다 더 귀하여 예수 그리스도께서 나타나실 때에 칭찬과 영광과 존귀를 얻게 할 것이니라"(6a, 7절).

우리가 천국에서 하나님을 영화롭게 할 영원한 능력은 이 땅에 사는 동안 하나님을 위해 기꺼이 고난받느냐에 달려 있다. 앞서 말했듯이, 어떤 종류의 박해는 참신자라면 당할 수도 있는 게 아니라 반드시 당하는 것이다. 예수님은 자신을 따르는 자들에게 단언하셨다. "세상이 너희를 미워하면 너희보다 먼저 나를 미워한 줄을 알라. 너희가 세상에 속하였으면 세상이 자기의 것을 사랑할 것이나 너희는 세상에 속한 자가 아니요 도리어 내가 너희를 세상에서 택하였기 때문에 세상이 너희를 미워하느니라. 내가 너희에게 종이 주인보다 더 크지 못하다 한 말을 기억하라. 사람들이 나를 박해하였은즉 너희도 박해할 것이요 내 말을 지켰은즉 너희 말도 지킬 것이라. 그러나 사람들이 내 이름으로 말미암아 이 모든 일을 너희에게 하리니, 이는 나를 보내신 이를 알지 못함이라"(요 15:18-21).

그리스도를 위해 성경적 자세를 굳건히 취한다면 세상으로부터 이런저런 반대와 소외와 괴롭힘과 배척을 받을 게 확실하다. 안타깝게도, 이런 자세를 취하면 하나님을 안다고 공언하지만 행위로는 부인하는 자들에게 비판받기 일쑤이기도 하다(딛 1:16).

그러나 우리에게는 주님이 주시는 놀라운 확신도 있다. 우리가 그분을 위해 받는 그 어떤 고난도 우리에게 지속적으로 해를 끼치지 않으리라는 것이다. 바울은 그 이유를 이렇게 말한다. "그리스도의 고난이 우리에게 넘친 것 같이 우리가 받는 위로도 그리스도로 말미암아 넘치는도다"(고후 1:5). 그리스도를 위해 고난받는 것보다 우리에게 더 큰 특권도 없고 우리가 영광을 받으리라는 더 큰 보증도 없다.

오늘 주위에 넘쳐나는 이른바 건강과 부와 번영의 복음들은 그리스도의 복음에 충실하지 않으며 세상의 메시지를 반영할 뿐이다. 세상의 그럴듯한 좋은 소식은 문제와 어려움을 잠시 피하라고 말한다. 그리스도의 좋은 소식은 그분을 위해 고난을 받으리라는 약속을 포함한다.

비교할 수 없는 영광

생각하건대 현재의 고난은 장차 우리에게 나타날 영광과 비교할 수 없도다. (8:18)

'로기조마이'(*logizomai*, **consider, 생각하건대**)는 문자적으로 수치 계산을 가리킨다. 여기서 그렇게 쓰이듯이 비유적으로, 세밀한 연구와 추론으로 확고한 결론에 이르는 것을 말한다. 바울은 그리스도를 위해 받는 그 어떤 고난도 그 고난 때문에 받을 은택에 비하면 작은 값일 뿐이라고 단순히 암시하는 게 아니라 강하게 단언한다. **현재의 고난은**, 곧 우리가 지금 이 땅에서 받는 고난은 **장차 우리에게 나타날 영광과 비교할 수 없도다.**

신약성경에서 '파떼마'(*pathēma*, **suffering, 고난**)는 그리스도의 고난과 신자들이 그분을 위해 받는 고난 둘 다에 사용된다. 베드로는 이렇게 권면한다. "너희는 믿음을 굳건하게 하여 그를[사탄을] 대적하라. 이는 세상에 있는 너희 형제들도 동일한 고난을 당하는 줄을 앎이라"(벧전 5:9). 바울은 고린도 신자들에게 단언했다. "우리가 환난 당하는 것도 너희가 위로와 구원을 받게 하려는 것이요 우리가 위로를 받는 것도 너희가 위로를 받게 하려는 것이니, 이 위로가 너희 속에 역사하여 우리가 받는 것 같은 고난을 너희도 견디게 하느니라. 너희를 위한 우리의 소망이 견고함은 너희가 고난에 참여하는 자가 된 것 같이 위로에도 그러할 줄을 앎이라"(고후 1:6-7).

예수 그리스도는 의를 위하여 고난을 받은 최고의 본보기이자 완전한 본보기다. "그러므로 만물이 그를 위하고 또한 그로 말미암은 이가 많은 아들들을 이끌어 영광에 들어가게 하시는 일에 그들의 구원의 창시자를 고난을 통하여 온전하게 하심이 합당하도다"(히 2:10).[114] 고난이 그리스도께서 그분의 아버지께 순종하시는 데 필수였듯이 우리가 그리스도께 순종하는 데도 필수다.

그리스도를 모르는 사람들은 고난받을 때 소망이 없다. 이들이 어떤 이유로 고난받든 간에, 이들의 고난은 그리스도를 위한 고난이나 의를 위한 고난이 아니며, 따라서 이들에게 그 어떤 영적 복이나 영광도 주지 못한다. 오로지 이생만을 위해 사는 자들은 잘못된 것이 해결되거나 영혼의 위로를 조금도 기대할 수 없다. 이들의 아픔과 외로움과 고통은 하나님의 목적에 기여하지 못하며 하나님의 상을 가져다주지도 못한다.

반대로, 그리스도인들은 큰 소망이 있다. 그리스도인들은 자신의 고통이 마

114 새번역: 하나님께서는 만물을 창조하시고, 만물을 보존하시는 분이십니다. 그러므로 하나님께서 많은 자녀를 영광에 이끌어 들이실 때에, 그들의 구원의 창시자를 고난으로써 완전하게 하신다는 것은 당연한 일입니다.

침내 끝나리라는 소망뿐 아니라 그 고통이 실제로 자신의 영원한 영광을 더하리라는 소망이 있다. 그리스도께서 성육신하기 오래전, 다니엘 선지자는 신자들의 영광을 "궁창의 빛"이라 했으며 이 영광이 "별과 같이 영원토록 빛나리라"고 했다(단 12:3).

그리스도를 따르는 자로서, 우리의 고난은 사람들에게서 비롯되나 우리의 영광은 하나님에게서 비롯된다. 우리의 고난은 땅에서 받지만 우리의 영광은 하늘에서 받는다. 우리의 고난은 짧지만 우리의 영광은 영원하다. 우리의 고난은 잠시지만 우리의 영광은 무한하다. 우리의 고난은 죽고 썩을 우리의 몸이 받지만 우리의 영광은 완전하고 썩지 않을 우리의 몸이 받는다.

33

성령께서 우리의 영광을 보증하신다 II: 영광을 갈망하는 말 할 수 없는 탄식

(롬 8:19-27)

19피조물이 고대하는 바는 하나님의 아들들이 나타나는 것이니, 20피조물이 허무한 데 굴복하는 것은 자기 뜻이 아니요 오직 굴복하게 하시는 이로 말미암음이라. 21그 바라는 것은 피조물도 썩어짐의 종노릇 한 데서 해방되어 하나님의 자녀들의 영광의 자유에 이르는 것이니라. 22피조물이 다 이제까지 함께 탄식하며 함께 고통을 겪고 있는 것을 우리가 아느니라. 23그뿐 아니라 또한 우리 곧 성령의 처음 익은 열매를 받은 우리까지도 속으로 탄식하여 양자될 것 곧 우리 몸의 속량을 기다리느니라. 24우리가 소망으로 구원을 얻었으매 보이는 소망이 소망이 아니니 보는 것을 누가 바라리요? 25만일 우리가 보지 못하는 것을 바라면 참음으로 기다릴지니라.

26이와 같이 성령도 우리의 연약함을 도우시나니, 우리는 마땅히 기도할 바를 알지 못하나 오직 성령이 말할 수 없는 탄식으로 우리를 위하여 친히 간구하시느니라. 27마음을 살피시는 이가 성령의 생각을 아시나니, 이는 성령이 하나님의 뜻대로 성도를 위하여 간구하심이니라. (8:19-27)

바울은 성령께서 하시는 사역의 백미, 곧 정죄함이 없는 신자의 신분을(8:1을 보라) 안전하게 하시는 사역에 대해 말하면서 성령께서 우리가 장차 얻을 영광을 보증함으로써 우리를 안전하게 하시는 일에 초점을 맞춘다(17-30절). 이 책 앞 장에서, 하나님이 약속하신 신자들의 영광 때문에 신자들이 얻는 비교할 수 없는 유익을 살펴보았다(17-18절).

이 장에서, 바울은 이 영광을 갈망하는 피조물의 탄식(19-22절), 신자들의 탄식(23-25절), 성령의 탄식(26-27절)—말할 수 없는 탄식(groans, 신음)—에 주의를 집중시킨다. 탄식이란 육체적 아픔이나 정서적 아픔이나 영적 아픔 때문에 겪는 고통을 들리게 표현하는 것이다. 이러한 탄식들은 고통스럽고 만족스럽지 못하며 슬픔이 복받친 상태를 통곡한다. 다시 말해, 고통스러운 경험에서 구해달라는 부르짖음이다.

피조물의 탄식

[19]피조물이 고대하는 바는 하나님의 아들들이 나타나는 것이니, [20]피조물이 허무한 데 굴복하는 것은 자기 뜻이 아니요 오직 굴복하게 하시는 이로 말미암음이라. [21]그 바라는 것은 피조물도 썩어짐의 종노릇 한 데서 해방되어 하나님의 자녀들의 영광의 자유에 이르는 것이니라. [22]피조물이 다 이제까지 함께 탄식하며 함께 고통을 겪고 있는 것을 우리가 아느니라. (8:19-22)

첫째 탄식은 의인화된 비탄, 곧 첫 인류의 타락 때문에 부패한 상태로 존재하는 창조된 우주가 토해내는 비탄이다.

'아포카라도키아'(*apokaradokia*, **anxious longing, 고대하는 바**)는 특히 생생한 단어이며 문자적으로 목을 쭉 뺀 채 까치발을 하고 기대에 찬 눈으로 쳐다보는 모습을 가리킨다. 접두어 '아포'(*apo*)는 고대하는 대상에 몰입하고 집중한다는 의미를 더한다. **피조물**은 **하나님의 아들들이 나타나는 것**을 이를테면 까치발을 한 채 **고대한다(wait eagerly)**.

유대인들은 세상을 구속하겠다는 하나님의 약속, 곧 **피조물**(**creation,** 창조세계)을 새롭게 하겠다는 약속이 친숙했다. 이사야는 하나님을 대언해 선언했다. "보라. 내가 새 하늘과 새 땅을 창조하나니, 이전 것은 기억되거나 마음에 생각나지 아니할 것이라"(사 65:17). 유대인들은 영광의 때, 곧 모든 아픔과 억압과 종살이와 불안과 슬픔과 박해가 끝나고 하나님이 그분의 완전한 나라,

곧 평화와 의의 나라를 세우실 때를 고대했다.

성경에 포함되지 않은 유대 저작들까지도 이러한 갈망을 담아낸다. 바룩의 묵시(Apocalypse of Baruch)는 오래 고대하며 기다린 미래의 유토피아를 묘사한다.

> 포도나무마다 가지가 천 개씩 뻗고, 가지마다 포도송이가 천 개씩 열리며, 포도송이마다 포도알이 천 개씩 달리고, 포도알마다 포도주 한 통이 나오리라. 주린 자들이 즐거워하고, 더욱이 매일 경이로운 것들을 보리라. 바람이 내 앞에서 나가 매일 아침 과일 향기를 몰고 오며, 하루가 끝날 때 건강하게 하는 이슬을 내릴 구름을 몰고 오리라. (29:5-7).

시빌의 신탁(Sibylline Oracles)에서 유대교와 관련된 부분에도 비슷한 기대가 나온다. "그리고 땅과 모든 나무와 셀 수 없는 양 떼가 그들의 참 열매, 곧 꿀처럼 단 포도주와 흰 젖과 곡식을 인간에게 주리니, 이것들은 인간에게 가장 탁월한 선물이리라"(3:620-633). 이 신탁 조금 뒤에는 이런 구절이 나온다.

> 땅, 곧 우주의 어머니가 필멸의 존재에게 무수한 곡식과 포도주와 기름의 저장고에서 가장 좋은 열매를 주리라. 참으로 하늘로부터 달콤한 꿀이 내리리라. 나무들이 합당한 열매를 내고, 소 떼와 양 떼와 어린 양과 어린 염소가 풍성해지리라. 그분이 흰 젖의 달콤한 샘이 터지게 하시리라. 성읍들이 좋은 것들로 가득 차고 들판에 곡식이 풍성하리라. 온 땅에 칼이나 전쟁의 소리도 없으리라. 땅이 다시 요동치 않으며, 온 땅에 다시 가뭄이나 기근이 없고 우박이 없어 곡식이 해를 받지 않으리라. (3:744-756)

여기서 말하는 **피조물**에는 하늘의 천사들이 포함되지 않는다. 천사들은 창조된 존재이기는 하나 썩지 않기 때문이다. 이 용어는 사탄과 그를 따르는 타락한 천사들 곧 귀신들을 포함하지 않는 게 분명하다. 이들은 경건하고 죄 없는 상태를 전혀 갈망하지 않으며 하나님이 자신들에게 영원한 고통을 선고하셨다는 것을 안다. 신자들도 이 용어에 포함되지 않는다. 신자들은 23-25절에서 따로 언급되기 때문이다. 그뿐 아니라 바울은 불신자들을 말하고 있지도 않다. **피조물**에서 남은 부류는 비이성적 존재뿐이며, 여기에는 동물과 식물, 산, 강, 초원, 바다, 천체 같은 무생물이 포함된다.

유대인들은 이렇게 자연을 의인화하는 게 익숙했다. 이사야는 자연을 의인화하며 "광야와 메마른 땅이 기뻐하며 사막이 백합화 같이 피어 즐거워하며"라고 했고(사 35:1) 나중에 "산들과 언덕들이 너희 앞에서 노래를 발하고 들의 모든 나무가 손뼉을 칠 것이며"라고 했다(55:12).

고대하는(waits eagerly)은 동사 '아페크데코마이'(*apekdechomai*)의 한 형태[115]를 번역한 것으로 큰 기대를 품지만 인내하며 기다림을 가리킨다. 헬라어 동사의 이 형태(명사형)는 기대하는 사건이 일어날 때까지 준비된 상태를 유지한다는 의미를 더한다.

나타나는 것(revealing)으로 번역된 '아포칼륩시스'(*apokalupsis*)는 덮개를 벗김, 베일을 벗김, 또는 계시를 가리킨다. 요한계시록의 영어 이름이(Revelation) 바로 이 단어에서 왔다(계 1:1을 보라). 세상은 그리스도인이 진정 누구인지 이해하지 못한다. 첫째 서신에서, 요한은 동료 신자들에게 설명했다. "보라. 아버지께서 어떠한 사랑을 우리에게 베푸사 하나님의 자녀라 일컬음을 받게 하셨는가, 우리가 그러하도다. 그러므로 세상이 우리를 알지 못함은 그를 알지 못함이라"(요일 3:1).

오늘날 세상은 그리스도인과 불신자들을 전혀 구분하지 못한다. 그리스도인이라는 사람들이 여느 사람과 거의 똑같이 옷을 입고 행동하며 말한다. 많은 불신자가 높은 수준의 행동 기준을 갖고 있다. 반대로, 안타깝게도 스스로 그리스도인이라 말하는 많은 사람이 구원의 증거를 거의 보여주지 못한다. 그러나 정해진 때에, 하나님이 누가 진정으로 그분께 속한 자인지 드러내실 것이다.

하나님의 아들들이 나타나는 때에, "우리 생명이신 그리스도께서 나타나실

---

115 *apokaradokia*(3인칭 여성단수 주격 명사)

그때에 너희도[신자들도] 그와 함께 영광 중에 나타나리라”(골 3:4). 그때, 모든 신자가 죄와 자신의 구속받지 못한 인성에서 영원히 분리되어 그리스도의 거룩함과 광휘로 영화롭게 될 것이다.

아담과 하와가 하나님의 명령에 불순종해 죄를 지었을 때, 인류뿐 아니라 땅과 세상 나머지 모든 것이 저주를 받아 부패했다. 아담과 하와가 타락한 후, 하나님이 아담에게 말씀하셨다.

> 네가 네 아내의 말을 듣고 내가 네게 먹지 말라 한 나무의 열매를 먹었은즉 땅은 너로 말미암아 저주를 받고 너는 네 평생에 수고하여야 그 소산을 먹으리라. 땅이 네게 가시덤불과 엉겅퀴를 낼 것이라. 네가 먹을 것은 밭의 채소인즉, 네가 흙으로 돌아갈 때까지 얼굴에 땀을 흘려야 먹을 것을 먹으리니, 네가 그것에서 취함을 입었음이라. 너는 흙이니 흙으로 돌아갈 것이니라. (창 3:17-19)

아담과 하와가 타락하기 전에는 잡초나 독초가 없었고 가시나 엉겅퀴를 비롯해 사람에게 해를 끼치거나 사람을 고통스럽게 할 수 있는 게 전혀 없었다. 그러나 타락 후, **피조물이 허무한 데 굴복하는 것은 자기 뜻이 아니요 오직 굴복하게 하시는 이로 말미암음이라.** '마타이오테스'(*mataiotēs*, **futility, 허무한**)는 성공하지 못함, 목표나 목적을 이룰 수 없음이란 의미를 내포한다. 사람의 죄 때문에, 이제 자연의 어느 한 부분도 하나님이 의도하신 대로, 본래 그대로 존재하지 않는다. **굴복하는(was subjected)**이란 동사는 자연이 스스로를 저주한 게 아니라 그 무엇이나 그 누구에 의해 저주를 받았다는 것을 그 형태[116]로 나타낸다. 바울은 뒤이어 자연을 저주하신 분이 자연의 창조자라고 말한다. 하나님이 친히 자연으로 허무한 것에 **굴복하게 하셨다.**

오늘날 다양한 환경 단체와 정부 기관이 천연자원과 자연 지역을 보호하고 회복시키려 고귀한 노력을 기울인다. 그렇지만 이들은 타락(the Fall) 이후 계

---

116 *hupetagē*는 *hupetassô*(~아래 두다, 복종시키다)의 부정과거 수동태 직설법 3인칭 단수형이다.

속해서 사람뿐 아니라 사람의 환경을 황폐시켜 온 부패의 흐름을 되돌릴 힘이 없다. 한 사람의 불순종이 전체 우주를 부패시킬 만큼 죄의 파괴력은 엄청나다. 썩어짐, 질병, 아픔, 죽음, 자연재해, 오염을 비롯해 온갖 형태의 악은 저주를 내리신 분이 그 저주를 제거하고 새 하늘과 새 땅을 창조하실 때까지 절대로 그치지 않을 것이다(벧후 3:13; 계 21:1).

존 뮤어(John Muir, 1838-1914) 같은 자연주의자도 자연은 "타락하지 않고 부패하지 않으며" 오로지 인간만이 "망치는 손길"(blighting touch)이라고 썼을 때 심각한 오류를 범했다. 우리 시대의 감상적 환경보호론자들은 상당히 편안하고 쉽게 "자연과 조화"를 이루며 살아야 한다고 주장한다. 어떤 사람들은 정부를 향해 우리를 암흑시대, 곧 그들이 생각하기에 사람과 자연이 조화를 이루던 시대로 되돌려 놓으라고 소리친다. 이 타락한 환경의 모든 부패가 과거에는 기술과 산업화가 초래한 것과 달랐을 테지만 어쩌면 훨씬 치명적이었을 것이다. 과거에 사람들은 질병과 죽음뿐 아니라 재해에 훨씬 더 노출되었다. 자연과 더 가까이 살았을 때 더 불편했고 더 고통스러웠으며 더 힘들었고 더 많이 아팠으며 더 일찍 죽었다. 이 땅은(지구는) 우호적인 곳이 아니라 폭력적이고 위험한 곳이다. 땅이 저주를 받지 않았고 자연히 편안한 삶을 안겨줄 거라고 생각하는 것은 어리석은 환상이다.

그러나 자연 세계가 이렇게 저주를 받았는데도 그 아름다움과 웅장함과 유익이 많이 남아 있다. 모두 쇠락하지만 꽃은 여전히 아름답고, 산은 여전히 웅대하며, 숲은 여전히 근사하고, 천체는 여전히 장엄하며, 음식은 여전히 영양분을 공급하고 먹기에 즐거우며, 물은 여전히 생기를 주고 생명을 유지한다. 하나님이 땅을 무섭게 저주하셨는데도 그분의 위엄과 인류를 향한 은혜로운 공급이 우리가 어디를 보든 여전히 분명하게 나타난다. 이런 까닭에, 그 누구도 하나님을 믿지 못하겠다며 내세울 핑계가 없다. "창세로부터 그의 보이지 아니하는 것들 곧 그의 영원하신 능력과 신성이 그가 만드신 만물에 분명히 보여 알려졌나니 그러므로 그들이 핑계하지 못할지니라"(롬 1:20).

자연의 운명은 인간의 운명과 분리될 수 없다. 인간이 죄를 지었기 때문에 나머지 **피조물**이 인간과 더불어 부패했다. 마찬가지로, 하나님이 인간의 영광을 회복하실 때 자연 세계도 회복될 것이다. 그러므로 바울은 자연 세계의 피조물 자체도 **바라는 것(hope)**이 있는데 **썩어짐의 종노릇 한 데서 해방되어 하나님의 자녀들의 영광의 자유에 이르는 것**이라고 말한다. 바꾸어 말하면, 인간의 죄가 우주에 부패를 불러왔듯이 인간이 회복되어 의에 이르면 땅과 우주도 회복되어 하나님이 뜻하신 완전함과 영광에 이를 것이다.

물리학에서, 엔트로피의 법칙이란 우주의 물질과 에너지가 무질서를 증가시키는 쪽으로 계속해서, 돌이킬 수 없게 퇴화됨(degradation)을 말한다. 그런데 이 과학 법칙은 진화론과 분명히 모순된다. 진화론은 자연 세계가 계속해서 스스로를 개선한다는 전제에 기초하기 때문이다. 그러나 단순한 정원에서도 분명하게 볼 수 있듯이, 돌보지 않고 버려두면 퇴화한다. 잡초를 비롯해 원치 않는 식물이 좋은 식물을 질식시킨다. 인간이든 동물이든 식물이든 땅과 하늘의 무생물이든 간에, 우주의 자연스러운 경향은 분명하고 명백하게 위가 아니라 아래를 향한다. 세상이 죄에게 **썩어짐의 종노릇** 하는 동안에는 그러지 않을 수 없다.

삶과 우주가 계속해서 부패하고 퇴화하지만, 어느 쪽도 스스로 궁극적 파멸에 이르지는 않을 것이다. 이것은 오로지 하나님의 영역이며, 하나님과 무관하게 시작된 인간의 대학살을 두려워할 필요가 없다. 인간은 오직 하나님, 곧 자신들이 반역하여 배척하고 대항한 분만 두려워하면 된다. 땅의 운명은 오로지 창조자의 손에 있으며, 하나님이 죄의 저주를 받은 우주를 완전히 멸하시는 것을 포함한다. "주의 날이 도둑 같이 오리니, 그 날에는 하늘이 큰 소리로 떠나가고 물질이 뜨거운 불에 풀어지고 땅과 그 중에 있는 모든 일이 드러나리로다"(벧후 3:10). 이 파멸은 인간이 만든 그 어떤 장치가 할 수 있는 것보다 무한히 강력할 것이다.

요한은 밧모섬에서 환상 중에 본 광경을 말한다. "또 내가 새 하늘과 새 땅을 보니 처음 하늘과 처음 땅이 없어졌고 바다도 다시 있지 않더라…모든 눈물을 그 눈에서 닦아 주시니, 다시는 사망이 없고 애통하는 것이나 곡하는 것이나 아픈 것이 다시 있지 아니하리니, 처음 것들이 다 지나갔음이러라. 보좌에 앉으신 이가 이르시되, 보라 내가 만물을 새롭게 하노라 하시고 또 이르시되 이 말은 신실하고 참되니 기록하라 하시고"(계 21:1, 4-5).

모든 자연이 소망과 기대를 품고 탄식하며 약속된 구속과 회복의 때를 기다린다. 앞 절에서 "굴복하는"(was subjected)처럼 동사 **해방되어(will be set free)**도 수동태이며 자연이 스스로 회복되는 게 아니라 오래전에 자연으로 썩어짐과 허무한 데 굴복하게 하신 하나님이 자연을 회복시키시리라는 것을 말한다.

예수님은 그 놀라운 때를 "새롭게 됨"(the regeneration), 죄악된 옛 환경이 철저하게 심판받고 하나님의 새롭고 의로운 환경으로 대체될 때라고 하셨다. 예수님은 제자들에게 이렇게 말씀하셨다. "내가 진실로 너희에게 이르노니, 세상이 새롭게 되어(the regeneration) 인자가 자기 영광의 보좌에 앉을 때에 나를 따르는 너희도 열두 보좌에 앉아 이스라엘 열두 지파를 심판하리라"(마 19:28).

하나님의 자녀들의 영광의 자유는 모든 신자가 죄에서 해방되고 육신에서 해방되며 자신의 인성(humanness)에서 해방될 때를 가리킨다. 그때 우리는 하나님의 **영광**에 영원히 참여하기 시작할 것이며, **하나님**이 그 영광으로 그분의 모든 귀한 **자녀들**을 입히실 것이다. 요한은 우리에게 이렇게 일깨운다. "사랑하는 자들아, 우리가 지금은 하나님의 자녀라. 장래에 어떻게 될지는 아직 나타나지 아니하였으나 그가 나타나시면 우리가 그와 같을 줄을 아는 것은 그의 참모습 그대로 볼 것이기 때문이니"(요일 3:2). 바울은 그 영광의 날을 묘사하며 이렇게 썼다.

> 보라. 내가 너희에게 비밀을 말하노니, 우리가 다 잠 잘 것이 아니요 마지막 나팔에 순식간에 홀연히 다 변화되리니, 나팔 소리가 나매 죽은 자들이 썩지 아니할 것으로 다시 살아나고 우리도 변화되리라. 이 썩을 것이 반드시 썩지 아니할 것을 입겠고 이 죽을 것이 죽지 아니함을 입으리로다. 이 썩을 것이 썩지 아니함을 입고 이 죽을 것이 죽지 아니함을 입을 때에는 사망을 삼키고 이기리라고 기록된 말씀이 이루어지리라. (고전 15:51-54)

우리의 유한한 지성으로 이러한 하나님의 신비를 이해하기란 불가능하다. 그러나 우리 안에 계신 하나님의 성령으로, 우리는 그분이 계시하신 모든 진리를 믿을 수 있으며 우리가 천국에서 아버지와 함께할 영원한 삶이 안전하다는 절대적이고 확고한 소망을 품고 기뻐할 수 있다. 우리는 바울과 함께 인정한다. "우리의 시민권은 하늘에 있는지라. 거기로부터 구원하는 자 곧 주 예수 그리스도를 기다리노니, 그는 만물을 자기에게 복종하게 하실 수 있는 자의 역사로 우리의 낮은 몸을 자기 영광의 몸의 형체와 같이 변하게 하시리라"(빌 3:20-21).

우리는 바울과 함께 이것도 인정한다. 자연도 우리의 구속을, 자신만의 방식으로 우리와 공유할 구속을 소망하며 기다린다는 것이다. 그러나 그 놀라운 날이 올 때까지 그 날을 고대하며 **피조물이 다 이제까지 함께 탄식하며 함께 고통을 겪고 있다.**

'스테나조'(*stenazō*, **groans, 탄식하며**)는 두려운 상황에 사로잡혀 당장 구조될 희망이 없는 사람이 내뱉는 소리를 가리킨다. 누가는 이 단어의 명사형을 사용해 이스라엘이 애굽에 사로잡혔을 때 절망 가운데 내뱉은 소리를 묘사했다(행 7:34). 히브리서 저자는 이 동사를 사용해 교회 지도자들이 미숙하고 제멋대로인 구성원들 때문에 겪는 좌절과 슬픔을 묘사한다(히 13:17).[117]

고통받는 **피조물**의 탄식이 어느 날 그칠 것이다. 하나님이 피조물을 그 썩어짐(부패)과 허무한 데서 해방하실 것이기 때문이다. 그때까지, 피조물은 **고통**(**the pains of childbirth,** 출산의 고통)을 견딘다. 자신의 죄가 초래한 출산의 고통이란 저주를 하와가 견뎠듯이(창 3:16), 자연은 자신만의 해산의 수고를 견딘다. 그러나 하와와 그 후손들처럼, 자연의 **고통**(**the pains of childbirth,** 출산의 고통)은 새 생명의 전조이기도 하다.

바울은 세상이 언제 어떻게 새롭게 되는지 말하지 않는다. 이렇게 세상이 새롭게 되는 단계들이나 일련의 사건들도 말하지 않는다. 다른 여러 성경 구

---

117 히브리서 13:7에서 사용된 이 동사의 형태는 현재분사이며(*stenazontes*) 개역개정에서는 "근심으로 하게"로, 새번역에서는 "탄식하면서 하지"로 번역되었다.

절이 저주가 걷힘(사 30:23-24, 35:1-7등을 보라)과 새 하늘과 새 땅의 궁극적 창조에 관한 세세한 부분을 비춰주지만(벧후 3:13; 계 21:1) 여기서 바울의 목적은 자신의 서신을 읽는 신자들에게 하나님의 구속 마스터플랜이 온 우주를 포함한다는 것을 일반적인 말로 확신시키는 것이다.

마틴 로이드 존스의 글은 통찰력이 깊다.

> 봄의 현상이 우리에게 부분적 해답을 준다는 생각이 듭니다. 자연은 매년 자신을 새롭게 하고, 뭔가 영구적인 것을 생산하려고 노력합니다. 자연은 겨울의 죽음과 어둠에서 깨어납니다. 매년 봄이면, 자연은 일종의 산고를 겪으며 완전한 피조물을 낳으려 애쓰는 것 같습니다. 그러나 안타깝게도, 성공하지 못합니다. 봄은 여름으로 이어지고 여름은 가을로 이어지며 가을은 겨울로 이어질 뿐이기 때문입니다. 가련한 옛 자연이 매년 "허무한 것"을, 그 안에 있는 죽음과 썩어짐과 퇴화의 원리를 이기려 애씁니다. 그러나 이기지 못합니다. 매번 실패합니다. 자연은 여전히 애쓰고 있습니다. 마치 상황이 달라야 하고 나아져야 한다고 느끼는 것 같습니다. 그러나 결코 성공하지 못합니다. 그래서 계속해 "이제까지 함께 탄식하며 함께 고통을 겪고 있는" 것입니다. 지금까지 아주 오랜 시간을 이렇게 해 왔습니다.…그러나 자연은 여전히 매년 이 노력을 되풀이합니다. (*Romans* [Grand Rapids: Zondervan, 1980],[118] 6:59-60)

신자들의 탄식

[23]그뿐 아니라 또한 우리 곧 성령의 처음 익은 열매를 받은 우리까지도 속으로 탄식하여 양자될 것 곧 우리 몸의 속량을 기다리느니라. [24]우리가 소망으로 구원을 얻었으매 보이는 소망이 소망이 아니니 보는 것을 누가 바라리요? [25]만일 우리가 보지 못하는 것을 바라면 참음으로 기다릴지니라. (8:23-25)

---

118 『로마서 강해, 제 3권』, 서문강 옮김(기독교문서선교회, 1980).

자연이란 피조물이 죄의 파괴적 결과에서 해방되어 약속된 새 우주에 들어갈 날을 기다리며 탄식한다. **그뿐 아니라…우리까지도**, 신자들까지도 그때를 기다리며 탄식한다. 하나님이 궁극적으로 우주를 새롭게 하심(cosmic regeneration)에서 핵심은 신자들의 구속(속량)이다. 신자들은 그분의 사랑하는 아들 예수 그리스도를 믿음으로써 구속받아 그분의 하늘 가정에 입양된 그분의 자녀로서 그분의 영광스럽고 영원하며 의로운 나라를 상속할 자들이기 때문이다.

모든 참신자는 때로 자신의 삶에서, 다른 사람들의 삶에서, 심지어 자연 세계에서 나타나는 섬뜩한 죄와 그 결과를 보며 괴로워한다. 우리는 **성령의 처음 익은 열매**를 가졌기에 우리의 안과 주변에서 죄 때문에 일어나는 부패에 영적으로 민감하다.

성령께서 이제 우리 안에 거하시기 때문에, 그분이 우리 안에서 우리를 통해 하시는 일은 일종의 영적 **첫 열매**들이다. 이것들은 우리의 썩고 죽을 몸이 썩지 않고 죽지 않을 몸으로 바뀌는 천국에서 우리를 기다리는 영광의 맛보기이다. 우리는 현재의 육신을 입고 있는 한 죄의 권세에서 완전히 자유로울 수 없겠지만 주님은 죄의 지배와 속박에 대한 완전한 승리를 우리에게 주셨다. 우리는 성령께서 우리로 불의에서 참 예배와 섬김과 하나님 사랑으로 돌이킬 힘을 주시는 것을 경험할 때, 우리가 부활할 때 하나님이 우리 안에서 이루실 일, 곧 완결되고 완전한 새롭게 하심(renewal)을 미리 맛본다.

모든 참신자는 성령께서 내주하시기 때문에(롬 8:9) 바울이 갈라디아서 5:22-23에서 열거한 성령의 열매, 곧 "사랑과 희락과 화평과 오래 참음과 자비와 양선과 충성과 온유와 절제"를 어느 정도 맺을 것이다. 우리는 그분이 우리 안에서 우리를 통해 그분의 의를 이루시는 것을 볼 때마다 우리의 남아 있는 죄와 영적 연약함에서 해방되길 더 갈망한다. 하나님이 우리로 죄에 민감하게 하셨기에, 우리는 지금도 우리의 남아 있는 인성이 드러내는 죄의 무서운 저주를 **속으로 탄식한다.**

다윗은 자신의 죄악을 인정하며 부르짖었다. "내 죄악이 내 머리에 넘쳐서 무거운 짐 같으니 내가 감당할 수 없나이다…주여, 나의 모든 소원이 주 앞에 있사오며 나의 탄식이 주 앞에 감추이지 아니하나이다. 내 심장이 뛰고 내 기력이 쇠하여 내 눈의 빛도 나를 떠났나이다"(시 38:4, 9-10).

바울은 자신의 남은 인성이 벗을 수 없는 썩은 옷처럼 자신에게 들러붙어 있는 것을 슬퍼했다. 이 때문에, 바울은 영적으로 크게 좌절하고 고통스러웠다. 그는 이렇게 탄식했다. "오호라, 나는 곤고한 사람이로다. 이 사망의 몸에서 누가 나를 건져내랴?"(롬 7:24). 다른 서신에서, 바울은 같은 곤경에 처한 모든 신자에게 일깨운다. "참으로 이 장막에 있는 우리가 짐진 것 같이 탄식하는 것은 벗고자 함이 아니요 오히려 덧입고자 함이니, 죽을 것이 생명에 삼킨 바 되게 하려 함이라"(고후 5:4). 우리는 사람의 몸이라는 "장막"에 거하는 동안 죄가 우리의 삶에서 일으키는 부패에서 완전히 벗어나지 못한다. 이 진리 때문에, 그리스도인들은 여전히 자신들에게 들러붙어 자신을 약하게 만드는 죄악을 보며 깊은 고통의 시간을 겪는다.

그러므로 신자인 우리는 **양자될 것 곧 우리 몸의 속량을** 고대하며 간절히 **기다린다.** 신약성경은 신자들을 이미 입양된 하나님의 자녀라고 말하지만 이들의 입양은 궁극적 완전함을 기다린다. 완결되지 않는 구원이 결코 없듯이 완결되지 않는 하나님의 입양도 결코 없다. 하나님의 자녀는 결코 자신이 영적 가정에서 쫓겨나거나 자신의 하늘 본향에 들어가지 못할까 두려워할 필요가 없다.

청교도 목회자 토마스 왓슨(Thomas Watson, 1620-1686)은 이렇게 말했다.

> 경건한 자들이 종교적으로 소심하게 행동할 수도 있고 감정의 맥박이 약해질 수도 있다. 흐름이 막힐 때처럼, 은혜의 시행이 방해받을 수도 있다. 경건한 자들 속에 은혜가 일하는 대신 썩어짐이 일할 수도 있다.…인내 대신 투덜거림이, 하늘의 것 대신 땅의 것이 일할 수도 있다.…따라서 거듭난 자들 안에 썩어짐이 활발하게 작동할 수도 있다. 거듭난 자들이 숱한 죄에 빠질 수도 있다.…[그러나] 이들에게 은혜의 수위가 낮아질 수는 있어도 마르지는 않으며, 은혜가 줄어들 수는 있어도 없어지지는 않는다.…은혜가 희미해질 수는 있어도 소멸되지는 않는다.…신자는 은혜에서 어느 정도 떨어질 수는 있어도 은혜의 상태에서 떨어지지

는 않는다. (*A Body of Divinity*[119] [reprint, Edinburgh: Banner of Truth, 1974], pp. 280, 284-85)

성경은 신자의 구원을 성부와 성자와 성령께서 안전하게 하신다고 가르친다. 바울은 아버지 하나님을 언급하며 고린도 신자들에게 확신을 심어주었다. "우리를 너희와 함께 그리스도 안에서 굳건하게 하시고 우리에게 기름을 부으신 이는 하나님이시니, 그가 또한 우리에게 인치시고 보증으로 우리 마음에 성령을 주셨느니라"(고후 1:21-22; 참조. 딤후 2:19). 베드로는 이렇게 선언했다. "우리 주 예수 그리스도의 아버지 하나님을 찬송하리로다. 그의 많으신 긍휼대로 예수 그리스도를 죽은 자 가운데서 부활하게 하심으로 말미암아 우리를 거듭나게 하사 산 소망이 있게 하시며 썩지 않고 더럽지 않고 쇠하지 아니하는 유업을 잇게 하시나니, 곧 너희를 위하여 하늘에 간직하신 것이라. 너희는 말세에 나타내기로 예비하신 구원을 얻기 위하여 믿음으로 말미암아 하나님의 능력으로 보호하심을 받았느니라"(벧전 1:3-5). 믿음을 지키는 것이 구원에 꼭 필요하지만, 베드로는 아버지 하나님이 그분의 주도와 능력으로 "우리를 거듭나게" 하셨고 동일한 능력으로 우리의 거듭남이 가져다주는 기업 곧 "썩지 않고 더럽지 않고 쇠하지 아니하는 유업"을 향해 나아가도록 우리를 지키신다고 힘주어 말한다. 이 기업은 하나님이 각 신자를 위해, 그것을 받도록 그분이 보존하시는 자를 위해 "하늘에 간직하신" 것이다. 누구든지 하나님께 속한 자는 영원히 그분께 속한다.

히브리서 저자는 예수 그리스도를 믿는 자들이 논쟁의 여지 없이 절대적으로 안전하다는 것을 강조하기 위해 이렇게 선언했다. "하나님은 약속을 기업으로 받는 자들에게 그 뜻이 변하지 아니함을 충분히 나타내시려고 그 일을 맹세로 보증하셨나니, 이는 하나님이 거짓말을 하실 수 없는 이 두 가지 변하지 못할 사실로 말미암아 앞에 있는 소망을 얻으려고 피난처를 찾은 우리에게 큰 안위를 받게 하려 하심이라. 우리가 이 소망을 가지고 있는 것은 영혼의

---

119 『웨스트민스터 소요리문답 해설』, 이훈영 옮김(CH북스, 2019).

닻 같아서 튼튼하고 견고하여 휘장 안에 들어가나니"(히 6:17-19).

성자 하나님이 신자들의 구원을 안전하게 하신다. 예수님은 이렇게 선언하셨다. "아버지께서 내게 주시는 자는 다 내게로 올 것이요 내게 오는 자는 내가 결코 내쫓지 아니하리라"(요 6:37). 바울은 미숙하고 불순종하는 신자들이 유난히 많은 고린도교회에 확신을 주었다. "그리스도의 증거가 너희 중에 견고하게 되어 너희가 모든 은사에 부족함이 없이 우리 주 예수 그리스도의 나타나심을 기다림이라. 주께서 너희를 우리 주 예수 그리스도의 날에 책망할 것이 없는 자로 끝까지 견고하게 하시리라"(고전 1:6-8; 참조. 골 1:22). 바꾸어 말하면, 이들과 그리스도의 관계는 이들이 의롭다 하심을 얻었을 때 확증되었을 뿐 아니라 주님의 재림 때 이들이 영화롭게 될 때까지 주님이 친히 그 확증된 상태가 유지되게 하신다(참조. 살전 3:13). 같은 서신 뒷부분에서, 바울은 우리에게 일깨운다. "너희를 부르시는 이는 미쁘시니 그가 또한 이루시리라"(살전 5:24). 그리스도께서 하늘에서 쉼 없이 행하시는 중보 사역 때문에 우리의 영원한 상은 변함없이 안전하다.

성령 하나님도 성경이 때로 성령의 인치심이라 말하는 사역을 통해 신자의 구원을 안전하게 하신다. 고대에 인장이나 도장은 진품이나 완결된 거래를 나타내는 표식이었다. 군주를 비롯해 저명한 인물의 인장은 그의 권위나 권세를 상징했다. 예를 들면, 다니엘이 사자 굴에 던져졌을 때, 다리오 왕이 큰 돌로 입구를 막고 "그의 도장과 귀족들의 도장으로 봉하였으니, 이는 다니엘에 대한 조치를 고치지 못하게 하려 함이었더라"(단 6:17). 무한히 더 중요하고 영적인 방식으로, 성령께서 모든 신자의 구원에 인을 치시며, 따라서 하나님의 약속과 보호로 신자의 구원은 결코 변경될 수 없다.

바울은 고린도 신자들에게 확신을 주었다. "우리를 너희와 함께 그리스도 안에서 굳건하게 하시고 우리에게 기름을 부으신 이는 하나님이시니, 그가 또한 우리에게 인치시고 보증으로 우리 마음에 성령을 주셨느니라"(고후 1:21-22). 그는 비슷한 말로 에베소 신자들에게도 확신을 주었다. "그 안에서 너희도 진리의 말씀 곧 너희의 구원의 복음을 듣고 그 안에서 또한 믿어 약속의 성령으로 인치심을 받았으니"(엡 1:13; 참조. 4:30).

구원이 부분적이거나 일시적이라는 개념은 성경의 가르침에 맞지 않을 뿐 아니라 성경의 가르침과 완전히 모순된다. 참신자는 구원을 잃을까 두려워할 필요가 전혀 없다. 회심하는 순간, 그의 영혼은 구속받고 정결하게 되며 하나님의 가정과 나라에 영원히 안전하게 속한다.

신자들은 삶에서 죄에 대해 염려해야 한다. 그러나 이것은 신자들이 죄를 지으면 하나님의 은혜에서 밀려나기 때문이 아니다. 그것은 하나님의 약속과 능력으로 인해 불가능하다. 우리는 **우리 몸의 속량**을 통해 영화롭게 되고 죄에서 완전히 해방될 때까지 여전히 구속받지 못한 몸을 가지며, 이 몸 때문에 죄가 우리에게 해를 끼치고 우리의 주님을 슬프게 할 가능성이 매우 크다. 신약성경에서 자주 사용되듯이, **몸**이란 말은 사람의 육체적 존재에 국한되지 않고 구속받지 못한 인성 전체, 특히 여전히 죄에 쉽게 감염되는 부분과 관련이 있다.

아직 구속(속량)되지 않은 것은 **몸**, 곧 신자의 죽을 인성(mortal humanness) 뿐이다. 속사람은 이미 완전히 새로운 피조물이며, 하나님의 성품에 참여하는 자이고, 하나님의 영이 내주하신다. 바울은 이렇게 말한다. "그런즉 누구든지 그리스도 안에 있으면 새로운 피조물이라. 이전 것은 지나갔으니 보라 새 것이 되었도다"(고후 5:17). 베드로는 우리에게 확신을 준다. "그의[하나님의] 신기한 능력(divine power)으로 생명과 경건에 속한 모든 것을 우리에게 주셨으니, 이는 자기의 영광과 덕으로써 우리를 부르신 이를 앎으로 말미암음이라. 이로써 그 보배롭고 지극히 큰 약속을 우리에게 주사 이 약속으로 말미암아 너희가 정욕 때문에 세상에서 썩어질 것을 피하여 신성한 성품(divine nature)에 참여하는 자가 되게 하려 하셨느니라"(벧후 1:3-4).

신자들은 이미 신성한 성품을 가진 새로운 피조물이기에 신자들의 영은 천국과 영원한 영광에 합당하다. 신자들은 하나님을 사랑하고 죄를 미워하며 말씀에 순종하려는 거룩한 갈망이 있다. 그러나 이 땅에 사는 동안, 신자들은 자신의 죽을 몸에 늘 매여 있으며 이들의 죽을 몸은 여전히 죄와 그 결과로 인해 부패한다. 그리스도인들은 이를테면 거룩하지 않은 껍질에 둘러싸인 거룩한 씨앗이다. 그러므로 육신의 감옥에 갇혀 육신의 연약함과 불완전함에 굴복하는 우리는 하나님이 보증하셨으나 아직 일어나지 않은 사건, 곧 **우리 몸의 속량**을 간절히 기다린다.

바울은 이미 설명했다. "만일 우리가[신자들이] 그의 죽으심과 같은 모양으로 연합한 자가 되었으면 또한 그의 부활과 같은 모양으로 연합한 자도 되리라. 우리가 알거니와, 우리의 옛 사람이 예수와 함께 십자가에 못 박힌 것은 죄의 몸이 죽어 다시는 우리가 죄에게 종노릇 하지 아니하려 함이니"(롬 6:5-6). 옛 사람은 자신의 죄악된 옛 본성과 함께 죽었으나 그가 거하는 썩을 **몸**은 여전히 살아 있다. 이런 까닭에, 몇 절 뒤에서, 바울은 신자들에게 이렇게 권면한다. "너희는 죄가 너희 죽을 몸을 지배하지 못하게 하여 몸의 사욕에 순종하지 말고, 또한 너희 지체를 불의의 무기로 죄에게 내주지 말고, 오직 너희 자신을 죽은 자 가운데서 다시 살아난 자 같이 하나님께 드리며, 너희 지체를 의의 무기로 하나님께 드리라"(12-13절). 우리는 여전히 죄를 지을 수 있기 때문에 계속해서 성령의 능력으로 죄에 맞서고 죄를 이겨야 한다(14-17절).

바울은 이미 이렇게도 설명했다. "우리가 율법은 신령한 줄 알거니와 나는 육신에 속하여 죄 아래에 팔렸도다. 내가 행하는 것을 내가 알지 못하노니, 곧 내가 원하는 것은 행하지 아니하고 도리어 미워하는 것을 행함이라"(롬 7:14-15). 그는 뒤이어 이렇게 말한다. "만일 내가 원하지 아니하는 그것을 행하면 내가 이로써 율법이 선한 것을 시인하노니, 이제는 그것을 행하는 자가 내가 아니요 내 속에 거하는 죄니라. 내 속 곧 내 육신에 선한 것이 거하지 아니하는 줄을 아노니, 원함은 내게 있으나 선을 행하는 것은 없노라"(16-18절).

그리스도인들이 죄에 빠지는 근본 원인은 이들의 가장 깊은 내적 존재, 곧 이들이 그리스도 안에서 갖는 새롭고 거룩한 본성에 있지 않으며, 이것을 깨닫는 것이 그리스도인들에게 큰 힘과 소망이 된다. 그리스도인들이 죄를 짓는 것은 육신—다시 말해, 이들의 몸, 이들에게 남아 있는 인성—의 욕망과 부추김 때문이다. 그러나 그리스도인들은 이 땅을 떠나 주님과 함께할 때까지 이 육신에서 벗어날 수 없다. 바울은 이 중요한 진리를 요약하며 말했다. "우리 주 예수 그리스도로 말미암아 하나님께 감사하리로다. 그런즉 내 자신이 마음으로는 하나님의 법을 육신으로는 죄의 법을 섬기노라"(롬 7:25).

앞서 말했듯이, 우리의 영혼은 이미 완전히 구속(속량)받았고 천국에 합당하다. 그러나 육신, 곧 죄악된 옛 사람의 겉옷은 여전히 더러우며 구속(속량)을 기다린다. 바울은 이렇게 설명한다. "우리의 시민권은 하늘에 있는지라. 거기로부터 구원하는 자 곧 주 예수 그리스도를 기다리노니, 그는 만물을 자기에게 복종하게 하실 수 있는 자의 역사로 우리의 낮은 몸을 자기 영광의 몸의 형체와 같이 변하게 하시리라"(빌 3:20-21).

신자들이 천국에서 어떤 부활과 구속된(속량된) 몸을 가질지 궁금하지 않을 수 없다. 그러나 성경의 가르침과 무관하게 이것을 추측하는 것은 어리석다. 바울은 이러한 호기심을 예상하며 고린도 신자들에게 말했다.

> 누가 묻기를 죽은 자들이 어떻게 다시 살아나며 어떠한 몸으로 오느냐 하리니, 어리석은 자여, 네가 뿌리는 씨가 죽지 않으면 살아나지 못하겠고, 또 네가 뿌리는 것은 장래의 형체를 뿌리는 것이 아니요 다만 밀이나 다른 것의 알맹이 뿐이로되, 하나님이 그 뜻대로 그에게 형체를 주시되 각 종자에게 그 형체를 주시느니라. 육체는 다 같은 육체가 아니니, 하나는 사람의 육체요 하나는 짐승의 육체요 하나는 새의 육체요 하나는 물고기의 육체라. 하늘에 속한 형체도 있고 땅에 속한 형체도 있으나 하늘에 속한 것의 영광이 따로 있고 땅에 속한 것의 영광이 따로 있으니, 해의 영광이 다르고 달의 영광이 다르며 별의 영광도 다른데 별과 별의 영광이 다르도다. (고전 15:35-41)

첫째 유비에서, 바울의 핵심은 씨와 그것이 자라서 될 식물이나 나무가 전혀 닮지 않았다는 것이다. 크기를 보면, 비교적 큰 씨는 작은 식물로 자라고 반면에 비교적 작은 씨는 큰 나무로 자란다. 많은 종류의 씨가 아주 비슷비슷해 보이며 씨앗의 종류는 다 헤아릴 수 없다. 모두 다르고 세계 각지에서 가져온 씨 한 줌이 있다면, 보통 사람은 물론이고 숙련된 농부라도 모두 분류해 내지 못할 것이다. 씨를 심어 그 결과물인 식물이 성장했을 때에야 그것이 정확히 무슨 씨인지 알 수 있다. 같은 원리가 우리의 육신적 몸과 영적 몸에도 적용된다. 우리는 현재의 육신적 몸을 보고 우리의 영적 몸이 어떠할지 판단할 수 없다. 기다려 보아야 한다.

바울은 움직이는 생명체도 겉모습과 본성이 매우 다양하며 예외 없이 자신과 같은 것을 낳는다는 분명한 사실도 지적한다. 모든 생명체는 종마다 유전자 코드가 다르고 특별하다. 아무리 이종교배를 하고 먹이를 바꿔도 물고기가 새가 될 수 없고 말이 개나 고양이가 될 수 없다.

천체도 다양하며, 바울 당시에 사람들이 알고 있었던 것보다 무한히 더 다양하다. 바울이 동물과 천체를 언급하는 목적은 하나님이 지으신 세계의 거대한 규모와 다양성에, 그리고 인간이 그것을 이해할 수조차 없다는 사실에 주목하게 하는 것으로 보인다.

성경은 신자가 가질 부활체의 본성과 관련해 거의 아무것도 밝히지 않는다. 바울은 뒤이어 고린도 신자들에게 이렇게 말한다. "죽은 자의 부활도 그와 같으니, 썩을 것으로 심고 썩지 아니할 것으로 다시 살아나며, 욕된 것으로 심고 영광스러운 것으로 다시 살아나며, 약한 것으로 심고 강한 것으로 다시 살아나며 육의 몸으로 심고 신령한 몸으로 다시 살아나나니 육의 몸이 있은즉 또 영의 몸도 있느니라"(고전 15:42-44).

우리는 마침내 그리스도와 같이 될 것이므로 우리의 부활체가 그분의 부활체와 같으리라는 것을 안다. 앞서 말했듯이, 바울은 우리에게 확신을 준다. "만일 우리가 그의 죽으심과 같은 모양으로 연합한 자가 되었으면 또한 그의 부활과 같은 모양으로 연합한 자도 되리라"(롬 6:5). 빌립보서에서, 바울은 더 자세히 설명한다. "그는[우리 주님은] 만물을 자기에게 복종하게 하실 수 있는 자의 역사로 우리의 낮은 몸을 자기 영광의 몸의 형체와 같이 변하게 하시리라"(빌 3:21).

부활하신 후 승천하실 때까지, 예수님은 몸에 십자가형을 당한 육체적 표식이 여전히 있었고(요 20:20) 음식을 드실 수 있었다(눅 24:30). 예수님은 여전히 예수님처럼 보였으나 가장 가까운 제자들조차 그분이 허락하지 않으시면 알아보지 못했다(눅 24:13-16, 30-31; 요 20:14-16). 그분을 만지고 느낄 수 있었으나(요 20:17, 27) 순식간에 나타났다 사라질 수 있었고 닫힌 문을 통과하실 수 있었다(요 20:19, 26).

우리의 구속받은 몸은 어느 날 그리스도의 몸과 같을 테지만 얼굴을 맞대고 주님을 볼 때까지 그 몸이 정확히 어떠할지 알지 못한다(요일 3:2). 고린도전서 15장과 로마서 8장에서, 바울의 주목적은 우리의 부활체가 그 형태나 외모나 능력과 무관하게 죄가 없고 의로우며 불멸하리라는 점을 강조하는 것이다.

바울은 뒤이어 **우리가 소망으로 구원을 얻었다**고 설명한다. **소망**은 구원과 분리될 수 없다. 우리의 구원은 만세 전에 하나님이 계획하셨고 현재에 주어졌으며 지금은 미래에 이루어질 완성을 바라는 **소망**이 특징이다.

신자의 **소망**은 희망 사항이나 개연성이 아니라 주님의 분명한 약속이라는 확실성에 기초한다. 이미 인용했듯이, 예수님은 이렇게 선언하셨다. "아버지께서 내게 주시는 자는 다 내게로 올 것이요 내게 오는 자는 내가 결코 내쫓지 아니하리라"(요 6:37). 우리의 **소망**은 우리가 구원을 잃지 않기를 바라는 것이 아니라 주님의 보증으로 우리의 구원을 '잃을 수 없고 잃지 않으리라'는 것이다.

히브리서 저자는 우리에게 확신을 준다. "하나님은 약속을 기업으로 받는 자들에게 그 뜻이 변하지 아니함을 충분히 나타내시려고 그 일을 맹세로 보증하셨나니, 이는 하나님이 거짓말을 하실 수 없는 이 두 가지 변하지 못할 사실로 말미암아 앞에 있는 소망을 얻으려고 피난처를 찾은 우리에게 큰 안위를 받게 하려 하심이라. 우리가 이 소망을 가지고 있는 것은 영혼의 닻 같아서 튼튼하고 견고하여 휘장 안에 들어가나니"(히 6:17-19). 바울은 우리가 가진 구원의 소망을 투구라고 말하는데, 이것은 사탄이 우리의 소망을 무너뜨리려고 보내는 의심의 주먹질로부터 하나님이 우리의 구원을 보호하신다는 것을 상징한다(살전 5:8).

예수님이 알곡과 가라지 비유와(마 13장) 열매 맺지 못하는 가지 이야기에서 분명히 하셨듯이(요 15장), 그리스도의 이름을 가졌으나 진정으로 그분께 속하지는 않은 자들이 언제나 있을 것이다. 마찬가지로, 참신자이지만 때로 구원의 증거를 거의 제시하지 못하는 자들도 있다. 그러나 우리가 이 장 끝까지 계속 보게 되듯이, 하나님의 말씀은 예수 그리스도께서 구원하신 자는 누구든지 영원히 그분께 속하리라고 더없이 분명하게 선언한다. 죄악된 그리스도인이 구원의 확신을 얻고 이 확신이 주는 기쁨과 위로를 얻으려고 분투하는 일은 얼마든지 있을 수 있지만, 그가 구원 자체를 잃는 일은 있을 수 없다.

반면에, 우리의 구원이 완성되는 것은 현재로서는 **소망**일 뿐 현실이 아니다. 바울은 이 분명한 것을 설명하며 자명한 진리를 말한다. **보이는 소망이 소망이 아니니 보는 것을 누가 바라리요?** 바꾸어 말하면, 이생에서 우리의 영화(glorification)가 실현되는 경험을 하리라 기대할 수 없고 **소망**할 수 있을 뿐이다. 그러나 신자의 **소망**이 하나님의 약속에 기초하기 때문에, 신자의 구원이 완성되리라는 것은 그가 눈으로 **보는** 그 무엇보다 훨씬 더 확실하다. 우리가 나중에 보듯이, 신자의 영화를 과거 시제로 말할 만큼 신자의 구원은 안전하다(롬 8:30을 보라).

바울은 뒤이어 말한다. 그러므로 **만일 우리가 보지 못하는 것을 바라면 참음으로 기다릴지니라.** 바울은 빌립보 신자들에게 확신을 주었다. "너희 안에서 착한 일을 시작하신 이가 그리스도 예수의 날까지 이루실 줄을 우리는 확신하노라"(빌 1:6). 구원은 전적으로 하나님의 일이며 하나님은 거짓말을 하실 수 없기에 하나님이 우리에게 주셨고 결코 빼앗지 않겠다고 약속하시는 것을 우리가 잃는다는 것은 절대로 불가능하다. 베드로는 이러한 절대적 확실성에 비추어 이렇게 권면하는 게 분명하다. "너희 마음의 허리를 동이고 근신하여 예수 그리스도께서 나타나실 때에 너희에게 가져다주실 은혜를 온전히 바랄지어다"(벧전 1:13). 데살로니가 신자들이 이 소망을 신실하게 붙잡았기에 바울은 이들을 칭찬하며 이들에게 확신을 준다. "[바울과 실루아노와 디모데는] 너희의 믿음의 역사와 사랑의 수고와 우리 주 예수 그리스도에 대한 소망의 인내를 우리 하나님 아버지 앞에서 '끊임없이 기억함이니', 하나님의 사랑하심을 받은 형제들아, 너희를 택하심을 아노라"(살전 1:3-4). 바꾸어 말하면, 우리의 구원이 확실한 것은 우리가 하나님을 선택했기 때문이 아니라 그분이 우리를 "창세 전에" 선택하셨기 때문이다(엡 1:4).

성령의 탄식

[26]이와 같이 성령도 우리의 연약함을 도우시나니, 우리는 마땅히 기도할 바를 알지 못하나 오직 성령이 말할 수 없는 탄식으로 우리를 위하여 친히 간구하시느니라. [27]마음을 살피시는 이가 성령의 생각을 아시나니, 이는 성령이 하나님의 뜻대로 성도를 위하여 간구하심이니라. (8:26-27)

이와 같이(in the same way)는 뒤로 돌아가 피조물과 신자들이 죄가 일으킨 오염과 썩어짐에서 벗어나는 속량을 기다리며 탄식하고 있음을 가리킨다. 여기서 바울은 측량할 수 없는 위로를 주는 진리, 곧 성령께서 우리와 모든 피조물 곁에서 하나님의 궁극적 회복의 날과 그분의 영원한 의가 통치할 날이 오길 탄식하며 간구하신다는 진리를 계시한다.

우리가 인성이 남아 있고 죄와 의심에 빠지기 쉽기에 **성령도 우리의 연약함을 도우신다.** 이 문맥에서, **연약함**은 의심할 여지 없이 인간의 구체적 약점들이 아니라 전반적 상태를 가리킨다. 핵심은 구원받은 후에도 영적 **연약함**이 우리의 특징이라는 것이다. 우리가 도덕적으로 행동하거나 진리를 말하거나 주님을 증언하거나 그 외에 어떤 선한 일을 하든 간에, 이 모두는 오직 우리의 인간적 한계에도 불구하고 우리 안에서 우리를 통해 일하시는 **성령**의 능력으로 되는 것이다.

빌립보서에서, 바울은 이러한 하나님과 사람의 관계를 여러 차례 아름답게 그린다. 그는 자신의 필요를 얘기하며 이렇게 말했다. "이것이 너희의 간구와 예수 그리스도의 성령의 도우심으로 나를 구원에 이르게 할 줄 아는 고로"(빌 1:19).[120] 우리가 신실하고 유능하며 보호받는 하나님의 자녀가 되는 데 필요한 모든 것을 **성령**께서 공급하신다. 빌립보서 그다음 장에서, 바울은 이렇게 권면한다. "그러므로 나의 사랑하는 자들아, 너희가 나 있을 때뿐 아니라 더욱

---

120 새번역: 나는 여러분의 기도와 예수 그리스도의 영의 도우심으로 내가 풀려나리라는 것을 압니다.

지금 나 없을 때에도 항상 복종하여 두렵고 떨림으로 너희 구원을 이루라. 너희 안에서 행하시는 이는 하나님이시니, 자기의 기쁘신 뜻을 위하여 너희에게 소원을 두고 행하게 하시나니"(빌 2:12-13). 하나님의 영이 우리 안에서 쉼 없이 역사하면서 우리 혼자서는 절대로 할 수 없을 일, 곧 하나님의 완전한 뜻을 이루는 일을 행하신다.

성령께서 어떻게 일하시는지 분명히 하려고, 바울은 주제를 기도로 돌린다. 우리는 구속받았으며 우리의 입양, 곧 하나님의 자녀가 된 입양은 절대 안전하다. 그렇더라도 **우리는 마땅히 기도할 바를 알지 못한다**. 바울은 우리가 마땅하게 기도하지 못하는 우리의 무능력이 무엇인지 자세히 말하지 않지만 그의 말은 모든 것을 포함한다. 불완전한 시각과 유한한 지성과 인간적 약점과 영적 한계 때문에, 우리는 하나님의 뜻에 완전히 일치되게 기도할 수 없다. 우리는 영적 필요들이 있는지조차 인식하지 못할 때가 많으며, 그러한 필요들을 채우는 최선의 방법도 잘 모른다. 진실하게, 성실하게, 정기적으로 기도하는 그리스도인이라도 자신의 모든 필요나 자신이 위해서 기도하는 사람들의 모든 필요와 관련된 하나님의 목적을 알 수 없다.

예수님이 베드로에게 말씀하셨다. "시몬아, 시몬아, 보라. 사탄이 너희를 밀 까부르듯 하려고 요구하였으나 그러나 내가 너를 위하여 네 믿음이 떨어지지 않기를 기도하였노니, 너는 돌이킨 후에 네 형제를 굳게 하라"(눅 22:31-32). 베드로에게는 다행스럽게도, 예수님은 베드로의 어리석은 허세에도 불구하고 약속을 지키셨다. 베드로는 사탄의 상대가 되지 못했을 뿐 아니라 그리스도를 향한 그의 헌신이 몇몇 외부인의 조롱조차 견딜 수 없음이 곧 드러났다(54-60절). 우리의 영적 안전이 우리의 흔들리는 헌신이 아니라 주님의 신실하심에 달려 있다는 게 얼마나 영광스러운가!

바울은 하나님께 바투 붙어살았고 그분의 복음을 아주 성실하게 희생적으로 선포했는데도 어떻게 기도하는 게 최선인지 늘 알지는 못했다. 예를 들면, 그는 사탄이 그 어떤 "육체의 가시"로 자신을 괴롭히도록 하나님이 허락하셨다는 것을 알았다. 이 고통은 바울이 "낙원에 이끌려 간" 것 때문에 교만해지는 것을 막아주었다. 그러나 얼마 후, 바울은 그 가시에 지쳐서(그 가시는 의심할 여지 없이 심각했다) 제거해달라고 간절히 기도했다. 바울이 이렇게 세 차례 간구했을 때, 주님이 그에게 말씀하셨다. 이미 시련 속에서 그를 지탱해준 하나님의 풍성한 은혜에 만족하라는 것이었다(고후 12:3-9을 보라). 바울의 간구는 그 시점에서 그를 향한 주님의 뜻에 맞지 않았다. 우리가 하나님이 무엇을 원하시는지 모를 때라도 내주하시는 **성령이…우리를 위하여 친히 간구하시며** 우리가 어리석게도 우리의 필요가 무엇이며 언제 그 필요를 위해 기도해야 할지 모를 때라도 우리의 필요를 하나님 앞에 내어놓으신다.

바울은 우리의 도움이 **성령**으로부터 온다는 것을 강조한다. 성령의 도움은 개인적일 뿐 아니라 직접적이다. **성령**께서 우리를 안전하게 하실 뿐 아니라 그분 자신이(**himself, 친히**) 우리의 안전이다. 바울은 성령께서 인간의 이해를 완전히 초월하는 방식으로, **말할 수 없는 탄식으로** 우리를 위해 중보하신다고 말한다. 우리가 썩어질 땅의 몸에서 해방되어 영화롭게 된 하늘의 몸을 입고 영원히 하나님과 함께하길 성령께서 우리와 함께 바라신다.

대다수 은사주의자의 해석과 반대로, 성령의 **탄식**은 알 수 없는 방언이 아니며 이성적 내용이 없는 무아지경에서 내뱉는 횡설수설은 더더욱 아니다. 바울이 분명히 말하듯이, 탄식은 귀에 들리는 소리가 아닐뿐더러 **말할 수 없는**, 곧 말로 표현할 수 없는 것이다. 그러나 탄식은 깊은 내용, 곧 각 신자의 영적 안녕을 위한 성령의 호소를 담고 있다. 우리의 이해를 무한히 넘어서는 방식으로, 이러한 **탄식**은 삼위일체 간의 소통(intertrinitarian communication), 곧 성령께서 성부께 하시는 말씀이라 부를 수 있을 것을 상징한다. 바울은 고린도 신자들에게 이 진리를 단언하며 말했다. "사람의 일을 사람의 속에 있는 영 외에 누가 알리요? 이와 같이, 하나님의 일도 하나님의 영 외에는 아무도 알지 못하느니라"(고전 2:11).

우리가 성부 하나님 앞에서 의롭다함(justified)과 의로움(righteous)을 유지하는 이유는 단 하나, 성자와 성령께서 우리의 지속적 대언자요 중보자로서 성부 앞에서 우리를 대신하시기 때문이다. 우리가 장차 천국에 들어가는 이유는 단 하나, 성자와 성령께서 이처럼 우리를 위해 함께 쉼 없이 일하시기 때문이다. 그리스도께서는 "자기를 힘입어 하나님께 나아가는 자들을 온전히 구원하실 수 있으니, 이는 그가 항상 살아계셔서 그들을 위하여 간구하심이라"(히 7:25). 신자들이 회심하는 순간, 예수님이 이들의 마음에서 구속 사역을 시작하신다. 그러나 이 구속 사역은 그 성도가 천국에 들어갈 때에야, 그가 영화롭게 되고 또한 하나님의 온전한 의를 갖기에 하나님이 의로우시듯이 의로워질 때에야 끝난다. 하늘에 계신 우리 주님의 대제사장 사역과 이 땅에서 우리 안에 거하시는 **성령**께서 이것을 보증하시는데, 이 둘은 모든 성도가 하나님의 가정에 입양되었다는 것과 천국에 이르리라는 것도 보증한다.

우리 안에 계신 성령께서 우리를 붙잡아주지 않으셨고 그리스도께서 대제사장으로서 우리를 위해 계속 중보하지 않으셨다면(히 7:25-26), 우리가 의롭다함을 얻은 후 곧바로 우리의 남아 있는 인성이 우리를 다시 죄에 몰아넣었을 것이다. 그리스도와 성령께서 우리를 위한 지속적 중보를 잠시라도 멈추신다면 그 순간 우리는 하나님으로부터 분리되는 죄악되고 저주받은 상태로 돌아갈 것이다.

만약 이러한 돌아감이 일어날 수 있다면 그리스도를 믿는 믿음은 우리에게 일시적인 영적 생명을, 어느 순간이든 잃을 수 있는 생명을 줄 뿐이다. 그러나 예수님은 오직 영원한 생명을 주시며, 영원한 생명은 본질상 잃을 수 없는 것이다. 예수님은 믿는 자들에게 "내가 그들에게 영생을 주노니 영원히 멸망하지 아니할 것이요 또 그들을 내 손에서 빼앗을 자가 없느니라"고 말씀하셨다(요 10:28; 참조. 17:2-3; 행 13:48). 예수 그리스도를 믿는다는 것과 영생을 가졌다는 것은 성경에서 동의어다.

성자와 성령께서 신자들을 유지하고 이들을 위해 중보하지 않으시면 사탄과 그의 거짓 선생들이 하나님이 택하신 자들을 쉽게 속이고(마 24:24을 보라) 이들의 완성될 구원을 훼손할 수 있을 것이다. 그러나 이런 일이 가능하다면 하나님이 택하신 자들은 의미가 없을 것이다. 사탄은 성자와 성령께서 신자들을 계속해서 지키지 않으시면 신자들이 무기력하다는 것을 알고 있으며, 오만하고 교만하게도 삼위일체의 두 위격에 맞서 헛되이 전쟁을 벌인다. 사탄은 어떻게든 하나님의 보호를 방해할 수 있으면 구원받은 영혼들이 은혜에서 떨어져 다시 자신에게 속하게 되리라는 것을 안다. 그러나 그리스도와 성령의 끝없는 사역 때문에 이런 일은 불가능하다.

바울은 뒤이어 말한다. **마음을 살피시는 이가 성령의 생각을 아시나니.** 여기서 **이(He)**는 사람들의 **마음을 살피시는** 성부 하나님을 말한다.

사울 왕의 후계자를 선택하는 과정에서, 하나님이 사무엘에게 말씀하셨다. "내가 보는 것은 사람과 같지 아니하니, 사람은 외모를 보거니와 나 여호와는 중심(heart)을 보느니라"(삼상 16:7). 성전을 봉헌할 때, 솔로몬은 이렇게 기도했다. "주는 계신 곳 하늘에서 들으시고 사하시며 각 사람의 마음을 아시오니 그들의 모든 행위대로 행하사 갚으시옵소서. 주만 홀로 사람의 마음을 다 아심이니이다"(왕상 8:39; 참조. 대상 28:9; 시 139:1-2; 잠 15:11). 열한 사도는 바사바라고도 하는 요셉과 맛디아를 두고 유다를 이을 자를 선택할 때 이렇게 기도했다. "뭇 사람의 마음을 아시는 주여, 이 두 사람 중에 누가 주님께 택하신 바 되어"(행 1:24; 참조. 고전 4:5; 히 4:13).

성부께서 사람들의 마음을 아시기에 더더욱 **성령의 생각**도 아신다. 성부께서 **성령**이 무엇을 생각하시는지 정확히 아신다. **이는 성령이 하나님의 뜻대로 성도를 위하여 간구하심이니라.** 성령의 뜻과 성부의 뜻이 일치하기 때문에, 하나님은 한 분이기 때문에, 바울의 선언은 불필요해 보인다. 그러나 바울이 이 진리를 제시하는 것은 신자들에게 용기를 주기 위해서다. 삼위일체의 세 위격은 본질과 뜻이 언제나 하나이기에, 세 위격이 서로 소통하신다는 개념 자체가 우리의 눈에는 불필요해 보인다. 이것은 우리의 유한한 지성에 큰 신비지만 그분의 자녀들이 인정하길 하나님이 기대하시는 신성한 실제다.

이 단락에서, 바울은 신자들이 영원한 소망에 이르도록 이들을 견인하는 데 필요한 신적 중보를 강조한다. 우리는 하나님의 구속 계획의 다른 어떤 면도 헤아릴 수 없듯이 이 놀라운 진리도 헤아릴 수 없다. 그러나 우리는 안다. 그리스도와 성령께서 우리를 계속 지켜주지 않으시면 우리의 하늘 기업은 헛되이 준비된 것이다.

34

궁극적 안전 I:
확실히 보증된 영광
(8:28)

우리가 알거니와 하나님을 사랑하는 자 곧 그의 뜻대로 부르심을 입은 자들에게는 모든 것이 합력하여 선을 이루느니라. (8:28)

그리스도인들에게 이 구절은 성경에서 가장 영광스러운 약속을 담고 있을 것이다. 이 구절은 그 규모가 숨이 막힐 지경이며 신자의 삶과 관련된 '전부'를 담고 있다. 이 엄청난 약속은 네 요소로 구성되며, 바울은 뒤이어 신자가 성령 안에서 안전함을 가르치며 이를 다룬다: 안전의 확실성, 안전의 범위, 안전의 수혜자, 안전의 근원.[121]

안전의 확실성

우리가 알거니와 (8:28a)

로마서 8장에서 이어지는 진리의 맥락에서 이 단순한 두 단어[122]는 성령 안에

121 8:28의 구분은 개역개정을 따랐고 각 부분을 설명하는 순서는 저자가 사용한 NASB를 따랐다.

122 NASB: and we know. 헬라어 본문에서는 두 단어다(*oidamen de*).

서 그리스도인의 영원한 안전에 대한 절대적 확신을 표현한다. 바울은 개인적 직관이나 의견을 표현하는 게 아니라 하나님 말씀의 오류가 없는 진리를 제시한다. 바울은 한 인간이 아니라 사도요 하나님의 계시가 전달되는 통로로서 성령께 받은 진리를 선포한다. 그러므로 그는 하나님의 권위로 선언한다. 예수 그리스도를 믿는 자로서 조금도 의심 없이 **우리는 안다.** 우리 삶의 모든 부분이 하나님의 손에 있으며 하나님이 우리 삶의 모든 부분을 사용해 그분의 영광을 나타내실 뿐 아니라 우리 자신에게 궁극적으로 복이 되게 하신다는 것이다.

여기서 **우리가 알거니와(we know)**라는 말은 안다는 의미를 내포한다. 안타깝게도, 우리 시대의 그리스도인들을 비롯해 교회사 내내 많은 그리스도인이 신자의 영원한 안전을 하나님이 보증하신다는 것을 믿길 거부한다. 이러한 거부는 구원이 사람과 하나님의 공동 노력으로 이뤄지며 비록 하나님은 실패하지 않을 테지만 사람은 실패할 수도 있다—따라서 안전하지 않다—는 믿음과 연결된다. 그러나 구원이 오직 주권적인 하나님의 일이라는 믿음은 구원이 안전하다는 확신으로 이어진다. 홀로 구원을 책임지시는 하나님은 실패하실 수 없기 때문이다. 이러한 신학적 숙고를 넘어, 바울은 영원한 안전이란 진리를 하나님이 우리에게 분명하게 계시하셨으며, 따라서 모든 신자가 하나님의 말씀을 그대로 받아들이면 이러한 사실이 주는 위로와 희망을 확실히 **알(know)** '수 있다'고 말한다. 하나님의 자녀는 하늘 아버지 집에서 쫓겨나지나 않을까 두려워하거나 그분의 영원한 의의 나라 시민권을 잃지나 않을까 두려워할 필요가 없다.

안전의 범위

모든 것이 합력하여 선을 이루느니라. (8:28e)

신자들의 안전은 절대 확실한 만큼이나 범위도 무한하다. 신자들의 안전과 관련된 나머지 모든 요소와 마찬가지로, **하나님**은 보증인이다. 신자의 삶에서 모

든 것이 마침내 복이 되게 하시는**(cause, 이루느니라)** 분은 하나님이다.[123]

바울은 하나님의 백성에게 이루어지는 선을 하나님이 직접 일으키신다는 것을 강조한다. 이 엄청난 약속은 비인격적 선언을 통해 작동하는 게 아니다. 이 약속이 성취되려면 하나님이 행동하셔야 한다. 하나님이 선언하신 안전은 실제로 그분의 아들과 그분의 성령께서 하시는 직접적이고 인격적이며 은혜로운 사역을 통해 확보된다. "그러므로 자기를 힘입어 하나님께 나아가는 자들을 온전히 구원하실 수 있으니, 이는 그가[그리스도께서] 항상 살아계셔서 그들을 위하여 간구하심이라"(히 7:25). 그리고 바울이 앞서 선포했듯이, "오직 성령이 말할 수 없는 탄식으로 우리를 위하여 친히 간구하시느니라. 마음을 살피시는 이가 성령의 생각을 아시나니, 이는 성령이 하나님의 뜻대로 성도를 위하여 간구하심이니라"(롬 8:26-27).

모든 것은 더없이 포괄적이며 자격이나 제한이 없다. 이 구절뿐 아니라 이 구절이 위치한 문맥도 제약이나 조건을 허용하지 않는다. **모든 것**은 가능한 가장 완전한 의미에서 포괄적이다. 하늘이나 땅에서 존재하거나 일어나는 그 무엇도 "우리를 우리 주 그리스도 예수 안에 있는 하나님의 사랑에서 끊을 수 없으리라"(8:39).

바울은 그분의 자녀들이 해를 끼치는 **것(things)**을 경험하지 않도록 하나님이 막으신다고 말하는 게 아니다. 오히려 그는 하나님이 사랑하는 자녀들에게 일어나도록 허용하시는 모든 것, 심지어 가장 나쁜 것들까지도 취해 궁극적으로 복이 되게 하신다는 것을 증언한다.

바울은 동일한 기본 진리를 여러 서신에서 가르친다. 그는 고린도 신자들에게 이렇게 권면한다. "그런즉 누구든지 사람을 자랑하지 말라. 만물이 다 너희 것임이라. 바울이나 아볼로나 게바나 세계나 생명이나 사망이나 지금 것이나 장래 것이나 다 너희의 것이요"(고전 3:21-22). 아마도 1년쯤 후에, 바울은

---

123 NASB: And we know that God causes all things to work together for good to those who love God, to those who are called according to His purpose(그리고 우리가 안다. 하나님을 사랑하는 자들에게, 그분의 목적에 따라 부르심을 받은 자들에게 하나님은 모든 것이 합력하여 선을 이루게 하신다. 8:28).

또 다른 서신에서 이들에게 확신을 주었다. "이는 모든 것이 너희를 위함이니, 많은 사람의 감사로 말미암아 은혜가 더하여 넘쳐서 하나님께 영광을 돌리게 하려 함이라"(고후 4:15). 로마서 8장 조금 뒤에서, 바울은 수사의문문 형식으로 묻는다. "자기 아들을 아끼지 아니하시고 우리 모든 사람을 위하여 내주신 이가 어찌 그 아들과 함께 모든 것을 우리에게 주시지 아니하겠느냐?"(32절).

우리의 상황, 고난, 박해, 죄로 인한 실패, 고통, 믿음 없음, 그리고 다른 **모든 것**에 상관없이, 하늘에 계신 우리 아버지께서 우리의 최종 승리와 복을 위해 일하실 것이다. 이 진리의 당연한 결과는 그 무엇도 궁극적으로 우리에게 안 좋은 쪽으로 작용할 수 없다는 것이다. 우리가 잠시 당하는 그 어떤 해라도 하나님이 우리에게 유익하도록 사용하신다(고후 12:7-10을 보라). 조금 뒤에 살펴보듯이, **모든 것**에는 그 자체로 선하고 유익한 환경과 사건뿐 아니라 그 자체로 악하고 유해한 환경과 사건도 포함된다.

합력하여(to work together)로 번역된 동사 '순에르게오'(*sunergeō*)에서 'synergism'(상승작용)이란 단어가 나왔는데, 다양한 요소가 함께 작용해 각 요소가 따로 작용했을 때 나타나는 결과의 합보다 크거나 흔히 그 결과와 전혀 다른 결과를 내는 것을 가리킨다. 물리적 세계에서 유해한 화학 물질들을 적절하게 조합하면 더없이 유익한 물질을 생성할 수 있다. 예를 들면, 식탁의 소금은 두 독소, 곧 나트륨과 염소로 구성된다.

KJV[124]이 암시하는 것과는 반대로, 모든 것이 저절로 합력하여 선을 이루는 게 아니다. 바울이 이 구절에서 분명히 했듯이, 모든 것이 **합력하여 선을 이루**게 하는 것은 우리 삶의 환경과 사건들 사이에 저절로 일어나는 상승작용이 아니라 섭리하시는 하나님의 능력과 의지다. 다윗은 다음과 같이 외칠 때 이 놀라운 진리를 증언했다. "여호와의 모든 길은 그의 언약과 증거를 지키는 자에게 인자와 진리로다"(시 25:10). 우리가 어느 길에 있든 어느 길을 택하든 간에, 하나님이 그 길을 인자와 진리의 길로 바꾸실 것이다.

---

124 all things work together for good to them that love God(하나님을 사랑하는 자들에게 모든 것이 합력하여 선을 이루느니라). 개역개정도 이렇게 옮겼다.

바울은 현세뿐 아니라 궁극적으로 내세에서 우리에게 이루어질 **선**을 염두에 두고 있을 것이다. 하나님의 자녀로서 우리의 삶에 무슨 일이 일어나든 간에, 하나님이 그분의 섭리로 그 일을 사용해 현세뿐 아니라 영원히 우리에게 유익하게 하시며, 때로 우리를 비극에서 구해내심으로써, 때로 우리로 그 비극을 통과하게 하심으로써 우리를 그분께 더 가까이 이끄신다.

하나님은 이스라엘을 애굽의 속박에서 건져내신 후 이들이 시내 광야에서 온갖 거친 장애물을 만났을 때 이들의 안녕에 필요한 것을 계속 공급하셨다. 모세는 이스라엘에게 율법을 선포하며 일깨웠다. "[하나님이] 너를 인도하여 그 광대하고 위험한 광야 곧 불뱀과 전갈이 있고 물이 없는 간조한 땅을 지나게 하셨으며, 또 너를 위하여 단단한 반석에서 물을 내셨으며, 네 조상들도 알지 못하던 만나를 광야에서 네게 먹이셨나니, 이는 다 너를 낮추시며 너를 시험하사 마침내 네게 복을 주려 하심이었느니라"(신 8:15-16). 하나님이 그분의 백성을 인도해 40년이나 어려움과 역경을 겪게 하신 것은 이들에게 악이 아니라 **선**을, 때로 하나님의 훈련과 단련을 통해 와야 하는 선을 이루기 위해서였다.

이것을 비롯해 성경의 무수한 예가 분명하게 밝혀 주듯이, 하나님은 자신이 약속하시는 궁극적 **선**뿐 아니라 일시적 선을 이루는 것을 지체하실 때가 많다. 예레미야는 이렇게 선언했다. "이스라엘의 하나님 여호와께서 이와 같이 말씀하시니라. 내가 이곳에서 옮겨 갈대아인의 땅에 이르게 한 유다 포로를 이 좋은 무화과 같이 잘 돌볼 것이라. 내가 그들을 돌아보아 좋게 하여 다시 이 땅으로 인도하여 세우고 헐지 아니하며, 심고 뽑지 아니하겠고, 내가 여호와인 줄 아는 마음을 그들에게 주어서 그들이 전심으로 내게 돌아오게 하리니, 그들은 내 백성이 되겠고 나는 그들의 하나님이 되리라"(렘 24:5-7). 자신의 주권적 은혜로, 하나님은 고통스럽고 절망적인 이스라엘과 유다의 포로생활을 사용해 자신의 백성을 단련하셨는데, 인간의 눈에 이 과정은 느리고 힘들었다.

바울은 고린도 신자들에게 이렇게 말했다. "그러므로 우리가 낙심하지 아니하노니, 우리의 겉사람은 낡아지나 우리의 속사람은 날로 새로워지도다. 우리가 잠시 받는 환난의 경한 것이 지극히 크고 영원한 영광의 중한 것을 우리에게 이루게 함이니"(고후 4:16-17). 우리의 외부 환경이 안 좋을 때라도, 어쩌면 우리의 눈에 '특히' 안 좋고 희망이라곤 없어 보일 때라도, 하나님은 영화(glorification) 곧 궁극적 **선**을 위해 준비시키려고 우리의 구속받은 속사람을 정결하게 하며 새롭게 하고 계신다.

먼저, 하나님은 의로운 것들이 우리에게 **선**을 이루게 하신다. 단연 가장 중요하고 좋은 것은 하나님 자신의 속성이다. 하나님의 능력이 환난 중에 우리를 떠받치고 우리의 영적 삶을 강건하게 한다. 모세는 마지막으로 이스라엘 자녀들을 축복하며 증언했다. "영원하신 하나님이 네 처소가 되시니, 그의 영원하신 팔이 네 아래에 있도다"(신 33:27). 예수님은 사도들을 떠나며 이렇게 약속하셨다. "오직 성령이 너희에게 임하시면 너희가 권능을 받고 예루살렘과 온 유대와 사마리아와 땅 끝까지 이르러 내 증인이 되리라"(행 1:8).

우리가 하나님께 전적으로 의존하는 존재라는 것을 증명하기 위해, 우리를 통해 역사하는 하나님의 능력은 실제로 "약한 데서 온전하여"진다. 그래서 바울은 이렇게 증언했다. "그러므로 도리어 크게 기뻐함으로 나의 여러 약한 것들에 대하여 자랑하리니, 이는 그리스도의 능력이 내게 머물게 하려 함이라"(고후 12:9).

하나님의 '지혜'가 우리에게 **선**을 이룬다. 가장 직접적인 방식은 그분의 지혜를 우리에게 나누어주는 것이다. 바울은 에베소 신자들을 위해 이렇게 기도했다. "우리 주 예수 그리스도의 하나님, 영광의 아버지께서 지혜와 계시의 영을 너희에게 주사 하나님을 알게 하시고"(엡 1:17). 그는 골로새 신자들을 위해서도 비슷하게 간구했다. "우리도 듣던 날부터 너희를 위하여 기도하기를 그치지 아니하고 구하노니, 너희로 하여금 모든 신령한 지혜와 총명에 하나님의 뜻을 아는 것으로 채우게 하시고"(골 1:9). 그리고 뒤에서 이렇게 간구했다. "그리스도의 말씀이 너희 속에 풍성히 거하여 모든 지혜로 피차 가르치며 권면하고 시와 찬송과 신령한 노래를 부르며 감사하는 마음으로 하나님을 찬양하고"(3:16).

거의 정의에 가깝게, 하나님의 '선하심'이 그분의 자녀들에게 **선**을 이룬다.

바울은 우리에게 일깨운다. "하나님의 인자하심이 너를 인도하여 회개하게 하심을 알지 못하"느냐?(롬 2:4).

하나님의 '신실하심'(faithfulness)이 우리에게 **선**을 이룬다. 하나님의 자녀들이 그분께 신실하지 못할 때라도, 하늘에 계신 아버지는 자녀들에게 여전히 신실하다. "내가 그들의 반역을 고치고 기쁘게 그들을 사랑하리니 나의 진노가 그에게서 떠났음이니라"(호 14:4). 미가는 하나님을 기뻐하며 외쳤다. "주와 같은 신이 어디 있으리이까? 주께서는 죄악과 그 기업에 남은 자의 허물을 사유하시며 인애를 기뻐하시므로 진노를 오래 품지 아니하시나이다"(미 7:18). 하나님의 자녀에게 도움이 필요할 때, 하나님은 약속하신다. "그가 내게 간구하리니 내가 그에게 응답하리라. 그들이 환난 당할 때에 내가 그와 함께 하여 그를 건지고 영화롭게 하리라"(시 91:15). 바울은 우리에게 확신을 준다. "나의 하나님이 그리스도 예수 안에서 영광 가운데 그 풍성한 대로 너희 모든 쓸 것을 채우시리라"(빌 4:19).

하나님의 '말씀'이 우리에게 **선**을 이룬다. "지금 내가 여러분을 주와 및 그 은혜의 말씀에 부탁하노니, 그 말씀이 여러분을 능히 든든히 세우사 거룩하게 하심을 입은 모든 자 가운데 기업이 있게 하시리라"(행 20:32). 우리가 하나님에게 받는 모든 좋은 것은 "하나님의 말씀과 기도로 거룩하여"진다(딤전 4:5). 우리는 성경의 눈, 곧 하나님의 눈을 통해 죄를 볼수록 죄를 더 혐오한다.

하나님의 속성들 외에, 그분의 '거룩한 천사들이' 그분께 속한 자들의 **선**을 위해 일한다. 히브리서 저자는 천사들에 관해 수사의문문으로 묻는다. "모든 천사들은 섬기는 영으로서 구원 받을 상속자들을 위하여 섬기라고 보내심이 아니냐?"(히 1:14).

하나님의 '자녀들' 자신이 서로에게 그분의 **선**을 행하는 사역자다. 로마서 서두에서, 바울은 자신의 서신을 읽는 신자들에게 겸손하게 확인시켜 주었다. 자신이 이들을 방문하길 간절히 바라는 것은 이들'을' 섬길 뿐 아니라 이들'에게' 섬김을 받기 위해서라는 것이다. "이는 곧 내가 너희 가운데서 너희와 나의 믿음으로 말미암아 피차 안위함을 얻으려 함이라"(롬 1:12). 고린도 신자들에게, 바울은 자신과 디모데를 "너희 기쁨을 돕는 자"로 묘사했다(고후 1:24; 참조. 1절). "서로 돌아보아 사랑과 선행을 격려하는" 것은 그리스도인의 의무이자 기쁨이다(히 10:24).

이 진리를 인식하고 받아들이기 어려울 때가 많지만 하나님은 심지어 '악한' 것들도 우리에게 **선**을 이루게 하신다. 바울은 여기서 하나님의 복이 전달되는 덜 분명하고 덜 유쾌한 통로, 곧 "모든 것" 중에게 그 자체로 전혀 선하지 않은 것들을 강조하는 것 같다. 우리가 행하고 우리에게 일어나는 많은 일은 명백히 악하거나 기껏해야 무가치하다. 그러나 하늘에 계신 우리 아버지께서 그분의 무한한 지혜와 전능으로 심지어 이런 가장 나쁜 것들까지 우리에게 궁극적으로 **선**이 되게 바꾸신다.

앞서 말했듯이, 하나님은 그분의 백성이 애굽에서 겪은 종살이와 광야에서 겪은 시련을 사용해서, 이들을 대신해 이들의 대적들과 싸우는 그분의 능력을 드러내셨을 뿐 아니라 그분의 백성이 약속의 땅을 차지하기 전에 이들을 단련하고 정결하게 하셨다. 시내 광야에서 겪은 고난과 어려움 때문에 대다수 백성이 마음이 완악해져 반역했을지라도, 하나님은 이러한 시련들이 이들에게 복이 되게 하셨다.

다리오 왕이 왕 외에 그 어떤 신도 섬기지 말라고 명했을 때, 다니엘은 죽음을 무릅쓰고 왕의 명령에 복종하지 않았다. 그러자 왕은 어쩔 수 없이 선지자 다니엘을 사자 굴에 던지라고 명했다. 그러나 사자들이 다니엘을 전혀 해치려 하지 않았던 게 분명해졌을 때, 다니엘은 다리오 왕에게 증언했다. "다니엘이 왕에게 아뢰되 왕이여, 원하건대 왕은 만수무강 하옵소서. 나의 하나님이 이미 그의 천사를 보내어 사자들의 입을 봉하셨으므로 사자들이 나를 상해하지 못하였사오니 이는 나의 무죄함이 그 앞에 명백함이오며, 또 왕이여, 나는 왕에게도 해를 끼치지 아니하였나이다 하니라. 왕이 심히 기뻐서 명하여 다니엘을 굴에서 올리라 하매 그들이 다니엘을 굴에서 올린즉 그의 몸이 조금도 상하지 아니하였으니 이는 그가 자기의 하나님을 믿음이었더라"(단 6:21-23). 그러나 많은 하나님의 성도가 고난을 받고 순교한다는 사실은 하나님이 항상 해를 당하지 않게 하심으로써 신실함에 복을 주시는 것은 아니라는 분명한 증거다.

하나님이 그분의 백성에게 **선**을 이루도록 사용하시는 악한 것들은 고난, 유혹, 죄의 세 범주로 나눌 수 있다.

'하나님은 고난이라는 악을 그분의 백성에게 **선**을 이루는 도구로 사용하신다.' 때로 고난은 하나님께 신실할 때 치르는 값이다. 그런가 하면 때로 고난은 단지 세상이 죄로 인해 부패했기에 온 인류가 겪어야 하는 운명, 곧 일반적 고통과 어려움과 질병과 갈등이다. 그런가 하면 고난이 늘 형벌이나 징계가 아니라 하나님의 허락으로 찾아올 때도 있다. 경건한 나오미는 이렇게 탄식했다. "나를 마라라 부르라. 이는 전능자가 나를 심히 괴롭게 하셨음이니라"(룻 1:20). 욥은 사탄이 그에게 가하도록 하나님의 허용하신 이해할 수 없는 고난을 당한 후, 단순히 신뢰하며 반응했다. "주신 이도 여호와시요 거두신 이도 여호와시오니, 여호와의 이름이 찬송을 받으실지니이다"(욥 1:21).

물론, 고난이 '실제로' 죄에 대한 하나님의 징벌일 때가 많다. 유다가 반역과 우상숭배 때문에 포로로 사로잡혀 갔는데도, 하나님은 유다에게 약속하셨다. "내가 이곳에서 옮겨 갈대아인의 땅에 이르게 한 유다 포로를 이 좋은 무화과 같이 잘 돌볼 것이라"(렘 24:5). 고린도교회 구성원 중에 심히 악한 죄를 저지르고도 회개하지 않는 자들이 있었는데, 하나님은 이들을 벌하셨고 이 때문에 어떤 사람들은 병들었고 어떤 사람들은 죽었다(고전 11:29-30). 바울은 이 죄악된 신자들 자신에게 하나님이 어떤 선을 베푸셨는지 말하지 않는다. 이것은 단지 하나님이 이들로 더 나쁜 죄에 빠지지 않게 막으시는 수단이었을 것이다. 아나니아와 삽비라가 받은 혹독한 징벌이 정결하게 하는 힘이 있어 "온 교회와 이 일을 듣는 사람들이 다 크게 두려워"했던 것처럼(행 5:11), 하나님은 이것이 고린도교회의 나머지 구성원들에게 선을 이루게 하셨을 것이다.

야고보는 우리에게 권면한다. 우리의 역경이 무엇이든 어떻게 찾아오든 간에 "내 형제들아, 너희가 여러 가지 시험을 당하거든 온전히 기쁘게 여기라. 이는 너희 믿음의 시련이 인내를 만들어내는 줄 너희가 앎이라"(약 1:2-3). 베드로는 우리와 그리스도의 관계 때문에 직접 찾아오는 시련을 특히 반겨야 한다고 말한다. "너희 믿음의 확실함은 불로 연단하여도 없어질 금보다 더 귀하여 예수 그리스도께서 나타나실 때에 칭찬과 영광과 존귀를 얻게 할 것이니라"(벧전 1:7).

요셉은 구약성경에서 하나님이 불의한 고난을 사용해 고난 당하는 당사자뿐 아니라 하나님의 선민을 구성하는 그의 가족 모두에게 큰 **선**이 이루어지게 하신 고전적인 사례다. 요셉은 종으로 팔려 감옥에 갇히지 않았다면 바로의 꿈을 해석해 높은 자리에 올라 애굽과 자신의 백성을 굶주림에서 구해내는 데 쓰임 받을 수 없었을 것이다. 이 놀라운 진리를 깨달은 요셉은 두려워하는 형들에게 말했다. "당신들은 나를 해하려 하였으나 하나님은 그것을 선으로 바꾸사 오늘과 같이 많은 백성의 생명을 구원하게 하시려 하셨나니"(창 50:20).

유다의 므낫세 왕은 자신의 죄악 때문에 외국의 침략을 받았으며 자신과 자신의 나라에 큰 고통을 안겼다. 그러나 "그가 환난을 당하여 그의 하나님 여호와께 간구하고 그의 조상들의 하나님 앞에 크게 겸손하여 기도하였으므로 하나님이 그의 기도를 받으시며 그의 간구를 들으시사 그가 예루살렘에 돌아와서 다시 왕위에 앉게 하시매 므낫세가 그제서야 여호와께서 하나님이신 줄을 알았더라"(대하 33:12-13).

욥은 결코 하나님을 향한 믿음을 잃지 않았으나 끊임없는 고난 때문에 결국 하나님의 길에 의문을 품었다. 그러나 하나님께 엄하게 꾸짖음을 받은 후 이렇게 고백했다. "내가 주께 대하여 귀로 듣기만 하였사오나 이제는 눈으로 주를 뵈옵나이다. 그러므로 내가 스스로 거두어들이고 티끌과 재 가운데에서 회개하나이다"(욥 42:5-6).

어느 대적이 사도 바울에게 심한 고통을 안겼다. 그는 고린도교회에서 바울에게 적대적인 세력의 주도자였을 것이다. 바울은 비록 이 사람이 사탄의 지배를 받지만 자신에게 맞서는 그의 행동은 하나님이 허용하신 것, 곧 그가(바울이) 자신이 본 환상과 받은 계시 때문에 교만해지지 않게 하려고 허용하신 것임을 알았다(고후 12:6-7). 그런데도 바울은 이 사람의 공격에서 벗어나게 해주시길 세 차례 간절히 구했다. 주님은 그분의 신실한 종에게 이렇게 답하셨다. "내 은혜가 네게 족하도다. 이는 내 능력이 약한 데서 온전하여짐이라." 바울은 이 설명 하나로 충분했기에 받아들이며 말했다. "그러므로 도리어 크게 기뻐함으로 나의 여러 약한 것들에 대하여 자랑하리니, 이는 그리스도의 능력이 내게 머물게 하려 함이라. 그러므로 내가 그리스도를 위하여 약한 것들과 능욕과 궁핍과 박해와 곤고를 기뻐하노니, 이는 내가 약한 그 때에 강함이라"(고후 12:9-10). 하나님은 어려움을 제거해주는 대신 족한 은혜를 베푸셨고, 그래서 바울은 상황을 기쁘게 견디는 동시에 그 상황 때문에 겸손해질 수 있었다.

우리는 온갖 이유로 온갖 고난을 겪으면서 친절과 공감과 겸손과 온정과 인내와 온유를 배울 수 있다. 가장 중요한 것은 하나님이 다른 어떤 것들보다 고난을 사용해 우리를 그분께 더 가까이 이끄실 수 있다는 것이다. 베드로는 우리에게 확신을 준다. "모든 은혜의 하나님 곧 그리스도 안에서 너희를 부르사 자기의 영원한 영광에 들어가게 하신 이가 잠깐 고난을 당한 너희를 친히 온전하게 하시며 굳건하게 하시며 강하게 하시며 터를 견고하게 하시리라"(벧전 5:10). 청교도 토마스 왓슨은 "병상이 종종 설교보다 더 많은 것을 가르쳐준다"라고 했다(*A Divine Cordial*Grand Rapids: Baker, 1981],[125] p. 20).

고난은 또한 우리에게 죄를 미워하도록 가르칠 수 있다. 우리는 이미 죄를 어느 정도 미워한다. 죄가 모든 고난의 직 · 간접 원인이기 때문이다. 그러나 개인적으로 악인들에게 고난받을 때 죄의 악함을 더 많이 깨닫는다. 마르틴 루터는 직접 혹독한 박해를 받을 때까지 저주 시편들을 결코 이해할 수 없었다고 했다. 그는 복음의 원수들에게 직접 고통당할 때까지 왜 경건한 다윗이 그의 원수들에게 복수해 달라고 하나님께 요청했는지 이해할 수 없었다.

우리는 죄가 다른 사람들에게 미치는 파괴력, 특히 우리가 사랑하는 사람들에게 끼치는 해악을 볼 때도 죄를 미워하게 된다. 예수님은 나사로의 무덤에서 비통해하셨다. 그러나 잠시 후면 죽은 친구를 다시 살리실 터였기에, 이것은 죽은 친구에 대한 때문이 아니었다. 예수님이 노하고 슬퍼하셨던 것은 죄와 그 가장 큰 결과인 죽음이 나사로를 사랑하는 자들에게 안긴 슬픔 때문이었다(요 11:33을 보라). 그분은 이러한 괴로움이 전 세계에서 매일 엄청나게

---

125 『거룩한 열정』, 문석호 옮김(솔로몬, 2000).

늘어난다는 것도 아셨다.

고난은 우리가 자신의 죄를 보고 또 미워하도록 돕는다. 때로 우리는 학대받거나 부당하게 비난받을 때, 질병이나 경제적 재난을 비롯해 여러 형태로 어려움을 겪을 때, 비로소 우리의 기질이나 자기만족이나 타인들과 심지어 하나님을 향한 무관심을 정면으로 마주하게 된다. 고난은 우리가 자신의 죄를 보고 또 미워하도록 도움으로써 하나님께서 죄를 몰아내고 우리를 정결하게 하시는 데 사용된다. 욥은 "그가 나를 단련하신 후에는 내가 순금 같이 되어 나오리라"고 했다(욥 23:10). 종말에 관한 하나님의 말씀이다. "여호와가 말하노라. 이 온 땅에서 삼분의 이는 멸망하고 삼분의 일은 거기 남으리니, 내가 그 삼분의 일을 불 가운데에 던져 은 같이 연단하며 금 같이 시험할 것이라. 그들이 내 이름을 부르리니, 내가 들을 것이며 나는 말하기를 이는 내 백성이라 할 것이요 그들은 말하기를 여호와는 내 하나님이시라 하리라"(슥 13:8-9). 최종적이며 비교할 수 없는 이 고난의 때를 통해, 하나님은 그분의 옛 백성 이스라엘 중에 남은 자를 단련해 자신에게로 회복시키실 것이다.

우리가 하나님께 징계로 고난을 받는다면 참으로 하나님의 자녀라는 증거다. 히브리서 저자는 우리에게 일깨운다. "주께서 그 사랑하시는 자를 징계하시고 그가 받아들이시는 아들마다 채찍질하심이라 하였으니, 너희가 참음은 징계를 받기 위함이라. 하나님이 아들과 같이 너희를 대우하시나니, 어찌 아버지가 징계하지 않는 아들이 있으리요? 징계는 다 받는 것이거늘 너희에게 없으면 사생자요 친아들이 아니니라"(히 12:6-8; 참조. 욥 5:17).

히브리서 저자가 말하듯이, 지혜로운 인간 부모는 자녀의 행복을 위해 자녀를 징계한다. 세상의 심리학자들과 상담자들도 인정하듯이, 자기 멋대로 하도록 방치되고 부모에게 그 어떤 제한이나 기준도 제시받지 않는 아이는 자신이 사랑받지 못한다는 것을 본능적으로 깨닫는다.

시편 119편의 저자는 하나님이 고난을 사용해 자신의 영적 삶을 강화하신다는 것을 세 차례 인정했다. "고난 당하기 전에는 내가 그릇 행하였더니 이제는 주의 말씀을 지키나이다"(67절). "고난 당한 것이 내게 유익이라. 이로 말미암아 내가 주의 율례들을 배우게 되었나이다"(71절). "여호와여, 내가 알거니와 주의 심판은 의로우시고 주께서 나를 괴롭게 하심은 성실하심 때문이니이다"(75절).

고난은 하나님이 계획하셨고 고난의 목적은 우리를 대신한 그리스도의 고난에 우리가 제한적으로라도 참여하고 그분을 본받도록 돕는 데 있다. 이런 까닭에 바울은 "그리스도와 그 부활의 권능과 그 고난에 참여함을 알고자 하여 그의 죽으심을 본받"길 구했으며(빌 3:10), "내 몸에 예수의 흔적을 지니고 있노라"며 자랑했다(갈 6:17). 우리의 고난을 하늘에 계신 우리 아버지 앞에 기꺼이 내어놓을 때, 그분은 그 고난을 사용해 우리를 더 완전하게 빚어 우리의 주님 곧 그리스도의 형상에 이르게 하실 수 있다.

'하나님은 유혹이란 악을 그분의 백성에게 **선**을 이루는 도구로 사용하신다.' 고난이 그 자체로 선하지 않듯이, 물론 유혹도 그 자체로 선하지 않다. 그러나 고난의 경우처럼, 하나님은 유혹을 우리에게 유익하도록 사용하실 수 있다.

우리는 유혹받을 때 맞설 힘을 달라고 하나님께 무릎 꿇고 기도해야 한다. 동물은 포식자를 보면 안전한 곳을 향해 최대한 빨리 달리거나 날아간다. 그리스도인은 유혹과 마주할 때마다 이렇게 반응해야 한다. 유혹은 경건한 신자로 주님께 피해 보호받게 한다.

사탄이 우는 사자처럼 또는 광명의 천사처럼 우리에게 다가올 때, 하나님의 말씀으로 가르침을 잘 받았다면 그의 악한 꾐을 오롯이 알아챌 수 있다. 이런 까닭에 시편 기자는 이렇게 외쳤다. "내가 주께 범죄하지 아니하려 하여 주의 말씀을 내 마음에 두었나이다"(시 119:11).

하나님은 또한 유혹을 사용해 영적 교만을 꺾음으로써 유혹이 우리에게 선을 이루게 하실 수 있다. 우리는 유혹과 싸울 때, 우리가 자신 속에서 여전히 죄의 꾐과 더러움에 굴복한다는 것을 안다. 우리 자신의 힘으로 유혹에 맞서려 할 때, 그럴 힘이 우리 자신에게 없음을 금세 깨닫는다.

성육신하신 예수님도 사탄의 유혹에 자신의 인성(humanness)으로 맞서지 않고, 유혹하는 자를 매번 하나님의 말씀으로 대응하셨다(마 4:1-10; 눅 4:1-12). 우리는 사탄의 꾐에 주님이 이 땅에 계실 때 반응하셨듯이 반응해야 한다. 그리스도께서 유혹받으신 경험은 우리에게 신성한 본보기를 줄 뿐 아니라 그리스도께 인간의 경험을 주었다. 이에 비추어, 히브리서 저자는 이렇게 선언할 수 있었다. "우리에게 있는 대제사장은 우리의 연약함을 동정하지 못하실 이가 아니요 모든 일에 우리와 똑같이 시험을 받으신(tempted) 이로되 죄는 없으시니라"(히 4:15).

마지막으로, 신자는 유혹받을 때 천국을 향한 갈망이 강해져야 한다. 신자는 천국에서 죄의 유혹과 권세와 존재로부터 영원히 벗어나기 때문이다. 우리는 바울과 함께 좌절해 "이 사망의 몸에서 누가 나를 건져내랴?"고 외칠 때 그와 함께 이렇게도 외칠 수 있다. "우리 주 예수 그리스도로 말미암아 하나님께 감사하리로다. 그런즉 내 자신이 마음으로는 하나님의 법을 육신으로는 죄의 법을 섬기노라"(롬 7:24-25). 우리는 바울과 함께 고백할 수도 있다. 우리가 비록 우리를 통해 주님의 사역이 성취되도록 이 땅에 기꺼이 남으려 하더라도 그분과 함께하길 간절히 바란다는 것이다(빌 1:21-24).

'하나님은 죄라는 악을 그분의 자녀들에게 **선**을 이루는 도구로 사용하신다.' 바울이 "모든 것"에 관해 한 말을 액면 그대로 받아들인다면 이것은 사실이어야 한다. 죄는 고난과 유혹보다 훨씬 더 그 자체로 선하지 않다. 죄는 선의 정반대이기 때문이다. 그러나 더없이 놀랍게도, 하나님은 무한한 지혜와 능력으로 죄를 바꾸어 우리에게 선을 이루게 하신다.

물론, 하나님이 죄를 그분의 의를 위한 도구로 사용하신다는 의미에서 선을 위해 죄를 사용하지는 않으심을 인식하는 게 아주 중요하다. 만약 이렇게 되면, 더없이 분명한 자기모순이다. 하나님은 죄를 뒤엎고 죄가 일반적으로 초래하는 악한 결과를 취소시키고 기적적으로 그분의 유익으로 대체함으로써 죄를 사용해 자신의 자녀들에게 선을 이루게 하신다.

우리는 흔히 자신의 죄보다 다른 사람들의 죄에서 죄의 실제와 악함을 쉽게 인식한다. 그래서 하나님은 다른 사람들의 죄가 우리에게 선을 이루게 하실 수 있다. 우리가 그리스도 안에서 경건하게 살려 한다면 다른 사람들에게서 죄를 볼 때 그 죄를 더 미워하고 피하려 할 것이다. 물론, 자신을 의롭게 여기고 다른 사람들을 판단하는 마음을 품으면 정반대 결과가 나오고 바울이 이미 경고한 덫에 빠질 것이다. "그러므로 남을 판단하는 사람아, 누구를 막론하고 네가 핑계하지 못할 것은 남을 판단하는 것으로 네가 너를 정죄함이니, 판단하는 네가 같은 일을 행함이니라. 이런 일을 행하는 자에게 하나님의 심판이 진리대로 되는 줄 우리가 아노라. 이런 일을 행하는 자를 판단하고도 같은 일을 행하는 사람아, 네가 하나님의 심판을 피할 줄로 생각하느냐?"(롬 2:1-3; 참조. 마 7:1-2).

하나님은 우리 자신의 죄까지도 우리에게 선을 이루게 하실 수 있다. 불신자들의 죄와 마찬가지로 신자의 죄도 악하다. 그러나 신자의 죄가 낳는 궁극적 결과는 엄청나게 다르다. 신자의 '모든' 죄—현재의 죄, 과거의 죄, 미래의 죄—의 값을 그의 구주께서 완전히 지불하셨기 때문이다. 로마서 8장의 기본 진리는 말할 수 없는 하나님의 은혜로 그리스도인이 죄의 '궁극적' 결과, 곧 영원한 정죄로부터 영원히 벗어났다는 것이다(1절). 그렇더라도 그리스도인은 자신이 짓는 죄의 즉각적 · 일시적 결과뿐 아니라 구원받기 전에 지은 죄의 숱한 지속적 결과도 겪는다. 앞서 여러 차례 말했듯이, 죄를 짓는 신자는 하나님의 징계를 면하는 게 아니라 그에게 그 징계가 거룩함을 이루기 위한 치료의 도구로 사용된다(히 12:10). 이것이 하나님이 우리의 죄가 이루게 하시는 최고의 선이다.

하나님은 또한 우리로 우리 자신의 죄를 경멸하고 그분의 거룩을 갈망하게 함으로써 우리 자신의 죄가 우리에게 선을 이루게 하신다. 우리가 죄에 빠질 때, 우리의 영적 연약함이 분명하게 드러나고 우리는 겸손하게 하나님의 용서와 회복을 구하도록 내몰린다. 죄는 그 자체로 악하지만 우리의 교만과 자기 확신을 제거함으로써 우리에게 선을 이룰 수 있다.

하나님은 "모든 것"을, 심지어 가장 악한 것들까지 바꾸어 그분의 자녀들에게 선을 이루게 하신다. 이것을 보여주는 최고의 예는 그분의 아들이 맞은 희생적 죽음이다. 예수 그리스도의 십자가 죽음에서, 하나님은 사탄이 고안해낼 수 있었던 가장 절대적인 악을 그분이 타락한 인류에게 줄 수 있는 가장 큰 복, 곧 죄로부터의 영원한 구원으로 바꾸셨다.

안전의 수혜자들

하나님을 사랑하는 자 곧…부르심을 입은 자들에게는 (8:28b, d)

이 구절의 놀라운 약속에서 유일한 조건은 수혜자들과 관련이 있다. 하나님은 모든 것이 합력하여 선을 이루게 하겠다고 약속하신다. 그러나 이 약속은 그분의 자녀들에게만 적용된다. **하나님을 사랑하는 자**들과 **부르심을 입은 자들**은 신약성경이 그리스도인들에게 사용하는 칭호나 묘사에 속한다. 인간의 시각에서 보면, 우리는 **하나님을 사랑하는 자**들이다. 반면에, 하나님의 시각에서 보면 우리는 **부르심을 입은 자들**이다.

안전의 수혜자들은 하나님을 사랑한다

하나님을 사랑하는 자 (8:28b)

첫째, 바울은 영원한 안전의 수혜자들을 **하나님을 사랑하는 자**들이라 표현한다. **하나님**을 향한 진정한 **사랑**이야말로 참신자의 가장 큰 특징이다. 구속받은 사람들은 자신을 구원하신 은혜로운 **하나님을 사랑한다.** 구속받지 못한 자들은 그 어떤 반대 주장을 내세우더라도 타락하고 죄악된 본성 때문에 하나님을 미워한다. 하나님은 모세를 통해 이스라엘과 언약을 맺으실 때 그분을 사랑하는 자들과 그분을 미워하는 자들을 분명하게 구분하셨다. 십계명에서, 하나님이 그분의 백성에게 말씀하셨다. "그것들[우상들]에게 절하지 말며 그것들을 섬기지 말라. 나 네 하나님 여호와는 질투하는 하나님인즉 나를 미워하는 자의 죄를 갚되 아버지로부터 아들에게로 삼사 대까지 이르게 하거니와 나를 사랑하고 내 계명을 지키는 자에게는 천 대까지 은혜를 베푸느니라"(출 20:5-6; 참조. 신 7:9-10; 느 1:4-5; 시 69:36; 97:10). 하나님이 보시기에, 사람은 두 종류뿐이다. 하나님을 미워하는 자들과 하나님을 사랑하는 자들이다. 예수님은 "나와 함께 아니하는 자는 나를 반대하는 자요"라고 하실 때 이 진리를 말씀하고 계셨다(마 12:30).

하나님이 그분의 선민 이스라엘을 특별한 방식으로 대하시던 모세 언약 시대에도, 이방인이라 할지라도 누구든 하나님을 믿으면 하나님이 받아들이셨으며 하나님을 향한 사랑으로 특징지어졌다. 하나님의 구속받은 자들에 "또 여호와와 연합하여 그를 섬기며 여호와의 이름을 사랑하며 그의 종이 되며 안식일을 지켜 더럽히지 아니하며 나의 언약을 굳게 지키는 이방인"이 포함되었다(사 56:6).

신약성경도 똑같이 분명히 한다. 하나님께 속한 자들은 하나님을 사랑한다. 바울은 고린도 신자들에게 일깨웠다. "기록된 바, 하나님이 자기를 사랑하는 자들을 위하여 예비하신 모든 것은 눈으로 보지 못하고 귀로 듣지 못하고 사람의 마음으로 생각하지도 못하였다 함과 같으니라"(고전 2:9; 참조. 사 64:4). 같은 서신 조금 뒤에서, 바울은 이렇게 선언했다. "누구든지 하나님을 사랑하면 그 사람은 하나님도 알아주시느니라"(고전 8:3).

야고보는 하나님을 사랑하는 자들, 곧 신자들에게 주님이 영원한 생명의 면류관을 약속하셨다고 말한다(약 1:12). 바울은 고린도 신자들을 가리켜 "우리 주 예수 그리스도를 변함없이 사랑하는 모든 자"라고 말한다(엡 6:24).

구원하는 믿음은 단지 하나님을 인정하는 것보다 훨씬 많은 것을 포함한다. 심지어 귀신들도 하나님이 한 분이며 전능하심을 두려워하며 믿는다(약 2:19). 참믿음은 죄악된 자신을 하나님께 맡겨 용서를 구하고 예수 그리스도를 주님과 구주로 영접하는 것을 포함한다. 구원하는 믿음의 첫째 표식은 하나님을 향한 사랑이다. 참구원은 하나님을 사랑하는 자들을 낳는다. "우리에게 주신 성령으로 말미암아 하나님의 사랑이 우리 마음에 부은 바" 되었기 때문이다(롬 5:5). 바울이 사랑을 성령의 열매에서 맨 앞에 두는 것은 우연이 아니다(갈 5:22).

하나님을 향한 사랑은 용서와 밀접하게 연결된다. 구속받은 신자는 하나님이 은혜로 베푸신 용서에 감사하지 않을 수 없기 때문이다. 죄악된 여인, 의심할 여지 없는 창녀가 바리새인의 집에서 예수님의 발을 씻기고 기름을 부었을 때, 주님은 분노하는 집 주인에게 그 여인이 큰 죄를 용서받았기에 큰 사랑을 표현했다고 설명하셨다(눅 7:47).

하나님을 향한 사랑은 순종과도 연결된다. 예수님은 이렇게 물으셨다. "너희는 나를 불러 주여, 주여 하면서도 어찌하여 내가 말하는 것을 행하지 아니하느냐?"(눅 6:46). 끈질기게 불순종하는 마음은 믿지 않고 사랑하지 않는 마음이다. "그리스도의 사랑이 우리를 강권하시"기 때문에(고후 5:14) 그분의 말씀도 우리를 강권할(control) 것이다. 예수님은 "너희는 내가 명하는 대로 행하면 곧 나의 친구라"고 말씀하셨다(요 15:14). 이 문맥에서, 예수님은 '친구'라는 말을 참제자의 동의어로 사용하신 게 분명하다(8-17절을 보라).

분명히 우리는 그리스도를 마땅히 사랑해야 하는 만큼 온전히 사랑하지 못한다. 우리가 여전히 불완전하며 옛 사람의 죄악된 잔재들에 오염되어 있기 때문이다. 이런 까닭에, 바울은 빌립보 신자들에게 이렇게 말했다. "내가 기도하노라. 너희 사랑을 지식과 모든 총명(discernment)으로 점점 더 풍성하게 하사"(빌 1:9).

하나님을 향한 참사랑은 많은 면이 있고 다양하게 표현된다. 첫째, 경건한 사랑은 주님과 인격적 교제를 갈망한다. 시편 기자는 이러한 갈망에 이렇게 외쳤다. "하나님이여, 사슴이 시냇물을 찾기에 갈급함 같이 내 영혼이 주를 찾기에 갈급하니이다. 내 영혼이 하나님 곧 살아 계시는 하나님을 갈망하나니, 내가 어느 때에 나아가서 하나님의 얼굴을 뵈올까?"(시 42:1-2). "하늘에서는 주 외에 누가 내게 있으리요? 땅에서는 주밖에 내가 사모할 이 없나이다"(시 73:25).

다윗은 이렇게 기도했다. "하나님이여, 주는 나의 하나님이시라. 내가 간절히 주를 찾되 물이 없어 마르고 황폐한 땅에서 내 영혼이 주를 갈망하며 내 육체가 주를 앙모하나이다. 내가 주의 권능과 영광을 보기 위하여 이와 같이 성소에서 주를 바라보았나이다. 주의 인자하심이 생명보다 나으므로 내 입술이 주를 찬양할 것이라"(시 63:1-3). 고라 자손은 신실한 신자들을 대신해 이렇게 기뻐 외쳤다. "내 영혼이 여호와의 궁정을 사모하여 쇠약함이여, 내 마음과 육체가 살아계시는 하나님께 부르짖나이다. 나의 왕, 나의 하나님, 만군의 여호와여 주의 제단에서 참새도 제 집을 얻고 제비도 새끼 둘 보금자리를 얻었나이다. 주의 집에 사는 자들은 복이 있나니, 그들이 항상 주를 찬송하리이다"(시 84:2-4).

둘째, 하나님을 향한 참사랑은 자신의 백성을 보호하시는 그분의 능력을 신뢰한다. 다윗은 동료 신자들에게 권면했다. "너희 모든 성도들아, 여호와를 사랑하라. 여호와께서 진실한 자를 보호하시고 교만하게 행하는 자에게 엄중히 갚으시느니라"(시 31:23).

셋째, 하나님을 향한 참사랑은 그분만이 주실 수 있는 평안이 특징이다. "주의 법을 사랑하는 자에게는 큰 평안이 있으니 그들에게 장애물이 없으리이다"(시 119:165). 신자로서, 우리는 하나님이 주시는 안전한 평안, 세상이 주거나 가지거나 빼앗을 수 없는 평안이 있다(요 14:27; 16:33; 빌 4:7).

넷째, 하나님을 향한 참사랑은 그분의 뜻과 영예에 민감하다. 하나님이 모독이나 배척을 당하거나 어떤 식으로든 모욕당하실 때, 그분의 신실한 자녀들은 그분을 위해 고난을 받는다. 다윗은 하나님과 너무나 가까웠기에 이렇게 말할 수 있었다. "주의 집을 위하는 열성이 나를 삼키고 주를 비방하는 비방이 내게 미쳤나이다"(시 69:9).

다섯째, 하나님을 향한 참사랑은 하나님이 사랑하시는 것들을 사랑하는데, 우리는 그분이 무엇을 사랑하시는지 그분의 말씀에 담긴 계시를 통해 안다. 시편 119편 전체에서, 저자는 하나님의 율법, 하나님의 길, 하나님의 기준을 비롯해 하나님의 모든 것을 향한 사랑을 표현한다. "주의 입의 법이 내게는 천천 금은보다 좋으니이다"(72절). "내가 주의 법을 어찌 그리 사랑하는지요. 내가 그것을 종일 작은 소리로 읊조리나이다"(97절). "주의 말씀의 맛이 내게 어찌 그리 단지요. 내 입에 꿀보다 더 다니이다"(103절). 다윗은 이렇게 증언했다. "내가 주의 성전을 향하여 예배하며 주의 인자하심과 성실하심으로 말미암아 주의 이름에 감사하오리니, 이는 주께서 주의 말씀을 주의 모든 이름보다 높게 하셨음이라"(시 138:2).

여섯째, 하나님을 향한 참사랑은 하나님이 사랑하시는 사람들을 사랑한다. 요한은 거듭 분명하게 단언한다. 하나님의 자녀들을 사랑하지 않는 자는 하나님을 사랑하지 않으며 하나님께 속하지 않는다. 그는 이렇게 말한다. "우리는 형제를 사랑함으로 사망에서 옮겨 생명으로 들어간 줄을 알거니와 사랑하지 아니하는 자는 사망에 머물러 있느니라"(요일 3:14). "사랑하는 자들아, 우리가 서로 사랑하자. 사랑은 하나님께 속한 것이니 사랑하는 자마다 하나님으로부터 나서 하나님을 알고 사랑하지 아니하는 자는 하나님을 알지 못하나니, 이는 하나님은 사랑이심이라"(4:7-8). 가능한 가장 강한 표현으로, 요한은 이렇게 선언한다. "누구든지 하나님을 사랑하노라 하고 그 형제를 미워하면 이는 거짓말하는 자니, 보는 바 그 형제를 사랑하지 아니하는 자는 보지 못하는 바 하나님을 사랑할 수 없느니라. 우리가 이 계명을 주께 받았나니, 하나님을 사랑하는 자는 또한 그 형제를 사랑할지니라"(4:20-21). 다음 장에서, 요한은 똑같이 단호하게 선언한다. "낳으신 이를 사랑하는 자마다 그에게서 난 자를 사랑하느니라. 우리가 하나님을 사랑하고 그의 계명들을 지킬 때에 이로써 우리가 하나님의 자녀를 사랑하는 줄을 아느니라"(요일 5:1-2).

일곱째, 하나님을 향한 참사랑은 하나님이 미워하시는 것을 미워한다. 경건한 사랑은 악을 용납할 수 없다. 사랑하는 그리스도인은 죄를 슬퍼하는데, 무엇보다도 자신의 삶에 있는 죄를 슬퍼하지만 다른 사람들, 특히 동료 신자들의 삶에 있는 죄도 슬퍼한다. 베드로는 닭 우는 소리에 주님의 예언이 떠올랐을 때 자신이 방금까지 그리스도를 연이어 세 차례나 부인한 것 때문에 통곡했다(마 26:75).

반대로, 세상과 세상의 것들을 사랑한다는 말은 하나님이 미워하시는 것들을 사랑한다는 뜻이며, 그러므로 요한은 엄히 경고한다. "누구든지 세상을 사랑하면 아버지의 사랑이 그 안에 있지 아니하니"(요일 2:15).

여덟째, 하나님을 향한 참사랑은 그리스도의 재림을 갈망한다. 바울은 다음을 알기에 기뻤다. "이제 후로는 나를 위하여 의의 면류관이 예비되었으므로 주 곧 의로우신 재판장이 그 날에 내게 주실 것이며 내게만 아니라 주의 나타나심을 사모하는 모든 자에게도니라"(딤후 4:8).

아홉째, 마지막으로 하나님을 향한 사랑의 아주 중요한 표식은 순종이다. 예수님은 이렇게 말씀하셨다. "나의 계명을 지키는 자라야 나를 사랑하는 자니, 나를 사랑하는 자는 내 아버지께 사랑을 받을 것이요 나도 그를 사랑하여 그에게 나를 나타내리라"(요 14:21). 앞서 요한일서 5:1-2을 인용하며 말했듯이, 하나님을 향한 순종은 하나님을 향한 사랑 및 동료 신자들을 향한 사랑과 분리될 수 없다.

우리는 하나님과 동료 신자들을 사랑하라는 명령을 받는다. 그렇더라도 사랑은 우리에게 비롯되지 않을뿐더러 그럴 수도 없다. 경건한 사랑은 하나님이 주신다. 요한은 이렇게 설명한다. "사랑은 하나님께 속한 것이니…우리가 하나님을 사랑한 것이 아니요 하나님이 우리를 사랑하사 우리 죄를 속하기 위하여 화목제물로 그 아들을 보내셨음이라"(요일 4:7, 10). 우리가 사랑할 수 있는 이유는 단 하나, 하나님이 먼저 우리를 사랑하셨기 때문이다(19절).

안전의 수혜자들을 부르심을 받았다

부르심을 입은 자들에게는 (8:28d)

둘째, 바울은 영원한 안전의 수혜자들을 가리켜 **부르심을 입은 자들(those who are called)**이라 말한다. 우리의 사랑이 하나님에게서 비롯되듯이 그분의 하늘 가족이 되는 우리의 부르심도 하나님에게서 비롯된다. 모든 면에서, 구원을 주도하고 공급하시는 분은 하나님이다. 타락하고 죄악된 상태에서, 사람들은 하나님을 미워할 수 있을 뿐이다. 이들은 무엇을 생각하든 간에 하나님의 원수이며(롬 5:10) 그분의 진노의 자녀이기 때문이다(엡 2:3).

예수님은 "청함을 받은 자는 많되 택함을 입은 자는 적으니라"고 하실 때 그분을 믿으라는 부르심, 곧 '모든' 사람을 향한 복음의 '외적' 부르심(external call)을 말씀하고 계셨다(마 22:14). 교회사에서, 이것을 가장 분명하게 보여주는 사실은 이 부르심을 듣는 많은 사람이, 아마도 대다수가 이 부르심을 받아들이지 않는다는 것이다.

그러나 서신서들에서, '부르심을 받은'(called)과 '부르심'(calling)이란 용어는 다른 의미로 사용되며, 신자의 마음에서 일어나 신자를 그리스도 안에 있는 새 생명으로 인도하는 주권적이며 거듭나게 하는 하나님의 일을 가리킨다. 바울은 **부르심을 받은 자들**의 의미를 이어지는 두 절에서(29-30절) 설명하면서 신학자들이 흔히 하나님의 유효한 부르심(effectual call)이라 일컫는 것을 말한다. 이런 의미에서 **부르심을 입은 자들**은 '모두' 하나님이 택하고 구속하신 자이며 마침내 영화롭게 된다. 이들은 하나님이 그분의 자녀가 되어 아들의 형상을 본받도록 안전하게 예정하신 자들이다.

신자들이 **부르심을 입은(called)** 것은 결코 이들의 행위 때문이거나 이들 자신의 뜻(의지) 때문이 아니다. 히브리서 11장이 분명히 하듯이, 하나님을 믿는 믿음은 언제나 유일한 구속의 길이다. 신자들이 구원받은 것은 이들이 누구이거나 무엇을 했는지에 따른 것이 아니라 순전히 하나님이 누구시며 그분이 무엇을 하셨느냐 때문이다. 우리가 구속받은 것은 하나님이 "오직 자기의 뜻과 영원 전부터 그리스도 예수 안에서 우리에게 주신 은혜대로 하심이라"(딤후 1:9). 복음은 전적으로 하나님의 뜻에 따라 그분의 능력으로 작동하며, 따라서 믿는 자들 속에서 복음의 구원 사역이 성취되지 못하거나 안전하게 유지되지 못하는 일은 결코 없다(살전 2:13).

로마서 조금 뒤에서, 바울은 야곱과 에서를 예로 들어 하나님의 유효한 부르심을 설명하는데, 하나님의 유효한 부르심은 주권적 부르심이기도 하다. "그 자식들이 아직 나지도 아니하고 무슨 선이나 악을 행하지 아니한 때에 택하심을 따라 되는 하나님의 뜻이 행위로 말미암지 않고 오직 부르시는 이로 말미암아 서게 하려 하사 리브가에게 이르시되 큰 자가 어린 자를 섬기리라 하셨나니, 기록된 바 내가 야곱은 사랑하고 에서는 미워하였다 하심과 같으니라"(롬 9:11-13).

사람의 믿음이 구원에 필수다. 그렇더라도 하나님이 은혜로 구원을 시작하심이 훨씬 더 중요하다. 예수님은 분명하게 선언하셨다. "내 아버지께서 오게 하여 주지 아니하시면 누구든지 내게 올 수 없다"(요 6:65). 하나님의 선택이 인간의 선택에 선행할 뿐 아니라 인간의 선택을 가능하고 유효하게 한다.

바울은 그리스도께 구원으로 부르심을 받았을 뿐 아니라(행 9장을 보라) "하나님의 뜻을 따라 그리스도 예수의 사도로 부르심을 받았다"(고전 1:1). 그는 자신을 "그리스도 예수께 잡힌" 자로 묘사한다(빌 3:12). 바울은 고린도 신자들을 가리켜 "그리스도 예수 안에서 거룩하여지고 성도라 부르심을 받은 자들"이라 말하며(고전 1:2) 뒤에서 모든 그리스도인을 가리켜 "유대인이나 헬라인이나" 상관없이 "오직 부르심을 받은 자들"이라 말한다(24절). 모든 신자는 예외 없이 하나님께 부르심을 받았으며 "모든 일을 그의 뜻의 결정대로 일하시는 이의 계획을 따라…예정"되었다(엡 1:11).

하나님의 부르심은 일차적 의미에서 단번에(once for all) 부르심이지만 이차적 의미에서 신자가 최종적으로 영화롭게 될 때까지 계속된다. 바울은 자신이 신자와 사도로서 받은 영구적 부르심을 인정했는데도 이렇게 말할 수 있었다. "푯대를 향하여 그리스도 예수 안에서 하나님이 위에서 부르신 부름의 상을 위하여 달려가노라"(빌 3:14).

이미 말했듯이, 구원이 하나님의 주도와 능력으로 이뤄지더라도 결코 믿음과 무관하게 이뤄지지는 않는다. 그러므로 어떤 사람들의 가르침과 달리, 자신이 구원을 받았는데도 전혀 모를 수 있다는 것은 불가능하다. 그 누구도 의식하며 의지로 그리스도를 영접하지 않고는 구원을 받을 수 없다. "네가 만일 네 입으로 예수를 주로 시인하며 또 하나님께서 그를 죽은 자 가운데서 살리신 것을 네 마음에 믿으면 구원을 받으리라. 사람이 마음으로 믿어 의에 이르고 입으로 시인하여 구원에 이르느니라"(롬 10:9-10). 물론, 연약하거나 배우지 못했거나 죄악된 그리스도인이 나중에 자신의 구원에 의심을 품을 수는 있다. 그러나 그리스도께 나왔으면서도 이것을 모를 수는 없다.

바울이 몇 절 뒤에서 설명하듯이, 하나님은 또한 인간 대리자들을 사용해 구원으로의 부르심이 유효하게 하신다. "그런즉 그들이 믿지 아니하는 이를 어찌 부르리요? 듣지도 못한 이를 어찌 믿으리요? 전파하는 자가 없이 어찌 들으리요?"(롬 10:14).

하나님은 그분의 말씀의 내용, 특히 복음 메시지의 진리를 통해, 그리고 성령의 능력을 통해, 사람들을 자신에게 이끄신다. 베드로는 두 원리 중 첫째 원리를 간결하게 말한다. "너희가 거듭난 것은 썩어질 씨로 된 것이 아니요 썩지 아니할 씨로 된 것이니, 살아 있고 항상 있는 하나님의 말씀으로 되었느니라"(벧전 1:23). 바울은 둘째 원리를 이렇게 말한다. "우리가 유대인이나 헬라인이나 종이나 자유인이나 다 한 성령으로 세례를 받아 한 몸이 되었고 또 다 한 성령을 마시게 하셨느니라"(고전 12:13; 참조. 요 16:8).

안전의 근원

그의 뜻대로 (8:28c)

28절 중간에서, 바울은 신자들이 그리스도 안에서 누리는 안전의 근원을 말한다. 하나님은 그분의 자녀들에게 모든 것이 합력하여 선을 이루게 하신다. 이것이 그분의 뜻에 맞기(**according to His purpose, 그의 뜻대로**) 때문이다. 헬라어 본문에는 **그의(His)**로 번역된 단어가 없지만 이런 의미가 문맥에 분명하게 암시되어 있으며 대다수 번역에 반영된다.

바울은 29-30절에서 하나님의 **뜻(purpose)**의 의미를 확대하고 분명히 하는데, 이 부분은 다음 장에서 살펴보겠다. 간단히 설명하면, 하나님의 넓은 **뜻**은 우리 주님이 지상 사역을 시작하며 선언하셨듯이, 온 인류를 구원하는 것이다. "하나님이 세상을 이처럼 사랑하사 독생자를 주셨으니, 이는 그를 믿는 자마다 멸망하지 않고 영생을 얻게 하려 하심이라. 하나님이 그 아들을 세상에 보내신 것은 세상을 심판하려 하심이 아니요 그로 말미암아 세상이 구원을 받게 하려 하심이라"(요 3:16-17). 둘째 서신에서, 베드로는 주님은 그 누구의 정죄도 바라지 않으시며 도리어 "다 회개하기에 이르기를" 원하신다고 말한다(벧후 3:9).

그러나 로마서 8:28에서, 바울은 하나님의 **뜻**의 좁고 한정된 의미, 곧 그분이 불러 "그 아들의 형상을 본받게 하기 위하여 미리 정하신" 자들을 구원하는 그분의 계획을 말하고 있다(29절). 그는 하나님의 주권적 구속 계획에 초점을 맞추는데, 하나님은 땅의 기초가 놓이기 전에 이 계획을 세우셨다.

이스라엘이 여전히 시내 광야를 떠돌고 있을 때, 모세가 이들에게 말했다. "여호와께서 너희를 기뻐하시고 너희를 택하심은 너희가 다른 민족보다 수효가 많기 때문이 아니니라. 너희는 오히려 모든 민족 중에 가장 적으니라. 여호와께서 다만 너희를 사랑하심으로 말미암아, 또는 너희의 조상들에게 하신 맹세를 지키려 하심으로 말미암아 자기의 권능의 손으로 너희를 인도하여 내시되, 너희를 그 종 되었던 집에서 애굽 왕 바로의 손에서 속량하셨나니"(신 7:7-8). 유대인들이 선택받은 것은 이들이 누구였기 때문이 아니라 하나님이 누구신가 때문이었다. 하나님이 신자들을 택하신 것도 마찬가지다. 하나님은 순전히 그분의 **뜻**에 따라 선택하신다.

이사야는 이렇게 썼다. "나는 하나님이라. 나 같은 이가 없느니라. 내가 시초부터 종말을 알리며 아직 이루지 아니한 일을 옛적부터 보이고 이르기를 나의 뜻이 설 것이니 내가 나의 모든 기뻐하는 것을 이루리라 하였노라. 내가 동쪽에서 사나운 날짐승을 부르며 먼 나라에서 나의 뜻을 이룰 사람을 부를 것이라. 내가 말하였은즉 반드시 이룰 것이요 계획하였은즉 반드시 시행하리라"(사 46:9b-11).

요한은 예수님에 대해 이렇게 썼다. "영접하는 자 곧 그 이름을 믿는 자들에게는 하나님의 자녀가 되는 권세를 주셨으니, 이는 혈통으로나 육정으로나 사람의 뜻으로 나지 아니하고 오직 하나님께로부터 난 자들이니라"(요 1:12-13).

35

궁극적 안전 II:
구원의 목적과 과정
(8:29-30)

[29]하나님이 미리 아신 자들을 또한 그 아들의 형상을 본받게 하기 위하여 미리 정하셨으니, 이는 그로 많은 형제 중에서 맏아들이 되게 하려 하심이니라. [30]또 미리 정하신 그들을 또한 부르시고, 부르신 그들을 또한 의롭다 하시고, 의롭다 하신 그들을 또한 영화롭게 하셨느니라. (8:29-30)

초기 교회 때부터, 그리스도인들은 신자가 구원을 잃을 수 있는지를 두고 논쟁해 왔다. 이 한 문제를 두고 격렬한 논쟁이 숱하게 벌어졌다.

이 책에서 수없이 표현했듯이, 많은 진실한 신자가 반대로 주장하더라도 나는 참으로 구원받은 사람은 누구나 영원히 구원받았음을 성경이 아주 분명하게 가르친다고 강하게 주장한다. 우리는 하나님이 예수 그리스도를 통해 주신 영적 생명을 잃을 위험이 전혀 없다. 로마서 8:29-30은 하나님의 말씀 전체에서 이 진리를 가장 분명하고 확실하게 제시한다. 이 두 절에서, 바울은 하나님이 신자의 구원을 영원히 미리 아심부터 그 구원이 영화(glorification)에서 최종적으로 완결됨에 이르기까지 단절 없는 하나님의 주권적 구속의 패턴을 계시한다.

좀 더 쉽게 이해되도록, 이 장의 첫째 소제목은 본문 순서를 따르지 않겠다. 29절 후반부는 바울이 이 두 절에서 언급하는 구원의 다섯 측면의 목적을 말하기에, 이 부분을 먼저 살펴보겠다.

구원의 목적

그 아들의 형상을 본받게 하기 위하여…이는 그로 많은 형제 중에서 맏아들이 되게 하려 하심이니라. (8:29b, d)

바울은 앞 절에서 신자들의 안전 및 하나님이 이들을 구원하시는 목적(purpose, 뜻)과 관련된 진리를 제시하며 "하나님을 사랑하는 자 곧 그의 뜻(purpose)대로 부르심을 입은 자들에게는 모든 것이 합력하여 선을 이루느니라"고 했다(28절). 하나님의 부르심이 사람이 그 부르심을 들음과 믿음으로 반응함에 선행하며 이를 가능하게 한다. 그 결과물인 구원은 하나님이 신자의 삶에서 모든 것이 합력하여 그에게 궁극적으로 선을 이루게 하심으로써 안전해진다. 거꾸로, 그 어떤 악이든 신자에게 그 어떤 궁극적 해라도 끼치는 것은 불가능하다.

29절에서, 바울은 하나님이 죄인들을 영원히 구원하시는 이중적 목적(뜻)을 말한다. 둘째 목적이 먼저 나오는데, 신자들을 그분의 아들의 모양으로 빚는 것이다.

신자들이 그리스도를 본받게 하기 위해

그 아들의 형상을 본받게 하기 위하여 (8:29b)

창세 전부터 하나님은 신자들을 그들의 죄에서 구원하기로 선택하셨다. 이들이 예수 그리스도 곧 **그 아들의 형상을 본받게 하기 위하여**서였다. 그 결과, 하나님이 자신을 위해 **그의 아들**의 형상으로 한 백성, 곧 그 아들과 함께 하늘에서 영원히 거하며 다스릴 백성을 재창조하시기에 모든 참신자가 의에서 완전함을 향해 멈춤 없이 나아간다. 하나님은 자신을 위해 영원히 거룩하고 그리스도를 닮은 민족을 구속해 그분의 나라 시민이 되고 그분의 가정의 자녀가 되게 하고 계신다. 신자가 구원을 잃는다면 하나님이 그분의 뜻을 이루지 못하고 자신이 주권적으로 선택해 구속하신 자들을 지옥에 보내시는 것이 된다. 이것은 (거짓말을 하실 수 없는) 하나님이 땅의 기초가 놓이기 전에 자신과 맺은 언약을 깨는 것이다. 이것은 만왕의 왕이요 만주의 주께서 자신이 택한 자녀 하나하나에게 찍으신 성령의 인이 취소되고 무효화되는 것이다(다음을 보라. 고후 1:22; 엡 1:13; 4:30).

바울은 하나님이 그리스도께로 회심한 모든 죄인의 구원을 예외 없이 완성하시리라는 절정의 진리를 향해 나아가면서 이미 분명히 했다. "이제 그리스도 예수 안에 있는 자에게는 결코 정죄함이 없고"(8:1), 하나님의 성령이 모든 신자 안에 거하시며(9절), 모든 신자는 이미 이생에서 하나님의 자녀로 입양되었고(14-16절), 그러므로 이 자녀들은 "하나님의 상속자요 그리스도와 함께 한 상속자"이며(17절), "성령도 우리의 연약함을 도우시나니…하나님의 뜻대로 성도를 위하여 간구"하신다는 것이다(롬 8:26-27).

어느 신자도 다시 하나님께 정죄받지 않으리라는 명확한 선언 위에, 바울은 이러한 "정죄함이 없음"이 필연적으로 영화(glorification)로 이어진다는 것을 점진적으로 확고히 한다. 하나님의 구원 계획은 주권적으로 작동하며 실패나 부분적 성취란 없다. 구원받은 모든 신자는 어느 날 영화롭게 된다. 신자가 죄를 짓는다고 하나님의 은혜에서 제외될 가능성은 전혀 없다. 신자는 그 어떤 행위로 구원받지 않았듯이 그 어떤 행위로 구원을 잃지 않는다. 그뿐 아니라, 림보나 연옥이라는 중간 상태, 곧 온전히 하나님의 **아들의 형상을 본받지** 못한 그리스도인들이 죽은 후에 머물면서 자신의 행위로 어떻게든 자신의 구원을 완성하거나 자신을 대신한 사람들로 자신의 구원을 완성하게 해야 하는 곳도 없다.

비록 그 온전한 진리가 너무나 광대하고 엄청나서 구속받은 사람의 지성으로도 파악할 수 없지만, 신약성경은 그리스도의 **형상을 본받는다(conformed to the image)**는 게 무엇과 같은지 우리에게 어렴풋이 보여준다.

첫째, 우리는 '몸으로'(bodily) 그리스도와 같이 될 것이다. 어느 날, 주님께서 "만물을 자기에게 복종하게 하실 수 있는 자의 역사로 우리의 낮은 몸을 자기 영광의 몸의 형체와 같이 변하게 하시리라"(빌 3:21). 용어 자체가 의미하듯이, 영화(glorification, 우리가 최종적으로 그리스도를 본받음/닮음)는 하나님이 **그**

아들의 영광으로 그분의 자녀들을 아름답게 꾸미시는 것이다.

히브리서 저자는 이렇게 말한다. "이 모든 날 마지막에는 [하나님이] 아들을 통하여 우리에게 말씀하셨으니, 이 아들을 만유의 상속자로 세우시고 또 그로 말미암아 모든 세계를 지으셨느니라. 이는 하나님의 영광의 광채시요 그 본체의 형상이시라. 그의 능력의 말씀으로 만물을 붙드시며, 죄를 정결하게 하는 일을 하시고, 높은 곳에 계신 지극히 크신 이의 우편에 앉으셨느니라"(히 1:2-3). 요한은 우리에게 확신을 준다. "사랑하는 자들아, 우리가 지금은 하나님의 자녀라. 장래에 어떻게 될지는 아직 나타나지 아니하였으나 그가 나타나시면 우리가 그와 같을 줄을 아는 것은 그의 참모습 그대로 볼 것이기 때문이니"(요일 3:2). 그때까지 이 땅에 남아있다면 "우리가 다 수건을 벗은 얼굴로 거울을 보는 것 같이 주의 영광을 보매 그와 같은 형상으로 변화하여 영광에서 영광에 이르니 곧 주의 영으로 말미암음이니라"(고후 3:18). 바울은 로마서 조금 앞에서 이렇게 설명했다. "만일 우리가 그의 죽으심과 같은 모양으로 연합한 자가 되었으면 또한 그의 부활과 같은 모양으로 연합한 자도 되리라"(6:5). "우리가 흙에 속한 자의 형상을 입은 것 같이 또한 하늘에 속한 이의 형상을 입으리라"(고전 15:49).

모든 인간은 공통된 종류의 육체적 몸을 갖지만 저마다 생김새가 다르고 성격도 다르다. 마찬가지로, 구속받은 자들도 하늘에서 공통된 종류의 영적 몸을 갖지만 개개인이 구분될 것이다. 성경은 어디서도 죽으면 개별성(individuality)이 사라지고 죽은 사람의 영혼이 일종의 우주적 전체성(cosmic wholeness)에, 또는 더 안 좋게는 우주적 무(cosmic nothingness)에 구분될 수 없게 흡수된다고 가르치지 않는다. 성경은 분명하게 가르친다. 영원토록 구원받은 자와 저주받은 자 양쪽 모두 자신의 개별성을 유지할 것이다. 마지막 부활은 모든 시대를 살았던 모든 인간의 부활일 것이며, 의인에게는 생명의 부활이고 악인에게는 사망의 부활일 것이다(요 5:29; 행 24:15).

둘째, 그리고 더 중요하게도, 우리는 비록 신이 되지 않겠지만 '영적으로' 그리스도 같이 될 것이다. 우리의 썩지 않을 몸이 그리스도의 거룩함을 입을 것이며, 우리는 겉과 속이 우리 주님처럼 완전해질 것이다. 히브리서 저자는 하나님이 그분의 아들을 믿는 자들을 구속해 그 아들의 형상을 본받게 하시려는 은혜로운 계획을 통찰력 있게 제시한다.

> 오직 우리가 천사들보다 잠시 동안 못하게 하심을 입은 자 곧 죽음의 고난 받으심으로 말미암아 영광과 존귀로 관을 쓰신 예수를 보니, 이를 행하심은 하나님의 은혜로 말미암아 모든 사람을 위하여 죽음을 맛보려 하심이라. 그러므로 만물이 그를 위하고 또한 그로 말미암은 이가 많은 아들들을 이끌어 영광에 들어가게 하시는 일에 그들의 구원의 창시자를 고난을 통하여 온전하게 하심이 합당하도다. 거룩하게 하시는 이와 거룩하게 함을 입은 자들이 다 한 근원에서 난지라. 그러므로 형제라 부르시기를 부끄러워하지 아니하시고. (히 2:9-11)

그리스도께서 뛰어나게 하기 위해

> **이는 그로 많은 형제 중에서 맏아들이 되게 하려 하심이니라.** (8:29d)

하나님이 죄인들을 구원하시는 가장 큰 목적은 구속 계획에서 그분의 아들 예수 그리스도를 뛰어나게 함으로써 영화롭게 하는 것이다. 이 본문의 표현대로 하면, 이것이 그리스도가 **많은 형제 중에서 맏아들이 되게 하려** 하시는 하나님의 의도다.

유대 문화에서, 특별히 딸이 언급되지 않으면 **맏아들**(**firstborn,** 맏이)은 언제나 아들을 가리켰다. 유대인 가정에서 **맏아들**은 특별한 위치였으므로 이 용어는 흔히 비유로 사용되어 뛰어남을 의미했다. 이 문맥에서, 이 용어는 이런 의미로 사용된 게 분명하다.

신약성경에 나오는 거의 모든 경우에서 그렇듯이, **형제**(**brethren**)는 신자와 동의어다. 하나님의 구속 계획에서, 그분의 주목적은 그분의 자녀 중에 유일무이하게 뛰어나다는 의미에서 자신의 사랑하는 아들 곧 그리스도가 **많은 형제 중에서 맏아들**이 되게 하는 것이다. 하나님을 믿는 자들은 입양된 하나님의 자녀이며, 하나님의 참 아들 예수님은 은혜롭게도 이들을 하나님 가정에서 자신의 형제자매라 부르신다(마 12:50; 참조. 요 15:15). 하나님의 목적은 우리가 그리스도처럼 되게 하는 것인데, 이것은 구속받고 영화롭게 된 큰 인류, 곧 자신이 친히 다스릴 영원히 탁월한 인류를 창조하기 위해서다.

빌립보서에서, 바울은 하나님이 그리스도를 영화롭게 하시는 목적을 아름답게 그려낸다. "하나님이 그를 지극히 높여 모든 이름 위에 뛰어난 이름을 주사 하늘에 있는 자들과 땅에 있는 자들과 땅 아래에 있는 자들로 모든 무릎을 예수의 이름에 꿇게 하시고"(빌 2:9-10). 구속받은 하나님의 자녀로서, 우리의 최종 목적은 하나님이 사랑하시는 **맏아들**, 곧 우리의 뛰어난 주님이요 구주이신 예수 그리스도를 영원히 예배하고 찬양하는 것이다. 바울은 골로새 신자들에게 그리스도는 지금 "몸인 교회의 머리"이실 뿐 아니라 "근본이시요 죽은 자들 가운데서 먼저 나신 이(firstborn)시니 이는 친히 만물의 으뜸이 되려 하심이요"라며 더 자세히 설명한다(골 1:18).

하나님이 사람을 창조하신 본래 목적은 모든 일에서 그분을 섬기고 그분께 순종함으로써 그분께 존귀와 영광을 돌릴 백성을 그분의 형상대로 만드는 것이었다. 그러나 아담과 하와가 반역해 스스로 하나님에게서 멀어지고 자신과 뒤이은 모든 인류에게 저주를 자초했을 때, 하나님은 타락한 인류를 자신에게 되돌릴 길을 내셔야 했다.

그리스도를 통해, 하나님은 온 인류의 죄를 자신의 죄 없는 아들에게 지워 "우리 모두의 죄악을 그에게 담당시킴"으로써 이 길을 내셨다(사 53:6). 자신을 대신한 이 은혜로운 희생을 믿는 자들은 자신의 죄에서 구원받고 하나님의 영광을 얻는다.

하나님이 우리를 구속하고 그분의 아들의 형상을 본받게 하셨다. 그러므로 우리는 하나님이 우리에게 주신 영광으로 그분을 영원히 영화롭게 할 것이다. 그리스도의 보좌 앞에 엎드린 이십사 장로처럼, 우리는 우리의 의의 면류관(딤후 4:8), 생명의 면류관(약 1:12; 계 2:10), 영광의 면류관을(벧전 5:4) 벗어 우리 구주의 발 앞에 두며 외칠 것이다. "우리 주 하나님이여, 영광과 존귀와 권능을 받으시는 것이 합당하오니, 주께서 만물을 지으신지라. 만물이 주의 뜻대로 있었고 또 지으심을 받았나이다"(계 4:10-11).

우리는 구원과 구원이 수반하는 영생, 평안, 기쁨을 우리에게 주신 것에 주님께 감사한다. 그러나 우리는 영원히 그리스도를 영화롭게 하는 말할 수 없는 특권을 주신 것에 가장 크게 감사해야 한다.

구원의 과정

> **[29]하나님이 미리 아신 자들을 또한⋯미리 정하셨으니⋯[30]또 미리 정하신 그들을 또한 부르시고, 부르신 그들을 또한 의롭다 하시고, 의롭다 하신 그들을 또한 영화롭게 하셨느니라.** (8:29a, c, 30)

바울은 여기서 하나님의 구원 계획의 과정을 기술하면서 이 과정의 주요 다섯 요소라고 할 만한 것을 간략하게 말한다. 미리 아심(foreknowledge, 예지), 미리 정하심(predestination, 예정), 부르심(calling, 소명), 의롭다 하심(justification, 칭의), 영화롭게 하심(glorification, 영화).

하나님의 구원 사역에서 이 다섯 고리는 끊어질 수 없다는 것을 깨닫는 게 필수다. 바울은 연결 어구 **또한(He also)**을 거듭 사용해 각 요소를 앞선 요소와 연결함으로써 이러한 일체성(unity)을 강조한다. 하나님은 미리 아신 자들을 하나도 빠짐없이 미리 정하시고, 부르시며, 의롭다 하시고, 영화롭게 하실 것이다. 바울이 하나님의 구원 사역을 이루는 각 요소를 말하는 시제에도 주목해야 한다. 바울은 여기서 영원한 과거부터 시작해 영원한 미래까지 이어지는 하나님의 구속 사역을 말한다. 그가 하는 말은 모든 시대, 모든 신자에게 적용된다. 그리스도 안에서 얻는 안전은 아주 절대적이고 변할 수 없기에 아직 태어나지 않은 신자들의 구원까지도 마치 이미 일어난 것처럼 표현될 수 있다. 하나님은 우리와 달리 시간에 매이지 않기에, 어떤 의미에서 이 요소들은 순차적일 뿐 아니라 동시적이다. 따라서 하나님의 시각에서 보면, 이 요소들은 구분되지만 또 다른 의미에서는 구분될 수 없다. 하나님은 각 요소를 우리의 구원의 일체성에 없어서는 안 될 부분으로 만드셨다.

미리 아심(예지)

하나님이 미리 아신 자들을 (8:29a)

구속은 하나님의 미리 아심에서 시작되었다. 신자들은 무엇보다도 **하나님이 미리 아신 자들**이다. 구원은 한 사람이 예수 그리스도를 주님과 구주로 영접하겠다는 결정에서 시작되지 않는다. 성경은 분명히 말한다. 회개하는 믿음이 구원에 필수이며 우리가 하나님께 답해 내딛는 첫걸음이지만 구원은 회개하는 믿음에서 시작되지는 않는다. 바울은 여기서 구원 계획을 하나님의 시각에서 기술하기에 이 두 절에서 믿음을 언급조차 하지 않는다.

하나님은 전지하시기에 분명히 역사의 종말과 그 너머를 보실 수 있고 가장 사소한 사건의 가장 세세한 부분까지 미리 아실 수 있다. 그러나 이 진리를 토대로 하나님이 단지 누가 믿을지 내다보고 구원받도록 특정한 개개인을 선택하신다고 주장하는 것은 비성경적이고 비논리적이다. 만약 이것이 사실이라면, 구원이 인간의 믿음에서 시작될 뿐 아니라 하나님은 구원을 주실 의무가 있게 된다. 이런 식이라면, 하나님의 주도권은 사라지고 하나님의 은혜는 훼손된다.

이런 생각은 또한 이런 질문을 불러일으킨다. "불신자들이 그분을 거부하리라는 것을 미리 아신다면 왜 하나님은 불신자들을 창조하시는가?" "왜 하나님은 신자들만을 창조하지 않으시는가?" 답할 수 없는 질문이 더 있다. "하나님이 누가 믿을지 미리 아시고 이러한 미리 아심 위에 구원을 세우셨다면 이들의 구원하는 믿음은 어디서 왔는가?" 이 믿음은 이들의 타락한 본성에서 비롯되었을 수 없다. 육에 속한 죄악된 사람은 하나님과 원수이기 때문이다(롬 5:10; 8:7; 엡 2:3; 골 1:21). 인간의 육적 본성에는 그를 자극해 그가 대적하는 하나님을 믿게 할 요인이 전혀 없다. 구원받지 못한 사람은 하나님의 것들에 대해 눈이 멀었고 죽었다. 그의 안에는 구원하는 믿음의 근원이 전혀 없다. 바울은 이렇게 선언한다. "육에 속한 사람은 하나님의 성령의 일들을 받지 아니하나니, 이는 그것들이 그에게는 어리석게 보임이요, 또 그는 그것들을 알 수도 없나니, 그러한 일은 영적으로 분별되기 때문이라"(고전 2:14). "이 세상의 신이 믿지 아니하는 자들의 마음을 혼미하게 하여 그리스도의 영광의 복음의 광채가 비치지 못하게 함이니, 그리스도는 하나님의 형상이니라"(고후 4:4).

하나님의 전지하심에 관한 온전한 진리는 신자라도 이해할 수 없다. 우리는 하나님을 아무리 사랑하고 그분의 말씀을 아무리 연구하더라도 이러한 신비를 헤아릴 수 없다. 우리는 성경이 분명하게 말하는 것을, 하나님이 구원받는 모든 사람의 믿음을 참으로 미리 보신다는 것을 믿을 수 있을 뿐이다. 또한, 비록 사람들이 신실한 의지의 행동과 관계 없이 구원받을 수 없지만 구원의 여느 부분처럼 구원하는 믿음도 오직 하나님에게서 비롯되고 하나님만이 유효하게 하신다는 하나님의 계시를 믿는다.

예수님은 사역 초기 갈릴리에서 복음을 전할 때 이렇게 말씀하셨다. "아버지께서 내게 주시는 자는 다 내게로 올 것이요 내게 오는 자는 내가 결코 내쫓지 아니하리라"(요 6:37). 그러나 이 말씀이 아버지께서 보내지 않으셨는데도 사람들이 자신에게 나올 가능성을 열어두는 것으로 해석되지 않도록 조금 뒤에 분명하게 선언하셨다. "나를 보내신 아버지께서 이끌지 아니하시면 아무도 내게 올 수 없으니"(44절). 그리스도의 피를 통해 얻는 새 생명은 "혈통으로나 육정으로나 사람의 뜻으로 나지 아니하고 오직 하나님께로부터 난다"(요 1:13).

바울은 믿음도 신자가 아니라 하나님에게서 비롯된다고 설명한다. "너희는 그 은혜에 의하여 믿음으로 말미암아 구원을 받았으니, 이것은 너희에게서 난 것이 아니요 하나님의 선물이라. 행위에서 난 것이 아니니, 이는 누구든지 자랑하지 못하게 함이라"(엡 2:8-9).

하나님의 미리 아심(foreknowledge)은 그분의 전지적 예견(omniscient foresight)이 아니라 그분의 미리 정하심(foreordination, 작정)을 가리킨다. 하나님은 믿음을 미리 보실 뿐 아니라 미리 정하신다. 베드로는 그리스도인들을 가리켜 "하나님 아버지의 미리 아심을 따라… 택하심을 받은 자들"이라고 쓸 때 동일한 진리를 염두에 두었다(벧전 1:1-2). 베드로는 그리스도께서 "창세 전부터 미리 알린 바 되셨다(foreknown)"고 쓸 때 "미리 아심"이란 동일한 단어를 사용했다(벧전 1:20). 이 용어는 두 경우 모두에서 동일한 것을 의미한다. 신자들은 그리스도께서 미리 알린 바 되셨던 것과 같은 방식으로 미리 알린 바 되었다. 이것은 예견을 의미할 수 없고 하나님이 미리 정하신 선택을 가리키는 게 틀림없다. 이것은 하나님이 예레미야에게 "내가 너를 모태에 짓기 전에 너를 알았고"라고 하셨을 때처럼(렘 1:5) 미리 정해진 친밀한 관계를 아는 것이다. 예수님은 "나는 선한 목자라. 나는 내 양을 알고"라고 하실 때 같은 종류의 앎을 말씀하셨다(요 10:14).

구원하는 믿음은 하나님이 미리 정하시며, 따라서 구원의 길이 미리 정해졌어야 하고 실제로 그러했다. 오순절 설교에서, 베드로는 그리스도에 관해 이렇게 선언했다. "그가 하나님께서 정하신 뜻과 미리 아신 대로 내준 바 되었거늘 너희가 법 없는 자들의 손을 빌려 못 박아 죽였으나"(행 2:23). "정하신"(predetermined)으로 번역된 헬라어 '호리조'(*horizō*)에서 특정 시점에서 볼 수 있는 땅의 끝 선을 가리키는 'horizon'(지평선)이란 단어가 나왔다. 이 헬라어 용어의 기본 개념은 그 어떤 경계나 한계를 설정함이다. "뜻"(plan)으로 번역된 '불레'(*boulē*)는 고전 헬라어에서 공식적으로 소집된 의사 결정 고문단을 가리키는 용어로 사용되었다. 두 단어 모두 고의성이라는 개념을 포함한다. "미리 아심"은 지금 살펴보는 본문에서 **미리 아신**으로 번역된 동사의 명사형을 옮긴 것이다. 헬라어 학자들이 그랜빌 샤프(Grannville Sharp)의 법칙이라 부르는 것에 따르면, 격(格)이 같은 두 명사(이 경우 "뜻"과 "미리 아심")가 *kai*(and)로 연결되고 정관사(the)가 첫째 명사 앞에는 있으나 둘째 명사 앞에는 없을 때 두 명사는 동일한 대상을 가리킨다[126](H. E. Dana and Julius R. Mantey, *A Manual Grammar of the Greek New Testament* [New York: Macmillan, 1927], p. 147). 바꾸어 말하면, 베드로는 하나님의 정하신 뜻(predetermined plan, 미리 결정된 계획)이나 미리 정하심(foreordination, 작정)을 그분의 미리 아심과 동일시한다.

'미리 아심'은 미리 정하심이란 의미 외에 미리 사랑하심(forelove)이란 의

126 예를 들면, the God and Father는 "하나님 아버지"를 가리킨다.

미도 내포한다. 하나님에게는 자신이 구원하기로 계획하는 자들을 향해 미리 결정된 사랑이 있다.

미리 아신(foreknew)으로 번역된 헬라어 '프로기노스코'(*proginōskō*)는 합성어로 단순히 미리 앎 그 이상을 의미한다. 성경에서 "알다"는 흔히 특별한 친밀감을 내포하며 사랑하는 관계를 말할 때 자주 사용된다. "[가인이] 아내와 동침하매 그가 임신하여"라는 서술에서(창 4:17) "동침하매"(had relations with)로 번역된 단어는 '알다'를 뜻하는 일반적인 히브리어 동사다.[127] 아모스 3:2에서 "알았나니"(chosen)로 번역된 것도 동일한 단어인데, 여기서 하나님은 이스라엘에게 "내가 땅의 모든 족속 가운데 너희만을 알았나니"라고 말씀하신다. 이스라엘이 그분의 선민이 되도록 미리 결정하셨다는 특별한 의미에서, 하나님은 이스라엘을 "아셨다." 마태복음의 예수 탄생 기사에서, "동침하지 아니하더니"(kept her a virgin)로 번역된 헬라어 어구[128]는 문자적으로 "그녀를 알지 못했다"(did not know her)는 뜻이다(마 1:25). 예수님은 같은 단어를 사용해 경고하셨다. "내가 너희를 도무지 알지 못하니, 불법을 행하는 자들아 내게서 떠나가라"(마 7:23). 예수님은 자신이 이 불신자들에 대해 전혀 듣지 못하셨다고 말씀하신 게 아니라 이들의 구주와 주님으로서 이들과 친밀한 관계가 전혀 없다고 말씀하신 것이다. 그러나 바울은 신자들에 대해 "주께서 자기 백성을 아신다"고 말한다(딤후 2:19).

미리 정하심(예정)

또한…미리 정하셨으니 (8:29c)

하나님의 구속 계획은 미리 아심에서 미리 정하심(predestination, 예정)으로 옮겨간다. 미리 아심은 하나님의 선택 행위에서 그분이 뜻하신 목적의 시

---

127 이 히브리 동사의 기본형은 *yada*(to know)이다.

128 '우크 에기노스켄'(*ouk egivōsken*)

작에 주목하고, 미리 정하심은 하나님의 선택 행위에서 그분이 뜻하신 목적의 끝에 주목한다. '프로오리조'(*proorizō*, **predestined, 미리 정하셨으니**)는 문자적으로 미리 표시하다(mark out), 미리 지명하다(appoint) 또는 결정하다(determine)라는 뜻이다. 하나님은 그분을 믿을 모든 사람의 운명을 미리 결정하셨다. 예수님이 "하나님께서 정하신 뜻(predetermined plan)과 미리 아신 대로" 십자가에 못 박히셨듯이(행 2:23), 하나님은 **또한** 모든 신자가 이러한 대속하는 희생(atoning sacrifice, 대속 제사)을 통해 구원에 이르도록 **미리 정하셨다.**

베드로와 요한이 풀려난 것에 감사하는 기도에서, 한 무리의 예루살렘 신자들이 주권적 능력을 행하신 하나님을 찬양하며 이렇게 선언했다. "과연 헤롯과 본디오 빌라도는 이방인과 이스라엘 백성과 합세하여 하나님께서 기름 부으신 거룩한 종 예수를 거슬러 하나님의 권능과 뜻대로 이루려고 예정하신(predestined) 그것을 행하려고 이 성에 모였나이다"(행 4:27-28). 바꾸어 말하면, 그것이 하나님이 미리 정하신 뜻(계획)이 아니었다면 예수님을 십자가에 못 박은 악하고 힘 있는 자들이 그분에게 손가락 하나도 대지 못했을 것이다.

에베소 신자들에게 보낸 서신 첫머리에서, 바울은 영광스러운 진리로 이들을 격려했다. "[하나님이] 창세 전에 그리스도 안에서 우리를 택하사 우리로 사랑 안에서 그 앞에 거룩하고 흠이 없게 하시려고 그 기쁘신 뜻대로 우리를 예정하사 예수 그리스도로 말미암아 자기의 아들들이 되게 하셨으니"(엡 1:4-5).

현대의 많은 전도는 구원이 그리스도를 향한 개인의 결정에 달려 있다는 인상을 준다. 그러나 우리가 그리스도인인 이유는 무엇보다도 그리스도를 향한 우리의 결정 때문이 아니라 세상의 기초가 놓이기 전에 있었던 우리를 향한 하나님의 결정 때문이다. 우리가 그분을 선택할 수 있었던 이유는 단 하나, "그 기쁘신 뜻대로" 그분이 먼저 우리를 선택하셨기 때문이다. 바울은 몇 절 뒤에서 이렇게 말하며 같은 진리를 표현한다. "우리는 그리스도 안에서 그의 은혜의 풍성함을 따라 그의 피로 말미암아 속량 곧 죄 사함을 받았느니라. 이는 그가 모든 지혜와 총명을 우리에게 넘치게 하사 그 뜻의 비밀을 우리에게 알리신 것이요 '그의 기뻐하심을 따라 그리스도 안에서 때가 찬 경륜을 위하여 예정하신 것이니'"(엡 1:7-9). 그는 뒤이어 이렇게 말한다. "모든 일을 그의 뜻의 결정대로 일하시는 이의 계획을 따라 우리가 예정을 입어 그 안에서 기업이 되었으니"(11절).

부르심(소명)

또 미리 정하신 그들을 또한 부르시고, (8:30a)

하나님의 구속 계획에서, 미리 정하심(예정)은 부르심(소명)으로 이어진다. 하나님의 부르심도 전적으로 하나님이 주도하신다. 그렇더라도 하나님의 영원한 계획이 시간 속에서 우리의 삶과 교차하는 곳이 바로 이 부분이다. 하나님이 **부르신(called)** 자들은 성령께서 그 마음에서 역사해 구원하는 믿음, 곧 그리스도를 믿는 믿음으로 인도하시는 자들이다.

28절을 살펴보며 말했듯이, 바울은 이 단락에서 복음 선포를 통해 오는 하나님의 외적 부르심이 아니라 내적 부르심을 말하고 있다. 외적 부르심은 필수다. "듣지도 못한 이를 어찌 믿으리요?"가 그 이유다(롬 10:14). 그러나 하나님이 이미 그분의 영을 통해 어떤 사람을 내적으로 **부르시지** 않으셨다면 그 사람은 이러한 외적 부르심에 믿음으로 반응할 수 없다.

하나님이 주권적으로 신자들을 부르심은 우리가 그리스도 안에서 영원히 안전하다는 것을 한층 더 확증한다. 우리가 구원받은 것은 하나님이 "거룩하신 소명으로 부르심은 우리의 행위대로 하심이 아니요 오직 자기의 뜻과 영원 전부터 그리스도 예수 안에서 우리에게 주신 은혜대로 하심"이기 때문이다(딤후 1:9). 바울은 하나님이 신자들을 부르신 주권적 목적에 관한 동일한 진리를 강조하면서 데살로니가 신자들에게 확신을 주었다. "하나님이 처음부터 너희를 택하사 성령의 거룩하게 하심과 진리를 믿음으로 구원을 받게 하심이니, 이를 위하여 우리의 복음으로 너희를 부르사 우리 주 예수 그리스도의 영광을 얻게 하려 하심이니라"(살후 2:13-14). 처음부터 끝까지, 우리의 구원은 우리의 일이 아니라 하나님의 일이다. 따라서 우리는 하나님이 신적으로 하신 일을 인간적으로 되돌릴 수 없다. 이것이 우리가 누리는 안전의 기초다.

그러나 강하게 강조해야 할 점이 있다. 성경은 어디서도 하나님이 정죄를 위해 불신자들을 택하신다고 가르치지 않는다는 것이다. 우리의 유한한 머리로 생각하기에, 이것이 하나님이 구원에 이르도록 신자들을 부르신 당연한 결과로 보인다. 그러나 우리의 이해를 까마득히 초월하는 계획에서, 하나님은 신자들이 영생에 이르도록 미리 정하시지만 성경은 불신자들이 영원한 형벌에 이르도록 하나님이 미리 정하신다고 '말하지 않는다'. 두 진리가 우리에게 역설로 보인다. 그렇더라도 우리는 두 진리가 하나님의 계획에서 완전한 조화를 이룬다고 확신할 수 있다.

성경은 역설과 모순으로 보이는 숱한 진리를 가르친다. 성경은 하나님은 한 분이라고 분명하게 가르치지만 하나인 신성(single Godhead) 안에 세 위격, 곧 아버지와 아들과 성령이 계신다고도 똑같이 분명하게 가르친다. 또한 명확하게 성경은 예수 그리스도는 온전히 하나님(fully God)이자 온전히 사람(fully man)이라고 가르친다. 우리의 유한한 지성은 이처럼 조화될 수 없어 보이는 진리를 조화시킬 수 없지만, 이것들은 하나님의 말씀이 가르치는 근본 진리다.

사람이 지옥에 가는 것은 하나님을 거부하고 그분이 내신 구원의 길을 거부하기 때문이다. "그를[그리스도를] 믿는 자는 심판을 받지 아니하는 것이요 믿지 아니하는 자는 하나님의 독생자의 이름을 믿지 아니하므로 벌써 심판을 받은 것이니라"(요 3:18). 요한이 자신의 복음서 서두에서 선언했듯이, 신자들이 구원받고 하나님의 자녀가 된 것은 "혈통으로나 육정으로나 사람의 뜻으로 나지 아니하고 오직 하나님께로부터 난" 것이다(요 1:13). 그러나 요한은 불신자들에 관해서는 상응하는 말을 하지 않을뿐더러 성경 어느 곳도 이에 관해 말하지 않는다. 불신자들이 정죄 받는 것은 하나님의 미리 정하심(예정) 때문이 아니라 자신의 불신앙 때문이다.

베드로는 분명히 한다. 하나님은 "아무도 멸망하지 아니하고 다 회개하기에 이르기를 원하시느니라"(벧후 3:9). 바울은 똑같이 분명하게 선언한다. "우리 구주…하나님은 모든 사람이 구원을 받으며 진리를 아는 데에 이르기를 원하시느니라"(딤전 2:3-4). 모든 신자의 영원한 구원은 순전히 하나님의 은혜지만 불신자의 영원한 형벌은 순전히 자신의 책임이다.

하나님이 구원받도록 신자들을 선택하시는 것은 이들이 누구인지 또는 무엇을 했는지가 아니라 그분의 주권적 은혜에 근거한다. 하나님은 그분만의 이유로 에서보다 야곱을 선택하셨다(롬 9:13). 하나님은 오직 그분 자신의 이유만으로 이스라엘을 자신의 언약 백성으로 선택하셨다(신 7:7-8).

우리는 하나님이 구원을 얻도록 우리를 선택하신 것을 이해할 수 없고 단지 그분이 "사랑하시는 자 안에서 우리에게 거저 주시는 바 그의 은혜" 때문에 그분께 감사하고 그분을 영화롭게 할 수 있을 뿐이다(엡 1:6). 우리가 "그리스도의 은혜로" 부르심을 받은 것과(갈 1:6) "하나님의 은사와 부르심에는 후회하심이 없는" 것을(롬 11:29) 믿고 영원히 감사할 수 있을 뿐이다.

의롭다 하심(칭의)

부르신 그들을 또한 의롭다 하시고, (8:30b)

하나님의 구원 사역에서 그다음 요소는 믿는 자들을 의롭다 하심(justification, 칭의)이다. 하나님은 이들을 **부르신** 후에 **또한 의롭다 하신다.** 미리 아심(예지)과 미리 정하심(예정)과 부르심(소명)처럼, 의롭다 하심(칭의)도 전적으로 하나님의 일이다.

의롭다 하심을 이 책 17-18장에서 상당히 자세히 살펴보았기에, 여기서는 **의롭다 하시고(justified)**가 하나님'이' 신자로 자신'과' 바른 관계를 갖게 하심을 가리킨다는 점을 지적하기만 하면 되겠다. "모든 사람이 죄를 범하였으매 하나님의 영광에 이르지 못하더니 그리스도 예수 안에 있는 속량으로 말미암아 하나님의 은혜로 값없이 의롭다 하심을 얻은 자 되었느니라"(롬 3:23-24).

영화롭게 하심(영화)

의롭다 하신 그들을 또한 영화롭게 하셨느니라. (8:30c)

미리 아심(예지)과 미리 정하심(예정), 부르심(소명), 의롭다 하심(칭의)처럼, 영화롭게 하심(영화)도 나머지 요소들과 분리될 수 없으며 전적으로 하나님의 일이다.

바울은 **의롭다 하신 그들을 또한 영화롭게 하셨느니라**고 하면서 신자의 영원한 안전을 강조한다. 앞서 말했듯이, 하나님은 미리 아신 자를 하나도 빠짐없이 미리 정하시고, 부르시며, 의롭다 하시고, 최종적으로 **영화롭게 하셨다.** 신자로서, 우리는 "지극히 크고 영원한 영광의 중한 것"이 우리를 기다리고 있음을 절대적으로 확실하게 안다(고후 4:17).

궁극적 영광은 바울이 로마서 전체에서 계속 제시하는 주제다. 바울은 5:2에서 "우리가… 하나님의 영광을 바라고 즐거워하느니라"고 했다. 8:18에서는 "생각하건대, 현재의 고난은 장차 우리에게 나타날 영광과 비교할 수 없도다"라고 했다. 그는 "피조물도 썩어짐의 종노릇 한 데서 해방되어 하나님의 자녀들의 영광의 자유에 이르는" 날을 고대했다(8:21).

바울은 데살로니가 신자들에게 마침내 영화롭게 되는 것이 우리가 구속받은 목적이라고 했다. "이를 위하여 우리의 복음으로 너희를 부르사 우리 주 예수 그리스도의 영광을 얻게 하려 하심이니라"(살후 2:14).

최종 영광의 약속은 바울에게 불확실한 희망이 아니었다. 바울은 **그들을 또한 영화롭게 하셨느니라**며 과거시제를 사용함으로써 하나님이 **의롭다 하신** 모두가 영원히 안전하다는 확신을 드러내 보였다. "그리스도 예수 안에 있는 구원을" 받는 사람은 "영원한 영광과 함께 받게" 된다(딤후 2:10). 하나님이 이것을 친히 보증하신다.

36

안전의 찬송
(8:31-39)

**[31]그런즉 이 일에 대하여 우리가 무슨 말 하리요? 만일 하나님이 우리를 위하시
면 누가 우리를 대적하리요? [32]자기 아들을 아끼지 아니하시고 우리 모든 사람
을 위하여 내주신 이가 어찌 그 아들과 함께 모든 것을 우리에게 주시지 아니하
겠느냐? [33]누가 능히 하나님께서 택하신 자들을 고발하리요? 의롭다 하신 이는
하나님이시니 [34]누가 정죄하리요? 죽으실 뿐 아니라 다시 살아나신 이는 그리
스도 예수시니 그는 하나님 우편에 계신 자요 우리를 위하여 간구하시는 자시
니라. [35]누가 우리를 그리스도의 사랑에서 끊으리요? 환난이나 곤고나 박해나
기근이나 적신이나 위험이나 칼이랴? [36]기록된 바, 우리가 종일 주를 위하여 죽
임을 당하게 되며 도살당할 양 같이 여김을 받았나이다 함과 같으니라. [37]그러
나 이 모든 일에 우리를 사랑하시는 이로 말미암아 우리가 넉넉히 이기느니라.
[38]내가 확신하노니, 사망이나 생명이나 천사들이나 권세자들이나 현재 일이나
장래 일이나 능력이나 [39]높음이나 깊음이나 다른 어떤 피조물이라도 우리를 우
리 주 그리스도 예수 안에 있는 하나님의 사랑에서 끊을 수 없으리라.** (8:31-39)

바울은 안전의 찬송이라 불러도 좋을 단락으로 웅장한 로마서 8장을 마무리한다. 바울이 로마서 8장에서 안전에 관해 앞서 모든 것을 말했고, 특히 28-30절에서 절정의 선언을 했기에 이제 덧붙일 게 없는 것으로 보일 수 있다. 그러나 마무리 단락에서, 바울은 어떤 반대자들이 여전히 제기할 법한 문제들과 관련

해 질문과 답변을 점증적으로 제시한다. 바울은 31-39절에서 안전을 변호하는 논증을 계속하지만, 이 단락은 하나님의 은혜, 곧 하나님의 자녀들이 그 안에서 영원히 살고 또 기뻐할 은혜에 감사하는 선언으로 거의 시에 가깝다.

도입

그런즉 이 일에 대하여 우리가 무슨 말 하리요? (8:31a)

바울이 이 단락 나머지 부분에서 하는 말로 판단하건대, **이 일(these things)**은 의심할 여지 없이 로마서 8장에서 이미 다룬 문제들을 가리킨다. 그가 31-39절에서 말하는 내용의 많은 부분이 그리스도의 대속 교리와 연결되지만 구체적 초점은 여전히 그분의 대속이 그분을 믿는 자들에게 주는 안전에 맞춰진다.

바울은 두려워하는 많은 신자가 여전히 자신들의 안전을 의심한다는 것과 거짓 선생들이 이러한 의심을 이용하려 하리라는 것을 깨닫는다. 바울은 이런 신자들에게 필요한 확신을 주려고 긴밀하게 연결된 두 질문에 대한 하나님의 답변을 제시한다. 어떤 사람이나 어떤 환경이 신자의 구원을 빼앗을 수 있는가?

우리의 안전에 위협이 될 것 같은 사람들

[31b]만일 하나님이 우리를 위하시면 누가 우리를 대적하리요? [32]자기 아들을 아끼지 아니하시고 우리 모든 사람을 위하여 내주신 이가 어찌 그 아들과 함께 모든 것을 우리에게 주시지 아니하겠느냐? [33]누가 능히 하나님께서 택하신 자들을 고발하리요? 의롭다 하신 이는 하나님이시니 [34]누가 정죄하리요? 죽으실 뿐 아니라 다시 살아나신 이는 그리스도 예수시니 그는 하나님 우편에 계신 자요 우리를 위하여 간구하시는 자시니라. (8:31b-34)

바울은 아주 포괄적인 수사의문문으로 시작한다. **만일 하나님이 우리를 위하시**

면 누가 우리를 대적하리요? 여기서 **만일(if)**로 번역되었으며 조건을 나타내는 헬라어 불변사 '에이'(*ei*)는 단순히 가능성이 아니라 충족된 조건을 의미한다. 그러므로 조건절의 의미는 "**하나님이 우리를 위하시기** '때문에'"이다.

여기에 내포된 분명한 의미는 누구라도 우리에게서 구원을 빼앗을 수 있으려면 하나님 자신보다 위대해야 한다는 것이다. 하나님이 구원을 주는 분이자 유지하시는 분이기 때문이다. 바울은 그리스도인에게 사실상 이렇게 묻고 있다. "도대체 누가 우리의 정죄받지 않은 신분을 박탈할 수 있다고 생각한단 말입니까?"(8:1을 보라). 하나님보다 강한 자, 존재하는 모든 것과 모든 사람의 창조자보다 강한 자가 있는가?

다윗은 거침없는 확신으로 선언했다. "여호와는 나의 빛이요 나의 구원이시니 내가 누구를 두려워하리요? 여호와는 내 생명의 능력이시니 내가 누구를 무서워하리요?"(시 27:1). 다른 시편에서 시인은 이렇게 외친다. "하나님은 우리의 피난처시요 힘이시니 환난 중에 만날 큰 도움이시라. 그러므로 땅이 변하든지 산이 흔들려 바다 가운데에 빠지든지 바닷물이 솟아나고 뛰놀든지 그것이 넘침으로 산이 흔들릴지라도 우리는 두려워하지 아니하리로다… 만군의 여호와께서 우리와 함께하시니 야곱의 하나님은 우리의 피난처시로다"(시 46:1-3, 11).

이사야는 측량할 수 없는 하나님의 크심을 선포하며 이렇게 기록했다.

> 그는 땅 위 궁창에 앉으시나니 땅에 사는 사람들은 메뚜기 같으니라. 그가 하늘을 차일 같이 펴셨으며 거주할 천막 같이 치셨고…너희는 눈을 높이 들어 누가 이 모든 것을 창조하였나 보라. 주께서는 수효대로 만상을 이끌어 내시고 그들의 모든 이름을 부르시나니, 그의 권세가 크고 그의 능력이 강하므로 하나도 빠짐이 없느니라…너는 알지 못하였느냐? 듣지 못하였느냐? 영원하신 하나님 여호와, 땅 끝까지 창조하신 이는 피곤하지 않으시며 곤비하지 않으시며 명철이 한이 없으시며. (사 40:22, 26, 28)

로마서 8:31에서, 바울은 우리를 성공적으로 대적할 수 있을 특정한 사람들을 구체적으로 지목하지 않지만 가능한 몇몇 대상을 생각해 보면 도움이 되겠다.

첫째, 우리는 이런 의문을 가질 수 있겠다. "다른 사람들이 우리의 구원을 빼앗을 수 있을까?" 바울의 로마서를 처음 읽은 사람 중 다수가 유대인이었으며, 이들은 스스로 그리스도인이라 주장하며 매우 율법주의적인 유대인들이 퍼트리는 유대주의 이단(Judaizing heresy)을 잘 알았을 것이다. 이들은 유대인이든 이방인이든 간에 그 누구도 모세 율법, 특히 할례를 엄격히 지키지 않으면 구원을 받을 수 없거나 유지할 수 없다고 주장했다.

예루살렘 공의회가 바로 이 문제를 논의하려고 소집되었고, 어떤 그리스도인도 모세 언약의 의식법 아래 있지 않다며 구속력 있는 결정을 내렸다(행 15:1-29을 보라). 바울이 갈라디아 교회들에게 보낸 서신의 핵심은 유대주의 이단에 맞서는 것이었으며 다음 단락으로 요약된다.

> 보라. 나 바울은 너희에게 말하노니, 너희가 만일 할례를 받으면 그리스도께서 너희에게 아무 유익이 없으리라. 내가 할례를 받는 각 사람에게 다시 증언하노니, 그는 율법 전체를 행할 의무를 가진 자라. 율법 안에서 의롭다함을 얻으려 하는 너희는 그리스도에게서 끊어지고 은혜에서 떨어진 자로다. 우리가 성령으로 믿음을 따라 의의 소망을 기다리노니, 그리스도 예수 안에서는 할례나 무할례나 효력이 없으되 사랑으로써 역사하는 믿음뿐이니라. (갈 5:2-6; 참조. 2:11-16; 3:1-15)

로마가톨릭교회는 이른바 대죄(mortal sins)를 범하면 구원을 잃을 수 있다고 가르치며, 또한 은혜를 베풀 권한과 철회할 권한 둘 다 교회에 있다고 주장한다. 그러나 이런 가르침과 주장은 전혀 성경에 근거하지 않으며 철저히 이단적이다. 그 누구도 그 어떤 집단도, 그들이 교회에서 어떤 지위에 있든 간에, 하나님의 은혜를 눈곱만큼도 베풀거나 철회할 수 없다.

바울은 자신을 만나러 밀레도에 온 에베소 장로들에게 고별인사를 하며 경고했다.[129] "여러분은 자기를 위하여 또는 온 양 떼를 위하여 삼가라. 성령이 그들 가운데 여러분을 감독자로 삼고 하나님이 자기 피로 사신 교회를 보살피게 하셨느니라. 내가 떠난 후에 사나운 이리가 여러분에게 들어와서 그 양 떼를 아끼지 아니하며 또한 여러분 중에서도 제자들을 끌어 자기를 따르게 하려고 어그러진 말을 하는 사람들이 일어날 줄을 내가 아노라"(행 20:28-30). 바울은 참신자들이 구원을 빼앗길 수 있다고 말했던 게 아니라 심각하게 미혹되어 혼란에 빠지고 믿음이 약해지며 복음의 대의가 크게 방해받을 수 있다고 경고했다. 거짓 가르침은 신자의 구원이 완성되는 것을 막을 수 없지만 구원에 관해 불신자를 쉽게 혼란에 빠뜨릴 수 있다.

둘째, 우리는 이런 의문을 가질 수 있겠다. 그리스도인들이 자신을 주님께 묶어주는 하나님의 구속 사역을 무효화 하는 심히 악한 어떤 죄를 지음으로써 하나님의 은혜에서 벗어날 수 있는가? 안타깝게도, 어떤 복음주의 교회들은 구원을 잃을 수 있다고 가르친다. 그러나 우리 자신의 힘이나 노력으로 우리 자신을 구원할 수 없다면, 즉 우리 자신을 죄로부터 해방하고 하나님께 인도하며 하나님의 자녀가 되게 할 수 없다면, 어떻게 하나님이 친히 우리 안에서 성취하신 은혜의 일을 우리 자신의 노력으로 무효화 할 수 있겠는가?

셋째, 우리는 이런 의문을 가질 수 있겠다. 하나님 아버지께서 우리의 구원을 빼앗지 않으실까? 어쨌든, "세상을 이처럼 사랑하사 독생자를 주셨으니 이는 그를 믿는 자마다 멸망하지 않고 영생을 얻게 하려" 하신 분이 아버지시다(요 3:16). 누군가 구원을 빼앗을 수 있다면 구원을 주신 분이어야 한다. 우리는 신학적으로 이렇게 주장할 수 있겠다. 하나님은 주권적이며 전능하기에 원하시면 구원을 빼앗으실 '수 있다'고 말이다. 그러나 하나님이 이렇게 '하시리라'는 생각은 이 본문을 비롯해 성경에 맞지 않다.

바울은 이런 주장에 답해 이렇게 묻는다. **자기 아들을 아끼지 아니하시고 우리 모든 사람을 위하여 내주신 이가 어찌 그 아들과 함께 모든 것을 우리에게 주시**

---

129 바울은 예루살렘에 가는 길이었고, 배가 밀레도 정박하자 사람을 에베소에 보내 그곳 장로들을 불러오게 했다.

지 아니하겠느냐? 하나님이 자기 아들을 믿는 자들을 위해 그 아들을 희생하시고 나서 그 아들의 피로 산 신자 중 일부를 자신의 가정과 나라에서 쫓아내려 하신다는 게 어떻게 가능할 수 있겠는가? 하나님은 신자들이 구원받기 전보다 구원받은 후에 이들을 위해 덜 행하시겠는가? 하나님은 그분의 원수들보다 그분의 자녀들을 위해 덜 행하시겠는가? 하나님이 우리가 가련한 죄인일 때 우리를 그렇게도 사랑해 **그 아들…을 우리에게** 내어주셨다면 우리의 죄를 씻어 우리를 그분 앞에서 의롭게 하신 후에 우리에게 등을 돌리시겠는가?

이삭은 구약성경에서 그리스도를 보여주는 그림이다. 하나님이 아브라함에게 유일한 약속의 아들 이삭을 제물로 바치라 명하셨을 때, 아브라함과 이삭 둘 다 기꺼이 순종했다. 아브라함이 기꺼이 이삭을 제물로 바치려 했던 것은 아버지 하나님이 세상 죄를 위한 희생제물로 자신의 독생자를 기꺼이 내어주실 것에 대한 아름다운 예표이다. 이삭이 기꺼이 제물이 되려 했던 것은 그리스도께서 기꺼이 십자가를 지실 것에 대한 예표이다. 하나님이 개입해 이삭을 구해내고 어린 양을 대신 주셨다(창 22:1-13). 그러나 이 부분에서, 유비는 비교에서 대비로 바뀐다. 하나님은 **자기 아들을 아끼지 아니하시고 우리 모든 사람을 위하여 내주셨기** 때문이다.

이사야는 다음과 같이 기록할 때 성부와 성자의 놀라운 사랑을 찬양했다.

> 그는[성자 그리스도는] 실로 우리의 질고를 지고 우리의 슬픔을 당하였거늘 우리는 생각하기를 그는 징벌을 받아 하나님[성부]께 맞으며 고난을 당한다 하였노라. 그가 찔림은 우리의 허물 때문이요 그가 상함은 우리의 죄악 때문이라. 그가 징계를 받으므로 우리는 평화를 누리고 그가 채찍에 맞으므로 우리는 나음을 받았도다. 우리는 다 양 같아서 그릇 행하여 각기 제 길로 갔거늘 여호와께서는 우리 모두의 죄악을 그에게 담당시키셨도다…여호와[성부]께서 그[성자]에게 상함을 받게 하시기를 원하사 질고를 당하게 하셨은즉 그의 영혼을 속건제물(guilt offering)로 드리기에 이르면… (사 53:4-6, 10)

예수님이 십자가에서 자신을 희생하심이 우리가 얻은 구원의 기초일 뿐 아니라 우리가 누리는 안전의 기초이기도 하다. 성부께서 우리를 너무나 사랑하셔서 우리가 여전히 정죄 아래 있을 때 "죄를 알지도 못하신 이를 우리를 대신하여 죄로 삼으신 것은 우리로 하여금 그 안에서 하나님의 의가 되게 하려 하심"이다(고후 5:21). 성자께서 우리를 너무나 사랑하셔서 우리가 여전히 정죄 아래 있을 때 "하나님 곧 우리 아버지의 뜻을 따라 이 악한 세대에서 우리를 건지시려고 우리 죄를 대속하기 위하여 자기 몸을 주셨다"(갈 1:4; 참조. 3:13).

예수님은 그분께 속하는 모두에게 약속하신다. "내 아버지 집에 거할 곳이 많도다. 그렇지 않으면 너희에게 일렀으리라. 내가 너희를 위하여 거처를 예비하러 가노니, 가서 너희를 위하여 거처를 예비하면 내가 다시 와서 너희를 내게로 영접하여 나 있는 곳에 너희도 있게 하리라"(요 14:2-3). 주님은 자신의 백성 중에 '하나라도' 다시 잃는 것을 절대 허용하지 않으시고, 이들 각자에게 그분의 영원한 임재 가운데 영원한 집을 갖게 되리라고 약속하신다. 예수님은 또한 우리에게 성령께서 우리와 영원히 함께하시리라는(요 14:16) 확신을 주시며 이번에도 예외를 허용하지 않으신다. 하늘이나 땅에 있는 그 어떤 권세가 하나님이 영원히 구원하신 자들을 그분에게서 빼앗을 수 있겠는가?

12:8에서 시작해, 바울은 거의 모두 1인칭과 2인칭으로 말하며 자신과 동료 신자들을 언급한다. 이들은 그가 32절에서 두 차례 말하는 바로 그 영적 형제들(**우리**)이다. 그는 이렇게 논증한다. 성부께서 **우리 모든 사람을 위하여** 자기 아들을 내주셨다면 **어찌 그 아들과 함께 모든 것을 우리에게 주시지 아니하겠느냐?** 에베소서에서 바울은 이렇게 말할 때 동료 신자들을 말하고 있다. "찬송하리로다. 하나님 곧 우리 주 예수 그리스도의 아버지께서 그리스도 안에서 하늘에 속한 모든 신령한 복을 우리에게 주시되"(엡 1:3). 하나님이 **우리 모든 사람** 곧 그분의 자녀들에게 "그리스도 안에서 하늘에 속한 모든 신령한 복을" 주신다면 구원을 잃기란 분명히 불가능하다. '모든' 신자는 이 영원한 기업을 받는다.

주시니(freely give)로 번역된 '카리조마이'(*charizomai*)는 "은혜로 주다"라는 뜻이다. 몇몇 다른 바울 서신에서, 동일한 단어가 용서의 의미를 내포한다

(다음을 보라. 고후 2:7, 10; 12:13; 골 2:13; 3:13). 그러므로 바울이 로마서 8:32에서 '카리조마이'를 사용해 하나님이 은혜로 주심뿐 아니라 하나님이 은혜로 용서하심이라는 의미까지 담았다고 해석하는 게 바람직해 보인다. 그렇다면 바울은 하나님이 **모든 것을 우리에게** 거저 '용서하신다'(**freely** forgives **us all things**)고도 말하고 있다(참조. 요일 1:9). 하나님의 무한한 용서 때문에 신자가 하나님의 은혜 밖에서 죄를 짓기란 불가능하다.

그분의 백성이 그분 안에서 안전하다는 것을 이들에게 확인시키려고 "하나님은 약속을 기업으로 받는 자들에게 그 뜻이 변하지 아니함을 충분히 나타내시려고 그 일을 맹세로 보증하셨나니, 이는 하나님이 거짓말을 하실 수 없는 이 두 가지 변하지 못할 사실로 말미암아 앞에 있는 소망을 얻으려고 피난처를 찾은 우리에게 큰 안위를 받게 하려 하심이라"(히 6:17-18). 하나님의 변할 수 없는 목적의 변할 수 없는 두 특징은 이 약속을 존중하겠다는 그분의 약속과 이 약속을 지키겠다는 그분의 맹세다. 자신이 택한 자들, 곧 약속의 상속자들을 구원하고 지키겠다는 변할 수 없는 하나님의 목적(뜻)보다 더 큰 안전의 증거를 우리가 가질 수 있겠는가?

넷째, 우리는 이런 의문을 품을 수 있겠다. 사탄이 우리의 구원을 빼앗을 수 있는가? 사탄은 가장 강력한 초자연적 원수이기에, 하나님 외에 누구라도 우리에게서 구원을 빼앗을 수 있다면 틀림없이 마귀일 것이다. 그는 "우리 형제들을 참소하던 자"라 불리며(계 12:10), 욥기는 그를 이런 역할을 하는 자로 분명하게 묘사한다.

> 여호와께서 사탄에게 이르시되, 네가 내 종 욥을 주의하여 보았느냐? 그와 같이 온전하고 정직하여 하나님을 경외하며 악에서 떠난 자는 세상에 없느니라. 사탄이 여호와께 대답하여 이르되, 욥이 어찌 까닭 없이 하나님을 경외하리이까? 주께서 그와 그의 집과 그의 모든 소유물을 울타리로 두르심 때문이 아니니이까? 주께서 그의 손으로 하는 바를 복되게 하사 그의 소유물이 땅에 넘치게 하셨음이니이다. 이제 주의 손을 펴서 그의 모든 소유물을 치소서. 그리하시면 틀림없이 주를 향하여 욕하지 않겠나이까? (욥 1:8-11)

사탄은 욥을 비난했다. 욥이 하나님을 섬기는 것은 하나님을 공경하거나 사랑해서가 아니라 자신의 이기심 때문이라는 것이었다. 욥은 어느 시점에 하나님의 지혜에 의문을 품었고 하나님께 꾸짖음을 들었으나(38-41장) 회개하고 용서받았다. 욥의 시험 처음부터 끝까지, 하나님은 그를 다정하게 "나의 종"이라 부르셨다(1:8, 42:7-8을 보라). 욥의 믿음은 완전하지 못했으나 진실했다. 그러므로 하나님은 사탄이 욥을 시험하도록 허용하셨으나 사탄이 욥의 끈질긴 믿음을 결코 무너뜨리거나 그분의 종에게서 구원을 빼앗을 수 없으리라는 것을 아셨다.

스가랴 선지자는 자신이 본 어느 환상 중에 펼쳐진 광경을 들려준다. "대제사장 여호수아는 여호와의 천사 앞에 섰고 사탄은 그의 오른쪽에 서서 그를 대적하는 것을 여호와께서 내게 보이시니라. 여호와께서 사탄에게 이르시되, 사탄아 여호와께서 너를 책망하노라. 예루살렘을 택한 여호와께서 너를 책망하노라. 이는 불에서 꺼낸 그슬린 나무가 아니냐?"(슥 3:1-2). 비록 "더러운 옷을 입고" 있었으나(3절) 여호수아는 하나님의 구속받은 자 중 하나였으며 사탄은 그를 무너뜨리거나 그에 대한 신뢰를 떨어뜨릴 수 없었다.

사탄은 베드로의 믿음도 무너뜨리려 했고, 예수님은 베드로에게 이러한 위험을 경고하며 말씀하셨다. "시몬아, 시몬아, 보라 사탄이 너희를 밀 까부르듯 하려고 요구하였다." 뒤이어 주님은 그를 안심시키셨다. "그러나 내가 너를 위하여 네 믿음이 떨어지지 않기를 기도하였노니"(눅 22:31-32).

모든 신자는 이러한 하나님의 보호를 받는다. 그래서 바울은 묻는다. **누가 능히 하나님께서 택하신 자들을 고발하리요? 의롭다 하신 이는 하나님이시니 누가 정죄하리요?** 세상과 사탄이 계속해서 **하나님께서 택하신 자들을** 고발한다. 그러나 이들의 고발은 하나님 앞에서 아무것도 아니다. **의롭다 하신 이**, 그분 앞에서 누가 의로운지 결정하시는 분은 **하나님이시기** 때문이다. 이들은 영원히 죄 없다 선언되었고 더는 하나님의 정죄 아래 있지 않다(8:1). 다시 말해, **정죄하는** 유일한 분의 정죄 아래 있지 않다. 하나님이 율법을 구상하셨고 율법을 계시하셨으며 율법을 해석하시고 율법을 적용하신다. 그분의 아들이 하신 희생을 통해, 율법의 모든 요구가 그 아들을 믿는 자들을 위해 충족되었다.

진센도르프 백작(Count Zinzendorf, 1700-1760)은 이 큰 진리에 감동해 아름다운 찬송 "예수, 당신의 피와 의"(Jesus, Thy Blood and Righteousness, 존 웨슬리 번역)라는 찬송에서 이런 구절을 썼다.

> 주님의 큰 날에 나 담대해 서리니,
> 누가 날 고발하리요?
> 나 이것들로 온전히 벗어났으니,
> 죄와 두려움에서, 죄책과 수치에서.

신자들을 향한 사탄과 믿지 않는 세상의 고발이 늘 거짓인 것은 아니다. 우리가 아직 죄 없지 않다는 것은 분명한 사실이다. 그러나 우리를 향한 고발이 사실이더라도 결코 우리를 정죄할 충분한 근거가 되지 못한다. 우리의 모든 죄, 과거의 죄와 현재의 죄와 미래의 죄가 그리스도의 피에 덮였고 이제 우리는 그분의 의를 입었기 때문이다.

다섯째, 우리는 이런 의문을 품을 수 있겠다. 우리의 구주께서 우리의 구원을 빼앗지 않으실까? 바울은 이 질문을 예상하며 선언한다. **죽으실 뿐 아니라 다시 살아나신 이는 그리스도 예수시니, 그는 하나님 우편에 계신 자요 우리를 위하여 간구하시는 자시니라.** 예수님이 '모든' 신자, 곧 **하나님께서 택하신 자들**을 위해 계속 중보하시기에 이들이 "영원히 멸망하지 아니할 것이요 또 그들을 내 [그분의] 손에서 빼앗을 자가 없느니라"(요 10:28). **그리스도**께서 우리의 구원을 빼앗으신다면 자신을 거슬러 일하고 자신의 약속을 파기하시는 것이다. 그리스도께서는 주시는 영적 생명은 일시적 생명이 게 아니라 영원한 생명이다. 그분은 영원한 생명을 줬다가 빼앗으실 수 없다. 이렇게 하신다면 그분이 주신 생명이 영원하지 '않다'고 증명하는 셈일 것이기 때문이다.

34절에서, 바울은 우리가 예수 그리스도 안에서 얻은 구원을 보호하는 네 가지 사실을 계시한다. 첫째, 그는 그리스도 예수께서 죽었다(**Christ Jesus... died, 죽으실…이는 그리스도 예수시니**)고 말한다. 그리스도께서 자신의 죽음으로 우리 죄에 대한 형벌을 받으셨다. 그리스도께서 자신의 죽음으로 우리가 받아야 하는 정죄를 받았고 우리는 그 정죄에서 영원히 해방되었다(8:1). 우리를 대신한 주 예수 그리스도의 죽음이 우리가 알게 될 유일한 정죄다.

둘째, 그리스도께서 죽은 자 가운데서 **다시 살아나(was raised)** 자신이 죄를 이겼으며 죄의 최고 형벌 곧 죽음을 이겼음을 증명하셨다. 무덤이 예수님을 붙들어 둘 수 없었다. 그분이 죽음을 이기셨기 때문이다. 예수님이 죽음을 이김으로써 그분을 믿는 모두에게 영원한 생명이 주어진다. 바울이 이 서신 앞부분에서 선언했듯이, 그리스도는 "우리가 범죄한 것 때문에 내줌이 되고 또한 우리를 의롭다 하시기 위하여 살아나셨다"(롬 4:25). 그분의 죽음은 우리의 죗값을 지불했고 그분의 부활은 그 죗값이 지불되었다는 절대적 증거를 제시했다. 하나님은 예수님을 죽은 자 가운데서 일으키셨을 때, 그분의 아들이 율법이 요구하는 완전한 속죄를 이루셨음을 보여주셨다.

셋째, 그리스도께서 높임을 받는 영예로운 자리 곧 **하나님 우편에 계신다.** 그리스도께서 "자기를 낮추시고 죽기까지 복종하셨으니 곧 십자가에 죽으심이라. 이러므로 하나님이 그를 지극히 높여 모든 이름 위에 뛰어난 이름을 주사"(빌 2:8-9). 다윗은 다음과 같이 쓸 때 이 영광스러운 사건을 예언했다. "여호와께서 내 주에게 말씀하시기를 내가 네 원수들로 네 발판이 되게 하기까지 너는 내 오른쪽에 앉아 있으라 하셨도다"(시 110:1).

성전에는 자리(seats, 좌석)가 없었다. 제사장들이 성전에서 드리는 희생제사가 끝날 줄 몰랐기 때문이다. 성전의 희생제사는 어느 날 드려질 유일하게 참된 희생제사, 곧 어느 날 하나님의 아들이 드리실 제사의 그림일 뿐이었다. 히브리서 저자는 이렇게 설명한다. "제사장마다 매일 서서 섬기며 자주 같은 제사를 드리되 이 제사는 언제나 죄를 없게 하지 못하거니와 오직 그리스도는 죄를 위하여 한 영원한 제사를 드리시고 하나님 우편에 앉으사"(히 10:11-12; 참조. 1:3).

넷째, 그리스도께서 또한 **우리를 위하여 간구하신다.** 그리스도의 대속 사역은 끝났으나 그리스도께서 자신의 희생을 통해 구원받은 자들을 위해서 하시는 중보 사역은 구속받은 모든 영혼이 천국에서 안전할 때까지 중단 없이 계속될 것이다. 이사야가 예언했듯이, "그가 자기 영혼을 버려 사망에 이르게 하며 범죄자 중 하나로 헤아림을 받았음이니라. 그러나 그가 많은 사람의 죄를 담당하며 범죄자를 위하여 기도하였느니라"(사 53:12). 예수 그리스도께서는 "자기를 힘입어 하나님께 나아가는 자들을 온전히 구원하실 수 있으니, 이는 그가 항상 살아 계셔서 그들을 위하여 간구하심이라"(히 7:25).

그리스도께서 우리를 죄에서 구원하려고 십자가에서 하신 일을 이해한다면, 그분이 주신 구원이 안전하다는 것이 무슨 뜻인지도 이해할 수 있다. 우리가 비참하고 불경건할 때 하나님이 우리를 너무나 사랑해 자신의 아들을 보내 십자가에서 죽음으로써 우리를 그분께 인도하게 하셨다는 것을 믿는다면, 어떻게 우리가 구원받은 후 그분의 사랑이 우리의 구원을 유지할 만큼 강하지 못하다고 믿을 수 있겠는가? 그리스도께서 우리를 죄의 속박에서 구속하실 능력이 있었다면, 어떻게 우리의 구속을 유지하실 능력이 없으실 수 있겠는가?

완전한 제사장 그리스도께서 우리를 완전하게 하려고 완전한 제사를 드리셨다. 그러므로 신자의 안전을 부정하는 것은 그리스도의 사역이 충분했음을 부정하는 것이다. 신자의 안전을 부정하는 것은 하나님의 마음을 오해하는 것이며, 그리스도의 선물을 오해하는 것이고, 십자가의 의미를 오해하는 것이며, 성경이 말하는 구원의 의미를 오해하는 것이다.

우리가 구원받은 후에 죄를 짓더라도 "만일 우리가 우리 죄를 자백하면 그는 미쁘시고 의로우사 우리 죄를 사하시며 우리를 모든 불의에서 깨끗하게 하실 것이요"(요일 1:9) "아버지 앞에서 우리에게 대언자가 있으니, 곧 의로우신 예수 그리스도시라"(요일 2:1). 우리가 죄를 지을 때, 우리의 주님께서 우리를 위해 중보하시며 사탄을 비롯해 우리를 고발하는 자들에 맞서 우리를 변호하신다(롬 8:33을 보라). 바울은 고린도 신자들에게 확신을 주었다. "하나님이 능히 모든 은혜를 너희에게 넘치게 하시나니"(고후 9:8). 이 땅에서 우리에게 남은 날 동안과 영원히, 우리의 은혜로운 주님께서 그분의 영원한 능력으로 그분의 영원한 사랑 안에 우리를 안전하게 붙드실 것이다.

우리의 안전을 위협하는 것 같은 환경들

[35]누가 우리를 그리스도의 사랑에서 끊으리요? 환난이나 곤고나 박해나 기근이나 적신이나 위험이나 칼이랴? [36]기록된 바, 우리가 종일 주를 위하여 죽임을 당하게 되며 도살당할 양 같이 여김을 받았나이다 함과 같으니라. [37]그러나 이 모든 일에 우리를 사랑하시는 이로 말미암아 우리가 넉넉히 이기느니라. (8:35-37)

바울은 그 누구도 우리의 구원을 빼앗을 수 없음을 분명히 했다. 그런 후에 누군가 제기할 비슷한 질문을 예상한다. "환경이 신자의 구원을 빼앗는 게 가능한가?" 바울은 이제 이것도 불가능하다는 것을 보여준다.

의문 대명사 '티스'(*tis*, **who, 누가**)는 33절과 34절을 시작하는 단어와 같다. 그러나 이 헬라어 용어는 "무엇"도 의미할 수 있으며, 바울이 35-37절에서 사람이 아니라 사물만 말한다는 사실에 비춰볼 때, 그는 지금 비인격적 사물을 가리키고 있는 게 분명하다.

불쾌하고 위험한 환경들이 신자들의 믿음과 인내에 해로운 영향을 미칠 수 있는 것은 분명하다. 그러나 여기서 질문은 이것이다. 이러한 환경들이 신자로 죄를 지어 구원을 잃게 할 수 있는가? 본질적으로 이 질문은 앞서 신자가 하나님의 은혜에서 스스로 벗어날 가능성에 관해 살펴보았던 질문의 확장판이다.

바울은 환경이 참신자로 구원을 잃게 할 수 있다는 주장을 예상하며 아무리 위협적이고 잠재적으로 파괴적인 환경이라도 그럴 수 없다며 논박한다. 35절에서, 바울은 신실한 신자들이 이 땅에 사는 동안 마주칠 수 있을 무수한 나쁜 환경 중에 대표적인 몇 가지를 열거한다.

우선, **그리스도의 사랑**은 그리스도를 향한 신자의 사랑이 아니라 신자를 향한 그리스도의 사랑을 가리킨다는 데 주목해야 한다(37, 39절을 보라). 자신을 향한 그리스도의 사랑에서 비롯된 구속 사역을 경험하지 못한 사람은 그리스도를 사랑할 수 없다. "우리가 사랑함은 그가 먼저 우리를 사랑하셨음이라"(요일 4:19).

이 문맥에서, **그리스도의 사랑**은 구원을 말한다. 그러므로 바울은 수사의문문으로 묻고 있다. 그 어떤 환경이 참신자로 **그리스도**께 등을 돌려 어떤 식으로든 **그리스도**께서 그 신자에게 등을 돌리시게 할 만큼 강력한가? 따라서 쟁점은 그리스도께서 자신의 피로 사서 아버지의 가정과 나라에 들이신 자들을 향한 **그리스도의 사랑**의 힘과 영속성이다.

요한은 이렇게 기록한다. "유월절 전에 예수께서 자기가 세상을 떠나 아버지께로 돌아가실 때가 이른 줄 아시고 세상에 있는 자기 사람들을 사랑하시되 끝까지 사랑하시니라"(요 13:1). 요한이 첫째 서신에서 분명히 하듯이, "끝"은 단순히 예수님의 지상 생활의 끝이 아니라 모든 신자의 지상 생활의 끝을 가리킨다. "하나님의 사랑이 우리에게 이렇게 나타난 바 되었으니, 하나님이 자기의 독생자를 세상에 보내심은 그로 말미암아 우리를 살리려 하심이라. 사랑은 여기 있으니 우리가 하나님을 사랑한 것이 아니요 하나님이 우리를 사랑하사 우리 죄를 속하기 위하여 화목제물로 그 아들을 보내셨음이라…이로써 사랑이 우리에게 온전히 이루어진 것은 우리로 심판날에 담대함을 가지게 하려 함이니, 주께서 그러하심과 같이 우리도 이 세상에서 그러하니라"(요일 4:9-10, 17). 우리는 심판날을 담대하게 맞는다. 신적이고 무너질 수 없는 **그리스도의 사랑**이 우리를 그분께 영원히 동여맨다는 것을 알기 때문이다.

바울은 데살로니가후서 2장 끝에서 장엄한 축언을 한다. "우리 주 예수 그리스도와 우리를 사랑하시고 영원한 위로와 좋은 소망을 은혜로 주신 하나님 우리 아버지께서 너희 마음을 위로하시고 모든 선한 일과 말에 굳건하게 하시기를 원하노라"(살후 2:16-17). 영원한 위로와 선한 소망이 하나님의 은혜에서 비롯된 영원한 선물이다. 정의상, 영원한 것은 끝날 수 없기 때문이다.

바울이 언급하는 위협적인 환경 가운데 첫째는 **환난(tribulation)**으로 '뜰립시스'(*thlipsis*)에서 유래되었으며 쥐어짬을 당하거나 압박을 받는다는 뜻이다. 성경에서 이 단어는 외적인 어려움을 가리키는 데 가장 자주 사용되지만 정서적 스트레스를 가리키는 데도 사용된다. 여기서는 모든 사람이 겪는 일반적인 극심한 역경을 의미할 것이다.

바울이 언급하는 위협적인 환경 가운데 둘째는 **곤고(distress)**로 합성어 '스테노코리아'(*stenochōria*)에서 유래되었으며 "좁다"와 "공간"을 의미하는 두 단어로 구성된다. 여기에 내포된 의미도 환난에 내포된 의미와 비슷하며, 일차적으로 엄격한 제한, 곧 대책 없이 갇혀 있음을 가리킨다. 이런 환경에서, 신자는 주님을 신뢰하며 견뎌낼 힘을 달라고 기도할 수 있을 뿐이다. 때로 우리는 피할 수 없는 유혹을 계속해서 만나는 상황에 갇힌다. 바울은 이런 **곤고** 가운데 있는 신자들에게 기억하라고 조언한다. "사람이 감당할 시험밖에는 너희가 당한 것이 없나니, 오직 하나님은 미쁘사 너희가 감당하지 못할 시험 당함을 허락하지 아니하시고 시험 당할 즈음에 또한 피할 길을 내사 너희로 능히 감당하게 하시느니라"(고전 10:13). 주님은 벗어날 길을 내실 때까지 견뎌낼 힘을 주신다.

바울이 언급하는 위협적인 환경 가운데 셋째는 **박해(persecution)**로 그리스도를 위해 당하는 고난을 가리킨다. 박해는 전혀 유쾌하지 않다. 그러나 팔복에서 예수님은 우리가 그분을 위해 고난을 당할 때 하나님의 복이 우리에게 임한다고 두 번 약속하신다. 그런 후, 우리에게 당부하신다. "기뻐하고 즐거워하라. 하늘에서 너희의 상이 큼이라. 너희 전에 있던 선지자들도 이같이 박해하였느니라"(마 5:10-12).

기근(famine)은 흔히 박해에서 비롯되며, 그리스도인들이 고용에서 차별받아 양식을 충분히 살만한 여유가 없을 때 일어난다. 많은 신자가 믿음 때문에 감옥에 갇혔고 음식이 부족해 서서히 굶어 죽었다.

적신(nakedness)은 완전한 알몸이 아니라 옷을 제대로 입지 못하는 빈궁함을 가리킨다. 이것은 취약하고 보호받지 못한다는 의미도 내포한다.

위험(peril)에 처한다는 것은 배반과 학대의 위험을 비롯해 일반적인 위험에 노출된다는 것이다.

바울이 말하는 **칼(sword)**은 큰 단검에 더 가까웠으며 감추기 쉬웠기에 암살자들이 자주 사용했다. 이것은 죽음의 상징이었고 전사가 아니라 피살을 암시한다.

바울은 이러한 고난을 이론이나 간접적으로 말하고 있지 않았다. 그가 고린도후서 11장에서 생생하게 말하듯이, 그 자신이 이러한 어려움을 비롯해 많은 어려움을 직접 겪었다. 바울은 자신들이 그리스도를 위해 고난 당함을 자랑하는 유대인 교회 지도자들을 가리키며 이렇게 쓴다.

> 그들이 그리스도의 일꾼이냐? 정신없는 말을 하거니와 나는 더욱 그러하도다. 내가 수고를 넘치도록 하고 옥에 갇히기도 더 많이 하고 매도 수없이 맞고 여러 번 죽을 뻔 하였으니, 유대인들에게 사십에서 하나 감한 매를 다섯 번 맞았으며, 세 번 태장으로 맞고, 한 번 돌로 맞고, 세 번 파선하고, 일주야를 깊은 바다에서 지냈으며, 여러 번 여행하면서 강의 위험과 강도의 위험과 동족의 위험과 이방인의 위험과 시내의 위험과 광야의 위험과 바다의 위험과 거짓 형제 중의 위험을 당하고, 또 수고하며 애쓰고 여러 번 자지 못하고 주리며 목마르고 여러 번 굶고 춥고 헐벗었노라. (23-27절)

바울은 뒤이어 70인역(헬라어 구약성경)의 시편 44:22을 인용하며 말한다. **기록된 바, 우리가 종일 주를 위하여 죽임을 당하게 되며 도살당할 양 같이 여김을 받았나이다 함과 같으니라.** 바꾸어 말하면, 그리스도인들은 그리스도를 위해 고난 당해야 할 때 놀라지 말아야 한다.

바울이 이 서신을 쓰기 전, 신실한 하나님의 백성이 수 세기 동안 이방인들뿐 아니라 동료 유대인들에게 고난을 받았다. "또 어떤 이들은 조롱과 채찍질뿐 아니라 결박과 옥에 갇히는 시련도 받았으며, 돌로 치는 것과 톱으로 켜는 것과 시험과 칼로 죽임을 당하고, 양과 염소의 가죽을 입고 유리하여 궁핍과 환난과 학대를 받았으니 (이런 사람은 세상이 감당하지 못하느니라) 그들이 광야와 산과 동굴과 토굴에 유리하였느니라"(히 11:36-38).

하나님께 신실한 대가는 언제나 크다. 예수님은 이렇게 선언하셨다. "아버지나 어머니를 나보다 더 사랑하는 자는 내게 합당하지 아니하고, 아들이나 딸을 나보다 더 사랑하는 자도 내게 합당하지 아니하며, 또 자기 십자가를 지고 나를 따르지 않는 자도 내게 합당하지 아니하니라. 자기 목숨을 얻는 자는 잃을 것이요 나를 위하여 자기 목숨을 잃는 자는 얻으리라"(마 10:37-39). 바울은 사랑하는 디모데에게 단언했다. "무릇 그리스도 예수 안에서 경건하게 살고자 하는 자는 박해를 받으리라"(딤후 3:12).

스스로 그리스도인이라 말하는 사람이 하나님의 일에 등을 돌리거나 끈질기게 죄 가운데 산다면 자신이 결코 그리스도께 속하지 않았다는 것을 증명하는 셈이다. 이런 사람들은 구원을 잃은 게 아니라 애초에 구원받지 못했다. 요한은 이런 이름뿐인 그리스도인들을 이렇게 말했다. "그들이 우리에게서 나갔으나 우리에게 속하지 아니하였나니, 만일 우리에게 속하였더라면 우리와 함께 거하였으려니와 그들이 나간 것은 다 우리에게 속하지 아니함을 나타내려 함이니라"(요일 2:19).

어떤 사람이 세상일에 줄곧 막혀 하나님의 일에 무관심하다면 자신이 하나님의 자녀가 아님을 증명하는 것이다. 예수님이 이 땅에서 사역하실 때, 수많은 사람이 그분의 말씀을 듣고 자신이나 사랑하는 사람들의 병을 고치려고 아주 먼 거리를 걸어왔다. 예수님이 예루살렘에 입성하실 때, 무리가 그분이 자신들의 메시아라고 환호하며 그분을 왕으로 삼고 싶어 했다. 그러나 예수님이 유죄 판결을 받고 십자가에 못 박히신 후, 참 제자의 삶이 요구하는 대가가 분명해진 후, 그리스도를 향해 환호했던 사람들 대다수가 코빼기도 보이지 않았다.

누가는 세 사람의 이야기를 들려주는데, 이들은 의심할 여지 없이 다른 많은 사람을 대표한다. 이들은 예수님께 충성하겠다고 큰 소리쳤으나 그분의 주인되심(lordship)에 복종하려 하지 않았고 이로써 자신들에게 구원하는 믿음이 없음을 증명했다. 마태가 서기관이라고 밝힌(마 8:19) 첫째 사람은 예수님이 어디를 가시든 따르겠다고 약속했다. 그러나 예수님은 이 사람의 마음을 아시고 그에게 말씀하셨다. "여우도 굴이 있고 공중의 새도 집이 있으되 인자는 머리 둘 곳이 없도다"(눅 9:57-58). 주님이 둘째 사람을 부르셨을 때, 그는 먼저 아버지 장례를 치르게 해 달라고 했다. 그의 말은 아버지가 방금 죽었다는 뜻이 아니라 아버지가 마침내 죽어 자신이 유산을 물려받을 때까지 그리스도께 헌신하길 미루고 싶다는 뜻이었다. 예수님이 그에게 말씀하셨다. "죽은 자들로 자기의 죽은 자들을 장사하게 하고 너는 가서 하나님의 나라를 전파하라"(59-60절). 바꾸어 말하면, 영적으로 죽은 자들이 그들의 육신적 관심사를 처리하게 두라는 것이었다. 셋째 사람은 "가족을 작별한" 후에 예수님을 따르길 원했다. 주님은 그에게 이렇게 답하셨다. "손에 쟁기를 잡고 뒤를 돌아보는 자는 하나님의 나라에 합당하지 아니하니라"(61-62절).

세 사람 중 누구에 대해서도 그리스도 따르기와 관련해 마침내 어떻게 했는지 누가는 말하지 않는다. 그러나 젊은 부자 청년의 경우처럼(마 19:22), 언제나 참구원의 표식인 참 제자의 삶이 요구하는 대가가 이들에게는 너무 컸을 것이다.

참신자만이 인내한다. 그 자신이 강하기 때문이 아니라 그에게는 내주하시는 하나님의 영의 능력이 있기 때문이다. 그의 인내는 그의 구원을 안전하게 지켜주지는 않지만, 그의 구원이 안전하다는 것을 증명한다. 인내하지 못하는 자들은 자신에게 용기가 없음을 드러낼 뿐 아니라 더 중요한 것은 자신에게 참믿음이 없음을 드러낸다. 하나님은 참으로 자신에게 속한 자라면 가장 두려워하는 자라도 지키고 보호하실 것이다. 반대로, 단지 이름뿐인 그리스도인들은 가장 용감한 자라도 그리스도와 하나 되는 대가가 너무 커지면 예외 없이 돌아서 떠날 것이다.

참 그리스도인들만이 이기는 자다. 참 그리스도인들만이 그리스도의 영에게 도움을 받기 때문이다. 히브리서 저자는 이렇게 설명한다. "우리가 시작할 때에 확신한 것을 끝까지 견고히 잡고 있으면 그리스도와 함께 참여한 자가 되리라"(히 3:14). 예수님은 자신을 믿는 어떤 유대인들에게 말씀하셨다. "너희가 내 말에 거하면 참으로 내 제자가 되고 진리를 알지니, 진리가 너희를 자유롭게 하리라"(요 8:31-32). 하나님의 말씀을 굳게 붙잡고 그 말씀 안에 거한다고 구원받을 자격이 생기거나 구원이 유지되는 것은 아니다. 그러나 이러한 덕목이 있다는 것은 실제로 구원받았다는 증거이며, 이러한 덕목이 없다는 것은 잃어버린 자의 상태라는 증거다.

우리가 하나님을 사랑할 수 있는 이유는 단 하나 하나님이 우리를 먼저 사랑하셨기 때문이듯이, 우리가 하나님을 붙들 수 있는 이유도 단 하나 하나님이 우리를 붙드시기 때문이다. 우리가 그 어떤 위협적인 환경에도 살아남고 세상이나 사탄이 우리의 길에 놓는 그 어떤 영적 장애물도 극복할 수 있는 이유는 **이 모든 일에 우리를 사랑하시는 이로 말미암아 우리가 넉넉히 이기기** 때문이다.

넉넉히 이기느니라(overwhelmingly conquer)로 번역된 '후페르니카오'(*hupernikaō*)는 복합동사이며 문자적으로 "넘치게 이기다"(to hyper-conquer), "과하게 이기다"(over-conquer), 이를테면 "남을 만큼 성공하며 이기다"는 뜻이다. **넉넉히 이기는** 자들은 자신과 예수 그리스도의 관계를 위협하는 모든 사람과 모든 것에 더없이 승리하며 이긴다. 그러나 이들은 순전히 그분의 능력으로, **우리를 사랑하시는 이**, 곧 우리를 너무나 사랑해서 우리가 그분 안에서 생명을 얻도록 우리를 위해 자신의 생명을 내어주신 분의 능력으로 이렇게 이긴다.

우리 주님은 우리를 구원하실 뿐 아니라 지키시기에, 우리는 바울이 35절에서 언급하는 험악한 환경을 단지 견디고 살아남는 것 이상의 일을 한다. 첫째, 우리는 환난이 우리를 위협했던 때보다 강해져 환난을 벗어남으로써 **넉넉히 이긴다.** 바울은 방금 이렇게 선언했다. 그분의 은혜와 능력으로, 하나님은 가장 안 좋은 일들을 비롯해 모든 것이 합력하여 그분의 자녀들에게 선을 이루게 하신다(8:28). 우리가 자신의 죄악이나 불신실 때문에 고난받을 때라도, 우리의 은혜로운 주님께서 우리가 그 고난을 통과하면서 우리 자신의 불의와 그분의 완전한 의를, 우리 자신의 불신실함과 그분의 변함없는 신실하심을, 우리 자신의 연약함과 그분의 강한 능력을 더 깊이 깨닫게 하신다.

둘째, 우리가 마침내 받을 상이 우리가 세상에서 잠시 잃을 것을 훨씬 능가할 것이기에 우리는 **넉넉히 이긴다.** 바울과 함께, 우리는 가장 끔찍한 환경이라도 "지극히 크고 영원한 영광의 중한 것"을 낳는 "잠시 받는 환난의 경한 것"으로 보아야 한다(고후 4:17).

물론, 인간의 눈으로 보면 하나님이 약속하시는 넘치는 이김은 흔히 오랜 시간이 걸리는 것처럼 보인다. 그러나 참신자로서 시험의 시간을 지날 때, 시험의 성격이나 원인이 무엇이든 간에, 우리는 주님의 손에 영적으로 단련되어 나온다. 이런 것들은 우리를 그리스도에게서 분리하는 게 아니라 그분께 더 가까이 이끌 것이다. 그분의 은혜와 영광이 우리에게 임할 것이며, 우리는 그분의 뜻을 더 알게 되고 그분의 은혜가 충분함을 더 알게 될 것이다. 그분이 우리를 이끌어 그 시련들을 통과하시도록 기다리는 동안, 우리는 그분이 바울에게 하신 말씀을 우리에게 하신다는 것을 안다. "내 은혜가 네게 족하도다. 이는 내 능력이 약한 데서 온전하여짐이라 하신지라." 그러면 우리는 바울처럼 반응해야 한다. "그러므로 도리어 크게 기뻐함으로 나의 여러 약한 것들에 대하여 자랑하리니, 이는 그리스도의 능력이 내게 머물게 하려 함이라"(고후 12:9).

바울은 고린도에서 겨울을 보내면서 로마서를 썼을 것이며, 바울이나 로마 신자들은 이 단락에 기록된 위로의 말이 자신들에게 필요할 때가 그렇게 빨리 닥칠지 몰랐을 것이다. 이들은 수년 내에 이교도 정부와 지금은 무관심으로 자신들에게 관대한 사람들에게 맹렬한 박해를 받을 터였다. 머지않아 이 서신을 받은 사람들의 피가 로마 원형 경기장의 모래를 적실 터였다. 어떤 사람들은 맹수에게 찢기고 어떤 사람들은 무자비한 검투사들에게 죽임을 당하며 어떤 사람들은 인간 횃불로 사용되어 네로의 가든파티를 밝힐 터였다.

결과적으로, 참신자들과 거짓 신자들이 곧 쉽게 구분될 것이다. 많은 회중이 이전 구성원들에 대해 말할 것이다. "그들이 우리에게서 나갔으나 우리에게 속하지 아니하였나니, 만일 우리에게 속하였더라면 우리와 함께 거하였으려니와 그들이 나간 것은 다 우리에게 속하지 아니함을 나타내려 함이니라"(요일 2:19). 그러나 세상이 짓밟히고 패배했다고 본 사람들이 사실은 넉넉히 이기는 자들이다. 하나님의 계획에서는 승리자들이 패배자들이고 패배자들이 승리자들이다.

결론

[38]내가 확신하노니, 사망이나 생명이나 천사들이나 권세자들이나 현재 일이나 장래 일이나 능력이나 [39]높음이나 깊음이나 다른 어떤 피조물이라도 우리를 우리 주 그리스도 예수 안에 있는 하나님의 사랑에서 끊을 수 없으리라. (8:38-39)

바울은 방금 했던 말을 아름답게 요약하며 로마서 8장을 마무리한다. 그는 자신의 서신을 읽는 신자들에게 확신을 준다. 무엇이든 자신이 온전히 **확신하지** 못하는 것을 그들에게 가르치고 있지 않다는 것이다. 그가 확신했던 것은 무엇보다도 구원의 본질 때문이었는데, 하나님이 이것을 그에게 계시해 주셨고 그는 이것을 1-8장에서 아주 명쾌하게 제시했다. 바울의 권면은 개인적인 증언이기도 하다. 그가 확신했던 것은 자신이 언급한 것들을 대부분 직접 경험했고 이것들이 자신을 그리스도에게서 분리하지 않았기 때문이었다. 계시와 경험 둘 다 그에게 확신을 주었다. 바울은 로마 신자들에게 자신이 몇 년 후 디모데에게 말할 것과 같은 것을 말하고 있었다. "이로 말미암아 내가 또 이 고난을 받되 부끄러워하지 아니함은 내가 믿는 자를 내가 알고 또한 내가 의탁한 것을 그 날까지 그가 능히 지키실 줄을 확신함이라"(딤후 1:12).

바울은 그의 목록을 **사망**에서 시작하는데, 우리는 이 땅에 살면서 사망을 마지막에 경험한다. 이 가장 큰 원수도 우리를 우리의 주님에게서 떼어놓을 수 없다. 그분이 사망의 쏘는 것을 패배에서 승리로 바꾸셨기 때문이다. 그러므로 우리는 시편 기자가 했던 "그의 경건한 자들의 죽음은 여호와께서 보시기에 귀중한 것이로다"라는 단언을(시 116:15) 기뻐할 수 있고 다윗과 함께 증언할 수 있다. "내가 사망의 음침한 골짜기로 다닐지라도 해를 두려워하지 않을 것은 주께서 나와 함께 하심이라. 주의 지팡이와 막대기가 나를 안위하시나이다"(시 23:4). 바울과 함께, 우리는 "차라리 몸을 떠나"는 것을 선호해야 하는데, 이것은 우리가 마침내 "주와 함께 있는" 것을 의미하기 때문이다(고후 5:8).

도널드 그레이 반하우스는 자신의 이야기, 곧 죽음이 그리스도인들에게 아무 힘도 쓰지 못함을 아름답게 보여주는 이야기를 들려준다. 아내가 죽었을 때, 자녀들이 아직 꽤 어렸으며 반하우스는 엄마의 죽음을 아이들이 이해할 수 있는 말로 어떻게 설명해야 할지 고민했다. 장례를 마치고 집으로 돌아가는 길에, 큰 트럭이 지나가면서 아주 잠깐 이들의 차에 어두운 그림자를 드리웠다. 그 순간, 아버지는 자신이 찾던 예화를 발견했고 아이들에게 물었다. "얘들아, 너희들이라면 트럭에 치이겠니? 아니면 트럭 그림자에 치이겠니?"

아이들이 대답했다. "아빠, 너무 쉬워요. 우리라면 그림자에 치일래요. 그림자에 치여도 다치지 않을 테니까요." 그러자 아버지가 말했다. "그래, 얘들아, 너희 엄마는 방금 죽음의 그림자의 골짜기를 지났단다. 거기엔 아픔도 없단다."

이른바 둘째 장애물은 전혀 장애물처럼 보이지 않는다. 우리는 **생명**을 뭔가 긍정적인 것으로 생각한다. 그러나 영적 위험들이 도사린 곳은 바로 우리가 지금 이 땅에서 살아가는 삶(**생명**)이다. 죽음 자체는 신자들에게 아무 해를 끼치지 않을뿐더러 모든 해를 끝낼 것이다. 우리가 환난이나 곤고나 박해나 기근이나 적신이나 위험이나 칼을 비롯해(8:35) 바울이 언급했을 수 있을 숱한 시련을 마주하는 것은 '이' 생명을 가지고 있는 동안이다. 그러나 우리는 그리스도 안에서 영원한 생명이 있기에 현재의 삶(**생명**)을 사는 동안 마주하는 위협은 공허하다.

셋째 위협은 **천사들**이다. 목록에서 그다음 위협은(**권세자들, principalities**) 의심할 여지 없이 타락한 천사들을 가리키기 때문에 여기서 언급된 천사들은 거룩한 **천사들**로 보인다. 바울이 여기서 천사들을 언급한 것은 그가 갈라디아 신자들에게 했던 경고 중 하나처럼 순전히 가정되고 불가능한 상황을 전제로 한다. 그는 갈라디아 신자들에게 그리스도께서 십자가에서 흘리신 피를 통해 얻은 그들의 구원에 굳게 서고 그 어떤 다른 복음도, 설령 그게 가능하다면 사도나 "하늘로부터 온 천사"가 전하더라도, 받아들이지 말라고 했다(갈 1:8).

넷째 위협은 전혀 가정된 게 아니다. 이미 말했듯이, **권세자들(principalities)**은 악한 존재들, 특히 귀신들을 가리키는 것으로 보인다. 배후에 자리한 헬라어 용어(*archē*)처럼, **권세자들**은 선이나 악을 의미하지 않는다. 그러나 '아르케'는 여기서 바로 앞에 나오는 용어(천사들)와 분명히 대비될 뿐 아니라 에베소서 6:12("권세들"), 골로새서 2:15("권세들"), 유다서 6절("자기 처소") 같은 구절에서 분명히 부정적으로 사용되며, 따라서 타락한 천사들, 곧 귀신들을 가리키는 것으로 보인다. 그렇다면, 바울은 선하든 악하든 간에 그 어떤 초자연적 피조물도 우리와 그리스도의 관계를 끊을 수 없다고 말하고 있다.

현재 일(things present)과 **장래 일(things to come)**은 우리가 경험하고 있고 경험할 모든 것을 가리킨다.

능력(powers)으로 번역된 '두나미스'(*dunamis*)는 힘을 뜻하는 일반적인 헬라어 단어다. 그러나 여기서처럼, 복수형은 흔히 기적이나 강력한 행위를 가리킨다. 이 단어는 비유적으로 권위와 힘이 동반된 위치에 있는 사람들에게도 사용되었다. 바울이 여기서 염두에 두었던 구체적 의미가 무엇이었든 간에, **능력**은 그리스도인들이 두려워할 필요가 없는 또 다른 장애물을 가리킨다.

바울은 **높음(height)**과 **깊음(depth)**을 당시에 친숙했던 천문학 용어로 사용했을 것이며, '후프소마'(*hupsōma*, **높음**)는 별이 이동하는 경로의 고점 또는 정점을 가리키고 '바또스'(*bathos*)는 저점을 가리킬 것이다. 그렇다면 여기에 담긴 의미는 그리스도의 사랑이 삶의 경로에서 처음부터 끝까지 신자를 안전하게 지킨다는 것이다. 또는 바울은 두 용어를 무한한 공간, 모든 방향으로 끝이 없는 공간이란 의미로 사용했을 것이다. 어느 쪽이든, 전체가 기본 의미다.

안전이 모든 것을 포괄한다는 데 의문의 여지를 남기지 않으려고, 바울은 **다른 어떤 피조물이라도(nor any other created thing)**를 덧붙인다. 오직 하나님 자신만 창조되지 않으시기에, 나머지 모든 사람과 모든 것이 배제된다.

언제 어디서든 그 무엇도 **우리를 우리 주 그리스도 예수 안에 있는 하나님의 사랑에서 끊을 수 없으리라.** 우리의 구원은 영원한 과거부터 하나님의 작정으로 안전하며 그리스도의 사랑을 통해 온 미래와 영원토록 안전할 것이다.

로마서 앞부분에서, 바울은 이렇게 선언했다. "기록된 바, 의인은 없나니 하나도 없으며 깨닫는 자도 없고 하나님을 찾는 자도 없고 다 치우쳐 함께 무익하게 되고 선을 행하는 자는 없나니 하나도 없도다"(롬 3:10-12). 이와 비슷하게, 바울은 그리스도 안에 있는 신자의 안전에 관해 절대로 예외를 허용하지 않는다.

로마서 8장을 마무리하는 이 놀라운 단락에서, 31-34절은 성부 하나님의 사랑에 초점을 맞추고 35-39절은 성자 하나님의 사랑에 초점을 맞춘다. 어떤 사람은 예수님의 대제사장 기도를 떠올린다. 그 기도에서, 예수님은 신자들을 위해 이렇게 기도하신다. "아버지여, 아버지께서 내 안에, 내가 아버지 안에 있는 것 같이 그들도 다 하나가 되어 우리 안에 있게 하사…내게 주신 영광을 내가 그들에게 주었사오니, 이는 우리가 하나가 된 것 같이 그들도 하나가 되게 하려 함이니이다. 곧 내가 그들 안에 있고 아버지께서 내 안에 계시어 그들로 온전함을 이루어 하나가 되게 하려 함은 아버지께서 나를 보내신 것과 또 나를 사랑하심 같이 그들도 사랑하신 것을 세상으로 알게 하려 함이로소이다. 아버지여 내게 주신 자도 나 있는 곳에 나와 함께 있어 아버지께서 창세 전부터 나를 사랑하시므로 내게 주신 나의 영광을 그들로 보게 하시기를 원하옵나이다"(요 17:21-24).

조지 매더슨(George Matheson)은 1842년 스코틀랜드 글래스고에서 태어났다. 그는 어린 시절에 약시였으며 눈이 점점 더 나빠져 열여덟 살에 시력을 완전히 잃었다. 장애가 있었으나 뛰어난 학생이었으며 글래스고 대학을 졸업했고, 후에 신학교까지 졸업했다. 에든버러의 큰 교회를 비롯해 스코틀랜드 여러 교회의 목사가 되었으며 이 모든 교회에서 크게 존경과 사랑을 받았다. 그는 젊은 여인과 약혼했으나 그녀는 맹인과 결혼하는 데 만족할 수 없다고 판단해 파혼했다. 어떤 사람들은 매더슨이 낭만적 사랑에서 맛본 고통스러운 실망 때문에 이렇게 시작되는 아름다운 찬송(O Love That Will Not Let Me Go)을 썼다고 믿는다.

> 나를 떠나지 않을 사랑
> 내 지친 영혼 주님 품에 쉽니다.
> 주님이 주신 생명 돌려드리니,
> 주님의 바다 깊이 흘러
> 더 부요하게, 더 충만하게 하소서.

우리의 하나님은 능력과 사랑이 무한하시니, "우리가 담대히 말하되, 주는 나를 돕는 이시니 내가 무서워하지 아니하겠노라. 사람이 내게 어찌하리요?"(히 13:6). 우리의 하나님은 능력과 사랑이 무한하시니, 우리는 다윗과 함께 말할 수 있다. "내가 두려워하는 날에는 내가 주를 의지하리이다"(시 56:3). "내가 평안히 눕고 자기도 하리니, 나를 안전히 살게 하시는 이는 오직 여호와

이시니이다"(시 4:8). 우리의 하나님은 능력과 사랑이 무한하시니, 우리는 모세와 함께 말할 수 있다. "영원하신 하나님이 네 처소가 되시니, 그의 영원하신 팔이 네 아래에 있도다"(신 33:27). 우리의 하나님은 능력과 사랑이 무한하시니, 우리는 히브리서 저자와 함께 말할 수 있다. " 우리가 이 소망을 가지고 있는 것은 영혼의 닻 같아서 튼튼하고 견고하다"(히 6:19).

참고문헌

Alleine, Joseph. *An Alarm to the Unconverted*. Grand Rapids: Baker, 1980 reprint. 『회개하지 않은 자에게 보내는 경고』, 박문재 옮김(CH북스, 2015).

Barnhouse, Donald Grey. *Expositions of Bible Doctrines, vol. 2. God's Wrath: Romans 2–3:1-20*. Grand Rapids: Eerdmans, 1953.

__________. *God's Remedy: Romans 3:21–4:25*. Grand Rapids: Eerdmans, 1954.

__________. *God's River: Romans 5:1-11*. Grand Rapids: Eerdmans, 1959.

__________. *Romans: God's Freedom*. Grand Rapids: Eerdmans, 1961.

Baxter, Richard. *The Reformed Pastor*. Carlisle, Pa.: Banner of Truth, 1974. 『참 목자상』, 고성대 옮김(CH북스, 2016).

Bonhoeffer, Dietrich. *The Cost of Discipleship*. New York: Macmillan, 1959. 『현대인을 위한 제자도의 대가』, 최예자, 백요한 옮김(도서출판 프리셉트, 2021).

Bruce, F. F. *The Letter of Paul to the Romans*. Grand Rapids: Eerdmans, 1985. 『틴델 신약 주석시리즈 6, 로마서』, 권성수 옮김(기독교문서선교회, 2000).

Calvin, John. *Commentary on the Epistle of Paul the Apostle to the Romans*. Grand Rapids: Baker, 1979. 『칼빈주석 20, 로마서』, 박문재 옮김(CH북스, 2013).

__________. *The Epistles of Paul the Apostle to the Romans and to the Thessalonians*. Grand Rapids: Eerdmans, 1960.

Cranfield, C. E. B. *A Critical and Exegetical Commentary on the Epistle to the Romans*. Edinburgh: T & T Clark, 1975.

Dana, H. E., and Mantey, Julius R. A *Manual Grammar of the Greek New Testament*. New York: Macmillan, 1927.

Edwards, Jonathan. *The Life of David Brainerd*. Grand Rapids: Baker, 1980 reprint. 『데이비드 브레이너드의 생애와 일기』, 원광연 옮김(CH북스, 2009).

_________. *The Works of Jonathan Edwards*, vol. 2. Carlisle, Pa.: Banner of Truth, 1986 reprint. Banner of Truth에 나온 에드워즈 전집은 2권으로 구성되었으며, 국내에 번역된 전집은 Yale University판이다.

Haldane, Robert. *An Exposition of the Epistle to the Romans*. MacDill AFB, Fla.: MacDonald, 1958. 『로마서 주석』, 김귀탁 옮김(기독교문서선교회, 2021).

Henry, Matthew. *Matthew Henry's Commentary on the Whole Bible*, vol 6. Old Tappan, N. J.: Revell, n.d. 이 주석 6권은 사도행전부터 요한계시록까지를 다루며, 우리말로는 3권으로 나눠 출간되었다. 『매튜 헨리 주석 19, 사도행전』, 모수환 옮김(CH북스, 2007); 『매튜 헨리 주석 20, 로마서-데살로니가후서』, 김귀탁 옮김(CH북스, 2007); 『매튜 헨리 주석 21, 디모데전서-요한계시록』, 김영배 옮김(CH북스, 2007)

Hodge, Charles. *Commentary on the Epistle to the Romans*. Grand Rapids: Eerdmans, 1983 reprint.

Johnson, Alan. F. *The Freedom Letter*. Chicago: Moody, 1974.

Lewis, C. S. *The Problem of Pain*. N.Y.: Macmillan, 1962. 『고통의 문제』, 이종태 옮김(홍성사, 2018).

Lloyd-Jones, D. Martyn. *Romans: An Exposition of Chapter Six*. Grand Rapids: Zondervan, 1972. 『로마서 강해, 제 3권』, 서문강 옮김(기독교문서선교회, 1980).

Moule, Handley. *The Epistle to the Romans*. London: Pickering & Inglis, n.d.

Murray, John. *The Epistle to the Romans*. Grand Rapids: Eerdmans, 1965. 『로마서 주석』, 아바서원 번역팀 옮김(아바서원, 2017).

_________. *Principles of Conduct*. Grand Rapids: Eerdmans, 1957.

_________. *Redemption Accomplished and Applied*. Grand Rapids: Eerdmans, 1955.『구속』, 장호준 옮김(복있는 사람, 2011).

Newton, John. *Out of the Depths: An Autobiography*. Chicago, Moody, n.d. 『나 같은 죄인 살리신』, 이혜진 옮김(도서출판 NCD, 2007).

Needham, David C. *Birthright: Christian Do You Know Who You Are?* Portland: Multnomah, 1979.

Owen, John. *Sin and Temptation*. Portland, Ore.: Multnomah, 1983. 『죄와 유혹』, 엄성옥 옮김(은성, 1991).

Pink, Arthur. *The Doctrines of Election and Justification*. Grand Rapids: Baker, 1974.

Stott, John R. W. *Our Guilty Silence*. Grand Rapids: Eerdmans, 1969. 『존 스토트의 복음전도』, 김성녀 옮김(IVP, 2001).

Tozer, A. W. *The Root of the Righteous*. Harrisburg, Pa.: Christian Publications, 1955. 『신앙의 기초를 세워라』, 강귀봉 옮김(생명의 말씀사, 2008).

Watson Thomas. *A Body of Divinity*. Carlisle, Pa.: Banner of Truth, 1983 reprint. 『웨스트민스터 소요리문답 해설』, 이훈영 옮김(CH북스, 2019).

__________. *A Divine Cordial*. Grand Rapids: Baker, 1981. 『거룩한 열정』, 문석호 옮김(솔로몬, 2000).

Wilson, Geoffrey B. *Romans: A Digest of Reformed Comment*. London: Banner of Truth, 1969.

Wuest, Kenneth S. *Romans in the Greek New Testament*. Grand Rapids: Eerdmans, 1955.

__________. *Wuest's Word Studies from the Greek New Testament*, vol. 1. Grand Rapids: Eerdmans, 1973.

헬라어 색인

히브리어 색인

성경 색인

마가복음

누가복음

요한복음

사도행전

로마서

고린도후서

갈라디아서

골로새서

데살로니가전서

요한3서

유다서

요한계시록

주제 색인

MNTC 맥아더 신약주석 _로마서 I

초판 1쇄 인쇄 2023년 9월 15일
초판 1쇄 발행 2023년 9월 22일

지은이 존 맥아더
펴낸이 정선숙

펴낸곳 협동조합 아바서원
등록 제 274251-0007344
주소 경기도 고양시 덕양구 삼원로51 원흥줌하이필드 606호
전화 02-388-7944 **팩스** 02-389-7944
이메일 abbabooks@hanmail.net

ISBN 979-11-90376-71-6(94230)

"너희는 다시 무서워하는 종의 영을 받지 아니하고 양자의 영을 받았으므로
우리가 아빠(아바) 아버지라고 부르짖느니라"(로마서 8:15)